Petra Spona
Städtische Ehrungen zwischen
Repräsentation und Partizipation

BEITRÄGE ZUR STADTGESCHICHTE
UND URBANISIERUNGSFORSCHUNG
----

herausgegeben von
Christoph Bernhardt (geschäftsführend)
Harald Bodenschatz
Christine Hannemann
Tilman Harlander
Wolfgang Kaschuba
Ruth-E. Mohrmann
Heinz Reif
Adelheid von Saldern
Dieter Schott
Clemens Zimmermann

Band 10

Petra Spona

Städtische Ehrungen zwischen Repräsentation und Partizipation

NS-Volksgemeinschaftspolitik in Hannover

Franz Steiner Verlag Stuttgart 2010

Gedruckt mit Hilfe der Geschwister Boehringer Ingelheim Stiftung für Geisteswissenschaften in Ingelheim am Rhein sowie der Hans-Böckler-Stiftung

Umschlagabbildung: Johann-Egestorff-Denkmal in Hannover-Linden, errichtet 1935.
Fotografie: Petra Spona, 2008

Bibliografische Information der Deutschen Nationalbibliothek:
Die Deutsche Nationalbibliothek verzeichnet diese Publikation in der Deutschen Nationalbibliografie; detaillierte bibliografische Daten sind im Internet über <http://dnb.d-nb.de> abrufbar.

ISBN 978-3-515-09668-3

Jede Verwertung des Werkes außerhalb der Grenzen des Urheberrechtsgesetzes ist unzulässig und strafbar. Dies gilt insbesondere für Übersetzung, Nachdruck, Mikroverfilmung oder vergleichbare Verfahren sowie für die Speicherung in Datenverarbeitungsanlagen.
© 2010 Franz Steiner Verlag, Stuttgart
Gedruckt auf säurefreiem, alterungsbeständigem Papier.
Druck: Laupp & Göbel, Nehren
Printed in Germany

INHALT

EINLEITUNG 7

I. „... SINNBILD DER VERBUNDENHEIT DES DEUTSCHEN
VOLKES ...". EHRUNGEN IN HANNOVER VON DER
MACHTÜBERNAHME BIS 1939..29
   1. Städtische Ehrungen und ihre nationalen Rahmenbedingungen............30
   2. Die Symbolisierung des Machtwechsels. Ehrungen
      in Hannover 1933 39
      2.1 Die „Feiern der Machtergreifung" 40
      2.2 Die symbolische Besetzung des Raums 46
   3. Die Durchsetzung der NSDAP in der Gedächtnispolitik Hannovers.....53
      3.1 Nationalsozialistische Regional- und Lokalgewalten
          als städtische Ehrungsakteure 1933 bis 1938 54
      3.2 Rechtskonservative Beharrungskräfte und
          nationalsozialistisches Desinteresse 63
   4. Von Oberbürgermeister Menge zu Oberbürgermeister Haltenhoff 72
      4.1 Die Ehrung eines „Märtyrers der Bewegung"................................73
      4.2 Die neue Kooperation. Hannover um 1938....................................79
   Zusammenfassung..85

II. „... ERNEUERUNG DER STADTVERWALTUNG AN HAUPT
UND GLIEDERN ...". EHRUNGEN IN HANNOVER WÄHREND
DES ZWEITEN WELTKRIEGS..91
   1. Hannover auf dem Weg zur Gauhauptstadt 95
      1.1 Der neue Gauleiter, das welfische Gedächtnis und die
          Heimatfreunde 95
      1.2 „... dass sich der Gauleiter persönlich einschaltet ..." 102
   2. Die Etablierung einer neuen Kulturpolitik..112
      2.1 Lauterbachers neue Kulturpolitik und ihre Institutionen.............112
      2.2 Blockierer und Förderer 121
   Zusammenfassung..126

III. „... VOR ALLEN DINGEN DER GEDANKE
EINER WERBUNG ...". EHRUNGEN ALS
MITTEL DER STADTWERBUNG 133
   1. Stadtpolitik und mediale Selbstdarstellung...137
      1.1 Medienpräsenz. Der Kulturaustausch mit Cremona/Italien 137

    1.2 Stadtimagepolitik: „Reiterstadt" und „Fliegerstadt" Hannover 143
    1.3 Ehrungen und Kommunalfinanzen 153
  2. Zum Verhältnis von Stadt und Staat im Nationalsozialismus 159
    2.1 Die Stadt im „Einheitsstaat" 159
    2.2 Gabentauschlogik im Spannungsfeld von Stadt und Nation 166
  3. Ehrungen in Publikationen über Hannover 168
  Zusammenfassung 175

IV. „... MIT DEM DENKMAL VERWACHSEN ..." ANEIGNUNG VON EHRUNGEN DURCH „BIOGRAPHICAL MAPPING" UND SYMBOLISCHEN LOKALBEZUG 179

  1. Sinnstiftungsangebote über lebensgeschichtliche Erzählungen 179
    1.1 Hannover als städtische Gemeinschaft 183
    1.2 „Das Niedersächsische" und die Förderung des
        Regionalbewusstseins 191
  2. Aneignungsweisen sozialräumlicher Sinnstiftungen 199
    2.1 Entehrungen und symbolischer Lokalbezug 201
    2.2 Das Nachspiel. Der Streit um Carl Peters 1983 bis 1994 207
  Zusammenfassung 221

V. „EINE FEIER KANN NIEMALS SELBSTZWECK SEIN ...". EHRUNGEN ALS PARTIZIPATIVE NS-REPRÄSENTATIONSPOLITIK 225

  1. Mobilisierung durch emotionale und körperliche Aktivierung 230
    1.1 Spenden und Sammeln 233
    1.2 Die Schaffung von Bereitschaft durch Nähe 236
    1.3 Die Einbindung des Körpers 241
    1.4 „... welch' ein Erlebnis!" Der Besuch Hitlers aus Sicht eines
        Zeitzeugen 251
  2. Angebote zur kognitiven Verarbeitung oder: Die Politisierung eines
    inneren Erlebnisses 256
    2.1 Nationalisierung und Nazifizierung der Ehrung städtischer
        Persönlichkeiten 256
    2.2 Die Adressaten von Ehrungen städtischer Persönlichkeiten 263
    2.3 Ehrungen im Krieg. Die Auszeichnung
        „einfacher Volksgenossen" 274
  Zusammenfassung 286

ZUSAMMENFASSUNG 291

DANKSAGUNG 303

QUELLEN- UND LITERATURVERZEICHNIS 305

INDEX 341

EINLEITUNG

Am 7. April 1933 diskutierte und verabschiedete die Regierung des Deutschen Reiches das „Gesetz über Titel, Orden und Ehrenzeichen".[1] Dabei machte Reichsminister Hermann Göring in Hinblick auf das bislang geltende verfassungsrechtliche Verbot staatlicher Ordensverleihungen deutlich,

> „daß der Gesetzentwurf von grundlegender Bedeutung sei. Er selbst habe in erster Linie den Entwurf veranlaßt, weil er der Überzeugung sei, daß die Weimarer Republik nicht zum mindesten infolge ihres Mangels an Ehrenauszeichnungen, Orden usw. sowie an der Unfähigkeit, populäre Feiern zu veranstalten, zugrunde gegangen sei".[2]

Die Einschätzung, die Weimarer Republik habe einen rationalistischen Politikstil gepflegt und zu wenig das Bedürfnis der Menschen nach Gemeinschaft berücksichtigt, findet sich auch in neueren Forschungen wieder.[3] Ob eine verstärkte staatliche Ehrungspraxis und feierliche nationale Inszenierungen die Machtübernahme der Nationalsozialisten 1933 tatsächlich hätten verhindern können, ist hypothetisch und nicht zu klären. Görings Feststellung wirft jedoch Fragen auf, deren Beantwortung höchst aktuell ist, und die dazu beitragen, zu verstehen, was zwischen 1933 und 1945 geschah.

Zweifelsohne füllen wissenschaftliche Schriften zum Thema Nationalsozialismus regalweise die Bibliotheken. Dennoch wirft der Zeitraum von zwölf Jahren, in dem fast alle Länder der Welt in einen von Deutschland begonnen Krieg involviert waren, in dem etwa 55 Millionen Menschen starben und in dem mit dem Versuch, alle Juden zu vernichten, eine bislang kaum vorstellbare Tat kollektiv begangen wurde, nach wie vor Fragen zum Funktionieren der nationalsozialis-

---

1   Vgl. RGB, 1933-I, S. 180.
2   Göring in einer Ministerbesprechung v. 7.4.1933, abgedruckt in: o. A.: Akten der Reichskanzlei. Regierung Hitler 1933–1938, Boppard am Rhein 1983–2005, Bd. I, Teil 1, S. 325. Auch den in den Weimarer Jahren am 11. August durchgeführten Verfassungsfeiern gelang es nicht, „emotionale Tiefenwirkung zu erzeugen". Vgl. zur Praxis in Hannover Bloch, Marlene: „Den Feinden der Republik zum Trutz und der Verfassung zum Schutz". Die Verfassungsfeiern in Hannover 1922–1932, in: Schmid, Hans-Dieter (Hrsg.): Feste und Feiern in Hannover, Bielefeld 1995, S. 213–230, Zitat S. 230.
3   Vgl. z. B. Bussemer, Thymian: Propaganda und Populärkultur. Konstruierte Erlebniswelten im Nationalsozialismus, Wiesbaden 2000, S. 101 und Reichel, Peter: Aspekte ästhetischer Politik im NS-Staat, in: Herrmann, Ulrich/Nassen, Ulrich (Hrsg.): Formative Ästhetik im Nationalsozialismus. Intentionen, Medien und Praxisformen totalitärer ästhetischer Herrschaft und Beherrschung, Weinheim 1993, S. 13–31, hier S. 13f. Aufgrund eines Vergleichs von Gefallenengedenkfeiern in der Weimarer Republik und im Nationalsozialismus kommt Behrenbeck zu einem differenzierteren Ergebnis, vgl. Behrenbeck, Sabine: Gefallenengedenken in der Weimarer Republik und im „Dritten Reich", in: Arnold, Sabine R./Fuhrmeister, Christian/Schiller, Dietmar (Hrsg.): Politische Inszenierung im 20. Jahrhundert. Zur Sinnlichkeit der Macht, Wien u. a. 1998, S. 35–55.

tischen Herrschaft auf. Der „Zivilisationsbruch Auschwitz" (Dan Diner) lässt insbesondere Aspekte von Schuld und Moral nicht in Vergessenheit geraten.

In der frühen bundesrepublikanischen Forschung über den Nationalsozialismus war man davon ausgegangen, dass Hitler die alles entscheidende Person gewesen war. Demnach hatte sich die NSDAP, die von ihm autoritär geführt wurde, nach dem 30. Januar 1933 den staatlichen Verwaltungsapparat unterstellt, ihn personell durchdrungen und dadurch ihre Politik aufgezwungen. Diese Annahme implizierte eine Dichotomie zwischen Hitler und seiner NSDAP auf der einen sowie einem ebenso neutralen wie hilflosen nicht-nationalsozialistischen Staat auf der anderen Seite. An dieser Vorstellung mit ihrer inhärenten Entlastung von Staat und Verwaltungsapparat nährten sich jedoch bald Zweifel. So musste man zum Beispiel erkennen, dass staatliches Handeln von Beginn an nicht allein von Mitgliedern der NSDAP ausging: Zwar zielte das 1933 erlassene Gesetz über die Wiederherstellung des Berufsbeamtentums auf die Ausschaltung jener Personen, die gemäß der nationalsozialistischen Weltanschauung aus „rassistischen" oder politischen Gründen als missliebig eingestuft wurden. Diese Maßnahme griff auch gegenüber Juden und Sozialdemokraten, nicht aber gegenüber allen anderen Staatsdienern. Letztere waren nicht nur erfahren und kompetent in Verwaltungsfragen; sie hatten sich auch im Sinne der Nationalsozialisten als weitgehend zuverlässig erwiesen, selbst, wenn sie nicht Mitglieder der NSDAP gewesen waren.[4]

Seit den 1970er-Jahren wurde der Glaube an eine von Hitler zentral gesteuerte Politik und an eine stringente Befehlsgewalt nachhaltig erschüttert. Reinhard Bollmus stellte beispielsweise dar, dass für außenpolitische Fragen nicht allein das Außenpolitische Amt, sondern weitere Minister und Beauftragte zuständig gewesen waren und es dadurch zu einem Ämterchaos gekommen war. In diesem Gerangel um Kompetenzen entschied nicht Hitler darüber, wer oder welches politische Konzept zum Zuge kommen sollte, sondern der Stärkere unter den Akteuren.[5] Peter Hüttenberger zeigte, dass sogar die Gaue teilweise über beträchtlichen Entscheidungsspielraum selbst in zentralen Fragen der Politik wie der Germanisierungspolitik im Osten verfügten.[6] Auf Grund dieser und ähnlicher Studien sprach man zum Beginn der 1970er-Jahre vermehrt von Polykratie. Der Begriff stand und steht für unklar abgegrenzte Kompetenzbereiche, widerstreitende politische Konzepte sowie divergierende Positionen und Anweisungen der verschiedenen parteipolitischen und staatlichen Instanzen.[7]

Um das Herrschaftsgefüge im Nationalsozialismus weiter zu ergründen, richtete sich eine wachsende Zahl an Studien auf die Analyse der lokalen und regiona-

---

4 Vgl. Mommsen, Hans: Beamtentum im Dritten Reich. Mit ausgewählten Quellen zur nationalsozialistischen Beamtenpolitik, VfZ 13/1966.
5 Vgl. Bollmus, Reinhard: Das Amt Rosenberg und seine Gegner. Studien zum Machtkampf im nationalsozialistischen Herrschaftssystem, Stuttgart 1970.
6 Hüttenberger, Peter: Die Gauleiter. Studie des Machtgefüges in der NSDAP, Stuttgart 1969.
7 Vgl. erstmals Hüttenberger, Peter: Nationalsozialistische Polykratie, GG 1/1976, S. 417–442. Im Unterschied dazu hatte die 1968er-Generation ihren Schwerpunkt mehr auf systemische Fragen gelegt. Darauf soll indessen in diesem kursorischen Forschungsüberblick nicht näher eingegangen werden.

len Verhältnisse, so dass sich die Mikro- und Mesogeschichte als wichtiges Forschungsfeld nach und nach etablieren konnte. So wurde die Machtergreifung und Stabilisierung der NS-Elite auf regionalgeschichtlicher Ebene[8] und in Kommunen untersucht[9] oder in Parteigliederungen,[10] mittlerweile bis hinunter zu Ortsgruppen.[11] Immer zahlreichere stadt- und regionalgeschichtliche Arbeiten vermitteln seither ein differenziertes Bild von den politischen Herrschaftsstrukturen vor Ort und den Zusammenhängen zwischen lokaler, regionaler und nationaler Politik.

Die Stadt- und Regionalgeschichtsforschung hat sich jedoch nicht damit begnügt, festzustellen, welche Kompetenzen den verschiedenen Eliten in Politik und Verwaltung zugewiesen oder zugestanden wurden, sondern sie hat gerade im letzten Jahrzehnt intensiv danach gefragt, inwiefern diese Potentiale genutzt wurden, um zum Beispiel Repressionsmaßnahmen abzumildern oder, im Gegenteil, zu verstärken. Das Ergebnis war ernüchternd. Die „Selbstgleichschaltung" ist längst zu einem feststehenden Begriff geworden, der eine häufige Praxis von Vereinen und Organisationen auf den Punkt bringt. Oft lange vor den offiziell eingeleiteten Gleichschaltungsmaßnahmen wurden jüdische Mitglieder ausgeschlossen, oder man trennte sich von Vorstandsmitgliedern, die den zuständigen Nationalsozialisten nicht genehm waren. So zeigten Untersuchungen, dass Kommunen oftmals initiativ und an vorderster Front tätig waren, als es galt, Maßnahmen zur Deportation der Juden zu ergreifen.[12] In jüngster Zeit steht die Einordnung der Gaue als Parteiinstanzen auf dem Prüfstand: Eine Gruppe von Autoren plädiert im Hinblick auf die Zeitphase seit Mitte der 1930er-Jahre dafür, diese vor allem als staatliche

---

8   Vgl. Broszat, Martin/Fröhlich, Elke (Hrsg:) Bayern in der NS-Zeit. 6 Bände, München 1977–1983; Herrmann, Hans-Walter (Hrsg.): Widerstand und Verweigerung im Saarland 1935–1945, 3 Bände, Bonn 1989–1995 und John, Jürgen: Der NS-Gau Thüringen 1933 bis 1945. Grundzüge seiner Struktur- und Funktionsgeschichte, in: Ulbricht, Justus H. (Hrsg.): Klassikerstadt und Nationalsozialismus. Kultur und Politik in Weimar 1933 bis 1945, Weimar 2002, S. 25–52.

9   Vgl. die bereits sehr frühe Studie von Allen, William Sheridan: „Das haben wir nicht gewollt!" Die nationalsozialistische Machtergreifung in einer Kleinstadt 1939–1935, Gütersloh 1965 sowie Goebel, Klaus: Wuppertal in der Zeit des Nationalsozialismus, Wuppertal 1984; Müller, Roland: Stuttgart zur Zeit des Nationalsozialismus, Stuttgart 1988; Schmuhl, Hans Walter: Die Stadt unter dem Hakenkreuz. Zustimmung, Resistenz und Ausgrenzung, in: Freitag, Werner (Hrsg.): Geschichte der Stadt Gütersloh, Bielefeld 2001, S. 403–448 und Forschungsstelle für Zeitgeschichte Hamburg (Hrsg.): Hamburg im „Dritten Reich", Göttingen 2005.

10 Vgl. Noakes, Jeremy: The Nazi Party in Lower Saxony, 1921–1933, London 1971 und Lehmann, Sebastian: Kreisleiter der NSDAP in Schleswig-Holstein. Lebensläufe und Herrschaftspraxis einer regionalen Machtelite, Bielefeld 2007.

11 Vgl. Reibel, Carl-Wilhelm: Das Fundament der Diktatur. Die NSDAP-Ortsgruppen 1932–1945, Paderborn 2002.

12 Gruner, Wolf: Die NS-Judenverfolgung und die Kommunen. Zur wechselseitigen Dynamisierung von zentraler und lokaler Politik 1933–1941, in: VfZ 48/2000, S. 75–126. Für Hannover vgl. Fleiter, Rüdiger: Stadtverwaltung im Dritten Reich. Verfolgungspolitik auf kommunaler Ebene am Beispiel Hannovers, Hannover 2006.

Regionalinstanzen, nicht lediglich als Parteigliederungen zu fassen.[13] Dadurch habe sich für die Gauleiter ein weiterer Handlungsraum eröffnet. Auch für die Kulturpolitik wurde, so zum Beispiel in der Theaterpolitik, ein relativ großer Spielraum der Entscheidungsträger festgestellt, von dem jedoch selten zugunsten von Verfolgten oder Diskriminierten Gebrauch gemacht wurde: In vorauseilendem Gehorsam kamen vielmehr die Schauspielhäuser einer möglichen Zensur zuvor; so gut wie nie mussten Reichsbehörden einschreiten, um Vorschriften durchzusetzen.[14]

Durch die Hinwendung zur Mikrogeschichte geriet vermehrt ein neuer Akteur in den Blick: die Bevölkerung. In der frühen bundesrepublikanischen Geschichtsschreibung hatte die Vorstellung dominiert, dass die Bevölkerung von Hitler und seiner Partei beherrscht worden war. Die Deutschen seien von der politischen Führung in Berlin über ihre wahren Absichten nicht ausreichend informiert gewesen, also getäuscht worden. Die anfängliche Begeisterung sei bei den meisten schnell verflogen, es sei dann jedoch zu spät gewesen, um wesentliche Änderungen zu erreichen, da die Diktatur bereits installiert gewesen und durch GeStaPo und SA gewaltsam verteidigt worden sei. Es bliebe demnach lediglich die Wahl, sich anzupassen oder sich in den lebensgefährlichen Widerstand zu begeben. Problematisch an dieser Sichtweise ist vor allem die immanente Annahme einer zumindest inneren Distanz der Mehrheit der Bevölkerung zur nationalsozialistischen Herrschaft. Diese wurde dann auch zunehmend in Frage gestellt. Nicht allein Terror und Gewalt seien verantwortlich für das Wohlverhalten der Bevölkerung im „Dritten Reich" gewesen, so hieß es nun, sondern auch Freiwilligkeit, Zustimmung oder gar Begeisterung durch die permanente Beeinflussung. Das Begriffspaar „Verführung und Gewalt" (Hans-Ulrich Thamer) stand stellvertretend für diese Erkenntnisetappe, in der die bis dahin vorwiegend als wirkungslos eingestufte nationalsozialistische Propaganda und der Repräsentationskult in ihrer Wirkung und damit Bedeutung höher bewertet wurde. Großveranstaltungen wie Reichsparteitage und Nationalfeiern oder der Architekturstil wurden unter solchen und ähnlichen Fragestellungen erneut untersucht, und den Inszenierungen eines „schönen Scheins" (Peter Reichel) in Form einer Ästhetisierung der Politik wurde eine beträchtliche Wirkmächtigkeit zugeschrieben. So wichtig der Perspektivwechsel auch war und ist, so wurden die Deutschen dabei oft weiterhin als passiv begriffen. Sie hatten lediglich die Begründung für ihren Opferstatus gewechselt: Statt dass sie eine Politik erleiden mussten, die ihnen nicht behagte, waren sie nun Opfer einer Herrschaftsinszenierung, die ihren inneren Widerstand gebrochen und sie gefügig gemacht hatte.

---

13 Vgl. John, Jürgen/Möller, Horst/Schaarschmidt, Thomas (Hrsg.): Die NS-Gaue. Regionale Mittelinstanzen im zentralistischen „Führerstaat", München 2007.
14 Vgl. Schrader, Bärbel: „Jederzeit widerruflich". Die Reichskulturkammer und die Sondergenehmigungen in Theater und Film des NS-Staates, Berlin 2008 und Rischbieter, Henning (Hrsg.): Theater im „Dritten Reich". Theaterpolitik, Spielplanstruktur, NS-Dramatik, Seelze-Velber 2000.

Etwa seit den 1990er-Jahren widmet sich die Forschung nicht nur der Duldung und Akzeptanz der Bevölkerung, sondern vermehrt der aktiven Verstrickung der „ganz gewöhnlichen Deutschen" (Daniel J. Goldhagen) in den Nationalsozialismus.[15] Die Ergebnisse sind ebenso ernüchternd wie erschreckend: Gewalthandlungen gegen so genannte „Volksfeinde" konnten die politischen Eliten nicht allein umsetzten, sondern sie bedurften unzähliger Helfershelfer. Denunziationen belegen, dass viele Personen auch ohne Amt und Mandat, allein als Privatpersonen, systemstabilisierend agierten.[16] Besonders eindringlich zeigen Untersuchungen zur Arisierungspraxis, dass es primär nicht auf das Motiv des Handelns, sondern einzig und allein auf die Handlung selbst ankam: Ob ein Käufer von Silber, das vormals Juden gehört hatte und diesen gegen einen Ramschpreis abgenommen worden war, zum Erwerb gedrängt wurde, ob er mit schlechtem Gewissen handelte oder ob er die Arisierung guthieß, war für das daraus resultierende Funktionieren der kollektiven Tat unerheblich.

Für andere Fragestellungen ist allerdings nach wie vor die Suche nach den Motiven oder der „Gesinnung", welche die Haltungen und Handlungen der „gewöhnlichen Deutschen" bestimmten, ein wichtiges Themenfeld der neueren Forschung geblieben. Je häufiger deutlich wird, dass die Beteiligung an Unrechtstaten breit gestreut war, desto dringender stellt sich die Frage nach den Gründen und Wirkungen. Weil viele Menschen sogar an den zahllosen Verwaltungsvorgängen, die der Exklusion und der späteren Vernichtung der Juden vorausgingen, partizipierten, fragt man sich: Wie nazifiziert musste dann die Gesellschaft gewesen sein und wie kann die Kohäsion der im Unrechtsstaat (Ernst Fraenkel) Involvierten erklärt werden? Verschiedene Aspekte wurden im Laufe der letzten Jahrzehnte genannt, die für einen Zusammenhalt der Mehrheitsbevölkerung als relevant gelten können, allen voran der prozesshaft fortschreitende Antisemitismus sowie die permanente Fixiertheit auf den „Führer", der als reichlich genutzte Projektionsfläche fungierte: Insbesondere in Ian Kershaws richtungsweisender Hitler-Biografie wurde dem „Führer" eine integrierende Rolle bescheinigt.[17] Viele Menschen beriefen sich auf ihn, sahen sich von ihm verstanden und vertreten. Für diese Funktion waren die Widersprüche in Hitlers Aussagen eher förderlich denn hinderlich, da sie recht unterschiedlichen Personen als Identifikationsangebot dienen konnten.

Neuerdings wird zur Erklärung, wie eine Mehrheit der Deutschen so verhältnismäßig reibungslos die politischen Maßnahmen umsetzen konnte und wie sich in relativ kurzer Zeit im kollektiven Handeln eine erstaunliche „negative Dynamik" entwickelte, vermehrt mit dem Begriff der „NS-Volksgemeinschaft" ope-

---

15 Aktuell und summarisch hierzu Fritzsche, Peter: Life and Death in the Third Reich, Cambridge/London 2008; Longerich, Peter: „Davon haben wir nichts gewusst!" Die Deutschen und die Judenverfolgung 1933–1945, München 2006 und Bergerson, Andrew Stuart: Ordinary Germans in extraordinary times. The Nazi revolution in Hildesheim, Bloomington/Indianapolis 2004.
16 Marßolek, Inge: Die Denunziantin. Helene Schwärzel 1944–47, Bremen 1993, bes. S. 107–113.
17 Kershaw, Ian: Hitler. 1889–1936, Stuttgart 2. Aufl. 1998, S. 663–744.

riert.[18] Bis dato war dieser meist als propagandistische Phrase verstanden worden, die von den Nationalsozialisten in ganz verschiedenen Zusammenhängen benutzt worden war. „NS-Volksgemeinschaft" wird jedoch in jüngster Zeit als ein analytischer Begriff eingeführt, der gefühlte und wirkmächtige Bindekräfte zwischen den Deutschen beschreiben soll.[19] Der damit in den Blick gelangte rassistisch konnotierte Vergemeinschaftungsprozess wurde insbesondere von Michael Wildt als kollektive Selbstermächtigungspraxis beschrieben:[20] Demnach entstand eine nationalsozialistische Volksgemeinschaft, indem eine Mehrheit der nichtjüdischen Deutschen durch Ausgrenzungsaktionen und Gewalt ihnen missliebige Personen ausschloss. Volksgemeinschaft wird von Wildt also nicht statisch gefasst, sondern als ein Prozess, bei dem eine Gemeinschaft sich selbst erfährt und ‚herstellt', und zwar vor allem durch die gewaltsame Exklusion von allen Personen, die als „volksfremd" oder als „Volksfeinde" definiert wurden. Diese kollektive Praxis stellte einen ständigen, nicht geahndeten Rechtsbruch dar und transformierte die Weimarer Rechtsordnung von einer repräsentativen in eine spezielle Form von direkter Demokratie, in der Legislative, Exekutive und Judikative in gemeinschaftlicher Praxis als nationalsozialistisches „Volksrecht" vollzogen wurden. Damit wurde diese Mehrheit der Deutschen ein politischer Souverän, eine Volksgemeinschaft.

Auch Frank Bajohr untersuchte die breite Beteiligung der Bevölkerung anhand des Hamburger Vereinslebens. Dabei verwendet er den Begriff „Zustimmungsdiktatur", der eine „Mischung aus Zwang und Zustimmung" markiert.[21] Demnach war es im Nationalsozialismus möglich,

> „die soziale Kontrolle der ‚Volksgenossen' weitgehend den NS-Organisationen sowie der Gesellschaft selbst zu überlassen, die damit unmittelbarer Bestandteil der NS-Herrschaft war und dieser nicht in schroffer Distanz gegenüberstand".[22]

---

18 Vgl. Bajohr, Frank/Wildt, Michael (Hrsg): Volksgemeinschaft. Neue Forschungen zur Gesellschaft des Nationalsozialismus, Frankfurt am Main 2009 und Frei, Norbert: „Volksgemeinschaft". Erfahrungsgeschichte und Lebenswirklichkeit der Hitler-Zeit, in: ders.: 1945 und wir. Das Dritte Reich im Bewußtsein der Deutschen, München, 2. Aufl. 2009, S. 121–142. In Niedersachsen hat sich aktuell ein Forschungskolleg unter Beteiligung von vier Universitäten zum Thema „Nationalsozialistische ‚Volksgemeinschaft'? Konstruktion, gesellschaftliche Wirkungsmacht und Erinnerung vor Ort", vgl. www.foko-ns.de [DL: 28.5.2010] gebildet. Bereits 2005 wurden Analysen über diverse Feste veröffentlicht, in denen auch der Volksgemeinschaftsgedanke eine relevante Rolle spielt. Vgl. Saldern, Adelheid von (Hrsg.): Inszenierter Stolz. Stadtrepräsentationen in drei deutschen Gesellschaften (1935–1975), Stuttgart 2005, zusammenfassend bes. S. 75–80 und 453–456.
19 Einigkeit besteht darin, dass soziale Differenzen nicht eingeebnet wurden.
20 Vgl. auch für das Folgende: Wildt, Michael (Hrsg.): Volksgemeinschaft als Selbstermächtigung. Gewalt gegen Juden in der deutschen Provinz 1919 bis 1939, Hamburg 2007, bes. S. 352–374.
21 Bajohr, Frank: Die Zustimmungsdiktatur. Grundzüge nationalsozialistischer Herrschaft in Hamburg, in: Forschungsstelle für Zeitgeschichte Hamburg (Hrsg.): Hamburg im „Dritten Reich", S. 69–121, hier S. 111.
22 Ebd.

Der Begriff „Zustimmungsdiktatur" ist damit auch als eine Weiterentwicklung des Schlagworts „Verführung und Gewalt" zu verstehen: Die Bevölkerung erlitt keine Herrschaft oder wurde verführt; sie herrschte selbst – aus individuell durchaus unterschiedlichen Motiven – aktiv mit und habe, so Bajohr, damit die Möglichkeit eines Nischenlebens für Einzelne verhindert.

Bajohrs Untersuchung ist auch ein Beispiel für die neuere Stadt- und Regionalgeschichtsschreibung kulturgeschichtlicher Prägung, bei der das informelle und kommunikative Miteinander im alltäglichen Lebens- und Handlungsraum in den Vordergrund tritt. Lokale Kultur wird daraufhin untersucht, inwiefern die Menschen Aspekte der nationalsozialistischen Weltanschauung in ihre Praktiken integrierten und damit – ob willentlich oder nicht – einen gesellschaftlichen Wandel, eine Nazifizierung der Gesellschaft vollzogen. Als ein besonders herausragendes Beispiel gilt in diesem Zusammenhang die Studie über Nachbarschaften in Hildesheim. In ihr wird unter anderem analysiert, ob und wie der Hitlergruß praktiziert wurde. Der Autor stellt fest, dass selbst diese alltägliche Verrichtung geeignet war, Freunde und Nachbarn in Arier und Juden zu teilen.[23]

Kulturgeschichtliche Untersuchungen dieser Art liegen jedoch erst vereinzelt vor. So ist auch der Frage, welche Rolle lokale und regionale Kultur und Bräuche für die Akzeptanz und das Funktionieren des Nationalsozialismus vor Ort spielten, bisher nur ansatzweise nachgegangen worden[24] Zu untersuchen ist, ob die nationalsozialistische „Weltanschauung" seitens der Bevölkerung leichter akzeptiert oder sogar angenommen wurde, wenn sie in einen lokalen Kontext eingebettet war und an einen Lokalbezug anknüpfen konnte, also an eine gefühlsmäßige Bindung der Einwohner an ihr Lebensumfeld. So schwierig diese Frage zu beantworten und methodisch zu fassen ist, so gut tut die Forschung doch daran, wenigstens Annäherungswerte zu erreichen, um ermessen zu können, wie tief und vielschichtig sich die Zeit des Nationalsozialismus in die Gesellschaft eingewoben hat. Das soll mit vorliegender Arbeit versucht werden.

Bislang wurde in vielen Untersuchungen die Stadt, das Dorf oder die Region hauptsächlich als Projektionsfläche nationaler Politik in Form eines quellentechnisch gut eingrenzbaren Mikrokosmos aufgefasst. Die Studien zu lokalen und regionalen Strukturen dienten dazu, Rückschlüsse auf die Funktionsweise des Nationalsozialismus im Ganzen zu ziehen; die Stadt wurde vorrangig als bloße Örtlichkeit der NS-Herrschaft begriffen. Die Stadt weist indessen eine duale Struktur auf. Zum einen ist sie durchaus als ein Mikrokosmos der Gesamtgesellschaft zu begreifen, zum anderen verfügt jede Stadt über ein besonderes Profil, ist demnach nicht austauschbar. Dieses Profil wird im Laufe der Geschichte von nationalen, regionalen und lokalen Prozessen und Strukturen sowie diversen Akteuren ge-

---

23 Vgl. Bergerson: Ordinary Germans, bes. S. 255.
24 Vgl. von Saldern: Inszenierter Stolz, hierin insbesondere Seegers, Lu: Hansetradition, niederdeutsches Volkstum und moderne Industriestadt: Die Rostocker Kulturwochen (1934–1939), S. 147–183 und dies.: Stadtrepräsentationen. Zum Verhältnis von urbaner Kultur und Herrschaftssystem im Deutschland der dreißiger und sechziger Jahre (Projektbericht), in: IMS, H. 2.2000, S. 22–24.

formt. So gewinnt jede Stadt eine eigene Qualität, einen eigenen, über Jahre hinweg entwickelten Charakter.[25] Neuere Untersuchungen nehmen sich gerade dieser Thematik an. Analysiert wird die Repräsentation einzelner Städte zu verschiedenen Zeiten und innerhalb diverser Herrschaftsformen, um auf diese Weise den Kontinuitäten und Brüchen in der Selbstdarstellung und Fremdwahrnehmung der Städte auf die Spur zu kommen.[26] Hieran soll mit der vorliegenden Arbeit angeknüpft werden, indem die Ehrungen einer Stadt als ein Aspekt städtischer Repräsentation in einem jeweils spezifischen Kommunikations- und Symbolraum betrachtet werden.

Die Frage nach den Stadtrepräsentationen in Form von Ehrungen dient zum einen dem Ziel, die damit verbundenen Herrschaftsprozesse offen zu legen, denn Repräsentation[27] symbolisiert Herrschaft und macht damit das Verhältnis der ehrenden Eliten untereinander und zu den Adressaten sichtbar. Darüber hinaus zeigen die Handlungsabläufe im Vorfeld der Ehrungen Kommunikationsstrukturen zwischen den Funktionseliten auf, die von Kooperation bis hin zu offenen und latenten Kämpfen um die politische Macht reichen. Die Vertreter der städtischen Verwaltung und Politik, der Vereine und der Parteigliederungen der NSDAP bemühten sich zumeist, durch die Gestaltung der Zeremonien, die rednerischen Beiträge und die Lancierung entsprechender Inhalte an die Presse nicht nur den Geehrten in ein positives Licht zu rücken, sondern auch sich selbst. Sie versuchten damit, sich den repräsentativen Raum zu schaffen, der ihnen ihres Erachtens zustand. Stadtrepräsentationen folgten und folgen unter diesem Aspekt betrachtet im Wesentlichen den aus der Diplomatie bekannten Spielregeln. Diese sind jedoch nicht als Kodex fixiert, so dass es zu aufschlussreichen kontinuierlichen Aushandlungsprozessen zwischen den Elitegruppen kam.

Zum anderen eröffnet die Analyse städtischer Repräsentationen den Blick auf die Stadtbilder. Zu diesen gehören die Selbstbilder der Einwohner sowie die Stadtimages, die von unterschiedlichen Personengruppen zugunsten der Vermarktung der Stadt geprägt und gezielt verbreitet wurden.[28] Das hier untersuchte Han-

---

25 Vgl. zuletzt: Berking, Helmuth/Löw, Martina (Hrsg.): Die Eigenlogik der Städte. Neue Wege für die Stadtforschung, Frankfurt am Main/New York 2008.
26 Vgl. von Saldern: Inszenierter Stolz.
27 Zum Begriff der Repräsentation als „Vergegenwärtigung" eines Anwesenden bzw. als Stellvertretung eines Abwesenden und damit zum einen als Darstellung, zum anderen als Substitut vgl. Chartier, Roger: Die Welt als Repräsentation, in: Middell, Matthias/Sammler, Steffen (Hrsg.): Alles Gewordene hat Geschichte. Die Schule der Annales in ihren Texten 1929–1992, Leipzig 1994, S. 320–355, bes. S. 338 und Scheerer, E./Meier-Oeser, S./Haller, B./Scholz, O. R./Behnke, K.: Repräsentation, in: Ritter, Joachim (Hrsg.): Historisches Wörterbuch der Philosophie, Bd. 8, Darmstadt 1992, S. 790–853, hier S. 827. Zu den sich daraus ergebenden Funktionen der Stadtrepräsentationen vgl. Saldern, Adelheid von: Einleitung, in: dies.: Inszenierter Stolz, S. 11–28, hier S. 11f.
28 Sandra Schürmann und Jochen Guckes unterscheiden zwei Sorten Stadtbilder, die freilich miteinander verklammert sind: das Stadtimage als Resultat einer Profilierungsstrategie und das Selbstbild, das sich die Einwohner von „ihrer" Stadt machen. Vgl. Schürmann, Sandra/Guckes, Jochen: Stadtbilder – städtische Repräsentationen, in: IMS, H. 1.2005, S. 5–10,

nover hatte in der Weimarer Republik keine herausgehobene Stellung unter den Großstädten des Deutschen Reiches eingenommen und gelangte auch nach 1933 nicht zu größerer Bedeutung. Die vor allem in der Reichshauptstadt Berlin und in München, der „Hauptstadt der Bewegung", relevanten nationalen Repräsentationsaufgaben spielten in der städtischen Kulturpolitik Hannovers nur eine untergeordnete Rolle. Hannover ist demnach ein Beispiel, das für viele Großstädte in der NS-Zeit steht; dennoch verfügte es wie jede Stadt auch über „individuelle" Merkmale. Hannover war schon seit der Weimarer Republik die „Großstadt im Grünen" und wurde während dieser Zeit in Künstlerkreisen als Zentrum der Moderne bekannt. Anhand der Untersuchung der Kontinuitäten und Brüche bei den Stadtbildern nach 1933 kann dazu beigetragen werden, Aufschlüsse darüber zu erlangen, inwieweit Hannover zu einer nationalsozialistischen Stadt geformt wurde.[29] Damit wird auch eine andere traditionelle Vorstellung kritisch in den Blick genommen: Kommunales Handeln wird gern als Beharrungskraft gegen die (nationalsozialistische) Nation gewertet. Genau das jedoch bedarf, wie gezeigt werden wird, noch einer gründlichen Überprüfung.[30]

Die Untersuchung von Ehrungen als Repräsentationsformen erfasst nicht nur Herrschaftspraktiken, sondern auch die darin eingelassenen Stadtbilder, wie sie sich in Ehrenbürgerschaftsernennungen, an Personen erinnernden Denkmälern und Gedenktafeln oder nach solchen benannten Preisen, Gebäuden, Straßen und Plätzen zeigen. Auch Trauerfeiern, Ehrenbegräbnisse und Kranzniederlegungen sowie Festlichkeiten aus Anlass eines hochrangigen Besuchs in der Stadt werden in die Studie einbezogen. Hinzu kommen Referenzbezugungen anlässlich Geburts- oder Todestagen und offizielle Dankschreiben, Gratulationen oder Beileidsschreiben. Die Palette verschiedenartiger Ehrungspraktiken reicht also von außergewöhnlichen Festanlässen wie Volksfesten und Empfängen bis hin zu alltäglichen Begebenheiten wie dem Lesen eines Stadtplans und seines Straßenverzeichnisses. Ehrungen beloben populäre oder hoch stehende Persönlichkeiten bis hin zu Arbeitern im Betrieb. Durch die große Bandbreite von Ehrbezeugungen ist es

---

hier S. 5. Hinzu kommen noch die Fremdbilder über eine Stadt, die sich oft zu Stereotypen verfestigen, jedoch für diese Untersuchung keine Rolle spielen.

29 Die Soziologen Berking und Löw haben in ihrer Publikation zur Eigenlogik der Städte dafür plädiert, eine Stadt weniger, wie bislang in der Stadtsoziologie üblich, als räumliche Konzentration allgemeiner gesellschaftlicher Entwicklungen zu sehen, sondern mehr ihre Singularität zu betonen. So formuliert Gehring: „Städte sind nicht Mischungen vorgefertigter gesellschaftlicher Ingredienzen, sondern sie bringen ihre Ingredienzen (und das Wirkungsgefüge ihrer Komponenten) in einem hohen Maße eigenmächtig und in vielem auch selbst hervor" (S. 157). Es wäre müßig, hier über die Reichweite dieses Ansatzes zu diskutieren, fest steht jedenfalls, dass eine größere Offenheit gegenüber kulturellen und strukturellen Unterschieden zwischen den Städten auch für historische Stadtstudien unter neuen Fragestellungen förderlich sein kann, insbesondere dann, wenn es sich um Analysen der städtischen Images handelt. Zum Begriff der Individualität vgl. ebd., S. 161.

30 Die Sichtweise, lokale Politik sei „Opfer" der nationalen Politik und der globalen Wirtschaft, ist zumindest im Globalisierungsdiskurs immer noch aktuell. Dazu kritisch Massey, Doreen: Keine Entlastung für das Lokale, in: Berking, Helmuth (Hrsg.): Die Macht des Lokalen in einer Welt ohne Grenzen, Frankfurt am Main/New York 2006, S. 25–31.

möglich, sowohl Kontinuitäten und Veränderungen der damit verbundenen Wertvorstellungen nachzuzeichnen als auch die Frage zu beantworten, ob und gegenenfalls wie Ehrungen für die Integration der Bevölkerung in die Zustimmungsdiktatur genutzt wurden.

Theoretische Prämissen und Fragestellungen

In den Reichstagswahlen vom 5. März 1933 erzielte die NSDAP in Hannover 42 Prozent der Stimmen[31] und erreichte damit im großstädtischen Vergleich eine hohe Zustimmungsrate, sogar beinahe den Reichsdurchschnitt von 43,9 Prozent der Wählerinnen und Wähler.[32] Da die Kommunalwahlen vom 12. März 1933 diesen Anteil mit 41,9 Prozent in etwa bestätigten,[33] verfügte die NSDAP-Fraktion im Rathaus danach über eine Mehrheit. Dennoch blieb Arthur Menge, ein rechtskonservativer, ehemals der regionalistischen Welfenpartei[34] angehörender Jurist, Oberbürgermeister. Ihm standen überwiegend rechtskonservative und erfahrene Dezernenten als Verwaltungsspitzen zur Seite. Erst im August 1937 wurde Menge nach Ablauf seiner Amtszeit durch den Nationalsozialisten Henricus Haltenhoff ersetzt.

Die reale politische Macht der Akteure war allerdings nicht deckungsgleich mit ihrer formalen Position, wie die Untersuchung von Ehrbezeugungen zeigen wird. Warum sich über die symbolische Ehrungspraxis Rückschlüsse auf die realen Veränderungen der Machtkonstellationen ziehen lassen, hat Pierre Bourdieu in seiner Theorie des „sozialen Raums" als Korrelation zwischen gesellschaftlicher und symbolisch-physischer Stellung im Raum erklärt.[35] Demnach resultiert die

---

31 Vgl. Mlynek, Klaus: Hannover in der Weimarer Republik und unter dem Nationalsozialismus 1918–1945, in: ders./Röhrbein, Waldemar R. (Hrsg.): Geschichte der Stadt Hannover, Bd. 2: Vom Beginn des 19. Jahrhunderts bis zur Gegenwart, Hannover 1994, S. 405–577, hier S. 495.
32 Vgl. die Tabelle zu den Wahlergebnissen verschiedener Städte bei Schmiechen-Ackermann, Detlef: Großstädte und Nationalsozialismus 1930–1945, in: Möller, Horst/Wirsching, Andreas/Ziegler, Walter (Hrsg.): Nationalsozialismus in der Region. Beiträge zur regionalen und lokalen Forschung und zum internationalen Vergleich, München 1996, S. 253–270, hier S. 266. In den Großstädten erhielt die NSDAP durchschnittlich 33,3 Prozent der Stimmen, im Reichsdurchschnitt 43,9 Prozent, vgl. Falter, Jürgen W.: Hitlers Wähler, München 1991, S. 168 u. 25.
33 Vgl. Mlynek: Hannover, S. 495.
34 Für einen Überblick vgl. Hartwig, Edgar: Welfen. 1866–1933 (Deutsch-Hannoversche Partei. DHP), in: Fricke, Dieter (Hrsg.): Lexikon zur Parteiengeschichte: Die bürgerlichen und kleinbürgerlichen Parteien und Verbände in Deutschland (1789–1945), Köln 1983–1986, S. 482–490.
35 Vgl. Bourdieu, Pierre: Physischer, sozialer und angeeigneter physischer Raum, in: Wentz, Martin (Hrsg.): Stadt-Räume, Frankfurt am Main/New York 1991, S. 25–35. Zu den verschiedenen Raumtheorien und dem „spatial turn" in den Kulturwissenschaften vgl. Döring, Jörg/Thielmann, Tristan (Hrsg.): Spatial Turn. Das Raumparadigma in den Kultur- und Sozialwissenschaften, Bielefeld 2008; Dünne, Jörg/Günzel, Stephan (Hrsg.): Raumtheorie. Grundlagentexte aus Philosophie und Kulturwissenschaften, Frankfurt am Main 2006; Bachmann-

Position, die ein Akteur im physischen Raum einnimmt, aus seinem gesellschaftlichen Prestige, dessen Größe sich als symbolisches Kapital wie Spielchips addieren lässt.[36] Nimmt ein Akteur auf der Ehrentribüne Platz, steht er am Rednerpult oder fährt er in einer Limousine durch ein Spalier, wird sein bis dato akkumuliertes symbolisches Kapital durch seine hervorgehobene öffentliche Position sichtbar.[37] Dabei wächst nicht allein das symbolische Kapital des Geehrten aufgrund der ihm erwiesenen Hochachtung, sondern auch das der Ehrenden, da solchen Praktiken stets der Effekt der Selbstehrung innewohnt. Ehrungen stellen also eine symbolische Materialisierung politischer Macht und Dominanz dar. Ein Rückschluss von einer Ehrung auf die reale Macht ist zwar nicht in jedem Einzelfall möglich, da auch individuelle und willkürliche Entscheidungen und Zufälle sowie Zugeständnisse, die lediglich im Licht anderer Entscheidungen verständlich werden, eine Rolle spielen. Betrachtet man jedoch die gesamte Ehrungspraxis von 1933 bis 1945, lässt sich der jeweilige Einfluss der einzelnen Akteure auf die politische Gestaltung städtischer Angelegenheiten in seiner Gesamtentwicklung nachvollziehen. Welchen Akteuren gelang es, Denkmäler, Gedenktafeln und Straßennamen zur Repräsentation ihrer Politik zu installieren, vor allem an den besonders umkämpften zentralen Orten und Plätzen der Stadt? Wer konnte sich als Gastgeber nationaler oder internationaler Prominenz präsentieren? Wer musste aus der Position des Bittstellers agieren? Gefragt wird in der vorliegenden Studie auch danach, welche Übereinstimmungen und Diskrepanzen es gerade zu Beginn der NS-Herrschaft zwischen den verbliebenen Rechtskonservativen und den politisch gestärkten nationalsozialistischen Personen und Gruppen gab. Dabei wäre auch zu prüfen, inwiefern die übliche Gegenüberstellung von Rechtskonservativen und Nationalsozialisten den Tatsachen entsprach oder ob die personellen und institutionellen Konfliktlinien anders verliefen.

Die Ehrungspraxis ist jedoch nicht allein für das Verhältnis zwischen den Eliten aufschlussreich. Ehrungen waren auch direkte oder medial vermittelte gesellschaftliche Deutungsangebote für eine Zuhörer-, Zuschauer- oder Leserschaft. Das Deutungsangebot war dabei weder bindend, noch mussten die Aneignungsformen seitens der Adressaten, die einer Ehrung gewahr wurden, übereinstim-

---

Medick, Doris: Cultural Turns. Neuorientierungen in den Kulturwissenschaften, Reinbek bei Hamburg 2006, hier S. 284–328; Schroer, Markus: Räume, Orte, Grenzen. Auf dem Weg zu einer Soziologie des Raumes, Frankfurt am Main 2006 und Löw, Martina: Raumsoziologie, Frankfurt am Main 2001. Für die Geschichtswissenschaft vgl. Schlögel, Karl: Kartenlesen, Augenarbeit. Über die Fälligkeit des Spatial turn in den Geschichts- und Kulturwissenschaften, in: Kittsteiner, Heinz Dieter (Hrsg.): Was sind Kulturwissenschaften? 13 Antworten, München 2004, S. 261–283 und Schlögel, Karl: Im Raume lesen wir die Zeit. Über Zivilisationsgeschichte und Geopolitik, München u. a. 2003.

36 Vgl. hierzu Vogt, Ludgera: Zur Logik der Ehre in der Gegenwartsgesellschaft. Differenzierung, Macht, Integration, Frankfurt am Main 1997, S. 121–143.

37 Laut Martina Löw ist Bourdieu einer der wenigen, der das herrschaftliche Moment im Raum betont und konsequent berücksichtigt hat. Vgl. Löw, Martina: Raum. Die topologischen Dimensionen der Kultur, in: Jaeger, Friedrich/Liebsch, Burkhard (Hrsg.): Handbuch der Kulturwissenschaften. Bd. 1: Grundlagen und Schlüsselbegriffe, Stuttgart/Weimar 2004, S. 46–59, hier S. 50.

mend oder konsistent sein. Sie konnten von uneingeschränkter Zustimmung über verhaltenen Jubel, interessengeleitetes In-Kauf-Nehmen, widerwilliges Spalierstehen, aktives Ignorieren und taktisches Hintergehen bis hin zu Exil und Widerstand reichen. Welche Reaktionen folgten zum Beispiel auf die in Hannover wie auch andernorts getätigten Rücknahmen der überwiegend aus den Weimarer Jahren stammenden Ehrungen von Juden, Sozialdemokraten und Gewerkschaftern? Diese Entehrungen verliefen parallel zu den Verboten von Parteien und Vereinigungen und den gewalttätigen Ausschreitungen gegen deren Angehörige oder nahmen diese symbolisch vorweg. Gleichzeitig wurde Hitler zum Ehrenbürger ernannt und für Horst Wessel eine Eiche am zentralen Königsworther Platz gepflanzt. Welche Reaktionen der Einwohner lassen sich nachweisen? Auf welche Haltungen kann daraus geschlossen werden?

Aneignung heißt nicht allein, die soziale Welt zu deuten und kognitive Bezüge herzustellen, sondern auch praktisch auf sie zu reagieren und damit ein Teil dieser sozialen Welt zu sein.[38] Dies impliziert zweierlei: Zum einen fußen Ehrungen als Interaktion zwischen Ehrenden und Publikum nicht allein auf kalkuliertem politischem Handeln,[39] sondern sie tangieren auch zu einem – vielleicht beträchtlichen – Teil die sinnliche Wahrnehmung von Körperlichkeit und Gebärden, von intuitiven, spontanen und emotional aufgeladenen Gesten und Äußerungen sowie das gemeinsame Wissen um gesellschaftlich akzeptierte Wertmaßstäbe und Verhaltensweisen. Wer allein strategisches Handeln und zielgerichtete politische Äußerungen wie Vereinbarungen zwischen den Funktionseliten oder wohlüberlegte Zuschriften von Bürgern analysiert, übergeht diese Dimension menschlicher Kommunikation und unterschlägt damit einen wichtigen Teil ihres Funktionierens. Zum anderen ist soziale Praxis stets gesellschaftlich. Praktiken sind nach Karl H. Hörning „immer beides: Wiederholung und Neuerschließung", also sowohl „fraglose Anwendungen von bereits bestehenden Möglichkeiten" als auch „andersartige Hervorbringung von Vertrautem".[40] Dabei wird das Handeln Einzelner als zwar nicht determiniert, aber auch nicht als autonom verstanden. Es ist

---

38 Vgl. Chartier: Die Welt als Repräsentation, S. 343f. Er weist darauf hin, dass Aneignung keine rein kognitive Aufgabe ist.
39 Zur Abgrenzung des Begriffs der Praxis von dem auf Weber zurückgehenden Begriff des zweckgerichteten Handelns vgl. Hörning, Karl H.: Kultur als Praxis, in: Jaeger/Liebsch: Handbuch Bd. 1, S. 139–151.
40 Vgl. ebd, Zitate S. 145. Anregungen für diese Arbeit fanden sich außerdem besonders bei Lippuner, Roland: Raum-Systeme-Praktiken. Zum Verhältnis von Alltag, Wissenschaft und Geographie, Stuttgart 2005, Kap. 8; Flaig, Egon: Habitus, Mentalitäten und die Frage des Subjekts. Kulturelle Orientierung sozialen Handelns, in: Jaeger, Friedrich/Rüsen, Jörn (Hrsg.): Handbuch der Kulturwissenschaften. Bd. 3: Themen und Tendenzen, Stuttgart/Weimar 2004, S. 356–371; Krais, Beate: Habitus und soziale Praxis, in: Steinrücke, Margareta (Hrsg.): Pierre Bourdieu. Politisches Forschen, Denken und Eingreifen, Hamburg 2004, S. 91–106; Welskopp, Thomas: Der Mensch und die Verhältnisse. „Handeln" und „Struktur" bei Max Weber und Anthony Giddens, in: Mergel, Thomas/Welskopp, Thomas (Hrsg.): Geschichte zwischen Kultur und Gesellschaft. Beiträge zur Theoriedebatte, München 1997, S. 39–70 und Giddens, Anthony: Die Konstitution der Gesellschaft. Grundzüge einer Theorie der Strukturierung, Frankfurt am Main/New York 1988, bes. S. 51–67.

in einen fortlaufenden kollektiven Handlungsstrang eingebettet, so dass sich jeder Akteur im Handeln auf die Gesellschaft bezieht, zwischen ihr und sich vermittelt und damit soziale Praxis stetig reproduziert und verändert.

Auch Herrschaft wird als soziale und kulturelle Praxis und damit in ihrem Variantenreichtum sozialer Beziehungen und Kontexte verstanden.[41] Anweisungen und Befehle, Akzeptanz und Ablehnung prägen ebenso wie die „verdeckten und ‚sanften' Übermächtigungen"[42] die Kommunikation zwischen Herrschern und Beherrschten. Diese können in einem strukturell hierarchischen Verhältnis zueinander stehen, wie auch eine lediglich punktuelle einseitige Übermächtigkeit zwischen eher Gleichen möglich ist. Alf Lüdtke bedient sich hier des Terminus des „Kräftefeldes". Es

> „vermeidet eine einfache Zweipoligkeit. Den Herrschenden stehen zwar Beherrschte gegenüber – Herrschende konstituieren sich in der Definition und der Verfügung über Beherrschte. Dennoch mögen sich die Herrschenden ihrerseits in Abhängigkeiten finden. Und auch die Beherrschten sind mehr als passive Adressaten der Regungen der Herrschenden. Vor allem zeigen sich Ungleichheiten und Widersprüche auch zwischen Herrschenden, ebenso wie zwischen Beherrschten."[43]

Insofern lässt sich auch für die Stadtbevölkerung nicht von einseitiger oder gar ohnmächtiger Abhängigkeit sprechen, selbst wenn die gravierenden Machtunterschiede zwischen den Herrschaftsträgern und der Bevölkerung gerade in einer Diktatur wie dem NS-Regime nicht übersehen werden können und sollen.[44]

Massenveranstaltungen, Feiern, Denkmäler und andere Ehrungsmanifestationen werden in der vorliegenden Arbeit sowohl als symbolische als auch als materielle Welt begriffen.[45] Die gegenständliche Welt ist nicht nur Ergebnis sozialer Praxis, sondern tritt den Akteuren auch wieder als Objektivation im Raum entgegen und bietet, verändert oder verhindert Handlungsoptionen. Untersucht werden sollen also nicht nur (Neu-)Konstruktionen städtischer Kultur, sondern auch ihre potentielle Rückwirkung, die dann entsteht, wenn die Stadtbewohner die im Raum

---

41 Vgl. zum Begriff der Herrschaft immer noch grundlegend Lüdtke, Alf: Einleitung: Herrschaft als soziale Praxis, in: ders. (Hrsg.): Herrschaft als soziale Praxis. Historische und sozialanthropologische Studien, Göttingen 1991, S. 9–66; neuerdings auch Maset, Michael: Diskurs, Macht und Geschichte. Foucaults Analysetechniken und die historische Forschung, Frankfurt am Main/New York 2002, bes. S. 71–80. Bourdieu spricht von „Komplizenschaft" der Akteure, da diese die bestehende Herrschaft immer wieder praktizieren und damit bestätigen. Vgl. Bourdieu, Pierre: Habitus, Herrschaft und Freiheit, in: Steinrücke, Margareta (Hrsg.): Wie die Kultur zum Bauern kommt. Über Bildung, Schule und Politik. Schriften zu Politik & Kultur 4, Hamburg 2001, S. 162–173, Zitat S. 166.
42 Lüdtke: Einleitung, S. 10.
43 Ebd., S. 13.
44 So neigt Bussemer: Propaganda und Populärkultur dazu, von etwa gleich starken Parteien auszugehen. Dies wird u. a. an der Nutzung der Bezeichnung „Waffengleichheit" (S. 65) deutlich.
45 Zur Wiederbeachtung der Objektwelt im Konzept der sozialen Praxis vgl. Hörning, Karl H./Reuter, Julia: Doing Material Culture. Soziale Praxis als Ausgangspunkt einer „realistischen" Kulturanalyse, in: Hepp, Andreas/Winter, Rainer (Hrsg.): Kultur – Medien – Macht. Cultural Studies und Medienanalyse, Opladen 2006 [1997], S. 109–123, bes. S. 115–117.

befindlichen Kulturgegenstände (re-)aktiv in ihr Verhalten integrieren. Stadtkultur wird damit als wechselseitige Kommunikation zwischen Ehrenden und Adressaten begriffen. So ist zum Beispiel zu fragen, welche Beziehung ein Bürger zu einer Gedenktafel aufnehmen konnte oder – um ein konkretes Beispiel zu nennen – welches Verhältnis er zu König Ernst-August aufbaute, dessen Denkmal vor dem Bahnhof er täglich passierte.

Die Stadtgeschichte, wie sie narrativ erzählt, geschrieben und visualisiert wurde, sowie das Stadtimage, wie es strategisch konzipiert und medial inszeniert wurde,[46] werden in der vorliegenden Arbeit als Teile des kulturellen Gedächtnisses verstanden, genauer des Funktionsgedächtnisses, wie es von Aleida und Jan Assmann formuliert wurde.[47] Demnach handelt es sich beim kulturellen Gedächtnis um eine institutionalisierte Form der Speicherung kollektiver Sinnstiftungen, die sich aus zwei Bereichen zusammensetzt: einem Speichergedächtnis, unter anderem bestehend aus Archiven und Museen, in dem unzusammenhängende historische Daten, Taten und Ereignisse gesammelt und in schriftlicher, bildlicher und architektonischer Form konserviert werden, und einem Funktionsgedächtnis. Das Funktionsgedächtnis, das der Gegenwart Sinn verleiht und die Vergangenheit gemäß den zeitgenössischen Zukunftsentwürfen deutet, entsteht dadurch, dass sich die verschiedenen Akteure, von Wissenschaftlern über Journalisten bis hin zu Stadtmarketing-Fachleuten, selektiv aus dem als Materialsammlung fungierenden Speichergedächtnis bedienen.[48]

Stadtimage und Stadtgeschichte speisen sich auch aus den Erzählungen über diejenigen Persönlichkeiten, die als Repräsentanten der Stadt angesehen werden. Ihre als ehr- und gedenkwürdig anerkannten Leistungen werden zu einem Bestandteil des städtischen Wertekanons erhoben und sollen die Stadtbilder mitprägen. Das Funktionsgedächtnis ist dabei in besonders hohem Ausmaß ein Herr-

---

46 Zum in der Geschichtswissenschaft noch nicht etablierten Begriff des Images und seiner Bedeutungsdimensionen vgl. Münkel, Daniela/Seegers, Lu: Einleitung: Medien und Imagepolitik im 20. Jahrhundert, in: dies. (Hrsg.): Medien und Imagepolitik im 20. Jahrhundert. Deutschland, Europa, USA, Frankfurt/New York 2008, S. 9–20.
47 Zum kulturellen Gedächtnis vgl. Assmann, Aleida: Vier Formen des Gedächtnisses, in: Erwägen, Wissen, Ethik, H. 2, 13/2002, S. 183–190, hier S. 189f.
48 Vgl. Assmann, Aleida: Funktionsgedächtnis und Speichergedächtnis. Zwei Modi der Erinnerung, in: Platt, Kristin/Dabag, Mihran (Hrsg.): Generation und Gedächtnis, Opladen 1995, S. 169–185. Assmann grenzt sich durch diese perspektivische Differenzierung von der Theorie Pierre Noras ab. Dieser hatte das relative Gedächtnis und die objektive Geschichte als polare Gegensätze bestimmt. Vgl. Nora, Pierre: Zwischen Geschichte und Gedächtnis, Frankfurt am Main 1990 sowie die darauf Bezug nehmenden dokumentierten Forschungsprojekte François, Etienne/Schulze, Hagen (Hrsg.): Deutsche Erinnerungsorte. 3 Bde., München, 2., durchges. Aufl. 2001 und Carcenac-Lecomte, Constanze/Czarnowski, Katja/Frank, Sybille/Frey, Stefanie/Lüdtke, Torsten (Hrsg.): Steinbruch. Deutsche Erinnerungsorte. Annäherung an eine deutsche Gedächtnisgeschichte, Frankfurt am Main 2000. Eine weitere Auseinandersetzung mit der Frage nach der Objektivität oder Relativität von Geschichte bietet Ricœur, Paul: Gedächtnis, Geschichte, Vergessen, Paderborn 2004 und ders.: Geschichtsschreibung und Repräsentation der Vergangenheit, in: Colliot-Thélène, Catherine (Hrsg.): Konferenzen des Centre Marc Bloch (Berlin), Münster 2002, S. 7–48.

schaftsinstrument, denn über die Auswahl der durch Denkmäler, Ehrenbürgerschaften oder Gedenktafeln weiterhin oder neu Geehrten werden Personengruppen stellvertretend ein- oder ausgeschlossen. Dadurch lassen sich aber auch durch eine sich wandelnde Ehrungslandschaft Veränderungen in den realen oder proklamierten Wertmaßstäben erkennen. Bis 1933 gehörten zum Beispiel König Ernst-August (1771–1851) genauso wie der einstige sozialdemokratische Oberbürgermeister Robert Leinert (1873–1940) und der hannoversche Stadtplaner und Architekt Georg Ludwig Friedrich Laves (1788–1864) zum kulturellen Gedächtnis Hannovers und repräsentierten die Stadt nach außen.[49] Wie veränderte sich die Ehrungslandschaft nach 1933? Welche Personen wurden aus welchen Gründen zu Stadtpersönlichkeiten ernannt oder durch kollektives „Vergessen"[50] ausgegrenzt? Warum wurden Frauen nur in Ausnahmen in den Rang Geehrter erhoben und in welchen Situationen und Konstellationen geschah dies? Kurzum: Inwiefern veränderte die nationalsozialistische Ehrungspolitik das kollektive Gedächtnis der Stadt?[51]

Da es aufgrund der NS-Kulturpolitik unmöglich war, sich werbend als Standort moderner Kunst zu präsentieren, soll auch betrachtet werden, ob neue Kulturthemen zur Etablierung eines veränderten Stadtimages zum Zuge kamen oder Schwerpunktverlagerungen vorgenommen wurden[52] und ob sich darin begründete Verschiebungen auch in den stadtbezogenen Narrativen und in der Ehrungspraxis erkennen lassen.

---

49 Stachel wies zuletzt darauf hin, dass Erinnerungsorte wie Denkmäler, Plätze und Straßen verschiedenen Zeiten nebeneinander Gültigkeit verschaffen können, vgl. Stachel, Peter: Stadtpläne als politische Zeichensysteme. Symbolische Einschreibungen in den öffentlichen Raum, in: Jaworski, Rudolf/Stachel, Peter (Hrsg.): Die Besetzung des öffentlichen Raumes. Politische Plätze, Denkmäler und Straßennamen im europäischen Vergleich, Berlin 2007, S. 13–60, hier S. 19.

50 Vgl. zu den Aspekten des Vergessens Butzer, Günter: Einleitung, in: ders./Günter, Manuela (Hrsg.): Kulturelles Vergessen. Medien – Rituale – Orte, Göttingen 2004, S. 9–14.

51 Grundlegend zu den verschiedenen Gedächtnistheorien vgl. Erll, Astrid: Kollektives Gedächtnis und Erinnerungskulturen. Eine Einführung, Stuttgart/Weimar 2005; Fauser, Markus: Einführung in die Kulturwissenschaft, Darmstadt 2003, S. 116–138; aus transdisziplinärer Perspektive Welzer, Harald: Gedächtnis und Erinnerung, in: Jaeger/Rüsen: Handbuch Bd. 3, S. 155–174 und Assmann, Aleida: Erinnerungsräume. Formen und Wandlungen des kulturellen Gedächtnisses, München 2003.

52 Zum Ende Hannovers als Stadt der modernen Kunst vgl. Katenhusen, Ines: „Hannover ist nie ein Athen gewesen, eher denn ein Sparta". Bildende Kunst und Politik in Demokratie und Diktatur, in: HGBl NF 54/2000, S. 5–40.

Forschungsstand

Eine grundlegende Untersuchung bundesrepublikanischer Ehrungspraktiken wurde 1997 von Ludgera Vogt vorgelegt.[53] Für die Ehrungspraxis in der NS-Zeit, in der Weimarer Republik oder im Kaiserreich liegen dagegen nur Spezialuntersuchungen vor, so zum Beispiel zu staatlichen Ehrungen[54] oder zum Mutterkreuz.[55] Mehrere Einzeldarstellungen widmen sich Ehrenbürgerschaften, so dass die Literatur hier am ehesten als Vergleichsbasis dienen kann, um nationalsozialistische oder hannoversche Spezifika und Tendenzen herauszuarbeiten.[56] Gedenktafeln sind in der Forschung beinahe gänzlich unerschlossen.[57] Ihnen könnte jedoch künftig gesteigerte Aufmerksamkeit zukommen, wie sie ähnlich bereits Jahrestagen und Jubiläen[58] sowie Straßennamen zuteil wurde.[59] Hintergrund ist die inten-

---

53 Vogt: Logik der Ehre. Dass diese Studie schnell zum Standardwerk avancierte, verdankte sie auch der guten Darstellung der verschiedenen anthropologischen und soziologischen Theorien zur Ehre und der Prüfung ihres Nutzens zur Erklärung von Ehrungspraktiken. Vgl. insbesondere Bourdieu, Pierre: Entwurf einer Theorie der Praxis auf der ethnologischen Grundlage der kabylischen Gesellschaft, Frankfurt am Main 1976. Sehr anregend für die vorliegende Arbeit war außerdem Paris, Rainer: Die Politik des Lobs, in: Nedelmann, Birgitta (Hrsg.): Politische Institutionen im Wandel, Opladen 1995, S. 83–107.

54 Vgl. Kirchner, Heinz/Thiemann, Hermann-Wilhelm/Laitenberger, Birgit: Deutsche Orden und Ehrenzeichen: Kommentar zum Gesetz über Titel, Orden und Ehrenzeichen und eine Darstellung deutscher Orden und Ehrenzeichen von der Kaiserzeit bis zur Gegenwart mit Abbildungen, Köln u. a., 5., neubearb. und erg. Aufl. 1997 und Klietmann, Kurt-Gerhard: Staatlich-zivile Auszeichnungen. Weimarer Republik und Drittes Reich, Stuttgart 1990.

55 Vgl. Weyrather, Irmgard: Muttertag und Mutterkreuz. Der Kult um die „deutsche Mutter" im Nationalsozialismus, Frankfurt am Main 1993.

56 Vgl. Rahden, Till van: Juden und andere Breslauer. Die Beziehung zwischen Juden, Protestanten und Katholiken in einer deutschen Großstadt von 1860 bis 1925, Göttingen 2000; Müller, Hartmut: Vom Ehrenbürgerrecht der Freien Hansestadt Bremen, in: Bremisches Jahrbuch 78/1999, S. 190–200 und Spielmann, Karlheinz: Ehrenbürger und Ehrungen in Geschichte und Gegenwart. Eine Dokumentation zur deutschen und mitteleuropäischen Geschichte, 2 Bde., Dortmund, 3., wesentl. erw. Aufl. 1967. Zur NS-Zeit vgl. Schwensen, Broder: „In dankbarer Freude". Verleihung des Flensburger Ehrenbürgerrechts während der NS-Zeit, in: ders.: Zwischen Konsens und Kritik. Facetten kulturellen Lebens in Flensburg 1933–1945, Flensburg 1999, S. 37–57; Johe, Werner: Hitler in Hamburg. Dokumente zu einem besonderen Verhältnis, Hamburg 1996, S. 233–236 u. 219f. sowie Maier, Stefan: Die Feier zur Überreichung der Ehrenbürgerurkunde an Adolf Hitler 1933, in: Möseneder, Karl (Hrsg.): Feste in Regensburg. Von der Reformation bis in die Gegenwart, Regensburg 1986, S. 595–599.

57 Eine Ausnahme bietet der gute Überblick über Berlin: Hoss, Christiane/Schönfeld, Martin (Hrsg.): Gedenktafeln in Berlin. Orte der Erinnerung an Verfolgte des Nationalsozialismus 1991–2001, Berlin 2002. Für Göttingen vgl. Nissen, Walter/Prauss, Christina/Schütz, Siegfried: Göttinger Gedenktafeln. Ein biografischer Wegweiser, Göttingen 2002. Zu essentialistisch dagegen ist m. E. Bickel, Wolfgang: Flurkreuz, Gedenkstein, Marterl und Tafel. Kleindenkmale als Fundamentalquellen, in: Praxis Geschichte, H. 6, 2003, S. 51–53.

58 Vgl. Münch, Paul (Hrsg.): Jubiläum, Jubiläum ... Zur Geschichte öffentlicher und privater Erinnerung, Essen 2005; Müller, Winfried/Flügel, Wolfgang/Loosen, Iris/Rosseaux, Ulrich (Hrsg.): Das historische Jubiläum. Genese, Ordnungsleistung und Inszenierungsgeschichte eines institutionellen Mechanismus, Münster 2003 und Schmidt, Thomas: Kalender und Gedächtnis. Erinnern im Rhythmus der Zeit, Göttingen 2000.

siv geführte interdisziplinäre Gedächtnisforschung, die auch den Rahmen für den Großteil der Beiträge über Denkmäler absteckt.[60] Die Betrachtung der Denkmäler als Speichergedächtnis dient zumeist der Untersuchung der Nationalgeschichtsschreibung,[61] der man sich zum Teil auch über internationale Vergleiche nähert.[62] Dennoch bleiben Lokalstudien auch hier relevant,[63] wobei die Errichtung von Denkmälern durch die örtliche NSDAP oder die Deutsche Arbeitsfront zum Zwecke der Integration von Arbeitern in die „Volksgemeinschaft" als Forschungsdesiderat betrachtet werden muss.[64]

Neben den im weitesten Sinne als Ehrungen von Persönlichkeiten zu betrachtenden kulturellen Praktiken sind auch andere Forschungsbeiträge zur Kulturpolitik im Nationalsozialismus hilfreich. Sie dienen der Kontextualisierung der Ehrungspolitik hinsichtlich der Art und Weise der Vermittlung von Kultur, dem Wandel von Zielen und Inhalten oder den Bedingungen und Möglichkeiten des

---

59 Vgl. zuletzt Pöppinghege, Rainer: Wege des Erinnerns. Was Straßennamen über das deutsche Geschichtsbewusstsein aussagen, Münster 2007; Bering, Dietz/Großsteinbeck, Klaus: Die ideologische Dimension der Kölner Straßennamen von 1870 bis 1945, in: Jaworski/Stachel: Besetzung, S. 311–335 und Lübbren, Rainer: Swinegel Uhland. Persönlichkeiten im Spiegel von Straßennamen, Norderstedt 2001. Auf die Zeit des Nationalsozialismus fokussiert Fürstenberg, Doris/Kulturamt Steglitz/Arbeitskreis „Nationalsozialismus in Steglitz" (Hrsg.): „Straßenname dauert noch länger als Denkmal". Die Benennung von Straßen in Berlin-Steglitz 1933–1948, Berlin 1999. Anregend, wenngleich für die DDR, auch Sänger, Johanna: Heldenkult und Heimatliebe. Straßen- und Ehrennamen im offiziellen Gedächtnis der DDR, Berlin 2006.

60 Für einen Überblick über die Denkmalforschung, wenngleich nur bis 1918, vgl. den Forschungsstand bei Rausch, Helke: Kultfigur und Nation. Öffentliche Denkmäler in Paris, Berlin und London 1848–1914, München 2006, S. 24–36; Schmid, Hans-Dieter: Den künftigen Geschlechtern zur Nacheiferung. Denkmäler als Quellen der Geschichtskultur, in: Praxis Geschichte, H. 6, 2003, S. 4–10; Jaworski, Rudolf: Denkmäler als Gedächtnisorte und als Gegenstand der Forschung. Regionale und vergleichende Aspekte, in: ders./Molik, Witold (Hrsg.): Denkmäler in Kiel und Posen, Kiel 2002, S. 10–22 und Schneider, Gerhard: Kriegerdenkmäler als Geschichtsquellen. Didaktisch-methodische Bemerkungen zum Unterricht im 9. bis 13. Schuljahr, in: Pandel, Hans-Jürgen/Schneider, Gerhard (Hrsg.): Handbuch. Medien im Geschichtsunterricht, Schwalbach/Taunus 1999, S. 525–578.

61 Vgl. z. B. Schlie, Ulrich: Die Nation erinnert sich. Die Denkmäler der Deutschen, München 2002 und Koshar, Rudy: Germany's transient past. Preservation and National Memory in the Twentieth Century, Chapel Hill/London 1998.

62 Vgl. zuletzt Jaworski/Stachel: Besetzung. Tacke, Charlotte: Denkmal im sozialen Raum. Nationale Symbole in Deutschland und Frankreich im 19. Jahrhundert, Göttingen 1995 ist auch aufgrund ihrer methodischen Herangehensweise für die folgende Arbeit relevant.

63 Vgl. Häger, Hartmut: Kriegstotengedenken in Hildesheim. Geschichte, Funktionen und Formen. Mit einem Katalog der Denkmäler für Kriegstote des 19. und 20. Jahrhunderts, Hildesheim 2006 und Klingel, Kerstin: Eichenkranz und Dornenkrone. Kriegerdenkmäler in Hamburg, Hamburg 2006. Explizit der Erforschung des städtischen kollektiven Gedächtnisses der Stadt Weimar widmet sich Ulbricht, Justus H.: Die Inszenierung des Vergessens oder: entrückte und entschwundene Denkmäler. Bemerkungen zur (Selbst-)Wahrnehmungsgeschichte Weimars, in: Höhnl, Dieter (Hrsg.): Vor-Reiter Weimars. Die Großherzöge Carl August und Carl Alexander im Denkmal, Jena 2003, S. 8–33.

64 Es liegt allerdings eine kunsthistorisch angelegte Arbeit vor, vgl. Schirmbeck, Peter: Adel der Arbeit. Der Arbeiter in der Kunst der NS-Zeit, Marburg 1984.

Handelns der Akteure.[65] Von den Untersuchungen einzelner kultureller und kulturpolitischer Felder sind hier vor allem diejenigen zu Feierlichkeiten relevant[66] sowie zur Verflechtung von Kultur und nationalsozialistischer Propaganda, insbesondere der völkisch-rassistischen.[67] Zudem kann an Studien angeknüpft werden, die sich den Akteursbeziehungen und Entscheidungsstrukturen in Politik und Kulturverwaltung, vor allem auf lokaler Ebene, widmen[68] und die Relevanz der Kultur für das städtische Selbstbild darlegen.[69] Mittlerweile liegen auch einige Überblicksdarstellungen zur nationalsozialistischen Kulturpolitik vor.[70]

---

65   Einen Überblick über die Veränderungen, die die Kulturpolitik seit 1933 durchlief, bieten Dunk, Hermann Walther von der: Kulturgeschichte des 20. Jahrhunderts, Darmstadt 2000; Bollenbeck, Georg: Tradition, Avantgarde, Reaktion. Deutsche Kontroversen um die kulturelle Moderne 1880–1945, Frankfurt am Main 1999, bes. Kap. 4 u. 5 und Saldern, Adelheid von: „Kunst für's Volk". Vom Kulturkonservatismus zur nationalsozialistischen Kulturpolitik, in: Marßolek, Inge/Wildt, Michael (Hrsg.): Adelheid von Saldern: Politik – Stadt – Kultur. Aufsätze zur Gesellschaftsgeschichte des 20. Jahrhunderts, Hamburg 1999, S. 169–204.

66   Vgl. an neueren und weiterführenden Beiträgen v. a. von Saldern: Inszenierter Stolz; zur Medienkultur siehe Faulstich, Werner: Medienkultur im Nationalsozialismus. Ein Forschungsbericht, in: Karmasin, Matthias/Faulstich, Werner (Hrsg.): Krieg – Medien – Kultur. Neue Forschungsansätze, Paderborn 2007, S. 145–192, hier S. 146–148 zum Fest als Primärmedium propagandistischer Zwecke; Rolf, Malte: Die Feste der Macht und die Macht der Feste. Fest und Diktatur – zur Einleitung, in: Journal of Modern European History, H. 1, 4/2006, S. 39–59 und Behrenbeck, Sabine: Durch Opfer zur Erlösung. Feierpraxis im nationalsozialistischen Deutschland, in: dies./Nützenadel, Alexander (Hrsg.): Inszenierungen des Nationalstaats. Politische Feiern in Italien und Deutschland seit 1860/71, Köln 2000, S. 149–170. Für Hannover vgl. Schmid: Feste und Feiern.

67   Vgl. Kühberger, Christoph: Emotionaler Rausch: Zu den Mechanismen der Gefühlsmobilisierung auf faschistischen und nationalsozialistischen Festen, in: Klimó, Árpád von/Rolf, Malte (Hrsg.): Rausch und Diktatur. Inszenierung, Mobilisierung und Kontrolle in totalitären Systemen, Frankfurt am Main/New York 2006, S. 177–192; Odenwald, Florian: Der nazistische Kampf gegen das „Undeutsche" in Theater und Film 1920–1945, München 2006; Etlin, Richard A. (Hrsg.): Art, culture, and media under the Third Reich, Chicago 2002 und von Saldern: Kunst für's Volk.

68   Vgl. Schmidt, Christoph: Nationalsozialistische Kulturpolitik im Gau Westfalen-Nord. Regionale Strukturen und lokale Milieus (1933–1945), Paderborn 2006; Sarkowicz, Hans (Hrsg.): Hitlers Künstler. Die Kultur im Dienst des Nationalsozialismus, Frankfurt am Main 2004; Ulbricht, Justus H. (Hrsg.): Klassikerstadt und Nationalsozialismus. Kultur und Politik in Weimar 1933 bis 1945, Weimar 2002 und Hörtnagel, Mathias: Regionale Kultur im Zeichen des Hakenkreuzes. Nationalsozialistische Kulturpolitik und ihre Auswirkungen auf das Alltagsleben der Bevölkerung in den holsteinischen Städten Kiel und Elmshorn 1933–1939, Kiel 1998.

69   Vgl. Thießen, Malte: Eingebrannt ins Gedächtnis. Hamburgs Gedenken an Luftkrieg und Kriegsende 1943 bis 2005, Hamburg 2007; von Saldern: Inszenierter Stolz; Guckes, Jochen: Stadtbilder und Stadtrepräsentationen im 20. Jahrhundert, in: IMS, H. 1, 2005, S. 75–86; Wasserloos, Yvonne: Damnatio memoriae. Die städtische Kulturpolitik und die Demontage des Mendelssohn-Denkmals in Leipzig, in: Mecking, Sabine/Wirsching, Andreas (Hrsg.): Stadtverwaltung im Nationalsozialismus. Systemstabilisierende Dimensionen kommunaler Herrschaft, Paderborn 2005, S. 139–180 und Thijs, Krijn: Die „braune" Erzählung der Stadt-

Für die bereits ausführlicher dargelegte Stadt- und Regionalgeschichte sei an dieser Stelle lediglich auf Forschungsberichte und vergleichende Zusammenfassungen verwiesen, die die diversen Einzelfallstudien reflektieren und in konzeptioneller Hinsicht bedeutsam für die vorliegende Arbeit waren.[71]

Über Hannover im Nationalsozialismus gibt es aktuelle und hochwertige Literatur zur politischen Entwicklung und den verschiedenen Akteuren, denen diese Studie viel zu verdanken hat.[72] Gerade hinsichtlich der Kulturpolitik in der NS-Zeit bestehen jedoch weiterhin gravierende Lücken, so dass lediglich auf wenigen Vorarbeiten aufgebaut werden konnte. Eine am Historischen Seminar der Leibniz-Universität Hannover entstandene Internetpräsenz stellt das hannoversche Gedenken an den deutschen Kolonialismus dar und berücksichtigt Straßen, Denkmäler und Biografien gleichermaßen.[73] Darüber hinaus existieren zu Straßenbenennungen einige interessante Detailuntersuchungen.[74] Über Denkmäler gibt es nur sehr

---

geschichte. Zur 700-Jahr-Feier der Reichshauptstadt und zur stadthistorischen Disziplin, in: Berlin in Geschichte und Gegenwart 2002, S. 111–136.

70 Vgl. Reichel, Peter/Glaser, Hermann/Dümling, Albrecht/Haibl, Michaela: Kunst, in: Benz, Wolfgang/Graml, Hermann/Weiß, Hermann (Hrsg.): Enzyklopädie des Nationalsozialismus, München 2007, S. 166–203; Glaser, Hermann: Wie Hitler den deutschen Geist zerstörte. Kulturpolitik im Dritten Reich, Hamburg 2005 und Hildebrand, Klaus: Das Dritte Reich, München, 6., neubearb. Aufl. 2003, S. 242–253.

71 Vgl. Schmiechen-Ackermann, Detlef: Großstädte und Nationalsozialismus. Stand, Probleme und Perspektiven der Forschung, in: Münkel, Daniela/Schwarzkopf, Jutta (Hrsg.): Geschichte als Experiment. Studien zu Politik, Kultur und Alltag im 19. und 20. Jahrhundert. Festschrift für Adelheid von Saldern, Frankfurt am Main/New York 2004, S. 333–344; Szejnmann, Claus-Christian W.: Theoretisch-methodische Chancen und Probleme regionalgeschichtlicher Forschungen zur NS-Zeit, in: Ruck, Michael/Pohl, Karl Heinrich (Hrsg.): Regionen im Nationalsozialismus, Bielefeld 2003, S. 43–57 und Schneider, Michael: Nationalsozialismus und Region, in: AfS 40/2000, S. 423–439.

72 Vgl. Fleiter: Stadtverwaltung; Stadtarchiv Hannover (Hrsg.): Schreibtischtäter? Einblicke in die Stadtverwaltung Hannover 1933–1945. Bearb. von Wolf-Dieter Mechler und Hans-Dieter Schmid, Hannover 2000; Schmiechen-Ackermann, Detlef: Kooperation und Abgrenzung. Bürgerliche Gruppen, evangelische Kirchengemeinden und katholisches Sozialmilieu in der Auseinandersetzung mit dem Nationalsozialismus in Hannover, Hannover 1999; ders.: Nationalsozialismus und Arbeitermilieus. Der nationalsozialistische Angriff auf die proletarischen Wohnquartiere und die Reaktion in den sozialistischen Vereinen, Bonn 1998; Mlynek: Hannover und Steinweg, Wolfgang: Das Rathaus in Hannover. Von der Kaiserzeit bis in die Gegenwart, Hannover 1988.

73 Rost, Inga-Dorothee: Koloniale Spuren in Hannover, 2004, http://www.koloniale-spuren.de/ [DL: 28.5.2010]. Vgl. auch Dunse, Karin: Spuren deutscher Kolonialgeschichte im öffentlichen Raum. Am Beispiel Hannovers, in: Weltengarten. Deutsch-afrikanisches Jahrbuch für interkulturelles Denken, H. 7, 2004, S. 175–188.

74 Vgl. Satjukow, Silke: Bahnhofstraßen. Geschichte und Bedeutung, Köln/Weimar/Wien 2002, S. 305–341; Deuter, Renate/Dringenberg, Bodo: Frauenstraßennamen, in: HGBl NF 52/1998, S. 431–450; Dringenberg, Bodo: Vom Stendor zum Hofacker. Kriegerisches in Hannovers Straßennamen, in: Mußmann, Olaf (Hrsg.): Leben abseits der Front. Hannoverscher Alltag in kriegerischen Zeiten, Hannover 1992, S. 191–211 und Kühne, Heinz: Straßen, Namen, Freimaurer. Straßennamen in Hannover, Hannover 1991. Für eine Sammlung der Straßennamen vgl. die unten in der Quellenbeschreibung genannten Veröffentlichungen von Helmut Zim-

wenige Einzeldarstellungen,[75] darunter befindet sich eine fundierte Monografie über die Kriegerdenkmäler Hannovers.[76] Eine hervorragende und detailreiche Gesamtdarstellung der kulturpolitischen Situation der 1920er- und frühen 30er-Jahre bieten darüber hinaus die Schriften von Ines Katenhusen.[77]

Quellen

An Quellen standen für diese Arbeit vorwiegend die im Stadtarchiv Hannover gesammelten Akten aus der Stadtverwaltung zur Verfügung. Die Hauptregistratur des Magistrats enthält zu vielen Denkmälern, Gedenktafeln, Feierlichkeiten, Ehrenbürgerschaften und weiteren Ehrungen die damaligen Geschäftsgänge im Rathaus. Auch Umgestaltungen bereits bestehender Ehrungen, Entehrungen sowie Planungen, selbst wenn diese ohne konkretes Ergebnis verliefen, sind erhalten geblieben und wurden berücksichtigt. Ergänzende Bestände boten vor allem das Niedersächsische Hauptstaatsarchiv Hannover und die Außenstelle Berlin-Lichterfelde des Bundesarchivs,[78] für Straßenbenennungen die Geoinformation des Fachbereichs Planen und Stadtentwicklung[79] der Stadtverwaltung Hannover sowie die Schriften Helmut Zimmermanns.[80]

mermann sowie Hanke, Christian: Hannovers Straßennamen erzählen Geschichte, Hannover 2006.

75 Vgl. Schmid, Hans-Dieter: Mit Luther siegen. Zur Entstehungsgeschichte und symbolischen Bedeutung des hannoverschen Lutherdenkmals von 1900, in: Kreter, Karljosef/Schneider, Gerhard (Hrsg.): Stadt und Überlieferung. Festschrift für Klaus Mlynek, Hannover 1999, S. 129–158; Weibezahn, Ingrid: Das Leibnizdenkmal in Hannover. Geschichte, Herkunft und Wirkung, in: Niederdeutsche Beiträge zur Kunstgeschichte 1972, S. 191–248. Zu Leibniz vgl. auch Rumpf, Peter: Von der Infinitesimalrechnung zum Leibniz-Keks. Gottfried Wilhelm Leibniz und die Folgen, in: Carcenac-Lecomte u. a.: Steinbruch, S. 49–66 und Christes, Thomas/Brüggemann, Michael: Leibniztempel.de, http://www.leibniztempel.de/ [DL: 28.5.2010].

76 Vgl. Schneider, Gerhard: „.... nicht umsonst gefallen"? Kriegerdenkmäler und Kriegstotenkult in Hannover, Hannover 1991. Für die Vorgeschichte des NS vgl. ders.: Militarisierung des Bewußtseins und nationale Konsensstiftung. Kriegerdenkmäler in Hannover 1919 bis 1933, in: HGBl NF 43/1989, S. 85–118.

77 Vgl. Katenhusen: Hannover ist nie ein Athen gewesen; dies.: Kunst und Politik. Hannovers Auseinandersetzungen mit der Moderne in der Weimarer Republik, Hannover 1998. Vgl. auch den Sammelband von Bergmeier, Hinrich/Katzenberger, Günter (Hrsg.): Kulturaustreibung. Die Einflußnahme des Nationalsozialismus auf Kunst und Kultur in Niedersachsen. Eine Dokumentation zur gleichnamigen Ausstellung, Hamburg 2000. Verwiesen sei außerdem auf die journalistische, aber qualitativ hochwertige Darstellung der hannoverschen Kulturpolitik während des Zweiten Weltkriegs in Grabe, Thomas/Hollmann, Reimar/Mlynek, Klaus/Radtke, Michael: Unter der Wolke des Todes leben ... Hannover im Zweiten Weltkrieg, Hamburg 1983, S. 175–200.

78 Vgl. die ausführlichere Übersicht im Quellenverzeichnis. Zur allgemeinen Quellenlage für die NS-Forschung vgl. Boberach, Heinz: Quellen zum Nationalsozialismus, in: Benz/Graml/Weiß: Enzyklopädie, S. 366–381.

79 Mangels eines systematischen Verzeichnisses über die während der NS-Zeit geänderten Straßennamen wurde das Verfahren gewählt, Helmut Zimmermanns umfangreichen Überblick über Straßenbenennungen auf Änderungen von personenbezogenen Straßennamen zu durch-

Aufgrund des dargelegten Forschungskonzepts wurden vorrangig diejenigen Ehrungen untersucht, die als Akte städtischer Repräsentation und damit vorzugsweise stadtöffentlich oder zumindest innerhalb der städtischen Elite vollzogen wurden.[81] Damit wurden weder die innerhalb der Kommune betriebenen ritualisierten Auszeichnungen an Mitarbeiter, vor allem aus Anlass von Dienstjubiläen, noch parteiinterne Auszeichnungen der NSDAP an ihre Mitglieder berücksichtigt.[82]

Erhalten haben sich fast ausschließlich die Kommunalakten; für den Gau Südhannover-Braunschweig sind – wie für die Mehrheit der NSDAP-Gaue – lediglich Restbestände überliefert.[83] Um diese quelleninduzierte Ungleichgewichtung zu minimieren, wurde ergänzendes Material herangezogen. So wurden zu den bereits bekannten Ehrungsterminen die Lokalzeitungen und für den Zeitraum 1933 bis 1945 stichprobenartig die nationalsozialistische „Niedersächsische Tageszeitung" und die auflagenstärkste Tageszeitung der bürgerlichen Presse, der sich als überparteilich verstehende „Hannoverschen Anzeiger", eingesehen.[84] Im Jahr 1943 fusionierten beide und erschienen seit dem 1. März als „Hannoversche Zeitung". Da die großstädtische Presse trotz Gleichschaltung und Zensur[85] ein un-

---

suchen und nur für die daraus resultierenden Neu- und Umbenennungen die Quellen einzusehen.

80 Vgl. Zimmermann, Helmut: Verschwundene Straßennamen in Hannover, in: HGBl NF 48/1994, S. 355–378; ders.: Die Straßennamen der Landeshauptstadt Hannover, Hannover 1992; ders.: Hannovers Straßennamen – Ergänzungen und Berichtigungen, in: HGBl NF 42/1988, S. 215–232 und ders.: Hannovers Straßennamen, in: HGBl NF 35/1981, S. 3–123.

81 Zu Teilöffentlichkeiten als Kommunikationsräumen vgl. Saldern, Adelheid von: Öffentlichkeiten in Diktaturen. Zu Herrschaftspraktiken im Deutschland des 20. Jahrhunderts, in: Heydemann, Günter/Oberreuter, Heinrich (Hrsg.): Diktaturen in Deutschland – Vergleichsaspekte. Strukturen, Institutionen und Verhaltensweisen, Bonn 2003, S. 442–475 und Requate, Jörg: Öffentlichkeit und Medien als Gegenstände historischer Analyse, in: GuG 25/1999, S. 5–32.

82 Eine komparatistische Untersuchung des stadt- und parteiinternen Auszeichnungssystems dürfte zwar durchaus lohnenswert sein, müsste jedoch anders konzipiert werden. Zudem wäre zumindest für den Gau Südhannover-Braunschweig die Quellenlage unzureichend. Verzichtet wurde auf die Einbeziehung des Ehrensolds als Gratifikation für Künstler und mangels ausreichender Quellengrundlage auch die Betrachtung der Stadtplaketten, einer Auszeichnung für Personen, die sich um die Stadt Hannover verdient gemacht hatten.

83 Vgl. Boberach: Quellen zum Nationalsozialismus, bes. S. 370.

84 Zur Entwicklung der hannoverschen Presse vgl. Dietzler, Anke: Die hannoverschen Tageszeitungen in den ersten Jahren der NS-Herrschaft (Diss.), Hannover 1984; Noakes: The Nazi Party, Übersicht und Auflagenstärke auf S. 20f. und Mangelsen, Jochen: „Hannoversche Allgemeine Zeitung" – „Hannoverscher Anzeiger". Untersuchung zur Entwicklung einer Tageszeitung seit ihrer Gründung im Jahre 1893. Ein Beitrag zur Zeitungsgeschichte der letzten 75 Jahre, Berlin 1968.

85 Zur Presse im Nationalsozialismus vgl. Zimmermann, Clemens: Medien im Nationalsozialismus. Deutschland 1933–1945, Italien 1922–1943, Spanien 1936–1951, Wien 2007, S. 85–128 und Dussel, Konrad: Deutsche Tagespresse im 19. und 20. Jahrhundert, Münster 2004, S. 159–185.

verzichtbares Organ der Vermittlung lokalen Lebens[86] und Medium der Repräsentation blieb, kann sie auch in Forschungen nicht unberücksichtigt bleiben, selbst wenn sie zweifelsohne besonders kritisch auf Euphemismen, Verzerrungen, Auslassungen und Falschmeldungen geprüft werden muss. Hinzugenommen wurden außerdem Berichte von Ämtern oder Amtspersonen,[87] aus sozialistischen Kreisen[88] und weitere individuelle Rückblicke und Tagebuchaufzeichnungen,[89] so dass verschiedene Blickwinkel zur Sprache kamen und in Einzelfällen Zeitungsinformationen bestätigt oder korrigiert werden konnten.

---

86 Zur Entwicklung des Pressewesens und seiner Bedeutung für die Städte vgl. Schildt, Axel: Stadt, Medien und Öffentlichkeit in Deutschland im 20. Jahrhundert. Ergebnisse der neueren Forschung, in: IMS, H. 1, 2002, S. 36–43, bes. S. 39f; Zimmermann, Clemens: Zur Einleitung. Stadt, Medien und Lokalität, in: IMS, H. 1, 2002, S. 5–13, bes. S. 7 und Lindner, Rolf: Die Entdeckung der Stadtkultur. Soziologie aus der Erfahrung der Reportage, Frankfurt am Main 1990, S. 17–22.

87 Vgl. Boberach, Heinz (Hrsg.): Meldungen aus dem Reich 1938–1945. Die geheimen Lageberichte des Sicherheitsdienstes der SS. Vollständige Texte aus dem Bestand des Bundesarchivs Koblenz, 17 Bde. und Registerband, Herrsching 1985; Mlynek, Klaus: Politische Lageberichte aus den Anfangsjahren der NS-Zeit am Beispiel von Stadt und Landkreis Hannover (Teil 1), in: HGBl NF 33/1979, S. 119–142 und Teil 2 in: HGBl NF 33/1979, S. 187–238 und Michaelis, Herbert/Schraepler, Ernst: Ursachen und Folgen. Vom deutschen Zusammenbruch 1918 und 1945 bis zur staatlichen Neuordnung Deutschlands in der Gegenwart. Eine Urkunden- und Dokumentensammlung zur Zeitgeschichte. Bd. 11: Das Dritte Reich, Berlin 1979, S. 42–62.

88 Vgl. Behnken, Klaus (Hrsg.): Deutschlandberichte der Sozialdemokratischen Partei Deutschlands (SoPaDe) 1934–1940, 7 Bde., Salzhausen 1980 und Theilen, Karin: Sozialistische Blätter. Das Organ der „Sozialistischen Front" in Hannover 1933–1936, Hannover 2000.

89 Vgl. den Rückblick des Juristen Berlit, Jan-Wolfgang: Wie ich mich von Hitler (ver-)führen ließ. Selbstanalyse eines Bundesbürgers, Hannover 1997, des Gauleiters Lauterbacher, Hartmann: Erlebt und mitgestaltet. Kronzeuge einer Epoche 1923–1945. Zu neuen Ufern nach Kriegsende, Preußisch Oldendorf 1984 und des Arbeiters Dürkefälden, Karl: „Schreiben, wie es wirklich war ...". Aufzeichnungen Karl Dürkefäldens aus den Jahren 1933–1945. Hrsg. von Herbert und Sibylle Obenaus, Hannover 1985.

I. „... SINNBILD DER VERBUNDENHEIT DES DEUTSCHEN VOLKES ...". EHRUNGEN IN HANNOVER VON DER MACHTÜBERNAHME BIS 1939

Das folgende Kapitel widmet sich der Veränderung in der Gedenklandschaft Hannovers während der nationalsozialistischen Vorkriegszeit. Verständlich wird die sich hier abzeichnende Entwicklung jedoch nur, wenn auch das personelle Beziehungsgeflecht auf der Mikroebene[1] nachvollzogen wird, das die gedenkpolitischen Wandlungen bedingt. Im Vordergrund steht dabei das Verhältnis zwischen der Gauleitung Südhannover-Braunschweig und der Stadtverwaltung Hannover. Immer wieder wurden allerdings auch nationale und weitere regionale oder lokale Akteure relevant im kulturellen Geschehen. Nachgegangen wird dabei drei Fragenkomplexen:

1. Zwischen welchen Akteuren kam es zu Konflikten, zwischen welchen bestand Konsens? Wie veränderten sich Akteure, vor allem Gremien und Institutionen der Stadt und des Gaues, im Laufe der Zeit? Welchen Einfluss hatte das auf die bestehenden personellen Netzwerke und damit auf das gesamte lokalpolitische Gefüge?
2. Inwiefern korrespondierten die symbolischen Machtdemonstrationen mit realem Einfluss? Über welchen Handlungsraum verfügten die lokalen Akteure im Laufe der Jahre? Dabei ist der Begriff „verfügen" hier durchaus in seinem Doppelsinn gemeint: als Potential der Handelnden und als reale Ausgestaltung dieser Möglichkeiten. Wer prägte über die Ehrungspolitik in besonderem Maße das Kollektivsubjekt „Stadt Hannover"?
3. Welche Spuren hinterließ die sich wandelnde Ehrungspolitik im kulturellen Gedächtnis der Stadt? Welche Veränderungen gingen damit einher?

Bevor nun die Akteure der Ehrungspolitik mit ihren Zielen, Maßnahmen und symbolischen Repräsentationen bis zum Beginn des Zweiten Weltkriegs analysiert werden, seien jedoch die Rahmenbedingungen abgesteckt, das heißt, die juristischen und administrativen Zuständigkeiten für die einzelnen Ehrungspraktiken vorgestellt.

---

1 Zur Mikro-, Meso- und Makroebene vgl. Läpple, Dieter: Essay über den Raum. Für ein gesellschaftswissenschaftliches Raumkonzept, in: Häußermann, Hartmut/Ipsen, Detlev/Krämer-Badoni, Thomas/Läpple, Dieter/Rodenstein, Marianne/Siebel, Walter (Hrsg.): Stadt und Raum. Soziologische Analysen, Pfaffenweiler 1992, S. 157–207, hier S. 197f.

1. STÄDTISCHE EHRUNGEN UND IHRE NATIONALEN RAHMENBEDINGUNGEN

Denkmäler und Gedenktafeln

Für das Anbringen von Gedenktafeln lassen sich keinerlei rechtliche Regelungen, weder von der Stadtverwaltung Hannover noch von Seiten anderer Behörden, feststellen.[2] Auch über die Errichtung von Denkmälern wurden keine Vorschriften erlassen. Allerdings war die damit zum Teil verbundene Austragung von Wettbewerben gemäß der Vorschriften der Reichskammer der bildenden Künste aus dem Jahr 1934 durchzuführen.[3] In Hannover wirkte dabei stets Walter Schacht[4] von der Landesstelle Niedersachsen der Reichskammer der bildenden Künste als Mitglied der Jury am Preisgericht mit.[5]

Folgenreich für die Schleifung von Denkmälern und Gedenktafeln war die so genannte „Metallsammlung" vom Sommer 1942.[6] Das Reichsinnenministerium hatte bestimmt, dass zugunsten der Rüstungsproduktion Gedenktafeln, sofern sie

---

2   Einen allgemeinen Überblick zum politischen Umgang mit Kulturpolitik im Nationalsozialismus, inklusive der Berufsverbote, gibt Dahm, Volker: Systemische Grundlagen und Lenkungsinstrumente der Kulturpolitik des Dritten Reiches, in: Beyrau, Dietrich (Hrsg.): Im Dschungel der Macht. Intellektuelle Professionen unter Stalin und Hitler, Göttingen 2000, S. 244–259.

3   Vgl. Anordnung betr. Wettbewerbe v. 23.3.1934 und Zweite Anordnung betr. Wettbewerbe v. 16.5.1934, abgedruckt in Schrieber, Karl Friedrich (Hrsg.): Das Recht der Reichskulturkammer. Sammlung der für den Kulturstand geltenden Gesetze und Verordnungen, der amtlichen Anordnungen und Bekanntmachungen der Reichskulturkammer und ihrer Einzelkammern. 5 Bde., Berlin 1935–1937, hier Bd. 1, S. 124–135.

4   Der Architekt und Werbegrafiker Walter Schacht (1893–1953) war Erster Vorsitzender der Landesgruppe Hannover des Bundes deutscher Gebrauchsgraphiker e. V. Neben seiner Tätigkeit für die Kulturkammer war er zumindest in den Jahren 1933/34 auch als Fachberater für bildende Kunst bei der Landesleitung des Kampfbundes für deutsche Kultur tätig, vgl. HK v. 28.8.1933, Meldekarte Schacht in Sammlung Heine und Röhrbein, Waldemar R.: 75 Jahre Kulturring Hannover. Rückblick und Ausblick, in: Röhrbein, Waldemar R./Claas, Karin/Balzer, Heinz (Hrsg.): Kultur in Hannover. Aus der Arbeit hannoverscher Kulturvereine. Kulturring 1924–1999, Hannover 1999, S. 63–72, S. 66.

5   Vgl. HT v. 6.4.1934 im Falle des Johann-Egestorff-Denkmals, HA v. 19.4.1935 für das Carl-Peters-Denkmal und HK v. 9.9.1935 anlässlich des Kriegerdenkmals des Regiments 4.

6   Vgl. Runderlass (Schnellbrief) des Reichsministers des Innern v. 3.5.1942, NHStAH, Hann. 122a, Nr. 3439, fol. 2f. Auch Kriegerdenkmäler waren explizit eingeschlossen, vgl. Schreiben des Reichsministeriums des Innern an die Oberpräsidenten v. 5.1.1943, NHStAH, Hann. 122a, Nr. 3439, fol. 9. Eine Meldepflicht der in Frage kommenden Denkmäler und Tafeln bestand bereits seit Juni 1940, vgl. Schreiben des Vizepräsidenten des Deutschen Gemeindetages an die Oberbürgermeister der Städte mit mehr als 5 000 Einwohnern v. 14.5.1941, StAH, HR 13, Nr. 601. Der Regelung ging eine Anordnung zur Sammlung von Kirchenglocken aus Bronze und Kupfer voraus, vgl. RGB 1940, S. 510, MBliV 1941, S. 2034, MBliV 1942, S. 286, sowie von Eisen. Letzteres betraf auch die Eisengitter auf Friedhöfen von privaten Eigentümern, vgl. Protokoll der Besprechung mit den Dezernenten v. 28.3. u. 1.11.1938, 28.5.1940, 11.6. u. 4.8.1942. Die Umsetzung der Eisensammlung hatte durch lokale Stellen zu erfolgen, vgl. zur Vorgehensweise in Hannover Kapitel V, 2.1.

über fünf Kilogramm wogen, und Denkmäler aus Nicht-Eisenmetall an zentraler Stelle zu sammeln seien, um sie bei Bedarf einschmelzen zu können. Dieser Regelung fielen die Kaiserstandbilder im Rathaus, das Kriegerdenkmal am Neuen Haus und die Denkmäler für Martin Luther, Rudolf von Bennigsen, Heinrich Marschner und Pastor Bödeker zum Opfer; ausgenommen von dieser Regelung wurden die Denkmäler für Friedrich Schiller, Graf Carl von Alten und König Ernst-August, da sie als künstlerisch besonders wertvoll eingestuft wurden.[7] Mit Schreiben vom 31. Oktober 1944 wurde die Metallsammlung „bis auf weiteres ausgesetzt".[8] Da viele Denkmäler nur eingelagert und noch nicht der Schmelze zugeführt worden waren, kehrten nach dem Zweiten Weltkrieg unter anderem die Denkmäler für Bödeker und Luther unversehrt nach Hannover zurück.[9]

Ehrenbürgerschaften

Wohl kaum eine deutsche Stadt hatte 1933 versäumt, Adolf Hitler zum Ehrenbürger zu ernennen.[10] Oft wurden auch weitere Reichsminister auf diese Weise geehrt, so im Falle Hannovers Bernhard Rust,[11] der nicht nur Reichserziehungsminister, sondern auch Gauleiter des Gaues Südhannover-Braunschweig und Mitglied des Bürgervorsteherkollegiums im hannoverschen Rathaus war. Die Ernennungen zu Bürgern ehrenhalber häuften sich 1933 so stark, dass sie bereits im Spätsommer durch die neue Regierung eingeschränkt wurden.[12] Im August 1933

---

7   Vgl. Schreiben aus dem Reichsministerium für Wissenschaft, Erziehung und Volksbildung an den Oberpräsidenten in Hannover v. 6.5.1942, NHStAH, Hann. 122a, Nr. 3439, fol. 4 und die „Zusammenstellung der im Jahre 1941 abgelieferten Denkmäler" in StAH, HR 13, Nr. 602.
8   Schreiben des Reichsministers des Innern v. 31.10.1933, NHStAH, Hann. 122a, Nr. 3439, fol. 14.
9   Vgl. Rechnung der Zinnwerke Hamburg v. 15.3.1949, StAH, HR 13, Nr. 602. Die Gegenstände mussten zum amtlichen Schrottpreis zurückgekauft werden. Vgl. zur Rückkehr auch Die Welt v. 4.1.1949, Niedersächsische Volksstimme v. 7.1.1939 und HP v. 11.10.1952.
10 Vgl. hierzu auch Holm, Kirsten: „Weimar im Banne des Führers". Die Besuche Adolf Hitlers 1925–1940, Köln/Weimar/Wien 2001, S. 89–93.
11 Studienrat Bernhard Rust (1883–1945) war seit 1924 Bürgervorsteher, zuerst für den Bürgerblock, dann für die NSDAP, in die er 1925 eintrat. Noch im selben Jahr wurde er bis November 1940 Gauleiter, dazu 1930 Mitglied des Reichstags. Am 4.2.1933 wurde er zum kommissarischen und am 22.4.1933 zum regulären Preußischen Minister für Wissenschaft, Kunst und Volksbildung berufen und bereits am 30.4.1934 auch zum Reichsminister für Wissenschaft, Erziehung und Volksbildung. Vgl. Herlemann, Beatrix: Biographisches Lexikon niedersächsischer Parlamentarier 1919–1945, Hannover 2004, S. 309; HBL, S. 305; Höffkes, Karl: Hitlers politische Generale. Die Gauleiter des Dritten Reiches. Ein biographisches Nachschlagewerk, Tübingen, 2., überarb. und erw. Aufl. 1997 [1986], S. 277–279 und Eilers, Rolf: Die nationalsozialistische Schulpolitik. Eine Studie zur Funktion der Erziehung im totalitären Staat, Köln 1963, bes. S. 112–114.
12 Zur juristischen Entwicklung der Ernennung von Bürgern ehrenhalber zwischen 1933 und 1945 vgl. Schwensen: Verleihung, bes. S. 41–44 und Schubert, Gert: Rein sachliche Gesichtspunkte. Straßenbenennung in Berlin – Rechtsgrundlagen und Tendenzen, in: Fürstenberg u. a.: Straßenname dauert noch länger, S. 10–19.

gebot ein Erlass von Rudolf Heß, dem Stellvertreter Hitlers, „die Verleihung von Ehrenbürgerrechten nur noch in ganz außergewöhnlichen Fällen" vorzunehmen.[13] Ein Runderlass aus dem folgenden Oktober präzisierte die Vorgabe:

> „Die Verleihung von Ehrenbürgerrechten an einzelne Personen hat überhandgenommen. Die Gemeinden scheinen sich nicht ihrer Verpflichtung bewußt zu sein, von diesem Recht nur in besonderen Fällen Gebrauch zu machen. [...] In Zukunft bedarf die Verleihung von Ehrenbürgerrechten – ausgenommen der Reichspräsident, der Führer und Reichskanzler sowie der Ministerpräsident – der ausdrücklichen vorherigen Genehmigung durch den Preußischen Minister des Innern. Werden Verleihungen ohne diese ausdrückliche Zustimmung vorgenommen, so würden sie in Zukunft für ungültig erklärt werden."[14]

Im Mai 1934 berichtete der Hannoversche Anzeiger, dass die Landesregierungen angehalten seien darauf hinzuwirken, „daß die Verleihung von weiteren Ehrenbürgerschaften unterbleibt".[15] Auch vom Preußischen Innenminister wurde per Runderlass mehr Zurückhaltung eingefordert.[16] Die Erlasse, Verordnungen und Ermahnungen führten zwar zu einer Einschränkung im intendierten Sinne, Entwarnung konnte jedoch nicht gegeben werden. Zumindest lässt darauf die Anweisung von Rudolf Heß von Herbst 1936 schließen, die sich an die Beauftragten der NSDAP wandte, deren Zustimmung die Städte und Gemeinden mittlerweile vor einer Ernennung einholen mussten:

> „Von der Verleihung des Ehrenbürgerrechts ist sparsamer Gebrauch zu machen. Der Beauftragte muss immer daran denken, daß ein Ehrenbürgerrecht eine Auszeichnung ist; jede Auszeichnung verblaßt aber, wenn sie in zu großem Umfange verliehen wird. Der Beauftragte muß aber auch daran denken, daß die Verleihung von Ehrenbürgerrechten leicht zu einem Byzantinismus [unwürdige Schmeichelei] führen kann. In meinen wiederholten Anordnungen habe ich strikte gefordert, daß jeder Byzantinismus unterbleibt."[17]

Erneute Verweise auf bestehende Vorschriften[18] verdeutlichen, dass das Problem selbst dann ungelöst blieb, als 1940 verfügt wurde, dass „Ehrenbürgerrechte während der Dauer des Krieges von den Gemeinden allgemein nicht mehr verliehen werden" dürfen.[19]

---

13 HT v. 18.8.1933.
14 MBliV 1933–1, S. 1290.
15 HA v. 6.5.1934.
16 Vgl. MBliV 1934, S. 748.
17 Anweisung Nr. 5 des Stellvertreters des Führers an die Beauftragten der NSDAP als Runderlass des Reichs- und Preußischen Ministers des Innern v. 17.11.1936, MBliV 1936, S. 1558.
18 Vgl. RGB 1939–I, S. 703, MBliV 1941, S. 743 u. Schreiben des Reichsministeriums des Innern an die Ober- und Regierungspräsidenten v. 23.9.1941 in StAH, HR 15, Nr. 919.
19 MBliV 1940, S. 1921.

Straßennamen

Auch für die Benennung von Straßen erließ Berlin Richtlinien. Schon 1932 wurde diese bislang kommunale Aufgabe durch einen Preußischen Erlass vom 23. Dezember auf den Staat übertragen.[20] Ausführende Stelle war der örtliche Polizeipräsident, der jedoch Einigkeit mit der Gemeinde erzielen sollte.[21] Per Verordnung vom 1. April 1939 wurde die Straßenbenennung wieder den Gemeinden zugewiesen, wobei der Beauftragte der NSDAP zuzustimmen hatte.[22] Anfang der 1940er-Jahre wurde darüber hinaus die Benennung von Straßen nach verstorbenen Mitgliedern der NSDAP genehmigungspflichtig: Hier war „der für den letzten Wohnsitz des Verstorbenen zuständige Gauleiter" die entscheidende Person.[23]

Immer wieder kam es sowohl in Hannover als auch auf nationaler Ebene zu Klagen über zu häufiges Umbenennen von Straßen.[24] Eine deutliche Einschränkung dieser Praxis stellte das 1934 ausgesprochene Verbot dar, Straßen nach noch lebenden Persönlichkeiten zu benennen.[25] Eine Ausnahme erreichte die Stadt Hannover 1939 per Sondergenehmigung für die schwedische Krankenschwester Elsa Brändström, die sich um die Pflege von deutschen Kriegsgefangenen in

---

20 Vgl. Akte Nr. 01916 im Geoinstitut der Stadt Hannover (im Folgenden „geo") sowie Magistratssitzungen v. 3.1., 7.2., 23.3., 28.3. u. 11.4.1933. Die Änderung der Zuständigkeit wurde erst am 23.4.1933 im Hannoverschen Anzeiger bekannt gegeben.

21 Bislang, so resümierte Stadtbaurat Karl Elkart 1939, sei die Zusammenarbeit diesbezüglich auch reibungslos verlaufen. Der Streit um die Umbenennung der Marienstraße in Berliner Straße sei eine Ausnahme, vgl. Protokoll der Besprechung des Oberbürgermeisters mit den Dezernenten v. 24.1.1939 in geo 01916. Bereits 1935 ließ er einen Bürger wissen, dass der Polizeipräsident üblicherweise die Vorschläge der Stadtverwaltung übernehme, vgl. Schreiben Elkart an Mohrmann v. 6.12.1936 in geo 01994. Vgl. auch den Einspruch Haltenhoffs gegen die Umbenennung der Marienstraße in Berliner Straße durch den Polizeipräsidenten beim Regierungspräsidenten v. 25.1.1939, S. 2, geo 01916 und MBliV 1933, S. 561. Zur Reaktion in Hannover, wo der Magistrat gegen die 1932 geänderte Zuständigkeit eine Klage in Erwägung zog, letztendlich jedoch darauf verzichtete, vgl. Protokolle der Magistratssitzungen v. 3.1. u. 7.2.1933 u. v. 28.3.1933.

22 Vgl. Verordnung über die Benennung von Straßen, Plätzen und Brücken v. 1.4.1939, RGB 1939–I, S. 703; Die Kulturverwaltung 1939, S. 210. Ergänzende Regelungen erschienen 1941, vgl. Runderlass des Ministerium des Innern v. 21.4.1941, MBliV 1941, S. 743f. Für Hannover vgl. Schreiben OB an Dezernenten und städtische Dienststellen v. 13.4.1939, StAH, NL Müller, Nr. 33; Beratung mit den Ratsherren v. 24.1., 17.2. u. 27.6.1939.

23 MBliV 1941, S. 743.

24 So sei „in den letzten Jahren [...] eine große Anzahl von Straßen und Plätzen im Stadtgebiet umbenannt worden, seit 1933 insgesamt 63 Straßen oder Plätze", ließ OB Haltenhoff in seinem Einspruch v. 25.1.1939 gegen die Umbenennung der Marienstraße in Berliner Straße durch den Polizeipräsidenten beim Regierungspräsidenten verlauten, vgl. S. 2, geo 01916. Elkart klagte vor allem über die dadurch entstehenden zu hohen Kosten, vgl. Elkart in Magistratssitzung v. 20.10.1933 in geo 01872, Schreiben Elkart an Polizeipräsidenten v. 27.6.1935 sowie Schreiben Leonhardt an Stadtbauamt v. 17.6.1935, beide in geo 01477.

25 Vgl. Runderlass des Ministerium des Innern v. 25.5.1934, MBliV 1934 S. 748 u. HA v. 6.5.1934. Die ohne Beleg getätigte Aussage von Pöppinghege, dass die Nationalsozialisten „bewusst" dagegen „verstießen" kann für Hannover nicht bestätigt werden. Vgl. Pöppinghege: Wege des Erinnerns, S. 64.

Russland verdient gemacht hatte. Sie sollte als Namenspatronin für die Neubausiedlung einer Genossenschaft fungieren, die von Kriegsgefangenen gegründet worden war.[26] Die Einschränkung, dass nun nur noch Verstorbene Namenspatrone werden durften, diente in erster Linie der Wahrung der Ordnungsfunktion von Straßennamen, auf die ein Runderlass vom Mai 1933 hinwies:

> „Die Namen der Straßen, Plätze und Brücken dienen der Ordnung, Sicherheit und Leichtigkeit des Verkehrs. [...] Bei der Entscheidung über die Benennung von Straßen usw. haben sich die Pol.[izei]-Behörden in erster Linie von polizeilichen Erwägungen leiten zu lassen; andere Gesichtspunkte, wie beispielsweise Ehrung, Erinnerung, Pietät dürfen nur im Rahmen solcher Erwägungen Berücksichtigung finden."[27]

Allerdings definierte dieser Erlass es als „polizeiliches Interesse", wenn „vor der nationalen Erhebung die Bezeichnung von Straßen usw. ohne sachliche Notwendigkeit lediglich zur Verherrlichung des Marxismus oder seiner Vertreter geändert" worden war.[28] Die Einführung der Genehmigungspflicht stellte in Hannover kein nennenswertes Hindernis bei der Benennungspraxis dar.[29]

Eine der wenigen inhaltlichen Vorgaben machte der folgende Runderlass von 1937, der im Kontext der Kriegsvorbereitungen auf die körperliche Mobilmachung zielte. Es sei „gebührende Rücksicht" darauf zu nehmen, „Straßen und Plätze auch nach Männern zu benennen, die sich auf dem Gebiete der Leibesübungen in Deutschland verdient gemacht haben, wie z. B. Friedrich Ludwig Jahn".[30] In Hannover erfolgten Benennungen nach Persönlichkeiten dieser Art erstmals im Januar 1941,[31] und 1943 wurde das Nordufer am Maschsee auf den Namen des verstorbenen Reichssportführer Hans von Tschammer und Osten getauft.[32] Eine zweite inhaltliche Vorgabe stammte vom Reichsministerium des Innern vom 27. Juli 1938:

> „Soweit dies noch nicht geschehen ist, sind sämtliche nach Juden und jüdischen Mischlingen ersten Grades benannten Straßen oder Straßenteile unverzüglich umzubenennen. Die alten Straßenschilder sind zugleich mit der Anbringung der neuen Schilder zu entfernen."[33]

---

26 Vgl. geo 00812. Erst 1957 wurde die Schreibweise auf Anregung des schwedischen Konsulats von Brandström in Brändström geändert.
27 Runderlass des Ministeriums des Innern v. 9.5.1933, MBliV 1933, S. 561.
28 Ebd., vgl. dazu auch den Runderlass des Ministeriums des Innern v. 15.7.1939, MBliV 1939, S. 1521. Für weitere Regelungen zur Benennung vgl. Runderlass des Ministeriums des Innern v. 17.6.1933, MBliV 1933, S. 745; Schreiben Haltenhoff an Regierungspräsidenten v. 15.3.1939, S. 1, geo 01916; MBliV 1939, S. 1521; Die Kulturverwaltung 1939, S. 210.
29 Den Quellen ließen sich keinerlei Verhinderungen oder Einschränkungen entnehmen, die durch die zuständigen Stellen ausgeübt worden wären. Ebenso wenig aktenkundig wurde ein etwaiger vorauseilender Verzicht seitens der Stadt Hannover.
30 Runderlass des Reichsführers SS und Chef der Deutschen Polizei im Reichsministerium des Innern v. 29.6.1937, MBliV 1937, S. 1087.
31 Vgl. geo 01926. Ein eindeutiger Bezug auf den Erlass liegt jedoch nicht vor.
32 Vgl. geo 02079.
33 Abgedruckt in Walk, Joseph (Hrsg.): Das Sonderrecht für die Juden im NS-Staat. Eine Sammlung der gesetzlichen Maßnahmen und Richtlinien – Inhalt und Bedeutung, Heidelberg, 2. Aufl. 1996, S. 235, Nr. 514. Vgl. hierzu Fitterling, Dieter: NS-Rassenpolitik, Antisemitis-

In diesem Fall blieb der Erlass jedoch praktisch völlig unwirksam, da Hannover diese Maßnahme bereits Ende 1933 umgesetzt hatte und damit dem Reichsgesetz zuvorgekommen war.[34] Damit bestätigt sich auch für die symbolische Ausgrenzungspolitik der bereits von Wolf Gruner festgestellte Beitrag der Kommunen zur Radikalisierung des Antisemitismus.[35]

Schirmherrschaften, Feierlichkeiten, Stadtjubiläen

Auch verschiedene Aspekte im Rahmen von Feierlichkeiten stießen früh auf Kritik. So beschloss das Reichskabinett laut Hannoverschem Tageblatt bereits 1933,

> „daß von den Mitgliedern des Kabinetts Schirmherrschaften und Protektorate in Zukunft grundsätzlich abgelehnt werden sollen und die bereits übernommenen vom 1. Januar 1934 an als erloschen zu betrachten sind. Dieser Beschluß erfolgte, weil in der letzten Zeit Anträge auf Uebernahme von Ehrenprotektoraten in übertriebenem Maße gestellt worden sind. Auf einen weiteren besonderen Beschluss des Reichskabinetts hin wird bekanntgegeben, daß die Mitglieder des Kabinetts in den letzten Wochen mit Einladungen geradezu überschüttet worden sind, so daß hierdurch eine unerträgliche und unnötige Belastung des Geschäftsganges eingetreten ist. Die Mitglieder des Reichskabinetts werden in Zukunft nur noch an Veranstaltungen teilnehmen, wenn dies aus staatspolitischen Gründen unbedingt erforderlich ist. Alle Einladungen, bei denen dies nicht zutrifft, werden in Zukunft unbeantwortet bleiben".[36]

Zwar fügten sich die „Bevölkerungskreise"; doch ist einer Beschwerde der Reichstheaterkammer zu entnehmen, dass die entstandenen Gesetzeslücken gezielt genutzt wurden, denn sie klagte, dass „verschiedene Theaterleiter" sich bemühten, Schirmherren aus dem Ausland zu rekrutieren.[37] Die Kammer gab daher bekannt, dass von nun an vor der Anfrage die Erlaubnis beim Reichsministerium für Propaganda einzuholen sei.[38]

Die Feierplanung war aber nicht nur für die Terminpläne der Kabinettsmitglieder ein Problem, sondern wurde auch als Behinderung der Arbeit des Ministeriums für Volksaufklärung und Propaganda dargestellt. Dessen Minister Joseph Goebbels erließ im August 1936 eine Verordnung, nach der Feiern einzuschränken seien, da „ein Uebermass auf diesem Gebiet schädlich wirkt und die Öffentlichkeit in höchst unerwünschtem Maße gegen wichtige Werbe- und Propaganda-

---

mus und Straßenbenennung, in: Fürstenberg u. a.: Straßenname dauert noch länger, hier S. 48f. Vgl. auch Schreiben Puttkammer für das Polizeipräsidium Hannover an OB v. 8.8.1938, geo 01295, Hertzstraße.

34 In Leipzig war der Großteil der politischen Straßenumbenennungen bis 1935 abgeschlossen, vgl. Held, Steffen: Carl Goerdeler in Leipzig – Antisemitismus und Kommunalverwaltung 1933–1936, in: Diner, Dan (Hrsg.): Leipziger Beiträge zur jüdischen Geschichte und Kultur Bd. 1, Osnabrück 2003, S. 283–310, hier S. 303.
35 Vgl. Gruner: NS-Judenverfolgung und Kommunen.
36 HT v. 2.12.1933.
37 Vgl. Schreiben des Präsidenten der Reichstheaterkammer an die Städtischen Bühnen v. 6.10.1938, StAH, HR 15, Nr. 13.
38 Vgl. ebd.

aktionen abstumpft".[39] Hitler betonte in seiner folgenden Schilderung der Problemlage beide Aspekte:

> „In letzter Zeit habe ich ein übermäßiges Anwachsen von Tagungen, Kongressen, Feiern und sonstigen großen Veranstaltungen feststellen müssen. Durch eine Häufung solcher Veranstaltungen werden einmal die führenden Persönlichkeiten von Partei und Staat in so starkem Maße beansprucht, daß sie ihren eigentlichen Aufgaben entzogen werden. Zweitens wird die propagandistische Wirkung der Veranstaltungen durch ihre allzu nahe Folge beeinträchtigt. Vielfach finden große Tagungen sogar zur gleichen Zeit statt und machen sich so unmittelbar Wettbewerb. Dadurch werden die häufig erheblichen Geldmittel, die zu den Veranstaltungen benötigt werden, nicht genügend ausgenutzt. Schließlich entsteht durch ein Übermaß von Feiern bei der Bevölkerung ein falscher Eindruck über Arbeit und Leistung der Bewegung und des Staates."[40]

Goebbels und Hitler sahen daher seit Jahresende 1936 zur besseren Koordination eine Meldefrist für alle Veranstaltungen vor, die sich über mehr als einen Gau erstreckten, sowie eine Genehmigungspflicht für die Einladung internationaler Gäste.[41] Auch Goebbels' Erlass vom Mai 1938, dem zufolge Hitler „600, 700 oder 1 000-Jahrfeiern nicht mehr genehmigen wird, da diese Zeiträume im Vergleich mit der historisch belegten Existenz bekannter Weltstädte anderer Nationen nicht bestehen können", zog eine Einschränkung von lokalen Feierlichkeiten nach sich.[42] Dies war offensichtlich eine Konsequenz aus der Tatsache, dass im Ausland derartige Kulturveranstaltungen bereits belächelt worden waren.[43] Damit wurden Pläne Hannovers hinsichtlich einer 750-Jahr-Feier ad acta gelegt.[44]

Auf eine Vereinheitlichung der Zeremonien und Planungen zielten auch die vermehrten Veröffentlichungen von Musterabläufen und Richtlinien in der seit 1937 von der Reichspropagandaleitung herausgegebenen und noch bis Januar 1945 erschienenen Informationsschrift „Die neue Gemeinschaft. Parteiarchiv für nationalsozialistische Feier- und Freizeitgestaltung". Auch die zwischen 1937 und 1944 zuerst durch den Deutschen Gemeindetag, später das Reichshauptamt für Kommunalpolitik, jeweils in Zusammenarbeit mit den Oberbürgermeistern verschiedener Städte herausgegebene Zeitschrift „Die Kulturverwaltung. Zeitschrift für gemeindliche Kulturpflege" informierte über neue Vorgaben und gewünschte Schwerpunktsetzungen. Eine ähnliche Funktion hinsichtlich Parteifeiern hatte das Verordnungsblatt des Gaues Südhannover-Braunschweig.[45] So wurden hier 1939 Details der Ausgestaltung interner Parteiveranstaltungen durch die Gauleitung beanstandet. Es habe sich „immer mehr eingebürgert, daß zu allen nur denkbaren Veranstaltungen der Partei mehr oder weniger große Abordnungen von Fahnen

---

39 Erlass Goebbels v. 7.8.1936, StAH, HR 15, Nr. 13.
40 Schreiben Hitler an Reichsminister, Reichsstatthalter und Landesregierungen v. 13.11.1936, NHStAH, Hann. 122a, Nr. 579, fol. 26b.
41 Vgl. für Hitler ebd. und für Goebbels sein Schreiben an Reichsminister, Reichsstatthalter und Landesregierungen vom 9.12.1936, StAH, HR 15, Nr. 13.
42 Erlass Goebbels v. 17.5.1938 sowie Erläuterung dazu v. 10.8.1938, StAH, HR 15, Nr. 13.
43 Ebd.
44 Vgl. umseitigen Vermerk Haltenhoffs auf der Erläuterung zum Erlass, ebd.
45 VOBl Gau SHB, NHStAH, Hann. 310 I, Nr. 130.

aufmarschieren".[46] Problematisch daran sei zum einen „daß unsere Fahnen heilige Symbole und keine Dekorationsstücke sind", zum anderen führe dies zu mehr Störungen „durch das Umfallen eines Fahnenträgers bzw. durch die notwendig werdende Ablösung bei Veranstaltungen mit längerer Dauer".[47] Fahnen sollten daher nur zum Einsatz kommen, wenn „Zweck und Rahmen der Veranstaltung die Gestellung wirklich notwendig macht", da andere Mittel ebenso gut zur Ausschmückung geeignet seien.[48] Ähnliches hatte die Wehrmacht bereits 1936 für ihre Feiern beschlossen.[49]

Kunstpreise

Spätestens 1937 begannen das Reichsministerium für Volksaufklärung und Propaganda und die Reichskulturkammer gegen „eine Überfülle von ‚Kunstpreisen'" vorzugehen.[50] So bestünden „allein auf dem Gebiet des Schrifttums mindestens 50 Literatur-Preise".[51] Zudem werde „die erforderliche einheitliche Linie" nicht eingehalten.[52] Reichspropagandaminister Joseph Goebbels hatte daher im August 1937 über ein Rundschreiben an die Reichsstatthalter und die Landesregierungen bestimmt, dass die Verleihung von Kunstpreisen seiner Zustimmung bedürfe.[53] Daraufhin gab Reichsinnenminister Wilhelm Frick zu bedenken, dass eine solche Zentralisierung der Entscheidung Befürchtungen der Kommunen nähre, unbekanntere lokale Künstler, denen mit einem Preis eine finanzielle Beihilfe und ideelle Anerkennung zuteil werden solle, könnten benachteiligt werden.[54] Goebbels präzisierte nun die Regelung und nahm eine Aufteilung in Kunstpreise und

---

46 Vgl. VOBl Gau SHB, Folge 3 v. 1.2.1939, Bl. 4, NHStAH, Hann. 310 I, Nr. 130, Zitate ebd.
47 Ebd.
48 Ebd.
49 HK v. 30.12.1936.
50 Vgl. Schreiben Reichskulturkammer an Reichsminister für Volksaufklärung und Propaganda v. 28.2.1938, BA, R55, Nr. 122, fol. 4–6, Zitat S. 5. Dass dieser Eindruck der Realität entsprach zeigt die Übersicht über die Preisstiftungen bei Dambacher, Eva: Literatur- und Kulturpreise 1859–1949. Eine Dokumentation, Marbach am Neckar 1996, S. 251–257. Vgl. auch Barbian, Jan-Pieter: Literaturpolitik im „Dritten Reich". Institutionen, Kompetenzen, Betätigungsfelder, München, überarb. und akt. Aufl. 1995, S. 197–202.
51 Vgl. Schreiben Reichskulturkammer an Reichsminister für Volksaufklärung und Propaganda v. 28.2.1938, BA, R55, Nr. 122, fol. 4–6, Zitat S. 5.
52 Schreiben des Reichsministers für Volksaufklärung und Propaganda v. 26.4.1938, BA, R55, Nr. 122, fol. 8.
53 Rundschreiben v. 24.8.1937, BA, R55, Nr. 122, fol. 131 sowie NHStAH, Hann. 122a, Nr. 3372, fol. 18b. Der Aufforderung wurde aber zuerst kaum Folge geleistet, vgl. die Schreiben der Reichskulturkammer an Reichsminister für Volksaufklärung und Propaganda v. 28.2.1938, BA, R55, Nr. 122, fol. 4–6 sowie v. 10.11.1937, BA, R55, Nr. 122, fol. 110–113. Im Laufe des Jahres 1938 erlangte die Anordnung jedoch ausreichend Bekanntheit, so dass im Dezember d. J. resümiert werden konnte, dass sie mittlerweile weitgehend eingehalten werde, vgl. ebd., fol. 297.
54 Vgl. Schreiben Frick an Reichsminister für Volksaufklärung und Propaganda v. 9.12.1937, BA, R55, Nr. 122, fol. 117f.

Förderpreise vor.[55] Für Förderpreise, bestimmt als Preise unter 2 000 RM Preisgeld, war fortan die Abstimmung mit dem zuständigen Landeskulturwalter und Propagandaamt ausreichend.[56] Die Diskussion um die beiden Kategorien von Preisen verdeutlicht zweierlei: Zum einen wurden regionale Kulturerzeugnisse als Spiegel einer durchaus erwünschten nationalen Vielfalt gewertet, als Ausdruck pflegenswerter regionaler Besonderheit innerhalb der nationalen Einheit.[57] Zum anderen fanden Einwände der Kommunen Berücksichtigung in der Reichsgesetzgebung.

Eine ergänzende Regelung darüber, welche Instanzen Verleihungen vornehmen konnten bzw. sollten, wurde für literarische Kunstpreise geschaffen, deren Verleihungspraxis als besonders inflationär galt.[58] So sollte eine „begrenzte Anzahl von Preisen [...] als reichswichtig angesehen" werden, sofern sie „Bedeutung für die gesamte deutsche Kultur" hätten; darüber hinaus sollte jeder Gau einen Literaturpreis ausloben und nur einige traditionelle Städtepreise erhalten bleiben. Alle anderen Preise und Stiftungen sollten sich mit dem Gaupreis vereinigen.[59]

Auch wenn die Erlasse und Verordnungen über Preisverleihungen lückenhaft und teilweise widersprüchlich waren,[60] sie verweisen in ihrer Tendenz darauf, dass vorwiegend die Menge von Ehrungen, nicht jedoch die Inhalte der lokalen Entscheidungen über solche Anerkennungsformen zu Konflikten führten.[61] Zudem waren die ergriffenen Maßnahmen wenig wirksam. Das zumindest legen die noch 1942 im Reichspropagandaministerium laut gewordenen Klagen darüber nahe, dass die „steigende Tendenz jeder kleineren Gemeinde oder auch von Parteigliederungen und Parteiämtern [bestehe], sich durch die Schaffung eines Kunstpreises in das kulturelle Leben einzuschalten".[62] Daher müsse man weiter-

---

55 Vgl. Schreiben des Reichsministers für Volksaufklärung und Propaganda an Innenminister Frick v. 23.12.1937, BA, R55, Nr. 122, fol. 119f. und Die Kulturverwaltung 3/1938, S. 87f. Der Begriff Förderpreise setzte sich jedoch auf längere Sicht nicht durch.
56 Vgl. Rundschreiben des Reichsministers für Volksaufklärung und Propaganda v. 26.1.1939, BA, R55, Nr. 122, fol. 309–312, abgedruckt in Die Kulturverwaltung 1939, S. 100f., vgl. auch BA, R55, Nr. 122, fol. 297f.
57 Vgl. Die Kulturverwaltung 12/1937, S. 319f.; Dahm, Volker: Nationale Einheit und partikulare Vielfalt. Zur Frage der kulturpolitischen Gleichschaltung im Dritten Reich, in: VfZ 43/1995, S. 221–265, S. 243–245 und Keß, Bettina: Kunstleben und Kulturpolitik in der Provinz. Würzburg 1919–1945, Würzburg 2001, S. 355.
58 Vgl. Schreiben Reichskulturkammer an Reichsminister für Volksaufklärung und Propaganda v. 28.2.1938, BA, R55, Nr. 122, fol. 4–6, bes. fol. 5 sowie internes Schreiben im Ministerium für Volksaufklärung und Propaganda v. 13.12.1937, BA, R55, Nr., 122, fol. 137–141.
59 Schreiben des Reichsministers für Volksaufklärung und Propaganda an alle Reichspropagandaämter v. 1.3.1939, BA, R55, Nr. 122, fol. 316f. Ungelöst blieb das Problem, dass sich die Vorgaben des Ministeriums gleichzeitig nicht auf Parteigliederungen erstreckten, vgl. hierzu internes Schreiben der Personalabteilung des Reichsministeriums für Volksaufklärung und Propaganda v. 12.7.1939, BA, R55, Nr. 122, fol. 334 und v. 3.6.1942, ebd. fol. 376.
60 Vgl. das Eingeständnis des Reichsministeriums für Volksaufklärung und Propaganda an die Abteilungsleiter des Ministeriums v. 2.3.1942, BA, R55, Nr. 122, fol. 374f.
61 Zu den Hintergründen vgl. ausführlicher Die Kulturverwaltung 1939, S. 158f.
62 Personalabteilung des Reichsministeriums für Volksaufklärung und Propaganda an die Abteilung R im Hause v. 9.2.1942, BA, R55, Nr. 122, fol. 370.

hin „die in letzter Zeit überhand genommene Flut von Preisen eindämmen".[63] So bestimmte Reichsminister Goebbels im Juli 1942, dass selbst die Neuschaffung von Kunstpreisen mit bloß lokaler Bedeutung seiner Zustimmung bedurfte und dass über reichswichtige Preise die gesamte nationale Presse, über wichtige lokale Preise auch die Gaupresse und über lokale Preise nur die Lokalpresse berichten dürfe.[64] Ein rigoroses Verbot der Verleihung von Kunstpreisen erfolgte dann im August 1944.[65]

Insgesamt belegt die Vorgehensweise der Reichsregierung, dass sich Berlin in Ehrungsfragen offensichtlich nicht gegen die Städte, Gemeinden und Parteigliederungen durchzusetzen vermochte und die gewünschte Reduzierung von Ehrungen nicht erreicht wurde.[66]

2. DIE SYMBOLISIERUNG DES MACHTWECHSELS. EHRUNGEN IN HANNOVER 1933

Nach der Machtübergabe[67] an die NSDAP durch die Ernennung Hitlers zum Reichskanzler am 30. Januar 1933 erfolgte reichsweit die Intensivierung und vor allem Legitimierung von Gewalt und politischen Ausgrenzungsmaßnahmen gegen die als unerwünscht erklärten Personengruppen. Für Juden begann eine Diffamierung durch den Boykott ihrer Geschäfte oder ihre Entlassung aus dem öffentlichen Dienst, und sie erlitten vermehrt rohe Gewalt auf der Straße, vorwiegend durch die SA.[68] Auch sozialdemokratische, kommunistische und andere gewerkschaftliche und linke Gruppierungen sahen sich Verboten von Versammlungen und Presseschriften ausgesetzt. Straßenschlachten und Verhaftungen gehörten vor allem seit dem Reichstagsbrand vom 27. Februar 1933 zur politischen Tagesordnung und bereiteten den Boden für die bevorstehenden Wahlen.[69]

---

63 Internes Schreiben des Leiters der Abteilung R des Reichsministeriums für Volksaufklärung und Propaganda an die Abteilungsleiter des Ministeriums v. 2.6.1942, BA, R55, Nr. 122, fol. 375.
64 Vgl. Schreiben des Reichsministeriums für Volksaufklärung und Propaganda v. 21.7.1942, BA, R55, Nr. 122, fol. 386.
65 Vgl. Barbian: Literaturpolitik im Dritten Reich, S. 202.
66 Eine Quantifizierung der Ehrungen für Hannover ist mangels stabiler Quellenübersicht über einen längeren Zeitraum schwierig. Einzig verzeichnet sind die Ernennungen der Ehrenbürgerschaften, seit es 1703 erstmals noch als „Bürgerschafts- und Brauereigilderecht" verliehen wurde, vgl. die Übersicht in StAH, HR 3, Nr. 53. Demnach war für die Zeit des Nationalsozialismus eine leichte Steigerung zu erkennen, die rein rechnerisch jedoch wenig aussagekräftig ist.
67 Zu den Begriffen Machtübernahme und Machtübergabe im reichsweiten Kontext vgl. Bauer, Kurt: Nationalsozialismus. Ursprünge, Anfänge, Aufstieg und Fall, Wien u. a. 2008, S. 197.
68 Für Hannover vgl. Schulze, Peter: Das Jahr 1933 als Wendepunkt im Leben der hannoverschen Juden, in: Historisches Museum am Hohen Ufer (Hrsg.): Hannover 1933. Eine Großstadt wird nationalsozialistisch, Hannover 1981, S. 96–99.
69 Für Hannover vgl. Obenaus, Herbert: Die Märzwahlen 1933: Terror und Gegenwehr, Jubel und Resignation, in: Historisches Museum: Hannover 1933, S. 38–64.

2.1 Die „Feiern der Machtergreifung"

Die Machtübernahme im hannoverschen Rathaus

Zwei Tage, nachdem die NSDAP bei den Reichstagswahlen vom 5. März 1933 43,9 Prozent der Stimmen erhalten hatte, hisste die örtliche NSDAP die Hakenkreuzflagge auf dem Rathaus, um die Machtübernahme für alle sichtbar zu präsentieren. Am 12. März folgte die Bestätigung des Machtwechsels auch für die Stadt Hannover: Bei den preußischen Kommunalwahlen erzielte die NSDAP 41,9 Prozent der Stimmen.[70] Dennoch stellte sich der März 1933 de facto weniger als fundamentaler Bruch dar denn als einer der Wendepunkte innerhalb eines mehrere Jahre andauernden politischen und personellen Machtwechsels. Am 6. April konstituierte sich das hannoversche Parlament, das Bürgervorsteherkollegium (BVK). Während die kommunistischen Abgeordneten gar nicht erst geladen oder bereits verhaftet worden waren, sahen sich die sozialdemokratischen Abgeordneten mit steigender Ausgrenzung konfrontiert und mussten durch das reichsweite Verbot der SPD im Juni 1933 endgültig aufgeben.[71] Da sich gleichzeitig einige Rechtskonservative freiwillig der NSDAP-Fraktion anschlossen, erlangten die Nationalsozialisten bald die absolute Mehrheit im BVK,[72] ohne dafür Gewalt gegen weitere Parteien anwenden zu müssen, wie dies zum Teil in anderen Städten geschah.[73] Der Magistrat hingegen, das vom BVK gewählte oberste Verwaltungsgremium, repräsentierte keineswegs die neuen Mehrheitsverhältnisse. Im Gegenteil: Der Anfang 1933 aus dem Oberbürgermeister und acht besoldeten Senatoren bestehende Magistrat blieb auch nach dem März 1933 – obwohl keines der Mitglieder der NSDAP angehörte – beinahe personell gleich besetzt: Die Spitze des Gremiums bildete mit Arthur Menge[74] ein Oberbürgermeister, der ehemals

---

70 Zu den Wahlergebnissen vgl. die Hinweise in der Einleitung.
71 Vgl. Mlynek: Hannover, S. 503f.
72 Zur Besetzung des BVKs seit 1933 vgl. ebd. S. 502–505 und Mlynek, Klaus: Machtübernahme und Kommunalpolitik, in: Historisches Museum: Hannover 1933, S. 100–133, bes. S. 103f.
73 Dagegen kam es in Regensburg zu gewalttätigen Ausschreitungen gegen Mitglieder der Bayerischen Volkspartei, vgl. Halter, Helmut: Stadt unterm Hakenkreuz. Kommunalpolitik in Regensburg während der NS-Zeit, Regensburg 1994, S. 40–60. In Münster wurden die überwiegend dem Zentrum angehörenden Mitglieder der lokalpolitischen Elite abgesetzt, vgl. Mecking, Sabine: „Immer treu". Kommunalbeamte zwischen Kaiserreich und Bundesrepublik, Essen 2003, bes. S. 125f. In Kempten dagegen wurde die alte Elite durch die NSDAP strategisch berücksichtigt, vgl. Müller, Herbert: Parteien- oder Verwaltungsvorherrschaft? Die Kommunalpolitik der Stadt Kempten (Allgäu) zwischen 1929 und 1953, München 1988, bes. S. 47.
74 Der Jurist Arthur Menge (1884–1965) wurde 1911 Mitarbeiter der Stadt Hannover und 1914 bis 1918 hauptamtlicher Senator. 1919 wurde er über die DHP, 1924 über die „Liste Ordnungsblock" zum Bürgervorsteher gewählt. Seit 1925 war er Oberbürgermeister der Stadt Hannover und blieb dies bis zum 15.8.1937. Vgl. HBL, S. 249f.; Röhrbein, Waldemar R.: „.... damit in der Stadt Hannover endlich klare Verhältnisse geschaffen werden". Zum politischen Ende des Oberbürgermeisters Dr. Arthur Menge, in: Brosius, Dieter/Last, Martin (Hrsg.): Beiträge zur niedersächsischen Landesgeschichte. Zum 65. Geburtstag von Hans Patze im

Mitglied der Deutsch-Hannoverschen Partei (DHP)[75] gewesen war und „weit rechts angesiedelt"[76] werden muss. Die Senatoren rekrutierten sich ebenfalls vorwiegend aus dem rechtskonservativen oder rechten nationalliberalen Spektrum, wie der bis dato der Deutschen Volkspartei (DVP) angehörende Stadtkämmerer Wilhelm Weber[77] oder der parteilose Stadtbaurat Karl Elkart.[78] Der bislang einzige Sozialdemokrat des Gremiums, Georg Lindemann, wurde durch Beurlaubung politisch ausgeschaltet. Neu hinzu kam lediglich ein Nationalsozialist: Heinrich Müller.[79] Er wurde zum Bürgermeister gewählt. Der besoldete Magistrat blieb also auch nach den Märzwahlen noch mehrheitlich von nicht-nationalsozialistischen Mitgliedern des nationalen Lagers besetzt, zumal die Magistratsmitglieder auch nicht im Laufe des Jahres als so genannte „Märzgefallene" der NSDAP beitraten.[80]

Auftrag der Historischen Kommission für Niedersachsen und Bremen, Hildesheim 1984, S. 500–524 und Schmid, Hans-Dieter: Der 20. Juli 1944 in Hannover. Ein Fallbeispiel zur regionalen Verankerung der Verschwörung gegen Hitler, in: NiedJbLG 72/2002, S. 309–323.

75 Zum politischen Arm der Welfen während der NS-Zeit vgl. Schmiechen-Ackermann: Kooperation und Abgrenzung, S. 36–42.

76 Mlynek: Machtübernahme, S. 101.

77 Wilhelm Weber (geb. 1884) war seit 1913 Mitarbeiter der Stadtverwaltung Hannover, dabei von 1922 bis 1950 ihr Kämmerer, und maßgeblich an der „Arisierung" jüdischen Eigentums beteiligt. Ob er bis zur Auflösung der DVP im Juni 1933 Mitglied blieb oder zuvor austrat, konnte nicht in Erfahrung gebracht werden. Der NSDAP trat er nie bei. Vgl. Fleiter: Stadtverwaltung, S. 343–345 und StAH, Personalakte Nr. 11067, Bd. 1. Aufschlussreich sind auch die Berichte der amerikanischen Armee über Hannover, die zum Teil auf Gesprächen mit Weber basierten, vgl. Becker, Waldemar: April 1945: „Subject Hanover". Amerikanische Berichte zur Lage in Hannover, in: HGBl NF 48/1994, S. 339–343.

78 Karl Elkart (1880–1959) wurde 1925 Senator und Stadtbaurat in Hannover und war seit 1929 Honorarprofessor an der Technischen Hochschule Hannover. Er gehörte bis 1937 dem Rotary-Club an, trat im selben Jahr der NSDAP bei und wurde förderndes Mitglied der SS. Vgl. StAH, Personalakte Nr. 5795; Fleiter, Rüdiger: Stadtverwaltung und Judenverfolgung. Vorstöße zum Ausschluss von Juden aus öffentlichen Parks und zur „Arisierung" jüdischer Friedhöfe in Hannover, in: Fischer, Hubertus/Wolschke-Bulmahn, Joachim (Hrsg.): Gärten und Parks im Leben der jüdischen Bevölkerung nach 1933, München 2008, S. 199–205; ders.: Stadtbaurat Karl Elkart und seine Beteiligung an der NS-Verfolgungspolitik, in: HGBl NF 60/2006, S. 135–149; HBL, S. 107f. und HA u. NTZ v. 5.10.1937 u. 14./15.9.1940.

79 Kriminalkommissar Heinrich Müller (1885–1943) trat 1922 der NSDAP bei und wurde 1924 über die „Liste Ordnungsblock" sowie 1929 und 1933 über die NSDAP Bürgervorsteher in Hannover. 1930 wurde er Fraktionsführer der NSDAP-Fraktion im Rathaus, 1932 bis 1935 außerdem Leiter des Gauamts für Kommunalpolitik. 1933 wurde er Reichstagsabgeordneter und Bürgermeister. Vgl. StAH, Personalakte Nr. 7460, HBL, S. 261f. und Kuhlmann, Rüdiger: Bürgermeister Heinrich Müller. Ein „alter Kämpfer" enttäuscht die Partei, in: Stadtarchiv Hannover: Schreibtischtäter?, S. 11–16. Zu seiner Beerdigung vgl. Kapitel V, 3.1.

80 Zum Begriff des Lagers vgl. Rohe, Karl: Wahlen und Wählertraditionen in Deutschland. Kulturelle Grundlagen deutscher Parteien und Parteiensysteme im 19. und 20. Jahrhundert, Frankfurt am Main 1992, bes. S. 65f. u. 144ff. Rohe geht von drei Lagern aus, dem katholischen, dem nationalen und dem sozialdemokratischen. Im Folgenden werden allerdings auch die Vertreter des rechtskonservativen Flügels der regionalistischen DHP dem nationalen Lager zugerechnet. Vgl. hierzu Schmiechen-Ackermann: Kooperation und Abgrenzung, S. 36–42.

Mit dieser Konstellation gehörte Hannover zu einer von nur sieben Großstädten im Reich, in denen der Oberbürgermeister 1933 nicht durch einen Nationalsozialisten ersetzt wurde.[81] Diese ungewöhnlich starke Kontinuität im besoldeten hannoverschen Magistrat[82] war Folge der bereits seit Mitte der Zwanzigerjahre währenden rechtskonservativen Dominanz in der Verwaltungsspitze des Rathauses unter Arthur Menge. Menge hatte sich bereits in den Jahren zuvor der NSDAP gegenüber aufgeschlossen gezeigt. Er war bei dieser nicht allein für seine sparsame Haushaltsführung geschätzt,[83] sondern auch dafür, dass er die Sozialdemokraten bereits in den 1920er-Jahren mit taktischen Manövern und autoritärem Führungsstil von zentralen Stellen im Rathaus ausgeschlossen hatte. Selbst dann noch, als die SPD aufgrund eines deutlichen Stimmenzuwachses bei den Kommunalwahlen 1929 im BVK die absolute Mehrheit erreichte, blieb die Zusammensetzung der vom BVK gewählten Senatoren mehrheitlich konservativ.[84] Viele führende Nationalsozialisten wie Friedrich Rickels,[85] Reichsminister und Gauleiter Bernhard Rust und Bürgermeister Heinrich Müller kannten Menge bereits aus langjähriger kommunalpolitischer Praxis und hatten teilweise gemeinsam mit ihm im so genannten „Bürgerblock" in den Zwanzigerjahren das Rathaus dominiert. Wie machte sich diese politische Verschiebung nun in der Ehrungspolitik bemerkbar?

---

81 Vgl. Rebentisch, Dieter: Die politische Stellung der Oberbürgermeister im Dritten Reich, in: Schwabe, Klaus (Hrsg.): Oberbürgermeister, Boppard am Rhein 1981 [1979], S. 125–155, hier S. 127. Rebentisch nennt namentlich Berlin, Hannover, Leipzig, Oberhausen, Remscheid und Wuppertal. Mlynek: Machtübernahme, S. 131, Anm. 2, nennt zudem Heidelberg. Leider ist bislang nicht erforscht, ob in diesen Städten die Entwicklung abweichend von anderen verlief und wenn ja, welche Gründe maßgebend waren.

82 Anders sah das Verhältnis bei den 13 ehrenamtlichen Senatoren aus, welche den hauptamtlichen Magistratsmitgliedern am 12. April 1933 zur Seite gestellt wurden. Zwölf gehörten der NSDAP an, der ebenfalls gewählte Sozialdemokrat trat sein Amt nicht mehr an. Damit stellten zwar die Nationalsozialisten die Mehrheit im Magistrat, dies wirkte sich jedoch praktisch kaum aus. So kommt Mlynek zu dem Schluss, dass, „was die Realisierung der BVK-Beschlüsse anlangte, von der Haltung des Magistrats zumindest gewisse Bremswirkungen ausgegangen sind". Vgl. Mlynek: Machtübernahme, Zitat S. 123 und Mechler, Wolf-Dieter: Zwischen Berufsverbot und Begünstigung. Personalpolitik bei der Stadtverwaltung als Bestandteil der Formierung der Diktatur, in: Stadtarchiv Hannover: Schreibtischtäter?, S. 5–10, hier S. 6.

83 Vgl. Hansmann, Marc: Kommunalfinanzen im 20. Jahrhundert. Zäsuren und Kontinuitäten. Das Beispiel Hannover, Hannover 2000, S. 116–119.

84 Vgl. Mlynek: Hannover, S. 452f.

85 Dr. Syndikus Friedrich Rickels (geb. 1893) wurde 1924 über den Ordnungsblock zum ehrenamtlichen Senator gewählt, 1929 über die NSDAP Bürgervorsteher und 1933 stellvertretender Wortführer des BVKs. Vgl. StAH, Kartei der Mitglieder der Städtischen Kollegien, Akz. 3/1956. u. HA v. 16.2.1934.

I. Ehrungen in Hannover 1933 bis 1939　43

Die Geburtstagsfeier für Hitler

Als 1932 der Parteiaktivist Karl Dincklage starb, war dies für die NSDAP[86] Anlass, im folgenden Jahr die Parteizentrale des Gaues Südhannover-Braunschweig nach ihm zu benennen.[87] Konnte man diese Ehrung noch als vorwiegend parteiinterne Angelegenheit ansehen, so zielten doch die meisten Ehrungsinitiativen der NSDAP auf eine über die Parteimitglieder hinausgehende, städtische Öffentlichkeit.[88] Dies galt auch für die von der Gauleitung veranstaltete Feier anlässlich des Geburtstags Adolf Hitlers am 20. April 1933.[89] Die Wahl des Ortes für die Feierlichkeiten macht deutlich, dass eine möglichst breite Teilnahme der Bevölkerung intendiert war. Die NSDAP entschied sich für den Waterlooplatz, den zentralen Aufmarschplatz Hannovers. Dieser bot laut Niedersächsischer Tageszeitung Platz für die erschienene „unübersehbare Menschenmenge", die das Deutschland- und das Horst-Wessel-Lied sang.[90] Oberbürgermeister Menge hatte Beflaggung veranlasst,[91] und der Hannoversche Anzeiger stellte fest, dass die „ganze Stadt [...] einen festlichen Eindruck" mache.[92] In Anschluss an die Reden folgte ein Parademarsch von NS-Formationen, dem Stahlhelm sowie von verschiedenen Jugendbünden.

Als Redner traten der langjährige Nationalsozialist und Oberpräsident der Provinz Hannover Viktor Lutze[93] auf und je ein Vertreter beider Kirchen, denen gegenüber sich die neuen Machthaber in den ersten Monaten der NS-Herrschaft

---

86　Die Bezeichnung „NSDAP" wird im Folgenden im institutionellen Sinn verwandt, also für die gesamte Parteiorganisation, inklusive ihrer Gliederungen und angeschlossenen Verbände. Vgl. hierzu Nolzen, Armin: Die Gaue als Verwaltungseinheiten der NSDAP. Entwicklungen und Tendenzen in der NS-Zeit, in: John/Möller/Schaarschmidt: Die NS-Gaue, S. 199–217, hier S. 214.
87　Vgl. NTZ v. 3.6.1933. Darüber hinaus bemühte sich die Gauleitung, über eine breit angelegte Spendenkampagne den Ankauf des Gebäudes zu ermöglichen, vgl. bes. NTZ v. 2. u. 4.6.1933. Zur Person Dincklage vgl. HA. v. 8.10.1933 u. NTZ v. 7.10.1940. Im Oktober 1933 wurde außerdem ein weiteres politisch genutztes Gebäude nach Rust benannt, vgl. Mlynek, Klaus: Gestapo Hannover meldet ... Polizei- und Regierungsberichte für das mittlere und südliche Niedersachsen zwischen 1933 und 1937, Hildesheim 1986, S. 163.
88　An wen sich die Veranstaltungen jeweils richteten, lässt sich den Quellen nicht entnehmen, da interne Papiere aus den Kreisen der Partei nicht überliefert sind. Anhand einiger Anhaltspunkte wie dem Kreis der geladenen Gäste oder der Wahl des Veranstaltungsorts lässt sich der Adressatenkreis jedoch in etwa eingrenzen.
89　Vgl. Schreiben OB-Büro an Gauleitung, Herrn Lysiak v. 20.4.1933, StAH, HR 15, Nr. 74.
90　Vgl. NTZ v. 21.4.1933, Zitat ebd.
91　Vgl. Schreiben OB an Städtische Amtsstellen v. 20.4.1933, StAH, HR 15, Nr. 74.
92　HA v. 21.4.1933.
93　Der Kaufmann Viktor Lutze (1890–1943) trat 1922 der NSDAP bei und war von 1930 bis 1943 Mitglied des Reichstags. Vom 16.2. bis 25.3.1933 war er Polizeipräsident von Hannover, anschließend bis zur Ablösung durch Lauterbacher im März 1941 Oberpräsident der Provinz Hannover. 1934 wurde er Stabschef der SA als Nachfolger Röhms. Vgl. Riesener, Dirk: Polizeidirektion Hannover, Hannover 2006, S. 269, HBL, S. 241 und o. A.: Adolf Hitler und seine Kämpfer. 288 Braunhemden im Reichstag. Die nationalsozialistische Reichstagsfraktion, München 1933, S. 107f. u. 216. Zu seiner Beerdigung vgl. Kap. 5, Teil 2.2.

zumindest in der Öffentlichkeit noch zurückhaltend verhielten.[94] Die weitere Entwicklung ist allerdings bereits durch die Presseberichterstattung angedeutet: So paraphrasierte der national-konservative Hannoversche Anzeiger[95] die Wortbeiträge der anwesenden Geistlichen und gestand ihnen damit einen deutlich höheren Wert zu als die nationalsozialistische Niedersächsische Tageszeitung. Diese druckte zwar die kurze Rede Lutzes ab, nicht jedoch die der Geistlichen.[96]

Die Repräsentanten der Kommune waren nur als Gäste in die Feier eingebunden. Ob Arthur Menge der Veranstaltung beiwohnte, geht aus den Quellen nicht zweifelsfrei hervor, muss aber eher als unwahrscheinlich angenommen werden.[97] Allerdings gab er bekannt, dass den Mitarbeitern und Mitarbeiterinnen der Stadtverwaltung und der städtischen Betriebe für den Besuch der Veranstaltung Urlaub zu gewähren sei. Die Schülerinnen und Schüler wurden vom Unterricht freigestellt und nahmen an den jeweiligen Geburtstagsfeiern der einzelnen Schulen teil.[98]

Laut Lutze habe man an diesem Tag lediglich eine „Weihestunde" zu Hitlers Ehren begangen und sei damit dem Wunsch des Kanzlers gefolgt, an seinem Geburtstag keine großen Feste zu feiern.[99] Gemessen jedoch an der Inszenierung und Berichterstattung handelte es sich bei der Geburtstagsfeier für Hitler 1933 eindeutig um eine städtische Großveranstaltung mit Volksfestcharakter. Die Stadtverwaltung hatte dabei diejenige organisatorische Unterstützung beigesteuert, die nur

---

94 Zum Verhältnis zwischen Kirche und Nationalsozialismus in Hannover vgl. Grosse, Heinrich: „... in aufrichtiger Mitarbeit der Obrigkeit Untertan"? Zur Rolle der hannoverschen Landeskirche im Nationalsozialismus, in: ders. (Hrsg.): „Niemand kann zwei Herren dienen". Zur Geschichte der evangelischen Kirche im Nationalsozialismus und in der Nachkriegszeit, Hannover 2008, S. 135–164; Röhrbein, Waldemar R.: Gleichschaltung und Widerstand in der Evangelisch-lutherischen Landeskirche Hannovers 1933–1935, in: Grosse, Heinrich W./Otte, Hans/Perels, Joachim (Hrsg.): Bewahren ohne Bekennen? Die Hannoversche Landeskirche im Nationalsozialismus, Hannover 1996, S. 11–42, bes. S. 15 und Schmiechen-Ackermann, Detlef: „Kirchenkampf" oder Modus vivendi? Zum Verhalten von Pfarrern, Gemeinden und Kirchenleitung der Evangelisch-lutherischen Landeskirche Hannovers in den Jahren der nationalsozialistischen Diktatur, in ebd., S. 223–252, bes. S. 226–228. Untersuchungen zur Frage, inwiefern die Kirchen von Seiten der Städte oder Parteigliederungen in Feierlichkeiten oder alltägliche Praxis einbezogen wurden, liegen leider weder für Hannover noch allgemein vor. Für die Geburtstagsfeier für Hitler im Jahre 1933 im örtlichen Parteilokal in Hörnerkirchen, einer Gemeinde nördlich von Hamburg gelegen, berichtet Mathias Hörtnagel ebenfalls, dass Vertreter beider Kirchen als Festredner auftraten. In Elmshorn, der Nachbargemeinde, läuteten 1934 die Kirchenglocken zu Hitlers Geburtstag. Vgl. Hörtnagel: Regionale Kultur, S. 162 u. 165.
95 Vgl. hierzu Dietzler: Die hannoverschen Tageszeitungen, S. 130–149, bes. S. 134.
96 Vgl. NTZ u. HA v. 21.4.1933.
97 Laut HA v. 21.4.1933 waren zwar „die Chefs aller Reichs-, Staats- und Kommunalbehörden" anwesend. Das Büro des Oberbürgermeisters ließ der Gauleitung jedoch am 20.4.1933 wissen, dass Lodemann, Engelke, Müller und Elkart für den Magistrat teilnehmen würden. Vgl. StAH, HR 15, Nr. 74.
98 Vgl. Schreiben der Regierung, Abteilung für Kirchen und Schulwesen, an Magistrat und Schulamt der Stadt Hannover v. 31.3.1933 sowie die nähere Bestimmung zum Ablauf der Feiern durch Schulrat Eggers in StAH, HR 16, Nrn. 496f.
99 Vgl. NTZ v. 21.4.1933, Zitat ebd.

sie aufgrund ihrer Kompetenzen leisten konnte, nicht jedoch darüber hinaus gehende Initiative gezeigt. In der symbolischen Repräsentation fehlte sie nahezu gänzlich. Dabei ist nicht erkennbar, dass sie Anspruch darauf geltend machte, stärker einbezogen zu werden.

Damit präsentierte sich das Fest als örtliches Großereignis, das jedoch die Gauleitung der NSDAP und durch die Wahl des Festredners die Provinz Hannover, die bereits unter nationalsozialistischer Leitung stand, als repräsentative politische Macht vor Ort in den Mittelpunkt rückte. Dem diente auch Lutzes Darstellung von Hitlers Lebensweg als dem politischen Leidensweg eines Auserwählten, der erst die ihm gebührende Anerkennung erhielt, als er von Reichspräsident von Hindenburg zum Kanzler ernannt wurde.[100] Mit diesem Narrativ von Hitler als Erlöser reiht sich die städtische Geburtstagsfeier ein in die von Werner Freitag skizzierten „Feste der Machtergreifung", die den Machtantritt der Nationalsozialisten in symbolischer Form wiederholten[101] und die jeweilige örtliche Partei in Szene setzte.[102]

Bei der Feier für den Reichskanzler 1936[103] spielte die Stadtverwaltung in der symbolischen Repräsentation ebenfalls keine nennenswerte Rolle.[104] Erneut fand eine Großveranstaltung auf dem Waterlooplatz statt, die nun jedoch eine grundlegend militärische Prägung hatte, und damit der Tatsache Rechnung trug, dass Hitler gerade den Oberbefehl über die Wehrmacht übernommen hatte.[105] Im Mittelpunkt standen Vereidigungen von HJ- und SS-Mitgliedern, und es marschierten verschiedene Militäreinheiten auf. Wie bereits 1933 wurden auch in diesem Jahr

---

100 Vgl. HA u. NTZ v. 21.4.1933.
101 Vgl. Freitag, Werner: Der Führermythos im Fest. Festfeuerwerk, NS-Liturgie, Dissens und „100% KdF-Stimmung", in: ders. (Hrsg.): Das Dritte Reich im Fest. Führermythos, Feierlaune und Verweigerung in Westfalen 1933–1945, Bielefeld 1997, S. 11–77, hier S. 18–32. Ähnlich bereits Allen: nicht gewollt, S. 208ff.
102 Was real ein nach demokratischen Verfahren vollzogener Machtwechsel war, wurde von den Nationalsozialisten wie eine Revolution gefeiert. Insofern ist Freitags Ausdruck von den „Festen der Machtergreifung" durchaus passend gewählt, da dies die Selbstwahrnehmung der Feiernden zum Ausdruck bringt. Vondung kommt zu dem Ergebnis, dass die Geburt des „neuen Menschen" als das Revolutionäre begriffen wurde und damit eine fundamentale Umwälzung der Verhältnisse allein im Bewusstsein der Nationalsozialisten stattfand und in Ritualen und Festen ihren symbolischen Ausdruck fand, vgl. Vondung, Klaus: Revolution als Ritual. Der Mythos des Nationalsozialismus, in: Härtl, Ursula/Stenzel, Burkhardt/Ulbricht, Justus H. (Hrsg.): „Hier, hier ist Deutschland ...". Von nationalen Kulturkonzepten zur nationalsozialistischen Kulturpolitik, Göttingen 1997, S. 45–56, bes. S. 46 u. 55.
103 1934 und 1935 sind keine größeren Feiern zu Hitlers Geburtstag zu verzeichnen. Dies galt nicht nur für Hannover, vgl. Hörtnagel: Regionale Kultur, S. 159–178.
104 Ein ähnlicher Fall war die Trauerfeier für General von Linsingen im Juni 1935. Eine Trauerparade, bestehend aus Militärdivisionen, einem Vertreter der Landeskirche, Viktor Lutze und Reichskriegsminister von Blomberg, zog durch die Stadt zur Grabstätte. Die Stadtverwaltung wurde durch Bürgermeister Müller vertreten, Menge selbst ließ nur einen Kranz niederlegen. Vgl. HA v. 9.6.1935 und NTZ v. 19./20.11.1935.
105 Zur Geburtstagsfeier in Hannover 1936 vgl. bes. NTZ v. 20. u. 21.4.1936 sowie HA v. 21.4.1936.

die Schulen eingebunden.[106] Erst 1939, anlässlich des 50. Geburtstags Hitlers, wurde die Stadtverwaltung durch Beteiligung an der vom Deutschen Gemeindetag koordinierten Geschenkaktion an Hitler aktiver.[107] Vor allem aber avancierte das Rathaus mit nächtlicher Beleuchtung und Feuerwerk erstmalig zum Veranstaltungsort.

2.2 Die symbolische Besetzung des Raums

Straßennamen als Bekenntnis zum „Dritten Reich"

Zur neuen Politik gehörte auch eine Überprüfung der Straßenbezeichnungen, die darauf zielte, Namen von Juden und Sozialdemokraten aus dem Stadtbild zu tilgen und zumeist gleichzeitig Nationalsozialisten an ihrer Statt zu präsentieren. Mehrmals gab Polizeipräsident Johann Habben[108] 1933 eine Reihe von Straßen und Plätzen bekannt, für die er die Bezeichnungen geändert hatte. So wurde

– die Bebelstraße zur Ypernstraße,
– die Friedrich-Ebert-Straße zur Hoffmann-von-Fallersleben-Straße,
– der Friedrich-Ebert-Platz zum Hakenkreuzplatz,[109]
– die Siegmundstraße (nach Siegmund Oppenheimer) zu Am Wallberge,[110]
– der Heinrich-Heine-Platz zum Danziger Platz,
– die Heinrich-Heine-Straße zur Memelstraße[111] und
– die Stresemannallee zur Viktor-Lutze-Allee.[112]

---

106 Vgl. Schreiben der Abteilung für das höhere Schulwesen beim Oberpräsidenten der Provinz Hannover an „Leiter und Leiterinnen der höheren Lehranstalten" seines Amtsbereiches v. 17.4.1936, StAH, HR 16, Nr. 497. Für Hamburg berichtet Werner Johe, dass anlässlich der Trauerfeier für Hindenburg 1934 die Schüler genötigt wurden, Spalier zu stehen. Da man jedoch die Erfahrung machte, dass auch ohne diese Maßnahme ausreichend viele Besucher anwesend waren, machte man in den Folgejahren keinen Gebrauch mehr davon. Vgl. Johe: Hitler in Hamburg, S. 99f.

107 Vgl. StAH, HR 15, Nr. 74 sowie allgemein zur Geburtstagsfeier in Hannover 1939 durch Gau und Stadt NTZ v. 20. u. 21.4.1939, HA v. 21.4.1939. Zu den Geschenken an Hitler gehörte auch die Stiftung eines Adolf-Hitler-Preises durch den Kunstverein in Höhe von 1 000 RM, der ab dem 20. April 1940 jährlich an einen niedersächsischen bildenden Künstler vergeben werden sollte, vgl. HA v. 22./23.4.1939.

108 Der Leiter der hannoverschen Kriminalpolizei, Johann Habben (1875–1958), wurde von März 1933 bis Oktober 1936 Polizeipräsident. Zuerst Mitglied der DNVP, trat er am 1.4.1933 der NSDAP bei. Vgl. Riesener: Polizeidirektion, bes. S. 270; Mlynek: Hannover, S. 530f. und ders.: Gestapo Hannover meldet, S. 25f.

109 Vgl. für alle drei genannten die Bekanntmachung des Polizeipräsidenten v. 25.4.1933, geo 00931.

110 Vgl. Bekanntmachung des Polizeipräsidenten v. 4.11.1933, geo 02416 und Protokoll der Magistratssitzung v. 15.8.1933 in geo 00427.

111 Vgl. Bekanntmachung des Polizeipräsidenten v. 15.9.1933, geo 00427.

112 Vgl. Bekanntmachung des Polizeipräsidenten v. 26.9.1933, vgl. Protokoll der Magistratssitzung v. 15.8.1933, beide in geo 02722.

Neben den hier genannten nationalen Größen entehrte man auch Stadtpersönlichkeiten jüdischer Herkunft und lokale Führer des sozialdemokratischen Milieus, weshalb es vermehrt in den traditionellen hannoverschen Arbeiterstadtteilen wie Hainholz und Ricklingen zu Umbenennungen kam.[113] Besonders Bürgermeister Heinrich Müller wurde aktiv und erarbeitete eine Vorlage für den Magistrat, welche Straßen „nach Marxisten, Juden und Jüdisch-Versippten" benannt waren.[114] Daraufhin schlug der Magistrat dem Polizeipräsidenten vor, die auf Bernhard Caspar und Emil Meyer zurückgehenden Straßenbezeichnungen zu ändern, da sie Juden seien. Auch Theodor Bömelburg und Franz Fenske als führende Personen des Bauarbeiter- bzw. Metallarbeiterverbandes und der Sozialdemokrat Heinrich Schaper seien als Namenspatrone nicht tragbar.[115]

Im Rahmen der Prüfung von Straßenbezeichnungen widmete man der Entscheidung darüber, welcher Platz nach dem Kanzler benannt werden sollte, besondere Aufmerksamkeit. Zuerst hatte Habben den Platz vor der Stadthalle in Adolf-Hitler-Platz umbenannt.[116] Dagegen erhob sich jedoch Widerspruch, wie Menge dem Magistrat berichtete. Es sei in „nationalsozialistischen Kreisen Hannovers [...] die Meinung vorhanden, dass ein Platz in der Innenstadt Adolf-Hitler-Platz genannt werden müsse".[117] Zur Klärung der Optionen wurde nun „eine Besichtigung der verschiedenen in Frage kommenden Plätze durch Herrn Oberpräsidenten Lutze und den Wortführer des Bürgervorsteher-Kollegiums, Herrn Kriminal-Kommissar Müller" vorgenommen.[118] Dem Wunsch der beiden Nationalsozialisten gemäß wurde anschließend die Bahnhofstraße in Adolf-Hitler-Straße und der Rathenauplatz in Hitlerplatz umbenannt.[119] Der Platz vor der Stadthalle erhielt erneut einen neuen Namen, nämlich Hermann-Göring-Platz.[120] Ähnliche Umwege schlug man beim Georgsplatz ein. Nachdem er im April 1933 in „Minister-Rustplatz" umbenannt worden war, korrigierte Habben im Mai erst in „Rust-Platz" und schließlich in „Rustplatz".[121]

Die Umbenennungsaktionen des Jahres 1933 erwecken sowohl aufgrund der großen Anzahl als auch aufgrund mangelnder planerischer Sorgfalt im Detail den Eindruck unkoordinierten, vereinzelt gar hektischen Vorgehens seitens der Initiatoren. Viele zentrale Plätze und Straßen Hannovers, besonders im Innenstadtbereich, verloren innerhalb eines knappen Jahres ihre bisherigen Namen. So ist es nicht verwunderlich, dass bereits 1933 selbst innerhalb der Kommunalverwaltung

---

113 Vgl. für die Situation im Reich Lübbren: Swinegel Uhland, S. 129–133.
114 Vgl. Protokoll der Magistratssitzung v. 15.8.1933 in geo 00427, Zitat ebd. Vgl. Müllers Vorlage v. 4.4.1933, geo 00380.
115 Vgl. Protokoll der Magistratssitzung v. 15.8.1933 in geo 00427, Zitat ebd. Vgl. Bekanntmachung des Polizeipräsidenten v. 4.11.1933, geo 02416.
116 Vgl. geo 02781. Hitler war die Benennung am 23.3.1933 mitgeteilt worden.
117 Bericht Menge in Magistratssitzung v. 11.4.1933, StAH.
118 Schreiben Menge an Habben v. 22.4.1933, geo 00348.
119 Vgl. Bekanntmachung des Polizeipräsidenten v. 25.4.1933, geo 02241. Zur Entwicklung und Rolle der Bahnhofstraße in Hannover bis 1945 vgl. Satjukow: Bahnhofstraßen, S. 305–330.
120 Vgl. Bekanntmachung des Polizeipräsidenten v. 15.9.1933 in geo 00427 und geo 02781.
121 Vgl. geo 00998.

die ersten Klagen über zu viele Änderungen und die damit zusammenhängenden Kosten laut wurden.[122]

Eine Eiche für Horst Wessel

Seit April 1933 hieß auch der Königsworther Platz nach Horst Wessel, für den hier am 1. Mai 1933 feierlich eine Eiche gepflanzt wurde.[123] Dem von Goebbels zu einem „Märtyrer der Bewegung" stilisierten Westfalen sollte auf Wunsch der NSDAP-Fraktion im Rathaus und in Zusammenarbeit mit der SA-Standarte 73 im Zentrum Hannovers gedacht werden.

Abb. 1: Das Pflanzen der Horst-Wessel-Eiche am 1. Mai 1933. Abgedruckt in „Die Weltschau. Illustrierte Wochenschrift des Hannoverschen Tageblattes", 7. Mai 1933.

Bei erklingender Marschmusik, so berichtet die Lokalpresse, zogen die zuvor in der Herrenhäuser Allee versammelten Abordnungen der Bündischen Jugend und der SA auf den Platz. Tausende von Besuchern sollen anwesend gewesen sein und die Hakenkreuzflaggen gegrüßt haben. An die Teilnehmer war zweifelsohne die Inszenierung der „Volksgemeinschaft" gerichtet, die ein SA-Oberführer zuvor erläuterte. Demnach wurde „die Erde, mit der die Eiche dem Boden vereint werden soll, durch einen SA-Mann, einen Studenten, einen Arbeiter und einen Handwerker eingeschaufelt", um den Mann zu ehren, „der entschlossen Unterschiede des Standes überwand".[124] Nach der auf diese Weise vorgenommenen Pflanzung übernahm der nationalsozialistische Bürgermeister Heinrich Müller im Rahmen seiner Festansprache den Baum in die Pflege und Obhut der Stadt Hannover.[125]

Zwar kann über die Zusammensetzung des Publikums nichts gesagt werden, alle weiteren Akteure jedoch waren eindeutig der NSDAP zuzurechnen, auch die Zeremonie war nationalsozialistisch geprägt. Aus dem Rathaus war einzig die

---

122 Vgl. Anm. 24. Einen Eindruck von der Fülle der insgesamt zwischen 1933 und 1945 in Hannover um- und neu benannten Straßen nach Orten und Personen, die eine besondere Bedeutung für den Nationalsozialismus hatten, lässt sich anhand einer Liste von Oberbürgermeister Bratke anlässlich der Rückbenennungen 1945 gewinnen. Vgl. dienstliche Mitteilung v. 22.8.1945, Manuskript S. 1f. u. 18f., StAH, HR 2, Nr. 620.
123 Vgl. auch für das Folgende HA u. NTZ v. 30.4.1933, HK v. 1.5.1933, HA u. NTZ v. 3.5.1933 u. NTZ v. 18.6.1933.
124 HA v. 3.5.1933, vgl. NTZ v. 3.5.1933.
125 Deutlich größer feierte Wessels Heimatort die Setzung eines Gedenksteines, vgl. Emer, Wolfgang: „Bielefelds bestem Sohn". Die Einweihung des Horst-Wessel-Steins 1933, in: Freitag: Das Dritte Reich im Fest, S. 81–86.

NSDAP-Fraktion geschlossen anwesend.[126] So war die erste offizielle Ehrung eines „Märtyrers der Bewegung" in Hannover ohne die aktive Mithilfe der rechtskonservativen Senatoren vorgenommen worden. Allerdings wurden auch keinerlei Behinderungen aktenkundig, und es war immerhin der parteilose Stadtbaurat Karl Elkart, der zwei Wochen später den Vorschlag machte, die Eiche mit einem Gitter und dem Schriftzug des Namengebers des Baums zu schmücken, was dann auch geschah.[127]

Abb. 2: Zeitgenössische Foto-Postkarte des Königsworther Platzes, damals Horst-Wessel-Platz. Im Vordergrund die Horst-Wessel-Eiche mit der Umzäunung.

Ehrungen als symbolische Machtergreifung

Die Ehrungspolitik der NSDAP entbehrte also nicht eines gewissen Eifers. Die Benennung der Straßen, das Volksfest für Hitler und das Pflanzen der Eiche gehörten zu den bereits früh im Jahr 1933 initiierten und durchgeführten Ehrungen seitens der NSDAP.[128] Sie wiederholten und präsentierten auf symbolischer Ebene den Sieg der nationalsozialistischen Bewegung. Vor diesem Hintergrund lässt sich auch der Aktionismus begreifen. Zwar ist jeder Ehrung ein Bekenntnis des Ak-

---

126 HA v. 3.5.1933.
127 Vgl. HT v. 14.5.1933 und Magistratssitzung v. 12.5.1933, StAH. Ein Bild der Eiche mit Gitter findet sich im HK v. 10.11.1934.
128 Genannt seien darüber hinaus die Ehrenbürgerschaften für Rust und Hitler, wenngleich hier auch Aktivisten des rechtskonservativen Flügels des Rathauses aktiv beteiligt waren. Vgl. zum Fall Rust StAH, HR 3, Nr. 47 u. den folgenden Abschnitt. Zu Hitler vgl. StAH, HR 3, Nr. 52 u. Kapitel V, 1.1.

teurs zu den durch diese Praxis repräsentierten Werten immanent.[129] Dieser Aspekt kann jedoch in den Vordergrund treten und tut dies üblicherweise in der Praxis derjenigen, die gerade erst siegreich aus Revolutionen oder erdrutschartigen Machtverschiebungen hervorgingen.[130] In solchen Phasen wird vor allem ein politischer Triumph auf symbolischer Ebene ausgekostet und die Zugehörigkeit zur Siegermacht zur Schau gestellt.[131]

Das nach der Machtübernahme gesteigerte Bedürfnis nach ostentativem Bekenntnis zur neuen Herrschaft ist jedoch nicht der einzige Grund für die vielen Ehrungsaktivitäten der Nationalsozialisten 1933. Nachdem die NSDAP in Hannover wie bereits skizziert nach den Kommunalwahlen am 12. März 1933 schnell die absolute Mehrheit im Parlament erreicht hatte, beschloss das BVK am 24. April, seine Rechte und Aufgaben auf einen siebenköpfigen Hauptausschuss zu übertragen. Dieser bestand aus fünf NSDAP-Mitgliedern und zwei Konservativen; den Vorsitz übernahm der Nationalsozialist Berthold Karwahne.[132] Diese Organisationsstruktur blieb bis Ende des Jahres erhalten und war Garant dafür, dass Initiativen der NSDAP-Fraktion im Rathaus reibungslos und zügig beschlossen werden konnten.

Konsens im Rathaus über eine Ehrenbürgerschaft für Gauleiter Rust

Das Jahr 1933 nahm also durch die Feiern des Triumphes und der Macht im Rathaus eine Sonderstellung innerhalb der NS-Zeit in Hannover ein. Der Aktivismus der NSDAP wirkte sich jedoch nicht negativ auf das Verhältnis zwischen Rechtskonservativen und Nationalsozialisten vor Ort aus. So schlug am 31. Juli 1933 der stellvertretende Vorsitzende des BVKs, der Nationalsozialist Friedrich Rickels, Oberbürgermeister Menge in einem Schreiben vor, den Reichsminister und langjährigen Gauleiter Bernhard Rust zum Ehrenbürger der Stadt Hannover zu ernennen.[133] Am Tag darauf erfolgte der entsprechende Beschluss der Dezernenten,[134]

---

129 Vgl. Vogt: Logik der Ehre, S. 272.
130 Vgl. Azaryahu, Maoz: Von Wilhelmplatz zu Thälmannplatz: Politische Symbole im öffentlichen Leben der DDR, Gerlingen 1991, S. 29–31.
131 Erinnert sei hier auch daran, dass die NSDAP-Fraktion als eine ihrer ersten Amtshandlungen die in der Weimarer Republik äußerst umstrittenen Kaiserstatuen wieder im Rathaus aufstellte, in dessen Keller sie zuletzt verbannt worden waren. Hieraus spricht weniger Königstreue denn der Genuss an der Macht, nun über die Deutungshoheit zu verfügen. Zu den Geschehnissen um die Kaiserstatuen in den 1920er-Jahren vgl. Steinweg: Rathaus, S. 115–118.
132 Vgl. zum Hauptausschuss Mlynek: Hannover, S. 504. Der Installateurmeister Berthold Karwahne (1887–1957) wurde 1924 als Kommunist Bürgervorsteher in Hannover, legte 1926 sein Mandat nieder und wurde 1929 erneut Bürgervorsteher, diesmal über die NSDAP. 1933 wurde er wiedergewählt und Wortführer des BVKs; zudem war er seit 1930 Reichstagsabgeordneter. Vgl. StAH, Kartei der Mitglieder der Städtischen Kollegien, Akz. 3/1956; Mertsching, Klaus: Berthold Karwahne. Biographie einer hannoverschen NS-Größe, in: HGBl NF 38/1984, S. 217–236; Behnken: Deutschlandberichte, 1935, S. 74 u. 1938, S. 1127 sowie o. A.: Braunhemden, S. 111f. u. 217.
133 Vgl. Schreiben Rickels aus Hamburg an OB v. 31.7.1933, StAH, HR 3, Nr. 47.

und Menge setzte Rust über das Vorhaben in Kenntnis.[135] Zwar machten BVK und Magistrat sich in der Folgezeit gegenseitig den Anspruch darauf streitig, Initiator der Ehrung gewesen zu sein und damit die Lorbeeren verdient zu haben;[136] dieser Dissens im Detail bestätigte jedoch nur, dass über alles Wesentliche Konsens bestand.

Abb. 3: „Hannovers Ehrenbürgerbrief für Kultusminister Bernhard Rust". Abgedruckt in „Die Weltschau. Illustrierte Wochenschrift des Hannoverschen Tageblattes", 7. Mai 1933.

So wurde der Ehrenbürgerbrief anlässlich Rusts 50. Geburtstag am 30. September 1933 in der Kuppelhalle des Rathauses übergeben, vor dem sich die Schülerinnen und Schüler Hannovers, glaubt man der nationalsozialistischen Niedersächsischen Tageszeitung, „vollzählig" und „erwartungsfroh" gemeinsam mit den „Massen der Hannoveraner" versammelt hatten.[137] Laut Urkunde geschah die Ehrung in

„Anerkennung der hohen Verdienste, die sich Herr Preuß. Kultusminister Bernhard Rust um Deutschland als unerschrockener nationalsozialistischer Kämpfer für dessen Neugründung auf nationaler Grundlage, um den Staat Preußen als Kultusminister und um seine Vaterstadt Hannover durch seine langjährige Tätigkeit als Bürgervorsteher erworben hat".[138]

Beide Aspekte wurden in den Laudationen arbeitsteilig ausführlich begründet. Hauptredner bei der Zeremonie waren Menge und Rust. Menge legte – wie nach ihm Rickels und Bürgermeister Müller – den Schwerpunkt seiner Laudatio auf Rusts langjährige Tätigkeit in der Kommune, würdigte allerdings auch seine Aktivitäten, die zum Erfolg der nationalsozialistischen Bewegung beigetragen hätten.[139] Karwahne, der Fraktionsvorsitzende der NSDAP im Rathaus, und der stell-

---

134 Vgl. Protokoll der Magistratssitzung v. 1.8.1933, StAH, HR 3, Nr. 47.
135 Vgl. Schreiben Menge an Rust v. 1.8.1933, StAH, HR 3, Nr. 47.
136 Beide Gremien forderten das jeweils andere dazu auf, dem Beschluss zur Ehrung beizutreten. Darüber hinaus hatte Menge die Idee zur Ehrung per Post von Rickels erhalten, betonte jedoch in seinem Schreiben an Rust, dass die Ehrung auf seinen Antrag hin beschlossen worden sei. Vgl. zu den Schreiben, Anträgen und Beschlüssen StAH, HR 3, Nr. 47.
137 Vgl. NTZ v. 2.10.1933, Zitat ebd.
138 HA v. 2.10.1933. Ebenfalls abgedruckt in Niederdeutsche Zeitung u. NTZ v. 2.10.1933.
139 Vgl. NTZ v. 2.10.1933.

vertretende Leiter des Gaues Südhannover-Braunschweig Kurt Schmalz[140] beschränkten sich dagegen auf Rusts parteipolitische Aktivitäten und Erfolge.[141] Obwohl Menge der Gastgeber war und Theodor Arends[142] vom Presseamt[143] seitens der Stadtverwaltung mit der Organisation der Veranstaltung betraut war, wurde die Liste der Ehrengäste durch die Gauleitung der NSDAP festgelegt.[144]

Die hier erkennbare reibungslose Kooperation zwischen Rechtskonservativen und Nationalsozialisten wurde einzig durch die Einladungspraxis gegenüber dem Magistrat getrübt. In der auf die Zeremonie folgenden Sitzung der Dezernenten klagte der nationalsozialistische Senator Wilhelm Bakemeier,[145] der Magistrat sei nicht zum Imbiss bei der Feierlichkeit eingeladen worden.[146] Menge machte daraufhin deutlich, dass die Absprache zwischen Rust und Müller darüber, einen sol-

---

140 Der Konditor Kurt Schmalz (1906–1964) trat 1925 der NSDAP bei und war in der HJ und der SA aktiv. 1928 zog er nach Braunschweig, wo er 1930 Bezirksleiter und Landtagsabgeordneter wurde. 1933 wurde er Mitglied des Reichstags und leitet von 1933 bis 1941 den Gau Südhannover-Braunschweig als Vertreter des in Berlin ansässigen Gauleiters Bernhard Rust. Vgl. Herlemann, Beatrix: Biographisches Lexikon niedersächsischer Parlamentarier 1919–1945, Hannover 2004, S. 316; Lilla, Joachim: Die Stellvertretenden Gauleiter und die Vertretung der Gauleiter der NSDAP im „Dritten Reich". Heft 3 der Materialien aus dem Bundesarchiv, Bremerhaven 2003, S. 78f.; HBL, S. 317; Mlynek: Hannover, S. 534 und NTZ v. 23.4.1934, 11.6.1935, 22. u. 23./24.4.1938; HA v. 23./24. u. 25.4.1938.
141 Vgl. NTZ v. 2.10.1933.
142 Theodor Arends (1884–1954) begann 1899 als Zivilanwärter bei der Stadt Hannover. Er wurde 1907 Büroassistent, 1914 Obersekretär und lebenslang verbeamtet. Im November 1945 ging er in den Ruhestand. 1919 bis 1930 gehörte er der Deutschen Demokratischen Partei (DDP) an und kam 1933 durch Überführung aus dem Stahlhelm zur SA. Ein 1937 wohl von der SA für ihn gestellter Antrag auf Mitgliedschaft in der NSDAP wurde verzögert und letztendlich abgelehnt. Arends war im Entnazifizierungsverfahren äußerst umstritten. Vgl. StAH, Personalakte Nr. 6193.
143 Der Ausdruck „Presseamt" wird im Folgenden als Sammelbezeichnung für die mehrfach wechselnde Bezeichnung des jeweiligen Amtsbereiches von Theodor Arends genutzt. Bis 1933 hieß es „Stenographisches und Presseamt", seit dem 27.5.1936 (Mitteilung des OB in StAH) „Presseamt", seit 1937 „Nachrichtenamt" (vgl. Adressbücher und NL Müller, Nr. 33, StAH). Zur Entwicklung der Presse- und Öffentlichkeitsarbeit in Deutschland vgl. Liebert, Tobias: Public Relations für Städte in verschiedenen zeitgeschichtlichen Epochen. Fallbeispiel Nürnberg, in: Wilke, Jürgen (Hrsg.): Massenmedien und Zeitgeschichte, Konstanz 1999, S. 409–423; Bonte, Achim: Werbung für Weimar? Öffentlichkeitsarbeit von Großveranstaltungen in der Weimarer Republik, Mannheim 1997, S. 10 und Kunczik, Michael: Geschichte der Öffentlichkeitsarbeit in Deutschland, Köln/Wien 1997, S. 179–182.
144 Vgl. Aktennotiz Arends v. 28.9.1933 sowie eine Liste der zu ladenden Gäste von Maul, Gau Südhannover-Braunschweig, StAH, HR 3, Nr. 47. Den Quellen ist dabei kein Hinweis darauf zu entnehmen, dass Menge um eigene Vorschläge und Ergänzungen gebeten wurde.
145 Der Kaufmann Wilhelm Bakemeier (1893–1981) hatte lange Jahre in der Armee, zuletzt als Leutnant, gedient. Er trat 1929 der NSDAP bei und übernahm 1932 das Amt des Kreisleiters, worauf er 1937 zugunsten seines Stadtratspostens verzichtete. 1933 wurde er erst Bürgervorsteher, dann ehrenamtlicher Senator und 1937 als Stadtrat Zeitbeamter. Vgl. StAH, Personalakte Akz. 38/1997, Karton 9; Pinl, Barbara: Karriere durch Partei. Stadtrat Wilhelm Bakemeier, in: Stadtarchiv Hannover: Schreibtischtäter?, S. 35–38; Mlynek: Hannover, S. 534 und NTZ v. 19. u. HA v. 20.1.1937.
146 Vgl. Magistratssitzung v. 3.10.1933, StAH, HR 3, Nr. 47.

chen Imbiss einzurichten, zu kurzfristig vorgenommen worden sei. An der Diskussion in der Sitzung wird vor allem deutlich, dass die Akteure sich nach den politischen Veränderungen in einer Phase der Aushandlung von Kompetenzen, Zuständigkeiten und Verfahren zwischen Gremien und Parteistrukturen befanden, um eine interne Neujustierung des lokalen politischen Gefüges zu erreichen. So setzte sich Bakemeier, linientreues Parteimitglied und NSDAP-Kreisleiter, mit seiner Beschwerde für alle Magistratsmitglieder, ungeachtet ihrer Parteizugehörigkeit, ein und ließ damit eine gewisse Wachsamkeit erkennen, die eine Behinderung der Arbeit der Stadtverwaltung verhindern sollte. Menge dagegen stellte die Einladungspraxis zum Imbiss, für die in diesem Fall Rust für die Gauleitung und Müller für die Stadtverwaltung verantwortlich waren, als versehentliche Fehlplanung dar. Dabei war die Sitzung insgesamt geprägt von gegenseitigem Entgegenkommen und beiderseitigem Bemühen darum, eine für alle akzeptable Lösung zu finden. Dieser Grundtenor wandelte sich jedoch 1934.

3. DIE DURCHSETZUNG DER NSDAP IN DER GEDÄCHTNISPOLITIK HANNOVERS

Am 1. Januar 1934 trat die Preußische Gemeindeordnung in Kraft. Sie löste das Kommunalparlament auf und nahm das 1935 durch die Deutsche Gemeindeordnung eingeführte Führerprinzip vorweg. Die Bürgervorsteher, jetzt Ratsherren, hatten nur noch beratende Funktion für einen zumindest formal allein entscheidenden Oberbürgermeister.[147] Diese Neuerung konnte jedoch aus nationalsozialistischer Perspektive in Einzelfällen nachteilig sein, wie Gauleiterstellvertreter Kurt Schmalz, vermutlich mit Blick auf Hannover, feststellte. Er beklagte sich bei Rudolf Heß darüber, dass die Preußische Gemeindeordnung auch diejenigen Oberbürgermeister zu uneingeschränkten „Führern der Gemeinde" mache, die nicht der NS-Bewegung verpflichtet seien.[148] Mit der Deutschen Gemeindeordnung, die dann zum 1. Januar 1935 in Kraft trat, sicherten sich die Nationalsozia-

---

147 Zur Preußischen und Deutschen Gemeindeordnung vgl. Löw, Peter: Kommunalgesetzgebung im NS-Staat am Beispiel der Deutschen Gemeindeordnung 1935, Baden-Baden 1992, S. 52–60; Diehl-Thiele, Peter: Partei und Staat im Dritten Reich. Untersuchungen zum Verhältnis von NSDAP und allgemeiner innerer Staatsverwaltung 1933–1945, München, Studienausg. der 2., durchges. Aufl. 1971, S. 135–142; Matzerath, Horst: Nationalsozialismus und kommunale Selbstverwaltung, Stuttgart u. a. 1970, S. 105–164 und Holtzmann, E.: Der Weg zur Deutschen Gemeindeordnung vom 30. Januar 1935, in: Zeitschrift für Politik 12/1965, S. 356–366.
148 Vgl. Diehl-Thiele: Partei und Staat, bes. S. 139f. Offensichtlich war man auch in Lüdenscheid nicht zufrieden, denn dort versuchten führende Nationalsozialisten die Einführung der PGO zur Absetzung des parteilosen Oberbürgermeisters Ludwig Schneider zu nutzen. Sie scheiterten jedoch am Votum des Regierungspräsidenten, der Schneider zur Fortführung seiner Aufgaben aufforderte. Vgl. hierzu Lauschke, Karl: Die Lüdenscheider Verwaltung 1933 bis 1945. Gleichschaltung – Anpassung – Konflikte, in: Häffner, Michaela/Trox, Eckhard (Hrsg.): Lockung und Zwang. Die Stadt Lüdenscheid im Nationalsozialismus, Lüdenscheid 1999, S. 53–68, hier S. 58f.

listen den Einfluss auf die Stadtverwaltung unter anderem dadurch, dass sie einen Beauftragten der NSDAP ernannten, der als neue Entscheidungsinstanz in zentrale kommunale Fragen einbezogen werden musste.[149] Damit hatte in formaler Hinsicht der Oberbürgermeister im Jahr 1934 die einflussreichste Position. Dennoch ist in Hannover ein sukzessiver Bedeutungsanstieg der NSDAP nicht nur gegenüber der Kommunalverwaltung, sondern auch gegenüber dem Oberbürgermeister erkennbar.

3.1 Nationalsozialistische Regional- und Lokalgewalten als städtische Ehrungsakteure 1933 bis 1938

Das Egestorff-Denkmal

Im Jahre 1934 griff die Bezirksleitung Niedersachsen der Deutschen Arbeitsfront eine Anregung der Arbeitsgemeinschaft der Lindener Bürgervereine auf[150] – so hieß es zumindest im Hannoverschen Tageblatt – und organisierte federführend mit der Gauleitung Südhannover-Braunschweig die Errichtung eines Denkmals für Johann Egestorff. Johann Egestorff hatte 1803 mit einer Kalkbrennerei am Lindener Berg begonnen und im Laufe der folgenden Jahre weitere Produktionsstätten aufgebaut, die er nach seinem Tod 1934 seinem Sohn Georg vermachte. Dieser vergrößerte das Unternehmen im Jahr darauf noch um eine Maschinenfabrik, die später unter dem Namen HANOMAG bekannt wurde. Johann Egestorff galt damit als führender Industrieller Lindens, eines vergleichsweise hochindustrialisierten preußischen Dorfes, das 1885 Stadtstatus erlangte, bis es 1920 als Stadtteil Hannovers eingemeindet wurde.[151] Die Denkmalsetzung war dabei ein Versuch, sowohl die Arbeiterschaft, vor allem des Stadtteils Lindens, als auch die Lindener Bürgervereine für den Nationalsozialismus zu gewinnen. Die hannoverschen Bürgervereine, die sich bereits in den 1920er-Jahren als unpolitisch gerierten und vor allem bemüht waren, den Einfluss der Sozialdemokratie zurückzudrängen, hatten den bisherigen Gleichschaltungsmaßnahmen noch bis 1936 weitgehend standhalten können.[152]

Als die Gauleitung mit der Bitte um Unterstützung an die Stadt herantrat, hatte sie jedoch mit dem bereits ausgeschriebenen und entschiedenen Kunstwettbe-

---

149 So hatte der Beauftragte der NSDAP dem Regierungspräsidenten Vorschläge für Stadträte und Bürgermeister zu unterbreiten, wenn eine Einstellung anstand, vgl. Küchenhoff, Günther/Berger, Robert (Hrsg.): Deutsche Gemeindeordnung vom 30. Januar 1935. Nebst amtlicher Begründung, Berlin/Leipzig 1935, §6 u. §41 sowie die Praxis in Hannover in NHStAH, Hann. 122a X, Nr. 1934.
150 Vgl. HT v. 6.4.1934.
151 Zu den Personen Johann und Georg Egestorff vgl. Kapitel IV, 1.1; zur Symbolik des Denkmals und der Einweihungsfeierlichkeit vgl. Kapitel V, 2.3.
152 Vgl. Mlynek, Klaus: Die Gleichschaltung der hannoverschen Bürgervereine in der NS-Zeit, in: HGBl NF 34/1980, S. 183–209.

werb für das Monument die Stadtverwaltung vor vollendete Tatsachen gestellt. Das geht aus folgendem Schreiben Stadtbaurat Elkarts an Menge hervor:

> „Ich wurde gestern nachmittag um 5 Uhr zu Herrn Gauamtsleiter Carius gerufen zwecks Beratung über das Denkmal von Joh. Egestorff. Die Herren hatten unter vier hannoverschen Künstlern einen engeren Wettbewerb für das Denkmal veranstaltet und sich als Platz die Anlage um das Stadion in Linden ausgesucht. Aufgrund der Wahl, die Herr Schacht von der Kulturkammer ohne unsere Hinzuziehung getroffen hat, wurde der Entwurf von Herting[153] als der geeignetste vorgeschlagen. [...] Bei Herrn Carius wurde nun die Frage erörtert, ob die Stadt bereit ist, für dieses Denkmal den Platz zur Verfügung zu stellen und die Kosten der Maurerarbeiten und die gärtnerischen Anlagen mit zu übernehmen."[154]

Elkart fühlte sich offenbar von der Gauleitung und der Kulturkammer übergangen. Auf eine gut funktionierende Kommunikation zwischen Gau- und Stadtverwaltung lässt das nicht schließen. Allerdings ist zu vermuten, dass die Gauleitung die Stadtverwaltung, insbesondere Arthur Menge, aufgrund des schwelenden Streits um die Bürgervereine bewusst ausschloss, denn die Vereine waren als Bastion Menges bekannt.[155] So war Menge dann zwar bei der Einweihungszeremonie zugegen, hielt jedoch keine Ansprache und war auch sonst an keinem Programmpunkt beteiligt.

Elkarts gegenüber Menge offen geäußertes Missfallen über den Alleingang der Parteiaktiven auf Gauebene legt nahe, dass er und der Oberbürgermeister den Fall ähnlich bewerteten. Aus dieser Übereinstimmung und der offenen Ausgrenzung durch Gau und Partei resultierte jedoch keine Zusammenarbeit gegen die NSDAP.[156] Auch in diesem Fall wurden die Pläne der Gauleitung durch Elkart oder Menge nicht behindert, obwohl sie dies, wie sich gleich zeigen wird, gegenüber anderen Antragstellern durchaus praktizierten. Bevor jedoch kontrastierend Anträge für Denkmäler von Seiten der Kriegerverbände betrachtet werden, sei noch ein Blick auf die Urkunde geworfen, die in das Egestorff-Denkmal eingemauert wurde. Diese gibt im Vergleich mit zwei ähnlichen Dokumenten Aufschluss über ein neues städtisches Gedenken, welches die Nationalsozialisten nun praktizierten.

Vom Vermächtnis zur Erlösung. Urkunden in Denkmalsockeln

Einigen Denkmälern wurde ein Kasten mit einer Urkunde in den Unterbau eingelassen. Zumeist geschah dies während einer gesonderten Feier anlässlich der

---

153 Georg Herting (1872–1951) war seit 1896 als Bildhauer in Hannover tätig, vgl. HBL, S. 166.
154 Elkart an Menge v. 10.3.1934, StAH, HR 13, Nr. 721.
155 Vgl. Röhrbein: endlich klare Verhältnisse, S. 505f.
156 In den frühen 1940er-Jahren führte dagegen eine anti-nationalsozialistische Grundstimmung zu einer lokalen Kontaktaufnahme zwischen Menge und anderen Hannoveranern bis hin zum rechten Rand der Sozialdemokratie, die sich gegen die NS-Herrschaft richtete, vgl. Schmid: 20. Juli 1944 in Hannover, bes. S. 319 u. 323.

Grundsteinlegung, in Ausnahmen auch während der Einweihungsfeierlichkeit.[157] Die Urkunde selbst erläuterte üblicherweise den Kontext der Monumenterstellung und listete die ehrenden Akteure auf; so auch im Fall des Flugpioniers Karl Jatho, dem man 1933 ein Denkmal setzte:

> „Man schrieb das Jahr eintausendneunhundertdrei nach Christi Geburt in der Regierungszeit des dritten deutschen Kaisers, Wilhelm II, als ein alter Traum der Menschheit in Erfüllung ging. Auf der Vahrenheide, nördlich Hannovers, gelang es dem hannoverschen Stadtinspektor Karl Jatho sich mit einem von ihm erdachten und erbauten Flugzeug mit eingebautem Motor als erster der Menschheit vom Boden zu erheben. Er erreichte eine halbe Mannshöhe und 23 Schritt Flugweite. Aus Anlass der dreissigjährigen Wiederkehr dieses für die gesamte Fliegerei der Welt so bedeutungsvollen Tages, setzen ihm angesehene Bürger der Stadt ein Denkmal an der Stätte seines Wirkens. Hannover, am 18. August 1933 unter der Führung des Reichspräsidenten v. Hindenburg und seines Volkskanzlers Adolf Hitler."[158]

Die unter anderem von Oberpräsident Lutze, Oberbürgermeister Menge und einem Vertreter des Deutschen Luftsportverbandes unterzeichnete Urkunde nahm nur durch ihre zeitliche Selbsteinordnung, also den Hinweis auf das Erstellungsdatum, sowie die Nennung nationaler und regionaler Führungspersonen Bezug auf den Nationalsozialismus. Inhaltlich kam der Machtwechsel nicht zum Tragen.[159] Indem Jatho einen „Traum der Menschheit verwirklichte", hatte er eine herausragende, überzeitliche Leistung erbracht. Das Dokument machte per Text und Duktus deutlich, dass sein Adressat die Nachwelt war und es den folgenden Generationen ein Wissen für alle Zukunft vermitteln wollte, das sie zu Respekt und Dankbarkeit verpflichtete.

Die nur acht Monate später während der Grundsteinlegung in das Fundament des Egestorff-Denkmals eingemauerte Urkunde dagegen unterschied sich deutlich von derjenigen für Jatho:

> „Am 8. April des Jahres 1934 wurde dieses Denkmal dem Johann Egestorff, der im Jahre 1772 am 22. Oktober geboren und im Jahre 1834 am 30. März gestorben ist, in seinem hundertsten Todesjahre errichtet und dieser Grundstein gelegt. Inmitten der großen Arbeitsschlacht, die Millionen deutscher Menschen wieder zu Brot und Arbeit bringen soll, ist auch die Errichtung dieses Gedenksteines ein kleiner Teil der Arbeitsbeschaffung. Gleichzeitig stellt dieses Denkmal eine Ehrung für den Begründer der Lindener Industrie, der sein Leben unter das Leitwort ‚Arbeit ist Würde' gestellt hatte, dar. Dieses Denkmal sei Sinnbild der Verbundenheit des deutschen Volkes; denn an seiner Ausführung sind beteiligt die Deutsche Arbeitsfront, die Lindener Bürgervereine, die Industrie, die Reichskammer der bildenden

---

157 Urkunden scheinen eher bei zivilen Denkmälern üblich gewesen zu sein, im militärischen Bereich war Hainholz eine Ausnahme. Allerdings lassen sich den Quellen keine Hinweise darauf entnehmen, welche Kriterien ausschlaggebend dafür waren, ob eine Urkunde angefertigt wurde. Bei der Versetzung von Denkmälern wurden vorhandene Urkunden mit ihren Hüllen meist aufbewahrt und am neuen Ort wieder mit eingemauert. Vgl. hierzu die Gegebenheiten um die Denkmäler für Bismarck in StAH, HR 13, Nr. 661 und Jatho in StAH, HR 13, Nr. 721.
158 HA v. 20.8.1933 u. NTZ v. 9.10.1933.
159 Zur gesamten Ehrung im Kontext der zeitgenössischen Flugbegeisterung vgl. Kapitel III, 1.2.

Künste. Gemeinsamem Handeln entsprang das Werk. Dem deutschen Arbeiter sei es ein bleibendes Zeichen dieser Verbundenheit."[160]

Der Text rekurrierte trotz seines in den ersten Zeilen altertümlichen Duktus einzig auf die nationalsozialistische Gegenwart und verwies wiederholt auf das Thema Arbeit, das als Schnittstelle zwischen der adressierten Bevölkerung und dem geehrten Unternehmer fungierte. Dieser Fokussierung geschuldet war die Banalisierung der Ehrung gleich zu Beginn des Dokuments. Hier wurde die Denkmalsetzung als „kleiner Teil der Arbeitsbeschaffung" vorgestellt und in den Kontext der zeitgenössischen Arbeitslosigkeit eingebettet, was als Hintergrund für die Errichtung eines Denkmals und als ein Vermächtnis an die Nachwelt eine vergleichsweise vergängliche Leistung war. Auch die Person Egestorff, der das Diktum „Arbeit ist Würde" als Motto unterstellt wurde, erschien als Erschaffer von Arbeitsplätzen und damit als bloße Verkörperung von NS-Leistungen. Erst zuletzt wurde deutlich, was die eigentliche Intention der Inszenierung war: Das Denkmal sollte durch die verschiedenen Beteiligten Sinnbild der „Volksgemeinschaft" sein und „dem deutschen Arbeiter" stets den „volksgemeinschaftlichen" Zusammenhalt ins Gedächtnis rufen. Die Urkunde in der Metallhülle im Egestorff-Denkmal verriet deutlich, dass es bei der Denkmalsetzung in erster Linie um die Selbstdarstellung der Veranstalter gegenüber der Lindener Arbeiterschaft ging.

Die letzte Urkundeneinbettung[161] kam ohne gesonderte Veranstaltung aus. Am 20. November 1938 wurde nach der Weihe des von einer NSDAP-Ortsgruppe initiierten Kriegerdenkmals in Hainholz ein Dokument mit folgendem Text eingemauert:

„Was die Zeit vor uns versäumte, was im Staate der Parteien und des Klassenhasses unvollendet blieb, haben wir, aufgerufen durch das leuchtende Beispiel Adolf Hitlers, zu gestalten. Was die Toten für uns gaben – wir haben es nicht vergessen! Zwanzig Jahre nach dem schmachvollen Frieden von Versailles wird heute durch die Nationalsozialistische Deutsche Arbeiterpartei das Krieger-Ehrenmal Hainholz als Vermächtnis einer großen Zeit geweiht. Den Gefallenen zur Ehre – den Lebenden zur Erinnerung, den kommenden Geschlechtern zur Mahnung zu erhalter [sic] und zu vollenden, was diese Generation in tausendfacher Not schuf."[162]

Zwar lässt sich die Erinnerung an Gefallene nur bedingt mit dem Gedenken an individuelle Zivilpersonen vergleichen. Nichtsdestotrotz zeigen sich Parallelen zum Fall Egestorff. In Hainholz wurde die bestehende und zukünftige Generation aufgefordert, das nachzuholen, was der demokratische Staat bislang versäumt habe; was damit gemeint war, blieb vage. Erinnerte dies noch der Struktur nach an ein Vermächtnis, so zeigte es sich gleichzeitig als schon fast erfüllt: Das Vorbild

---

160 HA v. 9.4.1934.
161 Erwähnt sei an dieser Stelle, dass noch der Text für eine weitere Urkunde formuliert worden war, nämlich für den von Hannover als Geschenk geplanten und nie gebauten Springbrunnen für die italienische Stadt Cremona. Allerdings ist das Dokument nicht ausreichend mit den bisherigen Beispielen vergleichbar, da es sich zum einen um einen reinen Schmuckbau handelte und zum anderen der Kontext ein internationaler war. Vgl. StAH, HR 15, Nr. 929 und den Textentwurf v. 28.5.1943, ebd.
162 HA v. 21.11.1938.

war mit Adolf Hitler bereits erschienen, die NSDAP aufgestellt und zumindest die Zeitgenossen hatten „nicht vergessen!", was die Gefallenen des Kaiserreiches bereits an Vorleistung erbracht hatten. Sie seien also, so die Darstellung, geistig gerüstet für ihre Aufgabe. Das Dokument verknüpfte die Mobilisierung für den „nationalen Kampf" mit einer Abrechnung mit Vertretern der Weimarer Republik. Dabei stand der Appell, nicht das ehrfurchtsvolle Gedenken, im Vordergrund. Wie bereits im Egestorff-Denkmal erschien hier das Bestehende, der Nationalsozialismus, als der richtige und bereits eingeschrittene Weg hin zu einem spezifischen Ziel: Bei Egestorff waren es die Vollbeschäftigung und die nationalsozialistische „Volksgemeinschaft", beim Kriegerdenkmal etwas verbrämt eine „Wiedergutmachung" und auch ein wenig Rache für den an den gefallenen Soldaten getätigten „Dolchstoß". Nur im Falle Jathos hatte die Zukunftsvision von der Umsetzung des Menschheitstraums vom Fliegen mit Hilfe des technischen Fortschritts etwas Überzeitliches.

Natürlich hat sich der pointiert skizzierte stilistische Wandel nicht innerhalb eines Jahres von 1933 bis 1934 zugetragen. Die Inschriften belegen aber idealtypisch die neue Art des Gedenkens im „Dritten Reich". Während traditionell das Erinnern historischer Errungenschaften als bloße Etappe einer andauernden Menschheitsgeschichte im Vordergrund stand, stellte sich im Nationalsozialismus die Gegenwart mehr und mehr als Höhe- und Endpunkt menschlichen Daseins dar.[163] Damit wurde hier eine Tendenz auf die Spitze getrieben, die Aleida Assmann bereits für die Gedenkpolitik Ende des 19. Jahrhunderts beschreibt, als sich viele Denkmäler bereits „kaum noch an die Nachwelt richteten und zum Mittel der politischen Beeinflussung der Zeitgenossen wurden. Sie entsprachen vielfach dem Wunsch, die Gegenwart zu verewigen und den Geschichtsprozeß zu negieren."[164]

Kriegervereine als Bittsteller

Es war durchaus nicht ungewöhnlich, dass auch private Organisationen eine größere Ehrung wie beispielsweise die Errichtung eines Denkmals vornahmen.[165] Bei Kriegerdenkmälern war es sogar das übliche Verfahren, da sie zumeist von Hinterbliebenen- oder Veteranenverbänden organisiert und federführend durchgeführt wurden. Analog den Vorgängen beim Egestorff-Denkmal war es auch hier gang

---

163 Damit bestätigen sich Ergebnisse des bereits von Adelheid von Saldern et. al. anhand von Stadtjubiläen untersuchten Geschichtsverständnisses des Nationalsozialismus, vgl. Saldern, Adelheid von: „Sinfonie der Festtagsstimmung". Stadtrepräsentationen in drei deutschen Gesellschaften (1935–1975), in: dies.: Inszenierter Stolz, S. 409–460. In den Jubiläen wurde die Weimarer Republik als „Chaos- und Notzeit charakterisiert" (S. 440), die „Machtübernahme Hitlers als pure Rettung" (S. 443) und die Zukunftsvorstellungen blieben unkonkret (vgl. S. 444).
164 Vgl. Assmann: Erinnerungsräume, Zitat S. 48.
165 Vgl. hierzu und für das Folgende StAH, HR 13, Nrn. 685, 690, 694, 697, 709–712, 725 und 729. Vgl. außerdem Schneider: nicht umsonst.

und gäbe, dass die Verbände die Stadtverwaltung baten, einen öffentlichen Platz zur Aufstellung des Erinnerungsmals zur Verfügung zu stellen und finanzielle Unterstützung zu gewähren. Im Unterschied zur Gauleitung im Falle des Egestorff-Denkmals stellten die Militärverbände ihre Anfragen an die Stadtverwaltung zumeist frühzeitig, so dass die Stadt in die Planungen der Monumente involviert war. Eine der Stadt gefällige künstlerische Gestaltung verbesserte die Aussichten der Antragsteller darauf, dass die Stadt einen möglichst gut zugänglichen und einsehbaren Platz für das Denkmal zur Verfügung stellte und eine finanzielle Beihilfe gewährte. So schrieb der Regimentsbund des früheren Infanterieregiments Nr. 368, der der Gefallenen seines Regiments erinnern wollte, Folgendes an den Magistrat:

> „Wir erlauben uns nun die ergebene Anfrage, ob der Magistrat bereit ist, uns für diesen Zweck einen geeigneten Platz zur Verfügung zu stellen [sic] entweder in der Eilenriede oder im Georgengarten oder an einer sonst geeigneten Stelle".[166]

Dieses Zitat gibt einen Eindruck von dem zurückhaltenden Stil, in dem die Anfragen der Hinterbliebenenverbände üblicherweise gestellt waren, was sie von denjenigen der NSDAP unterschied. Die Vorgehensweisen zeigen im Vergleich ein enormes Selbstbewusstsein der NSDAP, mit dem sie gegenüber der Stadtverwaltung auftrat, und die Resultate gaben ihr dabei durchaus Recht.

Abb. 4: Kriegerdenkmal des Infanterieregiments Nr. 368 im Stadtwald Eilenriede.
Inschrift vorn: „Den Gefallenen des Inf. Regts. 368 und der niedersächs. Inf. Div. 216 / 272".
Inschrift links: „1914 1915 1916 1917 1918 1939 1940 1941 1942 1943 1944 1945".
Inschrift rechts: „Was liegt an unserem Sterben wenn nur Deutschland lebt. In diesem Geist starben den Tod fürs Vaterland 1 795 Kameraden vom I. R. 368 und seinen Stammformationen Brig. Ers. Batl. 37 38 39 40".

Obwohl die Anfrage für das Regimentsdenkmal bereits im November 1931 gestellt wurde, konnte das Ehrenmal erst im Oktober 1933 in der Eilenriede eingeweiht werden. Da sich der Regimentsbund mit der Stadt, vertreten durch Karl Elkart, nicht darüber einigen konnte, ob ein unbehauener Findling dem Andenken Gefallener angemessen sei und wo ein solches Denkmal aufgestellt werden sollte, zogen sich die Verhandlungen in die Länge. Ähnlichen Schwierigkeiten sah sich der Regimentsbund des ehemaligen Reserve-Ersatz-Regiments Nr. 4 gegenüber-

---

166 Schreiben Regimentsbund ehemaliger Feldzugsteilnehmer des Infanterieregiments Nr. 368 an den Magistrat v. 13.11.1931, StAH, HR 13, Nr. 709. Für weitere Beispiele vgl. StAH, HR 13, Nrn. 685, 709 u. 711.

gestellt.[167] Sein zuerst im August 1934 beantragtes Vorhaben, „einen Gedenkstein in einfachster, schlichter Form"[168] an der Herrenhäuser Allee aufzustellen, missfiel den Zuständigen in der Kommune. Elkart hatte, wie er sich ausdrückte, „im Einvernehmen mit der Gartenbaudirektion die Antragsteller zwar nicht von ihrem Vorhaben abbringen", sie aber zu einem Verzicht auf den geplanten Ort bewegen können.[169] Menge ließ Karl Bachmann, den Vertreter des Verbandes, wissen, dass der künstlerische Entwurf nicht hinreichend sei und das Regiment einen Wettbewerb ausschreiben solle.[170] Da die Stadt nur bei Einreichung eines geänderten künstlerischen Konzeptes bereit war, einen Platz zur Verfügung zu stellen, fügte sich Bachmann, obwohl der Wettbewerb, der über die Reichskulturkammer ausgeschrieben werden musste, die ohnehin schlechte Finanzsituation der Organisation zusätzlich strapazierte. Auch der aus dem Wettbewerb hervorgegangene Entwurf war nach Anforderung Menges noch in Details nachzuarbeiten.[171] Immerhin konnte der gesetzte Einweihungstermin trotz der komplizierten Verhandlungen eingehalten und das Ehrenmal am 8. September 1935 eingeweiht werden.

Im Fall des geplanten Kriegerdenkmals in Kleefeld führten konträre Vorstellungen über Gestalt und Lage des Ehrenmals zwischen dem „Ausschuss zur Errichtung des Kriegerdenkmals" und Stadtbaurat Elkart sogar zum Nichtzustandekommen des gesamten Vorhabens.[172] Demgegenüber fand sich in den Quellen kein Beispiel für die Ablehnung eines durch die NSDAP beantragten Denkmals, obwohl Elkart nicht immer in allen Punkten zufrieden war, so etwa beim Kriegerdenkmal in Hainholz.[173] Das Denkmal war durch die NSDAP-Ortsgruppe Lutherkirche initiiert worden. Oberbürgermeister Henricus Haltenhoff,[174] Menges Nachfolger, hatte hierfür den Dreiecksplatz vor der Bürgerschule im hannoverschen Stadtteil Hainholz zur Verfügung gestellt,[175] wo es am 20. November 1938 eingeweiht wurde. Im März 1939 kam die NSDAP mit der Bitte auf Haltenhoff zu, eine Handwerkerrechnung zu begleichen, da aufgrund „unvorhergesehener Umstände" die angefallenen Baukosten um etwa 1 300 RM angestiegen seien.[176] Haltenhoff

---

167 Vgl. StAH, HR 13, Nr. 711 sowie HA v. 8.9.1935 u. HK v. 9.9.1935.
168 Schreiben Justizobersekretär Karl Bachmann als Vertreter des ehemaligen Reserve-Ersatzregiments Nr. 4 an Menge v. 16.11.1943, StAH, HR 13, Nr. 711.
169 Vgl. Schreiben Elkart an Menge v. 2.11.1934, StAH, HR 13, Nr. 711, Zitat ebd.
170 Vgl. Schreiben Menge an Bachmann v. 2.11.1934, StAH, HR 13, Nr. 711.
171 Vgl. Schreiben Menge an Bachmann v. 18.5.1935, ebd.
172 Vgl. StAH, HR 13, Nr. 685.
173 Vgl. zu den Vorgängen StAH, HR 13, Nr. 725 sowie u. a. NTZ v. 19./20.11.1938.
174 Der Jurist Dr. Henricus Haltenhoff (1888–1956) trat am 1. April 1933 der NSDAP bei und wurde 1933 Oberbürgermeister in Cottbus. Vgl. HBL, S. 148; Ruhe, Corinna: Henricus Haltenhoff. Ein Oberbürgermeister zwischen Stadt und Partei, in: Stadtarchiv Hannover: Schreibtischtäter?, S. 27–30; HA u. NTZ v. 13.10.1937.
175 Vgl. Schreiben des OB über Grundstücksamt an Ortsgruppe Lutherkirche v. 17.5.1938, StAH, HR 13, Nr. 725.
176 Vgl. Schreiben der NSDAP-Ortsgruppe Schneiderberg an OB v. 30.3.1939, StAH, HR 13, Nr. 725, Zitat ebd. Dass zuerst die Ortsgruppe Lutherkirche das Denkmal initiierte und nun die Ortsgruppe Schneiderberg sich der Organisation annahm, ist auf die veränderte Struktur

hielt daraufhin Rücksprache mit Elkart, der empfahl, nur die Hälfte der erbetenen Summe zur Verfügung zu stellen; immerhin stehe das Denkmal „städtebaulich, was wir stets betont haben, nicht glücklich, so dass ein Gewinn für das Stadtbild durch die Errichtung dieses Ehrenmals nicht erzielt ist".[177] Trotz der Skepsis hatte es in der Planungsphase keine nachweislichen Bitten um Nachbesserungen gegeben. Auch das Egestorff-Denkmal missfiel Elkart, da es „ziemliche Ausmaße" habe, allerdings sei seine Errichtung „auf dem städtebaulich wenig hervorragenden Platz unbedenklich".[178]

Abb. 5: Die Einweihung des Kriegerdenkmals in Hainholz 1938.

Woran mag es gelegen haben, dass das Stadtbauamt im Falle von Denkmalinitiativen gegenüber NSDAP-Gliederungen nachsichtiger war als gegenüber den Militärverbänden? Zum einen muss darauf hingewiesen werden, dass sich die Beispiele nur bedingt gegenüberstellen lassen. Da die hannoverschen Vertreter der NSDAP und des Rathauses in häufigerem persönlichen Kontakt zueinander standen, muss davon ausgegangen werden, dass zwischen ihnen bereits bei anderen Gelegenheiten informelle Absprachen getätigt wurden und damit bereits Kompromisse im Vorfeld geschlossen wurden.[179] Auch mag die persönliche Bekannt-

    der NSDAP-Ortsgruppen in Hannover zurückzuführen, vgl. Teil IV der Adressbücher 1938 und 1939.
177 Schreiben Elkart an OB v. 24.4.1939, StAH, HR 13, Nr. 725. Letztendlich wurden 1 000 RM Zuschuss bewilligt.
178 Schreiben Elkart an OB v. 10.3.1934, StAH, HR 13, Nr. 721.
179 Erinnert sei daran, dass die Anfrage für das Egestorff-Denkmal mündlich vorgetragen wurde und nur über Elkarts schriftliche Information an seinen Vorgesetzten in den Quellen bewahrt

schaft dafür eine Rolle gespielt haben, dass die Nationalsozialisten ihre Anfragen nicht in der distanzierten Höflichkeit vortrugen, wie sie die Kriegerverbände an den Tag legten. Hinzu kommt im Falle des Hainhölzer Ehrenmals, dass es bereits in die Amtszeit Haltenhoffs fällt, der, wie sich im Verlauf der weiteren Darlegungen noch zeigen wird, den Ansinnen seiner Parteigenossen gegenüber deutlich aufgeschlossener war als Arthur Menge. Nichtsdestotrotz vermögen diese Einschränkungen allein den deutlichen Unterschied in der Behandlung der Antragsteller durch die Stadtverwaltung nicht zu erklären. Viel spricht dafür, dass er Ausdruck einer mindestens seit 1933 bestehenden starken Stellung der lokalen und regionalen NSDAP war, die sich ab 1934/35 noch kontinuierlich verstärkte. Dies bestätigen auch die Ehrungen für Carl Peters.

Ehrungen für Carl Peters

Im September 1934 meldete die nationalsozialistische Niedersächsische Tageszeitung, dass die Stadt Hannover dem Kolonialpolitiker Carl Peters[180] ein Denkmal errichten wolle.[181] Im April 1935 wurde der Ortsverein Hannover des Kolonialvereins Mitveranstalter[182] und im Spätsommer die Kreisleitung der NSDAP.[183] Das Verlangen nach stärkerer Repräsentation der Partei spiegeln auch die Versionen des Einladungsschreibens wider: War Menge von den drei Veranstaltern im Entwurf noch an erster Stelle der Einladenden platziert, so dominierte im gedruckten Exemplar die Kreisleitung.[184] Die NSDAP hatte sich also erfolgreich in die Veranstaltung eingeklinkt und an die erste Stelle gesetzt.

Dass die Stadtverwaltung sukzessive in den Hintergrund trat, zeigt sich auch mit Blick auf die Entwicklung weiterer Ehrerbietungen für Carl Peters. 1932 war es eine „Abordnung der Kolonial-Jugend", die anlässlich Peters' Geburtstag einen Kranz an seinem Grab niederlegte.[185] Am 18. November 1934 fand eine Gedächtnisstunde für ihn im Alten Rathaus statt, zu welcher der Kolonialbund Hannover und die Forschungsstelle Niedersachsen im Ausland unter Schirmherrschaft des

---

blieb. Auch im Falle des Hainholz-Denkmals geht aus den Quellen wie dargelegt hervor, dass es Gespräche gegeben hatte, die keinen direkten Niederschlag in den Akten gefunden haben. Darauf verweist insbesondere die Formulierung „was wir stets betont haben", vgl. Schreiben Elkart an OB v. 24.4.1939, StAH, HR 13, Nr. 725.

180 Carl Peters (1856–1918) legte 1884 die Grundlagen für den deutschen Kolonialismus in Ostafrika. Näheres zur Denkmalsetzung vgl. Kapitel IV, 1.2 und zu seiner Person und seinem Stil als Kolonialherr Kapitel IV, 2.2.
181 Vgl. NTZ v. 26.9.1934. Zur Ehrung allgemein vgl. StAH, HR 13, Nr. 722.
182 Ein genaueres Datum ließ sich den Quellen nicht entnehmen. Arends scheint hierüber erst am 18.4.1935 durch Elkart in Kenntnis gesetzt worden zu sein, vgl. Aktenvermerk Arends v. 18.4.1935, StAH, HR 13, Nr. 722.
183 Hiervon ist in den Quellen erst seit September die Rede, vgl. StAH, HR 13, Nr. 722.
184 Vgl. die verschiedenen Versionen des Programmheftes, StAH, HR 13, Nr. 722. Allerdings blieb es dabei, dass Menge die Begrüßungsansprache hielt.
185 Vgl. HK v. 23.9.1932, Zitat ebd.

Oberbürgermeisters aufgerufen hatten.[186] Die „Weihe der Karl-Peters-Fahne" in der Woche zuvor wurde vom „Verein ehemaliger Ostasiaten und Afrikaner" veranstaltet. Zwischen vielen Einheiten früherer Militärs war nur eine SA-Reserveeinheit zu finden.[187] Auch 1936, im Jahr nach der Denkmalerrichtung, fand an Carl Peters' Geburtstag eine Kranzniederlegung an seinem Grab statt, nun allerdings, wie der Hannoversche Anzeiger ankündigte,

> „durch Abordnungen des Kolonial-Kriegerbundes und der NS.-Kriegsopferversorgung. Anschließend finden Standkonzerte der Schutzpolizei, des Arbeitsdienstes und zahlreicher anderer Gliederungen in allen Stadtteilen statt. Marschgruppen aller Gliederungen der Bewegung werden durch die Stadt marschieren und an Carl Peters mahnen".[188]

Nun dominierten also NS-Organisationen das Gedenken an Carl Peters; die Stadt Hannover war nicht mehr repräsentiert.[189] Erst 1938 wurde das Rathaus wieder durch den Oberbürgermeister beteiligt,[190] – der aber hieß nicht mehr Arthur Menge, sondern Henricus Haltenhoff und war Mitglied der NSDAP.

3.2 Rechtskonservative Beharrungskräfte und nationalsozialistisches Desinteresse

Die Trauerfeier für Reichspräsident Hindenburg 1934

Die steigende Dominanz der NSDAP vollzog sich nicht bruchlos, wie sich unter anderem anlässlich des Todes des Reichspräsidenten zeigte. Am 6. und 7. August 1934 sollte Paul von Beneckendorff und von Hindenburg im Tannenberg-Ehrenmal in Ostpreußen ehrenvoll begraben und die Trauerfeier über den Rundfunk reichsweit ausgestrahlt werden.[191] Dieses Staatsbegräbnis stellte für Hannover eine besondere Veranstaltung dar, denn Hindenburg hatte einige Jahre in Hannover gelebt, war 1916 Ehrenbürger der Stadt geworden und wurde daher nicht nur als Reichspräsident, sondern darüber hinaus als Mitbürger angesehen.[192] Wäh-

---

186 Vgl. Einladung als Umlauf bei den städtischen Dienststellen, geo, Ordner 1 zu Carl Peters.
187 Vgl. NTZ v. 12.11.1934, Zitate ebd.
188 HA v. 24.9.1936. Felix Schürmann sieht dieses Jahr als Höhepunkt der Ehrungen für Peters, vgl. Schürmann, Felix: Erinnerungslandschaft im Wandel: das Afrika-Viertel in Hannover, in: Stichproben H. 10.2006, S. 39–60, hier S. 45.
189 Vgl. HA v. 24., 25. u. 26.9.1936, NTZ v. 26./27.9.1936, HK v. 28.9.1936.
190 Vgl. NTZ v. 21.3.1938.
191 Vgl. StAH, HR 31, Nr. 38. Die Rede Hitlers ist abgedruckt bei Michaelis/Schraepler: Ursachen und Folgen Bd. 11, S. 270f.
192 Zum Verhältnis Hannovers zu Hindenburg vgl. HBL, S. 169; Mlynek: Hannover, hier S. 440f.; Saldern, Adelheid von: Sport und Öffentlichkeitskultur. Die Einweihungsfeier des hannoverschen Stadions im Jahre 1922, in: Maßolek/Wildt: Adelheid von Saldern, S. 121–143; Guckel, Sabine/Seitz, Volker: „Vergnügliche Vaterlandspflicht". Hindenburg-Kult am Zoo, in: Geschichtswerkstatt Hannover (Hrsg.): Alltag zwischen Hindenburg und Haarmann. Ein anderer Stadtführer durch das Hannover der 20er-Jahre, Hamburg 1987, S. 12–17; Verkehrsverein Hannover e. V. (Hrsg.): Hindenburg und Hannover. Sonderheft, Hannover 1934; NTZ v. 2.8.1934 und Festrede zur Feier des 70. Geburtstages Seiner Exzellenz des General

rend die Gauleitung für die Zeremonie den Welfenplatz vorschlug,[193] entschied der Gaufunkwart zugunsten des Trammplatzes vor dem Rathaus,[194] für dessen Ausschmückung Menge 300 RM zur Verfügung stellte.[195] Menge selbst konnte in Hannover nicht teilnehmen, da er der zentralen Trauerveranstaltung in Tannenberg beiwohnte.[196]

Obwohl die Feierlichkeiten in Hannover von der NSDAP-Kreisleitung durchgeführt wurden und Arthur Menge nicht vor Ort war, war er während des gesamten Ehrungsprozesses ausgesprochen präsent. Sein Name erschien durchgehend in der lokalen Presse, sei es durch die überdimensionale Todesanzeige, den Abdruck seines Beileidsschreibens an von Hindenburgs Sohn Oskar[197] oder die – in Fettschrift gedruckte – Mitteilung, dass er nach Tannenberg eingeladen worden sei.[198] Besonders bemerkenswert ist jedoch, dass Menge selbst in der Zeremonie in Hannover breiten Raum einnahm, nämlich durch die Festrede seines Stellvertreters, des Nationalsozialisten Müller. Müller führte nicht nur aus, warum Menge seiner „Pflicht des Herzens" nicht nachkommen konnte, persönlich einen Nachruf auf Hindenburg zu halten, sondern er verlas auch einen Brief, den der Reichspräsident 1930 an den Oberbürgermeister verfasst hatte. Hierin legte Hindenburg freundlich und fast vertraulich seine Beziehung zur Stadt Hannover und zu Menge dar.[199]

Es stellt sich nun die Frage, wie es sein konnte, dass Menge hier noch im August 1934 eine so herausragende Rolle in der symbolischen Repräsentation einnehmen konnte, gerade im Gegensatz zu der geschilderten Episode um das Egestorff-Denkmal. Zum einen ist auf die zwischen dem Staatsoberhaupt und dem Verwaltungschef der Stadt Hannover bestehende Beziehung zu verweisen, die auch der Grund für die Einladung Menges nach Tannenberg gewesen sein dürfte. Sie diente der Presse als Aufhänger für eine Berichterstattung, in der die Verbin-

---

Feldmarschalls von Hindenburg, gehalten von Stadtdirektor Tramm am 2. Oktober 1917 in der Stadthalle zu Hannover, StAH, HR 31, Nr. 32.
193 Der Welfenplatz spielte zur damaligen Zeit noch eine größere Rolle und wurde auch zu repräsentativen Anlässen wie Feiern und Ausstellungen genutzt. Vgl. Barth, Michael/Jörn, Sibylle: Der Welfengarten. Vom Adelsgarten zum Stadtteil- und Hochschulpark, in: Herlyn, Ulfert/Poblotzki, Ursula (Hrsg.): Von großen Plätzen und kleinen Gärten. Beitrag zur Nutzungsgeschichte von Freiräumen in Hannover, München 1992, S. 53–63, hier S. 54.
194 Vgl. StAH, HR 31, Nr. 38.
195 Vermerk Arends v. 4.8.1934, ebd.
196 Vgl. HA v. 5.8.1934.
197 Beide: NTZ v. 3.8.1934 und HA v. 4.8.1934. Oskar von Hindenburg nutzte die reichsweite Aufmerksamkeit für Wahlwerbung zugunsten der Nationalsozialisten, vgl. seine Rundfunkrede in Michaelis/Schraepler: Ursachen und Folgen Bd. 11, S. 277.
198 Vgl. HA v. 5.8.1934. Selbst Menges Ausschmückung des Grabes von Hindenburgs Frau auf dem Stöckener Friedhof wurde von der NTZ inklusive Foto dargestellt, vgl. NTZ v. 6.8.1934.
199 Vgl. NTZ v. 7.8.1934 u. HA v. 8.8.1934, Zitat gleichlautend ebd. 1930 zog Reichspräsident Hindenburg wieder nach Ostpreußen auf seinen alten Familiensitz und verließ damit endgültig die ihm von der Stadt Hannover zur Verfügung gestellte Villa in der Seelhorststraße. Anlässlich dieses Wegzugs hatte Menge sich um persönliche Betreuung des hannoverschen Ehrenbürgers bemüht; vgl. StAH, HR 31, Nr. 37. Der Brief stammt vermutlich aus diesem Schriftwechsel.

dung als Auszeichnung der Stadt Hannover verstanden und werbewirksam genutzt wurde.

Menges imaginäre Präsenz in der Zeremonie wird jedoch erst verständlich, wenn man die Beziehung zwischen Müller und Menge zueinander betrachtet. Der so genannte „alte Kämpfer" Müller war stolz auf seine nur vierstellige NSDAP-Mitgliedsnummer.[200] Bereits 1924 ins Bürgervorsteherkollegium gewählt, war er vertraut mit kommunalen Belangen und Arbeitsweisen. Allerdings führte seine langjährige politische Praxis dazu, dass er nur erfahrenen Mitarbeitern in Partei und Verwaltung gegenüber Respekt zollte und auf neu eingetretene Parteimitglieder als „Märzhasen und Konjunkturritter"[201] herabsah. Da er außerdem als tüchtig, aber wenig durchsetzungsstark bekannt war, war er für Menge die ideale Besetzung für den Bürgermeisterposten. Müller wurde zu Menges loyalstem Mitarbeiter und stabilisierte dadurch die Position des Oberbürgermeisters gegen Kritik aus den Reihen der NSDAP. Da Müller auch in anderen Konfliktfällen mehr auf der Seite der Verwaltung als der Partei stand, sank sein Ansehen schnell, auch wenn er bis zu seinem Tod 1943 als Bürgermeister im Amt blieb. 1936 kam es sogar zu einem Parteigerichtsverfahren gegen ihn, infolge dessen er sein goldenes Parteiabzeichen als alter Kämpfer zurückgeben musste.

Die geschilderten Umstände der Trauerfeier für den Reichspräsidenten bestätigen diese Bedeutung Müllers für den Oberbürgermeister. Menge hatte in seinem nationalsozialistischen Stellvertreter jemanden gefunden, der sich zu seinen Gunsten sogar mit der Rolle des Platzhalters begnügte und Menge den Rücken freihielt.[202] So nahm Müller als Vertreter des Magistrats sowohl bei der Pflanzung der Eiche für Horst Wessel am 1. Mai 1933 teil als auch bei der Enthüllung des Gedenksteins für den als so genannten „Märtyrer der Bewegung" stilisierten Werner Tischer am 11. Juni 1937, kurz vor Menges politischem Ende. Mögliche Forderungen von Seiten der NSDAP, Menge habe als Oberbürgermeister an speziellen Feierzeremonien persönlich teilzunehmen, konnten dadurch abgemildert werden, dass zumindest der zweithöchste Repräsentant der Stadt anwesend war. Diese Stellvertreterfunktion Müllers wurde von Zeitgenossen allerdings durchaus wahrgenommen und von höheren Parteikreisen gegen Menge verwandt. So urteilte die Gauleitung 1937, er habe Müller abgeworben, so dass er „der ‚Partei gegenüber als verloren angesehen werden' könne und [...] in besonderen Fällen vom Oberbürgermeister vorgeschoben würde".[203]

---

200 Vgl. auch für das Folgende bes. Röhrbein: endlich klare Verhältnisse, S. 507f. und Kuhlmann: Bürgermeister Heinrich Müller, bes. S. 12f.
201 Schreiben Müller an Kerrl v. 29.5.1934, zitiert in Kuhlmann: Bürgermeister Heinrich Müller, S. 14.
202 Röhrbein: endlich klare Verhältnisse, S. 503f.
203 Matzerath, Horst: Oberbürgermeister im Dritten Reich, in: Hirschfeld, Gerhard/Kettenacker, Lothar (Hrsg.): Der „Führerstaat": Mythos und Realität. Studien zur Struktur und Politik des Dritten Reiches, Stuttgart 1981, S. 228–254, hier S. 248, Anm. 39; Zitat dort nach BA, BDC, Arthur Menge.

Die Versetzung des Leibniztempels 1935

Im Jahre 1901 gründete sich in Hannover der Heimatbund Niedersachsen – seit 1937 Hannoversche Heimatfreunde genannt – der sich der Pflege der niedersächsischen Tradition verpflichtete.[204] Er war Mitglied in der überregionalen Heimatschutzorganisation „Niedersächsischer Ausschuss für Heimatschutz", der 1933 dem Kampfbund für deutsche Kultur angegliedert worden war, sich jedoch 1934 wieder davon ablöste.[205] Auf die bereits zum Ende der 1920er-Jahre hin getätigte Anregung des Heimatbundes hin wurde 1935 das Leibnizdenkmal in den Georgengarten versetzt.[206] Auf der Einweihungsfeier am 4. September des Jahres, die ebenfalls vom Heimatbund initiiert worden war, war die Stadtverwaltung mit Stadtgartendirektor Hermann Wernicke,[207] Bürgermeister Müller und Stadtrat Friedrich Lambert[208] allein durch Nationalsozialisten repräsentiert. Auch Walther Lampe,[209] der Vorsitzende des Heimatbundes, war 1933 der NSDAP beigetreten.

---

204 Zum Heimatbund Niedersachsen vgl. Röhrbein, Waldemar R.: Über Heimat, Heimatbewegung, Heimatpflege im Wandel eines Jahrhunderts. Auch zur Geschichte des Heimatbundes Niedersachsen, in: ders. (Hrsg.): Heimat bewahren, Heimat gestalten. Beiträge zum 100-jährigen Bestehen des Heimatbundes Niedersachsen 1901–2001. Hrsg. im Auftrag des Heimatbundes Niedersachsen e. V., Hannover 2001, S. 21–46; ders.: Heimatbund Niedersachsen (HBN) und Niedersächsischer Heimatbund (NHB). Eine Begriffsklärung, in: Ebd., S. 12–15; Hanke, Andrea-Katharina: Die niedersächsische Heimatbewegung im ideologisch-politischen Kräftespiel zwischen 1920 und 1945, Hannover 2004, bes. S. 129–143; Hartung, Werner: Konservative Zivilisationskritik und regionale Identität am Beispiel der niedersächsischen Heimatbewegung 1895–1919, Hannover 1991, bes. S. 301–313 und Steilen, Diedrich: 50 Jahre Niedersächsischer Heimatbund e. V. Arbeitsgemeinschaft und Spitzenvertretung der Heimatvereine und der an der Heimatpflege beteiligten Behörden und Körperschaften in Niedersachsen, angeschlossener Landesverband im Deutschen Heimatbund 1906–1956, Hannover 1956, S. 105.

205 Zur Gleichschaltung vgl. Dietzler, Anke: Zur Gleichschaltung des kulturellen Lebens in Hannover 1933, in: Historisches Museum: Hannover 1933, S. 157–178, hier S. 168 und Röhrbein: 75 Jahre Kulturring, S. 66f.

206 Vgl. StAH, HR 13, Nr. 618 und Weibezahn: Das Leibnizdenkmal.

207 Hermann Wernicke (1887–1950) arbeitete seit 1912 als Gartenarchitekt bei der Stadt Hannover, wurde 1914 Stadtobergärtner und 1934 auf Lebenszeit verbeamtet. Bislang keiner Partei angehörend trat er am 1. April 1933 der NSDAP bei. Des Weiteren gehörte er der SS als förderndes Mitglied, dem Reichsbund der deutschen Beamten sowie der NS-Volkswohlfahrt an. Vgl. StAH, Personalakte Nr. 11108 und HT v. 13.5.1934.

208 Oberregierungsmedizinalrat Dr. Friedrich Lambert (geb. 1869) wurde 1933 für die NSDAP in das Bürgervorsteherkollegium gewählt und unbesoldeter Magistrat. Vgl. Herlemann: Biographisches Lexikon, S. 211f.

209 Der Jurist Walther Lampe (1894–1985) war seit 1926 Landeskirchenrat, seit 1933 Oberlandeskirchenrat der Evangelischen Landeskirche Hannover. 1923 trat er dem Heimatbund Niedersachsen bei und wurde 1933 sein Vorsitzender. Von diesem Amt wurde er 1942, ein Jahr vor dem Verbot des HBN, entfernt. Vgl. Otte, Hans: Pragmatismus als Leitmotiv. Walther Lampe, die Reichsstelle für Sippenforschung und die Archivpflege der hannoverschen Landeskirche in der NS-Zeit, in: Gailus, Manfred (Hrsg.): Kirchliche Amtshilfe. Die Kirche und die Judenverfolgung im „Dritten Reich", Göttingen 2008, S. 131–194; Röhrbein: Heimat bewahren, S. 152–154; HBL, S. 221.

Dennoch war es „das zierliche Menuett Mozarts" und nicht das Horst-Wessel-Lied, welches die Feierstunde abschloss.[210] Die Veranstaltung zeigt, welche Feiervarianten im Nationalsozialismus noch Ende 1935 möglich waren. Darüber hinaus belegen die Umstände um die Versetzung des Leibniztempels, dass auch Mitte der 1930er-Jahre einzelne Vereine eine gewisse Distanz zum Nationalsozialismus wahren konnten. Dagegen ist die zuvor geschilderte Episode um die Trauerfeier für Hindenburg ein Beispiel dafür, dass starke personelle Verknüpfungen, hier zwischen Menge und Müller, zumindest kurzfristig die Stellung eines den Nationalsozialisten missliebigen alteingesessenen Lokalpolitikers wie Oberbürgermeister Menge zu stärken vermochten. Beide Fallbeispiele verweisen also auf eine partielle Verlangsamung der Nazifizierung. Auch bei der Anbringung von Gedenktafeln hatten Rechtskonservative in Hannover noch bis zur Mitte der 1930er-Jahre einen relativ großen Handlungsraum. Im Folgenden werden die Ursachen hierfür untersucht und dabei Aspekte der Gedenkpolitik zur Zeit des Nationalsozialismus dargelegt.

Abb. 6: Das Leibniz-Denkmal im Georgengarten.

210 Vgl. NTZ v. 5.9.1935, Zitat ebd.

Als wäre nichts geschehen: Gedenktafeln zwischen 1933 und 1935

Die fortschreitende Dominanz der NSDAP über das Ehrungsgeschehen erstreckte sich nicht auf alle Ehrungstypen gleichermaßen.[211] So war es weiterhin Elkart, Arends, Menge und dem Leiter des Stadtarchivs Karl Friedrich Leonhardt[212] vorbehalten, zwischen 1933 und 1935 fünf Gedenktafeln im Stadtbild zu platzieren. Im Oktober 1933 erinnerte man auf diese Weise an den Spätaufklärer Karl Philipp Moritz,[213] mit der Begründung, er sei „für die Stadtgeschichte von Bedeutung wegen seiner Jugenderinnerungen, die er in seiner Biographie geschildert hat".[214] Die Inschrift der Tafel lautete: „In diesem Hause verlebte K. Ph. Moritz, geb. 1756 / gest. 1793, ein Freund Goethes, Verfasser des ‚Anton Reiser', einen Teil seiner Jugendzeit".[215] 1934 und 1935 brachte man ferner am so genannten Laveshaus zwei Tafeln an, die an die Zeit der Monarchie in Hannover erinnerten. Die erste galt General Sir Hugh Freiherr von Halkett, der zur Zeit der Personalunion zwischen dem englischen und dem hannoverschen Königshaus für Hannover gekämpft und etwa 25 Jahre lang das Haus bewohnt hatte.[216] Im Jahr darauf war an derselben Hauswand dokumentiert, dass das Gebäude 1822 von Georg Ludwig Laves, dem Hofarchitekten des Königs von Hannover, erbaut worden war.[217] Zu-

---

211 Dass trotz der Gleichschaltungsmaßnahmen im Kulturleben eine gewisse „Bandbreite" verblieb stellte bereits von Saldern: Kunst für's Volk, S. 180f., fest.
212 Der Kunsthistoriker Dr. Karl Friedrich Leonhardt (1882–1940) wurde 1929 Direktor des Stadtarchivs Hannover, vgl. StAH, NL Leonhardt; Personalakte Akz. 20/1997 und HBL, S. 231.
213 Zur Ehrung vgl. StAH, HR 13, Nr. 645. Zu Moritz vgl. Tintemann, Ute/Wingertszahn, Christof (Hrsg.): Karl Philipp Moritz in Berlin 1786–1793, Hannover-Laatzen 2005; Fontius, Martin/Klingenberg, Anneliese (Hrsg.): Karl Philipp Moritz und das 18. Jahrhundert. Bestandsaufnahme, Korrekturen, Neuansätze, Tübingen 1995 und Haase, Carl: Karl Philipp Moritz und die Stadt Hannover, in: HGBl NF 35/1981, S. 211–231.
214 Archivdirektor Leonhardt an Magistrat v. 13.2.1933, StAH, HR 13, Nr. 645. Für die angesprochene Biografie vgl. Moritz, Karl Philipp: Anton Reiser. Ein psychologischer Roman. Hrsg. und mit einem Nachwort versehen von Klaus-Detlef Müller, München 1971. Bemerkenswert ist dabei, dass Moritz' Beschreibungen der Gestalt Hannovers fast durchgehend negativ konnotiert waren. „Liebe zur Stadt Hannover: das kommt nicht vor" schrieb Carl Haase, der „Abneigung einflößende Marktkirchenturm – im Gegensatz zu dem geliebten Turm der Neustädter Kirche – und die Leine mit ihren Möglichkeiten, sich darin zu ertränken – wurden [...] im zweiten Teil des Romans, Symbole Hannovers für Moritz – beides Negativsymbole". Vgl. Haase: Karl Philipp Moritz, Zitate S. 217 u. 222. Dies richtete sich auch nicht gegen Städte generell, wie ein Vergleich mit Moritz' Darstellungen seiner Wahlheimat Berlin belegt. Vgl. hierzu Badstübner-Gröger, Sibylle: Karl Philipp Moritz in Berlin. Bemerkungen zu seinen Wohnungen und zu seinen Äußerungen über die Stadt, in: Fontius/Klingenberg: Karl Philipp Moritz, S. 260–276, bes. S. 270–276.
215 Textentwurf Leonhardt an Stadtbauamt v. 18.2.1933. Im Zitat integriert sind spätere minimale, handschriftlich ergänzte Änderungsvorschläge, vgl. StAH, HR 13, Nr. 645.
216 Vgl. zur Ehrung StAH, HR 13, Nr. 646 und zu Halkett NTZ v. 10.7.1934 u. HA v. 12.7.1934.
217 Zu den Vorgängen vgl. StAH, HR 13, Nr. 648. Zu Laves vgl. HBL, S. 225f.; Radloff, Silke: „Weil das der Mittelpunkt unserer Stadt ist ...". Die Ernst-August-Stadt in Hannover, in: Saldern, Adelheid von/Auffarth, Sid (Hrsg.): Wochenend und schöner Schein. Freizeit und modernes Leben in den Zwanziger Jahren. Das Beispiel Hannover, Berlin 1991, S. 100–108, bes.

letzt wurde zum Jahresende 1935 eine Gedenktafel für August Kestner, den „Begründer des Kestner-Museums" an seinem Geburtshaus angebracht[218] und 1935/36 an der heutigen Bristoler Straße in Bronze vermerkt, dass Hindenburg dort gewohnt hatte.[219] Es fällt auf, dass es sich in keinem der geschilderten Fälle um eine Persönlichkeit handelte, die mit dem Nationalsozialismus verbunden war, und es wurden auch keine Bemühungen unternommen, solche Beziehungen zu konstruieren.

Abb. 7 u. 8: Gedenktafel aus dem Jahr 1935/36 (oben) und moderne Stadttafel (unten) für Paul von Hindenburg. Beide Tafeln befinden sich heute an demselben Gebäude.

Für die Frage, welche Kriterien bei der Entscheidung für eine Gedenktafel maßgebend waren, sind Fälle gescheiterter Pläne besonders aufschlussreich. Abgelehnt wurde 1937 zum Beispiel der Vorschlag des

S. 100f.; Borchard, Rolf Reiner Maria/Bode, Ursula/Krawinkel, Günter/Meckseper, Cord: Hannoverscher Klassizismus. Georg Ludwig Friedrich Laves. Eine Reise zu den Stätten romantisch-klassizistischer Baukunst, Hannover 1989; Hammer-Schenk, Harold/Kokkelink, Günther (Hrsg.): Laves und Hannover. Niedersächsische Architektur im neunzehnten Jahrhundert, Hannover, rev. neue Aufl. 1989 und Hoeltje, Georg: Laves. Baumeister seiner Zeit. Fotos von Gerhard Dierssen, Hannover 1964.

218 Aktennotiz v. 6.7.1928, StAH, HR 13, Nr. 641. Zu Kestner vgl. HBL, S. 196f. und Historisches Museum am Hohen Ufer (Hrsg.): Goethes Lotte. Ein Frauenleben um 1800. Essays zur Ausstellung. Red.: Ulrike Weiß, Hannover 2003.

219 Vgl. StAH, HR 13, 649. In der Akte wurde nicht vermerkt, dass und wann die Tafel angebracht wurde; sie befindet sich jedoch heute noch in der in den Quellen angegebenen Gestaltung am Gebäude.

Heimatbundes Niedersachsen, eine Erinnerungstafel für den als „Goethe-Freund" bezeichneten Georg Wilhelm August von Pape anzufertigen.[220] Man wolle, so hieß es aus dem Rathaus, einer Person keine Gedenktafel widmen,

> „deren Gedächtnis nur in einem beschränkten Kreis von Sachkennern irgend eines Kulturgebietes fortlebt und deren Erinnerung für weitere Kreise der Volksgenossen auch nicht durch die Anbringung einer Gedenktafel an einem Hause zu neuem Leben erweckt werden kann".[221]

Weniger die Persönlichkeit denn die spezifische Qualität des Gedenkorts führte zum Scheitern der Pläne für eine Erinnerungstafel für den Mediziner Robert Koch,[222] der 1866 die Medizinische und die Chirurgische Staatsprüfung in Hannover abgelegt hatte. Man wurde sich im Rathaus schnell über die Inschrift einig und plante 350 RM im Haushalt ein. Dann jedoch stellte man fest, dass das ursprüngliche Gebäude, in welchem Koch die Prüfung absolviert hatte, nicht mehr existierte und das für die Tafel vorgesehene Haus, in das die medizinische Einrichtung später umgezogen war, mittlerweile fachfremd genutzt wurde.[223] Archivdirektor Leonhardt argumentierte daraufhin gegenüber dem Bauamt, dass „es sich ja nicht um die Kenntlichmachung eines Geburtshauses, sondern um eine Erinnerungstafel für K[och]s Beziehung zu Hannover handeln soll", so dass die Tafel wie geplant angebracht werden könne.[224] Demnach fungierte das Haus als bloßer materieller Träger eines Symbols für das eigentlich Erinnerungswerte, nämlich die Beziehung zwischen Hannover und der zu ehrenden Persönlichkeit. Für Karl Elkart dagegen musste es eine direkte Beziehung zwischen physischem Gebäude und erinnerter Person geben,[225] und er setzte sich damit bei Menge durch.[226] Al-

---

220 Vgl. StAH, HR 13, Nr. 638, Zitat aus Schreiben Heimatbund an OB v. 25.10.1937, ebd.
221 Schreiben OB, Abtlg. Museen, an Heimatbund v. 29.11.1937, StAH, HR 13, Nr. 638.
222 Zur Gedenktafel vgl. StAH, HR 13, Nr. 638. Zu Koch vgl. Vasold, Manfred: Robert Koch. Der Entdecker von Krankheitserregern. Eine Biographie, Heidelberg 2002 und Baer, Martin/Schröter, Olaf: Eine Kopfjagd. Deutsche in Ostafrika. Spuren kolonialer Herrschaft, Berlin 2001, S. 124–126.
223 OB Menge an Otto Cordes v. 23.9.1935, StAH, HR 13, Nr. 638.
224 Vgl. Schreiben Leonhardt an Löhdefink v. 19.9.1935, StAH, HR 13, Nr. 638.
225 Für den Stadtplaner und Architekten Elkart waren Gebäude so bedeutend, dass er sie vereinzelt sogar in religiösen Worten beschwor, wie im Falle des Geburtshauses der Prinzessinnen Friederike und Luise. Den Antrag der Heimatfreunde, dieses Haus als das Geburtshaus der Schwestern deutlich zu machen, lehnte Elkart als „Profanierung der Stätte" ab: „Der fein und innerlich empfindende Mensch aber wird die Erinnerungstafel an Stätten der Weihe als eine Herabsetzung derselben empfinden". Vgl. Schreiben Elkart an Stadtarchiv v. 15.7.1933, StAH, HR 13, Nr. 647, Zitate ebd. Auch im Falle der Anregung, dem Reitergeneral des 30-jährigen Krieges Hans Michael von Obentraut eine Gedenktafel zu widmen, schützte Elkart das Gebäude, in diesem Fall die Marktkirche, vgl. StAH, HR 13, Nr. 638.
226 Vgl. Schreiben Löhdefink an Leonhardt v. 17.9.1935, StAH, HR 13, Nr. 638. Die Differenz zwischen Elkart und Leonhardt entspricht dem, was Assmann als das Gedächtnis der Orte (Elkart: Gedenktafel als Index, der auf einen spezifischen Ort verweist) gegenüber dem moderneren Gedächtnis der Monumente (Leonhardt: Gedenktafel als ortsunabhängiges Symbol) beschreibt. Vgl. Assmann, Aleida: Das Gedächtnis der Orte, in: Der Architekt. Zeitschrift des Bundes Deutscher Architekten BDA, H. 3–4, April 2005, S. 33–43, S. 40 und Assmann: Erinnerungsräume, S. 326.

lerdings bestätigte Elkart nur die gängige Praxis Hannovers für personenbezogene Gedenktafeln,[227] wie sich den wenigen systematischen Planungen entnehmen lässt. 1929/30 hatte das Stadtarchiv eine „Liste derjenigen Personen, für die in der Stadt Hannover Gedenktafeln in Frage kommen" erstellt.[228] Mögliche Gebäude waren demnach entweder Geburts-, Wohn- oder Sterbehäuser.[229] Konsequenterweise enthielten die Inschriften zumeist die Formulierung „hier wohnte ...", „hier lebte ..." oder „hier starb ..."

Auch andere Initiativen zur Anbringung von Erinnerungstafeln entsprachen einer langjährigen Praxis. So standen Laves und Kestner bereits auf der erwähnten Liste, und die Anbringung der Tafeln für sie setzte nur die Überlegungen aus der Zeit der Weimarer Republik um. Die Liste war 1931 überarbeitet, danach allerdings offenbar nicht mehr aktualisiert worden.[230] Einer Standardisierung der Gedenktafelpolitik entsprach auch, dass für alle verhältnismäßig wenig Geld veranschlagt wurde, nämlich rund 300 RM je Tafel.[231] Zudem erfolgte kaum Öffentlichkeitsarbeit. In den Lokalzeitungen erschien nur zu General Halkett ein Artikel aus Anlass der Tafelanbringung,[232] in allen anderen vier Fällen fand keine Information der Stadtöffentlichkeit statt.

Bemerkenswert an der hannoverschen Gedenktafelpraxis war vor allem die Abwesenheit der NSDAP. Es lassen sich weder Vorschläge oder Beiträge aus ihren Reihen nachweisen noch Alleingänge bei Ehrungen dieses Typs; auch die triumphale Phase 1933 umfasste zwar verschiedene Formen der Ehrung, nicht jedoch Gedenktafeln. Es ist also ein völliges Desinteresse der NSDAP an diesem Ehrungsmedium zu konstatieren – zumindest bis 1937. In diesem Jahr widmeten verschiedene Akteure, vor allem aus dem Kreis der NSDAP, dem verstorbenen Schüler Werner Tischer eine Gedenktafel. Bevor jedoch anhand der deutlichen Unterschiede zwischen der bisherigen Gedenktafelpraxis und dem Fall Werner

---

227 Es gab auch Tafeln, die allein der Markierung der Geschichte eines Gebäudes dienten, vgl. einige Fälle in StAH, HR 2, Nr. 644.
228 Vgl. StAH, HR 13, Nrn. 625 u. 644; Zitat aus Schreiben des Vaterländischen Museums an Magistrat v. 27.2.1929. Die Liste basierte auf einem ersten Entwurf des Vaterländischen Museums.
229 Vgl. StAH, HR 13, Nr. 625.
230 Vgl. die handschriftlichen Vermerke in der Liste von 1931 in StAH, HR 13, Nr. 625. Auch nachdem OB Haltenhoff 1938 beschlossen hatte, die Übersicht solle vervollständigt werden, kam die Liste nicht wieder zum Einsatz. Vgl. Protokoll der Beratung des Oberbürgermeisters mit den Beiräten für Angelegenheiten der Kunst und Wissenschaft v. 7.3.1938.
231 Den Quellen sind nur zum Teil Angaben über die Kosten zu entnehmen. Demnach haben die Tafeln für Kestner und Moritz etwa je 300 RM gekostet, die Tafel für Halkett 235 RM. Über die Laves-Gedenktafel ist kein Preis bekannt, da sie aber an demselben Haus wie diejenige für Halkett angebracht wurde, ist von ähnlicher Ausführung und damit auch ähnlichem Preis auszugehen. Die Tafel für Hindenburg dürfte teurer gewesen sein, da Elkart vorgeschlagen hatte, sie von einem Künstler gestalten zu lassen. Bei Koch hatte man 350 RM eingeplant. Alle Angaben sind aus den bereits genannten Quellen im Stadtarchiv entnommen. Im Haushaltsjahr 1933 waren 1 000 RM vorgesehen, also eine Summe für etwa drei Tafeln im Jahr, vgl. Schreiben Hofmann an Menge v. 27.12.1932, StAH, HR 13, Nr. 644 u. Beratungen des OB mit den Beiräten für Angelegenheiten der Kunst und Wissenschaft v. 7.3.1938.
232 Vgl. NTZ v. 10.7.1934 u. HA v. 12.7.1934.

Tischer der Frage nachgegangen wird, warum Gedenktafeln die ersten Jahre nach 1933 ein rechtskonservatives Gedenkmedium blieben, soll der Blick auf eine personelle Veränderung im Rathaus gerichtet werden.

4. VON OBERBÜRGERMEISTER MENGE ZU OBERBÜRGERMEISTER HALTENHOFF

Die Gaue der NSDAP waren mittlerweile mehr als nur Gliederungen einer Partei. Sie waren längst auch staatliche Mittelinstanzen.²³³ Sie hatten vermehrt staatliche Aufgaben in den Regionen und Kommunen übertragen bekommen oder für sich in Anspruch genommen und Entscheidungsgewalt über kommunale Fragen erlangt. Insofern musste es den Nationalsozialisten zunehmend ein Dorn im Auge sein, dass Arthur Menge, obwohl er vor wie nach 1933 eine gewisse Nähe zum Nationalsozialismus gezeigt hatte, sich wiederholt weigerte, sich dem Alleinherrschaftsanspruch der NSDAP zu beugen.²³⁴ Die hannoverschen Nationalsozialisten, allen voran Gauleiterstellvertreter Schmalz, seit 1935 auch Beauftragter der NSDAP, arbeiteten daher auf eine Neubesetzung des Oberbürgermeisterpostens hin. Als im August 1937 Menges zwölfjährige Amtszeit regulär auslief, wurde sie nicht mehr verlängert.²³⁵

Abb. 9: Die Eröffnung des Maschsees in Hannover am 21. Mai 1936. V. l. n. r.: Kurt Schmalz, Karl Elkart (hinten), Bernhard Rust und Arthur Menge (hinten).

Menges Nachfolger wurde Henricus Haltenhoff,²³⁶ der am 1. April 1933 Mitglied der NSDAP geworden und bis dato Oberbürgermeister in Cottbus gewesen war. Mit seinem Namen waren die Hannoveraner bereits vertraut: 1892 war im Stadtteil Nordstadt eine Straße nach seinem Großonkel Ferdinand Haltenhoff benannt worden, der 1883 bis 1891 als Stadtdi-

---

233 Vgl. hierzu die Beiträge in John/Möller/Schaarschmidt (Hrsg.): Die NS-Gaue.
234 Vgl. Röhrbein: endlich klare Verhältnisse, bes. S. 503–506.
235 Karl Elkart dagegen sicherte sich seine Stellung als Stadtbaurat nicht nur aufgrund seiner fachlichen Qualifikation, sondern auch durch seine ausreichende Loyalität gegenüber den Nationalsozialisten sowie den Parteibeitritt 1937. Sein besoldetes Amt wurde um weitere zwölf Jahre verlängert.
236 Zu Haltenhoff vgl. Anm. 174.

rektor in Hannover tätig gewesen war. Die Ablösung Menges durch Haltenhoff führte zu einem deutlichen Wandel in der hannoverschen Ehrungspolitik. Dieser zeigt sich idealtypisch an den Ehrungen für Werner Tischer.

4.1 Die Ehrung eines „Märtyrers der Bewegung"

Werner Tischer, der erste „Blutzeuge der Bewegung" Hannovers

Der Schüler Werner Tischer, so die retrospektive nationalsozialistische Darstellung,[237] war Mitglied der schwarz-weißen Jungmannschaft des Schlageter-Gedächtnis-Bundes gewesen, einer Tarnorganisation für völkisch gesinnte Jugendliche zur Zeit des Verbots der NSDAP. Die neu gegründete Gruppe hatte sich am 11. Juni 1924 im Stadtwald Eilenriede zu einem Geländespiel getroffen, war jedoch von Mitgliedern der Sozialistischen Arbeiterjugend und des Republikanischen Reichsbundes überfallen und schwer misshandelt worden. Tischer wurde dabei so schwer verwundet, dass er zwei Tage später im Krankenhaus seinen Verletzungen erlag. Am 17. Juni 1924 wurde er im Beisein völkischer und nationaler Verbände begraben. Die Täter wurden später zu bis zu zwei Jahren und vier Monaten Freiheitsentzug verurteilt.

Abb. 10: Gruppenbild der Mitbegründer des Schlageter-Gedächtnis-Bundes e. V. Abgedruckt in „Illustrierte Zeitung. Wochenbeilage des Hannoverschen Anzeigers", 13. August 1933.

Während man sich 1933 seiner nicht erinnerte,[238] erfand man 1934 eine neue nationalsozialistische Tradition,[239] und Tischer avancierte zum ersten hannoverschen „Blutzeugen der Bewegung". Anlässlich seines zehnjährigen Todestages wurde die Flagge der Jungmannschaft von der Hitler-Jugend übernommen.[240] Zweimal jährlich, am 13. Juni zum Todestag und am 9. November, führte nun die Hitler-Jugend Ehrenwachen am Grab Tischers auf dem Stöckener Friedhof durch, die von Umzügen durch die Stadt oder Schweigemärschen zur Gehägestraße in der Eilenriede be-

---

237 Vgl. HA v. 10.6.1934, NTZ v. 9.11.1936, HA v. 10.6.1937 u. NTZ v. 9.6.1939.
238 Der Lokalpresse ist für dieses Jahr keinerlei Berichterstattung zu entnehmen.
239 Vgl. Hobsbawm, Eric J./Ranger, Terence (Hrsg.): The Invention of Tradition, Cambridge 1996.
240 Vgl. NTZ v. 12.6.1934.

gleitet wurden.[241] Im Juni 1937 übergaben die Eltern der Gauleitung einen Werner-Tischer-Gedächtnis-Preis, der als Wanderpokal jährlich den Siegern einer Werner-Tischer-Gedächtnis-Regatta der Marine-HJ auf dem Maschsee verliehen werden sollte; auch das Bootshaus der Hitler-Jugend am Maschsee wurde nach dem Schüler benannt.[242] Im Jahre 1939 wurde eine Tischer-Ecke im neuen NSDAP-Parteimuseum[243] in der Waldstraße eingerichtet.[244]

Abb. 11: „Die Eltern Werner Tischers übergeben Gauleiterstellvertreter Schmalz bei einer Feierstunde in der Gauleitung den ‚Werner-Tischer-Gedächtnis-Preis' für die Marine-HJ". Abgedruckt in der NTZ, 12./13. Juni 1937.
Das Gemälde im Hintergrund links zeigt Karl Dincklage, einen verstorbenen hannoverschen Aktivisten der NSDAP.

„Erschlagen von Marxisten". Das Denkmal für Werner Tischer 1937

Am 11. Juni 1937 enthüllte Gauleiterstellvertreter Kurt Schmalz einen Gedenkstein an der Gehägestraße, die inzwischen in Werner-Tischer-Straße umbenannt worden war.[245] „Werner Tischer, erschlagen von Marxisten am 11. Juni 1924" war auf dem Findling zu lesen. Die feierliche Einweihung wurde von der NSDAP-Kreisleitung organisiert, Standort und Findlingsgestaltung legte die Gau-

---

241 Vgl. NTZ v. 14.6.1934 und HA v. 15.6.1934, HA v. 10.11.1934, HA v. 15.6.1935, HA v. 10.11.1935, HA v. 16.6.1936, HA u. NTZ v. 9.11.1936, HA v. 10.11.1936, NTZ v. 12./13.6.1937, NTZ v. 9.11.1938, HA v. 10./11.6. u. 14.6.1939 und HA u. NTZ v. 9.11.1939. Zum Teil waren auch der Schlageter-Bund und Formationen der SA beteiligt. Gerhard Schneider weist darauf hin, dass der Schüler Tischer wie ein Soldat gefeiert wurde, vgl. Schneider: nicht umsonst, S. 216–218.
242 Vgl. NTZ v. 11. u. 12./13.6.1937.
243 Zum Parteimuseum vgl. Zacharias, Elke: Das Parteimuseum Niedersachsen der NSDAP, in: HGBl NF 44/1990, S. 133–151 und NTZ v. 9.6.1939 u. HA v. 10./11.6.1939.
244 Das Gedenken an Werner Tischer hat große Ähnlichkeit zu demjenigen an Ludwig Knickmann in Gelsenkirchen. Auch für Knickmann wurden Gedenkfeiern angesetzt, Ehrenwachen abgehalten, es wurde ein Gedenkstein für ihn gesetzt und eine Gedenktafel angebracht, die sogar optisch sehr starke Ähnlichkeiten mit derjenigen für Tischer aufweist, vgl. Priamus, Heinz-Jürgen: Helden- und Totenfeiern – Normiertes Totengedenken als Feiertag, in: ders./Goch, Stefan (Hrsg.): Macht der Propaganda oder Propaganda der Macht? Inszenierung nationalsozialistischer Politik im „Dritten Reich" am Beispiel der Stadt Gelsenkirchen, Essen 1992, S. 21–41, hier S. 25–38.
245 StAH, HR 13, Nr. 723, HA v. 9.6.1937, NTZ v. 10.6.1937 u. HA v. 12./13.6.1937. Zur Umbenennung der Straße vgl. geo 00983.

leitung fest. Demnach sollte das Denkmal auf einen Grünstreifen vor einem geplanten Standortlazarett der Wehrmacht gesetzt werden. Das Rathaus war nur in die notwendigen organisatorisch-technischen Maßnahmen involviert, die allerdings nicht unerheblich waren. Dazu gehörte, das für das Denkmal und das Lazarett vorgesehene Grundstück zur Verfügung zu stellen, von dem ein Teil erst von einem Landwirt enteignet werden musste.[246] Außerdem übernahm die Stadtverwaltung die gartenbautechnische Gestaltung des Platzes inklusive Versetzung eines Strommastes, und sie beteiligte sich zur Hälfte mit maximal 2 500 RM an den Kosten.[247] Bei der Enthüllungszeremonie dagegen spielten städtische Vertreter keine Rolle; einzig die Grabstelle hatte die Stadt aus diesem Anlass schmücken lassen.[248] Hier ist also ein deutliches Missverhältnis zwischen dem geleisteten Beitrag der Stadtverwaltung zur Denkmalerrichtung und ihrer symbolischen Repräsentation zu verzeichnen.

Die NSDAP trat mittlerweile als die dominante Kraft auf. Selbst Oberbürgermeister Menge verweigerte sich nun nicht mehr symbolischen Zustimmungsbekundungen gegenüber der Partei. Nach der Feierzeremonie erhielt Bürgermeister Heinrich Müller ein Schreiben der NSDAP-Gauleitung. Hierin dankte ihm das Referat Ehrenzeichenträger für die Schmückung des Grabes durch die Stadt und hob anschließend hervor: „Zu begrüßen war auch, daß der Herr Oberbürgermeister in diesem Jahre zum ersten Male offiziell einen Kranz am Grabe Tischers niederlegen ließ".[249] Offensichtlich hatte Arthur Menge bislang nicht an den Ehrungen des 1924 verstorbenen Schülers partizipiert und damit die Partei verärgert. Dass Menge gerade im Juni 1937 von seiner bisherigen Haltung abrückte, dürfte dem Umstand geschuldet sein, dass seine Amtsverlängerung anstand. In diesem Sinne hat der Kranz allerdings nicht geholfen. Deutlich wird hier, wie Symbolhandlungen durch reale Politikkonstellationen und Machtinteressen an Grenzen ihrer Wirkungsmächtigkeit stießen.

---

246 Auf einen Kauf hatte sich der Eigentümer nicht eingelassen. Die Enteignung wurde juristisch durch die Wehrmacht vollzogen, mit den Kaufverhandlungen dagegen war der städtische Mitarbeiter Direktor Krause betraut. Gemäß einer Vereinbarung von 1938 kaufte die Stadt der Wehrmacht dann 1942 den Platz unter Erstattung der Enteignungskosten ab. Vgl. StAH, HR 13, Nr. 723, Beratung der Ratsherren v. 1.5.1942. Zu Krause vgl. Fleiter, Elke: Zwischen Anpassung und Opposition. Direktor Heinrich Krause, in: Stadtarchiv Hannover: Schreibtischtäter?, S. 51–56.
247 Vgl. Aktenvermerk v. 13.5.1937, StAH, HR 13, Nr. 723.
248 Vgl. Schreiben Gauleitung an Bürgermeister Müller v. 15.6.1937, StAH, HR 13, Nr. 723. Zur Denkmalsetzung vgl. HA v. 9., 10. u. 12./13.6.1937, NTZ v. 10., 11. u. 12./13.6.1937.
249 Vgl. Schreiben Gauleitung an Bürgermeister Müller v. 15.6.1937, StAH, HR 13, Nr. 723, Zitat ebd.

Die Gedenktafel für Werner Tischer in der Leibnizschule 1937

Noch im selben Jahr fand eine weitere größere Ehrung für Werner Tischer statt. Am 9. November 1937 wurde ihm in den Räumen der Leibnizschule, die er einst besucht hatte, auf Anregung eines Lehrers eine Gedenktafel gewidmet.[250]

Abb. 12: „‚... fiel am 11. Juni 1924 ...'. In der Leibnizschule wurde am Dienstag eine Gedenktafel für Werner Tischer in feierlicher Form ihrer Bestimmung übergeben. Ueber die Feierstunde berichtete der ‚Hannoversche Anzeiger' in der Ausgabe vom 9. November." Abgedruckt im HA, 10. November 1937.

Die von dem Bildhauer August Waterbeck[251] gestaltete Bronzetafel zeigte das Profil des Jugendlichen und die Inschrift „Der Unterprimaner der Leibnizschule Werner Tischer fiel am 11. Juni 1924 als Vorkämpfer des Dritten Reiches".[252] Zur Einweihungsfeier geladen hatte der neue Oberbürgermeister Henricus Haltenhoff,[253] der sich allerdings von Stadtkämmerer Weber mit einer Begrüßungsansprache vertreten ließ.[254] Die Gartenbaudirektion hatte die Halle mit Grün ausgeschmückt und im Auftrag des Presseamtes einen Kranz niederlegen lassen, der die Farben der Stadt trug.[255] Neben Stadtschulrat Heinrich Fischer,[256] der den Oberpräsidenten der Provinz Hannovers vertrat, dem Direktor der Leibnizschule und je einem Vertreter der Schülerschaft und des Vereins Ehemaliger Leibnizer[257] gedachte auch Gauamtsleiter Hugo Behme[258]

---

250 Vgl. HA v. 9.11.1937. Bei dem dort erwähnten Studienrat Müller handelt es sich vermutlich um Otto Müller, seit 1933 Mitglied der NS-Volkswohlfahrt und im NS-Lehrerbund, vgl. NHStAH, Hann. 180 Hann., Acc. 15/89, Nrn. 304/1 und 304/2.
251 Zu August Waterbeck vgl. Häger: Kriegstotengedenken, S. 477–480 und HBL, S. 377; HA v. 1.9.1935, 23.11.1938 u. 13.8.1941. Die wohl bekannteste heute noch existierende Plastik Waterbecks in Hannover ist der Hirsch vor dem Lister Turm.
252 NTZ v. 9.11.1937, HA v. 10.11.1937.
253 Vgl. Einladungsschreiben des OB vom November 1937, StAH, HR 16, Nr. 698.
254 Vgl. Verband Ehemaliger Leibnizer: Mitteilungen, H.1, 12/1937, S. 6 sowie HA v. 9.11.1937.
255 Vgl. Schreiben Presseamt an Gartendirektion vom 3.11.1937, StAH, HR 16, Nr. 698.
256 Studienrat Dr. Heinrich Fischer wurde 1932 NSDAP-Mitglied und 1933 Leiter der Gaufachschaft im nationalsozialistischen Lehrerbund. Hier nahm er aktiv an der „Säuberung" der Lehrkörper in Schulen teil. Vgl. Fleiter: Stadtverwaltung, S. 45f.
257 Zum Ablauf der Feier vgl. Verband Ehemaliger Leibnizer: Mitteilungen, H.1, 12/1937, S. 5–10.

laut Hannoverschem Anzeiger „mit ehrenden Worten der sechzehn ersten Blutopfer der Bewegung".[259] Finanziell getragen wurde die Feier durch Spenden und die Kommune. Vergleicht man die Umstände dieser Ehrung mit denjenigen der Denkmalerrichtung im Juni für dieselbe Person, so zeigt sich, dass die Stadt vom technisch-finanziellen Hilfsdienst zum Veranstalter avancierte. Dabei gibt es in den Quellen keinerlei Hinweise auf Animositäten. Im Gegenteil, die Zusammenarbeit zwischen Schule, Ehemaligenverein, Gauleitung und Stadtverwaltung scheint reibungslos vonstatten gegangen zu sein.

An dieser Stelle sei an die bereits beschriebene Gedenktafelpraxis erinnert. Von diesem bis dato eher unauffälligen Aspekt des Gedenkens waren die Umstände um die Tafel für Werner Tischer eine deutliche Abkehr. Statt der bislang üblichen 300 RM beliefen sich die Kosten der Gedenktafel bei Tischer auf mindestens rund 600 RM,[260] was auch auf eine nun durchgeführte, bislang unübliche Einweihungszeremonie zurückging. Dieser Trend bestätigte sich anlässlich der Anbringung der Tafel für Gerrit Engelke 1938. Auch diese Ehrung war mit einer öffentlichen Feier verbunden und die Gesamtkosten beliefen sich sogar auf fast 1 000 RM.[261] Dass in beiden Fällen nun auch die Presse relativ ausführlich berichtete,[262] geht zum einen auf die größere Aufmachung der Veranstaltung zurück, zum anderen aber vermutlich auch auf eine systematischere und professionellere Pressearbeit durch Partei und Kommune.

In Anbetracht dieses Wandels in der Gedenktafelpraxis lässt sich nun auch der Grund vermuten, weshalb die NSDAP bislang keinerlei Interesse an dieser Form von Ehrungen hatte. Erst die Umwälzung der Praxis durch die Initiierung des Festes und damit eine stärkere Öffnung gegenüber einem Publikum machte Gedenktafeln auch für Nationalsozialisten zu einem – wenngleich nie in großem Ausmaß – genutzten Ehrungsmedium. So war seit dem 7. Oktober 1940 an der Braunschweiger Straße eine Gedenktafel zu finden. Sie trug die Inschrift: „Hier lebte und wirkte in den Jahren 1924–1929 der treue Wegbereiter des Führers, Karl Dincklage. Ein wahrer Kämpfer für sein Volk."[263] Auch hier gab es eine feierliche

---

258 Hugo Behme war Leiter des Referats Ehrenzeichen in der Gauleitung Südhannover-Braunschweig, vgl. Schreiben Behme an Müller v. 9.7.1936, HR 13, Nr. 723 u. NTZ v. 9.11.1938. Leider sind weitere Informationen über das Referat nicht überliefert.
259 HA v. 9.11.1937.
260 Es handelt sich dabei um Kosten für Lautsprecherübertragung, Programmschrift und einen Beitrag zur Tafel selbst (500 von 800 RM), also einen Gesamtbetrag von 594,50 RM. Die im Schulbericht genannten Geschenke, die Ausschmückung und der Kranz sind in diese Rechnung nicht einbezogen, da die Kosten den Quellen nicht zu entnehmen waren. Vgl. StAH, HR 16, Nr. 698.
261 Die Tafel selbst kostete inklusive Anbringung 600,63 RM, vgl. Schreiben Firma Stein an Löhdefink vom Stadtbauamt v. 29.11.1938, StAH, HR 13, Nr. 651. Hinzu kamen Aufwendungen für die Reinigung der Gebäudefassade und die Feierlichkeiten, so dass sich die Kosten auf einen Gesamtbetrag von 970,19 RM summierten.
262 Vgl. für Tischer die zuvor genannten Berichte und für Engelke NTZ v. 11 u. 13.10.1938, HA v. 12 u. 13.10.1938 u. HK v. 15.10.1938.
263 HA v. 8.10.1940. Zur Person Dincklage vgl. den ausführlicheren Artikel des HA v. 8.10.1933 anlässlich der Benennung des Gauhauses nach ihm. 1935 gab es zu seinen Ehren eine Toten-

Enthüllung, zu der die NSDAP-Kreisleitung geladen hatte und die in der Presse vor- und nachbereitet wurde.[264] Gauleiter Bernhard Rust, der die Feierrede hielt, und Kurt Schmalz repräsentierten die Gauleitung, die ein Bild der Tafel später in einer kleinen Broschüre abdruckte, um sie ihren Parteimitgliedern an die Front zu schicken.[265]

Erste Arbeitsstätte Karl Dincklages
Der Gau Süd=Hannover=Braunschweig gedachte am 7. Oktober 1940 des zehnjährigen Todestages unseres unsterblichen Kämpfers Karl Dincklage. Reichsminister Gauleiter Rust enthüllte in einer Feierstunde am Hause Braunschweiger Straße 2 - der ersten Wirkungsstätte des »Rucksackmajors«, der von hier aus die alte Gaugeschäftsstelle der NSDAP. leitete - eine Gedenktafel für Karl Dincklage: »Hier lebte und wirkte in den Jahren 1924-1929 der treue Wegbereiter des Führers Karl Dincklage. Ein wahrer Kämpfer für sein Volk.«

Abb. 13: Doppelseite aus der Kleinformatbroschüre (14,5 x 9,5 cm) des Gaues Südhannover-Braunschweig mit Abbildung der 1940 in der Braunschweiger Straße angebrachten Gedenktafel für Karl Dincklage.

Damit änderte sich die bisherige Praxis, Gedenktafeln ohne besondere Information der Öffentlichkeit anzubringen: Von 1937 an wurden Gedenktafeln zu Feieranlässen aufgewertet, mit deren Hilfe die NSDAP oder die Stadt Hannover dezidert nationalsozialistische Sinnstiftung betreiben konnten. Die einzige Ausnahme folgte im März 1940 bei der Anbringung der Tafel für Hermann Löns. Dass dieses Ereignis zwar in der Presse bekannt gegeben, jedoch nicht größer zelebriert wurde, ist vermutlich darauf zurückzuführen, dass man gerade in den ersten Monaten nach Kriegsbeginn sehr zurückhaltend mit Feierlichkeiten war.[266]

     ehrung auf dem Horst-Wessel-Platz, vgl. NSDAP Gauleitung Südhannover-Braunschweig (Hrsg.): Niedersachsen marschieren. Gautag Hannover 1935, Hannover 1935, S. 22.
264 Vgl. HA u. NTZ v. 7.10. u. HA, HT u. NTZ v. 8.10.1940.
265 Vgl. NSDAP Gauleitung Süd-Hannover-Braunschweig (Hrsg.): Gruß aus der Gauhauptstadt. Zusammengestellt vom Gaupresseamt der NSDAP, Hannover 1940, Sammlung Heine.
266 Zur Gedenktafel vgl. StAH, HR 13, Nr. 638 und HR 2, Nr. 644; HK v. 25.9.1939, HA v. 3.10.1939, Frankfurter Zeitung v. 3.10.1939, alle in HLA, B V, Nr. 1; außerdem HT v. 21.3.1940.

Abb. 14: Hermann-Löns-Gedenktafel, Am Bokemahle, angebracht im März 1940.

Die Gedenktafel für Tischer 1937 markiert aber auch den Beginn einer sich nun sprunghaft nazifizierenden gesamten Ehrungspraxis und zeigt damit, dass Arthur Menge auf dem Feld der symbolischen Repräsentation für die NSDAP ein gewisser „Störfaktor" gewesen war. Menge hatte sich, was die Beteiligung seiner Person an dezidiert nationalsozialistischen Ehrungen betraf, merklich zurückgehalten. Zugleich hatte er sie jedoch stets ermöglicht, indem er die Stadtverwaltung angewiesen hatte, die nötigen Schritte in die Wege zu leiten. In keinem Fall war eine Behinderung oder gar Verhinderung erkennbar geworden. Zugleich hatte die Planung des Egestorff-Denkmals gezeigt, dass die schlechte Zusammenarbeit zwischen Menge und den Nationalsozialisten eher auf den mangelnden Willen der Parteiaktivisten zurückzuführen war als auf den Unwillen Menges.

4.2 Die neue Kooperation. Hannover um 1938

Vom Hodlersaal zum Ratsherren-Sitzungssaal

Ferdinand Hodler gehörte zu den großen Schweizer Malern des ausgehenden 19. und beginnenden 20. Jahrhunderts. Er war vor allem für seine großformatigen Historienbilder bekannt geworden.[267] Die Stadt Hannover beauftragte ihn mit der Anfertigung eines solchen für das Neue Rathaus, so dass mit der Einweihung des Gebäudes 1913 das 4,75 x 15,17 Meter große Wandbild „Die Einmütigkeit" die Erinnerung an die Reformationszeit im protestantischen Hannover wach hielt.[268]

---

267 Zu Hodler vgl. Bender, E.: Hodler, Ferdinand, in: Vollmer, Hans (Hrsg.): Allgemeines Lexikon der bildenden Künstler, Bd. 17, Leipzig 1999, S. 176–179.
268 Vgl. Dieckmann, Klaus/Amt, Stefan/Flechtner, Michael A./Müller, Torsten: Neues Rathaus Hannover. Bauhistorische Untersuchung, Bd. 1, Hannover 1998, S. 128–142, Bild S. 139; Bálint, Anna: Die Entstehungsgeschichte der Historiengemälde „Einmütigkeit (I)" und „Einmütigkeit II" im Spiegel der Korrespondenz zwischen dem Schweizer Maler Ferdinand Hod-

Abb. 15: Postkarte des Gemäldes „Die Einmütigkeit" von Ferdinand Hodler im Sitzungssaal des Rathauses. Das Gemälde zeigt das Bekenntnis der Bürger zur Reformation am 26. Juni 1533.

Das Bild und der gleichzeitig nach Hodler benannte Saal wurden Ende 1937 Thema der ersten Sitzung der Ratsherren mit ihrem neuen Oberbürgermeister Haltenhoff.[269] Ein Ratsherr beantragte, den Namen des Saals zu ändern und das Wandbild Hodlers zu entfernen. Hannover, so begründete er sein Ansinnen, habe „keine Veranlassung, diesen Mann noch besonders zu ehren".[270] Zwar hatten sowohl Haltenhoff als auch Elkart Bedenken hinsichtlich der Entfernung des Gemäldes, dem Wunsch nach Umbenennung hingegen kam Haltenhoff nach und änderte den Namen in „Ratsherren-Sitzungssaal".[271] Worin genau die Motivation zu dem Antrag bestand, lässt sich leider nicht eindeutig sagen. Ein Anlass mag der Ausgang des Expressionismusstreits der Nationalsozialisten gewesen sein, mit dem Hodlers Bilder der so genannten „entarteten Kunst" zugeschlagen wurden.[272]

---

ler und der hannoverschen Stadtverwaltung von 1911 bis 1913, in: HGBl NF 47/1993, S. 1–56; Steinweg: Rathaus, S. 91–94 und Gmelin, Hans Georg: Zur Entstehung von Ferdinand Hodlers Wandbild „Einmütigkeit" in Hannover, in: Niederdeutsche Beiträge zur Kunstgeschichte 7/1968, S. 219–246.

269 Vgl. Beratung mit den Ratsherren v. 26.11.1937, StAH.
270 Beratung mit den Ratsherren v. 26.11.1937, S. 22, StAH.
271 Vgl. Rundbrief Haltenhoff v. 11.12.1937, StAH, HR 2, Nr. 842. Im Jahre 1947 erhielt der Raum wieder seinen alten Namen, vgl. StAH, HR 13, Nr. 169. Dass die NTZ v. 19.3.1942 („Die Gaukultur im Kriege") erneut vom „Hodlersaal" sprach könnte ein Indiz dafür sein, dass die Umbenennung sich nicht praktisch durchsetzte.
272 Vgl. Haftmann, Werner: Verfemte Kunst. Bildende Künstler der inneren und äußeren Emigration in der Zeit des Nationalsozialismus, Köln 1986, S. 23.

Es könnte aber auch Menges Ablösung zu dem Antrag geführt haben. Hodler war schon lange zuvor in deutschnationalen Kreisen in Ungnade gefallen, und seine Bilder waren von Kritikern der Moderne stets abgelehnt worden. Auch an der „Einmütigkeit" hatte sich von Beginn an Kritik entzündet, wobei Menge vermutlich ähnlich wie Elkart dem Bild einen gewissen künstlerischen Wert zugemessen haben wird, so dass ein Antrag auf Änderung während seiner Amtszeit aussichtslos erschienen sein mag. Zumindest aber lässt sich sagen, dass die Umbenennung des Hodlersaals die endgültige Machtübernahme im Rathaus symbolisierte, die ein wenig an den Triumph von 1933 erinnert.

Die Heimatfreunde und die Gedenkfeier für Laves 1938

Im Unterschied zu den Kriegervereinen, die als Initiatoren der hannoverschen Ehrungspraxis nur bis 1937 in Erscheinung traten, waren die Heimatfreunde auch in den Folgejahren aktive Mitgestalter.[273] Bislang hatten sie wie dargestellt eine gewisse Eigenständigkeit bewahrt. Zwar teilte ein Großteil der Heimatbewegten das völkische Denken der Nationalsozialisten; die Traditionspfleger verstanden sich im Gegensatz zur NSDAP aber als unpolitisch und bestanden auf ihrer organisatorische Unabhängigkeit.[274] Allerdings passten sie sich im Laufe der Jahre mehr und mehr den herrschenden politischen Verhältnissen an. So ehrte der Verein 1938 den Arbeiterdichter und Weltkriegsgefallenen Gerrit Engelke[275] anlässlich seines 20. Todestages mit einer Ausstellung, einer Gedenkveranstaltung und, in Kooperation mit der Stadtverwaltung, der Anbringung einer Gedenktafel an

---

273 Ein durchgehender Topos, welchem sich die Heimatfreunde widmeten, blieb die Namengebung für Straßen, vgl. Hannoversche Heimatfreunde e. V. (Hrsg.): Jahresbuch der Hannoverschen Heimatfreunde e. V., gegründet 1901 als Heimatbund Niedersachsen, Hannover 1941, S. 33–35 u. 86–89. Darüber hinaus setzten sie sich für die Wiedererrichtung des Bismarck- und den Verbleib des Ernst-August-Denkmals ein (zu letzterem vgl. Kapitel II, 1.1 u. IV, 2.1) und kümmerten sich um den Erhalt von Monumenten, vor allem in den 1940er-Jahren anlässlich der so genannten „Metallspende". Vgl. Dezernentenbesprechung v. 11.6.1942 und StAH, HR 13, Nr. 601 sowie Schreiben des Reichsministeriums für Wissenschaft, Erziehung und Volksbildung an den Oberpräsidenten der Provinz Hannover v. 6.5.1942, NHStA, Hann. 122a, Nr. 3439, fol. 4b.
274 Zu den Unterschieden zwischen Nationalsozialismus und Heimatbewegung vgl. Hartung: Zivilisationskritik, bes. S. 306f. und Ditt, Karl: Die deutsche Heimatbewegung 1871–1945, in: Cremer, Will/Klein, Ansgar (Hrsg.): Heimat. Analysen, Themen, Perspektiven, Bielefeld 1990, S. 135–154, bes. S. 148.
275 Zu Gerrit Engelke vgl. Morawietz, Kurt/Riha, Karl/Vaßen, Florian (Hrsg.): Zwischen Wolken und Großstadtrauch. Warum Engelke lesen? Dokumentation zum 100. Geburtstag des hannoverschen Dichters Gerrit Engelke, hrsg. im Auftrag der Gerrit-Engelke-Gedächtnisstiftung, Hannover 1992; Kloss, Martine/Niedersächsische Landesbibliothek: Gottheit. Zeit. Und ich. Zu Leben und Werk des hannoverschen Dichters Gerrit Engelke 1890–1918. Ausstellung und Katalog, Hildesheim 1990. Eine zeitgenössische Darstellung findet sich bei Kneip, Jakob: Gerrit Engelke, in: May, Otto Heinrich (Hrsg.): Niedersächsische Lebensbilder. Bd. 1, Hildesheim/Leipzig 1939, S. 112–129.

Engelkes Geburtshaus in der Wörthstraße.[276] Wenngleich die von den Heimatfreunden organisierte Einweihungszeremonie anlässlich der Anbringung der Tafel nicht ausgeprägt nationalsozialistisch ausgerichtet war,[277] so erfolgte die Beteiligung der Hitler-Jugend doch auf ihre Initiative hin.[278]

Von besonderer Art war die Feier zur Erinnerung an den hannoverschen Architekten Georg Ludwig Friedrich Laves.[279] Zu seinem 150. Geburtstag sollten seine Leistungen in einer Ausstellung präsentiert werden und am 17. Dezember 1938 im Kuppelsaal des Landesmuseums eine Feier stattfinden. Die Feier war für 400 Personen, also eine geschlossene Öffentlichkeit, ausgelegt.[280] Als Veranstalter traten neben den Heimatfreunden gemeinsam die Stadt Hannover, die Technische Hochschule Hannover, der Landeskulturwalter[281] und das Landesmuseum auf. Haltenhoff begrüßte die Anwesenden im von der Gartenbaudirektion geschmückten Saal[282] und gab die Planungen für einen Laves-Gedenkstein und die Gründung einer Stiftung in Kooperation mit der Technischen Hochschule bekannt.[283] Als Vertreter der Hochschule hielt anschließend der Architekturprofessor Uvo Hölscher die Festrede.[284]

Die Feier fiel stilistisch eher konservativ aus. Haltenhoffs Hinweis auf Hitlers Förderung der Architektur[285] blieb die Ausnahme innerhalb einer Sinnstiftung, die wie gewohnt auf die großen konzeptionellen Leistungen des Baumeisters aus dem frühen 19. Jahrhundert für die Stadtentwicklung Hannovers hinwies.[286] Die Presse berichtete weder von reichem Fahnenschmuck noch von Aufmärschen oder typischem NS-Liedgut. Den Quellen ist zugleich keine Auseinandersetzung über den Ablauf und die Gestaltung der Feier zu entnehmen oder Versuche der Nationalsozialisten, diesbezüglich Änderungen zu erwirken. Damit ist die Feier ein Beispiel dafür, dass Nationalsozialisten durchaus an Veranstaltungen partizipierten, die nicht konsequent ihrer Ideologie gemäß durchgeplant waren. Ausschlaggebend

---

276 Zum Vorgang vgl. StAH, HR 13, Nr. 651, HR 11, Nr. 310 und Röhrbein, Waldemar R.: Die Pflege des Andenkens niedersächsischer Dichter: Wilhelm Busch – Christoph Ludwig Heinrich Hölty – Gerrit Engelke, in: ders.: Heimat bewahren, S. 100–108, hier S. 106f.
277 Vgl. HA u. NTZ v. 13.10.1938, HK v. 15.10.1938.
278 Vgl. Schreiben Heimatfreunde an OB v. 10.4.1938, StAH, HR 13, Nr. 651.
279 Vgl. auch für das Folgende StAH, HR 15, Nr. 75; HA v. 16.12.1938, NTZ u. HA v. 17./18.12.1938, NLD v. 9. u. 16.12.1938.
280 Vgl. Aktennotiz Arends v. 14.12.1938, StAH, HR 15, Nr. 75.
281 Zur Funktion der Landeskulturwalter vgl. Dahm: Nationale Einheit, S. 229f.
282 Vgl. Schreiben Haltenhoff an Gartendirektion v. 3.12.1938, StAH, HR 15, Nr. 75.
283 Während die Ratsherren nachweislich zumindest 1939 die vorgesehenen 600 RM für die Stiftung bewilligten (vgl. Beratung der Ratsherren vom 25.8.1919), fiel die Planung zu einem Laves-Gedenkstein, obwohl sie bereits über die Lokalpresse publik geworden war, dem Vergessen anheim.
284 Der Architekt und Archäologe Prof. Uvo Adolf Hölscher (1878–1963) war von 1937 bis 1947 als ordentlicher Professor an der TH Hannover beschäftigt. Vgl. HBL, S. 172.
285 Redemanuskript ohne Namen und Datum in StAH, HR 15, Nr. 75. Nach den in den bereits genannten Ausgaben der Tageszeitungen und dem NLD skizzierten Redeinhalten muss es sich um das Manuskript für Haltenhoffs Rede handeln.
286 Die Festrede Uvo Hölschers ist leider nicht überliefert. Sie soll sich laut Presse im Wesentlichen fachlichen und biografischen Fragen gewidmet haben.

hierfür dürfte die eingeschränkte, bürgerlich-akademische Öffentlichkeit der Feier gewesen sein, die sich allein an die politische und akademische Elite zur internen Selbstverständigung richtete. Festelemente wie Massenaufmärsche und Lichtinszenierungen, derer sich der Nationalsozialismus besonders gerne bediente, zielten dagegen auf das Beeindrucken und Einbeziehen eines möglichst großen Publikums.[287] Diese Interpretation wird auch durch die nur mäßige Presseresonanz auf die Feier im Kuppelsaal gestützt; sie stellte die Person Laves in den Vordergrund, die Veranstaltung selbst wurde nur am Rande erwähnt. Damit markiert die Laves-Feier einen noch 1938 möglichen Feierstil jenseits der Massenpropaganda.

Die Gründung der Hermann-Löns-Gesellschaft 1939

Mit Henricus Haltenhoff als Oberbürgermeister begann eine Zeit stärkerer Kooperation zwischen den an Ehrungen beteiligten hannoverschen Akteuren. Hatte bereits die Zusammensetzung der Akteure in der Laves-Gedenkfeier darauf hingewiesen, so war die Gründung der Hermann-Löns-Gesellschaft 1939 ein Paradebeispiel.[288] Zu dieser Zeit gab es sowohl im Gau Südhannover-Braunschweig und in Hannover als auch in zwei weiteren Gauen und ihren Hauptstädten Bestrebungen, eine Gesellschaft zum Andenken an den Heidedichter zu gründen. Während die Pläne in starke regionale Konkurrenz um die Vorherrschaft im Gedenken an Löns mündeten, bestand innerhalb Hannovers Einmütigkeit zwischen der Gauleitung, dem Gaukulturwart, der Stadtverwaltung, den Heimatfreunden und dem ebenfalls aktiv involvierten Geschäftsführer der Wilhelm-Busch-Gesellschaft. Allerdings führte der Streit zwischen den Gauen und Städten dazu, dass sich Ministerialdirigent Alfred-Ingmar Berndt,[289] Leiter der Abteilung Schrifttum im Reichspropagandaministerium, einschaltete. Mit Absprachen und Entgegenkommen, aber auch unter Androhung des Verbots der gegen seinen Willen durch die hannoverschen Akteure im Mai 1939 gegründeten Gesellschaft zielte Berndt darauf, dass die Gedenkorganisation alle Beteiligten berücksichtigte und beteiligte. Die von ihm aus diesen Gründen angesetzte Neugründung der Gesellschaft scheiterte an der Weigerung der Hannoveraner, sich seinen Bedingungen zu beugen. Was blieb, war eine neue reichsweite Gedenkinstitution mit Sitz in Hannover und lokal besetztem Vorstand.

Obwohl also keine einvernehmliche Lösung erzielt worden war, kam es zwischen den Akteuren in Hannover und dem Reichsministerium zu keiner weiteren

---

287 Vgl. hierzu Kapitel V.
288 Für eine genauere Darlegung der Vorgänge sowie Hinweis auf Quellen und Literatur vgl. Kapitel III, 2.1.
289 Ministerialdirigent Alfred-Ingmar Berndt (1905–1945) trat 1932 der NSDAP bei und war vor allem in der SS aktiv. Seit 1936 war er Leiter der Abteilung Presse im Reichspropagandaministerium und wechselte dann 1938 zur Leitung der Abteilung Schrifttum und 1939 der Abteilung Rundfunk. Vgl. Klee, Ernst: Das Personenlexikon zum Dritten Reich. Wer war was vor und nach 1945? Frankfurt am Main 2005, S. 42 und Barbian: Literaturpolitik im Dritten Reich, S. 77f. u. 389.

Auseinandersetzung mehr um die Gesellschaft. Dass eine Reaktion oder erneute Intervention seitens des Ministeriums nicht stattfand, war vermutlich den personellen Veränderungen im Reichspropagandaministerium geschuldet. Schon zum 1. September 1939 wurde Berndt abberufen und mit der Leitung der Abteilung Rundfunk betraut. Da sein bisheriger Stellvertreter mit den Amtsgeschäften der Schrifttumsleitung überlastet war, wurde am 4. November ein kommissarischer Leiter eingesetzt, der erneut zum Monatsende einem Nachfolger Platz machte.[290] Darüber hinaus richtete sich überall die Aufmerksamkeit vermehrt auf die Kriegsvorbereitungen und den Kriegsbeginn, so dass sich Prioritäten verschoben. Zweifelsohne widerspricht die Unterlassung des angedrohten Verbots den Vorstellungen von einer autoritär durchgreifenden Zentralgewalt. Die Geschehnisse um die Gründung der Hermann-Löns-Gesellschaft sind ein Beispiel dafür, dass sich lokale Kulturinstitutionen – aufgrund des mangelnden Willens oder einer partiellen Schwäche der Reichsebene – durchaus einen gewissen Freiraum verschaffen konnten.[291] Dabei ist dieser Fall relativ weitreichend, denn wenngleich die Gesellschaft ihren de facto bestehenden regionalen Charakter nie verlor – was sich vor allem an der späteren Verleihung des Preises an ausschließlich niedersächsische Künstler ausdrückte –, ging es nicht allein um regionale Traditionen und lokale Profilbildung, sondern um eine literarische Gesellschaft mit reichsweitem Geltungsbereich und damit um nationale Kultur, die lokal gestaltet wurde.[292]

Henricus Haltenhoff und die Gauleitung

Mit Henricus Haltenhoff wurde ein Nationalsozialist Oberbürgermeister, bei dem die Grenze zwischen kooperativem Verhalten gegenüber der Gauleitung und mangelnder Entschlussfreudigkeit fließend war. So wandte er sich im Falle des im September 1938 getätigten Vorschlags eines Bürgers, General Erich Ludendorff[293] eine Eiche zu pflanzen und einen Gedenkstein zu setzen, zuerst an die Gauleitung.[294] Schmalz ließ kurz und bündig erwidern, dass er „keine Veranlassung" sehe, eine solche Idee zu fördern.[295] Haltenhoff lehnte den Vorschlag daraufhin gegenüber dem Antragsteller höflich ab.

---

290 Vgl. zu den Personalveränderungen im Reichspropagandaministerium Barbian: Literaturpolitik im Dritten Reich, S. 77f.
291 Vgl. Dahm: Nationale Einheit.
292 Zu einem noch weiter gehenden Fall vgl. Ehrlich, Lothar: Goethe-Gesellschaft in Weimar, in: Ulbricht: Klassikerstadt, S. 25–52 bzw. Ehrlich, Lothar: Die Goethe-Gesellschaft zwischen Gleichschaltung und Verweigerung, in: ders./John, Jürgen/Ulbricht, Justus H. (Hrsg.): Das dritte Weimar. Klassik und Kultur im Nationalsozialismus, Köln/Wien 1999, S. 245–266.
293 Der General Erich Ludendorff (1865–1937) gehört zu den Aktiven in der Anfangszeit der NS-Bewegung und war Teilnehmer des so genannten Marsches auf die Feldherrnhalle. Bereits Ende der 1920er-Jahre jedoch wandte er sich verstärkt vom Nationalsozialismus ab.
294 Zum gesamten Vorgang vgl. StAH, HR 13, Nr. 726.
295 Gaugeschäftsführung an Haltenhoff v. 15.10.1938, StAH, HR 13, Nr. 726.

Ohne jeglichen aus den Quellen erkennbaren Einwand verzichtete Haltenhoff auch auf Repräsentationsmöglichkeiten seitens der Stadtverwaltung. Ähnlich wie bei den Ehrungen für Carl Peters blieb die Stadt nun auch bei den regulären Ehrungen für General Otto von Emmich, einen ehemaligen Ehrenbürger Hannovers, außen vor. Die Tradition der Verwaltung, anlässlich von Emmichs Geburtstag einen Kranz an seinem Grab auf dem Engesohder Friedhof niederzulegen,[296] wurde 1939 durch eine aus Vertretern der Wehrmacht, des Gaues und der SS bestehenden Gruppe übernommen.[297] Und während noch 1937 Stadt und Gauleitung gemeinsam Mussolini bei seiner Durchreise durch Hannover Geschenke übergaben,[298] verzichtet Haltenhoff 1939 zugunsten der Gauleitung darauf, Staatsminister Roberto Farinacci zu beschenken.[299] Haltenhoff neigte also dazu, ohne vor die Wahl gestellt gewesen zu sein, der Gauleitung den Vortritt zu lassen. Allerdings war dies nicht der einzige Hintergrund der sich nach dem Beginn des Zweiten Weltkriegs stärker wandelnden Ehrungspolitik in Hannover, wie das folgende Kapitel erweisen wird.

ZUSAMMENFASSUNG

Die akteurszentrierte Analyse der Ehrungspolitik der Stadt Hannover zwischen 1933 und 1939 offenbarte eine kontinuierliche Machtverschiebung von der Stadtverwaltung im Rathaus hin zur Gauleitung der NSDAP. Bis 1933 waren die städtischen Kollegien im Rathaus die anerkannten Entscheidungsinstanzen für städtische Belange, also der Magistrat als oberste Verwaltungsinstanz mit dem Oberbürgermeister an der Spitze und das Bürgervorsteherkollegium als gewählte parlamentarische Vertretung der Bürgerschaft. Die NSDAP trat nach der Machtübernahme zum einen in Form eigenständiger Parteiorganisationen, zum anderen als neue Mehrheit des Bürgervorsteherkollegiums und damit zentrales Element der Stadtverwaltung auf. Sowohl die im Amt verbliebenen Rechtskonservativen als auch die Vertreter der Nationalsozialisten in der Stadtspitze begriffen sich zwar als unterscheidbare, aber sich nahestehende politische Strömungen. Sie waren daher zur Zusammenarbeit gewillt und praktizierten diese auch. Zu den gemeinsamen Veranstaltungen des nationalen Lagers gehörte die Ernennung des Gauleiters und preußischen Kultusministers Bernhard Rust zum Ehrenbürger. Planung und Durchführung belegen ein großes Ausmaß an verhältnismäßig gleichrangiger Kooperation zwischen beiden Gruppen.

Vorherrschend jedoch waren 1933 Ehrungen, die eine eindeutig nationalsozialistische Prägung hatten und von der NSDAP-Fraktion im Rathaus bzw. dem von ihr personell dominierten Hauptausschuss des Bürgervorsteherkollegiums initiiert

---

296 Vgl. Schreiben Böhmer von Emmich an OB v. 22.12.1935, StAH, HR 15, Nr. 65.
297 Vgl. NTZ v. 7.8.1939.
298 Vgl. HA v. 27. u. 28.9.1937.
299 Vgl. Schreiben Haltenhoff an Gauschulungsleiter Kieckbusch v. 27.2.1939, StAH, HR 15, Nr. 898. Zu Roberto Farinacci und Hannovers Beziehungen zu Italien vgl. Kapitel III, 1.1.

worden waren. Ehrungen wie die Geburtstagsfeier für Hitler, die Umbenennung von Straßen nach Nationalsozialisten oder die Pflanzung der Eiche für Horst Wessel erwiesen sich als Bekenntnisse, die symbolisch die Machtübernahme wiederholten und die neue Herrschaft in Szene setzten. Deshalb häuften sich nun Ehrungen, vor allem in Form der Benennung von Straßen und Plätzen. Obwohl die Geburtstagsfeier für Hitler einem städtischen Volksfest gleichkam, trat selbst hier nicht der rechtskonservative Oberbürgermeister Arthur Menge als Stadtoberhaupt in repräsentativer Form in Erscheinung, sondern die Gauleitung der NSDAP und der als Festredner geladene nationalsozialistische Oberpräsident der Preußischen Provinz Hannover. Die Stadtverwaltung trug lediglich mit technischer, finanzieller und organisatorischer Hilfe zum Gelingen der Veranstaltungen bei.

Dass die NSDAP merklich in den Vordergrund rückte, schlug sich jedoch nicht negativ auf die Zusammenarbeit zwischen Rechtskonservativen und Nationalsozialisten im Rathaus nieder, weshalb das Jahr 1933 als eine Zeit „kooperativen *Neben*einanders" gekennzeichnet werden kann. Beide Personengruppen kooperierten zwar bei einigen gemeinsamen Veranstaltungen, setzten aber auch eigenständige ehrungspolitische Akzente, wobei sie sich gegenseitig gewähren ließen. Auch die Rechtskonservativen in der Stadtverwaltung leisteten die anstehenden Genehmigungen und Hilfestellungen, die vor allem für die Errichtung von Denkmälern nötig waren, wie die Zuweisung von Gelände oder die gartenbauliche Gestaltung und Ausschmückung. Bedenkt man vor allem, dass die beiden Gruppen im Rathaus sich zum Teil aus denjenigen Personen rekrutierten, die Mitte der 1920er-Jahre eine gemeinsame Liste „Bürgerblock" gegründet hatten, kann dieses Ergebnis nicht überraschen.[300]

Merkliche Konflikte im Rahmen von Ehrungen traten seit 1934 auf. Zwar gab es weiterhin einige Ehrungen, die allein von alteingesessenen rechtskonservativen Akteuren durchgeführt wurden,[301] insbesondere in Form von Gedenktafeln, und auch die NSDAP war nicht untätig geblieben, wenngleich sich der „revolutionäre Schwung" des Jahres 1933 gelegt hatte. Wer jedoch welchen Beitrag zu einer Ehrung leistete oder gar als Veranstalter auftrat, war längst nicht mehr so unumstritten wie zuvor. Im Fall des ursprünglich von der Stadtverwaltung geplanten Denkmals für Carl Peters klinkte sich die NSDAP, hier in Form der Kreisleitung, als Mitveranstalter ein. Auch die Episode um das Egestorff-Denkmal zeigte, dass die Deutsche Arbeitsfront und die Gauleitung die Stadtverwaltung in allen ent-

---

300 In anderen Bereichen kam es jedoch sehr wohl bereits früh zu Konfrontationen. So schildert Ines Katenhusen die Umstände um den 1927 als Schauspieldirektor für die Schauburg in der Hildesheimer Straße eingestellten Georg Altmann. Als Jude war er der NSDAP ein Dorn im Auge und sie zielte von Beginn an auf seine sofortige Entlassung. Oberbürgermeister Menge jedoch hielt an Altmann fest, bis im März 1933 die Gauleitung persönlich bei Menge erschien, um ihn – nun mit Erfolg – zu nötigen, Altmann endlich zu entlassen. Vgl. Katenhusen: Hannover ist nie ein Athen gewesen, hier S. 28–31.
301 Vgl. den Beschluss zur Übernahme der Pflege für das Kriegerdenkmal Kirchrode durch die Stadt, die Ablehnung des Kriegerehrenmals für Kleefeld und die Gedenktafel für Halkett im Jahr 1934 sowie die Errichtung des Denkmals für das Regiment 4, die Ablehnung der Gedenktafel für Koch sowie die neuen Tafeln für Kestner und Laves im Jahr 1935.

scheidenden Fragen über Zeremonie und Gestaltung ausgrenzen konnten und dennoch die notwendige organisatorische Hilfestellung durch die Stadtverwaltung erhielten. Oberbürgermeister Menge, der mittlerweile aufgrund der Preußischen Gemeindeordnung vom Bürgervorsteherkollegium „befreit" war und damit uneingeschränkter denn je an der Spitze der Stadtverwaltung stand, hätte kein Grundstück für das Denkmal zur Verfügung stellen und keine finanzielle Förderung für das Projekt zubilligen müssen. Dass ablehnende Bescheide auf Denkmalanträge nur an Militärverbände ergingen, nicht jedoch an NSDAP-Einheiten, zeigt, wie schnell die Partei eine unangefochtene Stellung erreicht hatte.

Aufgrund der sukzessiv erlangten Machtfülle der NSDAP sah sich der rechtskonservative Oberbürgermeister Menge im Juni 1937 dazu genötigt, einen Kranz am Grabe Werner Tischers niederzulegen. Damit ehrte er erstmals aktiv einen so genannten „Blutzeugen der nationalsozialistischen Bewegung". Schon im Herbst desselben Jahres avancierte die Stadtverwaltung zum Veranstalter der groß angelegten Feier anlässlich der Einweihung der Gedenktafel für Werner Tischer in der neuen Ehrenhalle der Leibnizschule. Gefördert wurde diese Entwicklung zweifelsohne dadurch, dass der Nationalsozialist Henricus Haltenhoff zwischenzeitlich das Amt des Oberbürgermeisters übernommen hatte. Mit ihm als städtischem Verwaltungschef wurde die mittlerweile erreichte Dominanz der NSDAP besonders offensichtlich. Nun fanden als gemeinsame Veranstaltungen von Stadtverwaltung und Gau- oder Kreisleitung vorwiegend die repräsentativen und pressewirksamen Ehrungen statt. Hierzu gehörten neben der Feier für Tischer auch die Kolonialausstellung für Carl Peters, die Feierlichkeiten zu Hitlers 50. Geburtstag und die Gründung der Hermann-Löns-Gesellschaft.

Bis zum Beginn des Zweiten Weltkriegs war es der NSDAP also gelungen, sich innerhalb des Rathauses eine unangreifbare Position zu sichern und die Gau- und Kreisleitung als stadtpolitische Verwaltungseinheit zu etablieren. Zumindest Letzteres galt offensichtlich nicht nur in puncto Ehrungen, denn das im Januar 1937 erschienene Adressbuch der Stadt Hannover ergänzte erstmals die Liste der Behörden und öffentlichen Einrichtungen um alle Gliederungen und Gruppierungen der NSDAP – und zwar an erster Stelle.[302] Mit dieser Entsprechung bestätigen sich Ehrungen als Seismographen politischer Machtstellung.

Die veränderte Akteurskonstellation zeigt sich auch anhand des Wandels des städtischen Funktionsgedächtnisses. Nach dem Machtwechsel entfernten die Nationalsozialisten zügig jegliche Zeichen aus dem Stadtbild, die an Juden, Sozialdemokraten oder Gewerkschafter erinnerten. Schleifungen von Denkmälern bedurfte es hierfür nicht, allerdings war die Anzahl der Umbenennungen von Straßen erheblich. Darüber hinaus kam es recht schnell zu ersten öffentlichen Ehrungen nationalsozialistischer Symbolträger. So wurde für Horst Wessel eine Eiche gepflanzt und damit bereits am 1. Mai 1933 der erste so genannte „Blutzeuge der Bewegung" durch die Stadt geehrt – wenngleich die Rechtskonservativen im Rathaus dazu nicht aktiv beitrugen. Die dezidiert im nationalsozialistischen Sinne

---

302 Vgl. Adressbücher der Stadt Hannover 1936 und 1937, jeweils Teil IV.

vorgenommenen Ergänzungen und Ersetzungen im Stadtbild betrafen vorwiegend die Innenstadt oder zentrale Plätze und waren damit visuell besonders auffällig.

Eine kurzfristige Veränderung in der Gedenkpraxis machte sich 1933/34 bemerkbar. In dieser Zeit wurden Politiker nicht nur posthum als Namenspatrone für Straßenschilder ausgewählt, sondern bei Neubenennungen nach Personen fanden vor allem zeitgenössische Parteiaktivisten Berücksichtigung. Diese Praxis wurde jedoch bereits 1934 per Reichserlass verboten. Ehrte man Tote, so handelte es sich zwischen 1933 und 1939 immer seltener um Vertreter des hannoverschen Stadtbürgertums des 18. und 19. Jahrhunderts, sondern um Gefallene. Dazu gehörten zum einen die im Feld verstorbenen Soldaten des Ersten Weltkriegs. Zu diesen sind auch Hermann Löns und Gerrit Engelke zu rechnen. Beide schätzte man nicht lediglich als Literaten, sondern verwies immer wieder darauf, dass sie im Dienst für die Nation gestorben waren. Zu den Gefallenen gehörten zum anderen die so genannten „Gefallenen der nationalsozialistischen Bewegung", derer man vor allem am 9. November huldigte, dem zu ihren Ehren eingerichteten Nationalfeiertag.[303]

Leistungen von Personen, die bereits vor 1933 zu den herausgehobenen Persönlichkeiten der Stadt Hannover gerechnet wurden und weiterhin Anerkennung fanden, wurden vermehrt in einen nationalsozialistischen Bezugsrahmen gesetzt. So erschien Johann Egestorff, ein Industrieller der ersten Hälfte des 19. Jahrhunderts, als Vorreiter im Kampf gegen die Arbeitslosigkeit. Das nationalsozialistische Funktionsgedächtnis nutzte städtisches Gedenken dabei stets zur Propagierung des Gegenwärtigen, indem es als Erlösungszustand gedeutet wurde. Dem Ziel der Selbstdarstellung entsprach auch das wachsende Bestreben, mit den Ehrungen die Aufmerksamkeit eines immer breiteren Publikums zu erzielen. Ersichtlich wurde dieses Bestreben anhand der Nutzungspraxis von Gedenktafeln. An diesem bis 1935 besonders von Rechtskonservativen genutzten Medium städtischen Gedenkens entwickelte die NSDAP erst Interesse, als sie es durch die Kombination mit öffentlichen Feiern und durch vermehrte Presseberichterstattung populistisch aufzubereiten verstand. Durch das über Ehrungen präsentierte Deutungsangebot wurde versucht, Einfluss darauf zu nehmen, wie die Einwohner die Gegenwart interpretierten – wie erfolgreich, muss dabei offen bleiben.

Hannover war im Feld der Ehrungen in weitaus geringerem Maße als auf anderen kulturpolitischen Gebieten von staatlichen Vorgaben abhängig. Vorschriften und Auflagen aus Berlin waren fast ausschließlich sehr allgemein gehalten und zogen nur geringe Einschränkungen nach sich. Die einzig wesentliche inhaltliche Vorgabe war der Erlass von 1938, wonach Straßen und Plätze, die nach Juden benannt waren, umbenannt werden sollten. Da dies in Hannover jedoch bereits aus eigenem Antrieb heraus 1933 weitestgehend geschehen war, hatte die Vorgabe hier keine praktischen Konsequenzen. In konkrete Ehrungsangelegenheiten schaltete sich die Reichsebene ansonsten nur über Genehmigungsverfahren ein. Lediglich in zwei Fällen war dabei ein erheblicher Eingriff seitens der Reichsebe-

---

303 In Kapitel V, Teil 3 wird die Analyse der Ehrungskriterien und Personenkreise erneut aufgegriffen.

ne zu verzeichnen: Zum einen bei der Gründung der Hermann-Löns-Gesellschaft, wobei sich hier die Stadtverwaltung, die Gauleitung und weitere in die Gründung der Gesellschaft involvierte Personen gemeinsam gegen den Leiter der Schrifttumsabteilung im Reichspropagandaministerium, Ingmar Berndt, durchsetzten und damit reichsrelevante Kulturpolitik mitgestalteten. Zum anderen versagte Berlin 1941 die Genehmigung, als die Stadtverwaltung mit Hilfe der Gauleitung plante, dem italienischen Staatsminister Roberto Farinacci die Ehrenbürgerwürde zu verleihen – dazu gleich mehr.[304]

Während die NSDAP bis zum Beginn des Krieges an keiner Ehrung gehindert wurde, die ihre Mitglieder innerhalb oder außerhalb des hannoverschen Rathauses durchführen wollten, stieß Oberbürgermeister Menge in manchen Punkten an durch die NSDAP gesetzte Grenzen, die er nicht überschreiten wollte oder konnte. Dabei wurde vor allem anhand der Denkmalerrichtung für Egestorff und am Umgang mit Gedenktafeln deutlich, dass rechtskonservative Handlungsräume im Nationalsozialismus vor allem gewährt, nicht erstritten oder gar erkämpft wurden. Sobald die NSDAP kein Interesse an einer Ehrung oder keinen Einwand gegen sie hatte, konnten rechtskonservative Akteure noch eigenständige Vorstellungen realisieren. Sofern jedoch die NSDAP aktiv wurde, war sie es, die ihre Vorstellungen umzusetzen vermochte.

---

304 Vgl. Kapitel II, 1.2.

II. „... ERNEUERUNG DER STADTVERWALTUNG AN HAUPT UND GLIEDERN ...". EHRUNGEN IN HANNOVER WÄHREND DES ZWEITEN WELTKRIEGS

> *„Komm Ernst-August, steig hernieder*
> *und regiere du uns wieder*
> *lass in diesen schweren Zeiten*
> *Lauterbacher für dich reiten."[1]*

Die Entwicklung der Gaue im Nationalsozialismus und der neue Gauleiter in Südhannover-Braunschweig

Städte im Nationalsozialismus sahen sich mit einem stetigen Machtzuwachs des lokalen und regionalen Parteiapparates der NSDAP, im Besonderen der Gaue, konfrontiert. Diese Ausdehnung der Macht hatte sich auch in der hannoverschen Ehrungspolitik bis zum Kriegsbeginn abgezeichnet, wie in Kapitel eins dargelegt worden war. Als der Zweite Weltkrieg begann, hatte sich die Gauleitung mittlerweile zu einer neben der Stadtverwaltung bestehenden Verwaltungsinstitution entwickelt, wobei beide relativ gut miteinander kooperierten. Dieses Verhältnis sollte sich im Laufe des Krieges erneut wandeln. Das folgende Kapitel wird analog dem vorherigen die Akteursbeziehungen, Handlungsräume und die Gedenkkultur, nun aber für die Zeit während des Zweiten Weltkriegs, beleuchten und sich dabei der Frage widmen, welche Komponenten in Hannover für die teilweise rasante Änderung der Kräfteverhältnisse ausschlaggebend waren. Zuvor werden summarisch und daher auch unter Berücksichtigung der Vorkriegsjahre die Entwicklung der Kompetenzen der Gauleiter im Reich und in Südhannover-Braunschweig sowie die sich daraus ergebenden Folgen für den Raum Hannover dargelegt.

Durch den Zuwachs an staatlichen Kompetenzen entwickelten sich die Gaue von einstigen regionalen Parteigliederungen hin zu „Mittelinstanzen im Staatsgefüge", wie Jürgen John resümiert.[2] Hierzu trug zum einen die teilweise bereits 1933 merkliche Ämterhäufung bei, hervorgerufen dadurch, dass viele Gauleiter

---

1 Volksmund in hannoverschen Luftschutzkellern nach Fuchs, Thorsten/Wittke, Stefan: Zwischen Angst und Alltag. Bomben auf Hannover, Gudensberg-Gleichen 2004, S. 24.
2 Vgl. für das Folgende vor allem John, Jürgen: Die Gaue im NS-System, in: John/Möller/Schaarschmidt: Die NS-Gaue, S. 22–55, Zitat S. 23; Schaarschmidt, Thomas: Regionalität im Nationalsozialismus – Kategorien, Begriffe, Forschungsstand, in: ebd. S. 13–21; Ziegler, Walter: Gaue und Gauleiter im Dritten Reich, in: Möller/Wirsching/Ziegler: Nationalsozialismus in der Region, S. 139–159; Ruck, Michael: Zentralismus und Regionalgewalten im Herrschaftsgefüge des NS-Staates, in: ebd. S. 99–122 und Hüttenberger: Gauleiter.

zusätzlich staatliche Funktionen auf Landes- oder Reichsebene übernahmen. So erweiterte das Gesetz zur Gleichschaltung der Länder 1933 die Kompetenzen der Gauleiter – außer in Preußen und Bayern –, indem es sie als Reichsstatthalter mit der Gleichschaltung der Länder betraute und zu diesem Zweck mit Sondervollmachten ausstattete.[3] Dazu gehörten gesetzgebende Kompetenzen ebenso wie die Möglichkeit, Personal zu entlassen und die Landesregierung aufzulösen. 1935 wurden die Reichsstatthalter dann jedoch wieder dem Innenministerium unterstellt und damit ihre Möglichkeiten beschränkt. Zu Beginn des Krieges wurden viele Gauleiter als Reichsverteidigungskommissare mit dem Zivilschutz in den Wehrkreisen betraut.[4] Ein Erlass vom 16. November 1942 passte dann abschließend die Wehrkreise den Gaugrenzen an und ernannte alle Gauleiter zu Reichsverteidigungskommissaren ihrer Gebiete.

Diese allgemeine Entwicklung gestaltete sich jedoch in den einzelnen Regionen durchaus unterschiedlich und hing zu einem nicht unerheblichen Teil von der räumlichen Ausdehnung der verschiedenen regionalen Instanzen in Partei und Staat ab. Während der Gau Thüringen und das gleichnamige Land territorial deckungsgleich waren,[5] gehörte die Stadt Hannover zur preußischen Provinz Hannover, zum Gau Südhannover-Braunschweig und zum Wehrkreis XI mit etwa dem Gebiet Sachsen-Anhalt-Südhannover-Braunschweig.[6] Alle drei politischen Einheiten erstreckten sich über unterschiedliche räumliche Gebiete.

Am 30. April 1933 wurde Gauleiter Bernhard Rust Reichsminister für Wissenschaft, Erziehung und Volksbildung, was allerdings mitnichten zu einer Aufwertung seines Gaues beitrug. So nahm Rust seinen Wohnsitz in Berlin ein, kehrte nur zu besonderen Anlässen in den Gau zurück und überließ seinem Stellvertreter Kurt Schmalz die Führung der örtlichen Parteigeschäfte.[7] Reichsstatthalter Preußens wurde 1933 Hitler selbst, der mit der konkreten Umsetzung der Gleichschaltung des Landes Hermann Göring beauftragte. Mit Beginn des Krieges wurde der magdeburger Gauleiter Rudolf Jordan Reichsverteidigungskommissar für den auch Hannover umfassenden Wehrkreis XI.

3 Vgl. aktuell zur Gleichschaltung Bayerns Grau, Bernhard: Der Reichsstatthalter in Bayern: Schnittstelle zwischen Reich und Land, in: Rumschöttel, Hermann/Ziegler, Walter (Hrsg.): Staat und Gaue in der NS-Zeit. Bayern 1933–1945, München 2004, S. 129–169.
4 Vgl. hierzu die beiden Fallbeispiele für Westfalen-Süd und Westfalen-Nord bei Blank, Ralf: Albert Hoffmann als Reichsverteidigungskommissar im Gau Westfalen-Süd, 1943–1945. Eine biografische Skizze, in: Gruner, Wolf/Nolzen, Armin (Hrsg.): Bürokratie, Initiative und Effizienz, Berlin 2001, S. 189–210 und Teppe, Karl: Der Reichsverteidigungskommissar. Organisation und Praxis in Westfalen, in: Rebentisch, Dieter/Teppe, Karl (Hrsg.): Verwaltung contra Menschenführung im Staat Hitlers. Studien zum politisch-administrativen System, Göttingen 1986, S. 278–301.
5 Zur Entwicklung Thüringens im NS vgl. John: Der NS-Gau Thüringen.
6 Vgl. Diehl-Thiele: Partei und Staat, S. 118f.
7 Vgl. allgemein zu den Aufgaben und zur Stellung der stellvertretenden Gauleiter Lilla: Die Stellvertretenden Gauleiter, bes. S. 2–15.

So kam es im Raum Hannover erst zu Beginn der 1940er-Jahre zu einer merklichen Häufung regionaler Ämter.[8] Im Dezember 1940 übernahm Hartmann Lauterbacher[9] die Leitung des Gaues Südhannover-Braunschweig. Die Bilanz der Amtszeit des bisherigen Gauleiters Bernhard Rust wurde dabei von Goebbels und Lauterbacher vernichtend beurteilt. Demnach sollen im Gau „tolle Zustände" geherrscht haben, denn Rust hätte „alles vollkommen versauen lassen, sich um nichts bekümmert, und Schmalz hatte gar keine Autorität".[10] Im August 1941 übernahm Lauterbacher ebenfalls von Rust das Amt des Beauftragten für die bauliche Neugestaltung Hannovers[11] und beerbte zudem im April 1941 Viktor Lutze als Oberpräsident der Provinz Hannover.[12] Infolge des Erlasses vom November 1942 wurde die Machtfülle des neuen Gauleiters um das Amt des Reichsverteidigungskommissars für den nun mit den Gaugrenzen übereinstimmenden Wehrkreis ergänzt.

---

8   Der Stadtstaat Hamburg ist umgekehrt ein Beispiel dafür, dass bereits sehr früh alle wesentlichen Funktionen im Gauleiter vereinigt waren. So war Karl Kaufmann „NSDAP-Gauleiter, Reichsstatthalter, ‚Führer' der hamburgischen Landesregierung, Chef der hamburgischen Staats- und Gemeindeverwaltung und Reichsverteidigungskommissar im Wehrkreis X". Vgl. Bajohr, Frank: Gauleiter in Hamburg. Zur Person und Tätigkeit Karl Kaufmanns, in: VfZ 43/1995, S. 267–295, Zitat S. 270, vgl. S. 280f.

9   Der aus Österreich stammende Drogist Hartmann Lauterbacher (1909–1988) trat 1927 der NSDAP bei. Seit März 1931 war er HJ-Gauführer für Südhannover-Braunschweig und wurde bereits am 22.5.1934 zum Stellvertreter des Reichsjugendführers Baldur von Schirach ernannt. Er löste im Dezember 1940 Rust als Gauleiter ab. Vgl. HBL, S. 224; Füllberg-Stolberg, Claus/Füllberg-Stolberg, Katja: Der Präsident, die Fliegerin und ein Gauleiter. Prominente Nazis als Entwicklungshelfer und politische Berater im post-kolonialen Afrika, in: Averkorn, Raphaela (Hrsg.): Europa und die Welt in der Geschichte. Festschrift zum 60. Geburtstag von Dieter Berg, Bochum 2004, S. 1065–1087; Pinl, Barbara: Die „Aktion Lauterbacher" und die Stadtverwaltung, in: Stadtarchiv Hannover: Schreibtischtäter?, S. 31–34 und Buchholz, Marlis: Die hannoverschen Judenhäuser. Zur Situation der Juden in der Zeit der Ghettoisierung und Verfolgung 1941 bis 1945, Hildesheim 1987, S. 83–91.

10 Vgl. Fröhlich, Elke: Die Tagebücher von Joseph Goebbels, München 1998–2007, Bd. I.9, S. 59 v. 19.12.1940.

11 Vgl. HA v. 26.8.1941 und BA, R 43 II, Nr. 1017. Zur Umgestaltung Hannovers vgl. Auffarth, Sid: Forumsgedanken, in: Bergmeier/Katzenberger: Kulturaustreibung, S. 208–211; Lengner, Susanne/AG Stadtleben e. V. (Hrsg.): Ungebautes Hannover. Städtebauliche Projekte, Ideen und Utopien, Hannover, 2. Aufl. 1991, S. 36–39 und Auffarth, Sid: Von Laves bis morgen – Erläuterungen zu Ort und Geschichte, in: Architektenkammer Niedersachsen (Hrsg.): Visionen für Hannover. Von Laves bis morgen, Hannover 1989, S. 37–41, bes. S. 37–39.

12 Lutze hatte aufgrund von Arbeitsüberlastung darum gebeten, von seinem Amt entbunden zu werden, vgl. Teppe, Karl: Die preußischen Oberpräsidenten 1933–1945, in: Schwabe, Klaus (Hrsg.): Die preußischen Oberpräsidenten 1915–1945, Boppard am Rhein 1981, S. 219–248, hier S. 223. Zu den Oberpräsidenten und ihrer Stellung im Staatsgefüge seit 1933 vgl. außerdem Boetticher, Manfred von: Provinzialselbstverwaltung und Oberpräsident der Provinz Hannover als Keimzelle der Verwaltung des Landes Niedersachsen, in: HGBl NF 48/1994, S. 345–354, hier S. 345–349 und Jeserich, Kurt G. A./Pohl, Hans/Unruh, Georg-Christoph von: Deutsche Verwaltungsgeschichte. Bd. 4: Das Reich als Republik und im Nationalsozialismus, Stuttgart 1985, S. 550–553, 500 u. 744f.

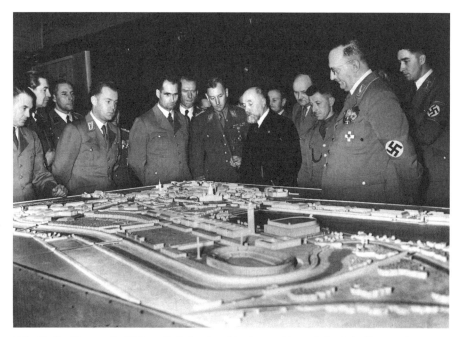

Abb. 16: Stadtbaurat Karl Elkart (1. Reihe, 5. v. l.) erläutert die städtebauliche Neugestaltung Hannovers. Anwesende u. a.: Hartmann Lauterbacher (1. Reihe, 2. v. l.), Rudolf Heß (1. Reihe, 3. v. l.), Viktor Lutze (1. Reihe, 4. v. l.) und Henricus Haltenhoff (2. v. r.).

Lauterbacher erhielt also zu seiner Funktion als Parteifunktionär staatlich-administrative Aufgaben hinzu. Dabei bleibt jedoch offen, welche Rolle die Stadt Hannover spielte, die immerhin weiter über einen Oberbürgermeister und eine Stadtverwaltung verfügte, die nicht der Partei unterstellt waren. Auch bleibt offen, wie Lauterbacher, mit gerade 31 Jahren Jüngster im Kreise der Gauleiter und nach dem Typologieentwurf von Detlef Schmiechen-Ackermann einer der „jungen Manager des totalen Krieges", seine formale Macht im Bereich der Kulturpolitik ausfüllte.[13] Schließlich bleibt zu fragen, wer oder was eigentlich die Stadt Hannover war.

---

13 Vgl. Schmiechen-Ackermann, Detlef: Das Potenzial der Komparatistik für die NS-Regionalforschung. Vorüberlegungen zu einer Typologie von NS-Gauen und ihren Gauleitern anhand der Fallbeispiele Südhannover-Braunschweig, Osthannover und Weser-Ems, in: John /Möller/Schaarschmidt: Die NS-Gaue, S. 234–253, hier S. 251f., Zitat S. 252.

II. Ehrungen während des Zweiten Weltkriegs

1. HANNOVER AUF DEM WEG ZUR GAUHAUPTSTADT

1.1 Der neue Gauleiter, das welfische Gedächtnis und die Heimatfreunde

In den Jahren 1939 und 1940 war es in der Ehrungspolitik Hannovers ausgesprochen ruhig. Der Zweite Weltkrieg lähmte vor allem kulturpolitische Aktivitäten, insbesondere während der ersten Monate. 1941 dagegen begannen sich Ehrungen in Hannover erneut zu häufen, aber auch in ihrer inhaltlichen Ausrichtung zu verändern.

Die Diskussion um das Ernst-August-Denkmal

Gleich zu seinem Amtsantritt als Gauleiter, so Lauterbacher im Rückblick, machte er sich „Gedanken auch um die Notwendigkeit allumfassender Luftschutzmaßnahmen",[14] weshalb er „gleich im Januar 1941 prüfte [...], was an allgemeinen Vorbereitungen geschaffen, an Schutzbauten, ausgebauten Kellerräumen, Luftschutzkellern und dergleichen vorhanden war".[15] Dabei hatte seines Erachtens Karl Elkart hervorragende Arbeit geleistet, auf die aufgebaut werden konnte.[16] Dazu gehörte, dass bereits der Bau eines Bunkers unter dem Vorplatz des Hauptbahnhofes in die Wege geleitet war. Die mit den Bauarbeiten betraute Firma Philipp Holzmann AG sah sich allerdings im Februar und März 1941 mit der Frage konfrontiert, ob das auf dem Platz stehende Denkmal für den Welfenkönig Ernst-August zur Vermeidung von Beschädigungen während der Zeit der Bauarbeiten versetzt werden müsse.[17] So kam es, dass eine der ersten öffentlich wahrnehmbaren Aktivitäten Lauterbachers auf dem Gebiet der Kultur gleich ein hannoversches Wahrzeichen betraf: Im März 1941 schlug dieser dem Oberbürgermeister vor, das Reiterdenkmal von 1861 in die Herrenhäuser Gärten zu versetzen.[18]

---

14 Lauterbacher: Erlebt und mitgestaltet, S. 198. Für diese Aufgaben zuständig waren die Stadtverwaltung, die Ortspolizei, die NSDAP-Kreise und -Gaue sowie die Reichsverteidigungskommissare, vgl. Blank, Ralf: Kriegsalltag und Luftkrieg an der „Heimatfront", in: Echternkamp, Jörg/Militärgeschichtliches Forschungsamt (Hrsg.): Die deutsche Kriegsgesellschaft 1939–1945, Bd.9/1: Politisierung, Vernichtung, Überleben, München 2004, S. 391 u. 396.
15 Lauterbacher: Erlebt und mitgestaltet, S. 199.
16 Vgl. ebd, S. 199. Zum Bunkerbau in Hannover vgl. Foedrowitz, Michael: Bunkerwelten. Luftschutzanlagen in Norddeutschland, Berlin 1998, S. 92–94.
17 Vgl. NHStAH, Hann. 133, Acc. 27/82, Nrn. 162–164. Vgl. bes. Protokoll der Besprechung zwischen der Philipp Holzmann AG und Betriebsamt 1 (vermutlich der Reichsbahnwerke) v. 19.2.1941 in ebd., Nr. 164, S. 103.
18 Vgl. zu den Vorgängen StAH, HR 13, Nr. 621 und NHStAH, Hann. 133, Acc. 27/81, Nrn. 162–164. Bereits 1936 hatte Ratsherr und Parteimitglied Karwahne einen ähnlichen Vorstoß versucht, war jedoch an Oberbürgereister Menge gescheitert, vgl. StAH, Niederschrift über die vertrauliche Besprechung mit den Beiräten für das Finanzwesen, für das Bauwesen, für Angelegenheiten der Kunst und der Wissenschaft, für das Wohlfahrtswesen v. 3.8.1936 sowie Niederschrift über die 5. Besprechung mit den Beigeordneten der Hauptstadt Hannover v. 13.5.1937.

Gegen diesen Vorschlag richteten sich nicht nur diverse Bürger in Protestschreiben,[19] sondern auch Spitzenpolitiker der städtischen[20] und provinzialen Verwaltung sowie der Reichsbahn, die Eigentümerin des Platzes und des Denkmals war.[21] Dr. Walther Bürger,[22] Präsident der Reichsbahndirektion, hatte Haltenhoff gegenüber erklärt, „die Frage sei bereits früher erörtert worden, es hätten aber damals schon so viele Stimmen aus der hannoverschen Bevölkerung sich gegen einen solchen Plan gewandt, dass er [Dr. Bürger] ihn fallen gelassen habe".[23] Haltenhoff war der Ansicht, die Entscheidung liege bei der Reichsbahn und zudem beim Regierungspräsidenten, da die Reiterstatue unter Denkmalschutz stehe.[24] Er selbst müsse sich „sowohl aus ästhetischen als aus verkehrspolitischen Gründen für die Erhaltung des Denkmals an dieser Stelle aussprechen".[25] Das teilte er auch dem Gauleiter mit.[26] Gleichzeitig startete er eine Art Lobbypolitik, indem er eingehende Schreiben gegen die Denkmalsversetzung an Regierungspräsident Rudolf Diels[27] und Reichsbahnpräsident Bürger weiterleitete, um die ablehnende Haltung gegen Lauterbachers Pläne zu stärken.[28]

Die Diskussion um das Denkmal macht unterschiedliche kulturpolitische Konzeptionen sichtbar. So gingen die Heimatfreunde davon aus, dass Lauterbachers Vorschlag weniger luftschutztechnisch denn politisch motiviert war, nämlich als Versuch der Abkehr von welfischer und damit aus Lauterbachers Sicht regionalseparatistischer Geschichte. Die Heimatfreunde waren daher bemüht, den hannoversch-englischen König als Nationalisten darzustellen. Er sei ein Mann, „der von den Engländern gehasst wurde, die Juden ausschaltete [... und] auf militärische und verwaltungsmässige Verbesserungen sah, die nicht nur seinem Lande, sondern Deutschland zugute kamen".[29] Ernst-August habe also „einen positiven Anteil an der gesamtdeutschen Entwicklung" gehabt und sei „daher aus der

---

19 Zu den Protestschreiben vgl. ausführlich Kapitel IV, 2.1.
20 Ironischerweise war es auch der von Lauterbacher gelobte Elkart, der sich gegenüber der Reichsbahndirektion und der Philipp Holzmann AG gegen eine Versetzung aussprach, vgl. NHStAH, Hann. 133, Acc. 27/81, Nrn. 162–164.
21 Da die Reiterstatue zweifelsohne von großer Bekanntheit war, bemühte man sich offensichtlich um Einigkeit zwischen verschiedenen Beteiligten. Zudem stand sie unter Denkmalschutz, weshalb bei Veränderungen auch noch der Regierungspräsident zuzustimmen hatte.
22 Der Jurist Dr. Walther Bürger (geb. 1877) wurde am 1.10.1933 Präsident der Reichsbahndirektion Hannover und leitete seit dem 1.5.1935 auch die Leibnizakademie. Er war Mitglied der NSDAP und Oberführer der SA. Vgl. HA v. 22.9.1933 u. HZ v. 8.12.1944.
23 Aktennotiz Haltenhoff v. 17.3.1941, StAH, HR 13, Nr. 621.
24 Vgl. ebd.
25 Ebd.
26 Haltenhoff an Lauterbacher v. 19.3.1941, StAH, HR 13, Nr. 621. Lauterbacher erwiderte daraufhin, dass er Haltenhoff seine Position zum Denkmal bei einem Besuch persönlich auseinandersetzen wolle, vgl. Schreiben Lauterbacher an Haltenhoff v. 31.3.1941. Leider ist den Quellen nicht zu entnehmen, ob es ein solches Gespräch gab, vgl. StAH, HR 13, Nr. 621.
27 Der Jurist Rudolf Diels (1900–1957) war bis April 1934 Leiter des Geheimen Staatspolizeiamtes unter Göring, anschließend Regierungspräsident, erst in Köln, dann ab 1936 in Hannover. Vgl. Benz/Graml/Weiß: Enzyklopädie, S. 906.
28 Vgl. StAH, HR 31, Nr. 621.
29 Heimatfreunde an OB v. 28.4.1941, StAH, HR 13, Nr. 621.

II. Ehrungen während des Zweiten Weltkriegs

allgemeinen deutschen Geschichte nicht fortzudenken".[30] Für Lauterbacher stellte die Parteinahme zugunsten der Welfen in diesem Fall sogar eine Gefahr für die öffentliche Ordnung dar. Zumindest in seinen Memoiren fand er deutliche Worte:

> „Nun gab es in Hannover einen besonderen Optimismus, der mir geradezu idiotisch erschien. Man hatte sich eingeredet, daß Hannover ja besondere historische und familiäre Beziehungen zu England habe und daß unter diesen Umständen von England her niemals Luftangriffe auf Niedersachsen stattfinden würden."[31]

Dennoch gab sich Lauterbacher ob der Ablehnungsfront vorerst geschlagen, bis ihn im Herbst 1942 der folgende anonyme Brief erreichte:

> „Zurzeit werden die Denkmäler in der Stadt Hannover von ihren Sockeln genommen und der Metallverwertung zugeführt. [...] Anstatt die Gelegenheit freudig zu ergreifen, das Andenken an eine mehr als fragwürdige Persönlichkeit zu tilgen, bleibt ausgerechnet dieses beträchtliche Metallvolumen verschont. [...] Ehe die jetzige Denkmalsaffäre über die Grenzen Niedersachsens hinaus unvorteilhaft bekannt wird, sollte man schleunigst dafür sorgen, dass dieser berittene Engländer vor dem Hauptbahnhofe in Hannover auf Nimmerwiedersehen verschwindet. Er hat dort wirklich nichts mehr zu suchen, zumal in einer Zeit, in der englische Flugzeuge nachts deutsche Städte überfallen. Es ist geradezu grotesk, dass der Bau eines Bunkers auf das Denkmal eines Engländers Rücksicht nimmt!!!"[32]

Das Schreiben veranlasste Lauterbacher, sich erneut an die Stadtverwaltung zu wenden. Staatsminister Ludwig Hoffmeister,[33] mittlerweile als Nachfolger Haltenhoffs mit den Geschäften des Oberbürgermeisters betraut, zeigte sich dabei entgegenkommender als sein Vorgänger und erklärte, Baudezernent Karl Elkart werde sich

> „mit dem Provinzialkonservator in Verbindung setzen [...], da von ihm die Vorschläge der Erfassung der Denkmäler im Zuge der Metallerfassung ausgehen [... und] fragen, ob nicht die Möglichkeit besteht, das Denkmal vor dem Bahnhof doch noch abzunehmen".[34]

---

30 Vgl. ebd.
31 Lauterbacher: Erlebt und mitgestaltet, S. 198. Auch der Kulturreferent der Provinz Hannover, Georg Grabenhorst, berichtet in seinen Memoiren von dem „allgemeinen Hörensagen [...], daß Hannover nicht angegriffen würde, weil es doch die Heimat der englischen Könige sei". Grabenhorst, Georg: Wege und Umwege. Bd. 1, Hildesheim 1979, S. 302.
32 Abschrift des Schreibens von „N.N." an den Gauleiter als Anlage zur Anfrage Stichtenoth im Auftrag Lauterbachers an OB v. 10.10.1942, StAH, HR 13, Nr. 621.
33 Der Jurist Ludwig Hoffmeister (1906–1993) trat 1931 der NSDAP bei. Im Jahre 1939 wurde er Vertrauensmann des Sicherheitsdienstes in Braunschweig, seit Anfang 1942 leitete er das Rechtsamt des Gaues Südhannover-Braunschweig. Als Mitarbeiter des Oberpräsidenten wurde er 1942 zum Regierungsdirektor ernannt und ab Mai mit den Geschäften des Oberbürgermeisters betraut. Im Oktober 1944 wechselte er ins Reichsinnenministerium. Vgl. HBL, S. 175; NTZ v. 14.5.1942.
34 Hoffmeister an Gaustabsamt Hannover v. 14.10.1942, StAH, HR 13, Nr. 621.

Abb. 17: Ernst-August-Denkmal vor dem Hauptbahnhof.
Inschrift im Sockel: „Dem Landesvater sein treues Volk"

Provinzialkonservator Hermann Deckert[35] allerdings reagierte offensichtlich gereizt auf die teils anonymen, teils signierten „unverständlichen Treibereien", wie er es nannte, und führte städtebauliche Passform, künstlerischen Wert,[36] heimatliche Tradition und Repräsentation einer stadtgeschichtlichen Epoche zugunsten des Erhalts des Wahrzeichens an.[37] Die im anonymen Brief besonders negativ gezeichnete Persönlichkeit des Königs verteidigte er dahingehend, dass Ernst-August lediglich Vertretern des Liberalismus verhasst war.[38] Mit Verweis auf Deckerts Argumentation gab Hoffmeister der Gauleitung zur Kenntnis, „daß wenigstens einstweilen das Denkmal bestehen bleiben kann".[39]

---

35 Prof. Dr. Hermann Deckert (1899–1955) wurde 1936 kommissarischer und 1939 ordentlicher Provinzialkonservator der Provinz Hannover, später Landeskonservator des Landes Niedersachsen. Vgl. StAH, Presseamt I, Nr. 720 und Nachruf in Deutsche Kunst- und Denkmalpflege 1956, S. 65.
36 Auch im Rahmen der so genannten „Metallspende" musste das Reiterdenkmal nicht abgeliefert werden, da es aufgrund seiner künstlerischen Bedeutung unter eine Ausnahmeregelung fiel, vgl. Besprechung mit den Dezernenten v. 11.6.1942, StAH, HR 13, Nr. 621.
37 Deckert an Elkart v. 9.11.1942, ebd.
38 Ebd.
39 Hoffmeister an Gauleitung v. 14.11.1942, StAH, HR 13, Nr. 621.

Tatsächlich war dies das letzte Wort zum Thema, obwohl die Diskussion Unsicherheiten in der Bauplanung nach sich zog und die nötige Abstützung des Denkmals gegen Erschütterungen – es wurde eingeschalt und die Hülle mit Sand aufgefüllt – ebenfalls den Bunkerbau verlangsamt haben wird.[40] Allerdings ist für Lauterbachers zweite Anfrage vom Oktober 1942 zu bezweifeln, dass sein zentrales Motiv noch der Zivilschutz war. Zum einen war bereits im August die Einschalung am Reiterstandbild entfernt worden,[41] so dass von einer weiteren durch das Denkmal hervorgerufenen Verzögerung der Bauarbeiten nicht auszugehen ist. Zum anderen setzte Lauterbacher seine neuen Kompetenzen als Reichsverteidigungskommissar, die er per Erlass genau zwei Tage nach Hoffmeisters Schlusspunkt der Debatte erhielt, nicht zur Durchsetzung seines Ansinnens ein. Dabei war er in dieser Funktion hinsichtlich notwendiger Maßnahmen im Zivilschutz den kommunalen und staatlichen Behörden vor Ort gegenüber weisungsbefugt.[42] Es ist daher eher davon auszugehen, dass es ihm im Herbst 1942 um die Tilgung regionalseparatistischen Gedenkens ging – hierfür sprechen auch seine weiteren kulturpolitischen Aktivitäten. Dass er die Angelegenheit dennoch auf sich beruhen ließ, könnte zweierlei Gründe haben: Zum einen mochte ihm diese Symbolpolitik nicht als Anlass für eine Machtprobe ausgereicht haben. Zum anderen zog sich der Krieg gegen die Sowjetunion in die Länge, so dass Lauterbacher in Anbetracht der immer intensiveren Kriegsmobilisierung[43] keine unpopuläre Maßnahme durchsetzen wollte, die ihm nicht unumgänglich schien.

Vier Eichen für Hoffmann von Fallersleben

Bereits im Verlaufe des Jahres 1942 machte Hartmann Lauterbacher anhand des 100-jährigen Jubiläums des Deutschlandliedes deutlich, dass er eine neue kulturpolitische Ausrichtung Hannovers verfolgte. Seit Frühjahr des Jahres bereiteten die Stadtverwaltung und die Heimatfreunde eine Ehrung für den Dichter des Deutschlandliedes, Hoffmann von Fallersleben, vor.[44] In enger Kooperation planten der Vereinsvorsitzende Walther Lampe, Presseamtschef Arends, Stadtgartendirektor Wernicke und Oberbürgermeister Haltenhoff eine Feier für den

---

40 Vgl. NHStAH, Hann. 133, Acc. 27/82, Nrn. 162–164.
41 Vgl. Vermerk der Reichsbahndirektion v. 8.8.1942, NHStAH, Hann. 133, Acc. 27/81, Nr. 163, fol. 59.
42 Zu den Kompetenzen der Reichsverteidigungskommissare vgl. Zibell, Stephanie: Jakob Sprenger (1884–1945). NS-Gauleiter und Reichsstatthalter in Hessen, Darmstadt/Marburg 1999, S. 369–397; Hüttenberger: Gauleiter, S. 152–158, bes. S. 154 sowie Verordnung über die Reichsverteidigungskommissare, RGB I-1942, S. 649, bes. § 5. Der Reichsbahn gegenüber galt die Weisungsbefugnis nicht.
43 Vgl. Kapitel V, 3.3.
44 Vgl. zu den Vorgängen StAH, HR 15, Nr. 76 und StAH, HR 2, Nr. 644. Zu Fallersleben in Hannover vgl. HA v. 3./4.4.1937, NTZ v. 7./8.9.1940 u. HK v. 24.8.1941. Der Liedtext wurde abgedruckt in: Die neue Gemeinschaft, August 1941, S. 42.

26. August 1941, den Jubiläumstag der Hymne.[45] An diesem Tag wurden an einer Kirche im Stadtteil Bothfeld, in dem Fallersleben sich häufig aufgehalten und sogar zeitweilig gewohnt hatte, vier Eichen um eine in den Boden eingelassene Steinplatte herum gepflanzt.[46]

Auffallend ist, dass sich weder die Kreisleitung noch die Gauleitung an der Feier beteiligten.[47] Zwar wurde Stadtrat und Kreispropagandaleiter Fritz Thake[48] erst am 15. August 1941 offiziell über die Veranstaltung informiert, doch die damit verbundene Bitte, „davon Kenntnis zu nehmen", war alles andere als eine Einladung zum Mitmachen.[49] Davon gewusst hatten die verschiedenen Einheiten der NSDAP in Hannover jedoch spätestens seit April 1940.[50] Noch unverständlicher wird gerade die Abwesenheit der Gauleitung vor dem Hintergrund, dass es sich um ein auch national gefeiertes Jubiläum handelte.[51] So war dann auch dem Hannoverschen Anzeiger am Jubiläumstag und dem Völkischen Beobachter zwei Tage später zu entnehmen, Lauterbacher habe

> „in seiner Eigenschaft als Beauftragter des Führers für die bauliche Neugestaltung Hannovers entschieden, daß einer der großen repräsentativen Plätze, die nach dem Kriege durch die Baumaßnahmen entstehen werden, den Namen „Hoffmann-von-Fallersleben-Platz"

tragen soll und auf dem Platz „ein würdiges Denkmal die Erinnerung an den Schöpfer des Deutschlandliedes immer wach halten wird".[52]

---

45 Vgl. die vierseitige Einladung der Hannoverschen Heimatfreunde mit Programm und Abdruck der Liedtexte in StAH, HR 15, Nr. 76 sowie HA u. NTZ v. 27.8.1941 sowie VB v. 28.8.1941.

46 Laut Elkart hatte man sich für die Kirche entschieden, weil die bisher dort stehenden Bäume den Winter nicht überstanden hatten, vgl. Besprechung mit den Dezernenten v. 8.4.1941, StAH. Heute stehen auf dem Platz neben der Kirche drei Eichen, davon zwei direkt neben der Steinplatte.

47 An dieser Stelle sei darauf hingewiesen, dass seit 1937 in Hannover üblicherweise der Gauleiterstellvertreter in Personalunion Kreisleiter war und die Kreisleitung seither in der Ehrungspolitik kaum mehr eigenständig auftrat, sondern zumeist nur noch als Begleitung der Gauleitung. Zur Situation der Kreisleitung in Hannover vgl. Mlynek: Hannover, S. 534. Einen Bedeutungszuwachs der Kreisleiter ohne Einschränkung auf Fragen der Repräsentation sieht dagegen Lehmann: Kreisleiter der NSDAP. Vgl. zu den Mittelinstanzen Düwell, Kurt: Gauleiter und Kreisleiter als regionale Gewalten des NS-Staates, in: Möller/Wirsching/Ziegler: Nationalsozialismus in der Region, S. 161–174.

48 Fritz Thake (geb. 1901) gehörte 1925 bis 1931 dem Stahlhelm an, trat 1931 dann der NSDAP bei. Er wurde am 18.1.1936 zum Stadtrat ernannt und war als Kreisamtsleiter aktiv. Vgl. Personalakte, HR 4, Nr. 87, StAH.

49 Vgl. Abschrift für Arends eines Schreibens von Lampe an Thake v. 15.8.1941, Zitat ebd.

50 Vgl. Bericht Elkart in einer Besprechung des OB mit den Dezernenten v. 8.4.1941, vgl. StAH.

51 Vgl. VB v. 24.8.1941 u. Deutscher Kulturdienst v. 13.8.1941.

52 Vgl. VB v. 28.8.1941 u. HA v. 26.8.1941, Zitate aus HA.

II. Ehrungen während des Zweiten Weltkriegs   101

Abb. 18: Die Gedenktafel für Hoffmann von Fallersleben zwischen den ihm gewidmeten Eichen in Bothfeld.

Abb. 19: Die Gedenktafel für Hoffmann von Fallersleben zwischen den ihm gewidmeten Eichen in Bothfeld. Inschrift der Steinplatte: „Die Hoffmann-von-Fallersleben-Eichen wurden im Kriegsjahr 1941 zur Einhundertjahrfeier des Deutschlandliedes gepflanzt. Hoffmann von Fallersleben gründete 1849 in Bothfeld seine Familie und dichtete hier viele seiner Heidelieder."

Lauterbacher entzog sich also ausschließlich der lokalen Veranstaltung, nicht aber dem Chor der öffentlichen Ehrungen. Zwar kann man davon ausgehen, dass er inhaltliche Vorbehalte gegen die Veranstaltung hegte, da sie zu wenig die nationale Bedeutung des Deutschlandlied-Dichters betonte und stattdessen auf Stadtteilkontakte abhob. Da es jedoch gleichzeitig keinerlei Hinweise darauf gibt, dass die NSDAP versucht hätte, Einfluss auf die Gestaltung der Feier inklusive der Redebeiträge zu nehmen, geschweige denn Mitveranstalter zu werden,[53] liegt die Vermutung nahe, dass bereits die Zusammensetzung der Initiatoren, insbesondere die Beteiligung der Heimatfreunde, bei Lauterbacher auf Ablehnung stieß. Die Heimatbewegung wurde von der NSDAP in Deutschland noch verhältnismäßig lange als taktisch nutzbringend eingeschätzt,[54] dann jedoch zumeist früher oder später – in Hannover 1943 unter bemühter Integration der dortigen Aktiven – in die neu gegründeten Gauheimatwerke eingegliedert.[55] Insofern hatte Lauterbacher hier die Konsequenzen aus den politischen Auseinandersetzungen gezogen, die bereits im Kontext der Debatte um das Ernst-August-Denkmal beschrieben wurden.

Allerdings gibt es gute Gründe dafür, Lauterbachers Nichteinmischung auch als Abgrenzung gegen die Stadtverwaltung bzw. den Oberbürgermeister zu verstehen. Die im Folgenden dargelegten Geschehnisse um die Hermann-Löns-Gesellschaft und den Kulturaustausch mit Italien weisen darauf hin, dass Lauterbacher darum bemüht war, kulturelle Projekte, die bislang dem Oberbürgermeister oblagen, an sich zu reißen.

1.2 „... dass sich der Gauleiter persönlich einschaltet ..."

Der Kulturaustausch mit Cremona und die gescheiterte Ehrenbürgerwürde für den italienischen Minister Farinacci

Seit 1938 pflegten Hannover und die italienische Kleinstadt Cremona einen Kulturaustausch, von dem Hannover vor allem dadurch profitierte, dass sich der deutschfreundliche italienische Staatsminister Roberto Farinacci aktiv daran beteiligte.[56] Auch Henricus Haltenhoff war aktiver Verfechter des Kulturprojekts. Er war sowohl Vorsitzender des „Ausschusses für den Kulturaustausch Hannover/Cremona", eines Gremiums, das alle Aktivitäten koordinieren sollte,[57] als auch Schirmherr der „Deutsch-italienischen Vereinigung in Hannover", die den

---

53 Erinnert sei daran, dass die NSDAP-Kreisleitung sich 1934 in die von der Stadt geplante Denkmalsetzung für Karl Peters als Mitveranstalter einklinkte.
54 Vgl. bes. Hartung: Zivilisationskritik, S. 307f.
55 Vgl. allgemein Ditt: Die deutsche Heimatbewegung, bes. S. 152 und für Hannover NTZ v. 9.9.1942 sowie Reeken, Dietmar von: Wissenschaft, Raum und Volkstum. Historische und gegenwartsbezogene Forschung in und über „Niedersachsen" 1910–1945. Ein Beitrag zur regionalen Wissenschaftsgeschichte, in: NiedJbLG 68/1996, S. 43–90, hier S. 76f. Im Gau Sachsen entstand das Heimatwerk bereits 1936, vgl. Schaarschmidt, Thomas: Regionalkultur und Diktatur. Sächsische Heimatbewegung und Heimat-Propaganda im Dritten Reich und in der SBZ/DDR, Köln/Wien 2004, bes. S. 160–172 und ders.: Regionalkultur im Dienste der Diktatur? Die sächsische Heimatbewegung im „Dritten Reich" und in der SBZ/DDR, in: Heydemann/Oberreuter: Diktaturen in Deutschland, S. 557–588, bes. S. 569f.
56 Für Näheres zum Kulturaustausch und seiner Werbungsfunktion vgl. Kapitel III, 1.1.
57 Vgl. StAH, HR 15, Nr. 902.

Kulturaustausch besonders durch personelles Know-how unterstützte.[58] Eingedenk seiner Verdienste um die binationale Zusammenarbeit erhielt Oberbürgermeister Haltenhoff im Januar 1940 einen italienischen Orden.[59]

Vor diesem Hintergrund entschloss sich Haltenhoff 1940, Minister Farinacci das Ehrenbürgerrecht der Stadt Hannover zu verleihen. Zuvor hatte bereits die Technische Hochschule Hannover die Ernennung zum Ehrendoktor in die Wege geleitet. In Absprache mit der Deutschen Botschaft in Rom und dem Auswärtigen Amt bat das Innenministerium Haltenhoff daher, von seinen Plänen Abstand zu nehmen, da „eine gleichzeitige Ehrung durch Verleihung des Ehrenbürgerrechts grundsätzlich unerwünscht" sei.[60]

Abb. 20: „Staatsminister Farinacci betritt in Begleitung des Hannoverschen Oberbürgermeisters Haltenhoff die Ausstellung."
(Bildunterschrift auf Rückseite der Fotografie)

Im folgenden Jahr stand das Thema erneut auf der Agenda. Im August 1941 teilte Haltenhoff seinen Dezernenten mit, dass es sich bei der Ehrenbürgerwürde für den Italiener in diesem Jahr „um den ausdrücklichen Wunsch des Gauleiters" handele.[61] Lauterbacher setzte sich sogar persönlich dafür ein, indem er „von sich aus für die Unterrichtung des Auswärtigen Amtes und für die Zustimmung des Reichsministers des Innern sorgen" wollte.[62] Die Gauleitung war sich der noch ausstehenden Genehmigung so sicher, dass die Gaupropagandaleitung „voreilig", wie Haltenhoff später resümierte, die Verleihung an Farinacci in die Programmentwürfe aufnahm, so dass das Unterfangen bereits in Rundfunk und Presse und damit auch in Italien bekannt geworden war.[63] Allerdings erteilte das Reichsministe-

---

58 Vgl. Haltenhoff an Lauterbacher vom 31.1.1941, StAH, HR 15, Nr. 898. Im Jahre 1940 wurde die Vereinigung zur Ortsgruppe der Reichsorganisation „Deutsch-italienische Gesellschaft" gleichgeschaltet.
59 Vgl. StAH, HR 15, Nr. 908, NTZ v. 12.1.1940.
60 Vgl. Schreiben des Innenministers an Regierungspräsidenten, in Abschrift an Haltenhoff v. 7.9.1940, StAH, HR 15, Nr. 919, Zitat ebd.
61 Protokoll der Besprechung mit den Dezernenten v. 26.8.1941, StAH.
62 Vermerk Haltenhoff v. 2.9.1941, StAH, HR 15, Nr. 919. Dass Lauterbacher persönlich involviert war bestätigt auch Weber, vgl. Schreiben Weber an Haltenhoff v. 14.8.1941 und Schreiben Haltenhoff an Innenminister über Regierungspräsidenten v. 10.10.1941, alle StAH, HR 15, Nr. 919.
63 Vgl. Bericht Haltenhoff in der Besprechung des OB mit den Dezernenten v. 9.9.1941, StAH, HR 15, Nr. 919, Zitat ebd.

rium des Innern in Berlin, diesmal unter Verweis auf den Erlass vom Juni des Jahres, der die Ernennung von Ehrenbürgern während des Krieges verbot und keine Ausnahme erlaubte, wieder eine Absage.[64] In seinem Ablehnungsschreiben kritisierte das Ministerium vor allem, dass in manchen Fällen, und zweifellos spielte es auch auf Hannover an, bereits vor Abschluss des Genehmigungsverfahrens die Öffentlichkeit informiert worden sei.[65] In beiden Fällen lagen die Gründe für die fehlende Genehmigung nicht in der Person des italienischen Ministers,[66] sondern in den Bemühungen der Reichsregierung, die Anzahl von Ehrungen konsequent zu minimieren.

Die Ausstellung „Il Premio Cremona" und das Ende einer Städtefreundschaft

Während die Bemühungen um die Ehrenbürgerschaft 1940 noch von Haltenhoff ausgingen, war 1941 Lauterbacher die treibende Kraft, obwohl es sich um eine städtische Auszeichnung und damit formal eine Angelegenheit der Stadtverwaltung handelte. Dass Lauterbacher an Terrain gewann wurde auch durch die vollzogenen Veränderungen in der Konzeption der Städtepartnerschaft mit Cremona Anfang der 1940er-Jahre offenkundig. Bereits am 17. Januar 1941, noch zwei Tage vor seiner offiziellen Amtseinführung durch den Stellvertreter Hitlers, Rudolf Heß,[67] forderte der neue Gauleiter Haltenhoff auf, ihn über den Kulturaustausch in Kenntnis zu setzen.[68] Lauterbacher beabsichtigte nun, wie der Landeskulturwalter und Leiter des Reichspropagandaamtes Südhannover-Braunschweig, Kurt Parbel,[69] Stadtkämmerer Wilhelm Weber mitteilte, „eine Vertiefung der kulturellen Beziehungen mit Italien [...], aufbauend auf der bestehenden Freundschaft Hannover – Cremona, die dadurch auf eine größere Plattform gebracht werden soll, dass sich der Gauleiter persönlich einschaltet".[70] Das tat er.

Das mittlerweile wichtigste Element des Kulturaustausches war die italienische Ausstellung „Il Premio Cremona". Dieser Preis von Cremona wurde im Rahmen eines Malwettbewerbs verliehen und die Gemälde wurden jährlich im Juni in Italien und im Herbst in Hannover ausgestellt.[71] Während noch 1940 die

---

64 Vgl. Schreiben des Reichsministeriums des Innern an die Ober- und Regierungspräsidenten v. 23.9.1941 in Abschrift an OB und Vermerk Arends v. 6.9.1941 auf Schreiben Haltenhoff an den Regierungspräsidenten v. 2.9.1941, beide StAH, HR 15, Nr. 919.
65 Vgl. Schreiben des Reichsministeriums des Innern an die Ober- und Regierungspräsidenten v. 23.9.1941 in Abschrift an OB, StAH, HR 15, Nr. 919.
66 Für detailliertere Ausführungen und Belege vgl. Kapitel III.1.1.
67 Vgl. NTZ v. 18./19.1.1941.
68 Vgl. Lauterbacher an Hoffmeister v. 17.1. u. 1.2.1941, StAH, HR 15, Nr. 898, StAH, HR 15, Nr. 918.
69 Kurt Parbel (geb. 1913) war bereits 1929 in der HJ tätig, seit 1932 Schriftleiter der NSDAP-Presse und später Gauamtsleiter. Im Mai 1941 wurde er in Personalunion Gaupropagandaleiter und Landeskulturwalter. Vgl. NTZ v. 10.5.1941.
70 Schreiben Parbel an Weber v. 2.8.1941, StAH, HR 15, Nr. 918.
71 Goebbels war nicht wirklich von der Ausstellung und ihrer inhaltlichen Ausrichtung überzeugt, mochte sie jedoch zugunsten der Achsenpartnerschaft und der Rolle Farinaccis hierin

II. Ehrungen während des Zweiten Weltkriegs

Stadtverwaltung Gastgeberin der Italiener im Rahmen der Ausstellungseröffnung im Künstlerhaus gewesen war, stellte Wilhelm Weber Anfang August 1941 fest, dass der Sonntag, der Haupttag der Feierlichkeiten, „mehr oder minder als eine Veranstaltung des Gauleiters erscheinen sollte, während der Stadt dann der inoffizielle Teil, nämlich der Montag als sozusagen inoffizieller Nachklang überlassen bleiben soll".[72] Ende des Monats teilte Haltenhoff seinen Dezernenten und Ratsherren mit, es sei

> „ein umfangreiches Festprogramm aufgestellt worden, dessen Abwicklung bei der überörtlichen, ja internationalen Bedeutung der Ausstellung auf Wunsch des Gauleiters nicht von der Stadt, sondern von der Gauleitung durchgeführt werde".[73]

Die „Stadtverwaltung werde nur einen Empfang im Rathaus geben und bei dieser Gelegenheit das Ehrenbürgerrecht der Hauptstadt Hannover verleihen".[74]

So wurde aus der einstmals städtischen Ausstellung der Gemälde des „Premio Cremona" eine Veranstaltung unter der Ägide der Gauleitung und vor allem des Gauleiters selbst.[75] Auch die einzelnen Elemente innerhalb des mehrtägigen Programms hatten sich zugunsten von Gau- und Kreisleitung verschoben.[76] Anfang 1942 wurde Haltenhoff auch als Schirmherr der hannoverschen Deutsch-italienischen Gesellschaft durch Lauterbacher ersetzt,[77] und der Arbeitsausschuss unter seinem Vorsitz verschwand in der Versenkung, ohne je aufgelöst zu werden.[78] Dem Oberbürgermeister blieb einzig die Stiftung von Stipendien für italienische Studierende und Schüler an den hannoverschen Hochschulen und der Meisterschule. Sie dienten vor allem dazu, einen diplomatischen Eklat ob der bereits in Italien bekannt gewordenen und dann doch gescheiterten Ehrenbürgerschaftsverleihung zu vermeiden.[79]

Im Laufe des Jahres 1943 und im folgenden Jahr wurde der Kontakt zu Cremona logistisch aufgrund des Krieges aber auch politisch durch den im Juli 1943

---

auch nicht aufgeben. Vgl. Fröhlich: Goebbels Tagebücher, Bd. I.9, S. 406 v. Juni 1941. Vgl. auch ebd, Bd. II.1, S. 391f. v. 10.9.1941 u. II.5, S. 423 v. 30.8.1942.

72 Schreiben Weber an OB v. 7.8.1941, StAH. HR 15, Nr. 917.
73 Protokoll der Beratung mit den Ratsherren v. 2.9.1941, vgl. auch die gedruckte Programmschrift in StAH, HR 15, Nr. 917.
74 Protokoll der Besprechung mit den Dezernenten v. 26.8.1941 u. 9.9.1941, StAH, HR 15, Nr. 919. Auch dem Auswärtigen Amt teilte Haltenhoff die Veränderung des Veranstalters mit, vgl. Schreiben Haltenhoff an Auswärtiges Amt v. 27.8.1941, StAH, HR 15, Nr. 918. Die Rechnungen wurden in diesem Falle auch nur für die von der Stadt ausgerichteten Programmabschnitte übernommen, vgl. Schreiben Arends an Gartenverwaltung v. 11.10.1941, ebd. Nr. 917.
75 Vgl. NTZ u. HA v. 5.9.–9.9.1941 sowie allg. StAH, HR 15, Nr. 917.
76 Vgl. u. a. Protokoll der Vorbereitungssitzung v. 19.8.1941, diverse Versionen der Programmübersicht, Aktennotizen Arends v. 20. u. 21.8.1941, StAH, HR 15, Nr. 917.
77 Vgl. NLD v. 11.1.1942, StAH, HR 15, Nr. 898.
78 Das letzte Protokoll liegt vor vom 8.8.1940. Der Vorsitzende der Deutsch-Italienischen Gesellschaft, Dr. Schmidt, erklärte den Ausschuss im Mai 1943 für tot. Vgl. hierzu die Aktennotizen von Arends v. 7.5. bis 6.10.1943, StAH, HR 15, Nr. 902.
79 Vgl. Protokoll der Besprechung mit den Dezernenten v. 9.9.1941, StAH, HR 15, Nr. 919.

stattfindenden Regierungswechsel in Italien schwierig.[80] Nur noch einige vereinzelte Briefe erreichten ihre Empfänger. Weder konnte eine Statue aus Cremona als Geschenk für Lauterbacher nach Hannover gesandt[81] noch ein Brunnen als Geschenk der Leinestadt in Cremona erbaut werden.[82] Im Juli 1945 notierte Arends in seinem gewohnten Verwaltungsduktus, dass angesichts der „veränderten Verhältnisse" der Kulturaustausch vorerst nicht mehr in Frage komme.[83] Im September schloss er die Akte gänzlich mit der Erkenntnis:

„Die Sache ist nicht weiter zu verfolgen, da mit der Wiederaufnahme einer Verbindung mit Cremona, schon weil die in Betracht kommenden Persönlichkeiten nicht mehr dort sind, und s. Zt. ganz andere Voraussetzungen vorlagen, nicht zu rechnen ist."[84]

Neue Aktivitäten der Hermann-Löns-Gesellschaft. Der Hermann-Löns-Preis

1941 kündigte Lauterbacher die geschilderte einvernehmliche innerstädtische Zusammenarbeit im Rahmen der Hermann-Löns-Gesellschaft auf. Lauterbacher übernahm auch hier von Haltenhoff das Amt des Vorsitzenden der Gesellschaft. Da der Vorsitz „im festlichen Rahmen"[85] übergeben werden sollte, lud die Gauleitung für den 29. August 1941, den 75. Geburtstag Hermann Löns', zu einer „großartig"[86] aufgezogenen Gedenkveranstaltung ein. Während dieser Jubiläumsfeier wurde allerdings nicht nur der Wechsel des Vorsitzes bekannt gegeben, sondern Lauterbacher kündigte auch, so war der Niedersächsischen Tageszeitung zu entnehmen, „die Stiftung eines Hermann-Löns-Preises für deutsche Dichtung der Stadt Hannover" in Höhe von 5 000 RM an.[87]

---

80 Vgl. bes. Hoffmeister an Lietzmann, Leiter des Lektorats Cremona der Deutschen Akademie, v. 4.2.1944, StAH, HR 15, Nr. 923. Nach zwischenstaatlichen Spannungen galt Italien seit der Amtsenthebung Mussolinis durch den italienischen König am 25. Juli 1943 endgültig nicht mehr als Verbündeter Deutschlands. Zum deutsch-italienischen Verhältnis, insbesondere zur Zeit des Niedergangs des italienischen Faschismus, vgl. Rusconi, Gian E.: Deutschland-Italien. Italien-Deutschland. Geschichte einer schwierigen Beziehung von Bismarck bis zu Berlusconi, Paderborn u. a. 2006, S. 151–169; Ullrich, Viktor: Die Achse Berlin – Rom. Das Bündnis von Hitler und Mussolini, Kiel 2006, bes. S. 25–30 und Woller, Hans: Rom, 28. Oktober 1922. Die faschistische Herausforderung, München 1999, S. 233–241.
81 Vgl. Bellomi an Lauterbacher v. 7.10.1943, StAH, HR 15, Nr. 906.
82 Vgl. HR 15, Nrn. 926 u. 929.
83 Aktenvermerk Arends v. 14.7.1945, StAH, HR 15, Nr. 923.
84 Ebd. sowie wort- und datumsgleich in StAH, HR 15, Nr. 924.
85 Schreiben Weber an Haltenhoff v. 2.8.1941, StAH, HR 15, Nr. 918.
86 Ebd.
87 NTZ v. 29.8.1941.

II. Ehrungen während des Zweiten Weltkriegs

Noch vor der öffentlichen Bekanntmachung hatte Stadtkämmerer Weber Haltenhoff darauf hingewiesen, dass er der Meinung sei, dass,

> „ehe eine Verpflichtung zu einer Dauerleistung solchen Umfanges übernommen wird, die Ratsherren gehört werden müssen, und ich bin weiter der Auffassung, daß, wenn die Stadt sich zu derartig erheblichen laufenden Leistungen verpflichten soll, die Stadt auch nicht nur entscheidenden Einfluss auf die Vergebung des Preises haben muss, sondern auch die Stadt als die Stelle nach außen hin hervortreten muss [...] Wenn der Gau einen Preis vergeben will, dann muss der gesamte Gau die Mittel nach gleichmäßigem Maßstab aufbringen und nicht die Stadt Hannover."[88]

Die Einwände hinderten Haltenhoff jedoch nicht daran, noch im September 5 000 RM für die Stiftung des Preises zu beschließen.[89] Auch unternahm er keinen Versuch, gestaltenden Einfluss auf die Vergabe des Preises auszuüben. Pressechef Theodor Arends, der innerhalb der Stadtverwaltung für die Organisation der Verleihung zuständig gewesen wäre, erhielt auf Nachfragen immer nur die Auskunft, dass nichts zu unternehmen sei.[90] Die im folgenden Jahr, im August 1942, fristgemäß zur erstmaligen Verleihung erschienene neue Satzung der nun als „Deutsche Hermann-Löns-Gesellschaft Hannover" firmierenden Vereinigung hielt die Bedingungen schriftlich fest. Demnach war Lauterbacher als Vorsitzender der Gesellschaft alleiniger Stifter des Preises und nur ihm „persönlich" standen „Entscheidungen über die Art der Preisverteilung" zu.[91] Der Gaupropagandaleiter war federführend für die Durchführung verantwortlich und die Kosten deckte Haltenhoff „aus städtischen Mitteln".[92]

Genau so wurde die Organisation der Preisverleihung auch umgesetzt. Nachdem Lauterbacher am 30. August 1942 den Hermann-Löns-Preis vergeben hatte, forderte Parbel das Geld beim Büro des Oberbürgermeisters an[93] und Arends nahm daraufhin diverse Überweisungen vor.[94] Neben dem Preisgeld waren es mindestens weitere 2 496,83 RM, welche die Stadt für die Preisverleihung zahlte.[95] Für eine Umfrage des Deutschen Gemeindetages über die Verleihung von Kunstpreisen unter den Städten mit mehr als 10 000 Einwohnern fasste Direktor Hoffmeister, mittlerweile an Haltenhoffs Stelle getreten, dann auch die Sachlage präzise zusammen:

---

88 Weber an Haltenhoff v. 14.8.1941, StAH, HR 15, Nr. 918, vgl. Weber an Haltenhoff v. 2.8.1941, ebd.
89 Vgl. Protokoll der Beratung mit den Ratsherren v. 2.9.1941.
90 Vgl. Aktenvermerke Arends v. 8.10. u. 19.11.1941, 5.1. u. 27.6.1942 sowie Haltenhoff v. 14.1.1942, StAH, HR 15, Nr. 918.
91 Vgl. Satzung der Deutschen Hermann-Löns-Gesellschaft sowie Satzung des Hermann-Löns-Preises in Ernst Löns: Hermann Löns der Niedersachse, HLA, B II, Nr. 1, Zitate S. 14.
92 Vgl. ebd., Zitat S. 15.
93 Vgl. Parbel an OB v. 7.9.1942, StAH, HR 19, Nr. 429.
94 Vgl. StAH, HR 19, Nr. 429.
95 Vgl. Rechnungen und Schreiben dazu in StAH, HR 15, Nr. 728 und HR 19, Nr. 429.

"Von mir werden keine Kunstpreise verliehen. Allerdings stelle ich das Geld zur Verfügung für den Hermann-Löns-Preis, den der Gauleiter Oberpräsident Lauterbacher in Höhe von 5 000 RM zum ersten Male in diesem Jahre vergeben hat."[96]

Abb. 21: "Feierstunde bei der Verteilung [sic] des Hermann-Löns-Preises im Ballhof. Von links: Die Witwe Carl von Bremens, Gauleiter Lauterbacher, Friedrich Wilhelm Hymmen, Bereichsleiter Parbel, Ernst Löns (der Bruder des Dichters), Gauamtsleiter Schick und Börries von Münchhausen." Abgedruckt im HA, 31. August 1942

War der Presse 1942 noch zu entnehmen, dass die Vergabe des Preises durch Lauterbacher seinem Amt als Vorsitzendem der Hermann-Löns-Gesellschaft geschuldet war, so trat Lauterbacher 1943 überwiegend als Gauleiter in Erscheinung und stellte seine Person in dieser Funktion in den Vordergrund.[97] Die Preisverleihung fand in diesem Jahr unter deutlich geringerer Medienpräsenz statt als noch im Vorjahr, was auch darauf zurückzuführen ist, dass aufgrund des Kriegsgeschehens auf eine größere Feier verzichtet wurde.[98] 1944 war dann der Tiefpunkt hinsichtlich der medialen Verbreitung erreicht. Die Presse berichtete gar nicht, und die Tatsache, dass der Preis verliehen wurde, lässt sich nur einem Schreiben des Reichspropagandaamtes Südhannover-Braunschweig an Hoffmeister entnehmen:

"Der Gauleiter und Oberpräsident hat gestern in seiner Wohnung ohne jegliche Feier dem Oberstabsarzt Dr. Bodo Schütt den Hermann Löns-Preis verliehen, der zu diesem Zwecke auf einige Stunden aus dem Felde gekommen war".[99]

---

96 Hoffmeister an Deutschen Gemeindetag v. 17.10.1942, StAH, HR 19, Nr. 428.
97 Ausnahme ist der NS-Gaudienst v. 29.8.1943, HLA, B VII, in welchem die Stadt als Mitstifterin des Preises genannt wird.
98 Zur Feier 1942 vgl. Lokalzeitungen v. 28.–31.8.1942; für 1943 v. 31.8.1943. Lauterbacher verbot im Februar 1943 im Zuge seiner „Maßnahmen zur totalen Kriegführung" sogar Feierlichkeiten, dazu unten mehr.
99 Reichspropagandaamt SHB an OB v. 30.8.1944. Vgl. Klatt, Gunnar: Bauern und Soldaten. Literaturpreise in Hannover, in: Bergmeier/Katzenberger: Kulturaustreibung, S. 182–185. Klatt erwähnt die Verleihung 1944 nicht und geht fälschlicherweise davon aus, dass der Hermann-Löns-Preis durch den Münchhausen-Preis ersetzt wurde. 1944 wurden jedoch beide Preise verliehen. Ob der Münchhausen-Preis durch die Reichskulturkammer als Gaupreis

Der Krieg hatte mittlerweile das kulturpolitische öffentliche Leben einschließlich der Presse fast zum Erliegen gebracht. Bemerkenswert ist daher vor allem Lauterbachers Hartnäckigkeit, mit der er selbst noch im August 1944 an der Verleihung festhielt.

Die Verleihung des Hermann-Löns-Preises basierte auf einem stark arbeitsteiligen Verhalten verschiedener Akteure, bei gleichzeitig eindeutiger Entscheidungskompetenz der Gauleitung. Lauterbacher gestaltete, entschied und repräsentierte, das Gaupropagandaamt zeichnete für die organisatorische Durchführung verantwortlich und der Oberbürgermeister und seine Mitarbeiter stellten die Finanzierung sicher. Die Stadtverwaltung erscheint hier als reines Exekutivorgan der Gauleitung. Einwände gegen diese Stellung formulierte nur der Kämmerer, der Presseamtschef gab immerhin Haltenhoff seine Verwunderung darüber kund, dass man keine eigenen Schritte unternahm. Oberbürgermeister Haltenhoff dagegen setzte genauso wie später Regierungsdirektor Hoffmeister die Vorstellungen Lauterbachers um.

Oberbürgermeister Haltenhoff gegen Gauleiter Lauterbacher

Haltenhoff gehörte einem nationalen Kriegsgremium an, in welchem die Oberbürgermeister diverser Großstädte mit dem Reichsleiter des Hauptamtes für Kommunalpolitik und Münchner Oberbürgermeister Karl Fiehler zusammenkamen, um ihre Politik gegen die von ihnen beklagte wachsende Macht der Gauleiter[100] zu koordinieren.[101] Haltenhoff hatte allerdings nicht allein mit Lauterbacher Kontroversen. So berichtete er Fiehler über die „vom Standpunkt der Aufrechterhaltung der Selbstverwaltung unter keinen Umständen" hinnehmbaren Geschehnisse während einer Sitzung des Amtes für Kommunalpolitik mit den Ratsherren Hannovers.[102] August Knop,[103] neuer NSDAP-Kreisleiter Hannovers und gleichzeitig Lauterbachers Stellvertreter und Vertrauter, habe die Stadtverwaltung und

---

oder Förderpreis der Stadt Göttingen anerkannt war, ließ sich im Bundesarchiv nicht ermitteln. Leider hat sich auch das Anerkennungsverfahren des Hermann-Löns-Preises nicht erhalten. Vgl. für beide BA, R 56, V 91–94. Dem Westdeutschen Beobachter, Köln, Abendausgabe v. 4.9.1942 ist jedoch zu entnehmen, dass er als „reichswichtig" anerkannt war. Zur Kategorisierung der Kulturpreise vgl. Schreiben des Reichsministeriums für Volksaufklärung und Propaganda an die Reichspropagandaämter v. 1.3.1939 u. v. 21.7.1942, BA, R 55, Nr. 122, fol. 316f. u. 386.

100 Diese Tendenz wurde von der Forschung bestätigt, vgl. zuletzt summarisch John/Möller/Schaarschmidt (Hrsg.): Die NS-Gaue und immer noch grundlegend Hüttenberger: Gauleiter.
101 Zum Gremium vgl. Rebentisch: politische Stellung, S. 153–155.
102 Schreiben Haltenhoff an Fiehler v. 17.10.1941, BA, NS 25, Nr. 798. Diesen Schriftverkehr machte mir freundlicherweise Rüdiger Fleiter zugänglich.
103 Der Maschinenbauingenieur August Knop (geb. 1903–1994) trat 1925 der NSDAP und 1926 der SA bei. 1929 bis 1942 war er Kreisleiter in Holzminden. Im Jahre 1941 wurde er stellvertretender Gauleiter in Hannover, womit er auch den NSDAP-Kreis Hannover leitete und Beauftragter der NSDAP für die Stadt Hannover wurde. Vgl. Fleiter: Stadtverwaltung, S. 382; Lilla: Die Stellvertretenden Gauleiter, S. 48; NTZ v. 10.5. und HA v. 10./11.5.1941.

einzelne Parteigenossen ungerechtfertigt kritisiert und angegriffen, und Kreisamtsleiter Fritz Thake habe jede Diskussion und damit Erwiderung strikt unterbunden.[104] Haltenhoff berichtete weiter, dass Knop

> „von dem Standpunkt ausging, es sei Aufgabe der Partei, d. h. mit anderen Worten, seine Aufgabe, die Stadtverwaltung in ihren Maßnahmen entsprechend zu beeinflussen und zu leiten [...]. Ich habe den Eindruck, daß besonders in Hannover, aber auch in anderen Gauen, neuerdings die alten Meinungsverschiedenheiten über die Zuständigkeit der Partei einerseits und der Verwaltung andererseits aufs neue ausgegraben werden, daß der Anspruch der Partei über das bisher bekannt gewordene Maß jetzt aber wesentlich hinausgeht und daß die Parteidienststellen einen Führungsanspruch für sich herausstellen, der mit den Bestimmungen der Deutschen Gemeindeordnung nicht mehr in Einklang zu bringen ist."[105]

Knop dagegen konterte Fiehler gegenüber, dass Haltenhoff „nicht zu den Parteigenossen gehören würde, mit denen der Gauleiter und auch ich in meiner Eigenschaft als Kreisleiter der Hauptstadt Hannover eine kameradschaftliche und gedeihliche Zusammenarbeit für möglich halten", und er kritisierte Haltenhoff ob seiner „Passivität, Indolenz" und seines „mangelnden Verständnisses für eine aktive nationalsozialistische Gemeindepolitik".[106] Er hoffe,

> „daß die vom Gauleiter nunmehr eingeleiteten Schritte eine Erneuerung der Stadtverwaltung an Haupt und Gliedern und damit auch die Schaffung eines Vertrauensverhältnisses zwischen Partei und Stadtverwaltung zur Folge haben werden, das hier leider noch niemals bestanden hat."[107]

Dass die Kulturpolitik Hannovers bereits im Herbst 1941 mitten in diesem Prozess des Umbaus stand, ist bereits deutlich geworden. Die Tendenz sollte sich aber noch fortsetzen und personelle Konsequenzen nach sich ziehen.

Von seinem Vorstoß, über Fiehler die Kompetenzen zwischen Gauleitungen und Stadtverwaltungen abzugrenzen, versprach sich Haltenhoff vermutlich eine positive Rückwirkung und damit den Erhalt eines letzten Restes an Selbständigkeit der Stadt Hannover. Zwar scheiterte er damit; das Vorgehen zeigt jedoch, dass er seinen Platz als Leiter der Gemeinde nicht freiwillig abgab. Zwar lassen sich anhand der skizzierten Fallbeispiele wie der Hermann-Löns-Gesellschaft und dem Kulturaustausch mit Cremona keine Gegenmaßnahmen erkennen, allerdings manches Mal eine Unwilligkeit, Kompetenzen in einzelnen Projekten an den Gauleiter zu übertragen.[108] Immerhin war auch Haltenhoff insbesondere an kulturpolitischen Fragen interessiert und bereits seit seiner Zeit als Bürgermeister in Cottbus und noch bis Mitte 1942 Mitherausgeber der reichsweiten Zeitschrift „Die Kulturverwaltung. Zeitschrift für gemeindliche Kulturpflege".[109] Eine freiwillige Abga-

---

104 Vgl. Schreiben Haltenhoff an Fiehler v. 17.10.1941, BA, NS 25, Nr. 798.
105 Schreiben Haltenhoff an Fiehler v. 17.10.1941, BA, NS 25, Nr. 798.
106 Schreiben Knop an Hauptamt für Kommunalpolitik v. 24.11.1941, BA, NS 25, Nr. 798.
107 Ebd.
108 Zwischen den Zeilen der Quellen dieser Fallbeispiele lassen sich gewisse Animositäten Haltenhoffs sowie Verzögerungen im Ablauf feststellen, die vermuten lassen, dass es Gespräche zwischen Haltenhoff und Lauterbacher gab. Allerdings weihte Haltenhoff Arends offensichtlich nicht ein, was sich bereits an Arends' Fragen zur Gestaltung des Preises gezeigt hatte.
109 Als Mitherausgeber wird er bis zur Ausgabe 5./6.1942 geführt.

be von Repräsentationsmöglichkeiten durch Haltenhoff, wie sie für die Zeit, als noch Rust Gauleiter war, anhand der Beschaffung und Widmung von Kränzen und Geschenken gezeigt worden war, ist Lauterbacher gegenüber nicht zu erkennen.

Dieser Wandel im Verhalten des Oberbürgermeisters legt nahe, dass es vor allem die unterschiedlichen Politikstile von Gauleiter Rust[110] und Lauterbacher waren, auf die Haltenhoff reagierte. Für Rust trifft zu, was Bernhard Gotto auch für Gauleiter Karl Wahl in Augsburg feststellte: Er habe die Macht gehabt, die Stadtverwaltung zu leiten, aber er nutzte sie nicht.[111] Zwischen Rust und Haltenhoff sind keinerlei Rivalitäten und Konflikte erkennbar; Lauterbacher dagegen setzte alles daran, die Stadtverwaltung unter sein Kommando zu bringen und verschaffte sich zügig einen Stab an loyalen Mitarbeitern wie Knop und Thake, die ihm bei der Durchsetzung seiner Pläne assistierten.[112] Auch Parbel, der, so Weber, nur die Befehle Lauterbachers umsetze,[113] gehörte zu dem vom Gauleiter selbst handverlesenen engen Kreis von Mitarbeitern. Mit Haltenhoff dagegen mochte Lauterbacher von Beginn an nicht zusammenarbeiten.[114]

Die Übernahme der Kulturhoheit im Falle der Städtefreundschaft und der Hermann-Löns-Gesellschaft war im Wesentlichen im August 1941 abgeschlossen. Bereits Anfang Oktober jenes Jahres hatte der Gauleiter sein Missfallen darüber geäußert, dass Haltenhoff Juden zu freundlich behandle, was ein Parteigerichtsverfahren zum Jahresende nach sich zog. Im Oktober folgte dann Haltenhoffs Brief an Fiehler gegen Knop und Thake. Darüber hinaus ließ er im selben Monat Reichsinnenminister Frick wissen, dass der taktische Missgriff, die Pläne über die Ernennung Farinaccis zum Ehrenbürger zu früh an die Presse gegeben zu haben, nicht durch die Stadt, sondern durch die Gauleitung und das Gaupropagandaamt begangen worden sei.[115] Zwar bestätigt sich dies anhand der Quellen; ob es in Haltenhoffs zunehmend wackliger Situation taktisch klug war, dies dem Reichsinnenminister gegenüber auf gut vier Seiten auseinander zu setzen, sei dahingestellt. Haltenhoff war offensichtlich mittlerweile so arg in Bedrängnis geraten, dass er fast in einem Akt der Verzweiflung die neuen Spitzenfunktionäre der

---

110 Wenngleich der in Berlin wohnhafte Rust mit Schmalz einen ständigen Vertreter in Hannover hatte, spielte dieser doch in Repräsentationsaufgaben wie Ehrungen keine merkliche Rolle.
111 Vgl. Gotto, Bernhard: Nationalsozialistische Kommunalpolitik. Administrative Normalität und Systemstabilisierung durch die Augsburger Stadtverwaltung 1933–1945, München 2006, S. 152.
112 Dass er eine zielgerichtete Personalpolitik betrieb geht auch aus seiner Autobiografie hervor, vgl. Lauterbacher: Erlebt und mitgestaltet, S. 177 u. 178.
113 Vgl. Schreiben Weber an Haltenhoff v. 14.8.1941, StAH, HR 15, Nr. 918.
114 In seiner Selbstdarstellung schreibt Lauterbacher 1984 über Haltenhoff, er „wurde wohl blindlings, weil er Ehrenzeichenträger war, in das Amt des Oberbürgermeisters hineingesetzt. Ich glaubte vom ersten Tag an erkennen zu können, daß er den Aufgaben seines Amtes nicht gewachsen war, vor allen Dingen war er vom Charakter her nicht der moralische Repräsentant. Mir gefiel er auch schon allein äußerlich nicht, weil er mehr als schlampig war." Später ergab sich dann „der Anlaß, ihn abzulösen", Lauterbacher: Erlebt und mitgestaltet, S. 214.
115 Vgl. Schreiben Haltenhoff an Innenminister über Regierungspräsidenten v. 10.10.1941, StAH, HR 15, Nr. 919

lokalen und regionalen NSDAP um Lauterbacher herum offensiv gegenüber höheren Dienststellen kritisierte, um sich selbst gegen Angriffe zu verteidigen. Geholfen hat es ihm nicht. Im Mai 1942 wurde Haltenhoff beurlaubt, und obwohl das Parteigerichtsverfahren im Juni eingestellt wurde, schied er im September endgültig als Oberbürgermeister aus.[116]

Noch im selben Monat erläuterte Knop in seiner Funktion als Kreisleiter und Oberdienstleiter den Mitarbeitern der Stadtverwaltung im Kuppelsaal des Neuen Rathauses in einem ersten „Betriebsappell" seit 1933 die Grundzüge der Zusammenarbeit zwischen Partei und Stadtverwaltung. Laut Niedersächsischer Tageszeitung „schloß [er] mit dem Wunsch, daß das Rathaus in Zukunft eine Stätte nationalsozialistischen Denkens und Handelns sein möge".[117]

2. DIE ETABLIERUNG EINER NEUEN KULTURPOLITIK

2.1 Lauterbachers neue Kulturpolitik und ihre Institutionen

Gaukulturrat, Gauheimatwerk und Gaukulturring für Germanien

Nachdem Lauterbacher sein neues Amt als Gauleiter angetreten hatte, dauerte es kein Jahr, bis er eine Umgestaltung des Kulturlebens im Gau Südhannover-Braunschweig ankündigte.[118] Der Presse war zu entnehmen, dass er am 16. November 1941 während einer Kundgebung des Gaues in der Stadthalle „in einer großen zweistündigen Rede die Richtlinien und Gesichtspunkte, nach denen sich in Zukunft die kulturelle Arbeit im Gau gestalten wird", bekannt gab und damit „einen grundsätzlichen Wandel in der öffentlichen wie privaten Kulturpflege" einleitete.[119] Hierfür schuf Lauterbacher einen Gaukulturrat, der alle schöpferischen, politischen und verwaltenden Kräfte auf dem Feld der Kultur im Gau bündeln sollte.[120] Diesem Spitzengremium unterstellt war auch das im Zusammenhang mit den Heimatfreunden bereits erwähnte neue Gauheimatwerk,[121] das alle

---

116 Zu den Geschehnissen um Haltenhoff und die NSDAP-Spitze in Hannover vgl. Fleiter: Stadtverwaltung, S. 220–245; Ruhe: Henricus Haltenhoff; Grabe u. a.: Unter der Wolke, S. 47f. und Matzerath: Oberbürgermeister im Dritten Reich, S. 247. Lauterbacher schrieb später, er selbst habe Haltenhoff abgelöst. Diese Kompetenzüberschreitung sei dann von Reichsinnenminister Frick legitimiert worden, vgl. Lauterbacher: Erlebt und mitgestaltet, S. 214. Auf diese Diskrepanz zwischen formaler Rechtslage und faktischem Verhalten bei der Auswahl der Oberbürgermeister verweist auch allgemein Hüttenberger: Gauleiter, S. 91f.
117 Vgl. NTZ v. 17.9.1942, Zitat ebd.
118 Für eine Übersicht über die Kulturpolitik in Hannover während des Zweiten Weltkriegs vgl. auch Grabe u. a.: Unter der Wolke, bes. S. 191–197.
119 Vgl. auch für das Folgende NTZ v. 17.11.1941, Zitat ebd.
120 Zum Gaukulturrat vgl. auch Lauterbacher: Erlebt und mitgestaltet, S. 187–190.
121 Zum Gauheimatwerk vgl. die Ausführungen von Gauschulungsleiter Karl Kieckbusch, der Anfang Mai 1942 von Lauterbacher zum Leiter des Gauheimatwerks bestellt wurde in NTZ v. 5.5.1942. Als Kieckbusch 1944 seine Tätigkeit als Leiter beendete, erstellte er ein ausführliches Manuskript über die Arbeit des Gauheimatwerks. Leider ist der vorgesehene dritte Teil

bisherigen Bestrebungen, Projekte und Gruppierungen rund um den Heimatschutz unter eine einheitliche Leitung stellen und vor allem auf eine politische Ebene heben sollte.[122] Als weitere Unterorganisation entstand ein Kulturring, der alle Institutionen und Organisationen koordinierte, deren Aufgabe in der Vermittlung von Kultur bestand.[123] Ziel der neuen Institutionen war es, den Gau Südhannover-Braunschweig auch auf dem Kultursektor als eine politische Einheit zu etablieren und damit ein aufeinander abgestimmtes Handeln aller Kulturträger innerhalb eines Gesamtplans zu gewährleisten. „Von nun an", so fasste die Niedersächsische Tageszeitung zusammen,

> „wird es keine private oder kommunale Vereinigung, gleich welcher Art, geben, die ohne enge Fühlung mit dem Willen des Gaukulturrats und den entsprechenden Männern des Gaukulturringes ihre Veranstaltungen plant und durchführt";[124] –

und damit auch nicht, so sei ergänzt, gegen den Willen Lauterbachers, der persönlich die Leitung des Gaukulturrates übernahm.

Der Gaukulturrat trat in den folgenden zwei Jahren zu einzelnen Tagungen zusammen, so am 18. März 1942.[125] „Ganz besonders im Kriege", so führte Lauterbacher an diesem Tag aus, „habe alle kulturpolitische Arbeit im Dienste der Menschenführung zu stehen, die aus den Kraftquellen unserer Kultur immer neue Energien für den großen Entscheidungskampf"[126] liefere. Diese Intensivierung der kulturpolitischen Kriegsmobilisierung förderte er auch personell, indem er auf dieser Sitzung für die Bereiche Theater und Musik je einen Gaukulturrat bestellte. Zwar könnten, so erklärte er, einige „große Pläne" derzeit aufgrund der Kriegshandlungen nicht umgesetzt werden, nichtsdestotrotz sei es

---

der Abhandlung, der eigentliche Arbeitsbericht über das Heimatwerk, verschollen oder wurde nie verfasst. Vgl. Kieckbusch, Karl: Die Erneuerung der deutschen Lebenskultur und der Beitrag des Gauheimatwerkes Süd-Hannover-Braunschweig (Manuskript) o. J. [Mai 1944], S. 3 u. 13. Zum Aufbau des Gauheimatwerks vgl. Gauheimatwerk Südhannover-Braunschweig e. V.: Ein Gau treibt Heimatarbeit. Flugblattreihe, Hannover 1942, Ausgabe 3 u. 5, StAH, HR 31, Nr. 109.

122 Im November 1942 wurde ein Zentralarchiv unter dem Dach des Gauheimatwerks eröffnet, vgl. NTZ v. 16.11.1942.
123 Welche praktischen Folgen die Gründung des Gaukulturrings für den bisherigen, den Heimatfreunden nahestehenden Kulturring hatte, konnte nicht ermittelt werden. Vgl. allg. Röhrbein, Waldemar R.: Gründung der Geschäftsstelle Niedersächsischer Vereine: Kulturring Hannover, in: ders.: Heimat bewahren, S. 93f. und ders.: 75 Jahre Kulturring, S. 67.
124 NTZ v. 17.11.1941.
125 Vgl. NTZ v. 19.3.1942. Grabenhorst, der Kulturreferent der Provinzialverwaltung, zweifelt rückblickend an, dass der Gaukulturrat jemals getagt hat. Grabenhorst war jedoch auch nicht von Lauterbacher als Mitglied berufen worden und Tagungen wie jene am 18.3.1942, die am Rande von Parteiveranstaltungen stattfanden, mögen ihm auch deshalb entgangen sein. Zu Grabenhorsts Einschätzungen über den Gaukulturrat vgl. Grabenhorst: Wege und Umwege. Bd. 1, S. 296 u. 355f.
126 NTZ v. 19.3.1942. Zur Menschenführung als Aufgabe der NSDAP nach 1933 und besonders in Kriegszeiten vgl. Noakes, Jeremy: Leaders of the People? The Nazi Party and German Society, in: Journal of Contemporary History, H. 2, .39/2004, S. 189–212.

„für die Träger der Kunst und der Kultur [...] jetz [sic] mehr als früher notwendig, das Ohr an das Herz des Volkes zu legen und ihm in lebendigen und frohen Feierstunden immer neue Kräfte aus dem Reichtum deutscher Kunst zu bescheren".[127]

Lauterbacher setzte also auch in seinem Gau bewusst Kulturpolitik zur Unterhaltung und Zerstreuung und damit kriegsmobilisierend ein.[128] Dass er immer wieder, sobald er sich öffentlich zur Kulturpolitik äußerte, auf die Notwendigkeit der Kulturarbeit im Krieg einging,[129] erweckt jedoch manches Mal den Eindruck, dass es nötig war, diese Politik zu legitimieren. Erst ab Herbst 1942 entfielen derartige Rechtfertigungen.[130]

Noch vor Jahresende 1942 hielt Lauterbacher eine weitere ausführliche Rede zur Kulturpolitik im Gau.[131] Ähnlich seiner programmatischen Gründungsansprache gut ein Jahr zuvor betonte er auch hier die „Ganzheit und Totalität der Kulturpolitik", die „alle Werte und Kräfte unseres germanischen Wesens und artgemäßen Lebens umschließt".[132] Im Unterschied zum Vorjahr wurde hier allerdings „Germanien" zum Schlüsselbegriff seiner gesamten Rede.[133] Der Hintergrund hierfür dürfte zweifelsohne die Tatsache sein, dass der Gau Südhannover-Braunschweig im Oktober 1942 „den Sonderauftrag des Reichsführers SS" bekam, mit der „Verwirklichung der Idee des Großgermanischen Reiches" zu beginnen, die von Niedersachsen „ausstrahlen und ihre Früchte tragen" sollte.[134] Lauterbacher hatte offenbar seine kulturpolitischen Leitlinien dieser völkisch-rassistischen Utopie der erstrebten Neuordnung Europas angepasst.[135] Die Germanenideologie stellt dabei eine nationalsozialistische und damit rassistische Zuspitzung der bisherigen Propagierung eines als wesenhaft imaginierten niedersächsischen Men-

---

127 NTZ v. 19.3.1942.
128 Vgl. z. B. Schmidt: Nationalsozialistische Kulturpolitik, S. 49.
129 Vgl. NTZ v. 17.11.1941, 19.3.1942 u. 5.5.1942.
130 Vgl. die im Folgenden angegebenen Artikel beginnend mit NTZ v. 26.10.1942 sowie NTZ v. 11.12.1942.
131 Die Rede wurde von der Gauleitung in einer Broschüre abgedruckt, vgl. Lauterbacher, Hartmann: Die Rede von Gauleiter Lauterbacher vor dem Gaukulturrat am 10. Dezember 1942, in: Gaupresseamt der NSDAP (Hrsg.): Gauarbeitstag der NSDAP 1942. Die Reden von Gauleiter Lauterbacher vor dem Gaukulturrat und vor dem Politischen Führerkorps des Gaues, Hannover o. J. [ca. 1943], S. 1–35.
132 NTZ v. 10.12.1942. Eine Tendenz zur Betonung Niedersachsens lässt sich bereits dem Artikel über Lauterbachers Rede bei der Herbstausstellung im Künstlerhaus entnehmen, vgl. NTZ v. 26.10.1942.
133 Vgl. NTZ v. 10.12.1942 und Lauterbacher: Rede vor dem Gaukulturrat.
134 Alle Zitate in HA v. 5.10.1942, vgl. NTZ v. 5.10.1942. Anlass war die deutsch-flämische Woche v. 3.–11.10.1942 in Hannover. Dem neuen Auftrag folgte nach nur zwei Monaten die Gründung der Anstalt für Volks- und Rassenkunde, vgl. Schmid, Hans-Dieter: Die „Anstalt für Germanische Volks- und Rassenkunde in der Gauhauptstadt Hannover", in: Stadtarchiv Hannover: Schreibtischtäter?, S. 57–64.
135 Laufende Projekte wurden dieser Zielsetzung unterstellt. So wurde das „Parteimuseum Niedersachsen der NSDAP" im Februar 1943 aufgelöst und die Archivalien gingen in die neue „Germanisch-Zeitgeschichtliche Sammlung" über, vgl. Zacharias: Parteimuseum, hier S. 141.

schenschlages dar.[136] Letztere besonders in heimatpflegerischen Zirkeln populäre Vorstellung war längst integraler Bestandteil der hannoverschen Kulturpolitik und hatte bereits zuvor für eine völkische Konstruktion des Bildes der Region als Stammesverband gedient.[137] Aber erst jetzt, als die Gauleitung mit dem nationalen Auftrag betraut worden war, die germanischen Wurzeln zu stärken, erhob die Gauleitung den Germanenkult und die demgemäße „Volkserziehung" zur kulturellen Leitdoktrin.[138]

Kulturpolitische Hyperaktivität

Neben der inhaltlichen Veränderung hatte die neue Kulturpolitik des Gaues auch eine quantitative Dimension. Auf Lauterbachers Rede am 16. November 1941 und verstärkt nach der Ernennung des Gaues zum „Zentrum Germaniens" folgte eine große Anzahl kulturpolitischer Projekte einschließlich Ehrungen.[139] Dass Lauterbacher in deren Verkündung und öffentliche Umsetzung sehr stark persönlich involviert war legt allerdings nahe, dass es ihm durchaus auch um persönliche Profilierung ging.

Vor allem Preise und Wettbewerbe aller Art wurden aus dem Boden gestampft:[140] Nachdem sich Lauterbacher bereits im Herbst 1941 erfolglos um einen

---

136 Im Allgemeinen wurde das Germanentum mit dem Deutschtum gleichgesetzt. Die Niedersachsen nahmen jedoch in beiden Vorstellungen, der eines Germanentums und der eines Deutschtums, eine besondere Stellung ein, so dass die Germanenideologie an die Niedersachsenideologie anschloss. Zur nationalsozialistischen Vorstellung von den Germanen als Ur-Deutschen vgl. Lund, Allan A.: Germanenideologie im Nationalsozialismus. Zur Rezeption der ‚Germania' des Tacitus im „Dritten Reich", Heidelberg 1995, S. 20–30 u. Kap. 2.
137 So gab es diverse Werbebroschüren der Stadt, die mit dem Label „Hauptstadt Niedersachsen" warben, vgl. u. a. Fremdenverkehrs- und Ausstellungsamt der Hauptstadt Hannover (Hrsg.): Hannover, die schöne Hauptstadt Niedersachsens. Eine vorbildliche deutsche „Großstadt im Grünen", Hannover 1938 oder dass.: Hannover, die Hauptstadt Niedersachsens. Hannover erwartet Sie zu allen Jahreszeiten, Hannover o. J. [ca. 1934]. Zur Niedersachsenideologie vgl. Kapitel IV, 1.2.
138 Im Gau Westfalen-Nord hatte Gauleiter Alfred Meyer bereits in den frühen Dreißiger Jahren begonnen, über unterschiedlichste kulturelle Projekte vor allem den Raum Lippe und das Münsterland als zwei Entitäten mit eigenem Brauchtum zu konstituieren, vgl. Priamus, Heinz-Jürgen: Regionale Aspekte in der Politik des nordwestfälischen Gauleiters Alfred Meyer, in: Möller/Wirsching/Ziegler: Nationalsozialismus in der Region, S. 175–195.
139 Für die Ehrungspolitik nicht bestätigen lässt sich das Resümee Fischers, der erklärt, dass selbst nach Kriegsbeginn kein Einbruch in den musikpolitischen Aktivitäten Hannovers zu verzeichnen war, vgl. Fischer, Axel: „Musik zwischen den Zeiten"? Zur Reorganisation des Musiklebens in Hannover, in: Bergmeier/Katzenberger: Kulturaustreibung, S. 112–115, hier S. 115. Dagegen behandelt Hörtnagel in seiner Untersuchung die Kulturpolitik während des Zweiten Weltkriegs nur kursorisch aufgrund der „zunehmenden Lähmung des lokalen Kulturbetriebes", vgl. Hörtnagel: Regionale Kultur, S. 4.
140 Der folgende Überblick über die ehrungs- und kulturpolitischen Aktivitäten berücksichtigt vorzugsweise Veranstaltungen, die sich auf die Stadt Hannover bezogen. Dadurch, dass diese nun jedoch durchgehend als Gauhauptstadt fungierte, ist die Abgrenzung zu regionalen Ver-

Preis von Hannover bemüht hatte,[141] rief er im März 1942 den „Eisernen Lorbeer für den Sport" aus, der erstmals im folgenden November verliehen wurde.[142] Im Mai und Juni 1942 folgten die Planungen für die Verleihung eines Heimatzeichens für Werkstätten und Unternehmen[143] sowie einen Heinrich-Sohnrey-Wettbewerb, beide durch das Gauheimatwerk,[144] ferner Malwettbewerbe[145] und einen Wettbewerb für Bildende Kunst zwecks Gestaltung der Denkmalsockel.[146] Im Februar 1943 wurde der Dr.-Fritz-Todt-Preis erstmalig verliehen,[147] im Februar 1944 erfolgte die Vergabe des Leibniz-Preises an Wissenschaftler durch die Lauterbacher-Stiftung.[148] Die feierliche Verleihung des Münchhausen-Literaturpreises im März jenes Jahres entfiel nur aufgrund der Erkrankung des Namensgebers, Börries von Münchhausen.[149] Dazu kamen die Gau-Leistungsschauen jeweils zum 1. Mai 1942 und 1943, die kriegsrelevantes Wohlverhalten im zivilen Bereich auszeichneten.[150]

Gerade das Jahr 1942 zeichnete sich außerdem durch eine erhöhte Anzahl ranghoher Besuche in Hannover aus.[151] Nachdem bereits 1941 der japanische Botschafter Oshima vom Gauleiter empfangen worden war,[152] beehrten 1942 der italienische Botschafter Alfieri, der kaiserlich-japanische Gesandte Exzellenz Sakuma und der finnische Gesandte den Gau Südhannover-Braunschweig.[153] Außerdem waren Reichssportführer von Tschammer und Osten zu einer Sportkundgebung[154] und Minister Conti anlässlich der Einweihung des Gaugesundheitswerkes zu Gast.[155]

Aber auch andere kulturelle Bereiche erfuhren eine Förderung. Lauterbacher plante eine Expedition von Künstlern nach Wien und „eine große neue moderne Kunsthalle",[156] ferner die Schaffung einer Theaterschule, den „Ausbau der Or-

---

anstaltungen, die nur in Hannover ausgetragen wurden, nicht mehr so klar wie noch in den Jahren zuvor.
141 Vgl. HA v. 8.9.1941 u. StAH, HR 15, Nr. 918.
142 Vgl. hierzu Kapitel V, 3.3.
143 Vgl. Gauheimatwerk Südhannover-Braunschweig e. V.: Ein Gau treibt Heimatarbeit, Ausg. 3, o. P., Frage 13 an das Gauheimatwerk.
144 Vgl. NTZ v. 4.5.1942 sowie 18. u. 20./21.6.1942.
145 Vgl. NTZ v. 10.12.1942.
146 Dazu unten mehr.
147 Vgl. hierzu Kapitel V, 3.3.
148 Vgl. NTZ v. 14.2.1944.
149 Zum Münchhausen-Preis vgl. StAH, HR 19, Nr. 432; Klatt: Bauern und Soldaten, bes. S. 185 und Grabenhorst: Wege und Umwege. Bd. 1, S. 282–285 u. 352–355.
150 Vgl. Kapitel V, 3.3 und zusammenfassend Adreßbücher 1942, S. 8 und 1943, S. 21.
151 Vgl. Adreßbuch Hannover 1943, S. 7f.
152 Vgl. HA v. 14./15.6.1941, HA u. NTZ v. 16.6.1941, Adreßbuch Hannover 1942, S. 10f. Die Stadtverwaltung oder der OB spielten hier keine Rolle. Der Besuch war immerhin so ranghoch, dass Bilder davon in der Wochenschau gezeigt wurden, vgl. Boberach: Meldungen, Bd. 7, S. 2473.
153 Vgl. Adreßbuch Hannover 1943, S. 7f.
154 Vgl. ebd., S. 118.
155 Vgl. StAH, HR 15, Nr. 68 und Adreßbuch Hannover 1943, S. 14.
156 NTZ v. 26.10.1942.

chester und Chöre", eine Kulturwoche in Braunschweig und sogar ein Seminar zur Bekleidungskultur.[157] Laut Kulturprogramm des Gaues für 1942/43 gab es „Abende junger Komponisten und Dichter", außerdem im Oktober 1942 eine Lesung für Heinrich von Kleist zum 165. Geburtstag und noch im April 1943 eine weitere Lesung mit Moritz Jahn.[158] Geplant waren außerdem eine Germanische Kulturwoche,[159] vom 4. bis 11. Oktober 1942 die Veranstaltungsfolge „Flandern und das Reich"[160] sowie eine italienische Kulturwoche im März 1943, die allerdings ihren Schwerpunkt in Braunschweig hatte.[161] Noch im Mai 1943 wurde die Landesmusikschule eingeweiht[162] und ein Jahr später ein neues theaterwissenschaftliches Institut eröffnet.[163]

Besonders bemerkenswert ist die Erstellung des „Künstlerbriefes" der Gauleitung noch im Februar 1945.[164] Dieses neu eingeführte und als regelmäßiges zweimonatiges Informationsblatt für alle Künstler im Gau geplante Erzeugnis sollte, nach eigenen Angaben, „Seelenfutter" sein und „das Gefühl der Gemeinschaft aller Künstler des Gaues auch jetzt, wo sie ihrer eigentlich berufenen Aufgabe nicht nachgehen können, erhalten und stärken".[165] Dieser 14-seitigen Schrift ist zu entnehmen, dass „670 vorweihnachtliche Feiern mit 25 000 Besuchern [...] unter Einsatz der Künstlerschaft" sowie „1 625 Lazarettveranstaltungen mit 175 000 Besuchern" unter der Organisation der HJ und der Partei durchgeführt worden waren. Die Gaufilmstelle hatte demnach „14 832 filmische Veranstaltungen mit einer Besucherzahl von 2 790 000 Menschen" durchgeführt und „671 Einsätze vor 100 000 verwundeten Soldaten".[166] Im September 1944 hatte der Gauleiter noch ein Gaukriegsorchester gegründet, das „zu Morgenfeiern, Trauerfeiern, Wehrmachtsbetreuungen, Werkkonzerten" eingesetzt wurde und dessen Mitarbeiterzahl von anfangs 56 auf 90 angestiegen war.[167] Die außerdem regelmäßig vorgesehenen Sinfoniekonzerte konnten jedoch kriegsbedingt nicht ganz nach Plan durchgeführt werden. Allerdings fanden in Hannover „Morgenfeiern in der Marktkirche, eine Trauerfeier in der HANOMAG [und] Sinfoniekonzerte im Beethovensaal der Stadthalle" statt.[168]

---

157 Vgl. NTZ v. 10.12.1942, Zitate ebd. und Lauterbacher: Rede vor dem Gaukulturrat.
158 Vgl. NSDAP Gauleitung Süd-Hannover-Braunschweig (Hrsg.): Kultur-Programm 1942–43. Im Auftrag des Gauleiters Lauterbacher herausgegeben vom Reichspropagandaamt Süd-Hannover-Braunschweig, Hannover o. J. [1942], S. 26f.
159 Vgl. NTZ v. 10.12.1942.
160 Vgl. auch die Übersicht über die Tagesveranstaltungen in NSDAP Gauleitung Süd-Hannover-Braunschweig (Hrsg.): Kultur-Programm, S. 29.
161 Vgl. ebd., S. 29f.
162 Vgl. NTZ v. 23./24.1.1943 u. HZ v. 31.5.1943.
163 Vgl. HZ v. 9.5.1944.
164 NSDAP Gauleitung Süd-Hannover-Braunschweig (Hrsg.): Künstlerbrief, Hannover o. J. [Februar 1945]. Das Anschreiben des Leiters des Reichs- und Gaupropagandaamtes ist datiert auf den 20.2.1945.
165 Ebd., S. 1.
166 Ebd., S. 10.
167 Vgl. ebd, S. 11, Zitat ebd.
168 Ebd., S. 11.

So kam es in der Kultur Hannovers während des Zweiten Weltkriegs einerseits dazu, dass Planungen und Aktivitäten ausuferten und im Februar 1944 auch rhetorisch von „Kraftquellen" zu „Waffen des Krieges" mutierten.[169] Andererseits war die Kulturpolitik zunehmenden Einschränkungen durch den Krieg ausgesetzt. Hierzu gehörten Material- und Personalmangel ebenso wie die Zerstörung von Veranstaltungsräumen durch Bomben.[170] Hinzu kamen die dem Krieg geschuldeten politischen Entscheidungen. So hatte Lauterbacher in seinen am 1. Februar 1943 verkündeten „Maßnahmen zur totalen Kriegführung" Festlichkeiten und Empfänge untersagt.[171]

Das Kulturbüro der Stadt Hannover

Während der Kulturrat, das Heimatwerk und der Kulturring Koordinierungsgremien waren, die in der Gauverwaltung angesiedelt waren, bestätigte die Gründung des Kulturbüros, dass der Gauleiter sich die Stadtverwaltung direkt zu unterstellen suchte. Die Grundlagen wurden bereits 1941 gelegt, als Überlegungen getätigt wurden, eine Geschäftsstelle für die Hermann-Löns-Gesellschaft einzurichten. Hierzu ließ Stadtkämmerer Wilhelm Weber Oberbürgermeister Haltenhoff Folgendes wissen:

> „Die Frage eines hauptamtlichen Geschäftsführers auf Kosten der Stadt hat natürlich neben der geldlichen Frage eine grundsätzliche Bedeutung, wobei es nicht uninteressant ist zu wissen, daß Herr Parbel mir gegenüber davon sprach, daß dieser Geschäftsführer natürlich auch ein Büro haben müßte, zum mindesten von Anfang an eine Sekretärin".[172]

Welche grundsätzliche Änderung damit verbunden war, machte Weber einige Tage später seinem Vorgesetzten gegenüber deutlich:

> „Die Frage einer hauptamtlichen Geschäftsstelle mit Geschäftsführer und Büro ist m. E. um deswillen besonders reiflich zu überlegen, weil dieses Büro, wie mir scheint, der Anfang sein soll für ein allgemeines Kulturamt, das auf diese Weise auf Kosten der Stadt dem Gau angegliedert werden soll."[173]

Wilhelm Weber bewies damit ein gutes Gespür. Ihm war bekannt, dass für den Posten des Geschäftsführers Ernst Löns,[174] der jüngere Bruder des Heidedichters,

---

169 NTZ v. 14.2.1944.
170 So musste die Landesmusikschule ihren Sitz in Einbeck einnehmen, da die vorgesehenen Gebäude in Hannover aufgrund von Bombenschäden nicht mehr nutzbar waren.
171 Vgl. Lauterbacher, Hartmann: Maßnahmen zur totalen Kriegführung des Gaues. Rede des Gauleiters in der Stadthalle zu Hannover am 1. Februar 1943. Hrsg. vom Gaupresseamt der NSDAP, Hannover o. J. [1943] in NHStAH, VVP 17, Nr. 2050 und die zusammenfassende Darstellung bei Grabe u. a.: Unter der Wolke, S. 52.
172 Weber an Haltenhoff v. 2.8.1941, StAH. HR 15, Nr. 918.
173 Weber an Haltenhoff v. 14.8.1941, ebd.
174 Der Bankfachmann mit Rundfunkerfahrung Ernst Löns (1886–1976) war seit 1931 Mitglied der NSDAP und teilweise als Kreisamtsleiter tätig gewesen. Vgl. StAH, Personalakte Nr. 10332; Möller, Reinhard W. L. E.: Celle-Lexikon. Von Abbensen bis Zwische, Hildesheim 1987, S. 139.

im Gespräch war, mit dem der Gauleiter persönlich darüber sprechen wollte.[175] Im April 1942 bekam Ernst Löns dann tatsächlich die Geschäftsführung der Hermann-Löns-Gesellschaft übertragen.[176] Parallel dazu wurden Gespräche über das Kulturbüro in Hannover geführt. Hoffmeister bildete im Januar 1943 das neue „Kultur- und Werbeamt der Stadt Hannover" und ernannte Ernst Löns zu dessen Leiter.[177] Beide Entscheidungen fielen „mit Genehmigung des Herrn Gauleiters und Oberpräsidenten".[178]

Die Aufgabengebiete des neuen Amtes erwiesen sich als weitreichend, wenngleich nicht eindeutig abgegrenzt. In einem Rundschreiben teilte der mittlerweile mit den Geschäften des Oberbürgermeisters betraute Regierungsdirektor Ludwig Hoffmeister seinen Dezernenten mit, dass zur „Bearbeitung kultureller Angelegenheiten [...] in sämtlichen in Betracht kommenden Dezernaten der Leiter des Städt. Kultur- und Werbeamtes, Ernst Löns, zuzuziehen" sei.[179] Laut eines Vermerks Hoffmeisters vom September 1942 sollte das Kulturamt vor allem die Aufgaben des Propagandaamtes übernehmen, welches dadurch wegfalle.[180] Ernst Löns dagegen betonte Anfang 1943 die Bedeutung des neuen Büros für die Stadtwerbung durch Nutzung von Presse und Rundfunk, griff damit also in den Geschäftsbereich von Theodor Arends ein.[181] Dem Regierungspräsidenten gegen-

175 Weber an Haltenhoff v. 5.8.1941, StAH, HR 15, Nr. 918.
176 Vgl. Dokument ohne weitere Angaben (vermutlich Presseerklärungsentwurf von Ernst Löns), korrigiert von Arends am 28.1.1943, StAH, HR 2, Nr. 644. Die Deutsche Hermann-Löns-Gesellschaft wurde wohl vorübergehend aus Hamburg geleitet, da Löns bis Januar 1943 dort wohnhaft war und im Juni 1942 auch Geschäftsführer der Zweigstelle der dortigen Löns-Gesellschaft wurde, vgl. Hamburger Anzeiger v. 4.6.1942. Im März 1944 wurde Löns Amtsleiter des Kulturrings, vgl. Beratung mit den Ratsherren v. 27.3.1944, StAH.
177 Vgl. Amtliche Mitteilungen der Stadt Hannover, Jg. 1, Nr. 1 v. 20.1.1943, Rundschreiben Hoffmeisters v. 26.1.1943 u. 5.3.1943, StAH, HR 2, Nr. 817 und Vorstellung Löns' in der Besprechung mit den Dezernenten v. 28.1.1943.
178 Vgl. Schreiben Hoffmeister an Regierungspräsidenten v. 22.11.1943, Zitat ebd. und Vermerk Hoffmeister v. 28.9.1942, beide StAH, Personalakte Nr. 10332. Über Löns war man sich dabei in der Partei keineswegs einig, wie ein Schreiben Webers anlässlich der Besetzung der Geschäftsführung der Hermann-Löns-Gesellschaft zeigt. Demnach „brachte Dr. Grabenhorst zum Ausdruck, daß man sich zwar rückhaltlos zum Werke von Löns bekennen könnte, daß aber seine Person doch mit einer gewissen Vorsicht betrachtet werden müsste und daß das leider auch heute noch von den Verhältnissen in der Familie des Löns gelte. Es sei deshalb zweifelhaft, ob es richtig sei, ein Familienmitglied für die Geschäftsführung in Aussicht zu nehmen". Schreiben Weber an Haltenhoff v. 5.8.1941, StAH, HR 15, Nr. 918.
179 Rundschreiben Hoffmeister an Dezernenten v. 5.3.1943, Nr. 47a/43, StAH, HR 2, Nr. 817.
180 Vgl. Vermerk Hoffmeister v. 28.9.1942, StAH, Personalakte Nr. 10332. Mit dem Propagandaamt ist vermutlich ein erst neu eingerichtetes städtisches Büro gemeint. So heißt es in der Besprechung mit den Dezernenten vom 4.8.1942, dass „das auf Anregung des Gauleiters eingerichtete Propagandaamt, Dezernent Stadtrat Schick, die Aufgabe habe, in der Presse und in der Öffentlichkeit Hannover mehr als bisher ins Blickfeld zu bringen." Inwiefern Löns die Aufgaben Schicks tatsächlich übernahm muss mangels Quellen offen bleiben. Die Adressbücher von 1942 und 1943 (1944 erschien keines mehr) weisen kein städtisches Büro, allerdings weiterhin das Reichspropagandaamt unter Leitung von Kurt Parbel aus.
181 Vgl. Dezernentenbesprechung v. 28.1.1943. Einige Hinweise verstärken den Verdacht, dass Löns auch Arends aus seiner Position an der Spitze des Presseamtes verdrängen sollte. So

über erklärte Hoffmeister Ende 1943, die Aufgabengebiete seien zuvor „von den Leitern der Hauptverwaltung und des Fremdenverkehrs- und Ausstellungsamtes wahrgenommen" worden.[182]

Zwar lassen sich die Zusammenhänge aufgrund der lückenhaften Quellen nicht eindeutig erschließen, aber Webers Vermutung deckt sich mit den überlieferten rudimentären Informationen und dem skizzierten Politikstil Lauterbachers, so dass man von ihrer Richtigkeit ausgehen kann. Demnach ging es Lauterbacher um eine von der Stadt bezahlte, jedoch von ihm inhaltlich und strategisch geführte kulturelle Schaltstelle innerhalb der Stadtverwaltung. Insofern integrierte Lauterbacher mit dem Kulturbüro Teile seiner Gaupolitik über sein Personal direkt in die Stadtverwaltung und ging damit noch einen Schritt weiter als beim Gauheimatwerk. Dieses wurde zwar finanziell bereits zum Großteil von der Kommune finanziert,[183] war jedoch durch seine institutionelle Anbindung offen als Einrichtung der Gauleitung erkennbar.[184] Lauterbachers Erfolg im Falle des Kulturbüros hielt jedoch nur 20 Monate an, da es im August 1944 „stillgelegt" wurde.[185]

---

lässt sich zumindest in einem Fall ersehen, dass Löns Tätigkeiten ausübte, die bis dato Arends' Aufgabe gewesen waren, nämlich die Information der Presse (vgl. Aktennotiz Arends v. 15.4.1943, StAH, HR 13, Nr. 729). Zudem klagte Arends, die NSDAP habe Hoffmeister aufgefordert, ihn aus dem Dienst zu entlassen. Zwar habe Hoffmeister dem nicht Folge geleistet, ihm aber den Rang eines Dezernenten entzogen, vgl. Anlage 6 zum Fragebogen im Entnazifizierungsverfahren, Personalakte Nr. 6193. Zweifelsohne ist mit Aussagen Betroffener in Entnazifizierungsverfahren vorsichtig umzugehen, die Degradierung wird jedoch durch die Adreßbücher der Stadt Hannover bestätigt, vgl. Adreßbuch 1942, Teil IV, S. 5 und 1943, Teil IV, S. 6.

182 Schreiben Hoffmeister an Regierungspräsidenten v. 22.11.1943, StAH, Personalakte Nr. 10332.

183 Lt. NTZ v. 17.9.1942 beschloss die Stadtverwaltung im September 1942 „eine Summe von 32 000 RM [...], die den jährlichen Zuschuß von 25 000 RM und die Kosten für die Uebernahme der Einrichtung einer Dienststelle" beinhaltete. Durch Auflösung des Heimatwerks im August 1944 wurde die Summe jedoch nur einmalig gezahlt, dazu kamen allerdings nicht nur die Sanierungskosten des als Sitz des Gauheimatwerks geplanten Gebäudes in der Josephstraße, sondern auch Mietfehleinnahmen von gut 2 750 RM, die aufgrund von Verzögerungen durch die unklare Rechtslage des Gebäudes entstanden, vgl. Schreiben OB an Stadtkämmerei v. 12.8.1944, StAH, HR 31, Nr. 109. Die Stadtverwaltung bewilligte ebenfalls Mittel für das durch die NS-Organisation „Kraft durch Freude" betriebene Mellini-Theater, vgl. NTZ v. 17.9.1942.

184 Was das genau hieß, war selbst unter Zeitgenossen umstritten. So wollte Haltenhoff das Gauheimatwerk als „Einrichtung der Partei fördern", während Kieckbusch betonte, dass es sich nach Lauterbacher um „eine Einrichtung der Partei und des Staates" handele. Vgl. Schreiben OB an Kieckbusch v. 12.4.1943 und Kieckbusch an OB v. 27.4.1943, StAH, HR 31, Nr. 109, Zitate ebd.

185 Beratung des OB mit den Beiräten für Angelegenheiten der Kunst und der Wissenschaft vom 23.8.1944. Damit wurde es zeitgleich zum Gauheimatwerk aufgelöst, vgl. StAH, HR 31, Nr. 109. Die genauen Hintergründe waren den Quellen nicht zu entnehmen. Lt. Personalakte Nr. 10332 beendete Löns seinen Dienst am 31.8.1944 und wurde eingezogen. Allerdings scheint die Auflösung des Kultur- und Werbeamtes bereits im Mai 1944 beschlossen gewesen und an seine Stelle ein Kulturdezernat getreten zu sein, vgl. die Hinweise in den Dezernentenbesprechungen v. 31.5. u. 18.8.1944 zur Übernahme eines Kulturdezernats durch August

II. Ehrungen während des Zweiten Weltkriegs

2.2 Blockierer und Förderer

Der Kunstmaler Harm Lichte und Lauterbachers Künstlerwettbewerb

Dass sich nicht allein die Kriegführung negativ auf Lauterbachers Erfolgsbilanz hinsichtlich der Umsetzung kulturpolitischer Projekte auswirkte, musste der Gauleiter im folgenden Fall erfahren. Im Herbst 1942 fasste er den Plan, einen Künstlerwettbewerb zu initiieren, um „Ersatz für die bei der Metallerfassung abgegebenen Denkmäler" zu schaffen.[186] Er beauftragte mit der Durchführung Ludwig Hoffmeister, der diese Weisung annahm.[187] Auf verschiedene Nachfragen Lauterbachers, wie das Projekt vorankomme, reagierte Hoffmeister stets ausweichend. Er hatte allerdings den Kunstverein mit der konkreten Planung und Ausrichtung des Wettbewerbs betraut. Zur gleichen Zeit hatte Hoffmeister als neuer Vorsitzender des Kunstvereins über eine für diese Angelegenheit ausschlaggebende Personalangelegenheit zu entscheiden.

Haltenhoff hatte den hannoverschen Kunstmaler Harm Lichte[188] als hauptamtlichen Geschäftsführer des Kunstvereins ins Auge gefasst und erkundigte sich daher nun beim SS-Hauptsturmbannführer Scheelke vom Sicherheitsdienst Abschnitt Braunschweig über ihn.[189] Daraufhin erhielt er folgende Antwort:

> In charakterlicher Hinsicht ist über Lichte Nachteiliges nicht bekannt. [...] Weltanschaulich gilt er als neutral. Er soll früher [...] mit der Systemregierung sympathisiert haben. Gegenwärtig gehört er weder der Partei noch einer ihrer Formationen an. Er ist als völlig unpolitisch zu bezeichnen, ohne im Gegensatz zum nationalsozialistischen Staat zu stehen. An Sammlungen usw. beteiligt er sich regelmässig, auch soll er verschiedenen Meckerern an seiner Arbeitsstelle einmal die Meinung gesagt haben. – Bekannt sind allerdings Lichtes Beziehungen zu hannoverschen Künstlerkreisen früher völlig marxistischer, politischer und künstlerisch betrachtet expressionistischer usw. Einstellung. Er soll auch jetzt noch besonders stark unter dem Einfluss dieser Richtung stehen. Seine Malweise deutet jedenfalls mit auf diese Tatsache hin. Da es nicht möglich ist, allgemeine Haltung und Malweise voneinander zu trennen, muss Lichtes weltanschauliche Einstellung, wie schon oben charakterisiert, als mindestens farblos gelten.

Uerz sowie Hoffmeister, Ludwig: Ansprache des mit der Wahrnehmung der Geschäfte des Oberbürgermeisters beauftragten Leit. Regierungsdirektors Hoffmeister bei der Einführung neuer Ehrenbeamter der Hauptstadt Hannover am 30. Juni 1944 im Großen Festsaal des Neuen Rathauses, Hannover o. J. [1944], S. 6, vgl. StAH, HR 2, Nr. 1200.

186 Aktenvermerk Hoffmeister v. 14.9.1942, StAH, HR 13, Nr. 603. Vgl. auch Lauterbacher: Rede vor dem Gaukulturrat, S. 16 u. 30.
187 Vgl. zum gesamten Vorgang StAH, HR 13, Nr. 603.
188 Der gelernte Bankbeamte Harm Lichte (1900–1957) nahm seit 1924 an den Ausstellungen des Kunstvereins teil und war 1943 bis 1957 Ausstellungsleiter des Vereins. Vgl. Kulturamt der Landeshauptstadt Hannover (Hrsg.): Maler zweier Generationen: Ernst Oppler, Richard Seiffert-Wattenberg, Carl Wiederhold / Otto Gefers, Albert Knoke, Harm Lichte, Karl Pohle, Heinrich Schwieger-Uelzen. Redaktion: Heimar Fischer-Gaaden, Hannover 1979 und Kunstverein Hannover e. V.: Gedächtnisausstellung Harm Lichte, Kollektivausstellungen Albert Knoke, Hermann Scheuernstuhl vom 19. Januar bis 16. Februar 1958, Hannover 1958.
189 Vgl. Hoffmeister an Scheelke v. 16.12.1942, StAH, HR 13, Nr. 603.

Seine bisher gezeigten Werke zeigen, ohne zu wesentlichen Beanstandungen Anlass zu geben, eine monotone Mittelmässigkeit. [...] Lichte lehnt sich mit seinen Bildern weitgehend an den Expressionismus an. Trotz verschiedener Hinweise hat sich Lichte bisher, wie aus seinen Werken hervorgeht, nicht bemüht, einen positiven Versuch in der vom Führer gewünschten Richtung zu unternehmen."[190]

Abschließend hieß es im Gutachten, dass Lichte in „seiner kulturpolitischen Einstellung [...] als Liberalist" gelte.

„Wenn der Kunstverein jetzt in ein nationalsozialistisches Fahrwasser überführt werden soll [...] kann daher nach wie vor von hier aus einer Einstellung des Lichte auf irgendeinen Posten im Kunstverein nicht zugestimmt werden".[191]

Die Stellungnahme plädierte also eindeutig gegen die Einstellung Lichtes, da er als Hindernis für eine zukünftig betont nationalsozialistische Arbeit des Kunstvereins eingeschätzt wurde. Dennoch ernannte Hoffmeister den Kunstmaler zum Geschäftsführer jenes Vereins und übertrug ihm die Organisation des Wettbewerbs.

Aber auch jetzt nahm der Wettbewerb keine konkreten Formen an. Nachdem Haltenhoff Lauterbacher zwei weitere Monaten vertröstete,[192] platzte diesem der Kragen: Anstelle eines Schreibens erhielt Hoffmeister sein eigenes Schreiben zurück, auf welchem links mit blauen dicken Lettern kurz, prägnant und umgangssprachlich vermerkt war, dass das Projekt „witzlos" sei, wenn es nicht noch vor Kriegsschluss durchgeführt und Lichte endlich aktiv werde.[193] Hoffmeister drang nun auf eine Beschleunigung der Angelegenheit, während Lichte sich zur Erstellung eines Gutachtens genötigt sah, in dem er darlegte, warum es besser sei, den geplanten Wettbewerb zurückzustellen. Die angegebenen Gründe basierten im Wesentlichen auf den von ihm ausführlich und sachlich dargelegten kriegsbedingten Einschränkungen des Kunstmarktes. Da viele Künstler einberufen seien, sei mit nur mäßiger Qualität der Einsendungen zu rechnen; zudem sei ein erhöhter Aufwand hinsichtlich Personal und Transport von Entwürfen und Modellen zu bewerkstelligen. Er schloss seine Ausführungen mit dem Hinweis, es sei „eine positive Optik des Krieges, wenn die Sockel leer bleiben, weil diese dadurch den Vorübergehenden an den Ernst der Zeit erinnern".[194] Dass nun, nachdem diese Stellungnahme vorlag, nichts geschah und sogar Lauterbacher sein Nachhaken zum Fortschreiten des Künstlerwettbewerbs einstellte, ist gerade vor dem Hintergrund der geschilderten kulturpolitischen Ambitionen und Aktivitäten des Gauleiters bemerkenswert. Mehr als ein Jahr später wurde die Akte mit dem Vermerk, die Angelegenheit sei durch die Folgen der Luftangriffe „gegenstandslos geworden", geschlossen.[195] Offensichtlich musste sich der Gauleiter in diesem Fall dem pragmatisch argumentierenden Geschäftsführer geschlagen geben.

---

190 Büro Scheelke an Hoffmeister v. 28.12.1942, ebd.
191 Ebd.
192 Vgl. Schreiben und Aktennotizen v. 6.1. bis 4.3.1942, StAH, HR 13, Nr. 603.
193 Vgl. Vermerk auf Schreiben Hoffmeister an Lauterbacher v. 4.3.1943, ebd., Zitat ebd.
194 Vgl. Gutachten Harm Lichte o. D., Eingangsstempel Presseamt v. 22.3.1943, StAH, HR 13, Nr. 603, Zitat ebd.
195 Aktenvermerk Löns v. 27.4.1944, StAH, HR 13, Nr. 603.

Harm Lichte hat die Kritik an seiner Person nicht geschadet. Mit der technischen Vorbereitung der italienischen Ausstellung beauftragt, reiste er im Mai 1943 sogar dienstlich nach Cremona.[196] Obwohl zumindest im Gutachten seine Gemälde als nicht zeitgemäß und „mittelmäßig" herabgewürdigt wurden, kaufte die Stadt noch 1943 ein Bild von ihm an.[197] 1944 wurde er sogar zum Beirat des Kunstvereins ernannt.[198] Harm Lichte ist ein Beispiel dafür, dass man Personen, die nicht oder zumindest nicht durchgehend als konform mit dem Nationalsozialismus eingeschätzt wurden, sogar noch in Bereichen einstellte, in denen sie bereits negativ aufgefallen waren, wie hier in der Kunstpolitik. Unklar bleibt dabei, inwiefern Lichte vom steigenden Personalmangel infolge des Krieges profitiert haben mag.[199]

Ludwig Hoffmeister und die Kränze

Dass der mit den Geschäften des Oberbürgermeisters betraute Staatskommissar Ludwig Hoffmeister gegen das Votum eines politischen Gutachtens einen Mitarbeiter einstellte, kann eher als eine Ausnahme in seinem Verhalten betrachtet werden. Im Allgemeinen agierte er, zumindest in der Ehrungspraxis, Lauterbacher gegenüber eher defensiv und überließ dem Gauleiter freiwillig alle Aufgaben, auf die dieser Anspruch erhob. So wie im folgenden Fall.

Nachdem die aus verkehrstechnischen Gründen 1931 beschlossene und genehmigte Versetzung des Leibniztempels 1935 endlich finanziert und umgesetzt worden war, regte der Heimatbund bei der Stadt an, jedes Jahr zu Gottfried Wilhelm Leibniz' Todestag am 14. November seitens der Stadt einen Kranz niederlegen zu lassen.[200] Dieser Anregung kam die Stadtverwaltung auch nach, wo-

---

196 Vgl. Bescheinigung v. 6.5.1943, StAH, HR 15, Nr. 918.
197 Vgl. Rechnung Kunstverein an OB v. 15.3.1943 für den Ankauf eines Bildes von Lichte für 300 RM, StAH, HR 10, Nr. 1492. Im Jahre 1942 gehörten nach einer Prüfung der Gemälde in städtischen Dienststellen allerdings auch einige Bilder von Lichte zu denjenigen, die als „nicht den heutigen Anforderungen" entsprechend eingeschätzt wurden. Vgl. Rundschreiben Hoffmeister v. 30.10.1942 und die dazu gehörige Liste in StAH, HR 2, Nr. 854.
198 Vgl. Amtliche Mitteilungen der Stadt Hannover, Sonderabdruck Nr. 5 v. 21.7.1944, S. 2, StAH, Presseamt I, Nr. 246.
199 Einen aktuellen Überblick über die Gemengelage bei Künstlern als handwerklichen Helfern der NS-Propaganda bietet Benz, Wolfgang: Hitlers Künstler. Zur Rolle der Propaganda im nationalsozialistischen Staat, in: Sarkowicz: Hitlers Künstler, S. 14–39. Alan E. Steinweis wies vor allem auf die Illusion der Professionalität hin, die viele Künstler gerade durch die berufsständisch organisierte Reichskulturkammer zur Mitarbeit animierte, vgl. Steinweis, Alan E.: Art, Ideology, and Economics in Nazi Germany. The Reich Chambers of Music, Theater, and the Visual Arts, Chapel Hill/London 1993 und Dahm, Volker: Anfänge und Ideologie der Reichskulturkammer. Die „Berufsgemeinschaft" als Instrument kulturpolitischer Steuerung und sozialer Reglementierung, in: VfZ 34/1986, S. 53–84.
200 Vgl. Schreiben der Gartendirektion an das Presseamt v. 25.11.1936, StAH, HR 13, Nr. 618. Zum Gedenken an Leibniz vgl. Stupperich, Martin/Leibnizschule: Leibniz in Hannover oder wo die Nachwelt Hannovers grössten Bürger heute findet; Katalog zur Ausstellung Leibnizschule 2004, Hannover 2004; Rumpf: Leibniz und Heuvel, Gerd van den: Leibniz als Jubilar.

bei das jährliche Prozedere 1942[201] eine auffallende Wendung nahm, wie Arends kurz und bündig vermerkte: „Der Gauleiter will im Beisein des Reg.-Dir. Hoffmeister morgen einen Kranz niederlegen. Für die Stadt kommt deshalb die Kranzniederlegung nicht mehr in Betracht (Anordnung des R.-D. Hoffmeister)".[202]

Ähnlich verhielt es sich mit der Kranzspende für Carl Peters. Auf Arends' Anregung hin entschied Hoffmeister am 8. September 1943, am Morgen des 25. Todestages von Carl Peters an seinem Denkmal einen Kranz niederlegen zu lassen.[203] Im Laufe des Tages ließ das Gaupropagandaamt jedoch mitteilen, dass es gedachte, das Denkmal mit einem Kranz des „Führers" und einem eigenen zu schmücken; es bestünden jedoch „keine Bedenken, daß der Kranz des Oberbürgermeisters im Anschluss daran am Denkmal niedergelegt werde".[204] Am nächsten Tag, also am 9. September 1943, verschob Hoffmeister den Zeitpunkt der Ehrung, so dass sie nicht während, sondern erst nach der Zeremonie durch den Gau am Denkmal vorgenommen wurde.[205] Damit überließ Hoffmeister dem Gauleiter so bereitwillig wie keiner seiner Vorgänger das Feld in Fragen symbolischer Politik und Repräsentation.

Das Ehrenmal zum Gedenken an die Gefallenen des Zweiten Weltkriegs

Zuletzt sei dargelegt, wie sich die Verschiebung des Hierarchieverhältnisses zugunsten der NSDAP auch im militärischen Bereich fortsetzte. Seit August 1940 hatte die NSDAP im Deutschen Reich die Ausrichtung von Totenfeiern an sich gerissen, um den Einfluss der Kirchen zurückzudrängen.[206] Das Bekanntwerden

---

Das Leibnizbild des 19. und 20. Jahrhunderts im Spiegel von Gedenktagen (1846–1946), in: HGBl NF 51/1997, S. 313–334.

201 Vgl. HA v. 14./15.11.1942.
202 Aktenvermerk Arends v. 13.11.1942, StAH, HR 13, Nr. 618, vgl. Schreiben Arends an Städtische Gartendirektion v. 16.11.1942, ebd. Bezahlt wurde der Kranz der Gauleitung mindestens 1942 jedoch durch die Stadt. Im Jahr 1943 legte Gauleiterstellvertreter Knop einen Kranz im Namen des Gauleiters nieder (vgl. NTZ v. 14./15.11.1943, lt. Hildesheimer Zeitung v. 16.11.1943 machte es der Gauleiter selbst). Im Jahr darauf nahmen Kreisleiter Ovens und Staatskommissar Egon Bönner, letzterer war Nachfolger Hoffmeisters, eine Kranzniederlegung vor, in wessen Namen wurde leider nicht deutlich (vgl. NTZ v. 14.11.1944).
203 Vgl. die Aktennotizen von Arends v. 7 u. 8.9.1943, StAH, HR 13, Nr. 722.
204 Vgl. Aktennotiz Arends v. 8.9.1943, ebd.
205 Vgl. Aktennotiz Arends v. 9.9.1943, ebd.
206 Vgl. Nolzen, Armin: Die NSDAP, der Krieg und die deutsche Gesellschaft, in: Echternkamp/Militärgeschichtliches Forschungsamt: Die deutsche Kriegsgesellschaft, S. 99–193, S. 136–140 und Behrenbeck, Sabine: Der Kult um die toten Helden. Nationalsozialistische Mythen, Riten und Symbole 1923 bis 1945, Greifswald 1996, bes. S. 495. Im August 1940 wurde in der neuen Gemeinschaft ausführlich dargelegt, wie Heldenehrungen durchzuführen waren, vgl. Nr. 8/1940, S. 3–30. Von nun an folgten in unregelmäßigen Abständen Ergänzungen und Detaillierungen, vgl. ebd., Jg. 1941–1945. Teilweise erfolgte die Übernahme der Feierlichkeiten durch die NSDAP bereits zuvor. So war dem Verordnungsblatt für den Gau Südhannover-Braunschweig Nr. 5 v. 1.3.1939 in Vorbereitung des Heldengedenktages am 12. März 1939 zu entnehmen, Hitler habe bestimmt, dass die „Heldengedenktage in jenen Orten,

II. Ehrungen während des Zweiten Weltkriegs

der Niederlage in Stalingrad veranlasste die hannoverschen Nationalsozialisten nun dazu, ein Denkmal für die Gefallenen des Zweiten Weltkriegs auf dem Trammplatz vor dem Rathaus zu errichten.[207] Für die Einweihungszeremonie am 21. März 1943, auf der das Ehrenmal der Bevölkerung Hannovers übergeben wurde, war bereits „von der Gauleitung bestimmt worden, daß die Vorbereitung der ganzen Feier von der Partei übernommen würde und daß von dieser auch die Einladungen zu versenden seien".[208] Gleichzeitig sollte Oberbürgermeister und Parteigenosse Hoffmeister „die Ansprache halten", wobei dieser sich entschied, zwar einen Kranz in seinem Namen niederlegen, die Ansprache dagegen von Stadtrat Paul Schick[209] halten zu lassen.[210] Dass unter Federführung der NSDAP auch die Stadtverwaltung beteiligt war, dürfte daran gelegen haben, dass der Trammplatz zum Rathaus gehörte und über das Gebäude die Stadtverwaltung zu entscheiden hatte.[211] In die Vorbereitungen und Planungen zum Ehrenmal schien sie jedoch nicht involviert gewesen zu sein.

Während der Einweihungsfeier war die Stadtverwaltung noch verhältnismäßig gut repräsentiert: Man platzierte zunächst auf der linken Seite des Denkmals einen Kranz des NSDAP-Kreisleiters Knop und rechts des Stadtkommandanten der Wehrmacht, anschließend legte Stadtrat Schick einen für die Stadt Hannover frontal vor das Ehrenmal.[212] In unregelmäßigen Abständen fanden nun bis Kriegsende Gefallenengedenkveranstaltungen am Ehrenmal statt, die üblicherweise mit einer Kranzniederlegung einhergingen. Die hervorgehobene Stellung, die die Stadtverwaltung während des Anbringens in Zeremonie und Gestaltung symbolisch innehatte, ging dabei allerdings verloren. Bestätigte Hoffmeister der Gauleitung noch im Monat der Einweihung, dass auch zukünftig dieselben Institutionen mit je ei-

---

in denen seine Truppenteile liegen, den Hoheitsträgern der Partei überlassen" seien, vgl. NHStAH, Hann. 310 I, Nr. 130.
207 Zu den näheren Umständen des Denkmals vgl. Kapitel V, 2.3.
208 Aktennotiz Arends v. 13.3.1943, StAH, HR 13, Nr. 729. Vgl. auch HK v. 22.3.1943.
209 Paul Schick (geb. 1908) trat früh der NSDAP bei und erhielt das Goldene Ehrenzeichen der NSDAP. Im Frühjahr 1935 löste er Heinrich Müller als Leiter des Gauamtes für Personalpolitik ab und wurde im November 1936 ehrenamtlicher Stadtrat. Seit Kriegsbeginn diente er im Heer und erhielt 1943 das Kriegsverdienstkreuz 2. Klasse. Im Februar 1944 wurde er Nachfolger des verstorbenen Bürgermeister Müller. Vgl. StAH, Personalakte Nr. 10825 und Mlynek: Hannover, S. 508 u. 536.
210 Aktennotiz Arends v. 13.3.1943, StAH, HR 13, Nr. 729. Warum sich Hoffmeister dafür entschied, sich von Schick vertreten zu lassen, ging aus den Quellen nicht hervor.
211 Die genaue Urheberschaft des Denkmals ist den Quellen nicht zu entnehmen: In der Akte der Stadtverwaltung beginnt die Dokumentation mit den Planungen der Einweihungszeremonie. Die Herstellung des Ehrenmals schien – wenn man von Vollständigkeit der ansonsten gut geführten Akte ausgeht – an der Stadt vorbeigegangen zu sein. Bei der Einweihungszeremonie jedoch war auch die Stadtverwaltung präsent, vgl. StAH, HR 13, 729.
212 Vgl. Übersicht zum Ablauf der Einweihungsfeierlichkeiten v. 20.3.1943 in StAH, HR 13, Nr. 729. Allgemein zum Ehrenmal im Zuge der nach der Errichtung dort regelmäßig stattfindenden Heldengedenktage vgl. Schmidtmann, Christian: Von christlicher Trauer zu säkularer Heldenanbetung. Die „Heldengedenktage" in Hannover 1934–1945 und ihre Vorgeschichte, in: HGBl NF 51/1997, S. 335–348.

nem Kranz vertreten sein würden,[213] wurde seit spätestens Juni 1944 eine andere Anbringungsordnung praktiziert: vorne ein Kranz des Gauleiters, links einer des Kreisleiters, rechts für die Wehrmacht und hinten der Kranz des Oberbürgermeisters.[214]

Abb. 22: *Das Ehrenmal für die Gefallenen des Zweiten Weltkriegs auf dem Trammplatz vor dem Rathaus mit Blick auf die Friedrichstraße, heute Friedrichswall.*

Die NSDAP wurde also durch einen zusätzlichen Kranz für den Gau vertreten; die räumliche Anordnung veränderte sich dahingehend, dass von vorne betrachtet der Kranz des Oberbürgermeisters nun hinter dem Ehrenmal und damit aus dem Blickfeld der Zuschauer verschwand. Damit hatte die NSDAP auch noch den repräsentativen Platz vor dem Rathaus symbolisch besetzt.

ZUSAMMENFASSUNG

Nach dem Beginn des Zweiten Weltkriegs reduzierte sich das Ausmaß der Ehrungspolitik merklich. Kulturpolitische Vorhaben wurden aus Gründen der Pietät in der Öffentlichkeit zurückhaltender präsentiert oder gar ganz abgesagt, wie zum Beispiel die erste Ausstellung italienischer Bilder in Hannover, die ursprünglich für den Herbst 1939 angesetzt worden war.[215] Auch das Jahr 1940 zeigt sich ehrungspolitisch betrachtet als ruhiges Jahr, allerdings schob sich die Gauleitung nun als zentraler Ehrungsakteur in den Vordergrund. Während sie für die angedachte Ehrenbürgerschaft für den italienischen Staatsminister Roberto Farinacci lediglich die notwendige Genehmigung erteilte, war die nun erfolgte erste Ausstellung italienischer Bilder des „Preises von Cremona" in Hannover eine Ge-

---

213 Vgl. Aktennotiz Arends v. 13.4.1943, StAH, HR 13, Nr. 729. In einem Schreiben Hoffmeisters an die Gauleitung v. 8.4.1943 war bereits ein vierter Kranz für die Gauleitung in Erwägung gezogen worden. Warum diese Überlegung vorerst fallen gelassen wurde, ist der Quelle nicht zu entnehmen, vgl. ebd.
214 Vgl. Aktenvermerke von Arends v. 9. u. 10.6.1944, StAH, HR 13, Nr. 729.
215 Vgl. Bericht Haltenhoff an Lauterbacher v. 31.1.1941, StAH, HR 15, Nr. 898.

meinschaftsveranstaltung von Stadt- und Gauverwaltung.[216] Allein verantwortlich zeichnete Gauleiter Rust für verschiedene Gauauszeichnungen und gemeinsam mit der Wehrmacht für den Empfang der Soldaten nach dem Sieg über Frankreich.[217]

Seitens der Gauleitung war kein Anspruch auf vermehrte Repräsentation in städtischen Kulturbelangen formuliert worden, vielmehr basierte die hervorgehobene Rolle der Gauleitung bis zur Ablösung Rusts auf dem Einvernehmen der Beteiligten und auf ihrer Zusammenarbeit. Die beiden zentralen Beteiligten, die sich nun gegenüberstanden, waren jedoch gänzlich andere als noch 1933. Handelte es sich 1933 um zwei Strömungen des nationalen Lagers vorwiegend innerhalb der Stadtverwaltung, so stand nun eine längst nazifizierte Stadtverwaltung der immer mehr an Einfluss gewinnenden und staatliche Hoheitsrechte ausübenden Gauverwaltung gegenüber.[218] Damit hatte sich auch die Konfliktlinie verschoben, die nun nicht mehr innerstädtisch verlief, sondern primär zwischen Akteuren der Stadtverwaltung in Auseinandersetzung mit der Gauverwaltung.

Rusts Nachfolger, Gauleiter Hartmann Lauterbacher, machte schnell deutlich, dass er die Kulturpolitik im Gau Südhannover-Braunschweig grundsätzlich neu gestalten wollte. Schon im Laufe seines ersten Amtsjahrs siedelte er die Verantwortung für die inhaltliche Ausrichtung der Hermann-Löns-Gesellschaft und des Kulturaustausches mit Italien, zwei Projekte, die bislang von der Stadtverwaltung und der Gauverwaltung gemeinsam betrieben worden waren, allein bei der Gauleitung an und trat öffentlich als Veranstalter auf. Die Stadt beteiligte er dahingehend, dass er ihr die Aufgabe organisatorischer Hilfestellung zuwies und sie im Falle des Hermann-Löns-Preises verpflichtete, die gesamten Kosten zu tragen.

Neben dieser Übernahme bereits bestehender Projekte zentralisierte Lauterbacher die Kulturarbeit im Gau über einen von ihm geleiteten Kulturrat, der alle kulturellen Aktivitäten in Gau und Kommune erfassen und einer einheitlichen Linie anpassen sollte. Diese bestand seit dem Herbst 1942 darin, als Zentrum „Germaniens" die so genannte „Heimatfront" durch die Belebung und Förderung der „germanischen Kultur" zu mobilisieren und die Menschen für die großen Aufbauleistungen nach dem erwarteten „Endsieg" zu rüsten. Hiermit setzte Lauterbacher Himmlers Politik um, der den Gau Südhannover-Braunschweig als Patengau des „Großgermanischen Reiches" bestimmt hatte, von dem aus die „Germanisierung" betrieben werde. Damit war der in der Endphase der NS-Herrschaft eintretende wachsende Einfluss der SS[219] nicht personell, jedoch konzeptionell

---

216 Auch die Ernennung des Industriellen und Kulturmäzens Fritz Beindorff zum Ehrenbürger 1940 wurde gemeinsam vorgenommen, vgl. ausführlich Kapitel III, 1.3.
217 Vgl. hierzu Kapitel V, 2.2.
218 Von Polykratie kann jedoch hier nicht gesprochen werden, da es sich bei Ehrungen nicht um zugewiesene Kompetenzen handelt, was den Kern des Polykratiemodells ausmacht. Zur Polykratie vgl. u. a. Gotto, Bernhard: Polykratische Selbststabilisierung. Mittel- und Unterinstanzen in der NS-Diktatur, in: Hachtmann, Rüdiger/Süß, Winfried (Hrsg.): Hitlers Kommissare. Sondergewalten in der nationalsozialistischen Diktatur, Göttingen 2006, S. 28–50 und Gruner, Wolf/Nolzen, Armin: Editorial in dies.: Bürokratie, S. 7–15.
219 Vgl. Jeserich/Pohl/von Unruh: Deutsche Verwaltungsgeschichte, Bd. 4, S. 705f.

sogar in der Kulturpolitik Hannovers angekommen. Durch diese institutionelle und inhaltliche Reorganisation entstand erstmals im Gau „ein totales Kulturprogramm",[220] unter Führung Lauterbachers, der hierin zweifellos eine Monopolstellung erlangte. Neu war zudem, dass nun auch Ehrungen, die bis dato in hohem Maße Produkt diffuser und ungeordneter Vorschläge der unterschiedlichsten Akteure gewesen waren, in die neue Kulturpolitik eingebettet, zentral gesteuert und allein von Lauterbacher verkündet wurden.

Damit hatte sich der Gau Südhannover-Braunschweig „sowohl als kulturpolitische als auch als kulturelle Einheit konstituiert", wie es Martina Steber für die Gaue „seit Mitte der 1930er-Jahre" resümiert.[221] Diese kulturpolitische Einheit war jedoch keine feste Institution, sondern entsprach der während des Zweiten Weltkriegs üblichen Art des Umgangs mit Organisationen.[222] Gerade während des Kriegsverlaufs entwickelte sich der Nationalsozialismus vermehrt zu einer „personalen Herrschaft".[223] Durch Ernennungen von Sonderkommissaren und Beauftragten für die verschiedensten Fachgebiete und die Erweiterung des Aufgabenspektrums der Gauleiter vermochte man flexibel auf die Kriegsbedingungen zu reagieren und langwierige Amtswege zu umgehen.[224] Die gleichzeitige Abstimmung in der ideologischen und politischen Leitung übernahmen daher vermehrt „Querverbünde", wie der Historiker Rüdiger Hachtmann sie nennt, also Koordinierungsgremien, die quer zu den bisherigen hierarchischen Verwaltungsstrukturen angelegt wurden und die mit dem jeweiligen Fachgebiet betrauten Personen zusammenfassten.[225] Zweifellos ging das neue Kulturkonzept mit einer deutlichen Steigerung der kulturpolitischen Aktivitäten inklusive Ehrungen einher. Ob dies am Koordinierungsrat oder eher an der Person Lauterbacher gelegen hat oder an der Kombination beider, kann nicht mit Sicherheit gesagt werden. Das Scheitern

---

220 NTZ v. 17.11.1941.
221 Vgl. Steber, Martina: Fragiles Gleichgewicht. Die Kulturarbeit der Gaue zwischen Regionalismus und Zentralismus, in: John/Möller/Schaarschmidt: Die NS-Gaue, S. 141–159, bes. S. 157, Zitate ebd.
222 Vgl. auch für das Folgende Hachtmann, Rüdiger: „Neue Staatlichkeit". Überlegungen zu einer systematischen Theorie des NS-Herrschaftssystems und ihrer Anwendung auf die mittlere Ebene der Gaue, in: ebd S. 56–79, bes. S. 63f. u. 73f. Hachtmann spricht in diesem Zusammenhang von „neuer Staatlichkeit", was von Nolzen und Ruck kritisch beurteilt wird, vgl. Nolzen: Die Gaue als Verwaltungseinheiten, bes. S. 216f. und Ruck, Michael: Kommentar: Strukturelle Grundfragen, in: ebd, S. 100–105.
223 Thamer, Hans-Ulrich: Monokratie – Polykratie. Historiographischer Überblick über eine kontroverse Debatte, in: Otto, Gerhard/Houwink ten Cate, Johannes (Hrsg.): Das organisierte Chaos. „Ämterdarwinismus" und „Gesinnungsethik". Determinanten nationalsozialistischer Besatzungsherrschaft, Berlin 1999, S. 21–34, hier S. 31.
224 Vgl. Hachtmann, Rüdiger/Süß, Winfried: Editorial. Kommissare im NS-Herrschaftssystem. Probleme und Perspektiven der Forschung, in: dies.: Hitlers Kommissare, S. 9–27.
225 Lauterbacher hatte bereits zuvor für den Bereich Luftschutz ein ähnliches Koordinierungsgremium gegründet, das auch im Ernstfall seine Effizienz unter Beweis stellte. Solche Gremien wurden zu dieser Zeit überall vermehrt eingesetzt, vgl. hierzu Gotto: Polykratische Selbststabilisierung, S. 40; Blank: Albert Hoffmann, S. 194 und Moll, Martin: Steuerungsinstrument im „Ämterchaos"? Die Tagungen der Reichs- und Gauleiter der NSDAP, in: VfZ 49/2001, S. 215–273.

von Projekten im Rahmen der kulturellen Umgestaltung des Patengaues für „Germanien" und damit letztendlich des Projektes selbst ist jedoch mehr auf die Umstände des Krieges und weniger auf institutionelle Gründe zurückzuführen.

Durch die Machtverschiebung von der Stadtverwaltung hin zur Gauverwaltung erschien Hannover bereits seit 1940 vermehrt als Gauhauptstadt, seit Herbst 1941 nahezu vollständig.[226] Die Stadtverwaltung wurde de facto der Gauverwaltung als eine Dependance angegliedert,[227] der Oberbürgermeister eine Art Niederlassungsleiter.[228] Schon Henricus Haltenhoff und erst recht sein Nachfolger Ludwig Hoffmeister nahmen Weisungen des Gauleiters entgegen, sei es die Organisation des Künstlerwettbewerbs für die Denkmalsockel, die Bildung eines städtischen Amtes für Gauaufgaben, hier des Kulturbüros,[229] oder die Einstellung eines Mitarbeiters wie Ernst Löns. Bald verlor der Oberbürgermeister bzw. seine kommissarische Vertretung sogar noch seine bis dahin verbliebene repräsentative Funktion. Die Stadt Hannover hatte sich damit binnen neun Jahren in ihrem institutionellen Auftreten und Image in eine Gauhauptstadt transformiert. Sie war tatsächlich, wie Knop angekündigt hatte, „an Haupt und Gliedern" erneuert worden: Ihre politische Spitze war nun der Gauleiter, ihr politisches Ziel der „Endsieg" der nationalsozialistischen Bewegung und die „Germanisierung Europas".

Betont werden muss allerdings, dass die Übernahme der städtischen Kompetenzen durch die Gauleitung eine Angelegenheit war, in der die Akteure ganz oder

---

226 Der Terminus „Hauptstadt Hannover" war bereits vor 1933 gebräuchlich, fand jedoch ab Mitte der 1930er-Jahre vermehrt Anwendung. Seine Verbreitung hatte er vermutlich dem großen Interpretationsspielraum zu verdanken. So scheint die Bezeichnung zuerst vornehmlich im Sinne der „Hauptstadt Niedersachsens" (seit 1.1.1935 vermutl. lt. DGO, §9(2)), später jedoch vermehrt als „Gauhauptstadt" verwandt worden zu sein. Eine nähere Untersuchung dieser Bedeutungsverschiebung steht noch aus und dürfte für die Erforschung städtischer Selbst- und Fremdbilder in der NS-Zeit genauso aufschlussreich sein wie für die Veränderungen der städtischen Akteurskonstellation. Verwandt wurde der Terminus „Hauptstadt Hannover" z. B. bei Arends, Theodor: Handbuch der Hauptstadt Hannover. Im Auftrag des Magistrats zusammengestellt, Hannover 1931; Fremdenverkehrs- und Ausstellungsamt der Stadt Hannover (Hrsg.): Hannover, die Hauptstadt Niedersachsens. Hannover erwartet Sie zu allen Jahreszeiten und NTZ v. 3./4.10.1936: „Hannover. Von der alten Königsresidenz zur modernen Hauptstadt Niedersachsens". Auch in dem Buch Grabenhorst, Georg: Hannover. Bilder aus der Hauptstadt Niedersachsens, Hannover 1941, das die Stadt den hannoverschen Ritterkreuzträgern schenkte, findet der Terminus Verwendung. Dies verweist darauf, dass auch noch 1941 „Hauptstadt" nicht eindeutig auf den Gau bezogen war, sondern weiterhin Interpretationsspielraum bestand.
227 Damit veränderte die Stadtverwaltung ihre Funktion. Statt Kommune wurde sie nun Verwaltungskörper der staatlichen Mittelinstanz Gau Südhannover-Braunschweig. Sie wurde jedoch, sofern im Rahmen dieser Untersuchung zu sehen war, keine leere Hülse, wie Hachtmann für viele lokale, regionale und reichsweite Verwaltungskörperschaften ausmacht, die bereits vor der NS-Herrschaft bestanden, vgl. Hachtmann: Neue Staatlichkeit, S. 67.
228 In Hamburg dagegen nannte der Volksmund bereits 1936 den Regierenden Bürgermeister Carl Vincent Krogmann „Regierter Bürgermeister", vgl. Bajohr: Gauleiter in Hamburg, S. 281.
229 Vermutlich wurde auf ebendiese Art und Weise auch ein städtisches Propagandabüro für die Erledigungen von Gauaufgaben gegründet, vgl. Anm. 180.

überwiegend aus Mitgliedern der NSDAP bestanden. Es handelte sich also personell um einen „parteiinternen" Konflikt; institutionell um die Verschiebung von Kompetenzen zwischen einer traditionellen lokalen und einer neuen regionalen Verwaltungskörperschaft innerhalb des Staatsaufbaus und damit gerade nicht um ein Aufeinanderprallen von Staat und Partei. Wurde diese Sichtweise zu Recht immer wieder kritisiert,[230] so spricht Bernhard Gotto in seiner Untersuchung der Augsburger Stadtverwaltung neuerdings sogar von einer Symbiose:

> „Staat und Partei bildeten [...] keinen unversöhnlichen Gegensatz, sondern standen in einem symbiotischen Verhältnis zueinander. Initiativen aus den Reihen der Partei wurden oftmals nur dann Wirklichkeit, wenn die Stadtverwaltung ihre Machtmittel dafür einsetzte. Umgekehrt nutzte die Stadtverwaltung immer häufiger Prestige, Autorität und den ehrenamtlichen Apparat der Partei, um ihre Politik durchzusetzen."[231]

Auch bei Ehrungen in Hannover ließ sich zeigen, dass Projekte, die von Gliederungen der NSDAP initiiert wurden, oftmals die aktive Mitarbeit der Stadtverwaltung für ihre Umsetzung benötigten, sei es durch die Bereitstellung von Boden für Denkmäler, sei es durch administrative Tätigkeiten. Im Allgemeinen wurde diese Hilfestellung gewährt, selbst wenn Mitarbeiter wie Stadtkämmerer Weber und Presseamtschef Arends vereinzelt Zweifel oder Detailkritik äußerten. Allein für den Fall des Künstlerwettbewerbs konnte belegt werden, dass Harm Lichte die Arbeit verweigerte und das Projekt daran scheiterte; auf Lauterbachers Gesamtkonzept hatte diese Episode jedoch keine Auswirkungen.

Umgekehrt sind Situationen, in denen die Stadtverwaltung auf die NSDAP angewiesen war oder wenigstens von ihr profitierte, zumindest in der Ehrungspolitik rar gesät. Die Gauleitung beteiligte sich zwar aktiv an der Initiative zur Ehrenbürgerschaft für Farinacci, doch selbst sie konnte nicht die notwendige Genehmigung in Berlin erreichen. In den meisten Ehrungsfällen ist es jedoch kaum möglich zu bestimmen, inwiefern das Eingreifen der Kreis- oder insbesondere der Gauleitung zum Vorteil der Stadtverwaltung war, also, wie Gotto sagt, „ihre Politik" befördert oder behindert hatte. Hierzu wäre es notwendig, eine genuine Zielsetzung der Stadtverwaltung benennen zu können. Zumindest für die Jahre ab 1942 bis zum Ende des Nationalsozialismus kann jedoch in der Ehrungspraxis Hannovers nicht mehr von einer Stadtverwaltung als entscheidendem und gestaltendem Akteur gesprochen werden, sondern ausschließlich als von einem verwaltenden und ausführenden. Der Wille der Stadtverwaltung und der Gauleitung war in Ehrungsfragen nunmehr identisch und wurde vom Gauleiter bestimmt, der damit auch die Politik der Stadtverwaltung vorgab. Dominanz der einen Seite bis zur

---

230 Vgl. z. B. Mecking, Sabine/Wirsching, Andreas: Stadtverwaltung als Systemstabilisierung? Tätigkeitsfelder und Handlungsspielräume kommunaler Herrschaft im Nationalsozialismus, in: Mecking/Wirsching: Stadtverwaltung im Nationalsozialismus, S. 1–22, passim; Ruck, Michael: Führerabsolutismus und polykratisches Herrschaftsgefüge. Verfassungsstrukturen des NS-Staates, in: Bracher, Karl Dietrich/Funke, Manfred/Jacobsen, Hans-Adolf (Hrsg.): Deutschland 1933–1945. Neue Studien zur nationalsozialistischen Herrschaft, Bonn 1993, S. 32–56, hier S. 41.
231 Gotto: Nationalsozialistische Kommunalpolitik, S. 422, vgl. Mecking/Wirsching: Stadtverwaltung als Systemstabilisierung, S. 18.

Selbstaufgabe der anderen ist jedoch kein Verhältnis, auf das das Bild der Symbiose zutrifft, das zwei in ihren Interessen unterscheidbare und damit jeweils über eine relative Eigenständigkeit verfügende Körper impliziert.

Inwiefern die skizzierten Machtverschiebungen zwischen den Akteuren nur für das Feld der Ehrungen zutreffen, lediglich ein Spezifikum Hannovers waren oder typisch für die Etablierung von Gauhauptstädten, kann im Rahmen dieser Untersuchung nicht beantwortet werden. Auffallend ist in diesem Zusammenhang allerdings der Politikstil Lauterbachers, vor allem im Vergleich zu seinem Vorgänger. Der in der Hitler-Jugend geschulte Lauterbacher war zweifelsohne ein durchsetzungsstarker Politiker, der selbstbewusst und zumeist erfolgreich seinen Willen umzusetzen verstand. Damit unterschied er sich diametral von seinem Vorgänger Bernhard Rust, für den weder eine eigene kultur- oder ehrungspolitische Konzeption noch Ansprüche an die Stadtverwaltung erkennbar sind. Diese Differenzen scheinen auch der Grund für das unterschiedliche Verhalten Oberbürgermeister Haltenhoffs gegenüber den beiden Gauleitern zu sein. Erst Lauterbachers Verhalten wurde von Haltenhoff als Amtsanmaßung interpretiert, konnte sich jedoch weder in Einzelfällen noch über eine grundsätzliche Klärung dagegen wehren: Sein Versuch, in Berlin eine Festschreibung der Kompetenzen zwischen den Gauverwaltungen und den Stadtverwaltungen zu erreichen, schlug fehl. Haltenhoffs Nachfolger Hoffmeister fungierte dagegen von Beginn an als lediglich ausführendes Organ des Gauleiters. Damit bestätigt sich für die hannoversche Ehrungspolitik, dass der Handlungsraum der Stadt entscheidend vom Verhältnis zwischen Stadt- und Gauspitze bestimmt war[232] und dass die unterschiedlichen Machtansprüche und Politikstile der Oberbürgermeister und Gauleiter die Akteurskonstellationen formten, so dass den beteiligten Akteuren und ihren Handlungen eine höhere Relevanz zuzusprechen ist, als die Strukturgeschichte ihnen einst zugebilligt hatte.[233]

---

232 Vgl. hierzu Matzerath: Oberbürgermeister im Dritten Reich, S. 249–251. Dagegen sieht Christoph Schmidt für die städtische Kulturpolitik Gelsenkirchens nur im Gauleiter einen kontinuierlichen Einflussfaktor, beim Kulturdezernenten lediglich einen sporadischen. Vgl. Schmidt, Christoph: Die Gelsenkirchener Kulturverwaltung im „Dritten Reich". Gestaltungsspielräume und Grenzen kommunaler Selbstbestimmung, in: Mecking/Wirsching: Stadtverwaltung im Nationalsozialismus, S. 107–138, hier S. 138.
233 Vgl. Schaarschmidt: Regionalkultur, S. 500 und Tüffers, Bettina: Politik und Führungspersonal der Stadtverwaltung Frankfurt am Main. Die personelle Zusammensetzung des Magistrats, in: Mecking/Wirsching: Stadtverwaltung im Nationalsozialismus, S. 51–76.

III. „... VOR ALLEN DINGEN DER GEDANKE EINER WERBUNG ...". EHRUNGEN ALS MITTEL DER STADTWERBUNG

„Reichskanzler Hitler überfliegt Hannover"[1]

Die Anfänge der Stadtwerbung reichen bis in die zweite Hälfte des 19. Jahrhunderts zurück.[2] Man versprach sich vom Fremdenverkehr eine vermehrte Ansiedlung von Industrie und zahlungskräftigen Bewohnern und damit eine Steigerung der Kaufkraft sowie eine Erhöhung des Steueraufkommens. Die Initiative zu diesen Werbemaßnahmen ging von Privatpersonen und Vereinen, vom Verkehrsverein bis hin zum Verschönerungsverein, aus.[3] Die Kommunen selbst begriffen Stadtwerbung erst seit Beginn des 20. Jahrhunderts als eigenständige Aufgabe.[4] Sie setzten sie als Mittel gegen die verbreitete Großstadtfeindlichkeit ein[5] und nutzten gezielt kulturelle Veranstaltungen wie Jubiläen und Feierlichkeiten, um ein positives Stadtimage[6] zu etablieren.[7] Die Stadt sollte Attraktivität, Lebens-

---

1 Titel einer Kurznachricht in NTZ v. 3.6.1933.
2 Vgl. Kiecol, Daniel: Selbstbild und Image zweier europäischer Metropolen. Paris und Berlin zwischen 1900 und 1930, Frankfurt am Main u. a. 2001, S. 112.
3 Vgl. Keitz, Christine: Reisen als Leitbild. Die Entstehung des modernen Massentourismus in Deutschland, München 1997, S: 71; für Berlin: Kiecol: Selbstbild, S. 115–122.
4 Vgl. Schott, Dieter: Kunststadt – Pensionärsstadt – Industriestadt. Die Konstruktion von Stadtprofilen durch süddeutsche Stadtverwaltungen vor 1914, in: Die Alte Stadt, H. 4.1999, S. 277–299, hier S. 277–279. Erst damit setzte eine Trennung in Selbst- und Fremdbild der Städte ein, vgl. Günther, Lutz Philipp: Die bildhafte Repräsentation deutscher Städte. Von den Chroniken der Frühen Neuzeit zu den Websites der Gegenwart, Köln u. a. 2009, S. 21.
5 Vgl. Günther: bildhafte Repräsentation, S. 143 und Schütz, Erhard (Hrsg.): Berlin wirbt! Metropolenwerbung zwischen Verkehrsreklame und Stadtmarketing. 1920–1995, Berlin 1995, bes. S. 8–11.
6 Zum Begriff „Stadtimage" vgl. Münkel/Seegers: Einleitung; Mattissek, Annika: Diskursive Konstitution städtischer Identität. Das Beispiel Frankfurt am Main, in: Berndt, Christian/Pütz, Robert (Hrsg.): Kulturelle Geographien. Zur Beschäftigung mit Raum und Ort nach dem Cultural Turn, Bielefeld 2007, S. 83–111, hier S. 84; Seegers, Lu: Die farbige Stadt. Image- und Kommunikationspolitik im Hannover der frühen Siebziger Jahre, in: Saldern, Adelheid von (Hrsg.): Stadt und Kommunikation in bundesrepublikanischen Umbruchszeiten, Stuttgart 2006, S. 181–207, hier S. 183; Schürmann/Guckes: Stadtbilder S. 5f. und Puhan-Schulz, Franziska: Museen und Stadtimagebildung. Amsterdam – Frankfurt/Main – Prag. Ein Vergleich, Bielefeld 2005, S. 28–30.
7 Vgl. Günther, 96, 143; Saldern, Adelheid von: Symbolische Stadtpolitik – Stadtpolitik der Symbole. Repräsentationen in drei politischen Systemen, in: dies.: Inszenierter Stolz, S. 29–80, bes. S. 30–34 sowie Schlör, Joachim: Stadt-Bilder. Tagungsbericht von der Sektion „Urban Images and Representations during the 20th Century in Europe and beyond", in: Die alte

freude und eine optimistische Zukunft ausstrahlen, also ein Konglomerat positiver Vorstellungen, Bilder und Affekte bei der Zielgruppe auslösen.[8] So stellte sich Mainz über das Gutenberg-Fest 1900 als Vaterstadt des Buchdrucks und des kulturellen Fortschritts dar und versuchte damit, die assoziative Verengung auf Karneval und Wein aufzubrechen.[9] Solche Maßnahmen entstammten jedoch noch keiner systematischen Fremdenverkehrswerbung der Kommunen. Diese entwickelte sich erst nach dem Ersten Weltkrieg.

Deutsche Fremdenverkehrsorte gaben 1908 lediglich 2 000, 1928 jedoch bereits 19 000 Reichsmark für Fremdenverkehrswerbung aus.[10] Trotz der durch die Währungsreform von 1923 nicht ganz vergleichbaren Summen wird doch die rasante Entwicklung auf diesem Gebiet ersichtlich. Diese war nicht allein Reaktion auf die bestehende Reiselust, die nach kleineren Beamten und Angestellten in den 1920er-Jahren nun auch die Arbeiterschicht erreicht hatte.[11] Die Zunahme des Tourismus galt bereits während des Ersten Weltkriegs als Möglichkeit, Geld für Kriegsanleihen zu erhalten; nach 1919 wurde sie als Notwendigkeit erachtet, um Devisen für die Reparationen an die Alliierten einzutreiben.[12] Die Wirtschaftskrise verstärkte dieses fiskalische Motiv noch.[13] So kam es in den 1920er-Jahren vermehrt zur Gründung von Fremdenverkehrsorganisationen.[14] Von diesen bemühte sich insbesondere die „Reichsbahnzentrale für den deutschen Reiseverkehr" darum, auch den durch den Krieg hervorgerufenen Imageverlust Deutschlands wieder auszugleichen.[15]

Beliebte Mittel der Werbung waren Städteführer und, aufgrund der foto- und drucktechnischen Entwicklung, Bildbände.[16] Farbfotos vermittelten in ganz besonderem Ausmaß das Gefühl von visueller Authentizität, wurden jedoch aufgrund der schlechten Qualität und der noch hohen Kosten in den 1920er-Jahren wieder vermehrt durch Schwarz-Weiß-Fotos verdrängt.[17] Zur selben Zeit erlebte

---

Stadt, H. 1.2005, S. 76–80, hier S. 76. Die Städte akkumulierten damit kulturelles Kapital, um sich in der Konkurrenz der Städte zu behaupten, vgl. Fröhlich, Gerhard: Kapital, Habitus, Feld, Symbol. Grundbegriffe der Kulturtheorie bei Pierre Bourdieu, in: Mörth, Ingo/Fröhlich, Gerhard (Hrsg.): Das symbolische Kapital der Lebensstile. Zur Kultursoziologie der Moderne nach Pierre Bourdieu, Frankfurt am Main/New York 1994, S. 31–54, hier S. 34–37 sowie Bourdieu, Pierre: Die drei Formen des kulturellen Kapitals, in: Steinrücke: Wie die Kultur zum Bauern kommt, S. 112–120.

8 Vgl. hierzu den Forschungsbericht bei Guckes: Stadtbilder.
9 Vgl. Schott: Kunststadt, S. 285f.
10 Vgl. Kiecol: Selbstbild, S. 115.
11 Vgl. Keitz: Reisen als Leitbild, S. 53ff, 69; Günther: bildhafte Repräsentation, S. 95.
12 Vgl. Keitz: Reisen als Leitbild, S. 55.
13 Vgl. ebd., S. 70; Stremmel, Ralf: Städtische Selbstdarstellung seit der Jahrhundertwende, in: AfS 33/1994, S. 234–264, hier S. 251. Eine deutliche Zunahme städtischer Öffentlichkeitsarbeit sieht auch Kunczik: Öffentlichkeitsarbeit, S. 181.
14 Vgl. Keitz: Reisen als Leitbild, S. 57.
15 Vgl. ebd., S. 59.
16 Vgl. Günther: bildhafte Repräsentation, S. 204–223.
17 Vgl. ebd., S. 218.

der Stadtfilm in Form des Kulturwerbefilms seine Blütezeit.[18] Zumeist von den Kommunen in Auftrag gegeben und mit Hilfe privater Geldgeber finanziert, blieb er vorerst relativ standardisiert und eintönig: Er stellte vor allem die Bauten und Institutionen der Kommune und der den Film mitfinanzierenden Industrie dar, ohne die Möglichkeiten des Mediums Film voll zu nutzen. Dies geschah erst, als die künstlerische Moderne auch den Stadtfilm erreichte. Bereits bei der Gestaltung von Plakaten und Publikationen hatte in den 1920er-Jahren die Neue Sachlichkeit Einzug in die Stadtwerbung gehalten und in den vorherrschenden Zeichnungen, aber auch dem verwendeten Fotomaterial durch gezielt wechselnde Perspektiven, Kontraste und Schattenwürfe oder experimentelle Bildmanipulationen das grafische Gesicht der 1920er-Jahre geprägt. Analog kamen nun experimentierfreudigere Filme auf, die wechselnde Geschwindigkeiten, Kameraperspektiven und Schnitte als Ausdrucksformen einsetzten. Der bekannteste seiner Art wurde Walter Ruttmanns „Berlin. Die Sinfonie der Großstadt" aus dem Jahr 1927.[19] Für den Kulturwerbefilm als auch für die städtische Werbegrafik gilt, dass die modernen Elemente in den 1930er-Jahren sukzessive zurückgenommen wurden. Bis zum Ende der 1930er-Jahre setzte sich in der Grafik eine romantisch-volkstümliche Verklärung durch[20] und die filmische Darstellung eines städtischen Chaos, eines urbanen Treibens, wie sie noch bei Ruttmann zu finden war, wich dem Bild einer klaren städtischen Ordnung.[21]

Diese Entwicklung zeigte sich auch in Hannover. Der 1930 in einer Kommission der Stadt Hannover unter Federführung des Verkehrsamtes entwickelte Film „Das Gesicht einer Stadt – Hannover um 1930" entsprach dem Ende der 1920er-Jahre üblichen avantgardistischen Erscheinungsbild des Stadtfilms und lehnte sich in einigen Sequenzen an das Berliner Vorbild von Ruttmann an.[22] Das „Gesicht einer Stadt" erreichte immerhin „schon kurz nach seiner Fertigstellung überregionale Bedeutung": Die Norddeutsche Lloyd wollte den Film den Gästen auf ihren Ausflugsdampfern bieten und die Filmverleihfirma Tobis nahm ihn in ihr Verleihprogramm auf.[23] Hingegen belegt der aus dem Jahr 1939 erhaltene Stummfilm „Hannover – Industrie- und Handelsstadt", über dessen Verbreitung leider nichts bekannt ist, eine kulturelle Verabschiedung von den Errungenschaften der künstlerischen Moderne.

Fremdenverkehr war im Verlauf der Weimarer Republik zu einem wichtigen volkswirtschaftlichen Zweig aufgestiegen,[24] und zwar nicht allein in den traditio-

18 Vgl. ebd., S. 239–242.
19 Vgl. ebd., S. 244–248 und Toeplitz, Jerzy: Geschichte des Films. Bd. 1, 1895–1928, Berlin 1992, S. 431f.
20 Vgl. Günther: bildhafte Repräsentation, S. 219–223.
21 Vgl. ebd., S. 252.
22 Vgl. auch für das Folgende Stettner, Peter: Stadtporträts. Die Geschichte Hannovers im Dokumentar- und Kulturfilm, in: Aurich, Rolf/Fuhrmann, Susanne/Müller, Pamela (Hrsg.): Lichtspielträume. Kino in Hannover 1896–1991. Hrsg. von der Gesellschaft für Filmstudien e. V., Hannover 1991, S. 129–140.
23 Vgl. Stettner: Stadtporträts, S. 129, Zitat ebd.
24 Vgl. Keitz: Reisen als Leitbild, S: 68.

nellen Kur- und Badeorten. Die Konkurrenz zwischen den Städten hatte sich auf alle Städte ausgedehnt und verschärft.[25] Diese Entwicklung zog eine organisatorische Umstrukturierung nach sich. Sowohl reichsweit als auch in den Kommunen entstanden neue Fremdenverkehrsorganisationen und die kommunalen übernahmen die Aufgabe von der bis dato federführend tätigen privaten Hand.[26] Die Professionalisierung zeigte sich zum Beispiel in der Stadt Hagen. Hagen hatte sich seit Beginn des 20. Jahrhunderts darum bemüht, nicht lediglich als Industriestadt, sondern auch als moderne Kulturstadt zu erscheinen und beauftragte in den 1920er-Jahren eine Werbeagentur mit der Erstellung eines Stadtführers und eines Stadtfilms.[27] Dortmund legte sein Image breit an und kombinierte in wiederholten Zuschreibungen technischen Fortschritt und Modernität mit Tradition und Geschichte der Stadt, Sport und Verkehr der Gegenwart sowie Freizeitmöglichkeiten im Umland.[28] Neue Trends prägten auch die Städte Frankfurt am Main und Hannover. Sie entwickelten Stadt-Designs,[29] die die Stadtverwaltungen als Dienstleistung sichtbar machten und sie in modernem Gewand darstellten.[30] In Hannover wurde der Grafiker Kurt Schwitters damit beauftragt, Formulare und Briefbögen zu vereinheitlichen. Er normierte Schriftart und -größe, setzte Linien als wiedererkennbares grafisches Stilmittel ein und erhob eine modernisierte Fassung des bereits sporadisch genutzten vierblättrigen Kleeblatts zum Symbol der Stadt.[31] Das folgende Kapitel wird zeigen, dass ein Teil der Ehrungen im nationalsozialistischen Hannover nur im Kontext von Stadtwerbung und damit einer lokalen, regionalen, nationalen und teilweise internationalen Medienöffentlichkeit verstanden werden kann.

---

25 Vgl. ebd., S. 69, 76.
26 Vgl. allg. ebd., S. 71; für Berlin: Kiecol: Selbsbild, S. 115–122.
27 Vgl. Pursell, Timothy: Stadt der Natur oder Stadt der Avantgarde? Tourismusförderung und Identitätsentwicklung in Hagen im 20. Jahrhundert, in: IMS, H. 1.2005, S. 11–17, hier S. 14.
28 Vgl. ebd. und Guckes, Jochen: „Stätte des Willens und der Tat, der Arbeit und des Erfolgs". Städtische Selbstbilder und Städtebaudebatten in Dortmund in der Weimarer Republik, in: Beiträge zur Geschichte Dortmunds und der Grafschaft Mark 1998, S. 175–220, bes. S. 183f. Guckes verweist darauf, dass dieses Image zwar spezifisch für Dortmund ist, aber gleichzeitig eine recht typische zeitgenössische Mischung städtischer Zuschreibungen enthält, vgl. ebd. Die verschiedenen Methoden und Strategien bei der Stadtimagebildung für das 18. bis hinein ins 21. Jahrhundert zeigt am Beispiel Berlin der Sammelband von Biskup, Thomas/Schalenberg, Marc: Selling Berlin. Imagebildung und Stadtmarketing von der preußischen Residenz bis zur Bundeshauptstadt, Stuttgart 2008.
29 Zu Stadt-Designs als Teil der Imagepflege vgl. Istel, Werner: Stadt-Design, in: Format, H. 1.1980, S. 46f.
30 Vgl. Beyrow, Matthias: Mut zum Profil. Corporate Identity und Corporate Design für Städte, Stuttgart 1998, S. 116–119.
31 Vgl. ebd. und Heine, Werner: Der kurze Frühling der Moderne, oder – Futura ohne Zukunft. Kurt Schwitters typographische Arbeiten für die Stadtverwaltung Hannover 1929–1934, in: Landesmuseum Wiesbaden/Sprengel Museum Hannover/Museum für Gestaltung Zürich (Hrsg.): „Typographie kann unter Umständen Kunst sein". Kurt Schwitters' Typographie und Werbegestaltung, Spangenberg 1992, S. 92–97, hier S. 93.

1. STADTPOLITIK UND MEDIALE SELBSTDARSTELLUNG

Anhand ausgewählter Beispiele werden die zeitgenössischen Methoden und Zielsetzungen des hannoverschen Marketings mittels Ehrungen dargelegt. Zuerst wird die Möglichkeit betrachtet, mit ihrer Hilfe überregionale Aufmerksamkeit zu erzeugen und damit Bilder und Informationen über Hannover zu vermitteln. Um die präsentierten Inhalte geht es dann im zweiten Abschnitt, der Ehrungen als Beitrag zur Etablierung eines Stadtimages untersucht. Zuletzt wird auf ihre wirtschaftliche Bedeutung für den Standort Hannover eingegangen.

1.1 Medienpräsenz. Der Kulturaustausch mit Cremona/Italien

Der wohl erste bundesdeutsche Leitfaden zum Stadtmarketing erschien 1971. Sein Autor Roman Antonoff brachte hier viele Marketingpraktiken, derer sich die Städte in den Jahrzehnten zuvor bedient hatten, griffig auf den Punkt. So erklärte er, „eine Stadt muß nicht nur bekannt sein, sie muß auch ständig Gesprächsstoff ‚produzieren', um bekannt zu bleiben".[32] Dies könne auf zwei Wegen erreicht werden: „Entweder man produziert *Nachrichten*, oder man produziert *Ereignisse*, über die die Journalisten selber Nachrichten machen".[33] Auch den hannoverschen Akteuren war die Notwendigkeit der Medienpräsenz bereits zur Zeit des Nationalsozialismus bewusst, wie sich im Folgenden zeigen wird.[34]

Städtefreundschaft im Rahmen der Achse Rom-Berlin

Von 1938 bis 1943 bestand zwischen der italienischen Stadt Cremona und Hannover ein Kulturaustausch. Die beiden Städte stellten einander unter anderem Personal und Bücher zum gegenseitigen Erlernen der Sprache zur Verfügung, ermöglichten einen Schüleraustausch und richteten sportliche Wettkämpfe aus.[35] Zwar war die italienische Stadt Cremona deutlich kleiner als Hannover, sie war jedoch Provinzhauptstadt und hatte als Vaterstadt des Komponisten Claudio Monteverdi

---

32 Antonoff, Roman: Wie man seine Stadt verkauft. Kommunale Werbung und Öffentlichkeitsarbeit, Düsseldorf 1971, S. 87.
33 Ebd., S. 88. Hervorhebung P. S.
34 So beklagte sich Oberbürgermeister Haltenhoff im Juni 1938 über die mangelnde Berichterstattung über hannoversche Großveranstaltungen in der „auswärtigen Parteipresse" und fuhr fort: „Alle Bemühungen, die man sich in Hannover mit Großveranstaltungen und anderen hervorstechenden Leistungen gebe, seien vergeblich, wenn nichts darüber in die breitere Öffentlichkeit gelange." Protokoll der Besprechung mit den Dezernenten v. 21.6.1938, o. P., StAH. Im Falle der Zeitschrift „Das Reich" bemühte sich Presseamtschef Arends um „einen geeigneten Berichterstatter", vgl. Protokoll der Besprechung mit den Dezernenten v. 29.10.1940, o. P., StAH.
35 Eine Übersicht über die verschiedenen Projekte im Rahmen des Kulturaustauschs finden sich im Bericht über den Besuch in Cremona v. März 1940, StAH, HR 15, Nr. 909 sowie der Dezernentenbesprechung v. 2.4.1940, StAH.

sowie der Geigenbauerfamilie Stradivari als Kulturstätte durchaus einen Namen. Relevant für den Kulturaustausch war außerdem, dass er auf italienischer Seite maßgeblich von einer populären Person, nämlich dem Staatsminister und Gauleiter Cremonas, Roberto Farinacci, betrieben wurde.[36] Der auch unter führenden Nationalsozialisten als deutschfreundlich bekannte Farinacci gehörte dem pronazistischen Flügel der „Italienischen Faschistischen Partei" an, der moderne Kunst rigoros ablehnte und die Durchsetzung eines völkisch-rassistischen und antisemitischen Denkens in Italien förderte.[37]

Im Frühjahr 1939 initiierte Farinacci die Kunstausstellung „Il Premio Cremona" (Preis von Cremona), die recht schnell landesweit Aufmerksamkeit auf sich zog und sowohl vom „König von Italien, dem Duce und andern [sic] hochgestellten Persönlichkeiten besucht bzw. eröffnet" wurde, wie man in Hannover mit Genugtuung quittierte.[38] Die Absicht beider Städte, die Ausstellung im Herbst in Hannover zu zeigen, konnte zunächst aufgrund des Kriegsbeginns nicht verwirklicht werden. Bereits 1940 gelang es jedoch, die italienischen Werke auch in Hannover zu präsentieren.[39]

Zweifelsohne gab es im Umfeld der Reichsregierung auch kritische Einschätzungen über diese Städtefreundschaft und insbesondere die Ausstellung.[40] Diese hinderten die beiden Städte jedoch nicht daran, sich anlässlich von Veranstaltungen im Rahmen der Zusammenarbeit positiv darzustellen.[41] So galt die Kooperation als gelungenes Beispiel für die Umsetzung des am 23. November 1938 geschlossenen „Abkommens zwischen dem Deutschen Reich und dem Königreich Italien über die kulturelle Zusammenarbeit".[42]

---

36 Vgl. Haltenhoff an Lauterbacher vom 31.1.1941, StAH, HR 15, Nr. 898.
37 Zu Farinacci vgl. Hoffend, Andrea: Zwischen Kultur-Achse und Kulturkampf. Die Beziehungen zwischen „Drittem Reich" und faschistischem Italien in den Bereichen Medien, Kunst, Wissenschaft und Rassenfragen, Frankfurt am Main 1998, bes. S. 38f, 40, 204, 236f., 258, 366f. u. 382f.
38 Haltenhoff an Lauterbacher vom 31.1.1941, StAH, HR 15, Nr. 898; vgl. Protokoll der Sitzung des Cremona-Ausschusses v. 8.8.1940, StAH, HR 15, Nr. 902.
39 Vgl. NTZ und HA v. 28.9.–1.10.1940.
40 Reichspropagandaminister Goebbels war den jährlichen Ausstellungen gegenüber eher skeptisch eingestellt, vgl. Hoffend: Kultur-Achse, S. 266. Hannoveraner dagegen betonten selbstredend positive Reaktionen aus dem Reich über die Städtepartnerschaft. Vgl. Begrüßung des neuen italienischen Botschafters Dino Alfieri am 4.6.1940, StAH, HR 15, Nr. 904; Schreiben Haltenhoff an Lauterbacher vom 31.1.1941, ebd. Nr. 898; Besprechung des OBs mit den Dezernenten v. 27.8.1940, o. P., ebd. Nr. 919; Protokoll der Besprechung über die Vorbereitungen zum Besuch Farinaccis v. 22.7.1941, ebd., Nr. 917; Weber an OB v. 2.8.1941, ebd. Nr. 918. Offenbar waren der Austausch und die Ausstellung zumindest Thema, stießen also auf Resonanz.
41 Vgl. die Presseartikel um Hannover und Cremona in StAH, Presseamt I, Nr. 275 und HR 15, Nrn. 898, 900, 916 u. 927f. Auf italienischer Seite tat sich hier besonders die von Farinacci herausgegebene „Regime Fascista" hervor.
42 Das Abkommen betonte auch die Förderung der jeweils anderen Sprache (bes. Art. 13 u. 18) und den Schüleraustausch (Art. 15). Vgl. BA, R 43 II, r. 1450, fol. 5 –10, vgl. auch VB, Norddt. Ausgabe v. 24.11.1938. Zum Abkommen allgemein vgl. Hoffend: Kultur-Achse, S. 325–355.

Zur Ehrenbürgerschaft für den italienischen Minister Roberto Farinacci

Erstmals im Jahr 1940 und erneut im folgenden Jahr bemühten sich die Stadt Hannover und der Gau Südhannover-Braunschweig, Roberto Farinacci zum Ehrenbürger der Stadt Hannover zu ernennen. Allerdings versagte Berlin die notwendige Zustimmung.[43] Relevant für die Betrachtung der Beziehung zwischen Stadtwerbung und Ehrung ist an dieser Stelle jedoch weniger das Scheitern der Durchführung als vielmehr die Intention der Planung. So begründete Oberbürgermeister Henricus Haltenhoff gegenüber den Ratsherren seine Entscheidung zur Ernennung Farinaccis zum Ehrenbürger mit der Absicht,

„diesen einflußreichen Mann noch mehr an Hannover zu binden [...]. Es sei zwar außergewöhnlich, daß eine deutsche Stadt einem ausländischen Minister das Ehrenbürgerrecht verleihe, aber eine Werbung für Hannover in Italien sei nur möglich, wenn etwas Außergewöhnliches getan werde".[44]

Abb. 23: *„Staatsminister Roberto Farinacci, der Förderer der deutsch-italienischen Freundschaft". Abgedruckt im HA, 28./29. September 1940.*

Als einziges Mittel stehe der Stadt dabei die Ehrenbürgerwürde zur Verfügung, fuhr Haltenhoff fort, denn einen Orden könne die Stadt nicht verleihen, und ein materielles Geschenk sei unangemessen. Stadtrat Fritz Weike[45] wandte ein, eine solche „Ehrung sei bisher nur solchen Persönlichkeiten zuteil geworden, die sich besonders um die Stadt verdient gemacht haben". Die Ehrenbürgerwürde werde „herabgesetzt", wenn sie nun auch an „Persönlichkeiten verliehen werde, die noch nichts für Hannover getan haben". Dem pflichteten auch Stadtbaurat Karl Elkart und Stadtrat Gustav Schwager bei. Daraufhin entwickelte sich eine Diskussion darüber, inwieweit Hannover einen Nutzen aus der Städteverbindung ziehe, und welche anderen Werbemaßnahmen für Hannover möglich seien. Haltenhoff beharrte auf seinem Vorschlag und betonte,

„daß ihn bei der geplanten Ehrung vor allen Dingen der Gedanke einer Werbung für Hannover in Italien geleitet habe. Es biete sich in diesem Zusammenhang eine günstige Gelegenheit,

---

43 Vgl. die Details zur Ablehnung in Kapitel II, 1.2.
44 Protokoll der Besprechung mit den Dezernenten v. 27.8.1940, o. P., in StAH, HR 15, Nr. 919. Alle folgenden Zitate, soweit nicht anders angegeben, ebd.
45 Fritz Weike (geb. 1902) war Erster Syndikus der IHK Hannover und Hauptgeschäftsführer der „Wirtschaftskammer Niedersachsen". Er wurde am 31.5.1937 zum Ratsherrn berufen und trat damit als Zeitbeamter in städtische Dienste. Vgl. Personalakte Nr. 8197, StAH.

daß der Name Hannover im italienischen Rundfunk und in der italienischen Presse ausgiebig erwähnt und dadurch eine besondere Werbung für Hannover erreicht werde".

Stadtkämmerer Wilhelm Weber sah zwar ebenfalls die Notwendigkeit, Hannover in Italien zu präsentieren, bezweifelte jedoch, dass die Ernennung Farinaccis zum Ehrenbürger der richtige Weg sei. Stadtrat Schwager schlug alternativ vor, „auf kulturellem Gebiet etwas Besonderes zu schaffen", damit „Zeitungen in kurzen Zeitabständen regelmäßig berichten".

Die Sitzungsaussprache zeigt, dass nationale und selbst internationale Stadtwerbung unter den leitenden hannoverschen Politikern und Dezernenten Konsens war. Differenzen bestanden einzig darüber, welche Maßnahmen adäquat seien. Elkart, Schwager und Weike setzten sich für den Erhalt der traditionellen Sinngebung einer Ehrenbürgerschaft ein,[46] nach der sie individuelle und hervorragende Leistungen für eine Kommune honoriere.[47] Bei Farinacci vermissten sie besonders eindeutige und herausragende Handlungen für die Stadt Hannover; Elkart plädierte sogar dafür, mit der Ehrung abzuwarten, bis der Minister „wirklich etwas für Hannover tue".[48] Für Haltenhoff und seine Unterstützer hingegen hatte die Werbung für Hannover Priorität gegenüber tradierten bürgerlichen Maßstäben. Damit bewegte er sich durchaus im Rahmen der geltenden Kommunalgesetzgebung, denn die Deutsche Gemeindeordnung von 1935 ermöglichte die Ernennung zu Bürgern ehrenhalber für Personen, „die sich um Volk und Staat *oder* um die Gemeinde besonders verdient gemacht" hatten.[49]

Dem Oberbürgermeister kam es vor allem darauf an, Farinaccis internationale Bekanntheit für Hannover zu nutzen. So begründete Haltenhoff seinen erneuten Vorstoß 1941 unter anderem damit, Farinacci „sei einer der einflußreichsten und vielleicht einer der kommenden Männer Italiens".[50] Tatsächlich war ein Besuch des italienischen Ministers Garant für reichsweite und internationale Aufmerksamkeit.[51] Aber nicht nur das war es, was ihn zum Werbeträger prädestinierte, sondern auch der zu erwartende Rückkoppelungseffekt von Ehrungen.[52] Demnach fällt vom Glanz des Geehrten stets etwas auf die Ehrenden zurück. Zwar verschlechterte sich das Verhältnis zwischen Deutschland und Italien Anfang der 1940er-Jahre und auch Farinaccis Ansehen sank; dennoch galt er weiterhin als relevanter Bündnispartner.[53] Dies wurde spätestens nach der vom italienischen

---

46 Protokoll der Besprechung mit den Dezernenten v. 27.8.1940, o. P., in StAH, HR 15, Nr. 919. Alle weiteren im Kontext dieser Sitzung erfolgenden Zitate ohne Quellenangabe ebd.
47 Vgl. van Rahden: Juden und andere Breslauer, S. 300.
48 Protokoll der Besprechung mit den Dezernenten v. 27.8.1940, o. P., in StAH, HR 15, Nr. 919.
49 Küchenhoff/Berger: DGO 1935, §21(1); Kursivsetzung nicht im Original. Vgl. hierzu auch Schwensen: Verleihung, bes. S. 43f.
50 Protokoll der Besprechung mit den Ratsherren (vertraulich) v. 2.9.1941, o. P., S. 3f.
51 Vgl. z. B. VB v. 30.9.1940, 7 u. 8.9.1941, Bremer Zeitung v. 28.9.1940, Westdeutscher Beobachter v. 10.9.1941, Koblenzer Nationalblatt v. 10.9.1941, Straßburger Neueste Nachrichten v. 11.10.1941, Brüsseler Zeitung v. 11.9.1941.
52 Vgl. Vogt: Logik der Ehre, S. 240.
53 Ende 1941 begann sich Farinacci leicht von Deutschland zu distanzieren, so dass sich das Verhältnis zwischen ihm und führenden Nationalsozialisten verschlechterte, vgl. Hoffend:

König vorgenommenen Amtsenthebung Mussolinis im Juli 1943 deutlich: Italien wurde als feindliches Territorium von deutschen Truppen besetzt und im Norden Italiens[54] eine deutschen Interessen dienende Verwaltung installiert. Für deren Leitung hatte man, da Mussolini nach seiner Absetzung verhaftet worden war, Farinacci gehandelt. Nach einer gelungenen Befreiungsaktion übernahm dann doch Mussolini die faschistische Führung in Norditalien. Bis zu dieser Wende profitierte Hannover vom symbolischen Kapital Farinaccis, worüber er als Staatsminister eines verbündeten Landes in hohem Maße verfügte.

Der Kulturaustausch als Vehikel zur Potenzierung von Medienereignissen

Die Methode der Ereignisproduktion lässt sich effektiv ausweiten, indem man einen Kontext schafft, in welchem Ehrungsanlässe sich gleichsam von selbst generieren. Ein solcher Selbstläufer war der Kulturaustausch zwischen Cremona und Hannover. Die Städtepartnerschaft bot den Rahmen für ständige Kommunikation und gegenseitige Belobigungen. So war die Idee zu Farinaccis Ehrenbürgerschaft eine Reaktion auf den Orden, mit dem Oberbürgermeister Haltenhoff bereits im Januar 1940 in „Anerkennung der Verdienste um die Förderung der deutsch-italienischen Kulturbeziehungen" durch den italienischen Generalkonsul in Hamburg ausgezeichnet worden war.[55] Die Ausstellung „Il Premio Cremona", die in den Jahren 1941 und 1942 jeweils im Juni in Italien und im September in Hannover stattfand, war stets mit Besuchen, Empfängen und Feierlichkeiten verbunden.[56] Zu derartigen Anlässen wurden wiederum Stipendien gestiftet, nämlich 1941 von Haltenhoff für italienische Studierende – als symbolischer Ausgleich für die entfallene Ehrenbürgerschaftsverleihung – und 1942 von Farinacci für Stadthannoveraner.[57] Als Farinacci im Herbst 1941 während seines Aufenthaltes in Hannover den Wunsch nach einem „deutschen Jagdhund, und zwar als Vorstehhund für die Niederwildjagd" äußerte, wurde noch rechtzeitig zur Jagdsaison ein Hund gekauft und ein ganzes D-Zug-Abteil für die Reise des Vierbeiners nach Italien zur Verfügung gestellt.[58] Die Schenkung eines Brunnens im Juni 1943 an

---

Kultur-Achse, S. 382. Auch berichtete Goebbels in seinem Tagebuch mit sinkendem Respekt über Farinacci, schätzte ihn dennoch bis 1942 als willkommenen bis zumindest notwendigen Achsenpartner ein, dem man in manchen Dingen entgegenkommen müsse, vgl. Fröhlich: Goebbels' Tagebücher, z. B. Bd. I.8, S. 171 v. 13.6.1940 u. 2.10.1940, Bd. I.9, S. 391f. v. 10.9.1941 u. Bd. II.3, S. 419 v. 5.3.1942. Zum Verhältnis zwischen Deutschland und Italien, insbesondere hinsichtlich der Person Farinacci vgl. Hoffend: Kultur-Achse, bes. S. 30, 38–40, 204, 258–267, 378, 383; Rusconi: Deutschland-Italien, S. 151–169; Ullrich: Achse, bes. S. 25–30 und Woller: Rom, S. 233–241.
54 Cremona gehörte nicht zu den nördlichen Provinzen.
55 NTZ v. 12.1.1940.
56 Vgl. die Lokalpresse v. Ende September 1940 und Anfang September 1941.
57 Vgl. HA v. 8.9.1941 und 19.10.1942.
58 Vgl. zu den Vorgängen StAH, HR 15, Nr. 921, Zitat lt. Schreiben Haltenhoff an Stadtrat Luttermann v. 10.10.1941, ebd.

die Stadt Cremona[59] beantwortete Farinacci im folgenden Oktober mit der Widmung einer Marmorstatue für Gauleiter Hartmann Lauterbacher.[60]

Wenngleich nicht alle Ehrungen realisiert werden konnten – weder der Brunnen noch die Statue erreichten jemals ihren Bestimmungsort – so wird doch deutlich, wie sich durch die gegenseitigen Ehrungen eine „Ehrungsspirale" bildete. Diese entstand als eine Art Synergieeffekt durch die Verknüpfung eines für Politik und Medien relevanten Kontextes wie dem deutsch-italienischen Kulturabkommen mit der allen Ehrungen innewohnenden Gabentauschlogik. Nach Marcel Mauss besteht diese Logik im Kern aus der Verschränkung von „drei Verpflichtungen": Geschenke anzunehmen, sie zu erwidern und Geschenke von sich aus zu machen.[61] Daher erforderte ein Geschenk stets ein Gegengeschenk, ein Besuch einen Gegenbesuch, und eine angekündigte und dann nicht durchgeführte Ehrenbürgerschaftsernennung musste zumindest durch Spenden substituiert werden, um nicht in einem Affront zu enden. Dadurch, dass die Ehrungen in einem geschaffenen, öffentlichen Rahmen stattfanden, verstärkte sich der Effekt noch und verknüpfte sich mit weiteren politischen, kulturellen und wirtschaftlichen Zielen. Damit erhöhte sich die Anzahl von Gelegenheiten, die für Werbezwecke nutzbar waren.[62]

Misslungenes und gelungenes Marketing. Eine Ehrenbürgerschaft für Hitler

Gerade zur Erzeugung überregionaler Medienpräsenz reichte es oftmals nicht aus, eine Person öffentlich zu ehren, sondern es musste darüber hinaus ein Distinktionsmerkmal zu vergleichbaren Maßnahmen vorliegen. Hitler wurde in fast jeder deutschen Stadt Ehrenbürger, so dass seine Ernennung in Hannover nur eine unter vielen war.[63] Vermutlich wäre es bereits ausreichend gewesen, hätte Hitler sich die Urkunde in einer öffentlichen Feierzeremonie persönlich überreichen lassen. Die Spekulation darauf wird ein Motiv gewesen sein, warum sich Oberbürgermeister Arthur Menge ganze dreieinhalb Jahre für eine persönliche Überreichung der Urkunde einsetzte.[64] Geplant war zunächst, dass Hitler zur Verleihung am 7. Mai 1933 anreisen sollte, jedoch sagte er vier Tage zuvor ab. Da weitere Versuche, einen neuen Termin zu arrangieren, am Unwillen Hitlers scheiterten, wurde

---

59 Vgl. StAH, HR 15, Nr. 926 und Vermerk Haltenhoff v. 12.6.1943 in StAH, HR 15, Nr. 929.
60 Vgl. Schreiben Bellomi an Lauterbacher v. 7.10.1943, StAH, HR 15, Nr. 906.
61 Vgl. Mauss, Marcel: Die Gabe. Form und Funktion des Austauschs in archaischen Gesellschaften, Frankfurt am Main 1968, S. 36. Zur Gabentauschlogik bei Bourdieu vgl. Vogt: Logik der Ehre, S. 105–110 u. 239.
62 Zu den bereits erwähnten Anlässen kamen die Aufenthalte italienischer Arbeiter in Hannover (vgl. HA v. 26./27.3.1938 u. 2./3.4.1938), die Studienreise italienischer Politiker (vgl. HA u. NTZ v. 8., 9. u. 10./11.6.1939) und der Empfang des ebenfalls in den Kulturaustausch involvierten italienischen Botschafters Dino Alfieri (vgl. Adreßbuch Hannover 1943, S. 7) hinzu.
63 Vgl. hierzu auch Holm: Die Besuche, hier S. 92.
64 Zu den Vorgängen vgl. StAH, HR 3, Nr. 52. Vgl. hierzu auch Maier: Die Feier.

die Urkunde schließlich im November 1936 wie von Berlin erbeten per Post versandt.[65]

Während es der Stadt Hannover also nicht gelang, die Ehrenbürgerschaftsverleihung für den Reichskanzler effektiv für ihre Stadtwerbung zu nutzen, vermochten dies dagegen die mit der Anfertigung des Ehrenbürgerbriefs betrauten Kunsthandwerker. Der NS-Künstlerbund hatte die Urkunde, die aus Leder, Elfenbein und Gold gefertigt werden sollte, bei den Grafikern Alfred Hesse und Willi Kleine in Auftrag gegeben, die Firma Wilhelm Heese sollte die Lederarbeiten durchführen.[66] Schon bald erschien in der Niedersächsischen Tageszeitung eine Information darüber, wer die Ausgestaltung der Arbeiten übernommen hatte. Die Stadtverwaltung vermutete, da von ihr keine Informationen ausgegangen seien, dass die Gewerbetreibenden selbst die Presse informiert hatten.[67] Als die Arbeit fertiggestellt war, erhielten die Künstler auf ihren Antrag hin die Erlaubnis, die Urkunde befristet in einigen Schaufenstern auszustellen.[68] Gekrönt wurde die Werbung noch durch den Abdruck eines Fotos des Schmuckstücks in der regionalen Parteipresse.[69]

1.2 Stadtimagepolitik: „Reiterstadt" und „Fliegerstadt" Hannover

Die Inszenierung von Besonderheiten spielt eine zentrale Rolle in der Stadtimagewerbung. Jede Stadt zielt auf die Konstruktion eines für sie als typisch geltenden, markanten Erscheinungsbildes und positiver, griffiger Assoziationen. Als besonders erfolgreich muss Stadtimagewerbung gelten, wenn es ihr gelingt, den Stadtnamen als eine Art Markennamen zu prägen,[70] indem der Name der Stadt und ein spezifisches Bild – bzw. eine Einheit von Bildern – bei einer relevanten Anzahl von Menschen wechselseitig assoziativ aufeinander verweisen.[71] Ein damals wie heute bekannter Fall, der gleichzeitig aus dem Feld der Ehrungen

---

65 Hitler sagte auch sein Erscheinen zum einige Tage zuvor stattfindenden Reitturnier ab, das von der NSDAP und der SA veranstaltet wurde. Vgl. die Absage in StAH, Presseamt I, Nr. 269. Dies muss auch im Zusammenhang damit gesehen werden, dass das Reichskabinett laut HT v. 2.12.1933 festgelegt hatte, dass Kabinettsmitglieder „in Zukunft nur noch an Veranstaltungen teilnehmen, wenn dies aus staatspolitischen Gründen unbedingt erforderlich ist", da sie „in den letzten Wochen mit Einladungen geradezu überschüttet" worden seien, vgl. ausführlicher Kapitel I, Teil 1.
66 NS-Künstlerbund Hannover an Gau SHB v. 19.4.1933, StAH, HR 3, Nr. 52.
67 Vgl. NTZ v. 21.4.1933 mit ergänzendem Vermerk, StAH, HR 3, Nr. 52.
68 Schreiben Elkart an Menge v. 31.5.1933 und weitere Schreiben und Vermerke, ebd. Auch in Weimar und Regensburg wurden die Ehrenbürgerurkunden vor der Verleihung öffentlich ausgestellt, vgl. Holm: Die Besuche, S. 90 und Maier: Die Feier, S. 595.
69 NTZ v. 2.6.1933, vgl. auch NTZ v. 3.6.1933.
70 Antonoff: Wie man seine Stadt verkauft spricht auf S. 27 von „Stempeln".
71 „Das Prinzip des Markenartikels personifizierte die Waren, stattete sie mit Namen und fest zugeordneten Eigenschaften aus und verlieh ihnen so eine spezifische Individualität", so Reinhardt, Dirk: Von der Reklame zum Marketing. Geschichte der Wirtschaftswerbung in Deutschland, Berlin 1993, S. 436.

stammt, ist die „Goethe-Stadt" Weimar.[72] Im Folgenden werden Hannovers Bemühungen betrachtet, sich als „Reiterstadt" und als „Fliegerstadt" zu etablieren. Anschließend wird diese Vergabe von Titeln für Städte als Methode der Stadtimagepolitik im Nationalsozialismus beleuchtet.

Die „Reiterstadt Hannover" und die Kavallerieschule

Anfang der 1930er-Jahre begann eine Serie deutscher Siege an internationalen Reitturnieren, vorwiegend in Springwettbewerben, an denen sehr wesentlich die Reiter der Kavallerieschule Hannover[73] beteiligt waren. In Rom errang die deutsche Mannschaft 1933 beim „Coppa Mussolini" (Mussolini-Pokal) den dritten Sieg in Folge, so dass der Wanderpokal endgültig in Deutschland verblieb.[74] Nicht nur Oberbürgermeister Arthur Menge, auch Viktor Lutze, Oberpräsident der Provinz Hannover und später zugleich Stabschef der SA, sowie der Hannoversche Anzeiger sandten Glückwunschtelegramme nach Rom.[75] Noch Anfang Juni, also einen Monat nach dem sportlichen Ereignis, berichteten die lokalen Zeitungen darüber. Nachdem Reichsminister Göring und weitere Mitglieder der Regierung die erfolgreiche Mannschaft in Berlin empfangen hatten,[76] war das folgende Landesturnier vom 14. bis 18. Juni in Hannover[77] ein willkommener Anlass, die so genannten „Romreiter" vor Ort in Hannover zu ehren. Sowohl personell als auch organisatorisch hatte man die Abschlussfeier des Landesturniers zu einem Großereignis ausgebaut. In Anwesenheit der Ehrengäste Gauleiter Rust, Vizekanzler von Papen, Reichswehrminister Werner von Blomberg und Oberpräsident Lutze ritten die Reiter feierlich ins Hindenburg-Stadion ein.[78] Abends wurde das Turnier mit einem Feuerwerk gekrönt, das sich an das große Feuerwerk am 1. Mai in Ber-

---

72 Im Idealfall wird eine eindeutige und damit – wie für Markentechnik typisch – monopolartige Zuweisung von assoziativen Gegenstücken hergestellt, d. h. die Goethe-Stadt wird ausschließlich mit Weimar in Verbindung gebracht.

73 Vgl. Schulte-Huxel, Ludwig: Der Stolz des Kavalleristen. Das Militär-Reit-Institut in Hannover (1867–1914), in: Niedersächsisches Institut für Sportgeschichte, Hoya e. V. (Hrsg.): Sport in Hannover. Von der Stadtgründung bis heute, Göttingen 1991, S. 37–43; Mossdorf, Carl Friedrich: Kavallerieschule Hannover. Hrsg. von der Dt. Reiterlichen Vereinigung e. V., Warendorf, 2. Aufl. 1987 und Frese, Immo: Hannover. Die Hauptstadt der deutschen Reiterei, in: Historisches Museum am Hohen Ufer (Hrsg.): Provinz + Metropole. Hannover 1900 bis 1999. Begleitbuch zur gleichnamigen Ausstellung des Historischen Museums Hannover. Redaktion: Katharina Schmidt-Vogt, Hannover 2000, S. 37–44.

74 Vgl. bes. HA u. NTZ v. 7.5.1933, NTZ v. 7.6.1933. Der Pokal gelangte in die Kavallerieschule, da die meisten Reiter und Pferde der Mannschaften ihr angehörten.

75 Vgl. HA v. 7.5.1933 (Menge u. HA); NTZ v. 9.5.1933 (Lutze).

76 Vgl. NTZ v. 30.5.1933.

77 Es handelte sich um eine Veranstaltung des Gaues und des Kreises der NSDAP sowie der SA, vgl. Programmankündigungen aus der NTZ v. 10. u. 13.6.1933. Die Preise zum Landesturnier waren unter anderen von der NTZ (vgl. NTZ v. 18.6.1933), dem Hannoverschen Anzeiger (vgl. HA v. 18.6.1933), aber auch der Stadt Hannover (vgl. NTZ v. 20.6.1933) gesponsert worden.

78 Vgl. NTZ-Sport v. 20.6.1933, S. 4.

lin anlehnte.[79] Am 20. Juni berichtete die NTZ sechs Seiten lang über den Ablauf des Turnier-Abschluss-Sonntages,[80] und der Verkehrsverein produzierte aus dem Empfang der Reiter sogar einen Film.[81]

Abb. 24: *Springreiten auf dem Turnierplatz der Kavallerieschule.*

1935 folgten internationale Siege in Amsterdam, Budapest und Nizza. Zu letzterem Anlass ließen die Reiter Oberbürgermeister Menge per Telegramm wissen: „Hannover hat in Nizza einen guten Klang".[82] Genau dieser Wohlklang des Namens „Hannover" war Ziel der Stadtimagewerbung, zu der die Kavalleristen mit ihren Siegen zweifelsohne bedeutend beitrugen, und sie vermochten ihren sportlichen Erfolg sogar noch zu steigern: Bei den Olympischen Spielen 1936 in Berlin gingen alle sechs Goldmedaillen in der Reitkunst, jeweils Einzel- und Mannschaftswettbewerbe in Springen, Dressur und Military, an Deutschland. Wieder gehörten die siegreichen Reiter überwiegend der Kavallerieschule an. Neben den obligatorischen Glückwunschschreiben folgten bei der Rückkehr der hannoverschen Reiter ein großer Empfang im Rathaus und ein Abendessen in der Stadthal-

---

79 Vgl. Ankündigung NTZ v. 13.6.1933.
80 Vgl. ebd.
81 Vgl. Schreiben Langemann an Senator Müller v. 2.9.1933, StAH, HR 2, Nr. 1021.
82 Telegramm Dalwigk an Menge v. 3.5.1935, StAH, HR 15, Nr. 69.

le.⁸³ Das 70-jährige Jubiläum der Kavallerieschule am 1. Oktober 1937 sowie der nur drei Tage später folgende Sieg im „Preis der Nationen" in Wien standen jedoch schon unter dem Schatten des bevorstehenden Umzugs der Schule nach Potsdam.⁸⁴

Abb. 25: Trainingsgelände der Kavallerieschule an der Vahrenwalder Straße.

Stadt und Presse bemühten sich darum, das Reiten immer wieder assoziativ mit dem Namen „Hannover" zu verknüpfen, um damit den Titel „Reiterstadt" zu etablieren.⁸⁵ Selbst in einem Glückwunschtelegramm an Major Freiherr von Waldenfels, den Kavalleristen und Leiter der deutschen Reitermannschaft in Rom, verbesserte Menge die Formulierung „die Stadt Hannover" in „die alte Reiterstadt Hannover".⁸⁶ Alle Ehrungen der Kavalleristen, die in der Presse veröffentlichten Dank- und Glückwunschschreiben und die Empfänge der Wettkampfsieger waren wohlorganisierte Anlässe zur Konstruktion dieses Images. Üblich war auch, die Reiter als Ehrengäste zu weiteren repräsentativen städtischen Veranstaltungen zu

---

83 Die Feierlichkeiten galten allerdings allen lokalen Olympiasiegern, zu denen auch einige Wasserballer und die Turnerin Trudi Meyer gehörten. Vgl. zum Empfang und zum Abendessen am 19.8.1936 StAH, HR 20, Nr. 880; NTZ v. 18.8., HA v. 19.8. u. NTZ v. 20.8.1936, „Landespost. Tageszeitung für das Land Niedersachsen" v. 20.8.1936 (als Beilage der HA v. 21.8.1936) und HA v. 21.8.1936. Einen Überblick über die aus Hannover und Niedersachsen startenden SportlerInnen mit kurzen biografischen Abrissen gab vor den Spielen der HA v. 1.8.1936.
84 Der erste mir bekannte Hinweis in der Presse stammt aus dem HA v. 18.11.1937.
85 Vgl. insbesondere „Stadt der Reitkunst" in HA v. 2.11.1935 und „Hannover will Reitsportzentrum werden" in Frankfurter Zeitung v. 15.5.1933.
86 Telegramm Menge an von Waldenfels v. 6.5.1933, StAH, HR 15, Nr. 69.

laden, wie zum Beispiel zur Überreichung des Ehrenbürgerschaftsbriefes an Gauleiter Rust.[87] Aufwendungen dieser Art, die zu einer Art Dauerehrung verschmolzen, dienten dazu, die Reiter und die Schule an Hannover zu binden, damit diese auch in Zukunft bereit waren, als Repräsentanten eines erfolgreichen und leistungsstarken Hannovers aufzutreten. Wohl wissend, dass es sich bei der Kavallerieschule um eine Einrichtung der Wehrmacht und nicht der Stadt Hannover handelte und die Offiziere sich primär als Diener der Nation und nicht der Leinestadt verstanden, verhielt sich die Stadt als Bittstellerin. Dieses eher einseitige Verhältnis spiegelt sich in der Titelwahl des Hannoverschen Anzeigers: „Das freundschaftliche Verhältnis der Stadt *zur* Kavallerieschule".[88] Ein Bericht über das eher ebenbürtige Verhältnis zwischen Hannover und Cremona dagegen war dort überschrieben mit: „Zwei Städte, in Freundschaft verbunden. Cremona und Hannover im gemeinsamen Kampf für gemeinsame Ideale".[89] Bei den Kavalleristen jedoch musste die Stadt nicht nur auf die nicht erzwingbaren reiterlichen Erfolge hoffen, sondern war auch stets auf das Wohlwollen der Offiziere angewiesen. Ehrungen dienten in dieser Situation nicht nur zur Imagepflege, sondern auch zur Steuerung des sozialen Verhaltens der Geehrten.[90] Sie sollten in die kommunalen Fragen involviert und damit als gewichtige Mitstreiter für städtische Belange gewonnen werden.

Die „Fliegerstadt Hannover" und das Karl-Jatho-Denkmal

Am 18. August 1933 fand am Flughafen Hannover, der damals noch im Stadtteil Vahrenheide lag, die Grundsteinlegung für das Karl-Jatho-Denkmal statt.[91] Karl Jatho[92] war seit 1892 in verschiedenen Funktionen bei der Stadt Hannover beschäftigt. Bekannt wurde er durch seinen Beitrag zur Entwicklung des Motorflugs. Ort und Datum der Feierlichkeit waren gut gewählt, stellte der Hannoversche Anzeiger fest: Der Findling komme genau an die „Stelle, an der vor 30 Jahren sich

---

87 Vgl. „Einzuladende Gäste zur Übergabe der Ehrenbürgerurkunde für den Minister Rust" in StAH, HR 3, Nr. 47.
88 HA v. 21.8.1936, Kursivsetzung nicht im Original.
89 HA v. 10./11.6.1939. Vgl. auch HA v. 30./31.3.1940: „Aus gemeinsamer Gesinnung erwachsen".
90 Vgl. Paris: Politik des Lobs, bes. S. 83.
91 Vgl. StAH, HR 13, Nr. 720; HA v. 15.8.1933, NTZ v. 18. u. 19.8.1933, HA und HK v. 19.8.1933, HA v. 20.8.1933.
92 Zu Jatho vgl. HBL, S. 187f. Informativ, aber teilweise distanzlos gegenüber den politischen Verhältnissen im Nationalsozialismus ist Leonhardt, Wolfgang: Karl Jathos erster Motorflug 1903. 100 Jahre Fluggeschichte in Hannover & Langenhagen. Ballon, Zeppelin, Segelflug, Raketen, Flughafen, Norderstedt 2002, zum Denkmal bes. S. 144–154. Einen kurzen Überblick bietet auch Tasch, Dieter: Eine Schwalbe macht doch einen Sommer, in: ders./Görg, Horst-Dieter (Hrsg.): Es begann in Hannover. Menschen, Technik, Welterfolge. Über Persönlichkeiten, Traditionsunternehmen und Meilensteine der Technik-Geschichte, Hannover 2009, S. 8–13.

zum ersten Male in der Welt ein Motorflugzeug von der Erde erhob".[93] Die Ortsgruppe Hannover des Deutschen Luftsportverbandes (DLV) hatte das Ereignis initiiert, die Stadtverwaltung unterstützte es finanziell und personell.[94]

Abb. 26: Das Karl-Jatho-Denkmal auf dem Flughafen Vahrenheide, seit 1952 an der Petzelstraße, Flughafen Hannover-Langenhagen.

Am 10. Oktober des Jahres erfolgte die Einweihung des Denkmals.[95] Der Vizepräsident des DLV hielt die Hauptfestrede, als Vertreter der Stadt ergriff Baudezernent Karl Elkart das Wort. Er erinnerte an die zu Beginn des Jahres nach Jatho benannte Straße und betonte die enge Beziehung des Geehrten zur Leinestadt.[96] Jatho sei in Hannover geboren und habe viele Jahre als städtischer Beamter gedient. Obwohl nur als Hobby betrieben, sei er mit dem Bau eines Drachenfliegers „der erste reichsdeutsche Konstrukteur von Flugzeugen" geworden und habe bereits „einige Monate vor den Gebrüdern Wright vor 30 Jahren den ersten kleinen Flug auf der Vahrenwalder Heide" durchgeführt.[97] Zeitgenössische Zweifel daran, dass es tatsächlich Jatho war, dem der erste Motorflug gelungen war, wurden ignoriert.[98] Immerhin ging es um mehr als die Ehrung eines Stadtbürgers, wie sich den Wor-

---

93 HA v. 19.8.1933.
94 Vgl. StAH, HR 13, Nr. 720. Die Stadt stellte 500 RM zur Verfügung, vgl. Magistratssitzung v. 15.8.1933, o. P., ebd. Eine grundsätzliche finanzielle Unterstützung des DLV verweigerte die Stadt mit dem Hinweis auf die Bestimmungen des Versailler Vertrags, vgl. StAH, HR 31, Nr. 69.
95 Vgl. NTZ v. 9.10.1933, HA u. HT v. 10.10.1933
96 Feierrede in StAH, HR 13, Nr. 720. Zur Zuordnung von Inhalten zu den jeweiligen Reden vgl. Schreiben DLV an OB Menge v. 5.10.1933, ebd.
97 Feierrede in StAH, HR 13, Nr. 720.
98 Vgl. Leonhardt: Jathos erster Motorflug, S. 181f. Der Völkische Beobachter dagegen erklärte, Jatho sei zwar nicht, wie Hannover behaupte, der erste Motorflieger gewesen, er habe das Denkmal jedoch ohne Zweifel verdient, vgl. VB v. 9.3.1935. In den letzten Jahren bemüht sich das so genannte „Jatho-Projekt" in Hannover darum, Jatho als ersten Motorflieger wieder bekannter zu machen, vgl. neben aktueller Presse Tasch, Dieter/Görg, Horst-Dieter (Hrsg.): Es begann in Hannover. Menschen, Technik, Welterfolge. Über Persönlichkeiten, Traditionsunternehmen und Meilensteine der Technik-Geschichte, Großburgwedel 2009.

III. Ehrungen als Mittel der Stadtwerbung   149

ten Elkarts entnehmen ließ, als er sich direkt an den persönlich anwesenden Jatho wandte:

> „Sie legten den Grund zur Fliegerei in unserem schönen Hannover, dem man nach den großen Erfolgen der Segelflieger [...] im Jahre 1921 und der hannoverschen Fliegerstaffel [...], die in diesem Jahre auf dem Deutschlandfluge die Höchstleistung aufwies, zu den Beinamen der Stadt im Grünen und dem einer Reiterstadt noch den der Stadt der Flieger geben könnte".[99]

Die Veranstaltung diente also auch der Stadtimagebildung.[100] Zu diesem Image trugen nicht nur Jatho und die von Elkart namentlich genannten Sportflieger bei, sondern – wenngleich in geringerem Ausmaß[101] – auch die international bekannte Flugpionierin Elly Beinhorn.[102]

Zwar wurde der Titel „Fliegerstadt" von lokalen Medien gerne aufgenommen,[103] allerdings gibt es keinerlei Hinweise darauf, dass er sich überregional durchsetzte. Dabei war das Thema Fliegen zu dieser Zeit durchaus populär. Zu Beginn der 1930er-Jahre herrschte eine regelrechte Flugeuphorie in Deutschland. Besonders Segelfliegen und Zeppeline faszinierten die Zeitgenossen.[104] Seit 1933 wurde das Fliegen vermehrt zur Selbstdarstellung der nationalsozialistischen Bewegung genutzt und damit das Narrativ deutscher Flugkultur nationalsozialistisch überformt.[105] Für die NSDAP bedeutete die Fliegerei nicht allein eine technische, sondern eine gesellschaftliche Umgestaltung.[106] Reichsminister Hermann Göring ging es um „die Moral des Flugwesens, deren Tugenden Selbstbewusstsein und Dienst an der Volksgemeinschaft sind".[107] Der Nationalsozialist Theo Opper-

---

99 Feierrede, StAH, HR 13, Nr. 720. Die „Stadt im Grünen" war ein zentraler Werbetitel Hannovers.
100 So spendete die Stadtverwaltung dem Berliner Luftfahrtmuseum 1936 ein Gemälde Jathos, vgl. bes. Dankschreiben des Museums v. 20.5.1936, StAH, HR 10, Nr. 1491.
101 Vgl. Kapitel V, 2.2.
102 Zu Elly Beinhorn vgl. Zegenhagen, Evelyn: „Schneidige deutsche Mädel". Fliegerinnen zwischen 1918 und 1945, Göttingen 2007, bes. S. 240–250 und Fritzsche, Peter: A Nation of Fliers. German aviation and the popular imagination, Cambridge (Mass.)/London 1992, S. 146. Für die Rolle Beinhorns in Hannover vgl. Buchholz, Goetz: Hannover. Geschichten und Geschichte, Hannover 2000, S. 141–143 und Leonhardt: Jathos erster Motorflug, S. 316–323.
103 Vgl. z. B. NTZ v. 4.6., HA v. 6.6. u. NTZ v. 9./10.6.1934. Die Umgestaltung des hannoverschen Flughafens bot außerdem Anlass für weitere Publikationen, vgl. o. A.: Fliegertreffen in Niedersachsen! Großer Flugtag Hannover Flughafen 25. August 1935 und Heichen, Wilhelm (Hrsg.): Hannover im Luftverkehr. Schwerpunktheft 8/9 von: Deutsche Flughäfen. Zeitschrift zur Förderung des Luftverkehrs und der Industrie zur Anlage und Einrichtung von Flughäfen, Berlin 1935. Die Zeitschrift enthält auch einen Artikel zu Jatho und zum Flugsport in Hannover. Zur Entwicklung der „Fliegerstadt" von Mitte bis Ende der 1930er-Jahre vgl. StAH, HR 31, Nr. 70.
104 Vgl. hierzu Marschik, Matthias: „Flieger, grüß mir die Sonne ..." Eine kleine Kulturgeschichte der Luftfahrt, Wien 2000, S. 148–159.
105 Vgl. ebd., bes. S. 154 sowie Fritzsche: Nation of Fliers, bes. S. 186.
106 Vgl. Marschik: Flieger, S. 148.
107 Originaltext: „the moral virtues of aviation, which were self-reliance and service to the Volk community". Eigene Übersetzung aus Fritzsche: Nation of Fliers, S. 190.

mann, Gauleiter des Nationalsozialistischen Kraftfahrkorps,[108] publizierte 1933 eine Biografie über Karl Jatho und schuf genau diese Verknüpfung zwischen nationalsozialistischen Wertmaßstäben und Flugkunst. Sein Buch „Ikaros lebt!" beschreibt Jatho als einen derjenigen Menschen, die „das Ringen um eine große Idee höher stellen als alles persönliche Glück".[109] Jathos Persönlichkeit, so fuhr Oppermann fort, „zeigt aber ihren hohen moralischen Wert erst dann so recht, wenn man sie zu dem politischen Geschehen unserer Tage in Beziehung bringt", denn er habe sich getreu dem Grundsatz „Gemeinnutz geht vor Eigennutz" der deutschen Fliegerei verschrieben.[110]

Nicht alle Zeitgenossen vereinnahmten Jatho – ob gerechtfertigt oder nicht – als Nationalsozialisten. Einigkeit bestand jedoch unter den Akteuren in der Darstellung, Hannover habe in außergewöhnlichem Maße ein nationales Anliegen gefördert – eines, das aber inzwischen zugleich ein populäres nationalsozialistisches geworden war. Indem selbst der konservative Karl Elkart in seiner Rede die lokalen Geschehnisse auf die Nation bezog, stellte er die Stadt Hannover in einen nationalsozialistischen Kontext. Die gesamte Veranstaltung war schon allein durch die Symbolik des Gedenksteins mit nationaler Sinnstiftung unterlegt. Der Bildhauer Georg Herting hatte den Findling mit einem Adler versehen, der nicht allein das Fliegen versinnbildlichte, sondern auch ein Reichssymbol war, das gerade seit 1933 wieder vermehrt Anwendung fand.[111] Hannover präsentierte sich in Zeremonie und Presse aktiv als Teil eines übergeordneten gesellschaftlichen Ganzen, und so setzte die Ehrung Jathos schon 1933 Görings Diktum vom „Volk von Fliegern"[112] auf lokaler Ebene symbolisch in Szene.

Stadttitel im Nationalsozialismus

Schon vor dem Nationalsozialismus waren Methoden und Denkweisen aus der Werbeindustrie auf weitere Sphären der Gesellschaft übertragen worden. Aus der Werbung stammende Vermittlungsmethoden erwiesen bereits bei der Mobilisierung im Ersten Weltkrieg ihren politischen Nutzen und erhöhten die Akzeptanz

---

108 Der Presseverlagsinhaber und Professor Theodor Oppermann (1889–1945) war als Redakteur und Schriftleiter für verschiedene Zeitungen und Zeitschriften tätig sowie Herausgeber der zentralen Schrift des NSKK. Außerdem war er lange Jahre als Präsident des Bundes der Deutschen tätig, Mitglied des Reichstags, Präsident des Deutschen Automobilclubs und „Führer" des NSKK des Gaues Südhannover-Braunschweig. Vgl. Meldekarte Oppermann in Sammlung Heine und o. A.: Braunhemden, S. 76f.
109 Vgl. Oppermann, Theo: Ikaros lebt! Die Lebensgeschichte eines Deutschen. Karl Jatho, der erste Motorflieger der Welt, Wunstorf 1933, Zitat S. 59.
110 Vgl. ebd., Zitate S. 62.
111 Vgl. Lurz, Meinhold: Kriegerdenkmäler in Deutschland, Bd. 5: Drittes Reich, Heidelberg 1986, S. 220.
112 Marschik: Flieger, S. 148.

von Reklame auch im nichtkommerziellen Bereich.[113] Die NSDAP, besonders Hitler und Goebbels, förderte die Anwendung von Reklamemethoden für politische Zwecke. So kam nun auch in der Politik die Methode der Markenwerbung zum Tragen, die sich in der kommerziellen Reklame im ausgehenden 19. Jahrhundert entwickelt hatte.[114] Das 1933 erlassene „Gesetz zum Schutz der nationalen Symbole" führte de facto Markenschutz für politische Zeichen ein,[115] wie anhand des Umgangs mit dem Porträt Hitlers und dem Hakenkreuz deutlich wurde: Diese standen nun inhaltlich und organisatorisch unter der Kontrolle der NSDAP, die diese vor unerlaubtem Gebrauch durch Dritte schützte[116] – eine bis dato für politische Symbole unübliche Verfahrensweise. Auch die kommerzielle Werbung war durch das „Gesetz über Wirtschaftswerbung" der staatlichen Kontrolle unterworfen.[117] Die staatliche Aufsicht erstreckte sich jedoch nicht auf alle Anwendungsgebiete der Werbung. Da die professionelle kommunale Imagewerbung noch neu war, hatte sie sich noch nicht als eigenständiger Marketingbereich institutionalisiert und war damit noch nicht dem Gesetz unterworfen worden.[118]

In Hannover waren neben der Reiter- und der Fliegerstadt noch weitere Titel im Gespräch. Die Lokalpresse sprach von „Kunststadt",[119] „Wilhelm-Busch-Stadt",[120] „Hafenstadt",[121] „Sportstadt"[122] und „Bierstadt".[123] Als „Stadt der

---

113 Vgl. Berghoff, Hartmut: Marketing im 20. Jahrhundert. Absatzinstrument – Managementphilosophie – universelle Sozialtechnik, in: ders.: Marketinggeschichte. Die Genese einer modernen Sozialtechnik, Frankfurt am Main 2007, S. 11–58, bes. S. 52f.

114 Zu den Techniken der Markenwerbung im Nationalsozialismus vgl. Lammers, Britta: Werbung im Nationalsozialismus. Die Kataloge der „Großen Deutschen Kunstausstellung" 1937–1944, Weimar 1999, S. 42–49.

115 Vgl. Schug, Alexander: Hitler als Designobjekt und Marke. Die Rezeption des Werbegedankens durch die NSDAP bis 1933/34, in: Berghoff: Marketinggeschichte, S. 325–345, hier S. 337 und Berghoff, Hartmut: Von der „Reklame" zur Verbrauchslenkung. Werbung im nationalsozialistischen Deutschland, in: ders. (Hrsg.): Konsumpolitik. Die Regulierung des privaten Verbrauchs im 20. Jahrhundert, Göttingen 1999, S. 77–112, hier S. 93.

116 Allgemein zu Werbung im Nationalsozialismus vgl. Rücker, Matthias: Wirtschaftswerbung unter dem Nationalsozialismus. Rechtliche Ausgestaltung der Werbung und Tätigkeit des Werberats der Deutschen Wirtschaft, Frankfurt am Main 2000; Sennebogen, Waltraut: Propaganda als Populärkultur? Werbestrategien und Werbepraxis im faschistischen Italien und in NS-Deutschland, in: Reichardt, Sven/Nolzen, Armin (Hrsg.): Faschismus in Italien und Deutschland. Studien zu Transfer und Vergleich, Göttingen 2005, S. 119–147, bes. S. 125–127; Berghoff: Von der Reklame und Westphal, Uwe: Werbung im Dritten Reich, Berlin 1989. Zu den Markenartikeln der NSDAP vgl. Schug: Hitler als Designobjekt und Behrenbeck, Sabine: „Der Führer". Die Einführung eines politischen Markenartikels, in: Diesener, Gerald/Gries, Rainer (Hrsg.): Propaganda in Deutschland. Zur Geschichte der politischen Massenbeeinflussung im 20. Jahrhundert, Darmstadt 1996, S. 51–78.

117 Vgl. RGB 1933 I, S. 625. Das Gesetz ist mit Ergänzungen abgedruckt und interpretiert bei Rücker: Wirtschaftswerbung.

118 Ralf Stremmel dagegen sieht auch die Stadtwerbung im Nationalsozialismus als in hohem Maße durch den Staat kontrolliert an, vgl. Anm. 127.

119 NTZ v. 28.1.1937 und 15.6.1938.

120 HA v. 14.6.1937.

121 HA v. 27.4.1937.

Hauskonzerte"[124] wurde sie ebenso bezeichnet wie als „Stadt der Blumen"[125] und „Stadt der Leseratten".[126] Ein Erlass des Innenministers vom 4. Januar 1939 legte nahe, dass sich nicht allein Hannover dieser Reklamepraxis bediente. So hieß es:

> „In letzter Zeit sind mir wiederholt Klagen darüber vorgetragen worden, dass Städte bei der Verkehrswerbung Werbebezeichnungen zugrundelegen, die ungeeignet erscheinen. So werden u. a. Bezeichnungen wie ,Stadt der Qualitäten', ,Stadt des günstigen Einkaufes', ,Schaufenster des Westens', ,Die Einkaufsstadt', ,Die Kulturstadt' usw. verwandt. [...] Ich ersuche deshalb, die Bürgermeister darauf hinzuweisen, dass sie bei der Verwendung derartiger Bezeichnungen durch städtische Werbeämter oder durch Werbeeinrichtungen, auf die die Stadt Einfluss hat, die nötige Zurückhaltung üben. Eine angemessene Werbung lässt sich auch auf andere Weise durchführen."[127]

Dabei hatte vermutlich Hitler selbst durch seine Verleihung städtischer Ehrentitel den Trend in den Städten gefördert, Stadtmarketing über die Prägung eines „Labels" zu betreiben. In seiner Rede bei der Grundsteinlegung für das „Haus der Deutschen Kunst" in München erklärte er:

---

122 Fremdenverkehrs- und Ausstellungsamt der Stadt Hannover/Verkehrsverein Hannover e. V. (Hrsg.): Hannover zu allen Jahreszeiten, Hannover o. J. [1931], S. 55. Vgl. hierzu auch Langenfeld, Hans: Sport als Mittel städtischer Repräsentation und Identifikation. Warum und wie sich Hannover zu Beginn unseres Jahrhunderts das Image einer Sportstadt zulegte, in: Niedersächsisches Institut für Sportgeschichte: Sport in Hannover, S. 94–97.
123 HA v. 27.10.1934.
124 HA v. 26.4.1935.
125 HA v. 2.4.1933.
126 HA v. 30.10.1936.
127 Abschrift des Reichsministers des Innern v. 4.1.1939, Stadtarchiv Solingen, FA 1/81. Der Erlass wurde nicht veröffentlicht. Stremmel: Städtische Selbstdarstellung, S. 252, deutet diesen Erlass als Versuch des Reiches, „bis ins Detail zu steuern", wie Städte für sich zu werben hatten. Der Erlass belegt dagegen m. E. das Ausmaß, in dem Kommunen bislang Stadttitel zur Imagewerbung genutzt hatten. (Zu ähnlichen Mäßigungsanweisungen am Beispiel Ehrungen vgl. Kapitel I, Teil 1.) Zudem ist bislang nicht erforscht, ob die Kommunen diese Praxis nach dem Erlass einschränkten, und wenn ja, ob dies aufgrund des Erlasses oder aufgrund der Kriegshandlungen geschah. Stremmel belegt seine These darüber hinaus mit der im Folgenden dargelegten Rede Hitlers, mit der er einzelnen Städten Titel vergab und damit Vorgaben gemacht habe. Die Titelgebung bezog sich jedoch ausschließlich auf bestimmte Städte, von denen insbesondere München, vor allem was den direkten Einfluss Hitlers auf die Kulturpolitik betrifft, als Ausnahme anzusehen ist. (Vgl. dazu auch Hecker, Hans-Joachim: Die Kunststadt München im Nationalsozialismus, in: Bauer, Richard/Hockerts, Hans-Günter/Schütz, Brigitte/Tille, Wolfgang/Ziegler, Walter (Hrsg.): München – „Hauptstadt der Bewegung". Bayerns Metropole und der Nationalsozialismus, München 1993, S. 310–317.) Die von Hitler gewählten Titel lehnten sich zudem in den meisten Fällen an die Traditionen der Städte an und legitimierten damit nur eine bereits bestehende Praxis. Insgesamt scheinen die im Bereich der (kommerziellen) Werbung durchgeführten einschneidenden Gleichschaltungs- und Kontrollmaßnahmen nicht auf die Stadtwerbung insgesamt Anwendung gefunden zu haben, sondern nur auf einzelne Maßnahmen wie das Schalten von Annoncen.

„Wenn Berlin Hauptstadt des Reiches ist, Hamburg und Bremen die Hauptstädte der deutschen Schiffahrt, Leipzig und Köln Hauptstädte des deutschen Handels, Essen und Chemnitz Hauptstädte der deutschen Industrie, dann soll München wieder werden Hauptstadt der deutschen Kunst."[128]

Zumindest Oberbürgermeister Arthur Menge diente die Rede zur Legitimation lokaler Stadtimagepolitik, und sie verleitete ihn zu ausgiebiger Nutzung von Stadttiteln. Anlässlich der Diskussion um die Verlegung der Kavallerieschule von Hannover nach Potsdam ließ er Reichswehrminister von Blomberg wissen, dass

„der nationalsozialistische Staat eine ganze Reihe anderer Großstädte vom Range Hannovers durch die Erhebung zur ‚Hauptstadt der Bewegung‘, zur ‚Stadt der Reichsparteitage‘, zur ‚Stadt des deutschen Handwerks‘ usw. ausgezeichnet und ihre Bedeutung und Eigenart inmitten der Landesteile, dessen Hauptstädte sie sind, neu gefestigt oder gefördert habe, und umso größer ist die Enttäuschung darüber, daß Hannover, die Hauptstadt Niedersachsens, nun in seinem Ansehen eine so schwere Einbuße erleiden und einen weltbekannten Ruf, die deutsche ‚Reiterstadt‘ zu sein, verlieren soll."[129]

Auch in den folgenden Jahren gab es immer wieder Städte, die mit einem Beinamen bekannt wurden. So war die Bezeichnung „Stadt der Hermann-Göring-Werke" oder „Hermann-Göring-Stadt" für Watenstedt-Salzgitter „zeitgenössisch durchaus geläufig",[130] und 1938 wurde sogar offiziell die „Stadt des KdF-Wagens" gegründet, die erst 1948 in „Wolfsburg" umbenannt wurde.[131] Es spricht also einiges dafür, dass die Verwendung einprägsamer Titel für Städte in der NS-Zeit eine sehr verbreitete Methode des Stadtmarketings geworden war.[132]

1.3 Ehrungen und Kommunalfinanzen

Die Kavallerieschule und die damit zusammenhängende Tradition des Reitsports und der Pferdezucht, der Kulturaustausch mit Cremona und die daraus resultierende Ausstellung sowie der im Jatho-Denkmal manifestierte hannoversche Beitrag zur Entwicklung des Motorflugs waren dazu gedacht, das kulturelle Kapital

---

128 VB, Ausgabe Norddeutschland, Nr. 290 v. 17.10.1933. Zu den Bedingungen und Folgen am Beispiel Stuttgart vgl. Müller, Roland: Stuttgart, die „Stadt der Auslandsdeutschen". Anspruch und Wirklichkeit eines „NS-Ehrentitels", in: Mayrhofer, Fritz/Opll, Ferdinand (Hrsg.): Stadt und Nationalsozialismus, Linz 2008, S. 289–309.
129 Schreiben OB an Reichskriegsminister Generalfeldmarschall von Blomberg vom 24.8.1936, abgedruckt in der Anlage Drs. 370/36 zur 10. Beratung mit den Ratsherren vom 28.9.1936, o. P., StAH.
130 Recker, Marie-Luise: Die Großstadt als Wohn- und Lebensbereich im Nationalsozialismus. Zur Gründung der „Stadt des KdF-Wagens", Frankfurt am Main/New York 1981, S. 86, Anm. 3.
131 Vgl. ebd., S. 86, Anm. 2.
132 Eine diesen Aspekt vertiefende Untersuchung könnte darüber hinaus der Frage nachgehen, wie groß der potentielle und der genutzte Handlungsraum der Kommunen hinsichtlich städtischer Selbstrepräsentation war, welche Bilder die Städte im Nationalsozialismus von sich vermitteln wollten und welche dieser Bilder auf öffentliche Resonanz stießen.

der Stadt Hannover zu vermehren. Im Rahmen der Stadtwerbung sollte ein Distinktionsgewinn erzielt und die Ausgangsposition innerhalb der Städtekonkurrenz verbessert werden. Ein positives Image zu erreichen war allerdings kein Selbstzweck, sondern das akkumulierte kulturelle Kapital sollte sich kurz- oder langfristig in ökonomisches transformieren, also finanziell auszahlen.[133] Im Folgenden wird an zwei sehr unterschiedlichen Beispielen gezeigt, inwiefern Ehrungen finanziellen Interessen der Kommune dienten. Kehren wir zuerst zur Kavallerieschule zurück.

Der Wegzug der Kavallerieschule als Problem der lokalen Ökonomie

Etwa Mitte bis Ende des Jahres 1935 muss die Wehrmacht zum ersten Mal angedeutet haben, dass sie aufgrund mangelnder Übungsfläche in Erwägung ziehe, den Standort ihrer Kavallerieschule in die Nähe Berlins zu verlagern. Oberbürgermeister Arthur Menge war bemüht, dieses „Unheil, und zwar ein recht bedenkliches",[134] abzuwenden, und er erhielt Unterstützung durch Gauleiter Rust, Oberpräsident Lutze, Regierungspräsident Rudolf Diels und sogar einige Militärs.[135] Um die Einrichtung vor Ort zu erhalten, pflichteten die Ratsherren Menge bei, dass auch der Bau einer neuen Schule für die Wehrmacht auf Kosten der Stadt in Frage komme. Man sprach über zehn Millionen Reichsmark; die Stadt dürfe „kein Opfer" scheuen.[136] Die Kavallerieschule sei immerhin, so ein Ratsherr,

> „eine Einrichtung, wie es sie in Deutschland, ja, vielleicht überhaupt in der ganzen Welt, nicht noch einmal wieder gäbe. Man könne sagen, daß der Ruf Hannovers durch die Kavallerieschule bis in die äußersten Winkel der Welt getragen sei. Hannover sei nicht reich an derartigen überragenden Einrichtungen, um so mehr müsse es darauf dringen, daß ihm diese Einrichtung erhalten bleibe. Auch für die Tierärztliche Hochschule habe die Kavallerieschule große Bedeutung. Die Heeresveterinärakademie habe man auch der Kavallerieschule wegen nach Hannover gelegt."[137]

Man war sich also dessen bewusst, dass die Militärreitschule nicht nur eine tragende Säule der hannoverschen Imagepolitik, sondern auch ein Anziehungspunkt für weitere Institutionen war, und sie damit zur Belebung der Stadt insgesamt bei-

---

133 Am Beispiel der Hochkultur in Ludwigshafen zeigt dies Erbe, Michael: Kultur als Stadtmarketing? Zur Selbstwahrnehmung Ludwighafens am Rhein als Kulturstadt, in: Schraut, Sylvia/Stier, Bernhard (Hrsg.): Stadt und Land. Bilder, Inszenierungen und Visionen in Geschichte und Gegenwart. Wolfgang von Hippel zum 65. Geburtstag, Stuttgart 2001, S. 309–318, bes. S. 317.
134 Menge an Generalmajor Fromm v. 16.12.1935, in Drs. 370/36 zur Beratung mit den Ratsherren v. 28.9.1936.
135 Vgl. Protokoll der Beratung mit den Ratsherren v. 28.9.1936, o. P., StAH.
136 Ebd.
137 Ratsherr Meißner in der Beratung mit den Ratsherren v. 28.9.1936, TOP 2, S. 5.

trug.[138] Selbst Propagandaminister Joseph Goebbels reiste 1934 nach Hannover, um der Kavallerieschule einen Besuch abzustatten.[139]

Gegen den geplanten Abzug der Schule aus Hannover wandte Menge gegenüber Generaloberst Fritz Fromm unter anderem ein, sie sei Ersatz für den ehemaligen königlichen Marstall, der bis zur Annexion Hannovers durch Preußen 1866 eine „für die Stadt Hannover wichtige und einträgliche Einrichtung" gewesen sei.[140] „Die wirtschaftlichen Folgen der Verlegung", so fuhr Menge fort,

> „würden hier auch nicht so leicht auszugleichen sein. Ich denke dabei nicht so sehr an den unmittelbaren Konsum von Menschen und Pferden als an die mittelbaren Wirkungen, die die Kavallerie-Schule auf unsere Wirtschaft ausübt. Rennen und Turniere würden an Bedeutung gewaltig verlieren, vielleicht sogar ganz ausfallen. Auch die Propaganda, die die zur Kavallerie-Schule kommandierten ausländischen Offiziere in ihrer Heimat für die Stadt Hannover gemacht haben, würde wegfallen. Und der Glanz, der von den Siegen der hannoverschen Turnierreiter in allen Teilen der Welt auf unsere Stadt gefallen ist, würde bald erblassen."[141]

Dass die Aktivitäten, die Hannover aus Anlass des Abzugs der Schule entfaltete, im Wesentlichen durch lokale Standortinteressen motiviert waren, zeigte sich auch, als Ende des Jahres 1936 deutlich wurde, dass die Abwanderung der Militärreitschule nicht mehr zu verhindern war. Menge stellte fest, es „komme dann aber darauf an, eine möglichst vorteilhafte Entschädigung für die Stadt Hannover zu erzielen".[142] Diese sollte zum einen darin bestehen, dass die Wehrmacht andere Abteilungen nach Hannover versetze. Zum anderen sollten verschiedene reiterliche Einrichtungen angesiedelt werden, um Hannover den Ruf als Reiterstadt zu bewahren[143] und die aus der Militäransiedlung, der Pferdezucht und dem Reitsport

---

138 Auch die 1933 durch die Stadt gestiftete Auszeichnung des besten Zivilreiters in Höhe von 1 500 RM sollte allgemeines Interesse am Reitsport bei der Bevölkerung in Stadt und Region schaffen bzw. vertiefen. Vgl. Protokoll der Magistratssitzung vom 21.4.1933, StAH.
139 NTZ v. 7.2.1934.
140 Menge an General Fromm v. 16.12.1935, Anlage 1 zur Drs. 370/36 der Beratung mit den Ratsherren v. 28.9.1936.
141 Ebd. Interessant ist die unterschiedliche Argumentation Menges gegenüber dem eher nationalkonservativen Fromm im Vergleich zu den Nationalsozialisten von Blomberg und Rust. Während er Fromm offen die finanziellen Hintergründe darlegte, argumentierte er gegenüber von Blomberg und Rust mit der reiterlichen und bäuerlichen Tradition sowie dem Unverständnis der Bevölkerung über die Wehrmachtspläne. Den Kommunaletat betreffende lokale Interessen äußerte er hier nicht bzw. leugnete sie gegenüber Rust sogar. Vgl. Menge an von Blomberg v. 27.2.1936, Anlage 2 zur Drs. 370/36 der Beratung mit den Ratsherren v. 28.9.1936 und Menge an Rust o. D., Anlage zu Drs. 4174/36 zur Beratung der Ratsherren v. 24.11.1936, beide o. P., StAH.
142 Besprechung mit den Beigeordneten der Hauptstadt Hannover v. 21.12.1936, o. P., StAH.
143 Vgl. Beratung mit den Beiräten für das Finanzwesen v. 19.1.1937, o. P. und Protokoll der Dezernentenbesprechung v. 26.4.1938, 23.11.1937, o. P., StAH. Diskutiert wurde zum Beispiel, dass eine Remonteschule, eine Schule zur Ausbildung von Militärreitpferden, in die Räume der Kavallerieschule einziehen sollte. Diese wollte die Stadt „jedoch nicht als Ersatz für die Kavallerieschule ansehen" (Haltenhoff in der Besprechung mit den Dezernenten v. 23.11.1937, o. P.). In die Wege geleitet wurde die Ansiedlung einer SS-Reiterschule sowie einer „SA-Reichs-Reiterführerschule [...], die [..] für das ganze Reich Bedeutung" habe (vgl. StAH, HR 31, Nr. 62, Dezernentenbesprechungen seit November 1937, HA u. NTZ v.

resultierenden Arbeitsplätze und Absatzmärkte zu erhalten. In diesem Kontext der Stabilisierung des schwindenden Images als „Reiterstadt" muss auch die Schenkung eines Reitpferdes aus hannoverscher Zucht an Benito Mussolini durch die Stadt und den Gau im Herbst 1937 gesehen werden.[144] Im darauf folgenden Jahr hatte man für das Landesreitturnier sogar eine gesonderte Pressestelle eingerichtet, um ausreichend Resonanz in der überregionalen Presse zu gewährleisten.[145]

Die Ehrenbürgerwürde für Fritz Beindorff als kommunale Finanzakquisition

Fritz Beindorff[146] war als Eigentümer der Pelikan-Werke einer der führenden Industriellen Hannovers und erhielt dafür 1913 von Preußen den Titel des Kommerzienrates verliehen. 1930 wurde er Ehrenpräsident der hannoverschen Industrie- und Handelskammer. Über seine wirtschaftlichen Tätigkeiten hinaus war Beindorff auch in der Politik und der Kultur aktiv. 1907 bis 1919 war er Senator der Stadt Hannover und gehörte 1916 zu den Gründern der Kestner-Gesellschaft, der er von 1933 bis 1936 vorsaß. Beindorff überließ der Stadt diverse Kunstgegenstände, der bekannteste ist wohl der Fackelträger am Maschsee, und er spendete darüber hinaus für Hochschulen sowie soziale und künstlerische Projekte und Einrichtungen in Hannover.[147]

In einem Schreiben an den stellvertretenden Gauleiter Kurt Schmalz erwähnte Fritz Beindorff 1940 sein Interesse, der Stadt für die Neugestaltung als Gauhauptstadt einen Betrag von 300 000 RM zu überlassen.[148] Keine 20 Tage später erhielt Beindorff an seinem 80. Geburtstag ein Schreiben von Oberbürgermeister Haltenhoff, in welchem er dem Jubilar mitteilte, dass die Stadt plane, ihn zum Ehrenbürger zu ernennen.[149] Nach nicht einmal einem Monat wurde die Urkunde überreicht. Am folgenden Tag erhielt Beindorff erneut einen Brief, in dem Haltenhoff

---

13.4.1938, HA v. 5/6.11.1938, NTZ v. 7.11.1938 und Beratung mit den Ratsherren v. 10.5.1938, o. P., Zitat ebd.). Die SA-Reiterschule war dabei die einzige Einrichtung, die von Hannover wenigstens annähernd als gleichwertiger Ersatz anerkannt wurde. Um diesen Eindruck bemühte sich zumindest die lokale Presse: „Hannover erhält neue große SA-Reitschule. [...] Die Hauptstadt Niedersachsens bleibt die deutsche Reiterstadt" titelte die NTZ, der Hannoversche Anzeiger schrieb „Hannover erhält Deutschlands größte SA-Reithalle. SA-Reiterei setzt die Tradition der Kavallerie fort" (beide v. 13.4.1938). Vgl. allg. StAH, HR 31, Nrn. 62 u. 66.

144 Vgl. u. a. NTZ v. 27.9.1937. Italien spendete daraufhin einen „Mussolini-Pokal" als Wanderpokal für einen Züchter im Rahmen des Landesreitturniers. Diese Gegengabe wurde im März 1938 in der Ratsstube des Rathauses ausgestellt. Vgl. Besprechung mit den Dezernenten v. 22.3.1938, o. P., StAH und HA v. 22.3.1938.

145 Vgl. Protokoll der Besprechung mit den Dezernenten v. 21.6.1938, o. P., StAH.

146 Vgl. HBL, S. 47, Katenhusen: Kunst und Politik, S. 268–275, NDB, Bd. 2, 1955, S. 20 und Riedel, Ulrich: Fritz Beindorff, in: May: Lebensbilder Bd. 2, S. 1–11.

147 Vgl. hierzu vor allem die Schreiben von Werner Funk an Menge und Schickenberg, beide v. 4.6.1936, StAH, HR 3, Nr. 48.

148 Vgl. Schreiben Beindorff an Schmalz v. 8.4.1940, ebd.

149 Vgl. Schreiben Haltenhoff an Beindorff v. 27.4.1940, ebd.

erklärte, er habe von „der Gauleitung [...] *jetzt* erfahren, daß Sie [also Beindorff] sich entschlossen haben, der Stadt Hannover zur Durchführung des vom Führer genehmigten großen Bauprogramms am Maschsee 300 000 RM zur Verfügung zu stellen".[150]

Inwiefern diese Aussage der Wahrheit entspricht, lässt sich anhand der Quellen nicht entscheiden. Zweifel sind jedoch angebracht. Auffallend ist vor allem das außerordentlich schnelle Handeln von Haltenhoff und Schmalz. Binnen drei Wochen war eine koordinierte Entscheidung zwischen der Gauleitung und der Stadtverwaltung von der Idee bis zur Bekanntgabe vollzogen, was gerade angesichts der Vorgeschichte erstaunt. Bereits 1936 hatte es nämlich einen Vorstoß gegeben, Fritz Beindorff zum Ehrenbürger zu ernennen.[151] Das damals noch von Menge initiierte Ansinnen scheiterte daran, dass von der Gauleitung bereits unterzeichnete Dokumente nicht mehr auffindbar waren. Mit geeintem politischen Willen der Beteiligten hätte dies jedoch wohl keinen Hinderungsgrund darstellen müssen. Allerdings stand Beindorff gerade in jenen Monaten unter besonderer Beobachtung. Als ehemaliger Freimaurer galt er den Nationalsozialisten von jeher als unzuverlässig. Hinzu kam, dass auch die Kestner-Gesellschaft, deren Vorsitzender er war, weiterhin der modernen Kunst gegenüber allzu aufgeschlossen blieb und immer noch jüdische Mitglieder in ihren Reihen duldete. Besonders die Tatsache, dass der künstlerische Leiter Jude war, führte zu Auseinandersetzungen zwischen Beindorff und der Gauleitung sowie der Reichskulturkammer, die im November 1936 mit der Schließung der Kestner-Gesellschaft endeten.[152] Letztendlich wird man also diese Kontroverse um seine Person als Grund für das Scheitern der Ehrenbürgerernennung im Jahre 1936 ansehen müssen. Auch wenn keine weiteren Maßnahmen gegen Beindorff folgten, blieben die Einwände gegen seine Person bestehen.[153] Spätestens vor diesem Hintergrund zeigt sich die in Aussicht gestellte Großspende für den architektonischen Ausbau Hannovers zur repräsentativen Gauhauptstadt als der eigentliche Motor für die nun 1940 zügig durchgeführte Ehrung.

Die Episode ist ein Beispiel dafür, dass selbst überzeugte Nationalsozialisten wie Kurt Schmalz bereit sein konnten, pragmatisch begründete Abstriche an ihren Prinzipien vorzunehmen.[154] Ein anonymer Verfasser dagegen, der ein Schreiben

---

150 Schreiben Haltenhoff an Beindorff v. 22.5.1940, ebd., Hervorh. P. S. Es handelt sich dabei nicht um den ersten Fall in Hannover, in dem eine Ehrenbürgerschaft mehr oder weniger „erkauft" wurde. Vgl. hierzu die Ernennung Sigmund Seligmanns im Jahr 1923, StAH, HR 3, Nr. 45 und zur Person HBL, S. 331f.
151 Vgl. zu den Vorgängen StAH, HR 3, Nr. 48.
152 Zu den Umständen um die Kestner-Gesellschaft vgl. Katenhusen: Kunst und Politik, S. 273–275.
153 Der spätere Gauleiter Hartmann Lauterbacher erklärte in seinen Memoiren, er habe Beindorff 1941 als „allseits geachtete und bekannte Wirtschaftsführerpersönlichkeit" kennen gelernt, die allerdings auch „etwas gegen die Partei hätte". Vgl. Lauterbacher: Erlebt und mitgestaltet, S. 191.
154 Was sich hier am Einzelfall zeigt, hat Ludgera Vogt für Ehrungen in der Bundesrepublik allgemein festgestellt, dass nämlich „das zweckrationale Kalkül in der Regel Vorrang vor der wertrationalen Entscheidung erhält", Vogt: Logik der Ehre, S. 306.

an die Reichskanzlei in Berlin sandte, in dem er sich darüber beklagte, dass einem Freimaurer die Ehrenbürgerwürde zugesprochen worden sei, setzte strengere Maßstäbe an die NS-Elite. Seine Denunziation blieb jedoch folgenlos. Zwar kam es zu einer Rückfrage des Regierungspräsidenten, der sich aber offenbar mit Haltenhoffs Antwort, dass alles nach Vorschrift abgelaufen sei, zufrieden gab.[155]

Die Ehrenbürgerwürde diente also auch hier, wie bereits die Ehrungen der Kavalleristen, zur Steuerung von Verhaltensweisen. Beindorff sollte dazu bewegt werden, seine Spendenankündigung in die Tat umzusetzen, und hierfür war die Ehrenbürgerschaft besonders geeignet. Mit ihr als höchster Ehrung einer Stadt akzeptiert der Geehrte nicht nur eine hohe öffentliche Würdigung, sondern auch in besonderem Maße implizite Verpflichtungen, denn die Ehrenbürgerwürde zielte auf die gesamte Persönlichkeit. Dies wird vor allem im Vergleich mit anderen üblichen Auszeichnungen noch lebender Zeitgenossen deutlich, nämlich den Sport- oder Kunstpreisen, die fast ausschließlich die spezifische sportliche oder künstlerische Leistung honorieren. Anhand dieser Gegenüberstellung wird auch das dritte Spezifikum der Ehrenbürgerschaft offenbar, nämlich ihre starke Ausrichtung auf die Zukunft. Die Ehrenden erheben den Anspruch an den Geehrten, dass er auch weiterhin etwas für die Stadt leistet. Um was es sich dabei – jenseits allgemeiner Repräsentationsaufgaben – konkret handelt, ist abhängig davon, in welchem Bereich des städtischen Gefüges, von Wirtschaft über Wissenschaft bis hin zu Kultur, der Ehrenbürger bislang aktiv gewesen war. Die Ansprüche lassen sich dabei zumeist indirekt den Laudationen entnehmen. Von Beindorff wurde die weitere Förderung der Stadt und ihrer Kunst, und damit vor allem großzügige Spenden, erwartet.

Dass sich die Ehrenbürgerschaft auf das zukünftige Verhalten des Geehrten richtet, verleiht ihr die Form eines Vertrags und macht sie ungeeignet als Kunst- oder Sportauszeichnung: Weder gelungene Kunstgegenstände noch sportliche Siege sind allein aufgrund einer Willensbekundung lieferbar. Sport- und Kunstpreise loben Vergangenes, selbst Preise für Nachwuchskünstler erkennen nur ein bislang beobachtetes Potential oder Talent an, können zum Fortfahren ermuntern, aber keine zukünftige Leistung einfordern. Daher werden Kunstpreise und Sportpokale auch nicht zurückgenommen, sobald weitere Erfolge ausbleiben oder die Person in Verruf gerät.[156] Im Unterschied dazu kann einem Ehrenbürger seine Ehrung wieder entzogen werden[157] und bei seinem Tod erlischt sie automatisch – Tote können keine Verträge einlösen. Ein Kunstpreis dagegen kann sogar posthum vergeben werden. So wurde der Hermann-Löns-Schrifttumspreis 1942 unter anderen dem Gefallenen Carl von Bremen verliehen und von seiner Frau entgegengenommen.

---

155 Vgl. Schreiben des Regierungspräsidenten v. 20.6.1940, StAH, HR 3, Nr. 48.
156 Rücknahmen werden üblicherweise nur dann vorgenommen, wenn der Preis zu Unrecht vergeben wurde, wie dies bei Dopingfällen im Sport der Fall ist. Allerdings handelt es sich dann eher um eine Annullierung.
157 Vgl. für die NS-Zeit Küchenhoff/Berger: DGO 1935, §21(2).

Die Ehrenbürgerschaft ist also aufgrund ihrer Besonderheiten diejenige städtische Auszeichnung, die dem Geehrten die größte Verpflichtung auferlegt. Die Annahme dieser Anerkennung besiegelt einen symbolischen Vertrag zwischen Ehrungsgeber und Ehrungsnehmer, eine nichtschriftliche, implizite Vereinbarung zwischen den Parteien, die sich im Ehrenbürgerbrief und in der Verleihungszeremonie als Brief und Siegel manifestiert.[158]

2. ZUM VERHÄLTNIS VON STADT UND STAAT IM NATIONALSOZIALISMUS

Die bisherige Erörterung berührte mehrfach zwei Aspekte, die im Folgenden einer genaueren Betrachtung unterzogen werden. Zuerst wird untersucht, wie die lokalen und regionalen Akteure mit der auf ökonomischem und kulturellem Gebiet bestehenden Städtekonkurrenz verfuhren. Dies ist insbesondere in Hinblick auf die damaligen Bestrebungen zur Konstruktion einer nationalsozialistischen „Volksgemeinschaft" von Belang. Anschließend wird diskutiert, welche Schwierigkeiten sich für Städte ergeben konnten, wenn sie national populäre Persönlichkeiten ehrten.

2.1 Die Stadt im „Einheitsstaat"[159]

Die nationalsozialistische Bewegung hatte den Kommunen im Wesentlichen die Aufgabe zugedacht, die Machtübernahme lokal umzusetzen.[160] Demnach waren die Kommunen bloß ausführende, administrativen Einheiten nationaler Politik. Diese Sicht prägte auch die nationalsozialistische Interpretation dessen, was unter kommunaler Selbstverwaltung[161] zu verstehen war und schlug sich in der vom 1. Januar 1935 an geltenden Deutschen Gemeindeordnung nieder.[162] In der Begründung zum Gesetz erklärte das Reichsinnenministerium in seinen Ausführungen zur „Einordnung der Gemeinde in den Staat", die Gemeinden seien nun „Zellen des Staates", deren „Eigenleben [...] mit dem Wohl des Staats- und Volksganzen im Einklang" stehen müssen.[163] Hierin grenzten sie sich deutlich von der Weimarer Republik ab: Gemäß der früheren Staatsauffassung, dass „die Wahrung

---

158 Vgl. hierzu Vogt: Logik der Ehre, S. 121.
159 Vgl. Küchenhoff/Berger: DGO 1935, beide Zitate S. 3.
160 Vgl. Matzerath, Horst: Nationalsozialistische Kommunalpolitik. Anspruch und Realität, in: Die Alte Stadt 5/1978, S. 1–22, hier S. 5.
161 Zur Vorgeschichte der Selbstverwaltung vgl. Jeserich/Pohl/von Unruh: Deutsche Verwaltungsgeschichte, Bd. 4, S. 489–496.
162 Zur Entwicklung der Kommunalpolitik in Theorie und Praxis vgl. Matzerath, Horst: Von der Stadt zur Gemeinde. Zur Entwicklung des rechtlichen Stadtbegriffs im 19. und 20. Jahrhundert, in: Archiv für Kommunalwissenschaften 13/1974, S. 17–45 und ders.: Nationalsozialismus und kommunale Selbstverwaltung.
163 Vgl. Küchenhoff/Berger: DGO 1935, S. 368, vgl. S. 24.

der Individualität [...] höchste Pflicht der Gemeinde" sei, seien die Kommunen vor dem Verfassungsgericht schon beinahe „als gleichberechtigte Gegner im Streit mit dem Staate um Verfassungsfragen" aufgetreten.[164] Dies sei, so das Innenministerium weiter, mit der nun stärkeren „Betonung des Vorrangs der Interessen der Volksgemeinschaft vor jedem individualistischen Sonderanspruch [...] unvereinbar".[165] Ein Gegensatz zum Staat solle damit ausgeschlossen werden.[166] Zu einer solchen kommunalpolitischen Konzeption standen die geschilderten Bemühungen der Stadt Hannover um ein spezifisches Profil in einem Spannungsverhältnis, das im Folgenden genauer untersucht wird. Dabei wird zuerst gezeigt, wie sich die zeitgenössischen Ratsherren in dieser Frage positionierten.

Städtische kontra staatliche Interessen. Der Umzug der Kavallerieschule

Bei der Aussprache darüber, wie eine Abwanderung der Kavallerieschule zu verhindern sei, waren sich die Ratsherren wie bereits erwähnt darüber einig, dass die Stadt sogar die Kosten für den Bau eines zweckmäßigeren Gebäudes für die Wehrmacht übernehmen würde.[167] Nur der langjährige Nationalsozialist Berthold Karwahne stellte diesen Konsens in Frage.[168] Er betonte: „von wem der Neubau bezahlt werde, ob vom Reich oder von der Stadt, sei nebensächlich, da die Mittel letzten Endes doch das deutsche Volk aufbringe". Die Schule solle nur dann in Hannover bleiben, wenn sie hier erstklassige militärische Möglichkeiten vorfinde, andernfalls sei es besser, sie bei Berlin oder Potsdam neu zu errichten. Erst nach den militärischen Erfordernissen komme „die Frage nach dem Ruf der Einrichtung und nach dem Ruf Hannovers". Karwahne berief sich dabei auf Hitler, der gesagt habe: „,Alle Einrichtungen, die ich geschaffen habe, habe ich nicht geschaffen, um den Belangen der Einzelglieder zu dienen, sondern lediglich, um die Erhaltung unseres Volkes zu sichern.'" Sein Parteigenosse Heinrich Müller hingegen mochte Karwahne nicht folgen und schloss sich der Mehrheitsmeinung an. Er hielt es

> „für seine Pflicht und auch für die Pflicht der Ratsherren der Hauptstadt Hannover, sich besonders für die Belange der Stadt Hannover einzusetzen. [...] Das Vaterland sei groß und sie alle dienten einem Vaterlande, aber wenn sie nun einmal in Hannover seien, um dieser Stadt zu dienen, sei dies auch ihre Aufgabe."

Während Karwahne also im Interesse der Nation und des „Volksganzen" eine Entscheidung nach rein militärstrategischen Erwägungen befürwortete, stellten alle anderen Beteiligten lokalpolitische Interessen in den Vordergrund. Sie waren

---

164 Vgl. ebd., S. 369.
165 Vgl. ebd.
166 Vgl. ebd.
167 Beratung mit den Ratsherren v. 28.9.1936. TOP 2, S. 10ff. Nachfolgende Zitate ohne Angabe ebd.
168 Karwahne war in den 1920er-Jahren von der KPD zur NSDAP übergetreten, vgl. Mertsching: Karwahne.

bereit, sogar zehn Millionen Reichsmark aufzuwenden, um die Wehrmacht selbst dann vom Verbleib am Standort zu überzeugen, wenn diese damit ein nur zweitrangiges Übungsgelände in Kauf nehmen musste. In diesem Fall resultierte aus dem Lokalbezug also ein für die nationale Politik hinderliches Verhalten. Allerdings blieb es folgenlos. Der Interessenkonflikt zwischen der Wehrmacht und der Stadt Hannover wurde letztendlich eindeutig zugunsten der Reichsorganisation entschieden. Das musste jedoch nicht immer so sein, wie das folgende Beispiel zeigt.

Städte und Gaue in Konkurrenz um die Hermann-Löns-Gesellschaft

1939 leitete Hannover die Gründung einer reichsweiten Hermann-Löns-Gesellschaft in die Wege.[169] Dabei war bekannt, dass auch im Gau Osthannover um Celle und im Gau Westfalen-Nord um Münster ähnliche Pläne verfolgt wurden.[170] Während Walther Lampe von den Heimatfreunden und Emil Conrad, Geschäftsführer der Wilhelm-Busch-Gesellschaft, Spender und Verkäufer von Schriften und Objekte für ein Hermann-Löns-Archiv zu gewinnen suchten,[171] lud Oberbürgermeister Haltenhoff für den 2. Mai 1939 zu einem Gründungstreffen der Gesellschaft nach Hannover ein. Er

> „erklärte einleitend, um irrige Meinungen von vorne herein auszuschalten, daß die Hermann-Löns-Gesellschaft keine rein stadthannoversche, geschweige denn eine kommunale Angelegenheit sein solle, im Gegenteil, bei der Erfüllung der Aufgaben, um die es sich hier handele, sei die Mitarbeit aller beteiligten Kreise, der Partei und der Behörden, der Bauernschaft und der Jägerschaft sowie der verschiedenen Berufsstände, Schulen usw. nicht nur erwünscht, sondern sogar notwendig. Die Stadt Hannover habe Anspruch darauf, Sitz der Hermann-Löns-Gesellschaft zu sein, weil sie die Wahlheimat des Dichters gewesen sei. Hier habe er in der Hauptzeit seines Lebens gewirkt und von hier aus sei er 1914 ins Feld gerückt".[172]

Dass diese Erklärung hinsichtlich der Beteiligung Dritter nur ein Lippenbekenntnis war, zeigte sich bereits an der Einladungspraxis: Die geladenen Gäste waren allesamt der Stadt Hannover, dem Gau Südhannover-Braunschweig oder aber der Preußischen Provinz Hannover verpflichtet oder zumindest wohlwollend gesinnt. Andere Löns-Kenner wie Wilhelm Deimann aus Münster oder der Vorsitzende des Celler Lönsbundes, Paul Alpers, waren nicht eingeladen worden.[173] Alpers

---

169 Zum folgenden Überblick über die Gründungsgeschichte der Löns-Gesellschaft vgl. StAH, HR 15, Nr. 728, StAC, 1 H, Nrn. 82–84 und HLA, B II, Nr. 1.
170 Aufschluss über das Ausmaß des Regionalkonflikts und die beteiligten Akteure gibt ein unaufgeforderter Bericht des Landeskulturwalters des Gaues Südhannover-Braunschweig, Georg Grabenhorst, an Oberbürgermeister Haltenhoff v. 24.4.1939, StAH, HR 15, Nr. 728.
171 Pläne für ein eigenes Löns-Archiv hatten auch Celle, vgl. StAC, 1 H, Nr. 82, passim und Münster, vgl. Schreiben von Ernst Löns an den Celler OB, Ernst Meyer, v. 10.7.1939.
172 Protokoll der Gründung v. 2.5.1939, StAH, HR 15, Nr. 728.
173 Eine Ausnahme scheint auf den ersten Blick die aus Celle und damit dem Gau Osthannover stammende Hanna Fueß gewesen zu sein, eine Freundin des Dichters und Schriftführerin des Celler Heimatvereins „Lönsbund". Sie war jedoch zuerst von Walther Lampe, mit dem sie be-

beklagte sich daraufhin verbittert über das Vorgehen,[174] und er blieb nicht der einzige, der die Beteiligten in Hannover zur Mäßigung ihrer Ansprüche aufforderte. Insbesondere Celle als Hauptstadt des Gaues Osthannover, der auch die Lüneburger Heide umfasste, begriff sich gleichfalls als adäquaten Standort für den Sitz einer Gesellschaft zur Pflege des Andenkens an den Heidedichter. Die Stadt Hannover ließ sich von solcherlei Einwänden nicht beirren und setzte auf die Macht des Faktischen. Nur knapp zwei Wochen nach dem Gründungstreffen erfolgte der Eintrag ins Vereinsregister.[175]

Beim Gründungstreffen bemühte man sich den Eindruck von Einigkeit zu erwecken, indem man die vermeintliche volle Unterstützung verschiedener abwesender Personen vermerkte und protokollarisch festhielt.[176] Unter diesen war auch Ministerialdirigent Ingmar Berndt vom Reichspropagandaministerium, dessen Reaktion auf das Treffen jedoch weniger Zustimmung erkennen ließ als behauptet:

„Ich darf Ihnen nun mitteilen, daß an sich die vollzogene Gründung nicht korrekt ist und ich in der Lage bin, die Gesellschaft aufgrund des Kulturkammergesetzes wieder aufzulösen und löschen zu lassen. Ich kann mich des Eindrucks nicht erwehren, als ob hier wegen des Bekanntwerdens der gleichartigen Absichten der Stadt Münster eine Konkurrenzmaßnahme vorliegt und schnell vollendete Tatsachen geschaffen werden sollen, obwohl ich das Reichspropagandaamt Hannover ausdrücklich angewiesen habe, die Gründung der Hermann-Löns-Gesellschaft in enger Zusammenarbeit mit dem Gau Westfalen-Nord und gegebenenfalls dem Gau Osthannover durchzuführen. Diese Bedingung muß, wenn die Gesellschaft bestehen bleiben soll, unter allen Umständen erfüllt werden".[177]

Berndt schlug vermittelnd vor, selbst den Vorsitz zu übernehmen und aus jedem der konkurrierenden Gaue einen Stellvertreter zu benennen, vorzugsweise die Oberbürgermeister der Gauhauptstädte Hannover, Münster und Celle. Die Gesellschaft solle dann im September anlässlich des 25. Todestages des Namenspatrons in einer mehrtägigen gemeinsamen Gedenkveranstaltung aller drei Gaue öffentlich vorgestellt werden.[178] Die Koordination der Gedächtnisfeier übernahm Berndt gleich selbst,[179] um, wie er unmissverständlich zum Ausdruck brachte, „die Frage

---

freundet war, dafür gewonnen worden, ihre wohl recht umfangreichen Materialien und Korrespondenzen über und von Löns nach Hannover zu verkaufen, und sie arrangierte sich erst Mitte des Jahres mit der Stadt Celle. Vgl. Schreiben Hanna Fueß an Unbekannt in Hannover v. 1.2.1939, StAH, HR 15, Nr. 728 und Vermerk Steinhäuser v. 1.5.1939, StAC, 1 H, Nr. 82.

174 Vgl. Schreiben Alpers an Lampe v. 13.6.1939, StAH, HR 15, Nr. 728 u. Antwort v. 20.6.1939, ebd.
175 Vgl. Vermerk Conrad für den HLG-Vorsitzenden Haltenhoff v. 21.6.1939, StAH, HR 15, Nr. 728.
176 Vgl. Protokoll der Gründung v. 2.5.1939, ebd.
177 Schnellbrief Berndt an Haltenhoff v. 8.5.1939, ebd.
178 Vgl. ebd.
179 Zwischenzeitlich hatte er einen Vertreter des Reichspropagandaamtes Gau Westfalen-Nord mit der Planung beauftragt, vgl. Schreiben Reichspropagandaamt Westfalen-Nord an OB v. 16.6.1939, StAH, HR 15, Nr. 728.

der Hermann-Löns-Gesellschaft und der Veranstaltungen im September endgültig allen Eifersüchteleien zu entziehen".[180]

Haltenhoff bemühte sich nun um Konsolidierung der neuen Organisation, indem er verschiedene Personen im Reich, die dem Gedenken an Löns verbunden waren, in den Ehrenbeirat der Hermann-Löns-Gesellschaft berief. Damit wollte er sie für Hannover als Sitz der Gesellschaft gewinnen und sie, sofern sie auch Erinnerungsstücke an Löns ihr Eigen nannten, dazu bewegen, diese dem Archiv in Hannover zu überlassen.[181] Haltenhoff schien außerdem bei einem Gespräch in Berlin Ministerialdirigent Berndt davon überzeugt zu haben, dass die Auftaktveranstaltung zu den Gedenktagen im September nicht wie bislang geplant in Münster, sondern in Hannover stattfinden sollte.[182] Haltenhoff konnte sich dabei für sein Vorgehen der Unterstützung des Gaues Südhannover-Braunschweig sicher sein.[183] Zwar ließen die Planungen der Gauleitung eine etwas größere Bereitschaft erkennen, die beiden Nachbargaue an den Aktivitäten der Hermann-Löns-Gesellschaft teilhaben zu lassen, allerdings ebenfalls nicht um den Preis hannoverscher Hegemonie.[184] Die Schlagzeile „Hermann-Löns-Gesellschaft im Aufbau. Freudige Zustimmung aus allen Gauen"[185] verbarg die internen Querelen vor der Öffentlichkeit.[186]

Als man sich am 8. August 1939 zu einer Neugründung des Vereins zusammensetzte, erlebte Haltenhoff eine unangenehme Überraschung. Offensichtlich der taktischen Spielchen überdrüssig, unterbreitete Berndt einen neuen Satzungsentwurf, der den zuletzt getätigten Vereinbarungen widersprach. Der strittigste Punkt war dabei die vorgesehene Festlegung auf Berlin als Sitz der Gesellschaft, lediglich die Geschäftsstelle sollte in Hannover verbleiben. Daraufhin gaben die Vertreter der Stadt Hannover und des Gaues Südhannover-Braunschweig ihren Gesprächspartnern zu verstehen, dass in den neuen Regelungen „keine Befriedigung der Ansprüche Hannovers, eine führende Stellung in der Hermann-Löns-Gesellschaft einzunehmen, gesehen werden könne".[187] So kam es, dass die Neu-

---

180 Schreiben Berndt an die Reichspropagandaämter Münster, Hannover und Lüneburg v. 20.6.1939, ebd.
181 Genau so wurden die Ernennungen auch in Celle interpretiert, vgl. Schreiben OB Meyer an Gauamtsleiter Nottbohm (Osthannover) v. 30.10.1941, StAC, 1 H, Nr. 84. Zu den Aufnahmen in den Ehrenbeirat vgl. die Schreiben Haltenhoffs an Knottnerus-Meyer v. 23.5. und an Apffelstädt v. 25.5.1939, StAH, HR 15, Nr. 728.
182 Vgl. Vermerk Haltenhoff über das Treffen mit Berndt am 23.6.1939 v. 26.6.1939, ebd.
183 Im Gau Osthannover dagegen gab es einige Spannungen, sowohl zwischen der Gauleitung und der Stadt Celle als auch zwischen den Städten Celle und Fallersleben.
184 Vermerk Huxhagen, Gauleitung, o. D. (vermutlich 3.8.1939), ebd.
185 Landespost v. 10.7.1939, vgl. auch HA v. 9.7.1939.
186 Dies war umso nötiger, als eine erst 1934/35 geführte heftige Auseinandersetzung um die womöglich in Frankreich aufgefundenen Gebeine von Löns der Öffentlichkeit nicht verborgen geblieben war. In diesem Zusammenhang hatten viele Akteure beklagt, dass der Streit letztendlich vor allem dem Andenken an Löns geschadet habe. Vgl. hierzu Dupke, Thomas: Hermann Löns. Mythos und Wirklichkeit. Eine Biographie, Hildesheim 1994, S. 175–188; NHStAH, Hann. 122a, Nr. 3532 und HLA, B VIII, Nr. 1–5.
187 Vermerk Haltenhoffs v. 9.8.1939, StAH, HR 15, Nr. 728.

gründung der Hermann-Löns-Gesellschaft scheiterte und es bei der provisorischen Gründung in Hannover blieb. Ebenfalls nicht realisiert wurde die Großveranstaltung im September 1939, wobei dies vermutlich auch darauf zurückzuführen ist, dass mittlerweile der Zweite Weltkrieg begonnen hatte.[188]

Hannover hatte also den Anspruch erhoben, zentraler Löns-Gedenkort ganz Deutschlands zu sein, um damit den Löns-Kult[189] für seine städtische Werbung nutzen zu können. Hierfür arbeiteten nicht nur die Gauleitung und die Stadtverwaltung reibungslos zusammen, sondern sie taten es gemeinsam gegen die Gaue Osthannover und Westfalen-Nord einerseits und die Städte Celle und Münster andererseits.

Auch wenn die Hermann-Löns-Gesellschaft letztendlich tatsächlich ihren Sitz dauerhaft in Hannover einnahm, blieb die Lage für die hannoverschen Akteure unsicher. Sie kauften zwar weiterhin Löns-Archivalien auf, ließen sie jedoch sicherheitshalber in das Eigentum der Stadt übergehen. Die Konfrontationen hatten eine derart sensible Lage hinterlassen, dass jedes Aufsehen vermieden werden sollte. Damit konnte die errungene formale Vormachtstellung nicht für Werbemaßnahmen ausgeschöpft werden. Erst 1942 entspannte sich die Situation um die Hermann-Löns-Gesellschaft. Nachdem der neue Gauleiter des Gaues Südhannover-Braunschweig, Hartmann Lauterbacher, den Vorsitz der Gesellschaft übernommen hatte, kam es im Oktober 1941 zu Gesprächen zwischen ihm und dem Leiter des Gaues Osthannover, Otto Telschow.[190] Im April 1942 einigte man sich darauf, den Vorsitz der Gesellschaft zwischen den Leitern der beiden Gaue im dreijährigen Rhythmus rotieren zu lassen.[191] Der bereits in der Satzung von 1939 festgeschriebene Hermann-Löns-Preis wurde nun erstmalig vergeben und als „reichswichtig" anerkannt,[192] was ihm ein überregionales Medienecho sicherte.[193]

---

188 Es kamen nur einige der örtlichen, parallel zur Großveranstaltung geplanten Veranstaltungen zustande. In Hannover wurde im Wilhelm-Busch-Museum eine Ausstellung zu Löns eröffnet, das „Volksfest im Tiergarten [...], das gemeinsam mit Kraft durch Freude veranstaltet werden" sollte, fiel offenbar aus. Vgl. Vermerk Haltenhoff v. 9.8.1939, StAH, HR 15, Nr. 728, Zitat ebd. S. 3 sowie NTZ v. 25.9., HK v. 26 u. 27.9.1939 und weitere in HLA, B XVI und B III, Nr. 2. Auf einer kleinen Gedenkveranstaltung in Celle stellte Alpers in seiner Ansprache dann auch resigniert fest, „daß man sich diese Feierstunde anders gedacht habe: im Rahmen großer Feierlichkeiten", Cellesche Zeitung v. 27.9.1939.

189 Von einem Löns-Kult zu sprechen rechtfertigt nicht allein die Anzahl der Presseberichte, sondern auch die der Löns-Gedenkfeiern. Eine Auswertung der Sammlung des Hermann-Löns-Archivs in Hannover ergab folgende Zahlen: Sieht man vom Jahr 1966 ab, in dem Löns 100 Jahre alt geworden wäre, und in dem deshalb ganze 84 Gedenkveranstaltungen in der Bundesrepublik stattfanden, so waren es üblicherweise bis zu drei Gedenkfeiern je Jahr bis 1932 und ab 1946 bis zu vier. Dagegen ist für die NS-Zeit mit z. B. 22 Veranstaltungen 1934, der Höchstzahl von 46 im Jahr 1941 und selbst 1944 noch zwölf eine deutliche Steigerung zu verzeichnen. Auch wenn die Dokumentation des Archivs vermutlich unvollständig ist, so wird sie wohl zumindest den Trend richtig wiedergeben. Zur Übersicht vgl. HLA, B VI, Nrn. 1–5, zu den Presseberichten insbesondere HLA, B III, Nrn. 1–3 u. B XVI.

190 Vgl. Schreiben OB Meyer an Kreisschulrat Pröve v. 28.10.1941, StAC, 1 H, Nr. 84.

191 Vgl. HA v. 8.4.1942 und Details in Vermerk OB Meyer v. 9.4.1942, StAC, 1 H, Nr. 84.

192 Vgl. Westdeutscher Beobachter (Köln) v. 4.9.1942.

193 Über reichswichtige Preise durfte auch die nationale Presse berichten. Vgl. Kapitel I, Teil 1.

Die Hermann-Löns-Gesellschaft konnte wieder in die Öffentlichkeit treten und firmierte nun unter dem Namen „Deutsche Hermann-Löns-Gesellschaft".

Der Verzicht auf die hannoversche Alleinherrschaft zugunsten der Beteiligung wenigstens einer der beiden konkurrierenden Gaue schlug praktisch nicht nennenswert zu Buche, da die Gesellschaft die ersten drei Jahre von Lauterbacher geführt wurde. Eine ausgiebige Nutzung für Werbezwecke blieb Hannover jedoch auch jetzt verwehrt. Nun waren es die Kriegsbedingungen, die in steigendem Maße eine groß angelegte Erinnerungskultur und Medienpräsenz auf ein niedriges Niveau beschränkten. So fand die letztmalige Verleihung des Hermann-Löns-Preises 1944 in Lauterbachers Wohnzimmer statt – die Presse nahm hiervon keine Notiz mehr.[194]

Konkurrenzlos: Das Deutsche Wilhelm-Busch-Museum in Hannover

Neben Hermann Löns gab es einen weiteren Literaten, für den die Stadt Hannover um die Gründung einer reichsweiten Zentralstelle vor Ort bemüht war: Wilhelm Busch.[195] Nachdem 1930 die Wilhelm-Busch-Gesellschaft in Hannover gegründet worden war, wurde das Gedenken in den nächsten Jahren durch vielerlei Veranstaltungen und Aktivitäten wach gehalten.[196] Hierzu zählten Busch-Abende wie der im Jahre 1934 im großen Saal des Alten Rathauses,[197] der Aufbau eines Archivs im selben Jahr und schließlich 1937 die Einrichtung eines Busch-Hauses am zentral gelegenen Rust-Platz.[198] In dieses zogen das Archiv um und die Wilhelm-Busch-Gesellschaft ein sowie ein neu geschaffenes Museum, in dem die Wilhelm-Busch-Gesellschaft ihre Archivalien der Öffentlichkeit präsentierte.[199]

Da offenbar im Falle Wilhelm Busch keine weitere Stadt Anspruch darauf reklamierte, ihn als ihren Stadtbürger gedenkpolitisch in Beschlag zu nehmen, kam es nicht zu Konflikten mit anderen Städten oder Gauen. Bereits zur Einweihung im Juni 1937 firmierte das Museum daher unter der Bezeichnung „Deutsches Wilhelm-Busch-Museum", hatte also offenbar die Anerkennung der Reichskulturkammer als Reichseinrichtung erlangt.

Die Probleme und Vorgehensweisen bei der Verlegung der Kavallerieschule und beim Gedenken an Hermann Löns und Wilhelm Busch legen nahe, dass ein individuelles Hervortreten einzelner Städte im Sinne eines „Leistungswettbewerbs"[200] durchaus legitim, wenn nicht gar erwünscht war. So fand 1936 ein „In-

---

194 Vgl. hierzu und zur Rolle Lauterbachers ausführlicher Kapitel II.
195 Zu Wilhelm Busch in Hannover vgl. Buchholz: Hannover. Geschichten, S. 23.
196 Zur Wilhelm-Busch-Gesellschaft vgl. Röhrbein, Waldemar R./Claas, Karin/Balzer, Heinz: Kultur in Hannover. Aus der Arbeit hannoverscher Kulturvereine. Kulturring 1924–1999, Hannover 1999, S. 61f.; Wilhelm-Busch-Gesellschaft (Hrsg.): 30 Jahre Wilhelm-Busch-Gesellschaft. 1930 – 24. Juni – 1960, Hannover 1960 und HA v. 14.6.1937 u. 10.1.1938.
197 Vgl. HA v. 25.4.1934 sowie für weitere Jahre HK v. 1.12.1937 u. HA v. 14./15.1.1939.
198 Vgl. HA v. 17.4.1936, 22.1. u. 5.4.1937.
199 Vgl. HA v. 5./6., 12./13. u. 14.6.1937; Die Kulturverwaltung 5/1937, S. 107f.
200 Vgl. hierzu Rücker: Wirtschaftswerbung, S. 70f.

ternationaler Gemeindekongress" unter Hitlers Schirmherrschaft in Berlin statt.[201] Die Veranstaltung richtete sich laut Hannoverschem Anzeiger an ein internationales Publikum, insbesondere Besucher der Olympischen Spiele, und sollte den Gemeinden die Gelegenheit bieten, „ihre Leistungen innerhalb einer aufbauenden deutschen Volksgemeinschaft unter Beweis zu stellen".[202] In diesem Sinne war Städtekonkurrenz also durchaus mit der Deutschen Gemeindeordnung vereinbar. Probleme waren nur dann entstanden, wenn Hannover bei Konflikten auf die Verfolgung der eigenen lokalen Interessen so insistierte, dass, nach nationalsozialistischem Verständnis, die Interessen der „Volksgemeinschaft" aus dem Blick gerieten.

2.2 Gabentauschlogik im Spannungsfeld von Stadt und Nation

Ehrungen stellten für die städtische Elite ein verhältnismäßig gut kalkulierbares Mittel zur medialen Präsentation der Stadt dar. Die Imagepfleger konnten wählen, welche Personen zur Stärkung welcher öffentlichkeitswirksamen Aspekte genutzt werden konnten und welche Form der Ehrung jeweils angemessen war. Außerdem war von Seiten der Geehrten kaum mit Behinderungen zu rechnen. Dies galt sowohl für die vielen historischen Persönlichkeiten, deren Erben selten Einspruch einlegten,[203] als auch für zeitgenössische Stadtpersönlichkeiten. Bei ihnen konnte man zumeist von Kooperationsbereitschaft ausgehen, die sich aus der Gabentauschlogik ergab, von der bereits im Kontext der Ehrungsspirale beim Kulturaustausch mit Cremona die Rede gewesen war.[204]

Die Gabentauschlogik beschreibt miteinander verstrickte Handlungen, wobei jede einzelne so in ein Netz von Akteuren und Beziehungen eingebunden ist, dass sie sich beinahe zwangsläufig aus der vorhergegangenen Handlung ergibt. Einer Einladung zum Beispiel folgt ein Dankschreiben und eine Teilnahme oder eine gut begründete freundliche Absage – in beiden Fällen ist eine spätere Gegeneinladung üblich. Unangemessen wäre es, nicht zu reagieren oder eine barsche Absage zu erteilen. Eine solche Reaktion ist zwar möglich, kommt jedoch einer „Kriegserklärung" gleich.[205] Die Gabentauschlogik bezeichnet also eine Struktur regulärer kommunikativer Verhaltensweisen, woraus sich erklärt, warum die Handlungen der Akteure in der Ehrungspraxis verhältnismäßig voraussehbar und kalkulierbar sind. Im Folgenden soll es allerdings gerade um die Ausnahmefälle gehen und gezeigt werden, dass und warum die Gabentauschlogik im Falle einer städtischen Ehrung national populärer Personen weniger zwingend war.

---

201 Vgl. HA v. 9.6.1936.
202 Ebd.
203 Für Hannover im Nationalsozialismus ist kein einziger Fall bekannt.
204 Vgl. hierzu oben, Teil 1.1.
205 Vgl. Mauss: Die Gabe, Zitat S. 37.

Die verweigerte Ehrung des U-Boot-Helden Günther Prien

Wie Hitler kam auch Günther Prien einer wiederholten Einladung Hannovers nicht nach. Der Korvettenkapitän befehligte ein U-Boot, das am 14. Oktober 1939 in der Bucht von Scapa Flow das britische Schlachtschiff „Royal Oak" versenkt und ein weiteres torpediert und schwer beschädigt hatte.[206] Vier Tage später erhielt Prien dafür von Hitler das Ritterkreuz des Eisernen Kreuzes, und die Presse beschrieb ausführlich die Begeisterung der Berliner Bevölkerung, als der Kapitän die Hauptstadt zur Entgegennahme der Auszeichnung besuchte.[207] Günther Prien avancierte binnen kürzester Zeit zu einem der populärsten Kriegshelden des Reiches.[208] Einen Monat nach Erhalt des Eisernen Kreuzes klagte er in einem Feldpostbrief an seinen Vater: „Es ist ja zum wahnsinnig werden, wenn man sich nirgends mehr frei u. unerkannt bewegen kann".[209]

Abb. 27: „Der Führer und Oberste Befehlshaber der Wehrmacht hat den Kapitänleutnant Günther Prien in Anerkennung seiner hervorragenden Verdienste bei der kürzlich gemeldeten Bekämpfung und Vernichtung feindlicher Geleitzüge zum Korvettenkapitän befördert." (Bildunterschrift auf Rückseite der Fotografie)

Zwar war Günther Prien nicht in Hannover ansässig, dass aber sein Vater seit 1932 hier wohnte, nahm man zum Anlass, Prien verbal einzubürgern.[210] Mit

---

206 Zu den Geschehnissen um Prien vgl. StAH, HR 39, Nr. 82; Grabe u. a.: Unter der Wolke, S. 29–31 und Mlynek: Hannover, hier S. 551, HA v. 18.10.1939.
207 Vgl. HK v. 18.10.1939, HT v. 19.10.1939.
208 Auch Goebbels hob Prien im Kontext von Seeschlachten hervor, vgl. Fröhlich: Goebbels' Tagebücher, Bd. I.8, S. 347 v. 26.9. u. S. 384 v. 21.10.1940. Dass Priens Siege auch von der Bevölkerung wahrgenommen wurden belegt die Cellerin Carla Meyer-Rasch, vgl. Bertram, Mijndert: „... unsere große Zeit festzuhalten". Die Celler Heimatschriftstellerin Carla Meyer-Rasch und ihre Auseinandersetzung mit dem Nationalsozialismus, Celle 2002, S. 40. Für diesen Hinweis danke ich Elmar Maibaum. 1958 erschien der Kinofilm „U 47 – Kapitänleutnant Prien" (mit Joachim Fuchsberger und Harald Juhnke, Regie: Harald Reinl), in dem eine historisch betrachtet nicht erkennbare Läuterung des Helden in Szene gesetzt wurde.
209 Zitiert im Schreiben Prien sen. an Arends v. 18.11.1939. Zu seiner Popularität trug Prien allerdings selbst durch die Abfassung der Schrift „Mein Weg nach Scapa Flow" bei. Das Buch erschien zuerst 1941 und wurde danach in mehreren Auflagen gedruckt. 1942 erhielt er dafür posthum einen Literaturpreis, vgl. Börsenblatt Nr. 6 v. 10.1.1942 in StAH, HR 19, Nr. 431.
210 Im Schreiben Haltenhoffs an Prien jun. v. 18.10.1939 (StAH, HR 39, Nr. 82) hieß es korrekt, „Sohn eines ihrer [der Stadt Hannover] Bürger", auch der HA v. 18.10.1939 schrieb korrekt,

Spenden von Wein und Spirituosen für ihn und seine Mannschaft versuchte man, den U-Boot-Kapitän dazu zu bewegen, Hannover einen werbewirksamen Besuch abzustatten. Weitere Schritte unternahm man über Priens Vater, der sich im Gegensatz zu seinem Sohn gegenüber dem Anliegen der Stadt aufgeschlossen zeigte. So teilte Prien sen. der Stadtverwaltung mit, sein Sohn habe zur Frage eines Besuchs an der Leine verlauten lassen: „Ich will Krieg führen u.[nd] kämpfen und nicht als Kitschfigur durch den Sensationswolf der Reporter gedreht werden".[211] Weitere Bemühungen der Stadt wie auch des Amts für Volkswohlfahrt beim Gau scheiterten, da Prien nach eigenen Aussagen seine Popularität, gerade in Hannover, als „eine rechte Last" empfand.[212] Nachdem sein U-Boot einige Zeit als vermisst galt, wurde im Mai 1941 Priens Tod bekannt gegeben.[213]

Die Macht national Geehrter gegenüber der Stadt

Prien hatte es bei seiner Popularität weder nötig gehabt noch war er willens gewesen, die Ehrungen einer ihm nicht nahe stehenden Stadt entgegenzunehmen, und so verweigerte er sie. Die Kavalleristen dagegen verhielten sich der Stadt gegenüber wohlwollend. Dennoch sind beide Fälle ähnlich gelagert: Die Stadt trat als Bittstellerin gegenüber Personen auf, die bereits seitens des Reiches[214] als höherer politischer Einheit geehrt worden waren oder sogar international Anerkennung gefunden hatten. Die daraus resultierende hohe soziale Position hatte für die Geehrten zur Folge, dass das durch die städtische Ehrung zu erwartende akkumulierbare symbolische Kapital einen vergleichsweise geringen Wert hatte, und damit eine nur marginale Erhöhung ihrer Reputation zu erwarten war. Dass Prien der Einladung nicht folgte, war eine „Kriegserklärung",[215] allerdings fehlten der Stadt Hannover wirksame Sanktionsmöglichkeiten.

3. EHRUNGEN IN PUBLIKATIONEN ÜBER HANNOVER

In der bisherigen Untersuchung konnte für verschiedene Ehrungen zur Zeit des Nationalsozialismus in Hannover gezeigt werden, dass sie Teil des städtischen Marketings waren. Die beschriebenen Fallbeispiele dienten also in mehr oder weniger großem Ausmaß dazu, die Stadt national oder sogar international bekannt zu machen und aufzuwerten. Unklar blieb bislang jedoch, ob es sich bei Ehrungen dieses Typs eher um die Regel oder die Ausnahme handelte. Daher wird in diesem

---

„die Eltern [...] leben zur Zeit in unserer Stadt", im Titel jedoch wurde wie auch in der NTZ vom selben Tage getitelt „Hannoveraner". Vgl. auch Grabe u. a.: Unter der Wolke, S. 29f.
211 Zitiert im Schreiben Prien sen. an Arends v. 18.11.1939, StAH, HR 39, Nr. 82.
212 Prien sen. an OB v. 13.6.1941, ebd. Vgl. auch Grabe u. a.: Unter der Wolke, S. 30.
213 Vgl. HA v. 23.5.1941, HK, HA u. NTZ v. 24.5.1941, Fröhlich: Goebbels' Tagebücher, Bd. I.9, S. 238 v. 10.4.1941 u. S. 304 u. 333 v. Mai 1941.
214 Für Prien vgl. HK v. 18.10.1939, HT 19.10.1939 und HA v. 21.10.1940.
215 Mauss: Die Gabe, S. 37.

III. Ehrungen als Mittel der Stadtwerbung

letzten Abschnitt der Frage nachgegangen, inwiefern Hannover, also eine durchschnittliche Großstadt ohne herausragende nationale Repräsentationsaufgaben, zur Zeit des Nationalsozialismus Ehrungen zur Außendarstellung nutzte. Dazu werden die vorhandenen kommerziellen wie städtischen Werbepublikationen auf Berücksichtigung von Ehrungen hin untersucht.

Die Institutionen städtischer Werbung in Hannover

Die Außenwerbung der Stadt Hannover wurde 1933 durch drei Institutionen betrieben. Der Großteil nichtkommerzieller touristischer Broschüren über die Stadt Hannover wurde vom Städtischen Fremdenverkehrs- und Ausstellungsamt sowie dem Verkehrsverein herausgegeben.[216] Das Städtische Fremdenverkehrs- und Ausstellungsamt wurde seit 1929 von Direktor Heinrich Langemann geleitet, der in Personalunion auch dem Verkehrsverein vorsaß.[217] Damit zeigt sich eine starke Verknüpfung kommunaler und privater Träger im Stadtmarketing, wie es für die Städte der 1920er-Jahre üblich gewesen war, wobei die Stadt Hannover in der endgültigen Übernahme der Fremdenverkehrswerbung aus privater Hand relativ spät gewesen zu sein scheint.[218] Der dritte Akteur war das Presseamt[219] unter der Leitung von Theodor Arends, der für das Schalten von Annoncen und das Platzieren von Artikeln über die Stadt und ihre touristischen Attraktionen zuständig war. Darüber hinaus koordinierte Arends spätestens seit November 1934[220] Feierlichkeiten und Empfänge der Stadt. Selbst diejenigen Veranstaltungen, die vom Fremdenverkehrs- und Ausstellungsamt betreut wurden, waren mit dem Presseamt abzusprechen. Der Verkehrsverein wählte 1930 Presseamtsleiter Arends zum Mitglied seines Verwaltungsrats, um nach eigener Aussage „die Beziehung zwischen dem Städt. Presseamt und dem Verkehrs-Verein inniger zu gestalten".[221]

Seit etwa 1938 war das Presseamt unter Arends nicht mehr eigenständig, sondern dem Oberbürgermeister unterstellt.[222] Diese Entwicklung entspricht der Feststellung Tobias Lieberts, dass für die Jahre ab 1937/38 eine „Beschneidung der ‚Macht' kommunaler Pressearbeit und eine Aufwertung der Presse innerhalb des

---

216 Ein inhaltlicher Unterschied zwischen den Publikationen der beiden Akteure ist nicht zu erkennen.
217 Zu Langemann vgl. StAH, HR 2, Nr. 817 sowie HT v. 13.4.1937, HAZ v. 2.10.1953 u. 4.10.1968, NP v. 26.4.1958 u. 4.10.1968. Die Leitung der beiden Institutionen wurden ihm 1929 vom Magistrat übergeben, vgl. HAZ v. 2.10.1953 u. 4.10.1968.
218 Genauere Daten hierzu sind nicht bekannt.
219 Zur Entwicklung des Presseamtes um Theodor Arends vgl. Kapitel I, 2.2.
220 Vgl. Rundschreiben Menge an Dienststellen v. 6.11.1934, StAH, HR 15, Nr. 13.
221 Schreiben Verkehrsverein an „Ahrens" [Arends] v. 17.5.1930, StAH, Presseamt I, Nr. 15. Bislang hatte zwischen dem Presseamt und dem Verkehrsamt wohl keine engere Kooperation bestanden, wie der vom Verkehrsverein mehrfach falsch geschriebene Name nahe legt, vgl. ebd.
222 Vgl. Adreßbuch Hannover 1939, S. 6 und Folgejahre.

Beeinflussungsapparates" des Nationalsozialismus auszumachen ist.[223] In den 1940er-Jahren wurde das Presseamt, wie bereits im zweiten Kapitel dargestellt, mehr und mehr durch das Städtische Kulturamt verdrängt, das von Gauleiter Hartmann Lauterbacher in der Stadtverwaltung etabliert worden war und unter seinem Einfluss stand.

Ehrungen in touristischen Publikationen über Hannover

Wirft man einen Blick auf die in der NS-Zeit erstellten Werbepublikationen für Hannover, seien es Reiseführer, Werbebroschüren oder Anzeigen, so zeigt sich, dass Ehrungen selten präsentiert wurden. Gezeigt wurden vornehmlich bestimmte in Tagestouren kombinierbare Freizeitaktivitäten, wie der Stadtteil Herrenhausen mit seinen Schaugärten inklusive des angrenzenden Parks „Georgengarten" oder der 1934/35 angelegte Maschsee mit dem Neuen Rathaus aus wilhelminischer Zeit und der in den Jahren 1937 bis 1939 teilsanierten Altstadt. Üblich war auch die Darstellung der Grünflächen nordöstlich des Stadtzentrums als Erholungsgebiet. Es bestand aus dem Stadtwald „Eilenriede", der Parkanlage „Annateich" – seit 1939 Hermann-Löns-Park genannt –, einem Tiergarten und einem Zoo.

Handelte es sich um mehrseitige Broschüren, wurden diese Ausflugsorte zumeist um Themengruppen ergänzt, die weitere Charakteristiken Hannovers ausdrücken sollten. Unter dem Label „Stadt des Sports" wurden zum Beispiel Rugby, das Eilenriede-Motorradrennen, Fliegen und besonders Reiten – vor allem die Kavallerieschule – vorgestellt. „Hannover als Ort von Kunst und Wissenschaft" wurde durch Museen, Theater und Oper sowie die Technische und die Tierärztliche Hochschule repräsentiert. Anfang der 1930er-Jahre wurde aus aktuellem Anlass auch die Stadtbibliothek an der Hildesheimer Straße betont, da das gerade erst fertig gestellte Gebäude als hochmoderner Bau galt.[224] Die Rubrik „Hannover im Grünen" umfasste im Wesentlichen die bereits genannten Erholungsgebiete und führte die Vermarktungsstrategie aus den 1920er-Jahren fort. Der Verkehrsverein hatte in Zusammenarbeit mit dem Magistrat bereits 1927 das umfangreiche Buch „Hannover. Die Großstadt im Grünen" herausgegeben.[225]

---

223 Liebert: Public Relations für Städte, hier S. 412. Vgl. auch Müller, Ewald: Städtische Presse- und Öffentlichkeitsarbeit in ständiger Bewährung in: Deutscher Städtetag (Hrsg.): Deutscher Städtetag. Im Dienst deutscher Städte 1905–1980. Ein kommunales Sachbuch zum 75-jährigen Jubiläum, Stuttgart 1980, S. 167–184, hier S. 167–169.
224 Vgl. Fremdenverkehrs- und Ausstellungsamt der Stadt Hannover (Hrsg.): Hannover, die Hauptstadt Niedersachsens, Hannover o. J. [ca. 1934] sowie dass. (Hrsg.): Hannover, die Hauptstadt Niedersachsens. Hannover erwartet Sie zu allen Jahreszeiten, Hannover o. J. [ca. 1934].
225 Verkehrs-Verein Hannover e. V. (Hrsg.): Hannover. Die Großstadt im Grünen. Im Einvernehmen mit dem Magistrat der Stadt Hannover. Bearbeitet von Verkehrsdirektor Fritz Stadelmann, Hannover 1927.

In keiner Darstellung spielten Denkmäler eine besondere Rolle. Wenn überhaupt, wurden Kunstdenkmäler erwähnt, und das auch nur, wenn diese sich an den aus anderen Gründen beschriebenen Orten befanden. Im Unterschied zum Hermannsdenkmal im Teutoburger Wald waren die hannoverschen Personen- und Kunstdenkmäler für sich genommen keine Reise wert. Sie erhöhten bestenfalls die Attraktivität von bereits aus anderen Gründen touristisch vermarkteten Stadträumen.[226]

Ehrungen in Publikationen für Multiplikatoren und Einwohner

Eine Ausnahme war der Grieben-Reiseführer von 1939.[227] Er führte sehr detailliert unter der Rubrik „Sehenswürdigkeiten" nicht nur Denkmäler, sondern sogar Gedenktafeln auf. Interessant ist, dass sie alle bereits aus der Zeit von vor 1933 stammten, sieht man davon ab, dass das Regimentsdenkmal auf dem Welfenplatz 1937 erneuert wurde.[228] Neben Sehenswürdigkeiten und Unterhaltung bot auch Grieben die Rubrik Sport, in der recht umfangreich über Hannovers Angebote informiert wurde, wobei auch hier das Reiten den größten Raum einnahm. Dieser Reiseführer richtete sich mit seinem verhältnismäßig umfassenden Überblick über Sehenswertes in Hannover und seiner Umgebung vermutlich nicht allein an Touristen, sondern auch an Einwohner. Diese waren seit der Jahrhundertwende immer stärker zu Adressaten von städtischer Werbung und Reiseführern geworden.[229]

Detaillierter konnten sich Liebhaber Hannovers über die Sehenswürdigkeiten ihrer Stadt in einem Taschenbuch von Franz Hinrich Hesse informieren, der 1929 eine offensichtlich auf Vollständigkeit zielende kommentierten Liste von Hannovers Denkmälern, Gedenktafeln und Gräbern bekannterer Persönlichkeiten unter

---

226 Ähnliches galt für die Werbung Hannovers als „technisch-wissenschaftlichem Standort", die allerdings üblicherweise nicht Teil der Tourismus-Werbung war. Das Schwerpunktheft „Hannover im Luftverkehr" der Zeitschrift „Deutsche Flughäfen" enthielt neben drei Aufsätzen über Hannover auch einen vierten zu Karl Jatho. Auch hier wurde das neue Denkmal nur am Rande erwähnt. Vgl. Heichen: Hannover im Luftverkehr.
227 Vgl. Grieben-Reiseführer: Hannover und Umgebung, Berlin, 8. Aufl. 1939. Des Weiteren erschienen 1933 und 1939 jeweils ein Grüner Führer des Hannoverschen Anzeigers, 1939 gemeinsam mit dem Wander- und Gebirgsverein, und die Bahn gab Streckenhefte heraus. Vgl. Hannoverscher Anzeiger (Hrsg.): Der Grüne Führer des Hannoverschen Anzeigers. 130 Ausflüge und Wanderungen durch Hannovers nähere und weitere Umgebung. Herausgegeben unter Mitwirkung des Hannoverschen Turisten-Vereins e. V., Hannover 1933; Hannoverscher Wander- und Gebirgsverein e. V. (Hrsg.): Der Grüne Führer des Hannoverschen Anzeigers durch Hannovers nähere und weitere Umgebung, Hannover, 19. verbesserte Aufl. 1939; Reichsbahnwerbeamt (Hrsg.): Reisen und Schauen. Altona/Hamburg – München, Berlin o. J. [1936] sowie: Berlin – Köln/Aachen, Berlin o. J. [1936]. Für die Broschüren vgl. StAH und Sammlung Heine.
228 Vgl. StAH, HR 13, Nr. 710.
229 Vgl. Kiecol: Selbstbild, S. 304 und die beiden Beispiele bei Günther: bildhafte Repräsentation, S. 238 und 240.

dem Titel „Heimatkundliche Wahrzeichen" publizierte.[230] Dieses Buch gehörte zu den vielen umfangreicheren Broschüren und Publikationen über Hannover, die Ende der 1920er- bis Anfang der 1930er-Jahre, noch vor der Machtübergabe an die Nationalsozialisten, erschienen. Sie sind Anzeichen des rasanten Aufschwungs der Fremdenverkehrswerbung in Hannover und dürften ein Grund dafür sein, warum in dieser Hinsicht während der NS-Zeit nur verhältnismäßig wenig publiziert wurde – der Bedarf an detaillierteren Publikationen war vorerst gedeckt.[231] Zu den Neuerscheinungen nach 1933 gehörten auch der in Zusammenarbeit mit der Stadt herausgegebene Bildband Adolf Jungbluts, der unter anderem das Ernst-August-Denkmal visuell präsentierte,[232] und die Kleinformatbroschüre „Gruß aus der Gauhauptstadt", die die Gauleitung hatte herstellen lassen, um sie den Soldaten an die Front zu schicken.[233] Sie beinhaltete neben einer Planskizze der zukünftig repräsentativen Gauhauptstadt auch ein Foto der gerade erst angebrachten Gedenktafel für den 1931 verstorbenen örtlichen NSDAP-Parteifunktionär Karl Dincklage.

Zwei Publikationstypen wandten sich außer an die Einwohner besonders an Multiplikatoren wie Presse, Bibliotheken, Archive und Beschäftigte anderer Kommunen. Zum einen handelte es sich um die von Arthur Menge als „Verwaltungsberichte"[234] bezeichneten Bücher „Zehn Jahre Aufbau" und „Neues Schaffen".[235] „Dieses Buch", schrieb Menge einleitend im ersten Bericht, in dem er sich noch der nationalsozialistischen Sprache enthielt, „will einen Überblick geben über die Arbeit der Stadtverwaltung in den letzten zehn Jahren".[236] Zum anderen

---

230 Hesse, Franz Hinrich: Heimatkundliche Wahrzeichen. Ein Begleiter auf Wanderungen durch Stadt Hannover und Umgegend. Nach Standort, Herkunft, Bedeutung usw. zusammengestellt und beschrieben, Hannover 1929. Eine Neuauflage entstand 1953, 1955 eine Sonderfassung, vgl. Hesse, Franz Hinrich: Zerstörte hannoversche Wahrzeichen, in: HGBl NF 8/1955, S. 241–283. Später wurde das Buch weitergeführt durch Zimmermann, Helmut: Hannover in der Tasche. Bauten und Denkmäler von A bis Z, Hannover 1983, eine zweite, erweiterte Auflage erschien 1988.

231 So wurde erst 1932 ein Verzeichnis zu Hannovers Kunstdenkmälern herausgegeben, vgl. Niedersächsisches Landesverwaltungsamt. Institut für Denkmalpflege (Hrsg.): Denkmäler des „Alten" Stadtgebietes Hannover. Nachdruck der Ausgabe „Die Kunstdenkmäler der Provinz Hannover". Bearb. von Arnold Nöldeke, Osnabrück 1979 [1932]; vgl. außerdem Leonhardt, Karl Friedrich: Die Wahrzeichen der Stadt Hannover im Wandel der Zeiten, in: HGBl NF 1/1930/31, S. 213–215.

232 Jungblut, Adolf: Hannover. Einer Stadt ins Herz geschaut. Ein Bilderbuch von Hannover und den Hannoveranern, Hannover 1938. Die Abbildung des Ernst-August-Denkmals findet sich auf S. 18.

233 NSDAP Gauleitung Süd-Hannover-Braunschweig (Hrsg.): Gruß aus der Gauhauptstadt, Sammlung Heine.

234 Menge an Buchdruckereibesitzer Albert Funke v. 16.7.1937, StAH, HR 2, Nr. 1200.

235 Arends, Theodor/Ernst, Otto: Zehn Jahre Aufbau. Die Hauptstadt Hannover von 1925 bis 1935, Hannover 1935 und dies.: Neues Schaffen. Die Hauptstadt Hannover 1935/36, Hannover 1937.

236 Arends/Ernst: Zehn Jahre Aufbau, S. 7. Auch die ausführliche Darstellung über den Maschsee anlässlich seiner Fertigstellung diente der Selbstdarstellung der Stadtverwaltung gegenüber

gab es als zweiten Publikationstyp das Adressbuch,[237] dessen Entwicklung sich als besonders aufschlussreiches Phänomen erweist.

Ehrungen im Adressbuch der Stadt Hannover

Üblicherweise stellte man der Einwohnerliste im Adressbuch mehrere Informationsartikel über Hannover voran. 1930 bis 1936 handelte es sich um eine mehrseitige „Chronik der Stadt Hannover" von den Anfängen bis 1928, verfasst von Stadtarchivdirektor und Stadtbibliotheksleiter Otto Jürgens. Zudem wurden die öffentlichen Institutionen wie Schulen, Erholungsstätten und kulturelle oder sportliche Einrichtungen in Form einer Auflistung mit Einstiegstext dokumentiert. Ehrungen fanden lediglich Berücksichtigung durch die Auflistung der aktuellen Ehrenbürger. Diese Liste setzte sich allerdings gestalterisch deutlich von den klein gedruckten Informationsartikeln ab, denn für sie war eine ganze Seite reserviert, die durch umfangreiche Verzierung zu einem Blickfang gestaltet wurde. Diese Übersicht über die Ehrenbürger, inklusive des spezifischen Layouts, war das einzige Element des ersten Teils des Adressbuches, das bis 1943, dem letzten Erscheinungsjahr während des Nationalsozialismus, beibehalten wurde.

In der Ausgabe von 1937 veränderte sich die Darstellung der Stadt im Adressbuch merklich. „Hannover – Bildnis einer idealen Großstadt" war der neue „saubere Aufsatz über unsere Stadt"[238] – so der Hannoversche Anzeiger – übertitelt. Der bis dato auf der Historie der Stadt liegende Schwerpunkt des einleitenden Aufsatzes hatte sich auf die Gegenwart verschoben, wobei thematische Sprünge in frühere Zeiten vollzogen wurden. Verschiedene stereotype Bilder über die Stadt, wie die „grüne Großstadt", und hannoversche Markenzeichen wie das Eilenriederennen wurden erwähnt,[239] Straßennamen erläutert und prominente Bürger wie Gottfried Wilhelm Leibniz und Ludwig Heinrich Christoph Hölty, vereinzelt auch Bürgerinnen wie Charlotte Buff, spätere Charlotte Kestner, vorgestellt. Daneben wurden Ausflugsziele angepriesen und Einkaufsmöglichkeiten beschrieben. Oberbürgermeister Menge wurde wegen des Ankaufs der Herrenhäuser Gärten hervorgehoben. Natur stand neben Kultur, Vergangenheit neben Gegenwart und ein im Layout auch optisch popularisierter und mit Bildern versehener Text – wenngleich immer noch in sehr kleiner Schrift – war neben aktuellen Fotos platziert. Hannover wurde nun als vielfältige, attraktive Stadt dargestellt – wohlgemerkt in einem Adressbuch, das klassischerweise Behörden und Einwohnern als Nachschlagewerk diente. Die Rezensionen des nicht gerade sehr publikumsansprechen-

---

den Einwohnern, vgl. Städtisches Presseamt Hannover (Hrsg.): Hannovers Maschsee. Zu seiner Eröffnung am 21. Mai 1936, Hannover 1936.
237 Adreßbuch Hannover 1933.
238 HA v. 26.1.1937.
239 Zum Eilenriederennen vgl. Saldern, Adelheid von: Cultural Conflicts, Popular Mass Culture and the Question of Nazi Success: The Eilenriede Motorcycle Races, 1924–1939, in: German Studies Review 15/1992, S. 317–338.

den Wälzers in der Lokalpresse,[240] der neue Aufbau der Einstiegstexte sowie die vermehrte Aufnahme von Anzeigen belegen die Intention, neue Leserschichten zu erschließen. Dass in der Stadtbibliothek Hannover, die jeweils ein aktuelles Exemplar für den Nutzerbetrieb vorhielt, bei fast allen archivierten Bänden die Seiten mit diesen Artikeln herausgerissen sind, lässt vermuten, dass die Texte durchaus auf Interesse stießen.

Im Jahr 1938 fand eine weitere Veränderung statt, und diese setzte den Maßstab bis zur vorerst letzten Ausgabe von 1943. Die Präsentation der Stadt verschob sich ganz in die damalige Gegenwart und war betitelt mit „Hannover im Jahre 1937. Rückschau und Ausblick. Eine Chronik der wichtigsten Ereignisse".[241] Aus der Stadtchronik war also binnen zweier Jahre eine Jahreschronik geworden. Diese Umstellung ermöglichte es, aktuellere kulturelle Geschehnisse aufzunehmen und nicht nur wiederholt die prominentesten Elemente des Stadtprofils, wie die Herrenhäuser Gärten und den Maschsee, zu präsentieren. In den folgenden Jahren erhielten so mehr und mehr auch kurzlebige „Events" der Kultur im weiteren Sinne Raum.[242] Darauf verweisen bereits die Zwischenüberschriften des Berichts „Hannover im Kriegsjahr 1942", die das Adressbuch von 1943 gliederten, so zum Beispiel „Hannover unter neuer Leitung", „Langemarck-Studium für Flamen und Niederländer", „Gauheimatwerk gegründet", „Für die Volksgesundheit" (hier ging es um die Errichtung des Gaugesundheitswerks), „50 Jahre ‚Straßenbahn Hannover'" und „Unser Zoo im Kriege". Hinzu kam dieselbe Anzahl von Blöcken, die kulturelle Geschehnisse aus dem Feld der Ehrungen präsentierten: „Hoher Besuch aus befreundeten Staaten", „Fronturlauber waren zu Gast", „Dr.-Fritz-Todt-Preis für Erfinder gestiftet", „‚Eiserner Lorbeer' für die besten Sportler", „Der Hermann-Löns-Preis erstmalig verliehen" und „Hohe Kriegsauszeichnungen für Bauern". Es handelte sich also vorwiegend um Feierlichkeiten für Ehrengäste und Preisverleihungen. Durchsetzt war der Artikel mit Anzeigen, die mittlerweile etwa 75 Prozent des Platzes einnahmen.

Während also bis 1937 Hannover im Wesentlichen als Einheit seiner städtischen Einrichtungen und Institutionen skizziert wurde, präsentierte es sich nun, im Kriegsjahr 1942, zu einem nicht unerheblichen Teil als Zentrum leistungsfähiger Persönlichkeiten. Die Gründe sind sicherlich vielfältig. So mag die Stadt darauf gezielt haben, ihre repräsentativen Funktionen stärker zu betonen, wie ihr dies 1940 auch dadurch gelang, dass Hitler Hannover in die Gruppe derjenigen Städte aufnahm, die architektonisch ausgebaut und mit Parteiforen ausgestattet werden sollten. Außerdem dürften die Kriegseinwirkungen relevant gewesen sein. Zum einen erforderte diese Art Ehrungen nur einen verhältnismäßig geringen Personal- und Sachaufwand. Zum anderen wurde es immer schwieriger, städtische Institutionen, die durch Personalmangel vermehrt ihre Arbeit einschränkten oder Gebäude und Gelände, die unter der Bombardierung, mangelnder Pflege oder ständiger

---

240 HA v. 26.1.1937, vgl. HA v. 11.1.1938 und 13.1.1939.
241 Seit 1939 wurde der Bericht über Hannover als Verkehrsknotenpunkt als gesonderter Artikel ergänzt.
242 Zur Kultur im engeren und weiteren Sinne vgl. Erbe: Kultur als Stadtmarketing?, S. 311.

Verdunkelung litten, zur Repräsentation zu nutzen. Wenngleich die großen Zerstörungen Hannovers erst in das Jahr 1943 fallen, so gab es doch schon im Februar 1941 den ersten Großangriff auf die Stadt, so dass soziale und stadtplanerische Tätigkeiten sich mehr und mehr auf den Erhalt des Status quo und die Einrichtung flächendeckenden Luftschutzes konzentrieren mussten.[243] Solche alltäglichen Erschwernisse jedoch, die geeignet waren, Kriegsmüdigkeit zu fördern, sollten offenbar keinen Platz in der lokalen Selbstdarstellung erhalten.

Insgesamt lässt sich resümieren, dass Ehrungen in städtischen Publikationen, die der touristischen bzw. außendarstellerischen Werbung dienten, kaum eine Rolle spielten. In Medien dagegen, die lokale Rezipienten ansprechen wollten, waren sie durchaus präsent. Ehrungen sollten also offenbar vorwiegend die Lokalbevölkerung ansprechen. Den näheren Umständen und Hintergründen werden sich die beiden nächsten Kapitel widmen.

ZUSAMMENFASSUNG

Von den verschiedenen Ehrungen, die im nationalsozialistischen Hannover durchgeführt wurden, zielten einige in erster Linie darauf ab, Werbung für die Stadt zu betreiben. Dabei galt es zuerst, durch möglichst häufige Präsenz in der Presse Aufmerksamkeit auf Hannover zu lenken. Vor allem die Ehrungen reichsweit oder sogar international bekannter Personen aus Politik und Kultur boten durch die überregionale Presseberichterstattung Anlässe, den Leserinnen und Lesern die Stadt Hannover ins Gedächtnis zu rufen. Die städtischen Werbeakteure bemühten sich dabei, mittels wiederholter Darstellung derselben Inhalte und Leistungen ein spezifisches Stadtimage mit Wiedererkennungswert zu formen. Mit dem Versuch, Hannover als „Fliegerstadt" und „Reiterstadt" zu etablieren, lehnte man sich dabei an die Methoden der Markenwerbung an. Inwiefern die Außenwirkung durch die Stadtimagepolitik samt der darin vermarkteten Ehrungen als erfolgreich bezeichnet werden kann, ist schwer anzugeben, vor allem deshalb, weil sie immer nur einen Teil der gesamten Werbebemühungen ausmachten.

Ehrungen dienten auch als Mittel zur Steuerung sozialen Verhaltens zugunsten städtischer Interessen. So wurde Fritz Beindorff, ein lokaler Kunstmäzen, aus haushaltspolitischen Erwägungen heraus zum Ehrenbürger ernannt. Er sollte zur Einlösung eines von ihm gegebenen Spendenversprechens genötigt werden. Indem man ihn hofierte, setzte man ihn zugleich in Zugzwang. Die allen Ehrungen stets innewohnende Gabentauschlogik verlangte dem Geehrten ab, die Ehrung anzunehmen und positiv zu beantworten. Allerdings sahen sich städtische Akteure mit einer besonderen Schwierigkeit konfrontiert, wenn sie sich die Gabentauschlogik bei national prominenten Personen zunutze machen wollten. Diese hatten bereits auf Reichsebene in einem solchen Ausmaß symbolisches Kapital akkumu-

---

243 Zu Hannover im Zweiten Weltkrieg vgl. Mlynek: Hannover, S. 553–567; Grabe u. a.: Unter der Wolke und Fuchs, Thorsten/Wittke, Stefan: Zwischen Angst und Alltag. Bomben auf Hannover, Gudensberg-Gleichen 2004. Auf S. 79 findet sich eine Chronik der Angriffe.

liert, dass sie auf weitere städtische Ehrungen nicht angewiesen waren und so waren einzelne Offerten der Stadtverwaltung von den zur Ehrung Auserkorenen ausgeschlagen worden.

Im Falle des Kulturaustausches zwischen Hannover und der italienischen Stadt Cremona entstand ein Synergieeffekt zwischen der medialen Inszenierung der Städtefreundschaft und der Gabentauschpraxis. Da die Städteverbindung eine örtliche Umsetzung des Kulturabkommens zwischen Berlin und Rom darstellte, war ihr ein relativ hoher Grad an Aufmerksamkeit der Medien sicher. Zudem stimmten Hannover und Cremona darin überein, die Kooperation für ihre städtische Werbung zu nutzen. Diese Hintergründe wirkten wie ein Verstärker auf die Gabentauschlogik: Ehrungshandlungen und damit Werbeanlässe vermehrten und steigerten sich, so dass eine Art Ehrungsspirale entstand. Diese wurde lediglich durch die Kriegshandlungen behindert und erst durch die politischen Veränderungen in Italien seit der Amtsenthebung Mussolinis beendet.

Mit Stadtimagepolitik ging stets ein wirtschaftliches und finanzielles Interesse einher. Man zielte auf die Intensivierung des Tourismus, die Stärkung der lokalen Absatz- und Arbeitsmärkte oder direkte Zuwendungen für den Kommunalhaushalt. Dies bedeutete stets die Aufwertung einer Stadt in der Konkurrenz mit anderen um Anerkennung und die Vergrößerung des finanziellen Handlungsraums. Als Leistungswettbewerb zwischen den Gemeinden im Rahmen der nationalsozialistischen „Volksgemeinschaft" war diese Hervorhebung einzelner Städte durchaus erwünscht. Bei der Gründung der reichsweiten Hermann-Löns-Gesellschaft waren die Friktionen zwischen den Städten Celle, Hannover und Münster, inklusive der dazugehörigen Gauleitungen, allerdings so groß, dass sich die Reichsebene in den Regionalkonflikt einschaltete. Eine Einigung zwischen den Beteiligten scheiterte daran, dass Hannover nicht bereit war, zugunsten einer überregionalen Zusammenarbeit auf die Konstruktion einer werbewirksamen, lokalen Besonderheit zu verzichten. Durch Hartnäckigkeit konnte Hannover zwar das Tauziehen selbst gegenüber dem Vertreter des Reichspropagandaministeriums für sich entscheiden, den Sieg jedoch nicht im gewünschten Ausmaß für die städtische Werbung nutzen. Im Fall des drohenden Abzugs der Kavallerieschule unterlagen die hannoverschen Ratsherren den Institutionen in Berlin, als sie lokale Interessen zu Ungunsten der Wehrmacht durchsetzen wollten. Das Image Hannovers als „Reiterstadt", das sich zu einem großen Teil auf die Kavalleristen und ihre Siege in internationalen Reitturnieren stützte, begann seither zu verblassen.[244] Dies bestätigt, dass die Elemente des Stadtimages auch real verankert sein müssen, um dauerhaft Bestand zu haben.[245]

Weder die Verfolgung pekuniärer Interessen noch die Nutzung im Kontext der Stadtimagepolitik stellten eine relevante Abweichung der Ehrungspraxis im Nationalsozialismus gegenüber der Weimarer Zeit dar. Verändert hatten sich allerdings die über die Ehrungen symbolisierten politischen Kontexte und Aussa-

---

244 Vgl. hierzu HAZ v. 11.3.1952 u. v. 25.10.1991.
245 Vgl. Schott, Dieter: Die mentale Konstruktion von Stadt. Editorial, in: Die Alte Stadt, H. 3.1999, S. 235–239, hier S. 236.

III. Ehrungen als Mittel der Stadtwerbung   177

gen. Die Denkmalsetzung für den Flugpionier Karl Jatho zeigt, wie Hannover bereits 1933 seinen Beitrag zu Görings „Nation von Fliegern" leistete. Die versuchte Ernennung des italienischen Ministers Roberto Farinacci zum Ehrenbürger belegt, dass Hannover sich als Teil der Achse Rom/Berlin verstand.

Obwohl die vorgestellten Ehrungen sich im Kontext von städtischer Werbung sinnhaft erklären ließen, zeigte die Untersuchung zeitgenössischer Werbebroschüren und Publikationen über Hannover, dass Ehrungen nur einen sehr geringen Anteil an der Außendarstellung der Stadt Hannover in der NS-Zeit hatten, dagegen in lokal verbreiteten Publikationen zum Teil breiten Raum einnahmen. Insofern soll nun gefragt werden, welche Aufgaben die Ehrungspraxis gegenüber der lokalen Bevölkerung erfüllen sollte oder konnte.

IV. „... MIT DEM DENKMAL VERWACHSEN ..."
ANEIGNUNG VON EHRUNGEN DURCH „BIOGRAPHICAL MAPPING" UND SYMBOLISCHEN LOKALBEZUG

Ehrungen in Hannover waren im Wesentlichen an die Einwohner der Stadt adressiert. Sie waren weniger Gegenstand von Reiseführern als vielmehr von lokalen Informationsschriften. Innerhalb der städtischen Kommunikation dienten sie der Setzung eines Wertekanons und als Identifikationsangebote an die Einwohner. Im Folgenden wird entwickelt, wie Ehrungen in die alltägliche Orientierung der Bürger im Sozialraum Stadt eingebunden wurden. Die Analyse wird dabei in zwei Schritten vorgenommen: Analog zum Konzept des „mental mapping",[1] das davon ausgeht, dass sich Menschen ein subjektives Bild von ihrer Umgebung machen, um sich darin zu orientieren, wird angenommen, dass auch eine personenbezogene Orientierung stattfindet. Hierfür wird der Begriff des „biographical mapping" eingeführt. Das Kapitel legt dar, wie sich die Einwohner mit Hilfe des „biographical mapping" in Beziehung zu Stadtpersönlichkeiten und zur Stadt setzen konnten und wie dies im Verhältnis stand zu den spezifischen Werten und Auffassungen, die im Rahmen der Ehrungspolitik vermittelt werden sollten. Anhand der Debatten in den späten 1980er- und frühen 1990er-Jahren in Hannover um das 1935 errichtete Carl-Peters-Denkmal wird schließlich gezeigt, welche Inhalte und Formen diese Aneignungsweise gut 50 Jahre später annehmen konnte.

1. SINNSTIFTUNGSANGEBOTE ÜBER LEBENSGESCHICHTLICHE ERZÄHLUNGEN

Ehrungen als ortsspezifische Informationen und als Bausteine
für das „biographical mapping"

Der Begriff „biographical map" ist angelehnt an den von Roger M. Downs & David Stea sowie Peter Gould & Rodney White geprägten Begriff der „mental map", der „kognitiven Karte".[2] Ihre zentrale Funktion liegt in der Orientierungsleistung: Ein Mensch bildet sich gemäß seiner Interessen und Bedürfnisse ein gedankliches Bild von einem Territorium. Da er auch Bezüge und Relationen in dieses Bild

---

1   Vgl. hierzu die Einordnung in den „spatial turn" durch Bachmann-Medick: Cultural Turns, S. 299.
2   Gould, Peter/White, Rodney: Mental Maps, London, 2. Aufl. 1993 [1974]; Downs, Roger M./Stea, David: Kognitive Karten. Die Welt in unseren Köpfen, hrsg. von Robert Geipel, New York 1982 [1977]. Zur Einordnung des Konzepts in den „spatial turn" vgl. Bachmann-Medick: Cultural Turns, S. 299.

integriert, entsteht eine „kognitive Vertrautheit",[3] wodurch er sich in dieser Umgebung zurechtfinden kann. So mag die „mental map" eines Einwohners von seiner Stadt aus den ihm bekannten Quartieren und hierin vor allem aus einzelnen Orten wie der Wohnung, dem Arbeitsplatz und Einkaufsgelegenheiten bestehen, ferner den Verkehrsverbindungen zwischen ihnen sowie dem Wissen um die Bedeutung und die Nützlichkeit dieser Orte und Wege. Die „biographical map" wird als Teil der „mental map" verstanden, welche die Ortsbezüge durch die Berücksichtigung von Personen ergänzt. Im obigen Beispiel könnte sie aus den Nachbarn, den Kolleginnen und Kollegen, den Vorgesetzten und den morgendlichen und nachmittäglichen Busfahrern bestehen. Der Gang zu Behörden, zu öffentlichen Veranstaltungen, zu Museen und Vereinshäusern kann dazu führen, dass auch amtierende Lokalpolitiker, Künstler und Vertreter von Behörden und Vereinen die „biographical map" konfigurieren. Auch Personen, denen eine Relevanz für die historische Entwicklung der Stadt zugesprochen wird, können dazugehören. Die „biographical map" fungiert also wie ein strukturierender „Filter" für die individuelle Deutung des gesellschaftlichen Geschehens.

Neben den individuellen „biographical maps" gibt es jedoch auch eine offiziöse Variante.[4] Sie wird nicht bewusst von jemandem festgelegt, sondern sie entsteht durch fortwährende Präsentation derselben städtischen Persönlichkeiten im öffentlichen Stadtraum, und sie ist damit immer auch Resultat tagtäglicher Aushandlungen zwischen den Akteuren. Sie besteht aus den jeweiligen politischen Eliten, Honoratioren und zentralen Figuren des Wirtschafts- und Kulturlebens sowie der Stadthistorie.[5] Gerade Personen der Geschichte werden dadurch, dass Straßen und Gebäude benannt, Gedenktafeln und Denkmäler gestaltet, Ahnengalerien von Kommunalpolitikern in Rathäusern[6] angefertigt und fortgeführt oder kommemorative Artikel für die Medien verfasst werden, in ihrer historischen Relevanz erinnert bzw. ihre Bedeutung erst geschaffen. Damit wird ihnen kognitiv

---

3 Chombart de Lauwe, Paul Henry: Aneignung, Eigentum, Enteignung, in: Archplus 34/1977, S. 2–6, hier S. 3.
4 Die Väter des Begriffs sprechen nicht von einer offiziellen „mental map". Die Kartierungen sind hier jeweils individuelle. Allerdings zeigt sich zum Beispiel anhand der von Downs und Stea gezeigten Landschaftskarikaturen, dass es sehr wohl verbreitete Bilder gibt, durch welche die Scherze erst verstanden werden können. Die Bezeichnung „offiziöse biographical map" meint hier den von der kommunalen Funktionselite anerkannten und wiederkehrend präsentierten Kreis von Personen, die die Stadt nach außen repräsentierten. Vgl. dazu auch die Erläuterungen zu den „Individual images of place" und den „Group or community images of place" bei Relph, Edward: Place and Placelessness, London 1976, S. 56–59.
5 Zu individuellen und kollektiven Formen der „mental bzw. cognitive map" in der Kognitionsbzw. Geschichtswissenschaft vgl. Langenohl, Andreas: Mental Maps, Raum und Erinnerung. Zur kultursoziologischen Erschließung eines transdisziplinären Konzepts, in: Damir-Geilsdorf, Sabine/Hartmann, Angelika/Hendrich, Béatrice (Hrsg.): Mental Maps – Raum – Erinnerung. Kulturwissenschaftliche Zugänge zum Verhältnis von Raum und Erinnerung, Münster 2005, S. 51–69.
6 Auch im Hannoverschen Rathaus gab und gibt es eine Gemäldereihe der Stadtdirektoren und Oberbürgermeister, für die Arthur Menge 1941 von Adolf Wissel portraitiert wurde. Vgl. Röhrbein: endlich klare Verhältnisse, S. 513.

und oft physisch ein Platz im städtischen Beziehungs- und Akteursgeflecht zugewiesen. Dass auch Personen der Stadtgeschichte Teil einer individuellen „biographical map" sein können, macht deutlich, dass sich der Einzelne neben persönlichen Erfahrungen auch der öffentlichen biografischen Sinnstiftung bedienen kann.

Zweierlei Dinge erleichtern dabei den Städtern die Aufnahme historischer Personen in ihr Orientierungsbild von der Stadt. Erstens sind es gleichzeitig mitgelieferte „ortsspezifische Informationen". Die Bezeichnung geht auf den Soziologen Martin Schwonke zurück, der sie in seiner Studie über Wolfsburg als ein Wissen bestimmt, das sowohl die Kenntnis über das Stadtzentrum und die Verkehrsmittel dorthin beinhaltet als auch „Informationen, die sich auf lokale Ereignisse und ‚stadtbekannte Persönlichkeiten' beziehen".[7] Ortsspezifische Informationen liefern also die kausalen und historischen Zusammenhänge, welche die Einwohner ihrer „mental map" hinzufügen, und mit deren Hilfe sie auch zu kundigen Betrachtern einer Ehrung werden können. Dieses Wissen werde nicht mehr, so Schwonke, wie früher auf dem Markt verbreitet, sondern bedürfe „zusätzlich des Mediums der Lokalpresse".[8] Diese berichtete dann zum Beispiel bei einer Ehrung nicht allein über die Feierlichkeit, sondern verbreitet vorab oder bei mehrtägigen Veranstaltungen auch währenddessen gezielt Hintergrundinformationen über den Verlauf, die Akteure und die Lebenswege der als relevant eingestuften Personen.[9] Die Informationen gingen zum Teil weit über das hinaus, was den bei der Zeremonie anwesenden Einwohnern durch ihre Präsenz vor Ort geboten wurde: Zum einen legten die Presseartikel den Veranstaltungsablauf zumeist in seiner gesamten Breite dar und nicht allein aus einer einzelnen Perspektive. Zum anderen waren die Darstellungen der zentralen Personen oftmals detaillierter als in den Redebeiträgen. Zwar waren diese ortsspezifischen Informationen im Allgemeinen niemandem verschlossen; sie standen aber nur Ortsansässigen ohne erhöhten Aufwand zur Verfügung, so dass sie strukturell geeignet waren, eine Differenzierung zwischen Einwohnern und Fremden zu erzeugen.

Damit eine nennenswerte Anzahl von Hannoveranern die präsentierten historischen Personen in ihr Orientierungsbild von der Stadt aufnehmen konnte, was noch nicht affirmatives Annehmen bedeuten musste, brauchte es zweitens Zeit. Nur wiederkehrende Hinweise vermochten einen Kenntnisstand über den Schüler Werner Tischer oder die neue Funktionselite zu begründen oder über Georg Ludwig Friedrich Laves als Stadtarchitekten zu erhalten. Indem eine Person und

---

[7] Schwonke, Martin: Wolfsburg. Soziologische Analyse einer jungen Industriestadt, Stuttgart 1967, S. 11.
[8] Ebd.
[9] Lindners Darstellungen zur Lokalpresse in US-amerikanischen Städten als „Vermittler und Beschleuniger" der Urbanisierung mit Schwerpunkt 19. Jahrhundert sind auch für den hier betrachteten Zeitraum gewinnbringend zu lesen. Vgl. Lindner: Entdeckung der Stadtkultur, Kapitel 1, bes. S. 20–22, Zitat ebd. Auf S. 46 schreibt er: „Reportagen [...] bieten mit ihren Beschreibungen der Stadt, mit ihren Darstellungen großstädtischer Einrichtungen und Berufsgruppen und mit ihren Geschichten über ethnische Viertel und ihre Bewohner den Lesern Ersatz für fehlende Anschauung, bringen Fremdes nahe und machen Neues verständlich".

ein Kontext wiederholt in Kombination präsentiert wurden, konnte der Name mit dieser Bedeutung aufgeladen werden.[10] Eine besonders ritualisierte Form solcher Einschreibungspraktiken waren jährliche öffentliche Kranzspenden oder Jubiläumsfeiern. So gelang es erfolgreich – zum Teil bis heute – das Datum 20. April als „Führers Geburtstag" im kollektiven Gedächtnis zu etablieren.[11]

Biografische Erzählungen in Zeremonien und Medien waren also ein Angebot an die Hannoveraner, die Geehrten als Bestandteile in ihre „biographical map" aufzunehmen oder ihre dortigen Plätze zu festigen und möglicherweise mit neuem Wissen zu ergänzen.[12] Allerdings sollte es nicht nur darum gehen, Hitler als Reichskanzler und Rust als Gauleiter zu platzieren, sondern man zielte auch auf die Übernahme der offiziösen Bewertung. Dadurch sollte eine positive Sichtweise der Bevölkerung auf solche Personen und eine möglichst breit geteilte und damit gemeinsame Deutung des städtischen Lebens geschaffen werden.

Die in der gebotenen Darstellung enthaltenen Werte und Maßstäbe sind Ausdruck des bestehenden hegemonialen Diskurses. Die „biographical map" erweist sich somit einerseits als Resultat individueller kognitiver Aneignung[13] des sozialen Raums, andererseits als Funktionsgedächtnis und damit Herrschaftsinstrument, über das spezifische Inhalte, Wertvorstellungen und Bilder unterbreitet wurden.[14] Durch ihre Mehrseitigkeit als individuelle Orientierungsmatrix sowie als Produktion und Ausdruck des jeweils gewünschten gesellschaftlichen Selbstbildes gehört die „biographical map" zu den „Scharnieren" zwischen Individuen und Gesellschaft.

Im Folgenden wird anhand zweier Themenkomplexe der Frage nachgegangen, welche Inhalte über Ehrungen transferiert werden sollten. Zuerst werden die biografischen Darstellungen von fünf in Hannover während der NS-Zeit geehrten und damit zur offiziösen „biographical map" gehörenden Stadtpersönlichkeiten daraufhin untersucht, welches Sozialverhalten und welche Persönlichkeitsprofile als wünschenswert galten und damit als soziales Wissen vermittelt werden sollten. Anschließend wird die Propagierung eines „niedersächsischen Volkstums" untersucht. Der Frage, ob und in welchem Ausmaß die angebotenen Darstellungen in

---

10 Diesen Prozess beschreibt Gerhard Kurz anhand wiederkehrender Szenen in Nachrichtensendungen im Fernsehen. Vgl. Kurz, Gerhard: Verfahren der Symbolbildung. Literaturwissenschaftliche Perspektiven, in: Schlögl, Rudolf/Giesen, Bernhard/Osterhammel, Jürgen (Hrsg.): Die Wirklichkeit der Symbole. Grundlagen der Kommunikation in historischen und gegenwärtigen Gesellschaften, Konstanz 2004, S. 173–187, bes. S. 178. Einen lesenswerten Überblick zum Stand der Ritualforschung bietet Bell, Catherine: Ritual. Perspectives and Dimensions, New York u. a. 1997.
11 Hierdurch wurde auch eine Orientierung in der Zeit geboten, die von Thomas Schmidt als „temporal map" bezeichnet wurde. Vgl. Schmidt: Kalender, S. 58–64.
12 In Wilhelmshaven stellte man eine Serie biografischer Presseartikel mittlerweile als Buch zusammen. Vgl. Schwarz, Barbara: Sie prägten Wilhelmshaven ... und setzten Zeichen. Eine Serie, Wilhelmshaven 1995.
13 Zum Begriff der Aneignung vgl. die Ausführungen in der Einleitung dieser Arbeit.
14 Vgl. Hartmann, Angelika: Konzepte und Transformationen der Trias „Mental Maps, Raum und Erinnerung". Einführende Gedanken zum Kolloquium, in: Damir-Geilsdorf/Hartmann/Hendrich: Mental Maps, S. 3–21, bes. S. 9.

die individuellen Kartierungen eingingen, wird im zweiten Teil des Kapitels nachgegangen.

1.1 Hannover als städtische Gemeinschaft

Gerrit Engelke, Johann Egestorff und Karl Jatho

„Viele Hannoveraner werden noch nicht wissen, wer Gerrit Engelke war", leitete Karl Heinz Brinkmann seinen im Hannoverschen Anzeiger erschienenen Artikel über den hannoverschen Dichter ein. Er bekundete damit die Absicht, einer lokalen Leserschaft mittels einer biografischen Skizze ortsbezogene Informationen zu vermitteln.

Der 1890 in Hannover geborene Anstreichergehilfe Gerrit Engelke widmete seine Freizeit vor allem der Lyrik und dem Zeichnen.[15] Im Jahre 1912 erschienen erstmals Verse des so genannten „Arbeiterdichters" im Hannoverschen Anzeiger, im Folgejahr kaufte das Kestnermuseum 70 seiner Zeichnungen. Mit 28 Jahren verstarb Engelke kurz vor Friedensschluss in einem Lazarett im französischen Cambrai. Zu seinem 20. Todestag 1938 benannte Hannover eine Straße nach ihm[16] und brachte eine Gedenktafel an seinem Geburtshaus in der Wörthstraße an.[17]

Johann Egestorff galt als Gründer der Industrie Lindens, eines 1920 in die Stadt Hannover eingemeindeten preußischen Dorfes. Der 1772 in Seelze bei Hannover geborene Böttchergeselle wurde 1803 Firmeninhaber durch Pachtung einer Kalkbrennerei, was ihm den Namen „Kalkjohann" einbrachte.[18] In den folgenden Jahren gründete er weitere Kleinunternehmungen für den Holz-, Stein- und Zuckerhandel, eröffnete aber auch ein Gasthaus auf dem Lindener Berg, das der hannoverschen Oberschicht als beliebtes Ausflugsziel diente. Als er 1834 starb, übernahm sein Sohn Georg die Geschäfte und erweiterte sie, vor allem um eine Lokomotiven bauende Maschinenfabrik. Diese wurde 1871, kurz nach dem Tod Georgs, vom neuen Eigentümer in die „Hannoversche Maschinenfabrik Aktiengesellschaft" umgewandelt, besser bekannt unter dem Kurznamen HANOMAG. Hannover ehrte Egestorff senior 1935 mit einem Denkmal im Lindener Volkspark.[19]

---

15 Zu Engelke vgl. HBL, S. 109f.; Kloss/Niedersächsische Landesbibliothek: Gottheit und Morawietz/Riha/Vaßen: Zwischen Wolken und Großstadtrausch.
16 Vgl. HA v. 11.4.1938.
17 Vgl. hierzu Kapitel I, Teil 4.
18 Zu Johann und Georg Egestorff vgl. Görg, Horst-Dieter: Pulsschlag eines Werkes. 160 Jahre Hanomag. Maschinen- und Fahrzeugbau von Georg Egestorff bis Komatsu, Soltau 1998; Buschmann, Walter: Linden. Geschichte einer Industriestadt im 19. Jahrhundert, Hildesheim 1981, S. 25–52, 75–81; Voigt, Wolfgang: Der Eisenbahnkönig oder Rumänien lag in Linden, Berlin 1980, bes. S. 13–22 und Treue, Wilhelm: Egestorff. Bedeutende Niedersachsen. Lebensbilder Heft 4, Hannover 1956.
19 Zur Denkmalsetzung vgl. Kapitel I, 3.1 und V, 2.3.

Karl Jatho wurde 1873 in Hannover geboren. Er war seit 1892 für die Stadt in verschiedenen Funktionen tätig, zuletzt als Stadtinspektor im technischen Revisionsbüro,[20] bis er 1928 in den Ruhestand trat. Neben Kunstradfahren interessierte ihn vor allem die Fliegerei. In seiner Freizeit baute und testete er Flugmodelle und wurde dafür in Hannover als Pionier des Motorflugs wahrgenommen.[21] Die Stadt setzte ihm 1933 ein Denkmal am damals noch in Vahrenwald gelegenen hannoverschen Flughafen.[22] Die Einweihungsfeier fand in seinem Beisein statt. Jatho starb nur einige Monate später und erhielt ein Ehrengrab auf dem Engesohder Friedhof.

Abb. 28: Grabstein der Eheleute Jatho, Engesohder Friedhof, 1933 als Ehrengrab für Karl Jatho errichtet. Inschrift unter dem Wappen: „Karl Jatho. 1. Motorflieger der Welt. geb. 3. Feb. 1873. gest. 8. Dez. 1933. Olga Jatho. geb. Koch. geb. 6. Jan. 1883. gest. 26. Juli 1960".

Die drei ausgewählten Personen repräsentieren sowohl verschiedene Tätigkeitsbereiche – Kunst/Handwerk, Wirtschaft, Technik/Kommunalverwaltung – als auch unterschiedliche Generationen; Egestorff senior war 1772 geboren worden, Jatho gut 100 Jahre später und Engelke gehörte etwa der darauf folgenden Generation an.

Gemein war allen drei Darstellungen, dass die Protagonisten als aus einfachen Verhältnissen kommend beschrieben wurden und dass sie den Menschen dieser Schicht selbst nach einem sozialen Aufstieg verbunden geblieben seien. Außerdem sollen sich bei allen drei Männern frühzeitig Talente oder Interessen als Vorboten ihrer herausragenden Leistungen gezeigt haben und eine charakterliche Beschaffenheit, um diese zielstrebig zu realisieren. „Als Knabe schon beschäftigte sich Karl Jatho mit dem Gedanken des Drachenflugzeug-

---

20 Zu Jatho vgl. HBL, S. 187f. und Leonhardt: Jathos erster Motorflug. Zum Nationalsozialisten stilisiert wurde Jatho in Oppermann: Ikaros lebt!
21 Zum Teil wurde er als Begründer des Motorfliegens angesehen. Hieran gab es jedoch auch zeitgenössische Zweifel, vgl. VB v. 9.3.1935, Leonhardt: Jathos erster Motorflug, S. 202–208.
22 Zur Denkmalsetzung vgl. Kapitel III, 1.2.

baus"[23] und schon früh habe er Erfahrungen mit dem Fliegen gesammelt.[24] Bei Engelke wurde seine Wissbegierde als Grund dafür angegeben, dass er ein guter Schüler wurde.[25] Seine Eltern hätten ihm keinen überdurchschnittlichen Start bieten können: Sein Geburtshaus an der Wörthstraße sei „ein einfaches gelbes Backsteinhaus [gewesen], das zu dem Wesen des Dichters paßt, der aus dem Volke kam".[26] Auch „Johann Egestorff stammte aus einer armen Fischerfamilie".[27] „Aus bescheidensten Anfängen heraus und ohne eigenes Vermögen zu besitzen, gelang es ihm, durch rastlosen Fleiß der erste Industrielle Lindens zu werden."[28] „Alles, was er anpackte gelang."[29] Während bei Egestorff vor allem Fleiß und Talent hervorgehoben wurden, sollen zum Erfolg des Arbeiterdichters Engelke vor allem Hartnäckigkeit und Eigenwilligkeit beigetragen haben sowie ein eigens betonter Wissensdurst. „Eins muß man bei dem Werdegang bei Gerrit Engelke bedenken: Dieser Mensch war besessen. Alles was er irgendwie erreichen konnte an Büchern, Bildern, Musik, wurde als Baustein instinktiv zu seinem Werden aufgebaut."[30] Auch Jatho wurde als „[s]till und bescheiden, aber zähe"[31] beschrieben. Dagegen ließ sich angeblich

> „Johann Egestorffs Persönlichkeit [...] nicht mit zwei Worten umreißen. Ihm blieb immer ein Zug eigen, der an die Fischerhütte in Lohnde erinnerte, das war eine Zaghaftigkeit in seinem Wesen. Ein seltsamer Widerspruch mit seinem Unternehmngsgeist [sic] und seinem Waagemut [sic]."[32]

Die wiederholte Inszenierung Egestorffs als eine Person, die den Bezug zu ihren einfachen Anfängen nicht verloren hatte, sollte auch seine behauptete Großzügigkeit erklären:

> „Parallel mit diesen wirtschaftlichen Erfolgen liegen aber auch seine humanen Stiftungen und Gründungen, z. B. die unentgeltliche Hergabe des ersten Bergfriedhofgeländes, die Erbauung des altbekannten Lindener Berghauses, jetzt nationales Jugendheim."[33]

Um das Bild der moralischen Erhabenheit Egestorffs zu befestigen, durfte auch sein Sohn Georg nicht der Ausbeutung der Arbeiterschaft für schuldig befunden werden. So fehlte es nicht an Legendenbildung über den damaligen Fabrikalltag:

23　HA v. 19.8.1933.
24　NTZ v. 18.8.1933.
25　Vgl. HA v. 12.10.1938.
26　Vgl. HA v. 13.10.1938.
27　HA v. 1.4.1933.
28　NTZ v. 6.4.1934.
29　HT v. 28.3.1934; Kommafehler im Original. Seinem Sohn Georg bescheinigte der HA v. 1.4.1933, dass er „etwas von einem ‚Genie' gehabt haben" muss und sich „von seinem Vater keineswegs abhalten [ließ], das zu tun, was er für richtig hielt".
30　Rede anlässlich des Engelke-Gedenkabends zum 20. Todestag des Dichters am 13.10.1938, vermutlich von Karl-Heinz Brinkmann zur Gedenkstunde in der Aula am Rustplatz, GEA, Karton 11, Mappe 5, Umschlag 1938 (im Folgenden kurz: Rede Brinkmann), S. 3.
31　HA v. 19.8.1933.
32　HT v. 28.3.1934.
33　HA v. 29.11.1935.

„Der Mensch von heute wird sich kaum noch vorstellen können, wie solch eine Fabrik gewesen ist. Aber es ist anzunehmen, daß das Leben dort zwar arbeitsreich war, daß aber doch jener patriarchalische Ton geherrscht hat, der jedem seinen Anteil am Werk sicherte und der jeden zugleich auch dem Werk verpflichtete. Die Arbeit war noch nicht unpersönlich geworden."[34]

Aufopferung als Ideal

Die Berichterstattung über Gerrit Engelke, Johann Egestorff und Karl Jatho fällt durch einen sie durchziehenden Opferkult auf. So sei Jatho der Erfolg nicht in den Schoß gefallen. Anfänglich hätten alle den Bastler für verrückt gehalten, er habe nur „spöttische Erwähnung" gefunden oder sei „Anfeindungen [...] von allen Seiten" ausgesetzt gewesen, da er in seinem Beruf als städtischer Angestellter keiner anderen Beschäftigung hätte nachgehen dürfen.[35] Ausländische Flugpioniere hätten stets „mehr Geldmittel" zur Verfügung gehabt „als Karl Jatho, der alles, was er von seinem bescheidenen Beamtengehalt erübrigen konnte, seiner Lieblingsaufgabe opferte"[36], und erst nach den erfolgreicheren Flugversuchen 1903 durch die Stadt gefördert wurde. Aber, so hieß es, er „kämpfte unentwegt weiter",[37] setzte sich „mit aller Kraft, mit allen Mitteln und mit seiner Gesundheit bahnbrechend" für das Allgemeinwohl ein und war dabei dennoch „immer bescheiden im Hintergrund geblieben".[38] Obwohl Jatho seit einem Absturz körperlich gelähmt war, habe er die Redakteure der Niedersächsischen Tageszeitung „trotz allem Leid und Ungemach noch leuchtenden Auges und voll frohem Humor" empfangen.[39]

Engelke wurde gleich in doppeltem Sinne zum Märtyrer stilisiert. Zum einen betonte man, dass er als Soldat „den Opfertod für seine geliebte Heimat" gestorben sei.[40] Er war den Berichten zufolge nicht nur Freiwilliger, er soll auch das Ansinnen eines Vorgesetzten, ihn wegen seines künstlerischen Talents von den Kampfhandlungen an der Front auszunehmen, mit den Worten abgelehnt haben, es gehe nicht um seine Kunst, sondern um Deutschland.[41] Zum anderen galt auch für Engelke als Zivilperson: „Verwöhnt hat ihn das Leben nie."[42] „Alles [...] hatte er sich mühsam, unter großen Opfern, nach Feierabend in besessener Liebe zur Kunst, zu allem Wissen überhaupt, angeeignet und in sich aufgenommen".[43] Durch seine Entscheidung, an der Front zu kämpfen, hätte er sich sogar die Liebe

---

34 HA v. 1.4.1933, vgl. Voigt: Der Eisenbahnkönig, S. 17. Zur Situation in Linden im 19. Jahrhundert vgl. Rosenbaum, Heidi: Proletarische Familien. Arbeiterfamilien und Arbeiterväter im frühen 20. Jahrhundert zwischen traditioneller, sozialdemokratischer und kleinbürgerlicher Orientierung, Frankfurt am Main 1992, S. 34–73 und Buschmann: Linden, bes. S. 92–94.
35 Vgl. NTZ v. 18.8.1933, Zitate ebd.
36 HA v. 19.8.1933.
37 NTZ v. 18.8.1933.
38 Vgl. HA v. 19.8.1933, Zitate ebd.
39 Vgl. NTZ v. 18.8.1933, Zitate ebd.
40 NTZ v. 11.10.1938.
41 Vgl. Rede Brinkmann, S. 7.
42 Rede Brinkmann, S. 2.
43 NTZ v. 11.10.1938.

zu einer Frau versagt, die dann zu seiner Muse für die damals als literarisch besonders hochwertig angesehenen Liebesgedichte wurde.[44] So viele Heldentaten konnte Johann Egestorff nicht bieten. Allerdings wurde auch von ihm durch die – wenig fundierte – These von seinen humanitären Taten sowie die Hervorhebung der Schaffung von Arbeitsplätzen und Wirtschaftsanlagen zum Wohle der Stadtentwicklung ein altruistisches Bild gezeichnet. Mochten die Hinweise darauf, dass er sich hartnäckig „hochgearbeitet" hatte, noch an das Tellerwäscherideal des Liberalismus erinnern, so machte der Opferkult deutlich, dass es nicht um eine individuelle Erfolgsbilanz ging, sondern um die Leistung für die Gemeinschaft – koste es die Gehfähigkeit, wie bei Jatho, oder das Leben, wie bei Engelke.

Selbstlosigkeit war das heroische Idealbild der Zeit.[45] Die Opferrhetorik, zu der auch wiederkehrende Verweise auf die Einsamkeit der Männer in ihrem Kampf gegen widrige Umstände gehörten sowie der theatralische Grundtenor, verlieh den vorliegenden biografischen Skizzen Schwere und Tragik. „Niemand ist bei ihm, als er stirbt", schrieb pathetisch die Niedersächsische Tageszeitung über Engelke.[46] Egoistisches Interesse der Protagonisten war in den Lebensgeschichten nicht vorzufinden. Nicht einmal Egestorff, ein Unternehmer, durfte auf den eigenen Vorteil hin gewirkt haben.

Indem die Aktivitäten und Intentionen ganz verschiedener historischer Stadtpersönlichkeiten nach dem immer gleichen Muster präsentiert wurden, wurde den Adressaten signalisiert, sich analog zu verhalten. Dieses Identifizierungsangebot beinhaltet jedoch implizit die Quintessenz, dass nur geachtet werde, wer dem Maßstab entspreche, wer also altruistisch sein Tun auf den Nutzen der Gemeinschaft abstellte.[47] Wer stattdessen einem selbstbezogenen Tellerwäscherideal folgte, verdiente keine soziale Anerkennung. Deutlich wird damit, wie Geehrte als

---

44 Vgl. Rede Brinkmann, S. 6. Dass überhaupt eine Frau als nahe stehende Person erwähnt wird, ist eine Ausnahme. Während Egestorffs Sohn aufgrund eigener Leistungen und der Weiterführung des väterlichen Unternehmens in biografischen Skizzen über Johann Egestorff stets präsent war, war von einer Frau nicht ein einziges Mal die Rede, selbst nicht von der Mutter des genannten Sohnes. Auch über das Familienleben gab es keinerlei Informationen. Ähnlich war es bei Jatho, dessen Frau sogar an den Feierlichkeiten teilnahm. Dagegen wurde die Ehefrau des U-Boot-Helden Günther Prien (vgl. Kapitel III, 2.2) obligatorisch genannt und teils mit Foto präsentiert, sie diente der Symbolisierung der wartenden und liebenden Soldatenfrau.

45 Vgl. zur Opferrhetorik bei Spenden- und Sammelaktionen Kapitel V, 2.1. Vgl. Stern, Joseph Peter: Hitler. Der Führer und das Volk, München/Wien 1978, S. 27–33. So versuchte man Jugendlichen über Filme wie „Junge Adler" den Opferkult zu vermitteln, vgl. Felbinger, Rolf/Scherl, Katja: „Flieger sind Sieger!" Konstruierte Erlebniswelten in der Populärkultur des Nationalsozialismus, in: Gries, Rainer/Schmale, Wolfgang (Hrsg.): Kultur der Propaganda. Überlegungen zu einer Propagandageschichte als Kulturgeschichte, Bochum 2005, S. 119–165, bes. S. 138.

46 NTZ v. 11.10.1938.

47 Auch Gudrun Brockhaus stellt fest, „persönliche Tugenden werden zu Grundfesten der politischen Ordnung erklärt: Mut, Hingabe an die Sache, Ehre, Treue, Glaube, Wille, Selbstzucht", vgl. Brockhaus, Gudrun: Sozialpsychologie der Akzeptanz des Nationalsozialismus: Kritische Anmerkungen zu „Rausch und Diktatur" in: Klimó/Rolf: Rausch und Diktatur, S. 153–176, hier S. 169.

Vorbilder stilisiert und über biografische Skizzen mehr oder weniger subtile ethische Verhaltensmaßstäbe als soziales Wissen popularisiert wurden.

Karl Dincklage und Werner Tischer

Karl Dincklage wurde 1874 geboren und wuchs mit seiner Mutter und seinen Brüdern in Kassel auf. Seinen Vater, einen Toxikologen mit eigenem Labor und Apotheke, hatte er bereits früh verloren.[48] Über die Deutschnationale Volkspartei fand Karl Dincklage den Weg zur NSDAP und wurde dort in den Zwanziger Jahren Stellvertreter des Gauleiters Bernhard Rust. Dincklage soll Mitglieder gewonnen, Gespräche geführt, Veranstaltungen organisiert und Reden gehalten haben; etwa „60 und 70 und mehr Kilometer am Tage" soll er auf dem Fahrrad mit dem Rucksack auf dem Rücken für die Partei im Gau zurückgelegt haben, was ihm den Beinamen „Rucksackmajor" einbrachte.[49] Dabei soll er seinen finanziellen Aufwand stets selbst getragen, Honorare für seine Reden wieder an die Partei zurückgespendet und noch ausstehende Rechnungen sowie die Miete für das Büro der Gauleitung von seiner Pension bezahlt haben.[50] „Die Schlichtheit seines Wesens, seine Bedürfnislosigkeit, die große Güte, [...] der Mut zur Wahrheit [...] und sein unbeugsamer und nie versagender Kampfeswille" seien die Gründe für seine große Beliebtheit in der Bevölkerung; dabei lebte er „spartanisch-einfach und die Anspruchslosigkeit seiner Lebenshaltung war nicht zu unterbieten".[51] Dincklage starb 1930 an einem Lungenleiden.

Drei Jahre später benannte die Gauleitung ihr zentrales Verwaltungsgebäude nach ihm und betrieb eine Spendenaktion, um das Haus zu erwerben. In diesem Zusammenhang stellten Presseberichte Dincklages unermüdlichen Einsatz für die Partei dar, und man setzte ihn als gradlinigen und mutigen Kämpfer gegen den „Marxismus" in Szene, der die Auseinandersetzung, wenn notwendig auch körperlich, ausgetragen hatte.[52] Als die Gauleitung und der NSDAP-Kreis Hannover 1940 eine Gedenktafel für Dincklage an seinem Wohnhaus anbrachten, unterstrich die Berichterstattung vor allem den durch ihn geleisteten Aufbau der NSDAP als Dienst an Volk und Nation.[53] Trotz dieser leichten Abweichung innerhalb der Erzählung ging es beide Male, wie bereits bei Engelke, Egestorff und Jatho, um eine für die Gemeinschaft erbrachte Leistung. Der Unterschied zwischen Dincklage und den drei zuvor Genannten lag darin, dass nun die Gemeinschaft inhaltlich als die nationalsozialistische „Volksgemeinschaft" näher eingegrenzt wurde.

Ähnlich war es im Fall Werner Tischer. Der 1907 geborene Schüler gehörte einer Jugendorganisation des Schlageter-Gedächtnisbundes an und wurde bei ei-

---

48   Vgl. auch für das Folgende HA v. 8.10.1933, Zitat ebd.
49   Vgl. NTZ v. 7.10.1940, Zitat ebd.
50   Vgl. HA v. 8.10.1933.
51   Ebd., vgl. NTZ v. 4.6.1933.
52   Vgl. bes. NTZ v. 2.6.1933.
53   Vgl. NTZ v. 7.10.1940, HA u. HT v. 8.10.1940.

nem Geländespiel von „Marxisten" erschlagen, wie die Inschrift des für ihn gesetzten Denkmals bekannt gab.[54] Tischer galt als erster „Gefallener der Bewegung" in Hannover und die biografischen Skizzen über ihn, die dieses Image zu etablieren suchten, weisen eine Besonderheit auf: Bis auf eine Ausnahme – auf die gleich eingegangen wird – beschränkten sich die Beschreibungen seiner Person auf den Tag, an dem die Prügelei zwischen den Jugendlichen stattgefunden hatte, in deren Folge Werner Tischer gestorben war.[55] Erst sein Tod machte ihn zu einer relevanten Person, was von keinem der zuvor genannten Männer gesagt werden kann.[56] Demgemäß wurden auch über Tischers Persönlichkeit kaum Äußerungen getätigt.

Diese Lücke war durchaus gewollt. So änderte sich die Berichterstattung auch dann nicht, nachdem der Direktor der Leibnizschule, deren Schüler Tischer gewesen war, in seiner Ansprache zur Einweihung der Gedenktafel für den Verstorbenen auf die Zeit vor Tischers Tod einging und damit die bereits erwähnte Ausnahme bildete. Die Rede wurde einige Monate später, im Dezember 1937, wörtlich in den Mitteilungen des Ehemaligenverbands der Schule abgedruckt und war damit öffentlich zugänglich.[57] Direktor Oberstudienrat Otterbeck beschrieb Tischer hierin als beliebten Schüler. „Bescheiden in der Haltung, treu in der Erfüllung der Pflichten, heiter und freundlich in der Art, sich zu geben, bewies er Anstelligkeit und Dienstbereitschaft, Kameradschaftlichkeit und Furchtlosigkeit".[58] Die „Edelzüge seines Charakters" zeigten sich dann aber „in besonderem Maße, als er sich mit jugendlicher, ja fanatischer Begeisterung zu dem Kampf Adolf Hitlers bekannte".[59] Dabei stilisierte der Direktor nicht allein Tischers Tod, sondern auch sein Verhalten in der Schule als Beleg für dessen Gemeinschaftssinn: „An der Herrichtung des Aquariums der Schule und dessen Erhaltung in der Inflationszeit beteiligte er sich mit Eifer und mit Opfern an Zeit und Taschengeld".[60] Hier wurde besonders offensichtlich, was erst kürzlich der Historiker Malte Thießen auf den Punkt brachte: „Gedenken als Funktion des städtischen Gedächtnisses ist die öffentliche Erzählung der Vergangenheit im Dienste einer gegenwärtigen Sinnstiftung".[61]

---

54 Zu den Umständen von Tischers Tod sowie den Ehrungen für ihn vgl. ausführlich Kapitel I, Teil 4.
55 Vgl. bes. HA v. 10.6.1934 u. HA v. 10. u. 12./13.6.1937.
56 Dass Engelke im Ersten Weltkrieg fiel, dürfte allerdings das Gedenken an ihn intensiviert haben.
57 Vgl. Verband Ehemaliger Leibnizer: Mitteilungen, H. 6.1937, S. 6–9.
58 Ebd., S. 7.
59 Ebd.
60 Ebd.
61 Thießen: Eingebrannt ins Gedächtnis, S. 20. Zum fiktiven Charakter biografischer Erzählungen vgl. Bourdieu, Pierre: Die biographische Illusion, in: BIOS 3/1990, S. 75–81.

190　　　　　　　　IV. „Biographical Mapping" und Lokalbezug

Hannover und seine Persönlichkeiten

Ein summarischer Blick sei schließlich auf die Beziehung zwischen der Stadt Hannover und diesen fünf sehr unterschiedlichen Personen der zeitgenössischen offiziösen „biographical map" geworfen. Welcher Anteil an den Leistungen dieser Männer wurde Hannover zugeschrieben? Engelkes künstlerische Leistungen erregten recht früh Aufmerksamkeit, jedoch vornehmlich in Fachkreisen. Örtliche Zeitungen druckten von ihm verfasste Gedichte ab, die Stadt kaufte einige seiner Bilder an und sie gestand ihm eine einmalige finanzielle Förderung zu.[62] In Presseberichten sprach man der Stadt mittelbar die fachliche Förderung seiner Talente zu: Engelke war „ein guter Schüler" an der Volksschule Alemannstraße in Hannover, sie „hatte ihm in der Literaturgeschichte, Geschichte, Musikverständnis, im Schreiben und Zeichnen eine vorzügliche Grundlage gegeben für alles, was in seiner Jünglingszeit in ihm zur Reife drängte und gelangte."[63] Hannover hatte ihn jedoch auch künstlerisch inspiriert. Die Ideen zu einer neuen Form der Dichtung und Sprache, so der Hannoversche Anzeiger, „gab ihm seine Vaterstadt, sie wuchsen ihm aus Hannovers Fabriken, Werken, Eisenbahnen, Straßenbahnen, Plätzen und Straßen zu"; die Arbeit in der HANOMAG habe ihn zu seinem Gedicht „Lokomotive" angeregt.[64] Demgegenüber wurde über Karl Jatho lediglich berichtet, dass er erst sehr spät und selbst dann nur eine geringe finanzielle Unterstützung durch die Stadt erhielt. In den Fällen Egestorff, Dincklage und Tischer war Hannover sogar nur Schauplatz des Geschehens. Die Stadt bot also, wenn überhaupt, nur infrastrukturelle oder materielle Unterstützung.[65]

Stellt man die Frage umgekehrt, welchen Anteil die Geehrten an der Stadt hatten, so erscheint Hannover als durch ihre geehrten Persönlichkeiten konstituiert und geprägt. Man ehrte diejenigen, die man als Produzenten für bevorzugte Images und Bilder der Stadt benötigte und diesem Wertekanon gemäß wurden die Lebensgeschichten (um-)geschrieben. So dienten Dincklage und Tischer der Präsentation Hannovers als nationalsozialistisch aktive Stadt, Jatho hatte Hannover eine Möglichkeit geboten, sich als technologisch-innovative Stadt darzustellen, und durch Egestorff wurde Hannover zum Industriestandort für Metallwaren. Mit Engelke ließ sich das Bild einer kunstfreundlichen Stadt erzeugen, in der die Arbeiter sich nicht allein auf das Produzieren von Lokomotiven, sondern auch auf die zarten Töne der Poesie verstanden.[66] Erst diese Verallgemeinerungen machten es möglich, dass jede Stadtpersönlichkeit einen spezifischen Aspekt des städti-

---

62　Vgl. HA v. 12.10.1938.
63　HA v. 12.10.1938.
64　Vgl. HA v. 12.10.1938, Zitat ebd.
65　Eine essentialistisch vorgestellte Prägung der Einwohner Hannovers durch die Stadt, wie es für die Niedersachsen angenommen wurde, lag hier nicht vor.
66　Wenngleich es um eine spezifisch berlinerische Art der Urbanisierung in den 1920er-Jahren geht, ist hier dennoch sehr anregend zu lesen Korff, Gottfried: „Die Stadt aber ist der Mensch ..." in: ders./Rürup, Reinhard (Hrsg.): Berlin, Berlin. Die Ausstellung zur Geschichte der Stadt, Berlin 1987, S. 643–663.

schen Selbstbildes personifiziert repräsentieren konnte und die „biographical map" auf diese Weise als Kollektion von Einzelpersonen das Image der Stadt mitgenerierte.

1.2 „Das Niedersächsische" und die Förderung des Regionalbewusstseins

„Niedersachsen" als Heimat der Friesen und Sachsen

Ein wiederkehrender Topos innerhalb der Ehrungspraxis während des Nationalsozialismus in Hannover war der Bezug auf „Niedersachsen". In essentialistischer Manier erschienen niedersächsisch konnotierte Menschen als bloße Exemplare eines niedersächsischen „Stammes" und verfügten damit über einen bereits vorgezeichneten Charakter.[67] So präsentierte der Hannoversche Anzeiger 1934 Baron Münchhausen und Till Eulenspiegel als aus Niedersachsen stammend und als Beleg für den „derben, urwüchsigen und volkstümlichen Humor" der Niedersachsen.[68] Ein Jahr später skizzierte dieselbe Zeitung das, was *„den* Niedersachsen" ausmache:

„Ernst und Schweigsamkeit, Ehrlichkeit und Zuverlässigkeit, unentwegter gerader Sinn, Zähigkeit bis zum äußersten. Alles für die Sippe, alles für den Hof! In jahrhundertelanger, eiserner Selbstzucht entwickelte sich die niedersächsische Sitte."[69]

Diese Eigenschaften waren dem Niedersachsen „an der Stirn gezeichnet", eine Formulierung, die nicht allein als Metapher gedacht war: „Der Ernst der niedersächsischen Heiden und Moore spiegelt sich wider im niedersächsischen Gesicht", hatte der Beitrag zuvor erläutert, und dies war passend visualisiert mit dem Foto eines Profils, das, so die Bildunterschrift, zu einem „Jungbauern aus der Heide" gehörte.[70]

Die Vorstellung eines von den Stämmen der Sachsen und Friesen bewohnten Territoriums unter dem Namen „Niedersachsen" war grundsätzlich nicht neu.[71]

---

67 So äußerte beispielsweise das Hannoversche Tageblatt v. 23.9.1934 in einem Artikel über Hermann Löns, „daß Landschaftsveränderung auch auf den Volkscharakter Einfluß gewinnt. Der deutsche Bauer [...] ist durch jahrhundertelange Überlieferung an Baum, Busch und Hang gewöhnt; verschwinden sie aus seiner Heimat, so gehen mit ihnen die besten Züge aus seinem Charakter fort. Milieuveränderung zieht Charakterveränderung nach sich; wie der Boden, so der Baum, wie der Boden, so der Bauer. Aendert sich das Land, wird der Landmann ein anderer".
68 HA v. 20.10.1934.
69 Vgl. HA v. 9.3.1935, Zitat ebd. Vgl. auch „Niedersachsens Beitrag zum deutschen Werden" in HA v. 11./12.6.1938.
70 HA v. 9.3.1935. Hinzu kamen zwei weitere Fotos, eines von einem Steingrab aus Findlingen und eines von einem „Niedersachsenhof unter Eichen", so ebenfalls die Bildunterschrift.
71 Vgl. Hauptmeyer, Carl-Hans: Niedersachsen. Landesgeschichte und historische Regionalentwicklung im Überblick, Hannover 2004, S. 15–17; Lent, Dieter: Das Niedersachsenbewußtsein im Wandel der Jahrhunderte, in: Haase, Carl (Hrsg.): Niedersachsen. Territorien, Verwaltungseinheiten, geschichtliche Landschaften, Göttingen 1971, S. 27–50. Zur Erfindung

Einig waren sich ihre Anhänger jedoch weder über die Grenzlinie des Gebietes[72] noch die Relevanz derjenigen Elemente, welche die Friesen und Sachsen zu „sturmfesten" und „erdverwachsenen" Menschen – so die Formulierung im Niedersachsenlied – zu prägen vermochten. Während die heimatbewegten Konservativen vor allem Volk, Stamm und Landschaft, Boden und Brauchtum als Wesen der regionalen Traditionen ausmachten, verengte sich die Sicht der Nationalsozialisten auf die „Rasse" als ausschlaggebendes Element.[73]

Generell hatte die Bezugnahme auf das regionale „Stammland" seit 1900 Konjunktur.[74] Der 1901 gegründete „Heimatbund Niedersachsen" wählte sich die Zeitschrift „Niedersachsen" zum Verbandsorgan,[75] und die Nationalsozialisten brachten seit 1923 die Wochenzeitung „Niedersächsischer Beobachter" heraus, die seit 1931 als „Niedersächsische Tageszeitung"[76] erschien.[77] Der Rekurs auf Niedersachsen blieb auch in den 1930er-Jahren ein wichtiges Anliegen. Dies zeigen Diskussionen um die Gründung eines „Gaues Niedersachsen", das ritualisierte Einbeziehen des 1934 verfassten Niedersachsenliedes als Abschluss von Feierlichkeiten und die Ausstellung „Gestalten der niedersächsischen Geschichte" des Landesmuseums 1938,[78] um nur einige Themen und Anlässe zu nennen.

Besonders in der Verknüpfung mit dem „Germanentum" fand der Niedersachsengedanke im Nationalsozialismus eine Förderung durch das Reich. Niedersachsen wurde zum Zentrum des deutschen Bauerntums – man denke an die Ernte-

---

von Regionen vgl. für das Siegerland Briesen, Detlef/Gans, Rüdiger: Regionale Identifikation als „Invention of Tradition". Wer hat und warum wurde eigentlich im 19. Jahrhundert das Siegerland erfunden? in: Berichte zur deutschen Landeskunde, H. 1, 66/1992, S. 61–73.

72 Zu den Bemühungen, eine niedersächsische Grenze festzulegen, vgl. von Reeken: Wissenschaft, Raum und Volkstum, bes. S. 69–75 und Hartung: Zivilisationskritik, S. 117f.

73 Vgl. Ditt, Karl: Raum und Volkstum. Die Kulturpolitik des Provinzialverbandes Westfalen 1923–1945, Münster 1988, S. 172–178 und Brandt, Peter: Volk, in: Ritter: Historisches Wörterbuch, Bd. 11, S. 1079–1090, hier S. 1086. Gebräuchlich war der Terminus „Niedersachsen" auch als Alternative zu einem affirmativen Bezug auf preußisches Hoheitsgebiet und daher bei den Welfen recht verbreitet, vgl. Hartung: Zivilisationskritik, S. 118f. u. 166–179 sowie Hauptmeyer: Niedersachsen, S. 17.

74 Vgl. zur Förderung niedersächsischer Heimatkultur allgemein Saldern, Adelheid von: Volk und Heimat Culture in Radio Broadcasting during the Period of Transition from Weimar to Nazi Germany, in: Journal of Modern History, H. 2, 76/2004, S. 312–346, bes. S. 344. Wie verbreitet ein Niedersachsenbewusstsein in rechtskonservativen und heimatpflegerischen Kreisen war, zeigt die Tätigkeit Georg Grabenhorsts, der sich seit 1929 in der hannoverschen Provinzialverwaltung um Sammlung und Förderung des niedersächsischen Schrifttums bemühte. Vgl. hierzu Katenhusen: Kunst und Politik, S. 473–484; Rischbieter, Henning: Hannoversches Lesebuch oder: Was in Hannover und über Hannover geschrieben, gedruckt und gelesen wurde. Bd. 2, 1850–1950, Velber 1978, S. 290–295 und Grabenhorst: Wege und Umwege. Bd. 1, bes. S. 162–187.

75 Vgl. Hartung: Zivilisationskritik, S. 78.

76 Vgl. Dietzler: Die hannoverschen Tageszeitungen, S. 150f.

77 Leider fehlt es an Literatur, welche die verschiedenen hannoverschen Akteure hinsichtlich ihres Gebrauchs des Niedersachsen-Begriffs untersucht. Grundlagen bieten Hartung: Zivilisationskritik, S. 117–123 und Lent: Niedersachsenbewußtsein.

78 Vgl. Die Kulturverwaltung, März 1938, S. 85.

dankfeste auf dem Bückeberg bei Hameln und die Reichsbauernstadt Goslar.[79] Schon Hermann Löns, Mitbegründer des Heimatbundes Niedersachsen,[80] hatte – so in seinem im Zweiten Weltkrieg populären Roman „Der Wehrwolf"[81] – den durch Blut und Boden verwurzelten Bauern Niedersachsens präsentiert und auf die germanischen Ursprünge Deutschlands hingewiesen, die gemäß dieser völkischen Sichtweise gerade in Niedersachsen ihren Ursprung hätten. Im Jahre 1942 erhielt die Gauleitung sogar offiziell „den Sonderauftrag des Reichsführers SS", in Niedersachsen mit der „Verwirklichung der Idee des Großgermanischen Reiches" zu beginnen.[82]

Ein Denkmal für Carl Peters

Auch die 1935 getätigte Denkmalsetzung für Carl Peters rekurrierte auf Niedersachsen.[83] Der 1855 geborene Carl Peters hatte 1884 ohne kaiserlichen Auftrag Territorien in Ostafrika erobert, die später von Wilhelm II. zu deutschen Gebieten erklärt worden waren. Mit dem Monument gedachten die Stadtverwaltung um Oberbürgermeister Arthur Menge, die Ortsgruppe Hannover des Kolonialvereins und die Kreisleitung der NSDAP den kolonialen Leistungen Peters'. Das Programmheft, das auf die Einweihungsfeierlichkeiten und die parallel erfolgte Eröffnung einer Kolonialausstellung in Hannover hinwies, war geprägt von der Ablehnung des 1919 im Versailler Friedensvertrag festgelegten Verzichts Deutschlands auf seine Kolonien.[84] Zu den namhaften Gästen gehörten, neben regionalen und lokalen Mitorganisatoren, Prominente aus dem rechten und nationalsozialistischen Spektrum des Kolonialrevisionismus,[85] dessen Vereine und Verbände 1936 zum Reichskolonialbund gleichgeschaltet wurden.[86] Eine der zentralen Figuren

---

79 Zur Selbstwahrnehmung vgl. den Artikel „Adolf Hitler und Niedersachsen" im HA v. 19.4.1940.
80 Vgl. Hartung: Zivilisationskritik, S. 78.
81 Zur Rezeption des Wehrwolfs vgl. Dupke, Thomas: Mythos Löns. Heimat, Volk und Natur im Werk von Hermann Löns, Wiesbaden 1993, S. 126–137.
82 Vgl. HA u. NTZ v. 5.10.1942, Zitate aus HA. Zu den Folgen für die Kulturpolitik vgl. Kapitel II, 2.1.
83 Zur Denkmalerrichtung und weiteren Ehrungen für Carl Peters vgl. Kapitel I, 3.1, für Details zu Peters' Kolonialpolitik Teil 2.2 in diesem Kapitel.
84 Vgl. Programmheft „Carl-Peters-Feier. Koloniale Kundgebung und Ausstellung. Ehrenmalsweihe. Hannover, 26. und 27. Oktober 1935", StAH, HR 13, Nr. 722.
85 Der Kolonialrevisionismus umfasste in der Weimarer Republik Mitglieder des gesamten Parteienspektrums mit Ausnahme der KPD. Zur Entwicklung des Kolonialrevisionismus nach dem Ersten Weltkrieg vgl. Rogowski, Christian: „Heraus mit unseren Kolonien!" Der Kolonialrevisionismus der Weimarer Republik und die „Hamburger Kolonialwoche" von 1926, in: Kundrus, Birthe (Hrsg.): Phantasiereiche. Zur Kulturgeschichte des deutschen Kolonialismus, Frankfurt am Main 2003, S. 243–262 und Baer/Schröter: Kopfjagd, S. 145–155.
86 Vgl. hierzu Rogowski: Kolonialrevisionismus, bes. S. 251–258; Wächter, Katja-Maria: Die Macht der Ohnmacht. Leben und Politik des Franz Xaver Ritter von Epp (1868–1946), Frankfurt am Main 1999, S. 204–208 und Hildebrand, Klaus: Vom Reich zum Weltreich. Hitler, NSDAP und koloniale Frage 1919–1945, München 1969, S. 363–381.

war der deutschnationale Heinrich Schnee,[87] der 1912 Gouverneur Deutsch-Ostafrikas geworden war. Auch der 1927 der NSDAP beigetretene Reichsstatthalter Bayerns, Franz Ritter von Epp,[88] spielte eine wichtige Rolle in Kolonialkreisen. Beide wurden nun neben Gauleiter und Reichsminister Bernhard Rust als Ehrengäste zur Einweihungsfeier nach Hannover geladen und hielten die zentralen Festvorträge. Auf diese Weise fand Hannover aus Anlass des Kolonialtages mit der Denkmalweihe ein reichsweites Presseecho.[89]

Abb. 29: Das Carl-Peters-Denkmal auf dem Karl-Peters-Platz im Jahre 1936.

---

87 Heinrich Albert Schnee (1871–1949) war von 1912 bis 1919 Gouverneur Deutsch-Ostafrikas, außerdem Reichstagsabgeordneter für die DNVP und Verfasser der „kolonialen Schuldlüge" (1924). Er wurde 1922 Vorsitzender der „Kolonialen Reichsarbeitsgemeinschaft" (KORAG), eines Dachverbandes der dem Kolonialismus gewidmeten deutschen Vereine, und 1930 Präsident der Deutschen Kolonialgesellschaft (DKG), bis diese 1936 zum Reichskolonialbund gleichgeschaltet wurde; vgl. Baer/Schröter: Kopfjagd, S. 149–151.
88 Der General Franz Xaver Ritter von Epp (1868–1946) war von 1904 bis 1906 Kompaniechef der „Schutztruppe" in Südwestafrika. Er wechselte 1927 von der Bayerischen Volkspartei zur NSDAP und wurde im Folgejahr ihr Abgeordneter und wehrpolitischer Sprecher im Reichstag. 1933 bis 1945 war er Reichsstatthalter Bayerns, 1936 wurde er Bundesführer des Reichskolonialbundes. Vgl. Benz/Graml/Weiß (Hrsg.): Enzyklopädie, S. 910 und DBE, Bd. 3, 1996, S. 131.
89 Vgl. z. B. Liegnitzer Tageblatt v. 25.10.1935, VB u. Berliner Börsenzeitung v. 28.10.1935, Germania Berlin v. 29.10.1935.

Neben der Werbung für die Stadt Hannover bemühten sich die Veranstalter mit der Denkmalsetzung vor allem um die Förderung des Regionalbewusstseins. Für die Person Peters wurde immer wieder auf eine Verbindung zu Niedersachsen hingewiesen. So sei er nicht nur in Neuhaus an der Elbe geboren, einem Ort, der zur preußischen Provinz Hannover gehörte, sondern habe auch zeitweilig in Hannover gelebt. In der Formulierung „Peters, der grosse Deutsche, der kühne Niedersachse" im Aufruftext zur Veranstaltung[90] und in der Inschrift des Denkmals: „Dem großen Niedersachsen / Karl Peters, / der Deutsch-Ost-Afrika / für uns erwarb",[91] wurde zugleich auf die Nation Bezug genommen. Auf dieser Verbindung Niedersachsens mit der Nation lag der inhaltliche Akzent der Niedersachsenidee, die die gesamte Veranstaltung durchzog.[92]

Die Heimatbewegung, die bislang maßgeblich den Regionalismus geprägt hatte, vertrat die Position, für die Bildung politischer Räume habe die Region das ausschlaggebende Kriterium zu sein.[93] Für die Nationalsozialisten dagegen war die Region im Zweifelsfall sekundär, hier bildete die Nation den Referenzraum. Die Nationalsozialisten vertraten einen zentralistischen Regionalismus, wonach sich die nationale Größe aus regionalen Kräften speiste. Dieses Regionalismusmodell herrschte auch in den biografischen Erzählungen über Carl Peters und auf dem hannoverschen Kolonialtag vor. Es sei nötig, so das Parteiblatt Niedersächsische Tageszeitung, Peters

> „einmal in seiner tiefen Heimatverbundenheit, als Niedersachsen, zu zeigen. Denn das ist das Wesentliche an diesem Manne. Er liebte sein deutsches Vaterland über alles. Sein ganzes Denken und Handeln war nur darauf gerichtet, Deutschland in der Welt eine Stellung zu verschaffen, die seinen Leistungen und seiner völkischen Größe entsprach. Aber die Kraft und den Glauben dazu schöpfte er aus seinem niedersächsischen Stammestum. Heimatverbundenheit und Liebe zum großen Vaterland waren in ihm eine seltene Harmonie eingegangen. Das sind Dinge, die in der Oeffentlichkeit bisher nur wenig Würdigung gefunden haben. Wir können aber Peters nicht richtig sehen, wenn wir sein Verwurzeltsein im Niedersachsentum nicht beachten".[94]

Dieses Narrativ, dass der national populäre Carl Peters aufgrund eines „niedersächsischen Wesens" erfolgreich gewesen sei und damit Deutschland große Dienste erwiesen habe, unterstrich die Relevanz Niedersachsens und bestätigte

---

90 Programmheft, S. 2.
91 Vgl. Schreiben Arends an Stadtbauamt v. 14.8.1935, StAH, HR 13, Nr. 722, Zitat ebd.
92 Vgl. analog für Rostock Seegers: Hansetradition, S. 150–152. Auf die Repräsentation des Nationalen im Regionalen bzw. gar Lokalen verwiesen bereits Confino, Alon: The Nation as a Local Metaphor: Württemberg, Imperial Germany, and National Memory, 1871–1918, Chapel Hill/London 1997; ders.: Die Nation als lokale Metapher. Heimat, nationale Zugehörigkeit und das Deutsche Reich 1871–1918, in: ZfGW, H. 5, 44/1996, S. 421–435 und Applegate, Celia: A Nation of Provincials. The German Idea of Heimat, Berkeley u. a. 1990.
93 Zu den Unterschieden zwischen Nationalsozialismus und Heimatbewegung vgl. Hartung: Zivilisationskritik, bes. S. 306f. und Ditt: Die deutsche Heimatbewegung, bes. S. 148.
94 NTZ v. 26.9.1934.

das Bild von dieser Region als „Keimzelle deutschen Wesens", wie es der Hannoversche Anzeiger ausdrückte.[95]

So ließ sich Peters sowohl aufgrund seiner lebensgeschichtlichen Bezüge zu Niedersachsen und Hannover als auch seiner nationalistischen Taten bestens für die Propagierung der nationalsozialistischen Raumkonzeption instrumentalisieren. Allerdings widersprach diese Sinnstiftung Peters' eigenem Nationalismusmodell, wie der Historiker Christian Geulen aufzeigte:[96] Peters wollte durch Kolonialpolitik nicht einer bereits bestehenden nationalen Größe Ausdruck verleihen, sondern die Nation der „Herrenrasse" erst durch praktiziertes „Herrenmenschentum" herstellen. Auch ging es ihm mitnichten um die Förderung der niedersächsischen Landschaft, sondern koloniale Expansion war für ihn ein Mittel, um „die inneren Grenzen der Nation endlich und endgültig zu überwinden".[97] Die Ehrungen für Carl Peters sind also ein Beispiel dafür, wie sehr biografische Erzählungen an historische Kontexte und politische Interessen gebunden waren.

Während des Zweiten Weltkriegs dienten regionale Bezüge auch der Kriegsmobilisierung. 1943 meldete sich im Hannoverschen Kurier der führende nationalsozialistische Historiker Walter Frank[98] mit dem Artikel „Hermann Löns und Carl Peters"[99] zu Wort. Frank stellte hinsichtlich des „Eroberertums" eine Übereinstimmung zwischen beiden Personen aufgrund ihrer niedersächsischen Prägung heraus.[100] Frank hob hervor, im Löns'schen Bauernroman „Der letzte Hansbur" lebe „etwas von dem Schicksal Niedersachsens".[101] Der „Geist der langobardischen Eroberer", „den der letzte Hansbur auf dem Acker, beim Trunk und bei den Frauen in sich betäuben mußte", finde sich auch in Carl Peters, der „Deutschen [...] größte moderne Wikinger- und Konquistatoren-Natur [sic]" wieder.[102] Dokumente zeigten, so Frank, „wie leidenschaftlich Hermann Löns am Schicksal dieses großen Landsmannes teilgenommen, [...] eine äußere und gewiß auch eine

---

95 Vgl. HA v. 9.3.1935, Zitat ebd. Vgl. auch „Niedersachsens Beitrag zum deutschen Werden" in HA v. 11./12.6.1938, die Rubrik „Große Niedersachsen – große Deutsche", z. B. in HK v. 17.4.1941 oder „Ein Niedersachse – Erfinder der Glühlampe" in HZ v. 19.4.1944.
96 Vgl. Geulen, Christian: „The Final Frontier ...". Heimat, Nation und Kolonie um 1900: Carl Peters, in: Kundrus: Phantasiereiche, S. 35–55.
97 Ebd., S. 41.
98 Der Historiker Walter Frank (1905–1945) war seit 1934 Rudolf Heß' Referent für Fragen des historischen Schrifttums und von 1935 bis 1941 Mitbegründer und Präsident des Reichsinstituts für Geschichte des Neuen Deutschlands. 1943 gab er die Gesammelten Schriften von Carl Peters heraus. Vgl. Frank, Walter (Hrsg.): Carl Peters. Gesammelte Schriften, München/Berlin 1943. Zu Frank vgl. Benz/Graml/Weiß (Hrsg.): Enzyklopädie, S. 914 und Heiber, Helmut: Walter Frank und sein Reichsinstitut für Geschichte des neuen Deutschlands, Stuttgart 1966.
99 HK v. 23.12.1943, NHStAH, VVP 17, Nr. 1892. Beide sollen sich persönlich gekannt haben, vgl. Rischbieter: Hannoversches Lesebuch Bd. 2, S. 114.
100 Eine Verbindung zwischen Löns und dem Kolonialismus herzustellen war allerdings nicht neu, vgl. HT v. 23.9.1934.
101 Vgl. HK v. 23.12.1943, Zitat ebd.
102 Ebd.

innere Aehnlichkeit zwischen der eigenen Persönlichkeit und der von Carl Peters empfunden" habe.[103]

> „Was der Genius des Dichters hier am Genius des Kolonialgründers erahnte, war gemeinsames, niedersächsisches Schicksal. [...] Erst jetzt, 1939, konnte jenes Lied der Sehnsucht, das sich aus dem Leben von Hermann Löns emporgeschwungen hatte wie ein Adler aus dem Käfig, zum machtvollen Bekenntnis einer ganzen kämpfenden Nation werden: ‚Denn wir fahren gegen Engelland'."[104]

Demnach hatten das niedersächsische Denken und Fühlen Peters die Kraft zu seinen nationalen Taten gegeben. Sein Drang zur Eroberung fremder Länder war im Sinne einer soldatischen Tugend eine besondere Betonung wert und Teil einer subtilen, aber gezielten Kriegsmobilisierung.

Eine Eiche für Horst Wessel und Preise für niedersächsische Kunst

Mit der Eiche nutzten die Nationalsozialisten ein Ehrungsmedium, das sowohl niedersächsisch als auch national konnotiert war.[105] So pflanzte man eine solche am 1. Mai 1933 für Horst Wessel auf dem Königsworther-Platz,[106] der zeitgleich in Horst-Wessel-Platz umbenannt wurde. Der als „Märtyrer der Bewegung" gefeierte Westfale[107] kam aus einer Familie, der Niedersachsen zur „Stammheimat" geworden sei, erläuterte die Niedersächsische Tageszeitung. Im „Kreise Hameln-Pyrmont, dem Bückeburg-Kreis, waren Horst Wessels Ahnen Bauern, und der junge Horst verlebte hier glückliche Jugendjahre."[108] So übernahm auf Vorschlag

---

103 Ebd.
104 Ebd.
105 Zur Eiche als regionalem Symbol vgl. Kastler, José: Heimatmalerei. Das Beispiel Oldenburg, Oldenburg 1988, S. 88–96. Zur Eiche als Naturdenkmal für Gefallene vgl. Mosse, George Lachmann: Gefallen für das Vaterland. Nationales Heldentum und namenloses Sterben, Stuttgart 1993, S. 109f. Die Doppeldeutigkeit der Eiche als Symbol Niedersachsens als auch Deutschlands kommt auch im Niedersachsenlied zum Tragen: „Von der Weser bis zur Elbe, von dem Harz bis an das Meer, / stehen Niedersachsens Söhne, eine feste Burg und Wehr. / Fest wie unsere Eichen halten alle Zeit wir stand, / wenn Stürme brausen übers Deutsche Vaterland. / Wir sind die Niedersachsen, sturmfest und erdverwachsen, Heil Herzog Widukind Stamm."
106 Vgl. hierzu Kapitel I, 2.2.
107 Vgl. die Ehrung Wessels in Bielefeld bei Emer: Bielefelds bestem Sohn. Westfalen wurde üblicherweise als regionaler Stammesverband den Sachsen und damit Niedersachsen zugeschlagen, es gab jedoch starke Bestrebungen zur Selbständigkeit. Vgl. zur Konkurrenz der Niedersachsenbestrebungen durch Oldenburg und Westfalen von Reeken: Wissenschaft, Raum und Volkstum, S. 69–71; Ditt, Karl: Eine „Symbiose von Erde und Menschentum". Zur kulturpolitischen Konstruktion von Raumbewusstsein in Westfalen im 20. Jahrhundert, in: Knoch, Habbo (Hrsg.): Das Erbe der Provinz. Heimatkultur und Geschichtspolitik nach 1945, Göttingen 2001, S. 29–49, S. 31f. und Ditt: Raum und Volkstum, S. 178–184.
108 Vgl. NTZ v. 9./10.10.1937, Zitate ebd.

der Ratsfraktion der NSDAP „die Stadt Hannover die Horst-Wessel-Eiche als treue Hüterin für das ganze Land Niedersachsen".[109]

Die Episode um die Ehrung für Horst Wessel macht sowohl deutlich, dass und wie die Nationalsozialisten bestehende Traditionen durch Verknüpfung mit nationalsozialistischen Anschauungen für sich nutzten, als auch, dass sie regionale Kultur aktiv förderten.[110] Letzterem dienten auch Preisverleihungen und Wettbewerbe, die neue künstlerische Maßstäbe setzen und damit die niedersächsische „Volksgemeinschaft" stärken sollten.[111] Ein gut belegtes Beispiel ist der Hermann-Löns-Künstlerwettbewerb, der zur Aufgabe stellte, der Lüneburger Heide, dem landschaftlichen Wahrzeichen Niedersachsens, bildlich Ausdruck zu verleihen. Der Wettbewerb war im April 1939 vom Oberbürgermeister unter dem Titel „Hermann Löns und seine Landschaft" ausgeschrieben worden und sollte, so die Ankündigung, „der Erinnerung an den Dichter, an seine Gestalten und an die niedersächsische Landschaft dienen".[112] Dem Wettbewerb könnten „keine schnellen Skizzen oder Phantasiegemälde gerecht werden", sondern dieser verlange „ein eingehendes Studium und ehrliches Bemühen. [...] Auch ist für die Beurteilung des Kunstwerkes die innere Verbundenheit mit dem Leben und Schaffen des Dichters von entscheidender Bedeutung".[113] Teilnahmeberechtigt war „jeder in Niedersachsen (Provinz Hannover, Braunschweig, Bremen und Oldenburg) geborene oder dort ansässige Maler".[114] Zufrieden war man jedoch nur mit einem Teil der eingereichten Werke, denn es „drangen nur wenige zu den Ideen, zum Wesensgehalt des vor 25 Jahren gefallenen Löns vor und vermochten ihn in ihren Gemälden sichtbar zu machen", so fasste die Zeitschrift „Die Kunst im Deutschen Reich" zusammen, was in demselben Tenor bereits der Hannoversche Anzeiger ausführlicher beklagt hatte.[115]

---

109 HA v. 3.5.1933.
110 Im Stadtteil Stöcken benannte man 1940 eine Wohnsiedlung nach niedersächsischen Gebirgsnamen, vgl. geo 01887, Lüssenhoppstraße.
111 Vgl. zum Beispiel den Künstlerwettbewerb der DAF „Niedersachsen am Werk" in NTZ v. 3./4.5.1941. Erinnert sei auch an die nach den Dichtern Hermann Löns und Börries Freiherr von Münchhausen benannten Schrifttumspreise, vgl. zu ersterem Kapitel II, 1.2.
112 Zum Wettbewerb vgl. StAH, HR 19, Nr. 425, Zitate aus der Ausschreibung ebd. Der Text der Ausschreibung war bekannt, da er beinahe wörtlich im HK v. 26.4.1939 abgedruckt wurde.
113 Ausschreibung des Wettbewerbs, StAH, HR 19, Nr. 425.
114 Ebd.
115 „Die Kunst im Deutschen Reich" v. Dezember 1939, vgl. HA v. 26.10.1939. Ähnlich klagte man in Düsseldorf. Dort konnten drei 1936 gestiftete Kunstpreise aufgrund der mangelnden Qualität der eingereichten Werke zum Teil nicht einmal verliehen werden, vgl. Rischer, Walter: Die nationalsozialistische Kulturpolitik in Düsseldorf 1933–1945, Düsseldorf 1972, S. 209.

2. ANEIGNUNGSWEISEN SOZIALRÄUMLICHER SINNSTIFTUNGEN

Selbstverortung im Sozialgefüge der Stadt und symbolischer Lokalbezug

An dieser Stelle lässt sich also resümieren, dass die offiziösen Biografien ein Angebot zur personenbezogenen Orientierung der Hannoveraner in Form einer „biographical map" darstellten und gleichzeitig ein Konglomerat von ausgewähltem Wissen, Wertvorstellungen und Kontexten vermittelten. Wenngleich die von den ehrenden Akteuren intendierten Inhalte nicht vom Betrachter aufgenommen und angenommen werden mussten, schrieben sie sich durch den großen gestalterischen und konzeptionellen Einfluss der Organisatoren auf das Ehrungsgeschehen in die Ehrungspraxis ein. Die Ehrenden entschieden nicht nur über die Gestaltung des Raums und den Ablauf der Zeremonie, sie verfassten nicht allein die Gedenktexte und Redebeiträge, sondern sie schrieben zum Teil sogar die Presseberichte. Die Zeitungen griffen nämlich gerne auf ihnen angebotene Artikel von Autoren zurück, die aus dem Kreis der Ehrenden stammten[116] oder nutzten deren Material für eigene Textfassungen. Bevor im Folgenden diejenigen Quellen analysiert werden, die Auskünfte über die Aneignungsweisen geben, wird methodisch umrissen, wie sich die BewohnerInnen der Stadt über das „biographical mapping" selbst in das städtische Gefüge integrieren konnten.

Während des „mapping" imaginiert der Kartierende nicht allein summarisch Personen, sondern schafft auch logische Bezüge zwischen ihnen und bewertet sie nach unterschiedlichen Kriterien. Am Busfahrer, um auf das abstrakte Eingangsbeispiel zurückzukommen, wird ihn vorwiegend interessieren, ob dieser den Bus angenehm und zuverlässig lenkt, bei seinem Vermieter, ob er notwendige Reparaturen zügig erledigt und die Nebenkostenabrechnung korrekt ist und bei seinem Vorgesetzten, ob er Fachwissen und Führungsqualitäten besitzt. So entstehen stets auch Verknüpfungen mit dem Betrachter, der sich auf diese Weise selbst in sein imaginäres Beziehungsgeflecht der Stadt einordnet: als regelmäßiger Busreisender, als Mieter in einem bestimmten Haus oder als Mitarbeiter eines spezifischen Unternehmens. Zwar war der Einwohner schon zuvor Bewohner der Stadt, nun aber wird er auch durch sein Bezugssystem zum Hannoveraner, wobei die Selbsteinschätzung inhaltlich durchaus vielschichtig sein kann. Der Einwohner kann sich als überzeugter und „nach Hannover gehörender" Bewohner begreifen, er kann sich als Bewohner eines bestimmten Quartiers wahrnehmen, er kann sich aber auch als Außenseiter einschätzen, zum Beispiel als Zugezogener, als ein „nie wirklich Angekommener". Ehrungen sind dabei *ein* Element, anhand dessen sich Menschen selbst im Kommunikations-, Interaktions- und Machtsystem der Stadt verorten können.

---

116 Dass die Ehrenden auch einen Teil der Presseartikel verfassten, lässt sich recht gut in den umfangreichen Archiven zu Löns und Engelke erkennen.

Diese selbstbezügliche Deutung städtischen Lebens kann durch die Gegenständlichkeit mancher Ehrungen verstärkt werden. Als Merkzeichen[117] im Stadtbild können sie die Funktion einnehmen, die Heiner Treinen für den Ortsnamen analysiert hat.[118] Nach Treinen ist der Ortsname ein Symbol, das für die Bewohner des betreffenden Ortes die lokalen Sozialbeziehungen repräsentiert. Es handelt sich dabei um die „Verknüpfung sozialer und räumlicher Phänomene aufgrund von Symbolisierungsprozessen",[119] das heißt um die Verdichtung verschiedenster Vorstellungen, Werturteile, Informationen, Assoziationen und Erinnerungen zu einer Einheit.[120] Indem auf diese Weise nicht allein eine kognitive, sondern auch eine affektiv besetzte Beziehung zu einem Ort aufgenommen wird, entsteht nach Treinen „symbolische Ortsbezogenheit", also eine „Anhänglichkeit von Personen an einen bestimmten Ort".[121] Da alle potentiellen Merkzeichen des sozialräumlichen Alltags und damit nicht nur Ortsnamen, sondern auch Denkmäler, Gebäude, Plätze und Straßen[122] die Funktion eines Symbols erhalten können, soll im Folgenden von „symbolischem Lokalbezug" gesprochen werden.[123]

Für beide beschriebenen kognitiven Prozesse des Einwohners, das „mapping" und die Ausbildung symbolischen Lokalbezugs, bildete das Beziehungsgeflecht in seinem sozial-räumlichen Lebensumfeld die Grundlage. Aufschlussreich ist nun die Frage, welche Beziehung Stadtbewohner zu geehrten Personen einnehmen konnten und welche Rolle dabei die Materialität von Ehrungen spielte. Die im Folgenden untersuchten Quellen, die Debatten um die Umbenennung des Lister Platzes in Hugenbergplatz und die Erwägung, das Ernst-August-Denkmal zu versetzen, stammen dabei nicht zufällig aus dem Bereich der Entehrungen: Wie eingangs erläutert, benötigen rituelle Einschreibungsprozesse, und damit auch die

---

117 Vgl. hierzu Lynch, Kevin: Das Bild der Stadt, Braunschweig/Wiesbaden, 2. Aufl. 1989 [1965], bes. S. 96–102.
118 Vgl. Treinen, Heiner: Symbolische Ortsbezogenheit, in: Atteslander, Peter/Hamm, Bernd (Hrsg.): Materialien zur Siedlungssoziologie, Köln 1974 [1965], S. 234–259.
119 Ebd., S. 238.
120 Vgl. zum bis heute nicht einheitlich bestimmten Begriff des Symbols allgemein Schlögl/Giesen/Osterhammel: Die Wirklichkeit der Symbole und Meier-Oeser, S./Scholz, O. R./Seils, M.: Symbol, in: Ritter: Historisches Wörterbuch der Philosophie, Bd. 10, Darmstadt 1998, S. 710–739.
121 Vgl. Treinen: Symbolische Ortsbezogenheit, bes. S. 242, Zitat S. 234 und Reuber, Paul: Heimat in der Großstadt. Eine sozialgeographische Studie zu Raumbezug und Entstehung von Ortsbindung am Beispiel Kölns und seiner Stadtviertel, Köln 1993.
122 Ein Beispiel dafür, dass Straßen zu Symbolen des Lokalbezugs werden können sind die folgenden beiden Bücher: Oberheide, Elke: Zwei Straßen – eine Geschichte. Schnabel- und Menzelstraße. Die Geschichte der ersten Genossenschaftssiedlung in Hannover-Ricklingen, Hannover, 2. Aufl. 1990 und dies./Schulz, Erich: Wir aus der Kochstraße. Die Geschichte einer Straße im Arbeiterstadtteil Linden in Hannover, Hannover, 2. Aufl. 1987.
123 Lenz-Romeiß, Felizitas: Die Stadt. Heimat oder Durchgangsstation? München 1970 kritisiert auf S. 39 zu Recht, Treinen sei zu ausschließlich auf den Ortsnamen als Symbol konzentriert und vernachlässige die Nutzung „anschaulicher, d. h. räumlich-materieller Objekte" für die Ausbildung der Ortsbezogenheit.

Transformation von Merkzeichen zu Symbolen als eine Form davon, Zeit.[124] Inwiefern eine solche Symbolisierung bei einer nennenswerten Anzahl von Hannoveranern stattgefunden hat, lässt sich daher erst nach Jahren oder Jahrzehnten sagen und zeigt sich dann üblicherweise in dem Moment, in dem die Fortexistenz vergegenständlichter Ehrungen in Frage gestellt wird. Aneignungspraktiken über symbolischen Lokalbezug von Ehrungen, die während des Nationalsozialismus durchgeführt wurden, lassen sich somit nur mit Blick auf die Zeit des bundesrepublikanischen Hannovers zeigen. Daher wird zuletzt die Diskussion über den Karl-Peters-Platz und das gleichnamige Denkmal in den 1980er- und 1990er-Jahren betrachtet.

2.1 Entehrungen und symbolischer Lokalbezug

Die Kritik an der Umbenennung des Lister Platzes

In Schreiben von Einwohnern zu Straßenumbenennungen wurde häufig an der Ablösung besonders traditioneller Namen Kritik geübt. Dass der für die Namengebung zuständige Polizeipräsident im Januar 1939 die Marienstraße in „Berliner Straße" umbenannte,[125] da sie nach einer früheren Marienkapelle benannt sei,[126] hatte laut Hannoverschem Anzeiger „in der hannoverschen Bevölkerung nicht gerade den größten Anklang gefunden".[127] In der Niedersächsischen Tageszeitung erschien sogar ein Gedicht, in dem sich die personifizierte neue Straße den Hannoveranern auf Berlinerisch selbst vorstellte und mit ironischem Unterton kein überzeugendes Argument für ihren Einzug in das hannoversche Straßenverzeichnis finden konnte.[128] Zweifelsohne war dies als Kritik gegen eine als unnötig empfundene Änderung zu verstehen. Die Stadtverwaltung teilte diese Ansicht und fühlte sich außerdem durch den ohne vorherige Information getätigten eigenmächtigen Entschluss des Polizeipräsidenten übergangen.[129] Da die Entscheidung über Straßennamen zum 1. April 1939 wieder auf die Kommunen überging, blieb es dann auch beim alten Namen.[130]

---

124 Auch die mehrheitliche Wahrnehmung der hannoverschen „Nanas" der Künstlerin Niki de Saint Phalle als Wahrzeichen der Stadt hatte Zeit benötigt. Als sie in den 1970er-Jahren errichtet worden waren, hatte es breiten Protest gegen die als hässlich empfundenen Skulpturen gegeben. Vgl. für die 1970er-Jahre hierzu Katenhusen, Ines: Lebenslust per Ratsbeschluss. Das Experiment Straßenkunst und der Nana-Skandal in Hannover der 1970er-Jahre, in: Münkel/Schwarzkopf: Geschichte als Experiment, S. 307–319.
125 Vgl. Schreiben Polizeipräsident Geyer an Stadtbauamt v. 13.1.1939 in geo 01916.
126 Vgl. Schreiben Polizeipräsident Geyer an OB v. 9.3.1939, geo 01916.
127 HA v. 4.5.1939.
128 Vgl. NTZ v. 14./15.1.1939 in geo 01916.
129 Vgl. Einspruch gegen die Umbenennung an den Regierungspräsidenten v. 25.1.1939; Schreiben an den Regierungspräsidenten v. 15.3.1939 geo 01916.
130 Vgl. Schreiben Haltenhoff an Polizeipräsidenten v. 10.5.1939.

Deutlicher noch waren die Proteste der Einwohner 1933 anlässlich der vorgenommenen Benennung des Lister Platzes nach dem in Hannover geborenen Reichsminister Alfred Hugenberg.[131] Nachdem das Vorhaben bekannt wurde, wandten sich Einzelpersonen und Gruppen an die Stadtverwaltung. Einzig der Landesführer der Deutschnationalen Volkspartei begrüßte die Entscheidung und bedankte sich ausdrücklich für die Ehrung Hugenbergs.[132] In allen weiteren Zuschriften wurde die Änderung kritisiert. Der Vorsitzende des Bürgervereins Hannover-List ließ den Oberbürgermeister wissen, er sei von Anwohnern beauftragt worden, „beim Magistrat dafür einzutreten, dass der ‚Lister Platz' seinen alten historischen Namen behält".[133] Er betonte, „dass in keinem Fall irgend eine politische Einstellung gegen den hochverdienten Herrn Geheimrat Hugenberg dabei mitspielt, sondern dass nur praktische und historische Gesichtspunkte massgebend sind".[134] Darüber hinaus sandte eine größere Gruppe „Anlieger des Lister Platzes und der benachbarten Strassen" ein ausführliches Schreiben mit einer Unterschriftensammlung an den Oberbürgermeister.[135] Hierin wurden werbetechnische Gründe für die ansässigen Geschäftsinhaber formuliert; außerdem betonte man die große Bedeutung des Platzes und schlug vor, stattdessen den Georgsplatz nach Hugenberg zu benennen.[136] Ein weiterer Bürger, Reichsbahnwart Luchterhand, untermauerte sein Eintreten für den Namen „Lister Platz" mit einem eingesandten Zeitungsartikel, nach dem selbst Hitler für die Benennung von Straßen gefordert hatte, „davon Abstand zu nehmen, historische Bezeichnungen zu verändern".[137] Als dennoch die neuen Schilder montiert wurden, verliehen die Anwohner ihrer Rückbenennungsforderung Nachdruck: Jemand hatte, so war einem Schreiben der Deutschnationalen Volkspartei an die Polizei zu entnehmen, „am Dienstag, den 27. Juni, am Hugenbergplatz die Namensschilder gewaltsam entfernt und die leeren Stellen mit der Aufschrift ‚Platz frei' übermalt".[138] Auch diesen Entrüstungssturm saß Polizeipräsident Johann Habben aus, und nachdem es noch mehrfach zu

---

131 Vgl. geo 01850, Lister Platz. Der Unternehmer und Politiker Alfred Hugenberg (1865–1951) leitete von 1909 bis 1918 die Firma Krupp und baute vor allem in den 1920er-Jahren ein großes Medienunternehmen auf. Er wurde 1928 Vorsitzender der DNVP und förderte maßgeblich die Gründung der Harzburger Front. Hugenberg war von 1920 bis 1945 Mitglied des Reichstages, von Januar bis Juni 1933 als Minister für Wirtschaft, Landwirtschaft und Ernährung. Er wurde jedoch zum Rücktritt genötigt und musste auch große Teile seines Medienkonzerns, besonders die Ufa, an das Deutsche Reich abgeben. Vgl. Benz/Graml/Weiß (Hrsg.): Enzyklopädie, S. 930 und Kammer, Hilde/Bartsch, Elisabet: Lexikon des Nationalsozialismus. Begriffe, Organisationen und Institutionen, Frankfurt am Main 2002, S. 337. Zum Hannoverbezug vgl. HBL, S. 179f.
132 Vgl. Schreiben des Landesverbandsführers an OB v. 27.3.1933, geo 01850.
133 Vgl. Schreiben des Architekten Wilhelm Kröger an OB v. 28.3.1933, geo 01850, Zitat ebd.
134 Ebd.
135 Vgl. Schreiben div. an Menge. v. 24.3.1933, geo 01850, Zitat ebd.
136 Vgl. Schreiben an Magistrat v. 24.3.1933, geo 01850.
137 Reichsbahnwart Luchterhand an den Magistrat v. 29.4.1933 inkl. Zeitungsartikel ohne Quellenangabe, geo 01850.
138 Schreiben Deutschnationale Volkspartei/Deutschnationale Front, LV Hannover-Süd an OB v. 10.8.1933, geo 01850.

ähnlichen Formen der Selbsthilfe bis hin zum nächtlichen Diebstahl der neuen Schilder gekommen war, gaben die Gegner im Sommer 1934 auf.[139]

Um die recht massiven Reaktionen zu verstehen, muss berücksichtigt werden, dass es sich beim Lister Platz um *den* zentralen Platz des Stadtteils List handelt, eines bis 1891 selbständigen Dorfes. Die Protestierenden waren im Wesentlichen Bewohner des Stadtteils, lebten überwiegend sogar in direkter Nähe des Platzes, und ihre Aussagen lassen den Schluss zu, dass sie diesen in ihren alltäglichen Interaktionen als Stadt(teil)zentrum begriffen. Insofern erweist sich hier der „Lister Platz" als Symbol, auf den sich Lokalbezug richtete. Vor diesem Hintergrund sind die Äußerungen, es bestünden keinerlei politische Motive gegen Hugenberg, durchaus überzeugend: Die Ablehnung der Umbenennung scheint tatsächlich kein Protest gegen die Ehrung seiner Person gewesen zu sein, sondern der Versuch, den traditionsbeladenen symbolischen Lokalbezug, der sich durch den Namen „Lister Platz" als Zentrum des Sozialzusammenhangs des Stadtteils entwickelt hatte, zu schützen.[140] Aus den massiven Reaktionen gegen die Umbenennung kann geschlossen werden, dass die affektiven Bezüge beträchtlich waren.

Die Proteste gegen eine Versetzung des Ernst-August-Denkmals

Aufschlussreich waren auch die Geschehnisse um die vorgeschlagene Versetzung des Ernst-August-Denkmals vor dem Hauptbahnhof. Als im Jahre 1837 die Personalunion zwischen den Königreichen England und Hannover endete, wurde der konservative englische Herzog von Cumberland bis zu seinem Tode 1851 König Ernst-August von Hannover.[141] Anlass einer Debatte um das 1861 zu seiner Erinnerung errichtete Reiterstandbild waren die Schwierigkeiten, die es Anfang der 1940er-Jahre bei den Bauarbeiten für den großen Bunker unter dem Bahnhofsvorplatz verursachte.[142] Auf den Vorschlag von Gauleiter Hartmann Lauterbacher, die Statue vorübergehend in die Herrenhäuser Gärten zu versetzen, erhob sich breiter Protest. Was brachten die Stadtbewohner zugunsten des Denkmals vor?[143]

Der Assistenzarzt Dr. Alfred Straßburg wandte sich unter Beifügung eines gerade von ihm veröffentlichten Zeitschriftenartikels an den Oberbürgermeister.[144]

---

139 Vgl. u. a. Schreiben Polizeipräsident Habben an OB v. 20.1.1934, geo 01850.
140 Zur Relevanz des Namens als Symbol für den Stadtteil vgl. Göschel, Albrecht: Lokale Identität. Hypothesen und Befunde über Stadtteilbindungen in Großstädten, in: Informationen zur Raumentwicklung, H. 3.1987, S. 91–109, bes. S. 99f.
141 Zu König Ernst-August vgl. Bertram, Mijndert: Das Königreich Hannover. Kleine Geschichte eines vergangenen deutschen Staates, Hannover, 2. Aufl. 2004 und Röhrbein, Waldemar R./Rohr, Alheidis von: Heil unserm König! Herzöge, Kurfürsten, Könige in Hannover, Hannover 1995, S. 48–51.
142 Vgl. hierzu Kapitel II, 1.1.
143 Zur Diskussion zwischen den Funktionseliten vgl. ebd.
144 Vgl. Schreiben Straßburg an OB v. 25.5.1941, StAH, HR 13, Nr. 621. Bei der Anlage zum Anschreiben handelte es sich um Straßburg, Alfred: Dr. Redslob und die Niedersachsen, Reichswart, Folge 12 v. 20.3.1941.

Hierin würdigte er König Ernst-August als einen Herrscher, der „deutscher Mensch von niedersächsischer Prägung" gewesen und von den Engländern gehasst worden sei.[145] Straßburg wandte gegen die Versetzungspläne ein, der Standort des Denkmals sei „nicht zufällig gewählt worden, ist doch Ernst August mit dem deutschen Eisenbahnwesen eng verbunden".[146] Einer seiner besonderen Beiträge zur Einheit Deutschlands sei die Abstimmung des Eisenbahnnetzes auf das neue, größere Territorium gewesen.[147] Darüber hinaus habe Ernst-August bereits früh den sich als „Geist des Forschritts" kostümierenden Parlamentarismus und seine „jüdische[n] Rädelsführer" bekämpft.[148] Dass der Welfe 1842 in seinem Königreich das „hannoversche Judengesetz" eingeführt hatte, womit „Juden aus dem öffentlichen Leben ausgestoßen" wurden, zeige, dass er die Gefahr klar erkannt habe.[149] Straßburg präsentierte also ein mit den nationalsozialistischen Anschauungen kompatibles Gedenken an den Welfenkönig und kritisierte damit zugleich diejenigen Personen, die im Denkmal primär ein regionalseparatistisches Symbol sahen.

Während sich im Fall Straßburg, der sich zu Beginn des Schreibens als „geborener Stadthannoveraner" vorstellte, nur vermuten lässt, dass auch affektive Bezüge seine intensiven Auseinandersetzungen gerade mit dem hannoverschen König motiviert hatten, wurden solche Beweggründe vom Buchdrucker Theodor Schrader offen geäußert. Er machte

> „die ernstesten Bedenken geltend [...], die, nach meiner Kenntnis der stadthannoverschen Volkspsyche, in weitesten Kreisen geteilt werden dürften. Das Ernst-August-Denkmal ist auf seinem alten Standpunkt nicht nur aus schönheitlichen Gründen an der richtigen Stelle, worüber wohl nur eine Meinung herrscht, sondern mehr noch aus historischen Gründen, deren gemäß der Förderer der nach ihm benannten grossartigsten städtebaulichen Schöpfung Hannovers logischerweise nur in den Brennpunkt der Ernst-August-Stadt gehört. Ich möchte noch darauf hinweisen, daß für den Hannover besuchenden Fremden das Ernst-August-Denkmal mit der Marktkirche im Hintergrund zum typischen Wahrzeichen Hannovers geworden ist, wie dieses zahlreiche literarische Zeugnisse bekunden. Mit der Bitte, die Einwände eines um seine Vaterstadt besorgten alten Hannoveraners einer geneigten Prüfung zu würdigen, gebe ich der Überzeugung Ausdruck, daß nur lebensnotwendige Gründe für eine andere Stellungnahme bestimmend sein werden".[150]

Ähnlich argumentierte E. Kohte, Oberregierungsrat und Oberbaurat a. D., gegenüber dem Oberbürgermeister:

> „Es geht das Gerücht, daß das Ernst August Denkmal von seinem Platze vor dem Hauptbahnhofe entfernt werden soll. Ich vermag vorläufig diesem Gerüchte keinen Glauben beizumessen, weil zu einer solchen unverständlichen Maßnahme kein Anlaß vorliegt. Das Reiterdenkmal des Königs Ernst August [...] ist ein gediegenes, wertvolles Kunstwerk und bietet durch seine glücklich gewählte Stellung mit dem Hauptbahnhof ein sehr schönes Stadtbild, welches

---

145 Vgl. Schreiben Straßburg an OB v. 25.5.1941, StAH, HR 13, Nr. 621, Zitat ebd.
146 Ebd.
147 Straßburg: Dr. Redslob.
148 Ebd.
149 Ebd.
150 Schreiben Schrader an OB vom 26.4.1941, StAH, HR 13, Nr. 621; Abschrift in NHStAH, Hann. 133, Acc. 27/81, Nr. 163, fol. 63. Berufsangabe lt. Adreßbuch Hannover 1942, S. 501.

auch die ankommenden Fremden vor dem Eintritt in die Stadt empfinden werden. [...] Da kaum ein Bürger der Stadt eine so willkürliche Handlung verstehen würde, so möchte ich die ergebene Bitte aussprechen, derartigen Bestrebungen nicht entsprechen zu wollen."[151]

Der Lehrer Hermann Busch verstieg sich gar zu folgenden Zeilen, die er an den Oberbürgermeister richtete. Die Nachricht von der geplanten Versetzung

> „erregt überall stärkstes Befremden und heftigen Unwillen. Jeder Hannoveraner ist mit dem Denkmal verwachsen, es bedeutet für ihn ein Stück Heimat. Man kann sich dafür gar keinen bessern Platz denken als den, wo er [sic] jetzt steht. Wenn der Hannoveraner verreisen will, trifft er sich unter dem Denkmal, und wenn er seine Heimatstadt wieder betritt, grüßt ihn zuerst das schöne Denkmal. Es ist ihm lieb und teuer, und er möchte es auf alle Fälle an seinem jetzigen Platze erhalten wissen."[152]

Das Ernst-August-Denkmal hatte sich vom reinen Herrschaftszeichen, als das es 1861 errichtet worden war, längst zum Wahrzeichen der Stadt entwickelt und symbolisierte die Stadt, insbesondere das Stadtzentrum. Eine Verlagerung des Welfenkönigs von seinem zentralen Platz vor dem Hauptbahnhof, dem Portal der Stadt, in die zwar beliebten aber dezentral gelegenen Herrenhäuser Gärten kam für die genannten vier Herren einem Abbruch gleich. Sein Standort musste im Zentrum bleiben, sollte er seine Funktion als Symbol für Hannover nicht einbüßen. Ein solches Merkzeichen eignete sich besonders für symbolischen Lokalbezug und gerade in den Beschreibungen vom grüßenden Ernst-August wird die Bronzestatue quasi lebendig.

Darüber hinaus vermochte der steinerne Welfe verschiedene inhaltliche Assoziationen und Erinnerungen bei seinen Betrachtern zu wecken. Den bisher dargestellten Sinndeutungen ist noch das Bild Ernst-Augusts als englischem Kriegsgegner hinzuzufügen, das in einer weiteren Zuschrift ausgedrückt wurde, die eindeutig gegen den König und das Denkmal Stellung bezog. Es handelte sich um ein an Gauleiter Lauterbacher gerichtetes anonymes Schreiben, in dem der Autor es sich neben Hinweisen auf die Kosten und die Sicherheitsrisiken, die durch den Verbleib des Denkmals bereits entstanden seien, nicht nehmen ließ, „wenigstens die berufenen Stellen über den sonderbaren ‚Landesvater' [diese Bezeichnung ist ein Zitat der Inschrift im Denkmalsockel, Anm. P. S.] aufzuklären, der vor dem Hauptbahnhof der Gauhauptstadt auf so ‚hohem Rosse' sitzt".[153] Er plädierte dafür, „dass dieser berittene Engländer [...] auf Nimmerwiedersehen verschwindet," denn gerade in Anbetracht des Krieges sei es „grotesk, dass der Bau eines Bunkers auf das Denkmal eines Engländers Rücksicht nimmt!!!"[154]

---

151 Vgl. Schreiben Kothe an OB v. 27.4.1941, Abschrift in NHStAH, Hann. 133, Acc. 27/81, Nr. 163, fol. 72.
152 Schreiben Busch an OB vom 24.4.1941, StAH, HR 13, Nr. 621; Abschrift in NHStAH, Hann. 133, Acc. 27/81, Nr. 163, fol. 6. Berufsangabe lt. Adreßbuch Hannover 1942, S. 83.
153 Vgl. Abschrift des Schreibens von „N.N." an den Gauleiter zur Anfrage Stichtenoth im Auftrag Lauterbachers an OB v. 10.10.1942, StAH, HR 13, Nr. 621. Ausführlicher vgl. Kapitel II, 1.1.
154 Ebd.

Ehrungspolitik als Handlungsfeld städtischer Eliten

Die Analyse der Zuschriften in beiden Fallbeispielen zeigte nicht nur, dass eine affektive Bindung an ein symbolisch aufgeladenes Merkzeichen eine wichtige Rolle in der Aneignung von Ehrungen durch die Bevölkerung spielen konnte. Es wurde nebenbei auch deutlich, welcher sozialen Schicht diejenigen Personen angehörten, die sich bei solchen Themen positiv einbrachten. Bei den Verfassern der Einzelzuschriften[155] handelte es sich um einen Architekten, einen Assistenzarzt, einen Buchdrucker, einen Lehrer und einen ehemaligen Oberbaurat. Aktives und konzeptionell-gestalterisches Interesse an Ehrungen war offenbar eine Sache der städtischen Funktions- und Bildungseliten und damit einer begrenzten Öffentlichkeit.

Dieses Ergebnis bestätigt sich der Tendenz nach auch für die Gedenktafelpraxis.[156] Der Kreis derjenigen Personen, die hieran Interesse gezeigt hatten, war mit einem Schuldirektor, einem Bibliotheksdirektor, einem „Senator Professor" und einem Stadthistoriker, der wenige Jahre später als Stadtarchivdirektor eingestellt wurde, sogar noch enger gezogen. Alle Genannten gehörten durchweg zum Umkreis staatlicher oder kommunaler Politik und Verwaltung, und auch der des Häufigeren involvierte Heimatbund – bzw. die Hannoverschen Heimatfreunde – war eine Organisation, die ohnehin das öffentliche Leben aktiv mittrug.

Dass Einzelpersonen Vorschläge für Ehrungen einreichten – Anfragen dieser Art konnten vornehmlich für die Benennung von Straßen und die Anfertigung von Gedenktafeln nachgewiesen werden –, bestätigt zudem, dass diese Stadtbewohner eine Verbindung zwischen Ehrungen, Stadt und sich selbst aufbauten. Das Vorgehen belegt ihr Bemühen, von ihnen selbst geschätzte Personen der städtischen Geschichte und Gegenwart offiziell als stadtrelevant anerkennen zu lassen.

---

155 Die Zusammensetzung der Autorenschaft in den Sammelzuschriften zum Erhalt des Namens „Lister Platz" ist unklar.
156 Vgl. Kapitel I, 3.2 sowie ergänzende Hinweise in Kapitel V, Teil 1.

2.2 Das Nachspiel. Der Streit um Carl Peters 1983 bis 1994

Vom Denkmal auf dem Karl-Peters-Platz zum Mahnmal
auf dem Bertha-von-Suttner-Platz

Carl Peters hatte 1884 die „Gesellschaft für deutsche Kolonisation" gegründet und reiste noch im selben Jahr mit Mitgliedern derselben in die Region um die Insel Sansibar.[157] Reichskanzler Bismarck, der in dieser Zeit aus politisch-strategischen Gründen Kolonialerwerbungen zurückwies,[158] hatte ihm explizit mitteilen lassen, dass das Unternehmen nicht unter dem Schutz des Deutschen Reiches stehe.[159] Peters schloss mit den Häuptlingen der dortigen Bevölkerung so genannte Verträge ab, die, so der Historiker Hans-Ulrich Wehler, „betrügerischen Charakter" hatten.[160] Sie sicherten Peters alle Rechte am Land und seinen Ressourcen zu und räumten ihm Hoheitsrechte ein. Aber als Peters zurückkehrte, verweigerte Bismarck auch jetzt den eingeforderten Schutzbrief für die Gebiete. Erst durch die neueren internationalen Entwicklungen gewährte ihm Kaiser Wilhelm II. schließlich den gewünschten Schutz und übertrug der Gesellschaft die Aufgabe der Verwaltung und Gerichtsbarkeit in Deutsch-Ostafrika.

Peters war stets eine äußerst umstrittene Person. Seine 1891 begonnene Amtsführung als Gouverneur im Kilimandscharogebiet galt selbst in Kolonialkreisen als hart und rassistisch und als Ursache für vermehrte Aufstände seitens der ansässigen Bevölkerung.[161] Als Peters sogar seine einheimische Geliebte und seinen schwarzen Diener erhängen ließ, weil diese ein Verhältnis miteinander gehabt haben sollen, wandte sich auch offiziell das Blatt gegen ihn.[162] Wegen des Dienstvergehens, die Erhängung nicht den Kolonialbehörden gemeldet zu haben, wurde er 1897 unehrenhaft aus dem Reichsdienst entlassen. Doch bereits 1905 wurde ihm gnadenhalber vom Kaiser die Bezeichnung „Reichskommissar a. D." wieder zugebilligt, und 1914 erhielt er seine Pensionsansprüche zurück. So blieb Peters einerseits als „Hänge-Peters" bekannt bzw. in Ostafrika als „Mann mit den blutigen Händen";[163] andererseits avancierte er insbesondere während des Ersten Weltkriegs zum Nationalsymbol kolonialer deutscher Großmachtträume. Den

---

157 Zu Peters vgl. Perras, Arne: Carl Peters and German Imperialism 1856–1918. A political biography, Oxford 2004; Gründer, Horst: Geschichte der deutschen Kolonien, Paderborn u. a., 3., verb. u. erg. Aufl. 1995 [1985], bes. S. 85ff. sowie Wehler, Hans-Ulrich: Bismarck und der Imperialismus, Köln 1969, S. 336–342.
158 Vgl. hierzu Sobich, Frank Oliver: „Schwarze Bestien, rote Gefahr". Rassismus und Antisozialismus im deutschen Kaiserreich, Frankfurt am Main/New York 2006, S. 42f.
159 Vgl. auch für das Folgende Baer/Schröter: Kopfjagd, S. 24–33.
160 Vgl. Wehler: Bismarck, S. 341.
161 Heinrich Schnee, der spätere Gouverneur Deutsch-Ostafrikas, soll über Peters gesagt haben, er sei zwar einer „der geistreichsten Menschen und anregendsten Gesellschafter", gleichzeitig erscheint Peters in Schnees Berichten, so Baer und Schröter, als „ein gewalttätiger Alkoholiker, der nur schwer zwischen Phantasie und Realität unterscheiden konnte". Vgl. Baer/Schröter: Kopfjagd, S. 32f., Zitate S. 33.
162 Vgl. ebd., S. 89–92.
163 Ebd., S. 92.

Nationalsozialisten diente er später als Identifikationsfigur in ihrem ausgerufenen „Kampf um Lebensraum", der auch die kolonialrevisionistische Forderung nach der Rückgabe der im Versailler Vertrag verlorenen ehemaligen deutschen Kolonien einschloss. Peters war ihnen darüber hinaus Vorbild des Herrenmenschentums, das er zweifelsohne nicht nur verbal vertreten, sondern in gewisser Weise auch verkörpert hatte.[164]

Abb. 30: Carl-Peters-Denkmal in Hannover-Südstadt, erbaut 1935, Mahntafel ergänzt 1988.

Die Stadt Hannover hatte 1916 südlich der Böhmerstraße, in nordsüdlicher Richtung geteilt durch die Stresemannallee, einen dreieckigen Platz angelegt und nach Carl Peters – hier allerdings mit „K" geschrieben – benannt.[165] In den Jahren 1924

---

164 Vgl. Geulen: Final Frontier, bes. S. 44f; Wehler: Bismarck, S. 336–338 und Perras: Carl Peters, S. 231–251.
165 Vgl. geo, Nr. 00145, HSttZ-Süd v. 11.4.1991 und Dringenberg: Stendor, S. 199f. Für eine Übersicht der Geschehnisse um die Ehrungen für Peters in Hannover vgl. Schürmann, Felix: Carl Peters, in: Rost: http://www.koloniale-spuren.de/ und ders./dies.: Carl Peters und Hannover, in: ebd. [beide DL: 28.5.2010]. Vgl. außerdem die von der Stadtverwaltung angefertigte Chronik zum Karl-Peters-Platz in geo, Carl-Peters-Ordner 3 sowie das unveröffentlichte Manuskript aus dem Jahr 1989 von Rose Krüger: Ehrt Hannover einen Menschenschlächter oder einen deutschen Held? Umbenennung des Karl-Peters-Platz. Beitrag zum Schülerwettbewerb Deutsche Geschichte um den Preis des Bundespräsidenten zur Geschichte des Protests: Aufbegehren, Handeln, Verändern in PA Klassen. Krüger fasst hier anhand der Quellen die Geschehnisse ausführlicher zusammen.

und 1952 wurden umliegende Straßen oder Straßenabschnitte in „Am Karl-Peters-Platz" umbenannt, und 1935 errichtete die Stadt Hannover gemeinsam mit dem hannoverschen Ortsverband des Reichskolonialverbandes und der Kreisleitung der NSDAP das Carl-Peters-Denkmal auf dem Platz.[166] So war bis Mitte der 1950er-Jahre in der Südstadt eine Art Gedenkinsel für Carl Peters entstanden, die verschiedene Stadien historischer Bezüge auf Peters vereinte. Erstmals 1973 gab es Initiativen, die nach einer Änderung der Situation verlangten. Das Chile-Solidaritätskomitee Hannover, „dem unter anderem die Deutschen Jungdemokraten und die DKP"[167] angehörten, fragte beim Rat der Stadt an, ob man nicht einen Platz in der Stadt nach dem im Militärputsch ermordeten chilenischen Präsidenten Salvador Allende benennen möge. Das Komitee schlug dafür den Karl-Peters-Platz oder den Emmichplatz vor.[168] Der sozialdemokratische Oberbürgermeister Herbert Schmalstieg lehnte dies jedoch ab, da „Straßen und Plätze [...] in Hannover im Allgemeinen nur aus baulichen Gründen oder auf berechtigten Anliegerwunsch hin umbenannt" würden.[169] Während hier die Streichung des Namens Carl Peters nur ein – wenngleich aus Sicht der Initiatoren vermutlich positiv bewerteter – Nebeneffekt des eigentlichen Wunsches nach einer Ehrung Allendes war, ging es seit den Achtziger Jahren explizit um die Frage, ob der Name des Kolonialisten aus dem hannoverschen Stadtbild zu löschen sei.

Das „Friedensforum Südstadt" forderte 1983 die Umbenennung des Platzes und der Straße und den Abbruch des Carl-Peters-Denkmals. Es machte in den folgenden Jahren mit Veranstaltungen und Unterschriftensammlungen auf sein Ansinnen aufmerksam.[170] Zudem bemühte es sich um faktische Einführung der von ihm vorgeschlagenen Namensalternative, indem es zum Beispiel bereits anlässlich seines Gedenkfackelmarsches am 8. Oktober 1984 als Treffpunkt den „Bertha-von-Suttner-Platz" angab.[171] Das Forum gedachte damit der 1914 verstorbenen österreichischen Schriftstellerin, die sich als Zeitgenossin Peters' für den Pazifismus eingesetzt und hierfür 1905 den Friedensnobelpreis erhalten hatte.[172] Aber auch jetzt stand die Stadtverwaltung einer Namensänderung ablehnend ge-

---

166 Vgl. hierzu Kapitel I, 3.1 und oben, Teil 1.2. Zur Geschichte nach 1945 sowie den Denkmälern in Neuhaus und Helgoland vgl. Zeller, Joachim: „... sein Wirken und der Gedenkstein sind umstritten". Die Denkmäler für Karl Peters im Geschichtsunterricht, in: Geschichte Erziehung Politik 6/1997, S. 363–367.
167 HAZ v. 2.11.1973.
168 Vgl. Schreiben des Chile-Solidaritätskomitees Hannover an den Rat der Stadt Hannover v. 26.10.1973 (=Drucksache Nr. 82/74), geo 00145. Vgl. ähnlich, ohne konkrete Angabe eines möglichen Platzes, Schreiben der DKP, Kreisvorstand Hannover an den Bauausschuss Hannover v. 19.10.1973 sowie Postkarte von Gerhard Kersten an Stadt Hannover v. 2.11.1973, beide ebd.
169 HAZ v. 13.11.1973. Auch CDU und FDP sprachen sich gegen die Umbenennung aus, vgl. ebd. u. HAZ v. 2.11.1973.
170 Vgl. z. B. HSttZ-Süd v. 28.10.1985 (Kundgebung in Zusammenarbeit mit dem Südafrika-Bündnis) und die beiden symbolischen Umbenennungsaktionen im Zusammenhang mit den Ostermärschen 1984 und 1985 in HSttZ-Süd v. 11.4.1984 u. 26.4.1985.
171 Vgl. HSttZ-Süd v. 27.9.1984.
172 Vgl. HAZ v. 23.9.1993.

genüber. Sie war „der Überzeugung, daß Dokumente einer früheren Zeit, auch wenn man sich mit dem damals Geehrten heute nicht mehr identifizieren kann, die Bewältigung historischer Vorgänge erleichtern und nicht erschweren".[173]

Abb. 31: Seitenansicht Carl-Peters-Denkmal mit Carl-Peters-Relief.

Während die Schleifung des Denkmals rundweg abgelehnt wurde, stand man der Anbringung einer Inschrift an demselben wohlwollender gegenüber. Im Jahre 1985 beantragte die SPD-Fraktion des Stadtbezirks Südstadt-Bult, das Denkmal durch eine erläuternde Tafel zu ergänzen. Der Antrag wurde zwar im Bezirksrat abgelehnt,[174] allerdings setzte sich der für die Pflege des Ortsbildes zuständige Verwaltungsausschuss der Stadt Hannover über dieses Votum hinweg und brachte folgende Inschrift auf dem Steinquader an:

„Dieses Denkmal wurde im Jahre 1935 von den Nationalsozialisten errichtet. Es stand für Verherrlichung des Kolonialismus und des Herrenmenschentums. Uns aber ist es Mahnung, der Charta der Menschenrechte entsprechend, uns einzusetzen für die Gleichberechtigung aller Menschen, Völker und Rassen."[175]

---

173 Vgl. Schreiben des Vermessungsamtes an einen Hildesheimer Bürger v. 10.9.1987, geo 00145, Zitat ebd.
174 Vgl. HSttZ-Süd v. 26.9.1985.
175 Mahntafel auf dem Karl-Peters-Denkmal, zitiert nach eigenem Foto der Tafel und ergänzt durch Interpunktion. Vgl. auch HAZ v. 1.7.1988. Der Text der Mahntafel ist eine Kürzung der ursprünglich vom Friedensforum vorgeschlagenen folgenden Version: „Dieses Denkmal wurde im Jahre 1935 von den Nationalsozialisten errichtet. Es steht für: Verherrlichung des Kolonialismus und des Herrenmenschentums, millionenfache Verfolgung und Vernichtung durch das Naziregime und den zweiten Weltkrieg mit über 50 Millionen Toten. Uns aber ist es eine Mahnung, der Charta der Menschenrechte entsprechend jeder Unterdrückung anderer Menschen entgegenzutreten und uns überall einzusetzen für die Gleichberechtigung aller Menschen, Völker und Rassen." Vgl. HAZ v. 20.6.1985, Zitat ebd. Der heutzutage besonders befremdlich wirkende Gebrauch des Terminus „Rasse" entstand durch die Anlehnung an die Erklärung der Menschenrechte, insbes. Art. 2 (Mündl. Auskunft Christa Klassen v. 29.8.2008). Unverständlich blieb dagegen, weshalb Karin Dunse in ihrer Zitierung der Mahn-

Damit wurde das Denkmal in ein Mahnmal umgewandelt, als das es 1988 im Beisein Oberbürgermeister Herbert Schmalstiegs eingeweiht wurde.[176] Der Sozialdemokrat betonte bei diesem Anlass abermals, dass es keine Umbenennung des Platzes oder der Straße geben werde. Damit schien die Debatte beendet.

Abb. 32: Die 1988 angebrachte Mahntafel am Carl-Peters-Denkmal.

Ein Jahr später jedoch lebte die Diskussion vor allem in Folge eines Artikels in der Wochenzeitung „Die Zeit" wieder auf.[177] Baudezernent Hanns Adrian drängte nun innerhalb des Rathauses auf die Namensänderung. Bislang bestand die Rege-

    tafel die letzten beiden Worte „und Rassen" unter Anpassung der Interpunktion ausließ. Vgl. Dunse: Spuren, S. 179.
176 Im Laufe der nächsten Jahre wurden dennoch immer wieder vereinzelte Stimmen laut, die den Abbruch des Denkmals forderten, vgl. z. B. Leserbriefe von Inge Lungershausen in Südstadt-Zeitung v. 19.8.1991, Wolfgang Spandau in HAZ v. 8.3.1994 und Karl-Heinz Quednau in Hannoversches Wochenblatt v. 11.10.1995.
177 Vgl. Die Zeit v. 20.1.1989. Der Artikel enthielt keinen Verweis auf Hannover. Vgl. HAZ v. 18.2.1989 und den Leserbrief von Hans-Jürgen Häßler, einem Sprecher des Friedensforums, in NP v. 23.2.1989. Die Geschichtswerkstatt lud zu einer Podiumsdiskussion, an der Christa Klassen vom Südstadtforum, Reinhard Apel, der Fraktionsvorsitzende der CDU im Bezirksrat Südstadt-Bult, Prof. Helmut Bley vom Historischen Seminar der Universität Hannover, der Sprachwissenschaftler Bodo Dringenberg und ein Vertreter des Stadtvermessungsamtes teilnahmen. Von der Veranstaltung existiert ein Protokoll, vgl. PA Klassen, fol. 129–135 und der Beitrag von Dringenberg in ebd. fol. 137–139.

lung, dass Straßen nur umbenannt werden durften, wenn „50 Prozent der Anwohner einer Änderung" zugestimmt hatten.[178] Am 19. Oktober 1989 beschloss daher der Rat der Stadt Hannover Ergänzungen in den „Grundsätzen für die Benennung von Straßen, Wegen, Plätzen etc."[179] Demnach konnten Umbenennungen nun auch ohne Zustimmung der Anwohner erfolgen, wenn

> „eine Benennung nach einer Persönlichkeit im nachhinein Bedenken auslöst, weil diese Person Ziele und Wertvorstellungen verkörpert, die im Widerspruch zu den Grundsätzen der Verfassung, der Menschenrechte bzw. einzelner, für die Gesamtrechtsordnung wesentlicher Gesetze stehen. Zusätzlich zu diesen o. g. Bedenken gegen die mit der Person verknüpften Ziele und Wertvorstellungen müssen der durch die Benennung geehrten Person schwerwiegende persönliche Handlungen (Verbrechen gegen die Menschlichkeit, Rassismus, Kriegsverbrechen u. a. m.) zuzuschreiben sein."[180]

Diese Änderung der Verwaltungsvorschriften war nötig geworden, da sich die Anwohner gegen eine Umbenennung des Platzes sträubten. Wie groß die Ablehnung war, wurde durch eine Umfrage deutlich, zu der sich das Vermessungsamt der Stadt 1991 genötigt sah.[181] An ihr beteiligten sich von den 366 angefragten Anliegern des Platzes und der Straße „Am-Karl-Peters-Platz" 290 Personen, also 79 Prozent. Von diesen waren 60 Prozent gegen und 17 Prozent für eine Namensänderung, nur zwei Prozent waren unentschlossen.[182] Mit einem solch deutlichen Ergebnis hatten Sozialdemokraten und Grün-Alternative nicht gerechnet, und auch in den Leserbriefen der Presse gerieten die Befürworter einer Namensänderung in die Defensive. Einen Monat nach der Veröffentlichung der Umfrageergebnisse brachte der Historiker Helmut Bley, Professor an der Universität Hannover, über einen offenen Brief Erkenntnisse der Historiografie über Carl Peters und seine Kolonialpolitik in die stadtöffentliche Debatte ein.[183] Dieser Beitrag, den die Presse breit rezipierte und woraus sie häufig die Bewertung Peters' als „die bruta-

---

178 Vgl. HAZ v. 18.2.1989, Zitat ebd.
179 Vgl. Beschlussdrucksache Nr. 1320/89 v. 21.9.1989, geo Carl-Peters-Ordner 1.
180 Ebd. Vgl. HSttZ-Süd v. 13.7.1989.
181 Der Hintergrund war ein Formfehler der Verwaltung. Hingewiesen sei außerdem auf die zuvor von der Stadtteil-Zeitung Süd getätigte Umfrage unter den Anwohnern, vgl. HSttZ-Süd v. 24. u. 31.1. sowie 7. u. 14.2.1991. Bereits 1989 hatte die Stadtteil-Zeitung Süd eine Umfrage gestartet, vgl. HSttZ-Süd v. 16.3.1989. Leider stellte sie das Ergebnis nicht summarisch dar. Auch das Friedensforum erstellte eine Umfrage, auf die es einige erboste Rückmeldungen und sogar einen drohenden Brief erhielt, vgl. PA Klassen, fol. 187.
182 Vgl. die Ergebnisse der Umfrage durch das Stadtvermessungsamt in HSttZ-Süd v. 11.4.1991. Die Umfrage der Stadtteil-Zeitung Süd vom Januar des Jahres ergab ein ähnliches Bild: Von 174 Zuschriften oder Anrufen hatten sich 137 und damit sogar 79 Prozent gegen eine Änderung der Namen ausgesprochen. Vgl. HSttZ-Süd v. 14.2.1991. Bei den Befürwortern eines neuen Namens rangierte von den sechs Vorschlägen der Südstadtplatz mit 24 Stimmen noch vor dem Bertha-von-Suttner-Platz mit 21 Stimmen. Bei der Umfrage durch die Stadtteil-Zeitung waren ebenfalls diese beiden Namen die Favoriten, allerdings in umgekehrter Reihenfolge, vgl. HSttZ-Süd v. 14.2.1991.
183 Vgl. Offener Brief zur Umbenennung des Carl Peters Platzes von Prof. Dr. Helmut Bley v. April 1991 in geo, Carl-Peters-Ordner 1. Vgl. auch NP v. 11.5.1991, HSttZ-Süd v. 16.5.1991, Zitat ebd. Kritik daran äußerte per Leserbrief bes. Ingo Günther, HSttZ-Süd v. 23.5.1991.

le negative Figur überhaupt" zitierte, stärkte der Koalition der Peters-Kritiker merklich den Rücken.[184]

Im Juni 1991 entschied der Stadtrat, gegen den nun weitläufig bekannten Willen der Anwohner und gegen den Beschluss des Bezirksrats Südstadt-Bult, die Straße und den Platz nach Bertha von Suttner zu benennen.[185] Nachdem Anwohner und Bezirksrat dagegen Einspruch erhoben hatten, bekräftigte der Rat seinen Beschluss im Mai 1992. Die darauf folgende Klage der Anwohner wurde vom Verwaltungsgericht unter Verweis auf Verfahrensfehler bei der Umsetzung des Stadtratsbeschlusses und damit zugunsten der Kläger eingestellt. Im Juni 1993 beschloss der Stadtrat erneut die Umbenennung.[186] Die angedachte sofortige Vollstreckung wurde nun durch eine weitere juristische Anfechtung seitens der Anwohner ausgesetzt. Im November entschied das Verwaltungsgericht dann endgültig: Es wies die Klage zurück. So konnten am 1. Februar 1994, nach über zehn Jahren städtischer Debatte, die neuen Schilder angebracht werden.[187] Allerdings brauchte es noch eine Weile, bis sich tatsächlich alle mit der neuen Situation abgefunden hatten: So hatten Unbekannte noch im selben Monat den Platz nach Bertha Griese, einer Figur der Fernsehserie „Lindenstraße",[188] benannt und noch an Weihnachten 1997 änderte jemand die Schilder in Lady-Diana-Platz.[189] Letztlich war Peters im städtischen Gedächtnis Hannovers von einer geehrten zu einer kritisch betrachteten Person der deutschen Geschichte degradiert worden.

Carl Peters: Bloßer „Dompteur im Löwenkäfig" oder „brutale Figur"?

Die gesamte Diskussion um Carl Peters war durchzogen von offener und latenter Parteipolitik.[190] Gegen die Umbenennung stellte sich vor allem die CDU, deren Fraktionsvorsitzender des Bezirks Südstadt-Bult allerdings erklärte, sich dafür

---

184 Es herrschten danach wieder vermehrt Leserbriefe vor, die eine Umbenennung einforderten und sich dabei zum Teil explizit auf Bley beriefen. Inwiefern das der Auswahl durch die Zeitungsredaktionen geschuldet ist, lässt sich nicht sagen. In diese Zeit fiel auch eine kritische Künstleraktion am Denkmal, vgl. HSttZ-Süd v. 31.1.1991 u. NP v. 26.6.1991.
185 Vgl. die von der Stadtverwaltung angefertigte Chronik zum Karl-Peters-Platz in geo, Carl-Peters-Ordner 3.
186 Parallel dazu beschloss der Stadtrat, die Pflege des Ehrengrabs auf dem Engesohder Friedhof nicht mehr aus der Stadtkasse zu finanzieren, vgl. HAZ v. 29.6.1993. 1991 hatte es im Zuge der Debatte um die Umbenennung der Straße und des Platzes noch geheißen, das Ehrengrab sei von der Entehrung nicht betroffen, vgl. HAZ v. 30.11.1991.
187 Vgl. HAZ u. Hannoversches Wochenblatt. v. 2.2.1994. Ein noch 1995 gestellter Antrag der CDU-Fraktion im Bezirksrat nach Rückbenennung des Platzes war abgelehnt worden, vgl. NP v. 2.11.1995. Vgl. hierzu auch den Leserbrief von Martin Fuchs im Hannoverschen Wochenblatt v. 11.10.1991.
188 Vgl. NP, HAZ u. Bild v. 28.2.1994.
189 Vgl. HAZ u. NP v. 27.12.1997.
190 Vgl. z. B. Leserbrief Ekkehard Meese in HSttZ-Süd v. 10.10.1985, Hermann Beddig in Südstadt-Zeitung v. Okt. 1985, Bericht aus der Bezirksratssitzung in HAZ v. 24.4.1989, Leserbriefe in HSttZ-Süd v. 27.6.1991, NP u. HAZ v. 26.5.1992.

einsetzen zu wollen, wenn die Anwohner für einen geänderten Namen seien.[191] Offiziell ebenfalls aufgrund der „Mißachtung der berechtigten Anwohnerinteressen" hatte sich die CDU auch gegen die Änderung der Richtlinien durch die Stadt gewandt.[192] Unterstützung fanden die Christdemokraten bei ihrer Jugendorganisation und der FDP. Die Initiatoren der Debatte, das Friedensforum Südstadt, waren nach eigenen Angaben dagegen „ein lockeres Bündnis links von der CDU", dem die Südstädter Jusos, die DKP, verschiedene Friedensgruppen und Südstädter Kirchengemeinden, der VVN/BdA und Mitglieder der SPD angehörten.[193] Das Forum fand vor allem Unterstützung durch die Grün-Alternative Bürgerliste und die SPD, deren Ortsverein in der Südstadt 1985 eine Meinungsumfrage unter den Anliegern des Platzes und der Straße durchführte.[194] Gemäß dieser Spaltung der politischen Landschaft prallten der mehrheitlich sozialdemokratische Rat der Stadt Hannover und der CDU-dominierte Bezirksrat Südstadt-Bult aufeinander. Viele politisch Aktive und mehrere Bezirksräte nutzten die Leserbriefseiten der Zeitungen, um die Bezirksratspolitik zu kritisieren oder zu rechtfertigen.[195] Auch viele Bürger gingen auf die parteipolitisch aufgeladene Auseinandersetzung ein.

Interessant ist nun, welche Beweggründe die Diskutierenden jenseits parteipolitischer Strategien im Streit um eine mögliche Umbenennung des Karl-Peters-Platzes und der anliegenden Straße sowie einen Abriss bzw. einer Umwidmung des Denkmals leiteten. Dabei hat sich durch die Veröffentlichungen in der Lokalpresse eine gute Quellenlage ergeben. Beide hannoverschen Tageszeitungen, die Hannoversche Allgemeine Zeitung (HAZ) und die (Hannoversche) Neue Presse (HNP bzw. NP), haben die Geschehnisse intensiv begleitet. Vor allem die wöchentlich als Beilage beider Tageszeitungen erscheinende Hannoversche Stadtteil-Zeitung Süd (HSttZ-Süd)[196] hat die Bürgerinnen und Bürger durch Umfragen und Leserbriefe ausführlich zu Wort kommen lassen.[197] Fokussiert werden soll im folgenden Überblick über die Argumentationsmuster der Einwohner[198] vor allem

---

191 Vgl. HSttZ-Süd v. 16.3.1989.
192 Vgl. HAZ v. 13.10.1989, Zitat ebd. Vgl. auch HSttZ-Süd v. 24.1.1991.
193 Vgl. HSttZ-Süd v. 5.7.1984 u. 26.9.1985, Zitat v. 5.7.1984.
194 Vgl. Umfrage der SPD Hannover Südstadt/West: „Carl Peters Platz?" in geo, Carl-Peters-Ordner 1.
195 Vgl. z. B. Leserbrief Thomas Wittschurky, Vorsitzender des SPD-Ortsvereins Südstadt/Ost-Bult in HSttZ-Süd v. 23.3.1989.
196 „Hannoversche Stadtteil-Zeitung. Amtliches Bekanntmachungsblatt der Bezirksräte Hannover".
197 Sammlungen von Zuschriften finden sich in PA Klassen, geo 00145 u. Carl-Peters-Ordner 1–3.
198 Daneben gab es Beiträge, in denen offensichtlich nicht einmal der Versuch unternommen wurde, ein Argument vorzubringen. So erklärte Erwin Feesche: „Das Karl Peters Denkmal muß unversehrt, also auch ohne Zusatz, stehen bleiben. [...] Wo kommen wir denn sonst hin" und Marie Bumke erklärte erbost: „Hannoveraner wünschen sich keine Nazi-Mahntafel am Karl-Peters-Denkmal. Die SPD soll ihre Mahntafel bei ihren Nanas aufstellen." Vgl. beide Leserbriefe in Südstadt-Zeitung v. Okt. 1985, Zitate ebd. Doris Giltjes beklagte sich: „Kein Mensch kann sich so eine komplizierte Benennung merken!" Was als Verallgemeinerung falsch war, traf auf sie durchaus zu, schrieb sie doch vom „Berta-von-Süttner-Platz". Vgl. Leserbrief in Südstadt-Zeitung v. 19.8.1991, Zitat ebd.

auf den Zusammenhang zwischen dem Lokalbezug und der politischen Bewertung und Praxis innerhalb des Streits.

Erstens wurden finanzielle Gründe angegeben. So stellte eine Anwohnerin des Platzes in dem Fragebogen der SPD zur Umbenennung provokativ die Gegenfrage: „Bezahlen Sie die Grundbuchkosten? Bezahlen Sie die Briefdrucke? Bezahlen Sie die Umstellung bzw. Umbenennungen sämtlicher amtlicher Papiere?"[199]

Zweitens ging es um Mitbestimmungs- und Demokratiefragen. Viele Anwohner äußerten sich dahingehend, dass sie sich von den parlamentarischen Gremien übergangen fühlten. So forderte Ralf Pielhauer „wenigstens ein bißchen Demokratie",[200] und Hermann Josupeit plädierte dafür, es „sollte eine Angelegenheit der Anwohner des Platzes sein".[201] Reinhold Gawlik setzte den Streit um die 1916 erfolgte Namengebung des Platzes in einen größeren Zusammenhang und verwahrte sich dagegen, demokratische und damit legitim zustande gekommene Entscheidungen rückgängig zu machen. Solche Maßnahmen seien aus demokratischer Perspektive nur gegen Beschlüsse autoritärer Regime angebracht.[202]

Drittens setzte man sich für den Status quo ein, indem man die gesamte Diskussion als überflüssig oder lächerlich darstellte.[203] So schlug Horst Baars vor, den Platz „mit dem Namen einer Lichtgestalt dieses Jahrhunderts zu zieren", nämlich Josef Stalin[204] und Thea Berndt meinte lapidar, es gebe „weiß Gott anderes zu tun".[205]

Viertens wurde unter Verweis auf Carl Peters' Rolle im Kaiserreich argumentiert. Vor allem die Initiatoren der Diskussion führten Peters' Vorgehen in Afrika und den daraus resultierenden zeitgenössischen schlechten Ruf gegen ihn ins Feld.[206] Andere argumentierten genau umgekehrt: Er habe nur „gehandelt, wie

---

199 Vgl. Umfrage der SPD Hannover Südstadt/West: „Carl Peters Platz?" in geo, Carl-Peters-Ordner 1. Vgl. zum Thema Teilübernahme der Kosten durch die Stadt HAZ v. 24.1.1991. Die Kosten der Anwohner brachten auch die folgenden Leserbriefe als Argument gegen die Umbenennung vor: Dipl.-Ing. Hans Kleefeld in HSttZ-Süd v. 26.7.1984, Hans-Jürgen Freund, Ilse Lungershausen und Dr. Walter Reese in Südstadt-Zeitung v. 19.8.1991.

200 Vgl. Leserbrief Ralf Pielhauer in HSttZ-Süd v. 23.3.1989. Vgl. Leserbrief Dorothea Josupeit ebd., Leserbrief Willi Heine in HAZ v. 20.10.1989, Leserbrief E. Maaß in HSttZ-Süd v. 14.2.1991, Leserbrief Hans-Jürgen Freund in Südstadt-Zeitung v. 19.8.1991.

201 Vgl. HSttZ-Süd v. 12.7.1984.

202 Vgl. Leserbrief Reinhold Gawlik in HSttZ-Süd v. 25.4.1991.

203 Vgl. Leserbrief von Peter Nitschmann in HAZ v. 22.3.1989. Ähnlich Leserbrief Thea Berndt in HSttZ-Süd v. 31.1.1991. Vgl. hierzu auch die Rückmeldescheine der Umfrage durch das Südstadtforum in PA Klassen, fol. 187.

204 Leserbrief Horst Baars in HSttZ-Süd v. 30.3.1989. Vgl. die Kritik daran von Häßler vom Friedensforum Südstadt in ebd. v. 13.4.1989. In „Kackeplatz" umbenennen wollte den Platz ein Mitarbeiter des öffentlichen Dienstes, der es vorzog, anonym zu bleiben, vgl. Leserbrief in HSttZ-Süd v. 31.1.1991.

205 Leserbrief Thea Berndt in HSttZ-Süd v. 31.1.1991.

206 Vgl. z. B. Leserbriefe Heidi Alm-Merk in HSttZ-Süd v. 10.10.1985 [es handelt sich dabei um die Sozialdemokratin und spätere niedersächsische Justizministerin], Maren Wallmann in Südstadt-Zeitung v. Okt. 1985, Irmhild Schrader in HSttZ-Süd v. 31.1.1991 und Viola Hempel in HSttZ-Süd v. 27.6.1991. Bereits in den 1980er-Jahren hatten Unbekannte unter dem

Angehörige anderer Völker auch",²⁰⁷ und kollektive Namengebungen seien „Dokumente der Wertvorstellungen zum Zeitpunkt der Benennung".²⁰⁸ Dipl.-Ing. Walter Kratz erklärte, man sollte die von Peters „errungenen Erfolge [...] anerkennen", denn

> „die Art seines Vorgehens wurde damals von Bismarck und seinen Berliner Geheimräten bekrittelt, ohne daß diese eine Ahnung von afrikanischen Verhältnissen hatten. Carl Peters' dortige Lage war doch etwa die eines Dompteurs im Löwenkäfig, dem das kleinste Anzeichen von Schwäche zum Verhängnis werden kann".²⁰⁹

Argumentationen dieser Art waren rassistisch und nahmen oft Züge gekränkten Nationalismus an; man solle nicht immer „Nestbeschmutzung" betreiben und „durch falsche Geschichtsvermittlung" den Eindruck erwecken, „die Deutschen seien Eroberer", beklagte sich zum Beispiel J. Levien.²¹⁰ Horst Baars schimpfte, es „gehört wohl zu den Maximen des politischen Establishments der Republik, sich genüßlich an der historischen Tragödie unseres Volkes zu profilieren".²¹¹ Er riet dem Stadtrat, sich „einmal mit der Kolonialgeschichte unserer englischen und französischen Freunde zu beschäftigen".²¹² Laut Peter Nitschmann mussten Afrikaner eigentlich Carl Peters dankbar sein:

> „Natürlich ließen Carl Peters und Major v. Wissmann durch den Strang hinrichten – aber wen denn? So den arabischen Sklavenhändler Buschiri, einen schrecklichen Menschenschinder, oder Angehörige der Wajao, grausame Sklavenjäger, die ganze Landstriche entvölkert haben! Verwerfliches Tun von Peters und Wissmann? Die leidende Bantubevölkerung hat sicherlich anders darüber gedacht!"²¹³

Fünftens betonten Befürworter einer geänderten Gedenkpolitik um die Person Peters gerade im Zusammenhang mit dem 1935 errichteten Denkmal dessen NS-Repräsentation bzw. eine Kompatibilität zwischen Peters' Kolonialpolitik und dem nationalsozialistischen Großmachtstreben. Dies verärgerte unter anderen Peter Nitschmann, der sich beklagte, Carl Peters werde von Linken „zum Nazi gestempelt, was aber schon allein aufgrund seiner Lebensdaten nicht stimmen kann."²¹⁴ Die Befürworter der Umbenennung stellten derartige Einwände richtig, so Rainer Hollstein: „Karl Peters war kein Nazi. Er lebte zu einer anderen Zeit.

    Namenszug „Carl Peters" die Beschriftung „war ein Mörder! und Schwein!" angebracht, vgl. HSttZ-Süd v. 26.9.1985, Zitat ebd.
207 Leserbrief Hermann Josupeit in HSttZ-Süd v. 12.7.1984, ähnlich Walter Herold in HSttZ-Süd v. 31.1.1991 und Klaus Ulrich Thomann in Südstadt-Zeitung v. 19.8.1991.
208 Leserbrief Frank Warnecke in HAZ v. 22.3.1989. Ähnlich Edgar Lehmann in HSttZ-Süd v. 31.1.1991 und Wolfgang Scheffer in HSttZ-Süd v. 14.2.1991.
209 Leserbrief von Dipl.-Ing. Walter Kratz in HSttZ-Süd v. 12.7.1984, Zitat ebd.
210 Leserbrief J. Levien in HSttZ-Süd v. 14.2.1991. Vgl. auch Dipl.-Ing. Hans Georg Fütterer in HSttZ-Süd v. 26.7.1984.
211 Leserbrief Horst Baars in HAZ v. 6.12.1991.
212 Ebd.
213 Vgl. Leserbrief Peter Nitschmann in HSttZ-Süd v. 28.6.1984, Zitat ebd. Vgl. auch ders. in HSttZ-Süd v. 19.7.1985.
214 Vgl. Leserbrief Peter Nitschmann in HSttZ-Süd v. 19.7.1985, Zitat ebd. Vgl. Leserbrief Hilde Stein in HAZ v. 22.8.1985.

IV. „Biographical Mapping" und Lokalbezug   217

Die Nazis errichteten jedoch das Denkmal, da Karl Peters der ‚Volk-ohne-Raum'-Propaganda entsprach".[215] Christa Klassen vom Friedensforum wies darauf hin, dass „bis heute [...] hier nicht nur Carl Peters, sondern tatsächlich auch der Nationalsozialismus noch ein Denkmal" habe.[216] Auch Sigrid Cramer wollte „nicht, daß etwas erhalten bleibt, was nationalsozialistisches Gedankengut hoffähig macht".[217]

Sechstens waren einige Hannoveraner besorgt um den Ruf der Stadt. Hermann Beddig vom SPD-Ortsverein Südstadt-Ost/Bult argumentierte: „Hannover als internationale Partnerstadt mit hohen friedenspolitischen Ansprüchen kann es sich einfach nicht leisten, dieses eindeutig aus Nazi-Ideologie stammende Denkmal unkommentiert stehen zu lassen."[218] Auch die Stadtteilzeitung Süd kommentierte unter dem Titel „Beschämend", dass die „Landeshauptstadt Hannover mit ihren Messen, der geplanten Expo und ihren Partnerstädten in drei Erdteilen, darunter Blantyre in Afrika, [...] sich die Ehrung des Rassisten Carl Peters nicht länger leisten" dürfe.[219] Hingewiesen sei an dieser Stelle darauf, dass die Reputation Hannovers und seine Partnerschaft mit Blantyre der einzige Kontext war, in dem Afrikaner wenigstens andeutungsweise ins Blickfeld gerieten. So fragten U. Philipp und H. Smit von der entwicklungspolitischen Gruppe HERÜBER: „möchten Sie es verantworten, einer Delegation aus unserer afrikanischen Partnerstadt auch dieses Denkmal zeigen zu müssen?"[220] Was eine Ehrung Peters' und das so genannte „Kolonienviertel"[221] für Gäste aus Afrika oder Hannoveraner mit afrikanischem Migrationshintergrund bedeuten mochte, wurde ansonsten von niemandem thematisiert.[222]

Zuletzt wurde auch aus einem merklichen Lokalbezug heraus argumentiert. Paul Sauerbrei erklärte: „Der Platz hieß immer so. Das hat Tradition und braucht

---

215 Leserbrief Rainer Hollstein in der Südstadt-Zeitung v. Okt. 1985.
216 Leserbrief Christa Klassen in der Südstadt-Zeitung v. Okt. 1985. Vgl. ähnlich den Leserbrief von Heide Alm-Merk, ebd.
217 Sigrid Cramer lt. HSttZ-Süd v. 16.3.1989. Ähnlich Almut Steven, ebd.
218 Leserbrief Hermann Beddig, SPD-Ortsverein Südstadt-Ost/Bult in HSttZ-Süd v. 3.10.1985. Vgl. Leserbrief Erika Godehardt in NP v. 28.11.1991.
219 Redaktion HSttZ-Süd v. 11.4.1991.
220 Vgl. Leserbrief von U. Philipp und H. Smit in Südstadt-Zeitung v. Okt. 1985, Zitat ebd. Vgl. auch Leserbrief von HERÜBER, Hannoversche Entwicklungspolitische Regionalgruppe des Überseeregisters ‚Dienste in Übersee' in HSttZ-Süd v. 3.10.1985 und Leserbrief Elfriede Kautz in NP v. 3.8.1991.
221 Hierbei handelt es sich um einen Taufbezirk in Hannover-Badenstedt, also eine Gruppe von Straßen in unmittelbarer Nähe zueinander, die ihren Namen unter Bezugnahme auf den deutschen Kolonialismus erhielten. Vgl. Schürmann, Felix: Kolonialbezüge in den Straßennamen Hannovers, in: Rost, http://www.koloniale-spuren.de/ [DL: 28.5.2010]. Allgemein zu Straßennamen mit Kolonialbezug vgl. Pöppinghege: Wege des Erinnerns, S. 59–63.
222 Dabei wurden die Namen mit kolonialem und kriegerischem Hintergrund vor allem anlässlich des Artikels über Bodo Dringenbergs Arbeit bekannt, vgl. z. B. HAZ v. 7.10.1992. Vgl. zu kolonialen und militärischen Hintergründen im Straßenbild Dringenberg: Stendor; Schürmann: Kolonialbezüge u. HAZ v. 7.10.1992.

nicht geändert werden",²²³ und Petra Ladwig forderte: „Der ‚Kalle' muß bleiben!"²²⁴ Der Musiker Robby Ballhause, damals 25 Jahre alt, erklärte zu den zur Wahl stehenden Namen, er:

> „habe schon als Kind hier gespielt. Die Vorschläge sind alle nicht gut [...]. Von denen wäre Südstadtplatz noch am besten. Zu den anderen Namen habe ich keine persönliche Beziehung. Ich finde es generell blöde, ‚Kalle' umzubenennen. Das Kind hat doch einen Namen."²²⁵

„Der ‚Kalle' muß bleiben!"

Vorschnell wäre der Schluss, die vom Friedensforum angeregten Änderungen wären vorwiegend politisch diskutiert worden, Befürworter- und Gegnerschaft seien im Wesentlichen direktes Resultat der politischen Haltung gegenüber Peters. Dies mag für einige der Fall gewesen sein, traf aber nicht für Personen wie Michael Donnerstag zu, der erklärte, der

> „Platz sollte seinen Namen zur Mahnung behalten. Warum soll man alles verdrängen? Mehr Aufklärung ist wichtiger: Hier könnte etwa ein Ausstellungspavillon gebaut werden, in dem über Kolonialismus und die Dritte Welt allgemein informiert wird."²²⁶

Auch die nicht unerhebliche Anzahl derjenigen, die sich gegen eine Umbenennung wandten, insbesondere unter der Anwohnerschaft, die wie Ballhause ihre Gewöhnung an das Bestehende zum Argument machte, widerspricht einer solchen Annahme. Für diese schien tatsächlich zuzutreffen, was Bezirksbürgermeister Dieter Küßner in einem Interview konstatierte: „Der Name ist über Generationen gewachsen. Die Leute identifizieren sich mit dem Namen und nicht mit der Person."²²⁷ Dafür spricht zweierlei: zum einen die ortsübliche Formulierung, „auf den Kalle" zu gehen, die eine Verfremdung des Namens anzeigt, der nun einen Ort, nicht mehr eine Person benennt; zum anderen die Episode um den zweiten Karl Peters. 1993 tauchte das Gerücht auf, der Name des Platzes und der Straße gehe nicht auf den Kolonialisten zurück, sondern – daher auch die Schreibweise mit „K" – auf einen Namensvetter, einen 1815 geborenen Afrikaforscher und Biologen, der bereits 1885 starb. Nur das Denkmal gehe auf den Umstrittenen zurück.²²⁸ Der Namensvetter entpuppte sich dann jedoch schnell als der Zoologe

---

223 Paul Sauerbrei lt. HSttZ-Süd v. 16.3.1989. Ähnlich Leserbrief Walter Herold in HSttZ-Süd v. 31.1.1991.
224 Leserbrief Petra Ladwig in HSttZ-Süd v. 14.2.1991. Vgl. auch Leserbrief von Dipl.-Ing. Walter Kratz in HSttZ-Süd v. 12.7.1984.
225 Robby Ballhause lt. HSttZ-Süd v. 17.1.1991.
226 Michael Donnerstag lt. HSttZ-Süd v. 17.1.1991. Vgl. auch HSttZ-Süd v. 14.2.1991 und Leserbrief Hilma Dubenkropp in Südstadt-Zeitung v. 19.8.1991, Zitat ebd.
227 Dieter Küßner, christdemokratischer Bürgermeister des Bezirks Südstadt-Bult, im Interview mit dem Hannoverschen Wochenblatt v. 21.10.1992. Ähnlich argumentierte Rolf Schaefer in seinem Leserbrief in der Südstadt-Zeitung v. 19.8.1991, Zitat ebd.
228 Vgl. HAZ v. 25.6.1993.

Wilhelm (Karl Hartwig) Peters.[229] Damit verpuffte auch die von Küßner und wohl von vielen Anliegern begrüßte Idee, keine Umbenennung, sondern nur eine Umwidmung vorzunehmen.[230]

Trotz seiner These, den Gegnern der Umbenennung gehe es nicht um die Person, sondern nur um den Namen, verharmloste Küßner die Geschichte, als er erklärte:

> „Es gibt einen bestimmten Punkt, wo ich sagen würde, da mache ich nicht mehr mit. Bei Vergehen gegen die Menschenrechte beispielsweise. Aber der Name Karl Peters hat nichts so Gravierendes. Das ist von Anno Domini, die Sache ist abgehakt. [...] Von dem Namen geht keine Wirkung aus, er bewirkt keine Bewußtseinsbildung."[231]

Karin Dunse stellte bereits in ihrer Auseinandersetzung mit der hannoverschen Debatte fest, dass in „der öffentlichen Diskussion [...] gerade ein Vergessen- bzw. ein Nicht-wahr-haben-wollen eine große Rolle" spielte.[232] Auch Erika Godehardt beklagte sich in ihrem Leserbrief, ob sich die „Anlieger-Lobby [...] nicht endlich mal geschichtlich kundig machen" wolle und wies darauf hin, es sei „in der Universitätsstadt Hannover [...] jedem möglich, sich zu informieren".[233] Dazu reichte allerdings schon die im Laufe der Debatte erfolgte lokale Berichterstattung. Ein Mangel an Informationen stellt also keinen Grund für das kursierende Vergessen dar.[234]

Gravierender zeigt sich ein affektiver Lokalbezug als Ursache. Dieser vermag ebenso die Verharmlosungstendenzen[235] sowie die Hitzigkeit, mit der vor allem Gegner der Umbenennung argumentierten, und die Aggressivität, die insbesondere aus ihren anonymen Briefen sprach, zu erklären.[236] Der symbolische Lokalbezug förderte eine Abwehrhaltung gegenüber Personen oder Argumenten, die geneigt waren, den positiven Bezug auf das Symbol, hier den so genannten „Kalle" oder „Kalle Pe", zu stören. Walter Herold beispielsweise erklärte: „Wir kennen diesen Platz nur als Karl-Peters-Platz und sind dafür, daß es so bleibt."[237] Einwände gegen Peters wurden von ihm daher schlicht zu Irrtümern erklärt: „Erst in jüngeren Jahren ist der Platz und das Denkmal Gegenstand eines Gerangels sei-

---

229 Vgl. NP v. 1. u. 15.7.1993 u. Hannoversches Wochenblatt v. 14.7.1993.
230 Vgl. ebd.
231 Dieter Küßner im Interview mit dem Hannoverschen Wochenblatt v. 21.10.1992.
232 Dunse: Spuren, S. 181.
233 Leserbrief Erika Godehardt in NP v. 28.11.1991.
234 Vgl. z. B. für die Anfangszeit der Debatte HAZ v. 26.6.1984 u. HSttZ-Süd v. 5.7.84. Der Vorsitzende des Friedensforums beklagte jedoch ein Defizit in der Informationspolitik seitens der Stadt. Vor allem Anwohner und ältere Bürger seien schlecht informiert. Vgl. Leserbrief Hans-Jürgen Häßler in Südstadt-Zeitung v. Okt. 1935.
235 Auch Hard und Scherr stellten in ihrer soziologischen Studie die Neigung fest, das eigene Wohnumfeld wohlwollender zu bewerten als andere Orte. Demnach waren die Selbstbilder der untersuchten Probanden von ihrem Wohngebiet positiver als die Fremdbilder. Vgl. Hard, Gerhard/Scherr, Rita: Mental maps, Ortsteilimage und Wohnstandortwahl in einem Dorf der Pellenz, in: Berichte zur deutschen Landeskunde 50/1976, S. 175–220., bes. S. 188 u. 193.
236 Vgl. hierzu die Zuschriften und Rückläufe von Befragungen in den bereits genannten Quellen.
237 Leserbrief Walter Herold in HSttZ-Süd v. 31.1.1991.

tens junger Leute, die in ihrer Unkenntnis den Namen Peters mit den Nazis in Verbindung gebracht haben."[238] Andere gingen noch weiter und unterstellten böse Absichten. Für Horst Voigt stand fest, es sei „eine lächerliche Minderheit ‚Zugereister', die seit Jahren die historische Persönlichkeit Dr. Carl Peters verleumdet" und damit „die Südstädter [...] überfallen" hat.[239] Der Rat spiele sich als „Diktator auf", und die Zeitung mache sich „zum Erfüllungsgehilfen eines Un-Friedensforums der Südstadt, indem auch sie stereotyp wiederholt, was längst widerlegt ist. Nämlich, daß Dr. Carl Peters in Deutsch-Ostafrika Eingeborene ‚ermordet' habe".[240] Diese Behauptung Voigts widersprach dabei eindeutig auch den damals schon hinlänglich bekannten Tatsachen.

Noch während der Debatte erschien ein Aufsatz des hannoverschen Sprachwissenschaftlers Bodo Dringenberg über „Kriegerisches in Hannovers Straßennamen", den das Hannoversche Wochenblatt als Beitrag zur Diskussion publik machte.[241] Dringenberg erklärte hierin, dass der Name zwar vor allem das Bewusstsein zur Zeit der Benennung wiedergebe; er weise jedoch auch „in die Zukunft, da er mit Vorbildlichem und Erhaltenswertem öffentlich auf das politische Handeln einwirkt, und sei es auch nur minimal".[242] So finde eine „Stiftung von historisch-politischer Tradition" statt.[243] Diese These, die Küßners Behauptung widerspricht, bestätigt sich bei der Betrachtung der Argumentationsweisen im Falle des Streits um Carl Peters. Wider besseren Wissens wurden die historischen Geschehnisse oder das Ausmaß an notwendiger Kritik daran von vielen Akteuren heruntergespielt und damit versucht, Peters als Identifikationsfigur in der „biographical map" erhalten zu können. Die öffentliche, insbesondere ohne Distanzierung vorgenommene und damit eindeutig ehrende Zurschaustellung eines Kolonialherren jedoch bestätigt das Bild des über Afrika herrschenden weißen Mannes. Auf diese Weise werden problematische Traditionen fortgeschrieben und mindestens implizit rassistische Gewalt gesellschaftlich geduldet. Lokalbezug zeigt sich somit nicht nur als beträchtliche Beharrungskraft, sondern letztendlich auch als hochpolitisch.

Es hätte vermutlich nur eine Möglichkeit gegeben, beide Bedürfnisse, das der Anlieger nach ihrem „Kalle P." sowie das vieler anderer Hannoveraner nach einer politischen Distanzierung von Peters, gleichzeitig zu berücksichtigen – nämlich den Platz „Hänge-Peters-Platz" zu nennen. Dieser Vorschlag allerdings wurde nicht gemacht.

---

238 Ebd.
239 Leserbrief Horst Voigt in HSttZ-Süd v. 31.1.1991.
240 Ebd.
241 Vgl. Hannoversches Wochenblatt v. 23.6.1993.
242 Dringenberg: Stendor, S. 205.
243 Ebd.

ZUSAMMENFASSUNG

Städtische Ehrungen als vorrangig an Stadthannoveraner adressierte kulturelle Praktiken boten ortsspezifische, vor allem biografische Bezugspunkte im städtischen Sozialraum und unterbreiteten hiermit den Einwohnern eine „biographical map" als Deutungsangebot und Orientierungsraster. Die „biographical map" erwies sich als ein Kommunikationsmedium, das aus mehreren ineinander verstrickten Prozessen bestand: der Vermittlung sozialen Wissens, dem Entwurf eines detaillierten Stadtimages, der räumlichen Orientierung und der Selbstintegration der Einzelnen in das städtische Sozialgefüge. Somit zeigte sich die „biographical map" gerade für ein sehr personenzentriertes Forschungsthema wie Ehrungen als erkenntnisreicher methodischer Zugriff, um diese als wechselseitige Praxis zwischen verschiedenen Akteuren, hier vorrangig einer Funktionselite und einer Einwohnerschaft, zu erfassen.

Ehrungen waren untrennbar mit den dominanten zeitgenössischen Werten und Vorstellungen verflochten. Anhand der biografischen Skizzen über zeitgenössische Stadtpersönlichkeiten im nationalsozialistischen Hannover konnten zwei sehr unterschiedliche Aspekte des versuchten Wissenstransfers aufgezeigt werden. Zum einen bemühte sich die Funktionselite ein Niedersachsen-Bewusstsein zu schaffen, das den Charakter und das Handeln der Niedersachsen als völkische, teilweise rassistisch-völkische Konstante bekannt zu machen suchte und zugleich deren nationalen Nutzen darlegte. So präsentierte die Denkmalsetzung für Carl Peters die nationalen Interessen und Anschauungen in einem regionalen Kontext und bettete damit die veränderten politischen Verhältnisse im Reich lokal ein. Zum anderen wurde an die bereits vorherrschende Wertschätzung des Fleißes und der Aufopferung des Einzelnen für die Allgemeinheit angeknüpft und diese dadurch, dass man die Gemeinschaft auf die nationalsozialistische „Volksgemeinschaft" fokussierte, politisch zugespitzt.

Aber nicht erst die Sinnstiftung je Stadtpersönlichkeit, schon die Auswahl der Geehrten setzte veränderte oder neue Wertmaßstäbe. Ehrungen von Nationalgrößen belegten stets die Anerkennung nationaler Normen und die freiwillige Integration der Stadt in das nationalsozialistische Deutsche Reich. Indem man vor allem die als jüdisch oder sozialdemokratisch eingestuften Personen entehrte, das heißt, sie nicht mehr oder lediglich in negativer Form in der städtischen Öffentlichkeit präsentierte, wurden dagegen gezielt Personengruppen symbolisch ausgeschlossen.

Der Wissenstransfer sollte bei den Adressaten mental und in der alltäglichen Praxis Aufnahme finden. Hierzu wurden die dargebotenen Verhaltensweisen wie Fleiß und Opferbereitschaft anhand verschiedener Personen unterschiedlichster Lebenshintergründe veranschaulicht und darüber potentiell mehr Adressaten divergierender Interessen und Lebenskontexte angesprochen. Zu diesem Zweck war eine „biographical map" mit möglichst großer Bandbreite der Geehrten förderlich, da sie den Einwohnern mehr Identifizierungsangebote unterbreiten konnte. Dass das Wissen handlungsleitend sein sollte, wurde vor allem während des Zweiten

Weltkriegs offenkundig, als die vermehrte Betonung soldatischer Tugenden kriegsmobilisierende Ziele verfolgte.

Mit Hilfe eines größeren Spektrums von Stadtpersönlichkeiten konnte außerdem ein vielschichtiges Stadtimage erzeugt werden. Indem für diese Personen ganz unterschiedlicher Herkunft und Tätigkeit konstruiert wurde, welchen Anteil am historischen städtischen Geschehen sie hatten, wurde immer auch der Werdegang der Stadt entworfen. Erst durch Egestorff gab es eine HANOMAG, die den Stadtteil Linden und damit letztendlich die Industrialisierung und Entwicklung ganz Hannovers prägte. Mit Karl Dincklage verband sich die Vorstellung einer starken NSDAP in Niedersachsen und Hannover. Das Spektrum von Geehrten vitalisierte die Stadt und trug mit seiner kulturellen, wirtschaftlichen und sozialen Vielfalt dazu bei, die Stadt detailliert zu prägen.

Die Möglichkeit, sich Ehrungen über Orientierungsleistungen anzueignen, konnte durch die Herstellung affektiver Bezüge ergänzt werden. Im Laufe der Zeit avancierten das Ernst-August-Denkmal für viele Hannoveraner sowie der Lister und der Karl-Peters-Platz für zahlreiche Stadtteilbewohner zu Merkzeichen im Stadtbild, auf die sie Erinnerungen aus dem Alltag, Ansprüche an die Gegenwart und Hoffnungen auf die Zukunft projizierten. Damit transformierten sie die Namen oder Kunstwerke zu Symbolen ihrer eigenen Erfahrungen und Wahrnehmungen ihres Lebenskontextes. Durch die so geschaffene Verknüpfung der räumlichen Umwelt mit sich selbst konnten Änderungen an den Gegenständen oder Benennungen den Charakter eines persönlichen Verlustes annehmen.

Dieser nicht reguläre, aber in einigen Fällen vollzogene Prozess von der Wahrnehmung einer gegenständlich versinnbildlichten Ehrung zu ihrer Erhebung als Symbol findet über einen längeren Zeitraum statt. Die Debatte um Carl Peters in den 1980er- und 1990er-Jahren bestätigte die Ergebnisse aus den Fallbeispielen zum Lister Platz und zum Ernst-August-Denkmal: Der symbolische Lokalbezug war von einem Großteil der Anwohner des Karl-Peters-Platzes mit dem darauf befindlichen Carl-Peters-Denkmal ausgebildet worden. Für diese Personengruppe hatte der affektive Bezug zum Platz zumeist Priorität vor einer politischen Bewertung des Kolonialisten, das heißt, bei vielen Anwohnern passte sich die Deutung der Person Carl Peters dem Bedürfnis nach dem Erhalt des Platznamens an. Damit wirkte der symbolische Lokalbezug verharmlosend auf das Verständnis historischer Geschehnisse und zeigt sich insgesamt als eine vergangenheitspolitische Beharrungskraft, die bislang in der Forschung zu wenig Berücksichtigung gefunden hat.

Ob die von der Stadt geehrten Personen in die „biographical maps" einzelner oder gar einer signifikanten Anzahl von Stadtbewohnern integriert worden waren, ließ sich in den meisten Fällen den Quellen nicht entnehmen. So blieb auch offen, in welchem Ausmaß die während des Nationalsozialismus gebotenen Deutungsmuster über einen Geehrten übernommen wurden oder die möglicherweise bereits vor 1933 zirkulierenden Wissensbestände über diese Person weiterhin dominierten. Im Falle Ernst-Augusts wurde jedoch klar, dass er in der Wahrnehmung vieler Einwohner einen festen Platz eingenommen hatte, wenngleich er mit sehr unterschiedlichen Interpretationen seiner Person behaftet war.

Im Falle Carl Peters' ist belegt, dass zumindest ein Aspekt der Auslegung seiner Person, die zur Zeit des Nationalsozialismus vorherrschte, nicht auf nachhaltige Resonanz stieß. Über die Errichtung eines Denkmals für Peters war 1935 versucht worden, einen zentralistischen Regionalismus zu verbreiten, der sich durch eine kausale Verknüpfung zwischen essentialistisch verstandenen niedersächsischen Wurzeln und nationaler Größe Deutschlands auszeichnete. Der aus Niedersachsen stammende Kolonialist Carl Peters fungierte als Bindeglied, das beide Aspekte in sich vereinen sollte. In der in den 1980er- und 1990er-Jahren stattgefundenen Diskussion in Hannover über die angemessene Form des Gedenkens an Carl Peters spielte der von den Nationalsozialisten betonte niedersächsische Hintergrund Peters' weder in dieser noch in einer anderen Interpretation eine Rolle. Selbiges gilt für die nach Kriegsende aus Hannover erschienene Literatur über ihn.[244] Bei Werner Tischer und Karl Dincklage waren mit der Beendigung jeglicher Ehrungen für sie nach dem alliierten Sieg über die Nationalsozialisten nicht einmal ihre Namen in das dominante städtische Gedächtnis des bundesrepublikanischen Hannovers eingegangen. Beide sind heutzutage einzig Personen mit einem beruflichen oder privaten besonderen Interesse an der Lokalhistorie bekannt, wie etwa HistorikerInnen und ArchivarInnen.

Diese Fallbeispiele lassen jedoch mitnichten eine repräsentative Aussage darüber zu, in welchem Ausmaß nationalsozialistische Weltanschauung tradiert wurde. Inwiefern in den Hinterlassenschaften aus der nationalsozialistischen Zeit oder ihren Deutungen weiterhin NS-Ideologie virulent ist, muss für jeden Einzelfall geprüft werden. So ist mittlerweile eine Diskussion um die 1938 nach dem antisemitischen Historiker Heinrich von Treitschke benannte Straße im Stadtteil Hainholz entbrannt. Interessant ist auch das Egestorff-Denkmal. Es vereint die ehrende Erinnerung an den historisch betrachtet zweifelsohne für den Stadtteil Linden relevanten Unternehmer des 19. Jahrhunderts mit einer eindeutig faschistischen Ästhetik des Gedenksteins.[245] Anhand dieses noch im Jahr 2007 ohne öffentliche Diskussion gereinigten Denkmals lässt sich gut darstellen, wie ambivalent das kulturelle Gedächtnis aufgrund wechselnder Sinnstiftungen verschiedener historischer Epochen sein kann.

---

244 Weder Katrin Dunse noch die Website der Forschungsgruppe um Inga-Dorothee Rost thematisieren diesen Hintergrund. Vgl. Dunse: Spuren und Rost: Koloniale Spuren.
245 Vgl. hierzu das folgende Kapitel.

V. „EINE FEIER KANN NIEMALS SELBSTZWECK SEIN ...". EHRUNGEN ALS PARTIZIPATIVE NS-REPRÄSENTATIONSPOLITIK

> *„Es muß durch die Feierstunde an das persönliche Gefühl, weniger an den politischen Verstand appelliert werden."*[1]

> *„Die vergangene Zeit hat auch den Arbeiter nicht an die kulturellen Leistungen und Schöpfungen der Nation herangelassen. Unsere Aufgabe wird es sein, auch den Letzten mit einzuordnen und ihn teilhaben zu lassen am Großen und Schönen."*[2]

Verhaftungen, Verbote, Folter und Verfolgung von Sozialdemokraten, Kommunisten und Juden waren zentrale Eckpfeiler des nationalsozialistischen Herrschaftssystems. Allerdings gehörte das Gros der Deutschen nicht zu den als feindlich begriffenen Personengruppen, sondern war die Basis der vom Nationalsozialismus erwünschten „Volksgemeinschaft" – ohne sie konnte ein solches Konstrukt nicht inszeniert werden. Zwar blieben auch diese Menschen nicht von Zwangsmaßnahmen verschont, dennoch zeigte sich ihnen gegenüber zugleich ein Bemühen um ihre Gunst und Zustimmung. Die beiden zentralen Fragen dieses Kapitels werden daher lauten: Welche Maßnahmen ergriff die politische Elite auf dem Feld der Ehrungen im nationalsozialistischen Hannover, um an die Einwohner zu appellieren, Teil der nationalsozialistischen „Volksgemeinschaft" zu werden? Wie reagierten die Einwohner darauf und inwiefern vermochte diese Politik tatsächlich deren Affirmation der politischen Verhältnisse zu fördern?

Relevant ist letztere Frage vor allem deshalb, weil Ehrungspolitik zum großen Teil aus öffentlichen Ritualen, symbolischen Handlungen und Festivitäten besteht. Diesen ist stets gemein, dass sie Mittel der Repräsentation von Herrschaft sind, also nicht-sinnliche Herrschaft sozialräumlich erfahrbar machen.[3] Viele Einwohner waren, wie sich noch zeigen wird, Teil dieser Praktiken und insofern Teil der

---

1 Die neue Gemeinde, Folge 53, Mai 1941, S. 1.
2 Gauleiter Hartmann Lauterbacher in NTZ v. 17.11.1941.
3 Frank Hatje hat anhand der Polizeibehörde und der Baudeputation in Hamburg im 18. und 19. Jahrhundert dargelegt, wie sich Institutionen nicht nur hinsichtlich ihrer Funktion der bestehenden Herrschaft anpassen, sondern auch die spezifischen Herrschaftsstrukturen symbolisch repräsentieren. Vgl. Hatje, Frank: Repräsentationen der Staatsgewalt. Herrschaftsstrukturen und Selbstdarstellung in Hamburg 1700–1900, Basel/Frankfurt am Main 1997, bes. S. 452f.

Repräsentation des Nationalsozialismus. Ob freiwillig oder genötigt, ob begeistert oder ablehnend, ist damit noch nicht gesagt. Gerade aber für den Fall einer distanzierten oder gar kritischen Haltung eines Veranstaltungsteilnehmers gegenüber dem Nationalsozialismus stellt sich die Frage, welche Folgen die Partizipation für den Akteur hatte oder haben konnte.

Antisemitisch motivierte Straßenumbenennungen

Einen Teil der Zurschaustellung des politischen Siegs bildeten 1933 die in großem Stil in Hannover vorgenommenen Straßenumbenennungen, die einige Einwohner zu einer Stellungnahme gegenüber der Stadtverwaltung veranlassten. Neben den bereits angeführten Kritiken im Rahmen der Diskussionen um das Ernst-August-Denkmal und den Lister Platz,[4] die vorwiegend aufgrund eines bestehenden symbolischen Lokalbezugs vorgebracht wurden, finden sich in den Quellen zu Straßennamen auch Reaktionen auf antisemitisch motivierte Umbenennungen.[5]

Als im April 1933 der Rathenauplatz[6] in Adolf-Hitler-Platz umbenannt werden sollte, erhielt Oberbürgermeister Arthur Menge ein Schreiben, in dem kritisiert wurde, dass „bei der Umbenennung des Rathenauplatzes nicht die leiseste gefühlsmäßige und geistige Hemmung, nicht das selbstverständliche Gefühl der Achtung und Anerkennung eines großen Menschen und Staatsmannes vorhanden gewesen ist."[7] Dem Schreiben beigelegt war ein Artikel von Jakob Wassermann,[8] einem zu Weimarer Zeiten bekannten jüdischen Schriftsteller, der hierin anlässlich der Ermordung Außenminister Walther Rathenaus[9] 1922 die in Deutschland vorangegangene Behandlung des jüdischen Politikers beklagte. Selbst wenn der Minister sich aufgeopfert habe und sich menschlich, genial oder göttlich verhalten habe, sei er nichtsdestotrotz auf Ablehnung gestoßen, denn er sei „von fremdem

---

4 Vgl. Kapitel IV, Teil 2.1.
5 Dass sich Zuschriften gerade zu Straßenbenennungen häuften, dürfte zweierlei Gründe haben: Zum einen haben Straßennamen einen hohen Gebrauchswert und für die Anwohner eine alltägliche Relevanz. Dies dürfte die Motivation, sich im Falle fehlenden Einverständnisses zu äußern, erhöht haben. Zum anderen waren es gerade Entehrungen, die auf Empörung stießen, und von diesen gab es bei Straßennamen besonders viele.
6 Zur Praxis der Benennung von Straßen nach Juden in Hannover während der Weimarer Republik vgl. Pöppinghege: Wege des Erinnerns, S. 74.
7 Schreiben von unbekannt an Menge, Eingangsstempel v. 30.3.1933, geo 02241.
8 Der Schriftsteller Jakob Wassermann (1873–1934) veröffentlichte 1915 seinen ersten populären Roman „Das Gänsemännchen". Seine Schriften, von denen heute vor allem „Caspar Hauser oder die Trägheit des Herzens" von 1908 bekannt ist, wurden von den Nationalsozialisten verboten. Vgl. DBE, Bd. 10/1999, S. 342.
9 Der Industrielle und Künstler Walther Rathenau (1867–1922) wurde 1915 Präsident der von seinem Vater gegründeten AEG. Der DDP-Politiker wurde 1921 Wiederaufbauminister und im folgenden Jahr bis zu seiner Ermordung durch die rechtsgerichtete „Organisation Consul" am 22. Juni 1922 Reichsaußenminister. Vgl. Gall, Lothar: Walther Rathenau. Portrait einer Epoche, München 2009; Sabrow, Martin: Walther Rathenau, in: François/Schulze: Deutsche Erinnerungsorte, S. 601–619 und DBE, Bd. 8/1998, S. 150.

Blut und folglich Schädling, Feind und Verderber: Jude. Außerordentliche Logik, nicht wahr? Desungeachtet eine gängige und approbierte, obwohl sie dem Wahnsinn zum Verwechseln ähnlich sieht".[10] Solche deutlichen Worte und der explizit positive Bezug auf zwei Personen des jüdischen Geisteslebens, nämlich Wassermann und Rathenau, blieben allerdings die Ausnahme.

Der Architekt C. Reichardt war vorsichtiger. Er teilte dem Oberbürgermeister anlässlich der 1935 geplanten Umbenennung der Mendelssohnstraße[11] in Georg-Kaspar-Schürmannstraße mit, es müsse „1.) aus vernünftigen wirtschaftlichen und 2.) aus ideellen Gründen höflichst protestiert werden".[12] Er verwies zuerst auf die Überlänge des geplanten Namens und die damit verbundenen höheren Kosten, um anschließend die folgende inhaltliche Begründung für seinen Einspruch zu geben:

> „Bei heutiger Verfolgung in gewisser Richtung muß man doch Halt machen, wo ein Grund gerade dieser Person gegenüber nicht vorhanden ist, er sich vielmehr gegen alle Widerstände gerade der letzten Zeit ein dauerndes Andenken und ferneres Ausüben seiner herrlichen Tonschöpfungen in der gesamten singenden [sic] speziell deutschen Volksseele geschaffen hat. [...] Wer das weiß [...] muß ein gewolltes Vorgehen im obigen Sinne als eine unzulässige Ehrverletzung eines toten höchststehenden Tonkünstlers empfinden, was dem deutschen Namen wahrlich keine Ehre machen würde. Es wird hier höflichst und dringend gebeten, eine Änderung der Mendelssohnstraße gütigst nicht vornehmen zu lassen".[13]

Das Schreiben bemühte sich, basierend auf einer Akzeptanz des bestehenden Antisemitismus, Felix Mendelssohn-Bartholdy als einen „Ausnahmejuden" darzustellen. Nicht nur liege in seiner Person kein Widerspruch zum deutschen Wesen vor, Mendelssohn habe es sogar mit geprägt. Allerdings war im Nationalsozialismus „deutsche Kultur", insbesondere „deutsche Musik", mit so genannter „rassischer Reinheit" des jeweiligen Komponisten untrennbar verknüpft[14] und Mendelssohn und damit auch seine Musik war als „artfremd" kategorisiert. Ausnahmen waren nicht möglich. So zeigt das Schreiben, dass der nun zur Staatsdoktrin erhobene Antisemitismus zumindest bei diesem Architekten noch der intensiveren Vermittlung bedurfte.

Dieselbe Argumentation brachte Archivdirektor Leonhardt zugunsten des Violinisten und Komponisten Joseph Joachim vor, dem er gegenüber dem Bauamt bescheinigte, dass seine „Bedeutung [...] unbeschadet seiner unbestreitbaren jüdischen Abkunft auf dem Gebiet der Verbreitung deutschester Musikkultur als

---

10 Manuskript eines Artikels von Jakob Wassermann für „eine große deutsche Zeitschrift" (S. 1, o. P.), Anlage zum Schreiben von unbekannt an Menge, Eingangsstempel v. 30.3.1933, geo 02241.
11 Der Komponist Felix Mendelssohn-Bartholdy (1809–1847) wurde in der Pflege der Werke Johann Sebastian Bachs aktiv und war Leiter des Gewandhauses in Leipzig. Bereits mit 17 Jahren vertonte er Shakespeares Sommernachtstraum. Vgl. DBE, Bd. 7, S. 60f.
12 Schreiben Reichardt an OB v. 26.8.1935, geo 01951 oder geo 01477.
13 Ebd.
14 Vgl. Dümling, Albrecht: The Target of Racial Purity. The „Degenerate Music" Exhibition in Düsseldorf, 1938, in: Etlin: Art, S. 43–72, bes. S. 46 u. 62 und Dümling, Albrecht: Arisierung der Gefühle, in: ders./Girth, Peter (Hrsg.): Entartete Musik. Dokumentation und Kommentar zur Düsseldorfer Ausstellung von 1938, Düsseldorf 1993, S. 39–74, bes. S. 50–53.

Kapellmeister" liege.[15] Hintergrund war die geplante Umbenennung der nach Joachim benannten Straße nach dem preußischen Staatsminister Karl von Thielen.[16] Ganz anders dagegen reagierte Reichsbahnwart a. D. August Henke.[17] Da von Thielen schon durch die Benennung des an die Straße grenzenden Platzes geehrt sei, so ließ er den Oberbürgermeister wissen, wäre es

> „im Jubiläumsjahr der deutschen Eisenbahnen ein für die Fachwelt höchst erfreuliches Ereignis, wenn die zum Bahnhof führende Joachimstrasse nach dem grossen deutschen Eisenbahntechniker Edmund Heusinger von Waldegg benannt werden könnte".[18]

Henke erwies sich somit als ein Beispiel dafür, dass Bürger aus den antisemitischen Maßnahmen im Nationalsozialismus durchaus eine Art „symbolischen Arisierungsgewinn" schlagen konnten und dies zumindest in Einzelfällen auch versuchten.

Eine weitere Straße, die während der großen politischen Umbenennungsaktion 1933 übersehen worden war, war die 1913 nach dem Physiker Heinrich Hertz benannte Hertzstraße. Nachdem das Versäumnis in einer Sitzung der Ratsherren thematisiert und eine Änderung erbeten worden war,[19] wandte sich Haltenhoff mit der Bitte an den Rektor der Technischen Hochschule, „mitzuteilen, ob dort etwas über die Rassezugehörigkeit Hertz' bekannt" sei.[20] Hochschuldirektor Hanns Simons[21] antwortete wie folgt:

> „Daß Hertz jüdischer Abstammung ist, scheint sicher zu sein. Andererseits liegen aber – wie aus den beigefügten Äußerungen der beiden Professoren für Physik, Prof. Bartels und Prof. Hase, hervorgeht – derartig grundlegende Verdienste um die deutsche Wissenschaft vor, daß die Frage der Umbenennung der Hertzstraße eine Frage grundsätzlicher Natur ist, die m. E. nur von höchster Stelle aus – etwa Reichsinnenministerium oder Stellvertreter des Führers – entschieden werden sollte".[22]

Zuvor hatte Simons die genannten zwei Professoren selbst zu Rate gezogen. Professor Hans Bartels argumentierte, man werde „der Persönlichkeit von Heinrich Hertz nicht gerecht, wenn man in ihm schlechthin den experimentellen Entdecker der elektrischen Wellen sieht", sondern es habe gerade seine

> „Einstellung und die Art wie Hertz im letzten Jahrzehnt seines Lebens seine Probleme stellte und wie er an ihrer Lösung arbeitete, etwas durchaus Vorbildliches. [...] Es muß hervorgehoben werden, daß Heinrich Hertz alle diejenigen Eigenschaften, die wir bei dem wissenschaftlichen Arbeiter in den letzten Jahren so häufig haben vermissen müssen, in hervorragendem

---

15 Vgl. Schreiben Leonhardt an Stadtbauamt v. 17.6.1935, geo 01477.
16 Vgl. Zimmermann: Straßennamen der Landeshauptstadt, S. 132 und NTZ v. 22.8.1935.
17 Vgl. Schreiben Henkes an OB v. 5.9.1935, geo 01477.
18 Schreiben Henkes an OB v. 5.9.1935, geo 01477.
19 Vgl. Beratung der Ratsherren v. 22.2.1938, geo 01295.
20 Vgl. Haltenhoff an Rektor der TH v. 14.3.1938, geo 01295, Zitat ebd.
21 Lt. der Nachrufe war Hanns Simons 1935 an die Technische Hochschule Hannover berufen worden und bereits zu dieser Zeit NSDAP-Mitglied gewesen, 1937 wurde er Rektor. Vgl. HA u. NTZ v. 9./10.3. u. HA v. 12.3.1940.
22 Rektor der TH an OB v. 26.3.1938, geo 01295.

Maße besaß. [...] Einstein ist aus unserem Gedächtnis gelöscht, nicht weil seine Physik untragbar war, [...] sondern weil er als Mensch untragbar und mit allen negativen Seiten seiner Rasse belastet war."[23]

Sein Kollege Professor Rudolf Hase zitierte zuerst einen „Parteigenossen" und Professor, der Hertz aufgrund seiner „wissenschaftlichen Leistungen" bescheinigte, an „Grösse über jeden Zweifel erhaben" zu sein.[24] Anschließend verwies er darauf, dass „Hertz bekanntlich der Sohn eines jüdischen Rechtsanwalts und Hamburger Senators" gewesen sei.[25] Einer Schlussbewertung, welche beide Aussagen in ein Verhältnis setzte und bewertete, enthielt sich Hase jedoch.

In den Stellungnahmen zur Hertzstraße zeigte sich also das Lavieren zwischen einem weitgehend adaptierten Antisemitismus und der Erklärung von Einzelfällen zu Ausnahmen. In diesem Fall handelt es sich jedoch sogar um Hochschulprofessoren und damit um die Elite der akademischen Willensbildung. Hochschulrektor Hanns Simons versuchte sich der Entscheidung vor allem dadurch zu entziehen, dass er riet, eine höhere Stelle entscheiden zu lassen.[26] Immerhin, so ergänzte er, sei „nach dem Namen des Physikers Heinrich Hertz für eine elektrische Masseinheit die Bezeichnung ‚Kilo-Hertz' international anerkannt" und „für die Weltgeltung der deutschen Technik und der deutschen Wissenschaft [...] besonders bedeutungsvoll".[27] Insgesamt zeigen die skizzierten Meinungsäußerungen ein disparates Bild hinsichtlich der spezifischen Ausformungen des verbreiteten Antisemitismus, wobei sicherlich auch taktische Erwägungen in die Aussagen eingeflossen sind.

Straßennamen und sozialdemokratisches Milieu

Die vorgestellten Zuschriften bestätigen zwar die bisherige Erkenntnis, dass die städtische Ehrungspolitik durch das Bürgertum betrieben wurde.[28] Daraus kann allerdings nicht geschlossen werden, dass die Vorgänge im Arbeitermilieu nicht registriert wurden. So begriff der Arbeiter Karl Dürkefälden die politischen Straßenumbenennungen, unter anderem auch die gegen Rathenau gerichtete, durchaus als symbolische Ausgrenzungspolitik.[29] Auch ist bekannt, dass in der Nacht zum 1. Mai 1934 Mitglieder des „Kommunistischen Jugendverbandes Deutschland" die Limmerstraße nach Ernst-Thälmann, die Fannystraße nach Rosa Luxemburg und die Stärkestraße nach Karl Liebknecht umbenannten.[30] Straßenbenennungen

---

23 Stellungnahme Bartels an Rektor der TH v. 18.3.1938, geo 01295.
24 Stellungnahme Hase an Rektor der TH v. 21.3.1938, geo 01295.
25 Ebd.
26 Vgl. das obige Zitat sowie eine ähnliche spätere Aussage lt. Schreiben Haltenhoffs an Geyer v. 16.5.1938, geo 01295.
27 Simons, Rektor der TH, zitiert nach Schreiben Haltenhoff an PP v. 16.5.1938, geo 01295.
28 Zum sozialen Hintergrund der Zuschriften zu Ehrungen vgl. Kapitel IV, Teil 2.1.
29 Vgl. aus dem Tagebuch von Dürkefälden: Schreiben, S. 39, 57 u. 72.
30 Vgl. Krause-Schmitt, Ursula/Ngo, Marianne/Schmidt, Gottfried (Redaktion): Heimatgeschichtlicher Wegweiser zu Stätten des Widerstandes und der Verfolgung 1933–1945, Bd. 3.

wurden also seitens der politischen Arbeiterschaft durchaus als Symbole und Ausdruck der politischen Kultur und des politischen Kampfes wahrgenommen. Angemerkt sei in diesem Zusammenhang noch, dass Zuschriften zu bzw. gegen Entehrungen von Sozialdemokraten oder Gewerkschaftern durch Umbenennung von Straßen nicht vorliegen. Bezeichnenderweise hat sich ein Eintreten für diese Bevölkerungsgruppe nicht in den Quellen niedergeschlagen, vermutlich, weil keines vorlag, nicht einmal von anonymen Verfassern.

Die auf die Ehrungspraktiken erfolgten Reaktionen der Bevölkerung, wie die dargelegten Stellungnahmen durch Akademiker oder symbolische Aktionen in Arbeitervierteln, gaben den neuen Eliten implizit zu verstehen, dass sie sich stets ihrer Basis versichern bzw. sie vergrößern mussten und Bedarf an „weltanschaulicher Schulung" bestand. Propagandistische Maßnahmen bemühten sich daher um die Mobilisierung der „Volksgenossen", das heißt um die Änderung ihrer Anschauungen über die herrschaftlich geprägten politischen und kulturellen Ereignisse. So sollte Ablehnung in Akzeptanz, Akzeptanz in Zustimmung, Zustimmung in Sympathie und Sympathie in Aktivismus verwandelt werden. Welche Strategien und Praktiken in der hannoverschen Ehrungspraxis angewandt wurden, wird Gegenstand der nun folgenden Ausführungen sein. Dabei werden nacheinander zwei Dimensionen untersucht: Zuerst wird der Blick darauf gerichtet, wie die Einwohner über ihre Körper und Handlungen in die lokale Praxis einbezogen wurden. Soweit es die Quellen zulassen, sollen nicht nur die möglichen, sondern auch die historisch-realen Aneignungsweisen aufgedeckt werden. Anschließend werden die in Ehrungen präsentierten und implementierten Werte und Sinnstiftungen analysiert, die den Hannoveranern als Norm alltäglichen Verhaltens und als Deutungsrahmen für das gesellschaftliche Geschehen dienen sollten. Beide Dimensionen sind in der Praxis nicht trennbar, sollen aber zugunsten einer übersichtlicheren Darstellung tendenziell separat dargelegt werden.

1. MOBILISIERUNG DURCH EMOTIONALE UND KÖRPERLICHE AKTIVIERUNG

Erlebnisangebote über die Konstitution von Raum

Martina Löw hat in ihrer „Raumsoziologie" ausführlich und grundlegend dargestellt, wie die Konstitution des Raums vorgenommen wird.[31] Durch „Spacing" werden Körper an physisch lokalisierbare Orte platziert und damit Raum geschaffen bzw. verändert. Unter Körpern werden dabei nicht nur Gegenstände verstanden, sondern auch Menschen, die sich selbst im Raum platzieren oder platziert werden, weshalb Löw von „sozialen Gütern" im Raum spricht. Allein die Setzung sozialer Güter jedoch reicht zur Konstitution von Räumlichkeit nicht aus. Man

---

Hrsg. vom Studienkreis zur Erforschung und Vermittlung der Geschichte des Widerstandes 1933–1945 und dem VVN-BdA, Köln 1986, S. 42.
31 Vgl. Löw: Raumsoziologie, Kap. 5.

benötigt als zweite Methode das „Synthetisieren", das kognitive Zusammensetzen der einzelnen Elemente an Orten zu einer Einheit – eben einem Raum. Die Syntheseleistung ist dem „Spacing" keineswegs nachgeordnet, sondern kann ebenso zuvor stattfinden und die Art der Platzierung von Gütern bestimmen. Jede architektonische Zeichnung, die in die Realität umgesetzt wird, ist ein Beispiel dafür. Beide Methoden, das „Spacing" und das Synthetisieren, sind miteinander verknüpft und notwendig, um Raum zu generieren.

Was das Bild des technischen Zeichners nicht oder kaum zu vermitteln imstande ist, für den folgenden Zusammenhang jedoch grundsätzliche Bedeutung hat, ist die Atmosphäre, die „eigene Stofflichkeit des Raums".[32] Gernot Böhme hat Atmosphäre als „die gemeinsame Wirklichkeit des Wahrnehmenden und des Wahrgenommenen" bestimmt.[33] Mit dieser Annahme, die Subjekt und Objekt als bereits aufeinander bezogen fasst, lässt sich zweierlei erklären: zum einen, weshalb Räume spezifische Wahrnehmungen bei der Mehrheit der Betrachter und Betrachterinnen induzieren, da ihnen – als Südseestrand, als Kellerverlies – immer etwas innewohnt, das nicht allein subjektive Konstruktion des Betrachters ist, nicht allein seiner Projektion entspringt. Zum anderen ist wiederum kein Raum eindeutig, und die Atmosphäre ist nur dann existent, wenn sie durch den Betrachter subjektiv erfahren, also „leiblich gespürt"[34] wird. Damit ist sie jedoch immer von kulturellen und individuellen Prägungen der Menschen abhängig.[35] Ein Beispiel hierfür bietet die folgende Erinnerung eines Arbeiters, der als Jugendlicher Aufmärsche der NSDAP und der KPD erlebte.[36] Selbst Mitglied der KPD, wohnte er zu jener Zeit in Linden, einem Stadtteil mit ausgeprägt sozialdemokratischem Milieu und hohem politischen Quartierbewusstsein. Die Anfang der 1930er-Jahre nun auch in diesem Viertel stattfindenden Aufmärsche und die sich dadurch verbreitende Atmosphäre nahm der Lindener wie folgt wahr:

> „Das Auftreten der Nazis in Uniform, mit Waffen und festgezurrtem Sturmriemen unter dem Kinn war für uns[37] ungewohnt. Militär hatten wir bis dahin gar nicht kennengelernt, [...] aufgrund des Versailler Vertrages [...]. Furcht verbreitete sich, wenn die Nazis in Reih und Glied formiert losmarschierten. Dieses laute Klack-Klack der Knobelbecher, diese starre Entschlossenheit war einschüchternd und bedrohlich. Schon allein der Gedanke, daß die an die Macht kommen könnten, rief Angst hervor. In Trupps marschierten sie auf Menschengruppen zu, die auseinandergingen und zurückwichen. Allein, einzeln, hätte das von denen keiner gewagt. Zuletzt, als man merkte, daß sie stärker wurden, verspürte man ganz deutlich, Gefahr ist im Anzug.

---

32 Vgl. ebd., S. 204–210, Zitat S. 204.
33 Vgl. Böhme, Gernot: Atmosphäre. Essays zur neuen Ästhetik, Frankfurt am Main 1995, Zitat S. 34.
34 Hasse, Jürgen: Die Stadt als Raum der Atmosphären. Zur Differenzierung von Atmosphären und Stimmungen, in: Die alte Stadt, H. 2, 35/2008, S. 103–116, hier S. 106.
35 Zur voraussetzungsreichen Wahrnehmung von Atmosphäre vgl. Hauskeller, Michael: Atmosphären erleben, Berlin 1995, bes. S. 42f. u. 49–52.
36 Vgl. Oberheide/Schulz: Kochstraße, S. 96.
37 Wer mit „uns" gemeint ist lässt sich der Quelle nicht entnehmen, da fragmentarisch dokumentiert wurde.

> Wir sind ganz anders marschiert. Wir marschierten auch entschlossen und kämpferisch in loser Formation und ohne Waffen. Unser Auftreten wirkte nicht bedrohlich. Im Gegenteil. Das gilt auch für den Reichsbanner, den Rotfrontkämpferbund und auch für die Scheringer-Staffel, obwohl die in schwarzen Uniformen gingen. Bei den KPD-Umzügen ging es jedoch legerer zu als bei den SPD-Umzügen. Dort marschierten auch mal Kinder mit. Fast alle waren ärmlich gekleidet. Da kommen die Ärmsten der Armen, sagten dann die Leute, die am Straßenrand standen."[38]

Die Atmosphäre im Viertel ist hier vorwiegend als das Ergebnis von Handlungen skizziert. Die Schilderung vom Zurückweichen dagegen gibt ein Beispiel dafür, dass Atmosphäre auch zu Handlungen motivieren, Aktionen auslösen kann.[39] Diesen Zusammenhang zwischen Atmosphäre und Praxis machten sich – bewusst oder nicht – auch die Nationalsozialisten zu eigen. In der Erforschung nationalsozialistischer Feierzeremonien ist oft betont worden, dass Bauten auf Plätzen, die für Aufmärsche vorgesehen waren, architektonisch so konzipiert waren, dass sie erst mit einer Menschenmenge wirkten. Für diese Aufmarscharchitektur dienten daher auch gerade begehbare tempelartige Steingehäuse auf Säulen.[40] Diese architektonische Ästhetik wurde zwar nicht allein von den Nationalsozialisten genutzt, allerdings von diesen in sehr großem Ausmaß verwandt und mit dem Lichtdom Albert Speers auch mit nicht-baulichen Elementen in Szene gesetzt und verstärkt.[41] Erreicht werden sollte dabei stets eine spezifische Atmosphäre, die den Zuschauer animieren sollte, das Geschehen als beeindruckend und bewegend wahrzunehmen. Feierzeremonien waren also auch „Erlebnisangebote", wie es Gudrun Brockhaus nennt.[42] Sie kommt aufgrund bisheriger Forschungsergebnisse, wonach die NSDAP sich nicht wesentlich von anderen Parteien des rechtsvölkischen Spektrums in der Weimarer Republik unterschied, zu der Erkenntnis, dass es die emotionalen Erlebnisformen waren, die entscheidend am Erfolg des Nationalsozialismus gegenüber konkurrierenden Strömungen beteiligt gewesen seien:[43]

> „Die Inhalte des Nazi-Programms waren wichtig, um AnhängerInnen zu gewinnen. Aber ihre Überzeugungskraft gewannen sie weniger auf der Ebene der rational zugänglichen Argumente als vielmehr in einem emotionalen Bereich".[44]

---

38 Oberheide/Schulz: Kochstraße, S. 96f.
39 Vgl. hierzu Kazig, Rainer: Atmosphären. Konzept für einen nicht repräsentationellen Zugang zum Raum, in: Berndt/Pütz: Kulturelle Geographien, S. 167–187, bes. S. 179f. und Löw: Raumsoziologie, bes. S. 183–191.
40 Zur Aufmarscharchitektur vgl. Böhme, Gernot: Architektur und Atmosphäre, München 2006, S. 162–172; Schlie: Die Nation erinnert, S. 98–121, Koshar: Germany's Transient Past, bes. S. 180–184 und Thamer, Hans-Ulrich: Nationalsozialismus und Denkmalskult, in: Isenberg, Wolfgang (Hrsg.): Historische Denkmäler. Vergangenheit im Dienste der Gegenwart? Bergisch Gladbach 1994, S. 9–35.
41 Vgl. Schlie: Die Nation erinnert, S. 114.
42 Brockhaus, Gudrun: Schauder und Idylle. Faschismus als Erlebnisangebot, München 1997.
43 Vgl. ebd., bes. S. 18 u. 58.
44 Ebd., S. 41.

Auch für die nationalsozialistische Ehrungspraxis in Hannover lässt sich feststellen, dass ihre öffentlichen Inszenierungen zum Teil dazu dienten, ein emotionales Erleben der Zuschauer zu fördern.

1.1 Spenden und Sammeln

Das Dankopfer als Zeichen der Treue zum „Führer"

Spenden- und Sammelaktionen in der NS-Zeit hatten stets eine doppelte Funktion: Sie sollten zum einen finanziell einträglich sein, zum anderen die Bevölkerung für die – zumindest unterstellte – gemeinsame Sache praktisch vereinnahmen. So wies man mit der Bitte um Spende üblicherweise darauf hin, dass damit die Treue zum „Führer" unter Beweis gestellt werde. Oberbürgermeister Arthur Menge erhielt Mitte April 1937 aus Anlass des bevorstehenden Geburtstags Hitlers folgendes Schreiben einer SA-Ortsgruppe:

> „Die S.A. ruft zum Dankopfer der Nation für unseren Führer Adolf Hitler auf. Als Trägerin und Vermittlerin dieses Geschenkes der Nation wollen wir das Dankopfer durchführen gemeinsam mit der gesamten Volksgemeinschaft. Wir wollen alle ein Bekenntnis ablegen von unserer Entschlossenheit und dem Einsatzwillen für den Führer und sein Werk. Es gilt, den Beweis zu erbringen, daß wir nichts unterlassen wollen, was dem Wohle der gesamten Nation dient.
> Ich bitte Sie deshalb, Herr Oberbürgermeister, Ihre Gefolgschaftsmitglieder aufzurufen, sich einzutragen in die Dankopferlisten der Nation. Es gilt, den Dank der Nation in dieser würdigen Form zum Ausdruck zu bringen.
> Ich schließe mit den Worten unseres Stabschefs: ‚Deshalb bekenne jeder mit der S.A. seinen Einsatz- und Opferwillen zum Wohle des Volkes zum Dank an den Führer!'"[45]

Daraufhin ließ Menge das Schreiben mit dem Vermerk, dass er das Anliegen „warm befürworte", und dem Hinweis auf das nächstgelegene Lokal mit ausliegenden Listen an alle städtischen Amtsstellen und Betriebe sowie Schulen weiterleiten.[46] Über den Erfolg der Aktion ist leider nichts bekannt. Allerdings lassen sozialdemokratische Exilberichte durchaus erkennen, dass die massiven Spendenkampagnen für die verschiedensten Zwecke und die zum Teil ruppigen und aufdringlichen Methoden oftmals Distanz und Ablehnung erzeugten[47] und die Freude meist einseitig auf Seiten der Spendennehmer lag.[48]

---

45 Schreiben Hacker, Obersturmführer u. Führer des Sturmbannes I/13 der SA der NSDAP Hannover-Linden und -Altstadt an Menge v. 14.4.1937, StAH, HR 15, Nr. 74. Zum Dankopfer vgl. auch NTZ v. 20.4.1937.
46 Vgl. Vermerk Menge v. 17.4.1937, Zitat ebd., StAH, HR 15, Nr. 74.
47 Vgl. Behnken: Deutschlandberichte, 1936, S. 625ff. u. 1935, S. 1422. Letzteres nach Terhoeven, Petra: „Nicht spenden, opfern". Spendenkampagnen im faschistischen Italien und im nationalsozialistischen Deutschland als Disziplinierungs- und Integrationsinstrument, in: Reichardt/Nolzen: Faschismus in Italien, S. 59–93, hier S. 79, Anm. 83. Zu den Methoden bei den Sammlungen für das Winterhilfswerk, die bis zur Kontrolle des Sonntagsessens und zu Haftstrafen gingen, vgl. Thamer, Hans-Ulrich: Winterhilfswerk. Sammeln als symbolisches

Zwischen Freiwilligkeit und Zwang. Die Sammlung von Metallen

Das Taktieren zwischen erheischter Freiwilligkeit und Nötigung zeigt sich auch bei Sammlungen von Sachspenden, die im Kontext von Ehrungen immer wieder eine Rolle spielten.[49] Seit 1938 und vor allem während des Krieges hatte die Reichsregierung wiederholt zu Sammlungen von Schrott, Eisen und Nicht-Eisenmetallen aufgerufen.[50] Die Sammlung von Eisen betraf vor allem die Gitter in Vorgärten privater und öffentlicher Gebäude sowie auf Friedhöfen. Die diesbezüglichen Aktivitäten in Hannover begannen im März 1938. Um die Entgitterung der Friedhöfe zu forcieren gab das Presseamt[51] im November 1938 im Hannoverschen Anzeiger bekannt, es seien „viele Besitzer von Erbbegräbnissen einsichtsvoll genug gewesen, die Gitter entweder selbst wegnehmen zu lassen oder die Friedhofsverwaltung damit zu beauftragen".[52] Allerdings seien noch einige verblieben, daher werde

> „das Stadtfriedhofsamt nächstens die Verfügungsberechtigten um ihre Einwilligung bitten, daß auch hier die eisernen Gitter weggenommen werden. Man wird hoffen können, daß dieses Vorgehen allgemeine Zustimmung findet, zumal dabei die notwendige Pflicht erfüllt wird, das entbehrliche Eisen der nationalen Wirtschaft zuzuführen. Die Angehörigen der Bestatteten sollen keine Ausgaben dadurch haben".[53]

Das Presseamt versicherte, das Friedhofsamt werde vorsichtig vorgehen und keine Schäden verursachen, und das Grünflächenamt verfasste ein Schreiben an die Betroffenen, das laut Presseamtschef Arends „noch etwas persönlicher und eindringlicher" formuliert werden sollte.[54] Die Stadt Hannover bemühte sich also merklich darum, das Wohlwollen und die Zustimmung der von der Sammlung Betroffenen

---

Handeln, in: Dobbe, Martina/Gendolla, Peter (Hrsg.): Winter-Bilder. Zwischen Motiv und Medium, Siegen 2003, S. 93–101.

48 Auch den Tagebucheinträgen des Arbeiters Karl Dürkefälden ist zu entnehmen, dass die Bevölkerung es mehrheitlich leid war, ständig aus verschiedenen Anlässen um Beiträge und Spenden gebeten zu werden. Vgl. Dürkefälden: Schreiben, passim.

49 Auch viele Denkmäler wurden aus Spenden finanziert, z. B. traditionell die Bismarcktürme und das Hermannsdenkmal. Zu letzterem vgl. Tacke: Denkmal, S. 135–200.

50 Für die unter dem Stichwort „Metallspende" bekannte Sammlung wurden vor allem Kirchenglocken abgenommen und Denkmäler geschleift, vgl. Kapitel I, Teil 1, Verordnungsblatt Gau Süd-Hannover-Braunschweig, Folge 13 v. 1.7.1939, Bl. 20, RGB 1940, S. 510, MBliV 1941, S. 2034, MBliV 1942, S. 286; NHStAH, Hann. 122a, Nr. 3439. Für Hannover bes. StAH, HR 13, Nr. 601, Dezernentenbesprechungen v. 28.3. u. 1.11.1938, 9.4., 16.4. u. 28.5.1940, 11.6. u. 4.8.1942, 19.7.1943.

51 Zu Beginn des Artikels wurde festgestellt: „Das Städtische Nachrichtenamt schreibt hierzu", vgl. HA v. 19./20.11.1938.

52 Ebd.

53 Ebd. Es ging jedoch lediglich um Massenware, nicht um künstlerisch gestaltete Gitter. Das bestätigt auch der im Hannoverschen Anzeiger nach der Information des Presseamtes gesetzte Bericht über einen Vortrag zum Friedhofswesen. Aber auch dieser Artikel konnte nicht den Eindruck relativieren, dass die ästhetischen Prinzipien erst in dem Moment aufgestellt wurden, in dem die Rohstoffe für die Kriegsproduktion benötigt wurden.

54 Vgl. Schreiben Arends an Wernicke v. 25.11.1938, StAH, HR 2, Nr. 644.

zu erlangen. Zugleich machte die Stadt unmissverständlich klar, dass die Gitter bis zum Frühjahr verschwunden sein mussten.[55] Insofern ist bemerkenswert, dass die Entgitterung in Hannover 1940 erstaunlicherweise immer noch nicht ganz vollzogen war, zumal der Reichsregierung die zu sammelnde Rohstoffreserve für die Rüstung so wichtig war, dass sie im März 1940 selbst für geringfügige Fälle die Todesstrafe zum Schutz vor Diebstahl einführte.[56] In einer Besprechung der Dezernenten Ende Mai des Jahres hatte Stadtbaurat Elkart erklärt, eine gesetzliche Regelung zur Entgitterung sei in Arbeit und die „Partei sorge dafür, daß die Einwohner sich zur freiwilligen Abgabe der Gitter bereiterklären".[57]

Weshalb die Maßnahmen nur zögerlich umgesetzt wurden, bleibt unklar. Man kann vermuten, dass dies eine Folge der bereits erwähnten Kritik aus der Bevölkerung am Spendenwesen war. Auch die neue Todesstrafe für Metalldiebe stieß nicht auf ungeteilte Zustimmung. Zwar meldete der Sicherheitsdienst, dass die Bevölkerung dieses Gesetz grundsätzlich bejahe, um „‚Schiebungen' größeren Stils" als „Kriegsverbrechen" ahnden zu können.[58] Gleichzeitig gestand er aber zu, dass immer wieder Einzelfälle auf Kritik und Bedauern stießen, da die Todesstrafe in Bagatellfällen für unangemessen gehalten wurde.[59]

Auch die Sachspendenbereitschaft wurde als Treue zu Hitler interpretiert: Göring bezeichnete die Metallspende im Jahr 1940 als „schönste Geburtstagsgabe für den Führer".[60] Mit der Berufung auf Hitler, mit dem kaum versteckten Hinweis darauf, dass, wer eine Spende ablehne, damit auch den „Führer" verrate und ihm in den Rücken falle, ließ sich eine Metallsammlung während des Krieges gleich in doppeltem Sinne als „überwältigender Erfolg",[61] wie der Hannoversche Anzeiger titelte, feiern – finanziell und herrschaftstechnisch.

Spenden und Linientreue

Letztendlich bestätigt sich hier, was Petra Terhoeven bereits über Spendenkampagnen des Winterhilfswerks feststellte, dass nämlich „das Bemühen im Mittelpunkt [stand], einen eigentlich materiellen Verzicht über den Opferbegriff zu sakralisieren".[62] Die Nationalsozialisten bemühten sich darum, den Eindruck zu er-

---

55 Vgl. HA v. 19./20.11.1938.
56 Vgl. Boberach: Meldungen, Bd. 4, S. 1135f.
57 Dezernentenbesprechung v. 28.5.1940, o. P., StAH.
58 Vgl. Boberach: Meldungen, Bd. 4, S. 1136, Zitate ebd.
59 Vgl. zur Reaktion auf die Metallsammlungen ebd., Bd. 4, S. 989, 1004f., 1111f., 1135f., 1228, Bd. 5, S. 3697f., Bd. 11, S. 4275f. für den Zeitraum von April 1940 bis Oktober 1942.
60 NTZ v. 15.3.1940.
61 HA v. 20./21.4.1940 anlässlich der Metallspendenaktion 1940 als Geburtstagsgeschenk für Hitler. Der Sicherheitsdienst berichtete über einen Durchschnitt von 0,5 bis 15 kg Metallspende je Haushalt in den einzelnen Städten und Gemeinden sowie häufig erbrachte Opfer hinsichtlich des persönlichen, historischen oder künstlerischen Werts vieler gespendeter Gegenstände, vgl. Boberach: Meldungen, Nr. 77 v. 15.4.1940, Bd. 4, S. 1005.
62 Terhoeven: Nicht spenden, opfern, S. 92. Zum Opferkult vgl. auch Kapitel IV, 1.1.

wecken, dass erstens viele Menschen spendeten und zweitens sie dies explizit zum Vorteil des „Tausendjährigen Reiches" taten.[63] Das wird für einige Spender auch durchaus zugetroffen haben und damit dürften nicht allein Nötigung oder die „offene und latente Gewaltandrohung"[64] sie zu einem Beitrag motiviert haben. Die Sinndeutung der Spende als Treue ermöglichte es aber auch Personen, die als politisch nicht zuverlässig eingestuft wurden, die Spende als taktisches Mittel zu nutzen und damit symbolische Zustimmung zum Regime zu demonstrieren.

Spenden- und Sammelaktionen erweisen sich somit als Ausdrucksmöglichkeit sehr unterschiedlicher Intentionen. Das scheint den Parteifunktionären auch durchaus bekannt gewesen zu sein, das jedenfalls legt die Beurteilung über den Maler Harm Lichte nahe. Als der mit den Geschäften des Oberbürgermeisters in Hannover betraute Regierungsdirektor Ludwig Hoffmeister 1942 beabsichtigte, Harm Lichte als Geschäftsführer des Kunstvereins einzustellen,[65] erkundigte er sich zuvor beim Sicherheitsdienst Braunschweig über den Künstler. Von dort wurde die Tatsache, dass sich Lichte regelmäßig an Sammlungen beteiligte, lediglich als Anzeichen dafür gewertet, dass er sich zumindest nicht offen gegen den Nationalsozialismus stellte – als Linientreue interpretierte man es nicht.[66] Die Nationalsozialisten mochten also offenbar selbst nicht ganz an ihre Propaganda vom Beleg der „Treue zum Führer" durch Spende und Opfer glauben. Allerdings galt für alle Spender gleichermaßen, dass sie das NS-System durch einen finanziellen Beitrag stützten.

1.2 Die Schaffung von Bereitschaft durch Nähe

Aktivierungsstrategien zur Teilnahme am Fest

Als individuelle Beiträge wurden keineswegs nur Sach- und Geldspenden eingefordert.[67] Bekannt sind Aufforderungen zum Ausschmücken, Beleuchten[68] oder Beflaggen[69] der Häuser, die anlässlich von Festen und Empfängen hoher Gäste

---

63 So enthielt das Denkmal des Winterhilfswerks in der Georgstraße den Sinnspruch „Das Opfer eint die Nation", vgl. HA v. 24.1.1937.
64 Longerich, Peter: Nationalsozialistische Propaganda, in: Bracher/Funke/Jacobsen: Deutschland 1933–1945, S. 291–314, S. 291.
65 Vgl. Kapitel II, 2.2.
66 Vgl. Schreiben Scheelke, SS-Hauptsturmführer vom Sicherheitsdienst des Reichsführers-SS, SD-Abschnitt Braunschweig an Reg.-Direktor Hoffmeister v. 28.12.1942, StAH, HR 13, Nr. 603.
67 Auch das Modell des U-Bootes des Kriegshelden Günther Prien vor dem Opernhaus stellte ein Angebot zur Beteiligung an gemeinschaftlicher Praxis dar. Gegen eine Spende für das Winterhilfswerk konnte die Bevölkerung Nägel in das Modell einschlagen. Vgl. Adreßbuch Hannover 1941, Grabe u. a.: Unter der Wolke, S. 30.
68 In Kiel wurde sogar die Erleuchtung der gesamten Stadt durch massenhaftes Beleuchten der einzelnen Häuser angestrebt, vgl. Hörtnagel: Regionale Kultur, S. 175.
69 Das Flaggen durch die Bevölkerung wurde in SoPaDe-Berichten als „eine Art Lebensversicherung" bezeichnet, vgl. Behnken: Deutschlandberichte, 1939, S. 673.

tags zuvor in Zeitungen abgedruckt wurden.[70] Diese Praxis wurde gelegentlich ausgeweitet. So verfasste eine NSDAP-Ortsgruppe anlässlich des Geburtstages Hitlers 1936 und des folgenden Maifeiertags ein Rundschreiben an „alle Hausbesitzer und Hausverwalter der Ortsgruppe", in dem sie Details zur Art der erwarteten Ausschmückung bekannt gab.[71] Üblich war auch, die Bevölkerung über die Lokalzeitung offensiv zur Teilnahme an öffentlichen Veranstaltungen aufzufordern.[72] Im Falle der am 30. September 1940 empfangenen siegreichen Truppen aus dem Frankreichfeldzug geschah dies sogar durch tags zuvor „in jedes Haus und jede Wohnung der Stadt" verteilte Handzettel.[73]

---

70 Vgl. z. B. den Aufruf zur Flaggung anlässlich der Reichsführertagung in HA v. 22.9.1933, ähnlich aus Anlass des Besuches von Reichsminister Kerrl in HA v. 26./27.3.1938 sowie für Goebbels in NTZ v. 4.4.1938. Caron wies darauf hin, dass die in der Anfangszeit vorherrschenden Bitten zum Schmücken der Straßen mehr und mehr Befehlston annahmen, vgl. Caron, Jean-Christoph: Gewalt im Fest. Die Maifeiern in Hagen und Hohenlimburg 1933–1937, in: Freitag: Das Dritte Reich im Fest, S. 109–115, hier S. 110. Ein Beispiel besonders umfangreicher Einbeziehung der Bevölkerung durch Aufforderung zur Teilnahme, Ausschmückung, Einladung von Freunden, Kauf des Festbuches und Festabzeichens findet sich bei Plato, Alice von: Ein „Fest der Volksgemeinschaft". Die 700-Jahr-Feier von Gera (1937), in: von Saldern: Inszenierter Stolz, S. 83–114, bes. S. 86.

71 Für den bevorstehenden Geburtstag des Staatsoberhauptes sei zu flaggen, am 1. Mai sei zusätzlich „mit Tannengrün zu schmücken, damit dieser Tag als wirklicher Festtag der arbeitenden deutschen Menschen auch nach außen hin dokumentiert wird", vgl. Ortsgruppen-Rundschreiben im April 1936, abgedruckt in Behnken: Deutschlandberichte, 1936, S. 542f., Zitat ebd. Um welche Ortsgruppe es sich handelte, war der Quelle nicht zu entnehmen.

72 Für das Münsterland wurde das offensive Einladen zum jährlichen Erntedankfest als Gegensteuerung zur nachlassenden Begeisterung interpretiert, vgl. Hattenhorst, Maik: „Wenn wieder ein Fest steigen würde wie im ersten Jahr des Dritten Reiches". Das Münsterland zwischen Distanz und Begeisterung 1933–1938, in: Freitag: Das Dritte Reich im Fest, S. 119–125. In Gelsenkirchen dagegen verzeichnete man im Vergleich zur Weimarer Zeit mehr Teilnehmer, vgl. Priamus, Heinz-Jürgen/Goch, Stefan: Propaganda und Macht. Der nationalsozialistische Politikstil, in: dies. (Hrsg.): Macht der Propaganda oder Propaganda der Macht? Inszenierung nationalsozialistischer Politik im „Dritten Reich" am Beispiel der Stadt Gelsenkirchen, Essen 1992, S. 93–98, hier S. 97.

73 Vgl. HA v. 30.9.1940, Zitat ebd. Teilweise wurde die Teilnahme an Veranstaltungen zur Pflicht gemacht, dies berichtet im Falle eines Schrebergartenvereins Dürkefelden: Schreiben, S. 70.

238   V. Ehrungen als partizipative NS-Repräsentationspolitik

Abb. 33: Die Georgstraße beim Empfang der Truppen aus dem Frankreich-Feldzug 1940.

Soldatenempfänge wie dieser waren auch von dem für Massenveranstaltungen während der Kriegshandlungen geltenden Gebot der Zurückhaltung ausgenommen.[74] Wie die Postwurfsendung belegt, hatte man sich hier umgekehrt bemüht, jeden Einzelnen zu erreichen und so die ganze Stadt zu mobilisieren. An diesem Tag wurden die Truppen auf dem Waterlooplatz willkommen geheißen, bevor sie durch die Stadt marschierten.[75] Ausführlich berichtete die Lokalpresse über eine massenhafte Anwesenheit der Bevölkerung, mit Fahnen und Blumen ausgeschmückte Straßen und ein buntes Treiben im gesamten Innenstadtbereich bis

---

74 Auch die als ranghöchste Veranstaltungen geltenden Totenehrungen wurden nicht dauerhaft eingeschränkt. Von 1942 an setzten sich wieder örtliche Gefallenenehrungen unter freiem Himmel durch, vgl. Behrenbeck: Kult, S. 498f.
75 Vgl. HA v. 30.9.1940.

zum Waterlooplatz.⁷⁶ Gerade in Kriegszeiten steigerte sich noch die gemeinschaftsstiftende Intention bei Festen. Bedingung hierfür war jedoch erst einmal eine gewisse Nähe zwischen Festlichkeit und Einwohnern, die auch mit der im Folgenden beschriebenen bemerkenswerten Taktik zu erzielen versucht wurde, nicht nur die Menschen zum Fest hin zu mobilisieren, sondern das Fest vor ihre Haustür zu verlegen.

Trauermarsch durch eine preußische Provinz: Der Tod Viktor Lutzes

Als der Oberpräsident der Provinz Hannover, zugleich Stabschef der SA, Viktor Lutze, 1943 bei einem Unfall – offiziell während einer Dienstfahrt, gerüchteweise bei einer Hamsterfahrt⁷⁷ – ums Leben kam,⁷⁸ verabschiedete man sich von ihm auf besondere Art und Weise. Am Morgen fand eine Trauerfeier der NSDAP für den Verstorbenen statt, an der auch Hitler und Goebbels persönlich teilnahmen. Anschließend inszenierte man ein aufwändiges Trauergeleit, damit „die ganze Volksgemeinschaft in stolzer Trauer Abschied nehmen"⁷⁹ konnte. Dazu wurde der Leichnam von Hannover über Umwege an seinen Zielort, Bevergern in Westfalen, gebracht. Die genauen Stationen gab die Niedersächsische Tageszeitung unter dem Titel „Niedersachsen nimmt Abschied" bekannt: Noch am Abend nach der Trauerfeier in Hannover erreichte der Sarg Helmstedt, wo eine Ehrenwache Aufstellung nahm. Samstag früh um 7:00 Uhr wurde die Reise über Königslutter nach Braunschweig (8:15 Uhr) fortgesetzt, es folgte Peine (9:24 Uhr), Sehnde und erneut die Stadtgrenze Hannovers gegen 11:00 Uhr. Von dort aus ging es ins Zentrum, wo vor dem Rathaus eine zweite Trauerfeier stattfand, diesmal vom Gau Südhannover-Braunschweig ausgerichtet. Anschließend zog die Trauergemeinde mit dem Sarg erneut aus der Stadt aus, um dann weiter durch den Gau Westfalen-Nord zu ziehen, der ebenfalls in die Provinz Hannover und damit den Amtsbereich des Verstorbenen hineinragte. Auch die Route innerhalb Hannovers wurde in der Presse bekannt gegeben. Damit sollte, wie es hieß, die „Volksgemeinschaft der Gauhauptstadt [...] Gelegenheit [haben], in diesen Straßen Trauerspalier zu bilden",⁸⁰ und auch die Menge in Helmstedt hatte „vor dem toten Stabschef defilieren",⁸¹ also in einer Parade an ihm vorüberziehen, sollen. Arbeitgeber wurden

---

76 Vgl. ebd., Zitat ebd.
77 Überhaupt schien sich Lutze geringer Beliebtheit zu erfreuen, vgl. Behnken: Deutschlandberichte, 1934, S. 761f. u. 1936, S. 855; allg. zu Lutze vgl. HBL, S. 241. Der SD dagegen meldete, der Tod Lutzes habe „in der Bevölkerung allgemein besondere Anteilnahme für den Führer ausgelöst, der schon wieder einen seiner ältesten Kampfgefährten verloren" habe, vgl. Boberach: Meldungen, Bd. 13, S. 5216.
78 Vgl. Grabe u. a.: Unter der Wolke, S. 89.
79 HZ v. 7.5.1943, im Folgenden, sofern nicht anders angegeben, ebd.
80 HZ v. 7.5.1943.
81 NTZ v. 7.5.1943.

aufgerufen, ihre Mitarbeiter zu beurlauben, um ihnen „Gelegenheit zu geben, auf den Straßen das Ehrenspalier zu bilden".[82]

Mit diesem rund 400 km langen, aufwändigen Trauermarsch für Viktor Lutze wollten die Veranstalter also möglichst vielen Menschen den Weg zum Ort der Zeremonie verkürzen. Das hatte dieser Marsch mit den von den Nationalsozialisten gerne durchgeführten Straßenumzügen ebenso gemein wie mit den Rundfunkübertragungen zentraler Veranstaltungen in die Städte und Regionen. Wie gut oder schlecht die Veranstaltungen besucht waren, lässt sich selten feststellen, da zumeist nur Presseberichte vorliegen und diese durchgehend eine massenhafte Teilnahme behaupten. Im Fall des Besuchs des italienischen Staatsministers Roberto Farinacci in Hannover im Herbst 1940 ist allerdings belegt, dass die Veranstalter mit der Teilnehmerzahl sehr unzufrieden waren.[83] In einer Nachbesprechung wurde folgende Äußerung protokolliert:

> „Wie zu erreichen ist, daß beim Empfang besonders wichtiger Gäste die Bevölkerung größeren Anteil nimmt, wurde nicht endgültig geklärt. Da darüber wohl kaum in den Zeitungen Mitteilungen gemacht werden dürfen, käme vielleicht in Frage, daß die Partei für eine stärkere Beteiligung sorgt".[84]

Die Formulierung legt zudem nahe, dass es sich nicht um den ersten Fall dieser Art handelte.

Einladungen zu Feierlichkeiten und der aufwändige Trauermarsch für Viktor Lutze waren Versuche, die Bevölkerung in eine inszenierte Atmosphäre nationalsozialistischer Gemeinschaftlichkeit und kollektiver Stärke zu integrieren. Zentrales Element war dabei die Herstellung von Nähe. Nähe konnte als angenehm oder unangenehm, als einengend oder stärkend, auch als ambivalent empfunden werden, niemals jedoch begegnete man ihr indifferent. Sie war etwas, auf das man innerlich reagieren musste, sei es genießend, wohlwollend, duldend oder ablehnend, oder sei es durch den Versuch, auszuweichen, die Nähe also durch die Schaffung von Distanz zu verringern oder gar zu meiden. Auf diese Weise setzte Nähe sowohl den Körper als auch den Geist in eine Aufmerksamkeitshaltung. Betrachtet vor dem Hintergrund der in drei Teile gegliederten nationalsozialistischen Feierrituale – Aufruf, Verkündung und Bekenntnis – fungiert Nähe als nonverbale Variante des Aufrufs.[85]

---

82 Ebd.
83 Vgl. zu den Hintergründen ausführlich Kapitel II, 1.2 und III, 1.1.
84 Vgl. Protokoll der Besprechung über den Besuch Farinaccis in Hannover v. 9.11.1940, S. 5 in StAH, HR 13, Nr. 169.
85 Vgl. Vondung, Klaus: Magie und Manipulation. Ideologischer Kult und politische Religion des Nationalsozialismus, Göttingen 1971, S. 113. Die drei Elemente bestehen demnach aus dem Aufruf, der Verkündigung und dem Bekenntnis der Feierteilnehmenden.

1.3 Die Einbindung des Körpers

*Die Inszenierung der „Volksgemeinschaft" am „Denkmal der Arbeit".
Die Einweihung des Egestorff-Denkmals 1935*

Während auf der einen Seite Arbeiterorganisationen wie Gewerkschaften, SPD und KPD schon früh verfolgt und verboten wurden, bemühte sich der Nationalsozialismus auf der anderen Seite, Kultur, Lebensweise, Symbolik und Erinnerungsräume von Arbeitern, wenngleich umgedeutet, zu integrieren.[86] Horst Ueberhorst erläutert, dass „mit der Verwendung der Symbole [...] ein Wiedererkennungseffekt ausgelöst [werde], der in der Arbeiterbewegung die Vorstellung erweckte, als würden mit den Symbolen auch weiterhin proletarische Ziele verfolgt".[87] Ein Beispiel für diese Praxis stellt die Errichtung des Egestorff-Denkmals 1935 dar.[88]

Abb. 34: Egestorff-Denkmal, Westseite (Vorderseite). Inschrift: „Johann Egestorff. Gründer der Lindener Industrie. 1772–1834". Maße etwa 2,3 x 3,5 Meter.

Johann Egestorff galt schon zu Lebzeiten als Gründer der Industrie Lindens, eines preußischen Dorfes, das mittlerweile Stadtteil Hannovers geworden war. Mit der Gründung einer Kalkbrennerei am Lindener Berg schuf Johann Egestorff 1803 das Fundament, auf dem sein Sohn Georg 1835 die spätere HANOMAG aufbaute, die bis dato den Stadtteil prägt.[89] Aufgrund der starken Industrialisierung des Dorfes war der Stadtteil Linden dominiert vom sozialdemokratischen Milieu, so dass die nationalsozialistischen Wahlerfolge hier dürftig ausgefallen waren und den

---

86 Vgl. hierzu auch Lüdtke, Alf: Wo blieb die „rote Glut"? Arbeitererfahrung und deutscher Faschismus, in: ders. (Hrsg.): Alltagsgeschichte. Zur Rekonstruktion historischer Erfahrungen und Lebensweisen, Frankfurt am Main 1989, S. 224–282.
87 Ueberhorst, Horst: Feste, Fahnen, Feiern. Die Bedeutung politischer Symbole und Rituale im Nationalsozialismus, in: Voigt, Rüdiger (Hrsg.): Symbole der Politik – Politik der Symbole, Opladen 1989, S. 157–178, hier S. 162.
88 Vgl. StAH, HR 13, Nr. 721, HA v. 1.4.1933, 9.4.1934, 29.11. u. 3.12.1935; HT v. 28.3.1934, NTZ v. 6.4.1934 u. 2.12.1935 und Kapitel I, 3.1.
89 Vgl. zu Johann und Georg Egestorff auch Kapitel IV, 1.1.

neuen Machthabern aus Linden der größte Widerstand entgegenschlug.[90] Vor diesem Hintergrund fasste die Deutsche Arbeitsfront (DAF) den Entschluss, den prominenten Unternehmer als Repräsentanten der Lindener Industrieentwicklung zu ehren und – so hoffte sie – gleichzeitig den Arbeitern ein Denkmal zu setzen.[91]

Abb. 35: Egestorff-Denkmal, Ostseite. Inschrift: „Arbeit bringt Segen, Freude, Ehre, Brot". Der Bienenkorb mit dem Sinnspruch „Einigkeit macht stark" wurde vermutlich in der frühen Nachkriegszeit angebracht. Er ersetzte das ursprünglich dort bestehende DAF-Emblem (Hakenkreuz im Zahnrad). Im Jahre 2007 wurde das Denkmal gereinigt und der Sockel instand gesetzt.

Nach einem Wettbewerb unter örtlichen Künstlern entschieden sich die Initiatoren für einen Entwurf des hannoverschen Bildhauers Professor Georg Herting[92] und einen Aufstellungsort, den man für diese Absichten kaum treffender hätte wählen können: den Volkspark am Lindener Stadion. Volksparks waren ein besonders in den 1920er-Jahren Mode gewordenes Freiraumkonzept, das sowohl Bürger als auch Arbeiter zu sonntäglicher Erholung einlud.[93] Vor allem die Lindener Bürgervereine[94] und die DAF richteten die Einweihungsfeier am 1. Dezember 1935 aus. Auch durch die Initiatoren wurde also eine Einheit von Arbeiterschaft und Bürgertum symbolisiert. Die Einweihungszeremonie gestalteten vor allem Abordnungen von Bürgervereinen und DAF sowie

---

90 Zur Geschichte, Gegenwart und Sozialstruktur Lindens vgl. Schmiechen-Ackermann: Nationalsozialismus und Arbeitermilieus, S. 292–312; ders. (Hrsg.): Anpassung, Verweigerung, Widerstand. Soziale Milieus, politische Kultur und der Widerstand gegen den Nationalsozialismus in Deutschland im regionalen Vergleich, Berlin 1997; Rosenbaum: Proletarische Familien; Voigt: Der Eisenbahnkönig, passim; Rabe, Bernd: Linden. Der Charakter eines Arbeiterviertels von Hannover, Hannover 1992, bes. S. 20–40; ders.: Die „Sozialistische Front". Sozialdemokraten gegen den Faschismus 1933–1936. Mit einem Vorwort von Peter von Oertzen, Hannover 1984 und Rabe, Bernd: Der sozialdemokratische Charakter. Drei Generationen aktiver Parteimitglieder in einem Arbeiterviertel, Frankfurt am Main/New York 1978, bes. S. 41–64.
91 Leider gibt es keine Hinweise darauf, wie bekannt oder gar anerkannt Egestorff in der Lindener Bevölkerung war. Für eine breite Bekanntheit spricht jedoch die Verbindung mit der HANOMAG als einem der größten Arbeitgeber Lindens, die Existenz der beiden Grabdenkmäler an der Martinskirche sowie die zentral in Linden-Mitte am Marktplatz gelegene Egestorffstraße.
92 Der Bildhauer Professor Georg Herting (1872–1951) war seit 1896 in Hannover tätig. Vgl. HBL, S. 166.
93 Vgl. Maaß, Inge: Volksparke, in: Burckhardt, Lucius (Hrsg.): Der Werkbund in Deutschland, Österreich und der Schweiz. Form ohne Ornament, Stuttgart 1978, S. 57–65.
94 Vgl. Mlynek: Gleichschaltung.

„drei Arbeiter in Berufskleidung",[95] die während der Zeremonie vor dem Denkmal Aufstellung nahmen. Sie stellten als eine Art architektonisches Beiwerk „Standesvertreter" der arbeitenden Bevölkerung dar.[96] In der im Denkmalsockel eingelassenen Urkunde wurde der Quader außerdem als „kleiner Teil der Arbeitsbeschaffung" vorgestellt.[97]

Abb. 36: „Einweihung eines Denkmals für Johann Egestorff. Am Sonntag wurde das von Professor Herting geschaffene Denkmal für den Gründer der Lindener Industrie, Johann Egestorff, im Lindener Volkspark feierlich enthüllt". Abgedruckt im HA, 3. Dezember 1935.

Auch die Ästhetik des Steinquaders, der etwa drei Meter lang, 2,3 Meter breit und 3,5 Meter hoch war, entsprach dem Ideal der „Betriebsgemeinschaft".[98] Die Vorderseite schmückte ein Relief des Industriellen, und auf der Rückseite befand sich das Emblem der DAF, das Hakenkreuz im Zahnrad. An den Seitenwänden hatte man jeweils drei große, aufrechte Arbeiterfiguren verschiedener Berufsgruppen gestaltet, die die Produktionszweige der Egestorffschen Unternehmen repräsentierten.[99] Das „Denkmal der Arbeit"[100] verband also den Unternehmer mit „kraftvollen Figuren von Arbeitsmännern", wie sich der Hannover-

---

95 HA v. 3.12.1935. Während des Stadtjubiläums in Zwickau 1935 dienten Frauen in Trachten zur Dekoration, vgl. Seegers, Lu: Die Inszenierung Zwickaus als Vorreiterstadt. Stadtjubiläen im Nationalsozialismus und in der DDR (1935–1968), in: von Saldern: Inszenierter Stolz, S. 185–240, hier S. 190.
96 Vgl. hierzu Heuel, Eberhard: Der umworbene Stand. Die ideologische Integration der Arbeiter im Nationalsozialismus 1933–1935, Frankfurt am Main 1989, S. 134. Heuel spricht hier über die Ehrung einzelner, entindividualisierter Arbeiter als Stellvertreter für alle. Im Falle Egestorffs werden nicht direkt Arbeiter geehrt, hier übernehmen die „drei Arbeitermänner in Berufskleidung" diese Funktion in der Zeremonie.
97 Der Urkundentext ist abgedruckt in HA v. 9.4.1934 u. 1.12.1935. Vgl. dazu auch Kapitel I, 3.1.
98 Vgl. Schreiben Elkart an Menge v. 10.3.1934 in StAH, HR 13, Nr. 721. Zur Ästhetik des Egestorff-Denkmals als Symbol der „Volksgemeinschaft" vgl. Schirmbeck: Adel der Arbeit, S. 148–151. Schirmbeck geht allerdings irrtümlich davon aus, dass das heute am Denkmal befindliche Bienenkorbrelief von Beginn an zum Denkmal gehörte. Vgl. dagegen die Beschreibungen des Denkmals in HT u. NTZ v. 6.4.1934. Wann das DAF-Zahnrad durch die Bienenkorb ersetzt wurde, konnte nicht festgestellt werden, es ist jedoch vermutlich in den ersten Nachkriegsjahren geschehen.
99 Zur künstlerischen Darstellung von Arbeitern allgemein vgl. Heuel: Der umworbene Stand, S. 381–385.
100 HA v. 29.11.1935.

sche Anzeiger ausdrückte.[101] Die kalten und zum Teil aggressiven Gesichtsausdrücke[102] entsprachen dabei ebenso der faschistischen Ästhetik wie die Stilisierung der Körper. Die von Herting in Stein gehauenen Arbeiter waren bloße stilisierte Wunschbilder des „arischen" und damit stets „rassereinen" Arbeiters, auf die die lakonische Äußerung Thomas Kelleins zutrifft: „Die Arbeiter in der Kunst des Nationalsozialismus arbeiten nicht".[103]

Abb. 37: Egestorff-Denkmal Nordseite. Inschrift: „Erze – Technik – Kalk".

Das Egestorff-Denkmal stellt ein Paradebeispiel dar für die von Lu Seegers anhand des Zwickauer Stadtjubiläums herausgearbeitete Praxis, „geschichtliche Traditionen und Personen zu instrumentalisieren, um das jeweilige Herrschaftssystem vor Ort zu legitimieren".[104] Dabei wurde Egestorff in einen neuen Kontext gesetzt. Dieser bestand in der insbesondere visuell symbolisierten Überwindung des Klassenkampfes durch die „Volksgemeinschaft"[105] und in der Inszenierung des

101 HA v. 1.12.1935.
102 Ähnlich auch Schirmbeck: Adel der Arbeit, S. 150.
103 Kellein, Thomas: Heroisches Warten und hohles Pathos, in: ders. (Hrsg.): 1937. Perfektion und Zerstörung. Katalog zur Ausstellung in der Kunsthalle Bielefeld, Tübingen/Berlin 2007, S. 28–49, Zitat S. 29.
104 Seegers: Inszenierung Zwickaus, hier S. 237. Vgl. auch dies.: Hansetradition, bes. S. 180.
105 Welch, David: Nazi Propaganda and the Volksgemeinschaft: Constructing a People's Community, in: Journal of Contemporary History, H. 2, 39/2004, S. 213–238 hat erneut darauf

Kampfes gegen die Arbeitslosigkeit als dem politisch-praktischen Programm der NSDAP. Egestorff wurde so als „vorbildlicher Betriebsführer"[106] präsentiert.

Abb. 38: Egestorff-Denkmal Nord- und Südseite.

Für die Zeit nach der Denkmalsetzung fällt auf, dass über den Geehrten in der Presse nicht weiter berichtet wurde; weder zu Egestorffs Geburts- noch Todestagen wurde seiner gedacht.[107] Auch von Feierstunden, Kranzniederlegungen oder ähnlichen rituellen Zeremonien vor dem Denkmal ist nichts bekannt. Diese Tatsache bestätigt nicht nur den besonders ausgeprägten instrumentellen Charakter der Ehrung, sondern lässt auch vermuten, dass die Veranstaltung hinter den Erwartungen der DAF und der involvierten Gauleitung zurückblieb. Auch der relativ

hingewiesen, dass die Idee der „Volksgemeinschaft" zwar „a powerful integratory force for many Germans" (S. 238) gewesen sei, jedoch soziale Unterschiede nicht in der Realität einebnete (vgl. bes. S. 219).

106 NTZ v. 2.12.1935.
107 Allerdings erschien noch 1936 in Zusammenhang mit der Denkmalerrichtung eine Monografie über Vater und Sohn: Philipps, Otto: Johann und Georg Egestorff. Leben und Wirken zweier niedersächsischer Wirtschaftsführer. Hrsg. von der Wirtschaftswissenschaftlichen Gesellschaft zum Studium Niedersachsens e. V., Oldenburg 1936. Johann Egestorff wurde außerdem in einer städtischen Werbebroschüre erwähnt, vgl. Büttner, Ernst (Hrsg.): Hannover, die Hauptstadt Niedersachsens, Stuttgart 1937, S. 104f., Georg in einem Presseartikel über Hannovers Eisenbahnwesen, vgl. HA v. 21.5.1937.

lange Zeitraum zwischen der Grundsteinlegung am 9. April 1934 und der Denkmalsweihe am 1. Dezember 1935[108] ist ein Indiz dafür, dass das notwendige Spendenaufkommen von 11 000 RM[109] nur schleppend zustande kam. Eine nachhaltige Integration der Lindener Arbeiter dürfte daher mit der Denkmalsetzung nicht erreicht worden sein.

Die Formierung der Körper zur Festarchitektur

Wurde in der Zeremonie am Egestorff-Denkmal vor allem deutlich, mit welchen verschiedenen Elementen die Veranstalter über das „Spacing" eine „Volksgemeinschaft" zu konstruieren versuchten, so lässt sich anhand weiterer Fallbeispiele ersehen, dass auch das Publikum dabei nicht außen vor blieb.[110] So formten die zahlreichen Zuschauer bei der von Hitler angeordneten Beisetzungsfeierlichkeit für General von Linsingen im Juni 1935 einen Rundbogen als Festarchitektur für die Prozession auf dem Horst-Wessel-Platz.

Abb. 39: „Der Trauerzug am Horst-Wessel-Platz" für General Linsingen 1935 (Königsworther Platz). Abgedruckt im HA, 9. Juni 1935.

Anlässlich der Feier von Hitlers 50. Geburtstag bildete die erschienene Menschenmenge eine Illumination[111] per nächtlichem Fackelzug, der als Sternmarsch, einer der Arbeiterbewegung entstammenden Form politischer Demonstration, angeordnet war.[112]

---

108 Die Denkmalerrichtung fand damit nicht nur in einem für Einweihungsfeierlichkeiten im Freien unüblichen Dezember statt, sondern auch an einem Tag, der keinesfalls als Jubiläum Johann Egestorffs gelten konnte: Egestorff war am 22.10.1772 geboren worden und starb am 3.3.1834. Es ist also zu vermuten, dass die Grundsteinlegung im April 1934 auf eine Einweihung noch im hundertsten Todesjahr zielte. Durch die Verzögerung konnte man lediglich auf das hundertste Jubiläum der HANOMAG verweisen, vgl. den Bericht in der DAF-Zeitschrift „Arbeitertum" v. 15.1.1936, S. 28.
109 Vgl. Schreiben Elkart an Menge v. 10.3.1934, StAH, HR 13, Nr. 721.
110 Vgl. hierzu Elfferding, Wieland: Von der proletarischen Masse zum Kriegsvolk, in: Behnken, Klaus/Wagner, Frank (Hrsg.): Inszenierung der Macht. Ästhetische Faszination im Faschismus (Ausstellungskatalog), Berlin 1988, S. 17–50, S. 18–28.
111 Zum Einsatz von Licht in Feierzeremonien allgemein vgl. Behrenbeck: Kult, S. 385–389.
112 Zum Fackelzug vgl. Möseneder, Karl: „Das Heraustreten des Festlichen kann nur geschehen durch Kunst". Einführung, in: ders.: Feste in Regensburg, S. 11–24, hier S. 17.

Abb. 40: „Die Feierstunde auf dem Klagesmarkt. Der weite Platz vermochte nicht die Massen aufzunehmen, die zu der mitternächtlichen Feierstunde zusammenströmten." Fackelmarsch an Hitlers 50. Geburtstag, abgedruckt in NTZ, 20. April 1939.
Die zweiteilige Bildästhetik stellt ein in Reih und Glied schreitendes, kraftvolles Volk dar, das für den Nationalsozialismus schreitet – im Bild durch die als Wand erscheinenden Hakenkreuzfahnen und das übergroße Hakenkreuz repräsentiert. Die durch die Kamera nachvollzogene Marschrichtung verlängert die Masse.

Abb. 41: „So sah der Klagesmarkt aus der Höhe aus. Acht Fackelzüge durchzogen die nächtlichen Straßen und flossen wie Feuerströme zu einem lodernden Meere zusammen".
Die Vogelperspektive wurde im Nationalsozialismus besonders gern für Stadtansichten genutzt. Diese Zeichnung inszeniert den Fackelmarsch mit Hilfe zweier wesentlicher Elemente: Sie betont die Lichtinszenierung, die durch ein Foto nur ansatzweise transportiert werden konnte, und bedient sich der zeitgenössischen Faszination am Fliegen. Entstehen soll ein Eindruck von Machtfülle und Gigantomanie, der auch durch die Bildunterschrift unterstrichen wird, die ergänzend auf die Kraft des Meeres verweist. Zudem unterstellen die Untertitelung und die Anordnung der Zeichnung als Folgebild zu Abb. 40, dass sich auf der gesamten hier sichtbar gemachten Wegstrecke ebensolche dichten Massen befunden hätten wie auf dem Foto zuvor. Das Foto erscheint in der Kombination der Bilder wie eine Detailansicht der Zeichnung.

Gerade das gezeichnete „Luftbild" unterstrich die dargestellte Gemeinschaftlichkeit, Entschlossenheit und Einigkeit der Marschierenden für „ihren Führer".[113] Beide Veranstaltungen machten auch deutlich, wie sehr die Organisatoren auf die Bevölkerung angewiesen waren[114] und dass die Teilnehmer, mit welcher Motiva-

---

113 Zum Sternmarsch vgl. Elfferding: Von der proletarischen Masse, S. 19.
114 Hierauf wies bereits Lüdtke: Einleitung auf S. 30 hin.

tion sie auch immer gekommen sein mochten und was sie sich dabei gedacht hatten, einen Part aus dem Drehbuch übernahmen.

Das Ehrenmal für die Gefallenen des Zweiten Weltkriegs

Auch im Falle des 1943 errichteten Ehrenmals für die gefallenen Soldaten des Zweiten Weltkriegs wird deutlich, dass Zuschauer Beteiligte am Geschehen waren.[115] Die Denkmalerrichtung resultierte aus der sich 1942 sukzessive verschlechternden materiellen und psychischen Lage der hannoverschen Bevölkerung. Seit April gab es nur noch gekürzte Lebensmittelrationen.[116] Der „Ostfeldzug" zog sich in die Länge, bis die Kämpfe gegen die russischen Truppen in Stalingrad im Winter 1942/43 eine merkliche Wende im Krieg mit sich brachten und die deutschen Aussichten auf einen „Endsieg" zusehends schwanden. Am 1. Februar 1943 verkündete Gauleiter Hartmann Lauterbacher daher seine „Maßnahmen zur totalen Kriegführung".[117] Tätigkeiten, die als nicht kriegswichtig eingeschätzt wurden, sollten eingestellt werden, um mehr Einsatz an der „Heimatfront" zu ermöglichen. Zwei Wochen später wurden auch die 15- bis 17-jährigen Jugendlichen als Flakhelfer eingezogen.

Abb. 42: Das Ehrenmal für die Gefallenen des Zweiten Weltkriegs auf dem Trammplatz vor dem Rathaus.

Vor diesem Hintergrund war die Errichtung des Ehrenmals auf dem Trammplatz vor dem Rathaus zweifellos ein Versuch, die notwendige Kriegsbereitschaft der Bevölkerung zu stabilisieren oder herzustellen.[118] Hierzu wurde den Einwohnern ein spezifischer Platz innerhalb der Festinstallation zugewiesen. Die ritualisierten Trauerfeiern an Sonntagen auf dem Trammplatz zeigen eine sehr schematische Aufstellung der Beteiligten, die zur öffentlichen Kenntnisnahme in der lokalen Tageszeitung abgedruckt worden war. Die Teilnehmenden wurden als „Partei- und Volksgenossen" von Zuschauern in den Rang von Akteuren erhoben. Verbal war diese Vereinnahmung der Bevölkerung als Teil der räumlichen Gestaltung

---

115 Vgl. zum Vorgang StAH, HR 13, Nr. 729 sowie HK v. 22.3.1943.
116 Vgl. auch für das Folgende Grabe u. a.: Unter der Wolke, S. 49–59.
117 Vgl. Lauterbacher: Maßnahmen in NHStAH, VVP 17, Nr. 2050.
118 Vgl. zum Hintergrund für das Ehrenmal für die Gefallenen des Zweiten Weltkriegs in Hannover Schneider: nicht umsonst, S. 240f. und allgemein Scharf, Helmut: Kleine Kunstgeschichte des deutschen Denkmals, Darmstadt 1984, S. 296.

bereits in der des Häufigeren genutzten Bezeichnung der „Menschenmauern"[119] vorweggenommen worden.

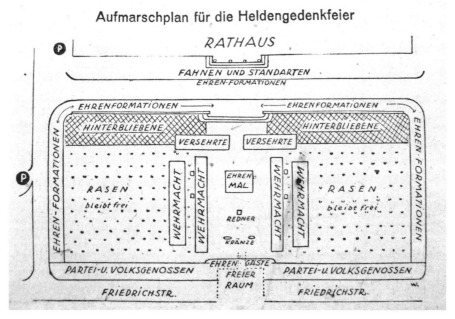

Abb. 43: *Aufmarschplan für die Heldengedenkfeier vor dem Rathaus, abgedruckt in HZ, 11./12. März 1944.*

Eine besondere Rolle kam dabei den Hinterbliebenen zu. Um die Kirchen auch bei Totenehrungen von ihrem angestammten Platz zu verdrängen,[120] musste die NSDAP den Bedürfnissen der Angehörigen nach Trauer und Trost zumindest der Form nach entgegenkommen. Hierfür wurde das Ehrenmal nicht nur für offizielle Zeremonien genutzt, sondern auch als Stätte alltäglicher Erinnerung etabliert. Per Pressemeldung wurde die Bevölkerung dazu angehalten, Kränze und Blumen niederzulegen, man brachte vier Wasserschalen vor dem Denkmal an, und es gab Überlegungen, die Kränze mit Wasser zu besprengen. Die Stadt bot den Hinterbliebenen damit einen außerkirchlichen öffentlichen Ort, an dem sie ihrem Bedürfnis nach Trauer um ihre gefallenen Familienangehörigen nachgehen konnten und sollten.[121] Allerdings ging es den Nationalsozialisten nicht um Trost für einen

---

119 Vgl. z. B. anlässlich der Setzung der Horst-Wessel-Eiche am Königsworther Platz im HK v. 1.5.1933, beim Großen Flugtag im HA v. 26.8.1935 und beim Empfang der Soldaten im HA v. 30.9.1940. Beim Besuch des Reichsjugendführers standen lt. NTZ v. 27.6.1933 Hitler-Jugendliche wie „lebendige Mauern" zusammen.
120 Vgl. Behrenbeck: Kult, S. 498f.
121 Ebd., S. 440 betont: „Indem die Partei den Gefallenen des Weltkrieges und den eigenen Toten ihre Referenz erwies, stand sie in Einklang mit den Pietätsgefühlen der meisten Deutschen."

persönlichen Verlust,[122] sondern um die Rückschau auf nationale Helden; stolz, nicht wehklagend sollte die Trauer ausfallen.[123] Das neue Ehrenmal ermöglichte es den städtischen Akteuren, über die Anordnung des Gedenkraums die Körper der Betroffenen zu formieren, indem sie sich die Bedürfnisse der Trauernden zunutze machten: Da am Ehrenmal Kränze der Partei und der Wehrmacht angebracht waren, galten private Gebinde immer auch der NSDAP und dem deutschen Militär, unabhängig von der individuellen Motivation derjenigen, die die Blumen und Kränze vor dem Ehrenmal ablegten. Durch dieses Arrangement der sozialen Güter waren Familienangehörige in eine Inszenierung eingebunden, in der es unvermeidlich war, *gleichzeitig* den Hoheitszeichen von Partei und Staat Ehre zu erweisen, wenn sie der Gefallenen gedachten. Hinterbliebene trauerten also nicht einfach um ihre Söhne, sondern verneigten sich zumindest durch ihre äußere Haltung auch vor dem „Tausendjährigen Reich". Damit waren nicht nur die Toten „Volksgenossen", sondern auch die Angehörigen.

Subkutane Integration

Paul Hettling hat die historische Veränderung bürgerlicher Feste im 19. Jahrhundert nachgezeichnet und als einen Kernpunkt des Wandels die Transformation der Beteiligten zu Schauspielern hervorgehoben.[124] Waren Feste zuvor Spiegelbild der Gesellschaft, Ausdruck bürgerlicher Realität, wurden sie mehr und mehr zu rein symbolischen Darstellungen, die „dasjenige an Überzeugung beim Betrachter und Teilnehmer erst erzeugen [sollten], was sie repräsentierten".[125] Diese Entwicklung kam auch der Nutzung von Festen für propagandistische Zwecke zugute.[126] Ungeachtet der stets beschworenen und als existent unterstellten „Volksgemeinschaft" war diese über gemeinsame Festsymbole und den Führermythos als Identifikationsmittelpunkt immer erst zu schaffen und zu aktualisieren. Selbst Kritiker der Nationalsozialisten wurden durch Einbeziehung ihrer anwesenden Körper in die Festarchitektur nolens volens zu Akteuren des Geschehens. Jean-

---

122 Vgl. ebd., S. 497.
123 „Vor allem dürfen solche Feierstunden nicht zu permanenten Totengedenkfeiern werden. Damit ist nicht gesagt, daß das große Opfer des Soldaten in ihr nicht gewürdigt werden sollte; es soll und muß jedoch vermieden werden, eine tragische Stimmung in den Feiern zu erzeugen. Sie müssen vielmehr eine Quelle der inneren Aufrichtung und der Anfeuerung des Kampfwillens sein." Die neue Gemeinde, Nr. 41, Mai 1940, S. 2. Vgl. hierzu auch Schmidtmann: Von christlicher Trauer und Behrenbeck: Kult, S. 507–520.
124 Vgl. Hettling, Manfred/Nolte, Paul: Bürgerliche Feste als symbolische Politik im 19. Jahrhundert, in: dies. (Hrsg.): Bürgerliche Feste. Symbolische Formen politischen Handelns im 19. Jahrhundert, Göttingen 1993, S. 7–36, bes. S. 18–23.
125 Ebd., S. 22.
126 Für einen kurzen Überblick zu Methoden der Propaganda im Nationalsozialismus vgl. Longerich, Peter: Nationalsozialistische Propaganda, in: Bracher, Karl Dietrich/Funke, Manfred/Jacobsen, Hans-Adolf (Hrsg.): Deutschland 1933–1945. Neue Studien zur nationalsozialistischen Herrschaft, Bonn 1993 [1992], S. 291–314 und Priamus/Goch: Propaganda und Macht.

Christoph Caron hat bereits darauf hingewiesen, dass selbst „distanzierte Personen [...] in der gesichtslosen Masse als jubelnde Statisten" erschienen.[127] Statisten gehörten, wenngleich nicht an erster Stelle, jedoch zum Ensemble hinzu und wurden somit zu Gliedern der symbolisierten „Volksgemeinschaft". Den Teilnehmenden waren die damit verbundenen Aufgaben und Erwartungen vermutlich oftmals nicht einmal bewusst. Die subtilen Ansprüche gingen zumeist über ihre individuellen Intentionen hinaus oder liefen ihnen gar zuwider. Je weniger jedoch die Vereinnahmung erkannt wurde, desto schwieriger war es, sich gegen diese wenigstens partiell zu immunisieren. Selbst wenn man darum wusste, sich sogar willentlich dagegen sträubte, musste die Inszenierung nicht wirkungslos bleiben.

Die Feierkultur der Nationalsozialisten erweist sich als mehr als nur ein Angebot zur Rezeption. Zumindest für die lokale Feiergestaltung gilt,[128] dass sie immer wieder Anlässe für die Bevölkerung herstellte, an der neuen politischen Ordnung selbst teilzuhaben. Auch hannoversche Ehrungsfeierlichkeiten dienten als „regionale und lokale Vermittlungsebenen", die bereits von Heinz-Jürgen Priamus und Stefan Goch als zentrale Elemente der Herrschaftssicherung ausgemacht wurden.[129] Die Festgestaltung dieser Art bemühte sich um aktive Einbindung selbst nur zufällig anwesender Zuschauer. Sie versuchte, die Anwesenden über ihre Körper und ihre Emotionen als Akteure in das politisch-kulturelle Geschehen einzubeziehen, sie somit nicht nur auf verbale, sondern auch nonverbale Art und Weise anzusprechen und damit auch jenseits politischer Argumentation zu „überzeugen". Leider sind nur vereinzelt Aussagen darüber möglich, wie die Zuschauer konkret reagierten.[130] Die historische Wirkungsforschung fristet, größtenteils mangels Quellen, oft ein Schattendasein; Untersuchungen widmen sich den leichter zugänglichen Fragen nach den Absichten und Inhalten der „Propagandisten". Für Hannover gibt es allerdings eine ergiebige Quelle, die eine, nach nationalsozialistischen Kriterien geurteilt, erfolgreiche Mobilisierung eines Jugendlichen beschreibt und an der sich viele der dargelegten Aspekte beispielhaft zeigen lassen.

1.4 „... welch' ein Erlebnis!" Der Besuch Hitlers aus Sicht eines Zeitzeugen

Jan-Wolfgang Berlit und Hitlers Durchreise durch Hannover

Der 1921 geborene Jan-Wolfgang Berlit veröffentlichte 1997 Erinnerungen an seine im Wesentlichen in Hannover verbrachte Jugendzeit und bemühte sich nach eigenen Aussagen darzulegen, warum er aktiver Nationalsozialist geworden

---

127 Caron: Gewalt im Fest, S. 115.
128 Behrenbeck: Kult, S. 437, weist zumindest für Totenfeiern darauf hin, dass die Einbindung der Teilnehmer in die Zeremonien nur bei lokalen Veranstaltungen, nicht jedoch bei Großkundgebungen zur Praxis gehörte. Vgl. S. 299–313.
129 Vgl. Priamus, Heinz-Jürgen/Goch, Stefan: Einleitung, in: dies.: Macht der Propaganda, S. 4–9, Zitat S. 7.
130 Vgl. hierzu ausführlicher Behrenbeck: Kult, S. 436–446.

war.[131] Er schildert sich selbst als früh politisch denkend, bereits im Alter von zehn Jahren sollen ihn soziale Unterschiede zwischen Mitschülern und die teils ärmlichen Verhältnisse in einzelnen Stadtteilen und Straßen Hannovers beschäftigt haben.[132] Daher sprach ihn sowohl die Kritik an der Klassengesellschaft von links als auch die Rede von der „Volksgemeinschaft" der Nationalsozialisten an, wenn er, neugierig auf das politische Treiben zur Zeit der Weimarer Republik, verschiedene politische Veranstaltungen und Umzüge besuchte.[133] An der KPD schreckte ihn vor allem die pro-russische Haltung „Heil Moskau!" ab,[134] an den Nationalsozialisten Hitlers „Geschrei".[135] Der Inhalt von Hitlers Reden allerdings stieß durchaus auf seine Zustimmung und erschien ihm als überzeugendes Konzept gegen die soziale Misere.[136] Berlits Jugenderinnerungen machen aber zugleich deutlich, dass die Zustimmung zur NS-Bewegung sich mehr auf einen emotionalen denn einen inhaltlich-kognitiven Zugang gründete,[137] wobei hier auch Feierlichkeiten und Ehrungen eine Rolle spielten.

Wenngleich die „Selbstanalyse" Berlits als Quelle zweifelsohne als problematisch einzustufen ist, soll sie im Folgenden genutzt werden. Zwar ist biografischen Schilderungen, vor allem wenn sie 65 Jahre nach dem Erleben selbst niedergeschrieben wurden, nicht zu entnehmen, was sich tatsächlich abspielte und was nachträglich (um)geschrieben wurde. Im Folgenden geht es aber auch nicht um eine Rekonstruktion der Wirklichkeit, sondern um die erinnerte Wahrnehmung eines Geschehens, nämlich die Durchreise Hitlers durch Hannover zum Erntedankfest auf dem Bückeberg bei Hameln am 1. Oktober 1933.[138]

Der Ablauf des Ereignisses stellt sich laut Presseberichterstattung wie folgt dar: Hitler wurde gemeinsam mit unter anderem Propagandaminister Joseph Goebbels, Vizekanzler von Papen und Reichswehrminister von Blomberg am hannoverschen Flughafen gegen 15:00 Uhr durch Oberbürgermeister Arthur Menge, den Oberpräsidenten der Provinz Hannover Viktor Lutze, den Polizeipräsidenten Johann Habben und einen Vertreter der Reichswehr begrüßt. Anschließend ging es per Autokorso durch Hannover bis zum Bückeberg, immer begleitet von der Spalier stehenden Menge, wobei die „Vertreterinnen der hannoverschen Weiblichkeit"[139] besonders erwähnt wurden.[140] Dabei scheint die Lokalpresse hinsichtlich der Beteiligung nicht wesentlich übertrieben zu haben. Auch Berlit

---

131 Berlit: Selbstanalyse.
132 Ebd., S. 17, 26–28.
133 Vgl. ebd., S. 21–28, 55f.
134 Vgl. ebd., S. 26.
135 Vgl. ebd., S. 54, Zitat ebd.
136 Vgl. ebd.
137 Die Sozialpsychologie sieht die Wirkung von Beeinflussung nicht in dem Hervorbringen von etwas Neuem, sondern lediglich in der „Verstärkung vorhandener Dispositionen und Einstellungen", vgl. Brockhaus: Sozialpsychologie, S. 159.
138 Vgl. HA u. NTZ v. 2.10.1933.
139 NTZ v. 2.10.1933, vgl. HA v. 2.10.1933.
140 Uneins sind sich die beiden Zeitungen darüber, ob die Herren über Bielefeld (HA) oder wieder über Hannover (NTZ) zurückkehrten.

berichtet, das „Volk war zum Empfang und jubelnden Spalier angetreten"[141] und der Arbeiter Karl Dürkefälden hielt die Umstände in seinem Tagebuch wie folgt fest:

> „In Hannover sprach ich auch mit einem, der auf dem Bückeberg bei Hameln beim Erntedank gewesen war. Sein Auto mußte zwölf Kilometer davor parken. Sie mußten die Strecke zu Fuß zurücklegen, morgens hin, abends zurück. Man saß den Tag über im Sande. Es war heiß. Zu essen hatte jeder mitgebracht. Aber die Tausende von Flaschen, die zu kriegen waren, seien viel zu wenige unter den 700 000 Menschen gewesen. Es sei wahr, (auf meine Frage) daß Frauen Kinder gekriegt hatten (man hatte mir erzählt vier Frauen)".[142]

Wie erlebte nun der damals zwölfjährige Jan-Wolfgang Berlit diesen Tag?

Feiergestaltung als Erlebnis: Nähe, Körperlichkeit, Emotion, Vereinnahmung

„Anfang Oktober 1933 hatte ich", so berichtete Berlit, „die Möglichkeit, Hitler aus nächster Nähe zu sehen".[143] Da es Berlit aufgrund seiner Bekanntschaft mit Viktor Lutze gelang, durch die Absperrung zu kommen, konnte er sich ganz vorn positionieren. Berlit fuhr fort:

> „Bald entstieg der Führer seinem Flugzeug und wurde begrüßt. Lutzes Tochter überreichte knicksend ihren Blumenstrauß, ich stand neben ihr. Hitler reichte auch mir die Hand und strich über meinen Kopf, er nahm wohl an, ich sei Lutzes Sohn. Ich fühlte mich nun voll dazugehörig und stellte mich neben Lutze. Seine Tochter himmelte den Führer förmlich an, wie das kleine Mädchen so machen. Als der Führer nun mit Lutze die Reihe der zu Begrüßenden abschritt, trabte ich brav grinsend neben Lutze – welch' ein Erlebnis! Der Führer bestieg dann mit Lutze einen Wagen und fuhr ab. Ich aber war zutiefst beglückt, zumal ich noch von dem gleichfalls erschienenen Dr. Goebbels ein Autogramm abkassieren konnte. Welcher Junge wäre nicht von Stolz erfüllt, wenn der Reichskanzler ihm die Hand drückt und den Kopf streichelt, zumal dann, wenn es der so bewunderte ‚Führer' ist? Ich kam mir irgendwie ‚geweiht' vor, meine Anhänglichkeit an Hitler schien ‚zementiert'."[144] [...] „Ich habe Hitler später noch mehrfach aus der Nähe gesehen, war jedoch niemals so beeindruckt wie bei diesem Erlebnis."[145]

Berlits Bericht lässt keine Distanz zum damaligen Erleben erkennen und klingt, als lebten seine Gefühle in der Erinnerung wieder auf. Er spricht von „Stolz" und „Erlebnis", er war „zutiefst beglückt" und „beeindruckt". Er betont die „Nähe" im doppelten Sinne, diejenige zum Geschehen überhaupt sowie die körperliche zu Hitler: Von ihm über den Kopf gestrichen zu werden ließ Berlit sich „geweiht" fühlen.[146] Berlits rhetorische Frage, welcher Junge nicht von Stolz erfüllt sei,

---

141 Berlit: Selbstanalyse, S. 105.
142 Dürkefälden: Schreiben, S. 75.
143 Berlit: Selbstanalyse, S. 105.
144 Ebd., S. 106.
145 Ebd., S. 107.
146 Alf Lüdtke hat bereits dargelegt, wie enthierarchisierend der von Robert Ley gerne praktizierte Händedruck mit dem Industriearbeiter wirkte und damit gern zu einem Bekehrungserlebnis wurde. Vgl. Lüdtke, Alf: „Ehre der Arbeit": Industriearbeiter und Macht der Symbole. Zur Reichweite symbolischer Orientierungen im Nationalsozialismus, in: ders. (Hrsg.): Eigen-

wenn der Reichskanzler ihm die Hand drücke und den Kopf streichle,[147] spielt ungewollt auf eine „Universalsprache von Gefühlen"[148] an, derer sich der Nationalsozialismus als Mittel der „emotionale[n] Vergemeinschaftung der Gefolgschaft"[149] bediente. Damit bestätigt Berlits Schilderung seiner Begegnung mit Hitler die Relevanz des Erlebnisangebots.

Der Besuch Hitlers ermöglichte nicht allein Berlit die Faszination, die von Nähe und körperlicher Berührung ausgehen konnte. So berichtet die Niedersächsische Tageszeitung, dass „manche Vertreterinnen der hannoverschen Weiblichkeit versuchten, des Führers Hand zu ergreifen".[150] Und auch die verbreitete Praxis des Spaliers war nicht nur, wie Klaus Tenfelde erläuterte, als „Akklamation" zu verstehen, als „Akt der Anerkennung und Unterwerfung, durch einen Appell des Herrschers an das Volk selbst, nicht etwa an dessen gewählte Vertreter".[151] Zweifelsohne war das Spalier auch aus diesem Grund ein dem antiparlamentarischen Nationalsozialismus adäquates Feierelement. Es bot jedoch auch einer großen Anzahl von Anwesenden die Möglichkeit, wenigstens für kurze Zeit in der ersten Reihe zu stehen, dem einziehenden Herrscher nahe zu sein und sich damit wie Berlit geweiht zu fühlen – auch wenn dies durchaus auch als negativ empfunden werden konnte.[152]

Berlit: Von der Neugierde zur Überzeugung

Jan-Wolfgang Berlit ist ein Beispiel dafür, wie mobilisierend die Betonung des Gemüts, der Stimmung, des inneren Erlebens sein konnte. Angefangen hatte alles mit kindlicher Neugier. Bereits zu Weimarer Zeiten zog es Berlit auf die Straße zu verschiedenen politischen Kundgebungen und Demonstrationen:

> „Meine Teilnahme am politischen Geschehen dieser Art war deshalb besonders hautnah und intensiv, weil Beobachtungslust und Wissensdurst mich dazu trieben, möglichst nahe dabei zu sein, beste Beobachtungsplätze zu erlangen, um gut zuhören zu können."[153]

Sinn. Fabrikalltag, Arbeitererfahrungen und Politik vom Kaiserreich bis in den Faschismus, Hamburg 1993, S. 283–350, hier S. 283–287.

147 Berlit: Selbstanalyse, S. 106.
148 Segeberg, Harro: Erlebnisraum Kino. Das Dritte Reich als Kultur- und Mediengesellschaft, in: ders.: (Hrsg.): Mediale Mobilmachung I. Das Dritte Reich und der Film, Paderborn 2004, S. 11–42, Zitat S. 28.
149 Freitag: Der Führermythos im Fest, Zitat S. 16.
150 NTZ v. 2.10.1933.
151 Tenfelde, Klaus: Adventus. Zur historischen Ikonologie des Festzuges, in: HZ 235/1982, S. 45–84, hier S. 69.
152 Das Spalier wurde entsprechend häufig angewandt, auch üblicherweise für Jugendliche, vgl. z. B. Maier, Stefan: Die Aufstellung der Anton-Bruckner-Büste in der Walhalla 1937, in: Möseneder: Feste in Regensburg, S. 603–608, hier S. 605 und ders.: Der Festzug zum „Tag der nationalen Arbeit" am 1. Mai 1933, in: ebd., S. 580–584, hier S. 580.
153 Berlit: Selbstanalyse, S. 22.

Hier zeigt sich, dass der Wunsch nach Nähe durchaus unterschiedliche Gründe haben konnte: Neugierde, Interesse an den Reden, den Geschehnissen, aber auch Lust an der Beobachtung. Dass Berlit diese Nähe als erregend empfand, trug entscheidend dazu bei, dass der Besuch Hitlers ein unvergessliches Erlebnis für ihn wurde.[154] Auch als Berlit Gelegenheit hatte, „Mussolini persönlich" am Bahnsteig Hannovers zu sehen, blieb ihm dies in besonderer Erinnerung.[155] Über Kanzler Brüning im Jahr zuvor hatte Berlit dagegen zu berichten, dass die „karge Bescheidenheit seines Aussehens, seine solide sachliche Art des Redens [...] kaum begeistern" konnte.[156]

Mögen viele der geschilderten einzelnen Maßnahmen innerhalb von Feiern intuitiv durchgeführt worden sein, der „Appell an die Emotionen"[157] war die propagandistische Grundregel des Nationalsozialismus und fand Anwendung bei Feierlichkeiten jedweder Art.[158] Diese Strategie war zumindest im Fall Berlit von Erfolg gekrönt, denn es war nicht der Inhalt gewesen, der die Anhängerschaft des Zwölfjährigen „zementierte"[159] – in der Schilderung dieser Episode kamen Inhalte nicht vor.[160] Es war das emotional empfundene Erlebnis beim Zuschauer, worauf Hitlers Durchfahrt durch Hannover abgezielt hatte, weshalb sein kurzer Besuch gesondert, aber ohne politische Reden in Szene gesetzt worden war. Hitler war einfach nur körperlich präsent und das Arrangement zwischen ihm und seinem entsprechend platzierten Publikum inszenierte „Führer" und begeisterte Gefolgschaft.

---

154 Harald Welzer bestätigt auch allgemein, dass man sich eher an Emotionen denn Ereignisse erinnert. Vgl. Welzer: Gedächtnis und Erinnerung, hier S. 163.
155 Berlit: Selbstanalyse, S. 188.
156 Ebd., S. 24.
157 Longerich: Nationalsozialistische Propaganda, S. 291. Zur Emotion im Fest vgl. auch Rolf: Feste der Macht. Rolf macht die „emotionale Einbeziehung in die ‚Volksgemeinschaft'" als typisch für den italienischen Faschismus und den Nationalsozialismus im Vergleich zu anderen Diktaturen aus, vgl. S. 55. Ähnlich bereits Hockerts, Hans-Günter: Mythos, Kult und Feste. München im nationalsozialistischen „Feierjahr", in: Bauer u. a.: München, München 1993, S. 331–341, hier S. 333.
158 So auch Behrenbeck: Kult, S. 349. Vor allem ab 1935 wurde offensives Politisieren mehr und mehr durch unterhaltsame Kultur ausgetauscht, vgl. Freitag: Der Führermythos im Fest, S. 40f.; von Saldern: Cultural Conflicts, S. 332 und Maier, Stefan: Feste und Feiern im Zeichen des Nationalsozialismus, in: Möseneder: Feste in Regensburg, S. 97–106, hier S. 97.
159 Berlit: Selbstanalyse, S. 106.
160 Brockhaus wies darauf hin, dass dies typisch für „Berichte über Bekehrungserlebnisse" sei, selbst dann, wenn die Mobilisierung im Rahmen von Hitler-Reden stattfand. Vgl. Brockhaus: Schauder und Idylle, S. 206.

2. ANGEBOTE ZUR KOGNITIVEN VERARBEITUNG ODER: DIE POLITISIERUNG EINES INNEREN ERLEBNISSES

Herrschaftssicherung durch Politisierung von Erlebnissen

Die Einbeziehung von Körpern und Emotionen in die neue Herrschaftspraxis diente dazu, die Einzelnen in den Nationalsozialismus zu involvieren, sie über die Verringerung von Distanz in eine Bereitschaftshaltung zu versetzen, in der sie als Feierteilnehmer einen gewissen Grad an Aufmerksamkeit auf das Geschehen richten mussten. Es war der Versuch, die erstrebte „geistige Mobilmachung" über Rundfunk und Presse durch die Ansprache weiterer Sinne zu komplettieren. Um wie Berlit vom emotionalen Erlebnis zur Affirmation der nationalsozialistischen Herrschaft zu gelangen, musste jedoch ein weiterer Schritt geleistet werden. Das Erlebnis musste nicht nur als positiv gewertet, sondern auch politisiert werden, das heißt die zeitgenössische Politik musste damit in Verbindung gesetzt werden und in die Bewertung der politischen Lage einfließen. Dann erst resultierte aus dem Erlebnis eine Mobilisierung im intendierten Sinne, also eine erhöhte Akzeptanz des Nationalsozialismus oder gar ein aktives Eintreten für das „Tausendjährige Reich". Und wie der Nationalsozialismus weder die physische Konstellation der Körper noch die Möglichkeiten emotionalen Erlebens dem Zufall oder der Eigeninitiative der Deutschen überließ, so bemühte er sich auch um inhaltliche Hilfestellung zur Deutung des Erlebnisses.

Im Folgenden wird zuerst untersucht, welche inhaltlichen Tendenzen der zwischen 1933 und 1945 vollzogene Austausch von Personen in der offiziösen „biographical map" geehrter Stadtpersönlichkeiten aufwies. Anschließend wird untersucht, welche spezifischen Verhaltensmaßstäbe Jugendlichen und Frauen vermittelt werden sollten. Beide Abschnitte haben die Vorkriegszeit zum Gegenstand. Der letzte Teil widmet sich den Ehrungen während des Zweiten Weltkriegs und den sich hier radikalisierenden ehrungspolitischen Prioritäten.

2.1 Nationalisierung und Nazifizierung der Ehrung städtischer Persönlichkeiten

Die beiden im Folgenden untersuchten lokalen Trauerfeiern der Jahre 1933 und 1943 stellen nicht nur den Rahmen des betrachteten Zeitraums dar; auch inhaltlich sind sie geeignet, zentrale Aspekte des vollzogenen Wertewandels in der hannoverschen Ehrungspraxis zu verdeutlichen.

Die Trauerfeiern für Bürgermeister Fink 1933 und Bürgermeister Müller 1943

Bürgermeister a. D. Gustav August Friedrich Fink[161] wurde 1854 in Hannover geboren. Er studierte Jura und war für die Stadtverwaltung, später auch das Polizeipräsidium, als juristischer Fachmann tätig. Zudem bekleidete er verschiedene Ehrenämter vor allem im Schützen- und Fremdenverkehrswesen und engagierte sich zugunsten der Errichtung der Stadthalle. 1922 wurde er zum Bürgermeister Hannovers gewählt. Politisch verortete er sich zuerst in der Nationalliberalen Partei, deren Vorsitzender in der Provinz Hannover und Landtagsabgeordneter er zeitweilig war, und wechselte 1918 funktionslos zur Deutschen Volkspartei. 1925 ernannte ihn die Stadt Hannover „in Anbetracht seiner Verdienste, die er sich um seine Vaterstadt in langen Jahren erwarb" zum Ehrenbürger.[162] Als er 1933 verstarb, setzte man ihm am 19. Mai in einem Ehrengrab auf dem Engesohder Stadtfriedhof bei.[163]

Abb. 44 u. 45: Bürgermeister Gustav Finks Grab auf dem Engesohder Friedhof.

Geboren 1885, wurde Kriminalkommissar Heinrich Müller bereits 1922 Mitglied der NSDAP.[164] Seit 1924 war er über die „Liste Ordnungsblock" und später die NSDAP Mitglied des Bürgervorsteherkollegiums, seit April 1933 als Bürgermeister und Stellvertreter Menges. Zunehmende Auseinandersetzungen mit der Partei

---

161 Zu Fink vgl. HBL, S. 116f., HK v. 16.5. u. HA v. 17.5.1933.
162 Vgl. undatiertes Foto der Urkunde, StAH, HR 3, Nr. 46.
163 Neben dem Ehrengrab wurden auch die Bestattungskosten in Höhe von 988 RM von der Stadt getragen, vgl. Magistratssitzung v. 27.5.1933, StAH. Zur Trauerfeier vgl. die Lokalpresse zw. dem 16.5. und 21.5.1933 sowie StAH, Altregistratur BVK, Nr. 24.
164 Zu Müller vgl. Kapitel I, 2.1 und 3.2.

führten 1936 zu einem Parteigerichtsentscheid, infolgedessen er seine Ehrennadel als so genannter „Alter Kämpfer" zurückgeben musste. Das Verhältnis zwischen Müller und der NSDAP blieb gespannt, allerdings behielt er seinen Posten als Bürgermeister bis zu seinem Tode. Vor der Öffentlichkeit wurde über diesen parteiinternen Konflikt Stillschweigen bewahrt. Vor diesem Hintergrund fielen die Trauerfeier im März 1943 und die Berichterstattung trotz seines relativ hohen lokalen Rangs ohne größeren Aufwand, aber pflichtgemäß aus.[165] Dazu gehörte, dass auch er ein Ehrengrab in Engesohde erhielt.[166]

Sowohl Fink als auch Müller wurden als nützlich, ihre Leistungen als unverzichtbar für das Gemeinschaftsleben gelobt. „Fast ein Menschenalter hindurch war es dem Heimgegangenen vergönnt, seine Kenntnisse und Fähigkeiten dem Wohle Hannovers zu widmen", hieß es in der städtischen Todesanzeige für Bürgermeister Fink.[167] Hingewiesen wurde auf seine beruflichen Funktionen in der Stadtverwaltung, worin er „seiner Vaterstadt in Treue und Hingebung gedient und im öffentlichen Leben einen wichtigen Platz ausgefüllt" habe. Dabei sei es jedoch nicht geblieben: „Ueber seine dienstlichen Obliegenheiten hinaus hat ihn seine ehrenamtliche Tätigkeit im kulturellen und gesellschaftlichen Leben Hannovers mit der Bürgerschaft in nahe Verbindung gebracht". Ähnlich betonte das in der Lokalpresse öffentlich bekannt gemachte Beileidsschreiben Oberbürgermeister Menges an Finks Ehefrau die „bleibenden Verdienste", „treu und aufopfernd" habe Gustav Fink der Stadt und der Bürgerschaft gedient.[168]

Dagegen bescheinigte der Nachruf in der Presse Heinrich Müller ein Leben, „das reich an Einsatz und Erfolg im Dienst des Führers und des nationalsozialistischen Deutschlands war".[169] Konsequenterweise begann der skizzierte Lebenslauf erst im Jahr 1924 und führte ausschließlich Stationen seiner nationalsozialistischen Arbeit in Partei und Kommune an.[170] In seiner Ansprache auf der Beerdigung erklärte Regierungsdirektor Ludwig Hoffmeister, Müller sei „ein Mensch gewesen, der die Vorzüge eines rechten deutschen Mannes, eines zähen und aktiven Kämpfers für den Führer und eines liebevollen Helfers in sich vereinigte", und er versicherte an Müllers Witwe gewandt, ihr verstorbener Mann sei „das Beispiel des ehrlichen, zähen Kämpfers und wahren Nationalsozialisten".[171]

Gemeinschaft meinte also etwas durchweg Unterschiedliches: im Fall Fink das städtische Kollektiv, besonders die Bürgerschaft, bei Müller die nationalsozia-

---

165 Vgl. StAH, HR 15, Nr. 78; Amtliche Mitteilungen der Stadt Hannover, Jg. 1, Nr. 3 v. 20.3.1943, S. 17–20; HZ v. 8.3. u. HK v. 11.3.1943. Den Quellen ist kein Hinweis auf eine vorwiegend kriegsbedingte Beeinträchtigung des Trauerzeremoniells zu entnehmen.
166 Vgl. Ausgabeanweisung für die Stadtkämmerei über 1 500 RM, StAH, HR 15, Nr. 78. Auch die Bestattungskosten wurden übernommen, vgl. div. Aktennotizen über Ausgabeanweisungen zw. dem 13.3. und 14.4.1943, ebd.
167 Vgl. auch für das Folgende städtische Todesanzeige in HA v. 17.5.1933, Zitate ebd.
168 Vgl. HT v. 19.5.1933, Zitate ebd.
169 HZ v. 8.3.1943 u. HK v. 11.3.1943.
170 Ebd.
171 Vgl. Ansprache Hoffmeister in Amtliche Mitteilungen der Stadt Hannover, Jg. 1, Nr. 3 v. 20.3.1943, S. 17–20, Zitat S. 19.

listische Nation. Demgemäß wurde Fink als ein Lokalpolitiker charakterisiert, der stets auf das Gemeinwohl und die städtischen Sachfragen – wie den Bau der Stadthalle – orientiert war. So hieß es in der städtischen Todesanzeige, dass sein „stets auf den Ausgleich der Gegensätze gerichtetes Wesen [...] ihm das Vertrauen und die Wertschätzung weiter Volkskreise eingetragen" hätte.[172] Sein Wirken wurde in keinerlei Beziehung zum Nationalsozialismus gesetzt, obwohl er in den kontroversen Weimarer Jahren politisch aktiv gewesen war. Müller dagegen wurde „als Parteigenosse, als Kommunalbeamter und als Mensch" dargestellt.[173] Seine städtische Politik wurde immer wieder in einen nationalen Kontext eingebunden, indem sie als Gewinn bringend für die Parteiarbeit beschrieben wurde. So habe er als Zuständiger im städtischen Personalwesen „alte Parteigenossen" in die Stadtverwaltung geholt.[174]

Damit zeigt sich, dass auch der Begriff des Politischen in beiden Fällen Unterschiedliches meinte. Gudrun Brockhaus und Peter Reichel stellten dar, wie negativ damals der Begriff „Politik" besetzt war. Verstanden wurde darunter das Handeln in der parlamentarisch-repräsentativen Demokratie der Weimarer Republik, wofür der pejorative Begriff „Systemzeit" Verwendung fand. Diesem als unpersönlich wahrgenommenen Agieren setzte man das nichtrepräsentative, das vermeintlich authentische Handeln und Entscheiden entgegen, das seine Legitimation aus dem „Führer" des „Volkes" herleitete,[175] erinnert sei hier an das Spalier. Diesen unterschiedlichen Vorstellungen entsprachen die Beschreibungen der beiden Verblichenen: auf der einen Seite der demokratische, Schritt für Schritt vorgehende und zwischen Interessen vermittelnde Praktiker auf Lokalebene,[176] auf der anderen Seite ein einer nationalen Idee und einem diffusen Heil verpflichteter Parteigenosse.[177]

---

172 Vgl. städtische Todesanzeige in Niederdeutsche Zeitung v. 16. u. HA v. 17.5.1933, Zitate ebd.
173 Vgl. Ansprache Lauterbacher in Amtliche Mitteilungen der Stadt Hannover, Jg. 1, Nr. 3 v. 20.3.1943, S. 17–20, Zitat S. 20.
174 Vgl. Hoffmeister in Amtliche Mitteilungen der Stadt Hannover, Jg. 1, Nr. 3 v. 20.3.1943, S. 17–20, Zitat S. 19.
175 Vgl. Brockhaus: Schauder und Idylle, bes. S. 204–206 und Reichel, Peter: Der schöne Schein des Dritten Reiches. Faszination und Gewalt des Faschismus, München 1991, S. 155f.
176 Die Darstellung Finks erinnert an die Vorstellung von Politik und Sachlichkeit, welche auch der von Mergel dargelegten „Sprache der Exekutive" im Weimarer Reichstag zugrunde lag, vgl. Mergel, Thomas: Parlamentarische Kultur in der Weimarer Republik. Politische Kommunikation, symbolische Politik und Öffentlichkeit im Reichstag, Düsseldorf 2002, S. 271–277.
177 In einem Nachruf auf Karl Dincklage wurde sein Wechsel von der DNVP zur NSDAP vom Hannoverschen Anzeiger mit der Bemerkung quittiert, dass „an die Stelle der parlamentarischen Erwägungen [...] die Frage nach der Nützlichkeit für die Nation" trat, vgl. HA v. 8.10.1933.

Die Verengung des Kriterienkatalogs für Ehrungen

Überblickt man die Ehrungen populärer Personen in Hannover zwischen 1933 und 1945 im Längsschnitt, so lässt sich innerhalb des Kriterienkatalogs für Ehrungen ein Trend ausmachen. Dieser bestand, wie anhand der beiden Trauerfeiern erläutert wurde, darin, dass zunehmend nur noch Leistungen, die als herausragende Förderung der NS-Ideologie interpretiert werden konnten, Anerkennung fanden. So kam es vermehrt zu öffentlichen Ehrungen lokaler Parteifunktionäre wie in der neuen Siedlung in Ricklingen, deren Straßen nach Ehrenzeichenträgern der NSDAP benannt wurden.[178] Vermehrt berücksichtigt wurden auch nationalsozialistische Reichspolitiker, vor allem bei Straßenbenennungen und bei der Vergabe von Ehrenbürgerschaften. Die Kehrseite dieser Prioritätensetzung war das allmähliche Verschwinden klassischer Lokalgrößen in der Ehrungspraxis.[179] Hier handelte es sich traditionell um Personen, die deutliche Spuren in Hannovers Stadtgestaltung und -geschichte hinterlassen hatten, jedoch auf nationaler Ebene üblicherweise unbekannt waren. Ihre politische Anschauung war sekundär. Da nun jedoch die nationalsozialistische Gesinnung oder Leistung eines Geehrten betont wurde, traten solche Lokalpersönlichkeiten zunehmend in den Hintergrund. Seit etwa 1936 wurde jede Ehrung mehr oder weniger stark auf den Nationalsozialismus bezogen.

Diese Veränderung lässt sich anhand der Gedenktafelpolitik beispielhaft nachvollziehen. Wurden noch bis 1935 gemäß der Planungen aus der Zeit der Weimarer Republik Erinnerungstafeln für August Kestner, Karl Philipp Moritz, General Sir Hugh Halkett und Georg Ludwig Friedrich Laves angefertigt, die in keinerlei Bezug zum Nationalsozialismus standen und auch nicht willkürlich – wie bei Egestorff – in diesen Kontext gesetzt wurden, so waren die Tafeln für Gerrit Engelke und Hermann Löns, vor allem aber für Werner Tischer und Karl Dincklage Ausdruck des Wandels:[180] Der Parteiaktivist Dincklage und der einer NS-Vorfeldorganisation angehörende und von linken Jugendlichen erschlagene Tischer vereinten die erforderliche politische Haltung mit einem erwünschten regionalen bzw. lokalen Hintergrund.[181] Bei Hermann Löns und Gerrit Engelke kam es zu nationalsozialistischen Überformungen von Lebenswegdarstellungen. Die beiden Dichter gehörten zu den Gefallenen für die Nation, also Soldaten des Ers-

---

178 Zur Siedlung vgl. Döscher-Gebauer, Susanne/Hachmeister, Göran: Wohnraum für zehntausend schaffende Volksgenossen. Die Schmalz-Siedlung in Groß-Ricklingen, in: Auffarth, Sid/Saldern, Adelheid von (Hrsg.): Altes und neues Wohnen: Linden und Hannover im frühen 20. Jahrhundert, Seelze-Velber 1992, S. 77–86, bes. S. 82f., sowie HA v. 12.8., 8. u. 10.11.1937, NTZ v. 22.3.1938, HA u. NTZ v. 23./24.4.1938 und zu den Straßennamen geo 01790 und HA v. 14.10. u. 11.11.1938.
179 Dieselbe Tendenz machte Johanna Sänger für Straßenbenennungen zwischen 1933 und 1945 auf dem Gebiet der späteren DDR aus, vgl. Sänger: Heldenkult, S. 73.
180 Vgl. zu den Personen und Gedenktafeln Kapitel I, bes. Teil 3.2, zu Löns vgl. auch die Geschehnisse um die Hermann-Löns-Gesellschaft in Kapitel II, 1.2 und III, 2.1.
181 Zu Tischer vgl. Kapitel I, 4.1 und IV, 1.1, zu Dincklage vgl. ebd.

ten, später auch des Zweiten Weltkriegs, und damit einer weiteren Personengruppe, die aufgrund der sich wandelnden Kriterien gehäuft geehrt wurde.

Betrachtet man die Entwicklung der Ehrung von Nationalgrößen zwischen 1933 und 1945 in Hannover, so wird eine inhaltliche Transformation dessen deutlich, was unter „national" begriffen wurde. National wurde immer stärker gleichbedeutend mit nationalsozialistisch. Vertreter der Tradition wurden zunehmend verdrängt. Hierzu gehörten vor allem Reichspräsident von Hindenburg[182] und Otto von Emmich.[183] Als siegreiche Generäle des Ersten Weltkriegs mit persönlichem Bezug zu Hannover waren sie 1916 zu Ehrenbürgern der Stadt ernannt worden. Nach von Emmichs Tod errichtete man ihm ein großes Grabdenkmal auf dem Engesohder Friedhof, das jährlich zu seinem Todestag von der Stadt mit einem Kranz geschmückt wurde.[184] Auch von Hindenburg widmete man in Hannover nach seinem Tod 1934 eine groß angelegte Trauerfeier, in der die Verknüpfung von nationaler und lokaler Bedeutung versinnbildlicht wurde. Nach diesen Ehrungen ließ die Hochachtung für die Generäle jedoch nach. Das von Baudezernent Karl Elkart und Oberbürgermeister Arthur Menge Mitte der 1930er-Jahre in Erwägung gezogene Museum für von Hindenburg wurde trotz presseöffentlicher Bekanntmachung nie realisiert. Einzig eine Gedenktafel kam 1935 noch zustande.[185] Der Vorschlag des Reichsverbandes Deutscher Offiziere aus den Jahren 1938/39, von Emmich ein weiteres Denkmal zu setzen, wurde aus der Stadtverwaltung mit Verweis auf das bereits bestehende Grabdenkmal und die immer noch fehlende größere Ehrung für von Hindenburg abgelehnt.[186] Trotz unterschiedlicher Begleitumstände im Detail mangelte es in beiden Fällen an Willen und Einsatz einflussreicher Akteure, eine Ehrung durchzusetzen.[187] Das gilt in noch deutlicherem Maße für das Bismarck-Denkmal, das 1935 zugunsten des Maschseebaus abgetragen und dann mangels Initiative zentraler Stellen nie wieder aufgestellt wurde.[188]

---

182 Zur Ehrung Hindenburgs und seiner Beziehung zu Hannover vgl. Kapitel I, 3.2.
183 Zu Emmich vgl. HBL, S. 108f.
184 Zum Grabmal vgl. Benz-Rababah, Eva: Leben und Werk des Städtebauers Paul Wolf (1879–1957) unter besonderer Berücksichtigung seiner 1914–22 entstandenen Siedlungsentwürfe für Hannover, Hannover 1993, S. 272–274.
185 Vgl. StAH, HR 13, Nr. 649. Zu den Museumsplänen vgl. NLD v. 9.8.1934, S. 4 u. NTZ v. 10.8.1934.
186 Vgl. StAH, HR 13, Nr. 728 u. HR 15, Nr. 65; Dezernentenbesprechung v. 16.8.1936.
187 Im Fall von Emmich bat der Reichsverband Deutscher Offiziere sogar Oberpräsident Lutze und die Gauleitung um Unterstützung. Diese beließen es jedoch bei Unterstützungsschreiben an Haltenhoff.
188 Zur Bismarcksäule vgl. StAH, HR 13, Nr. 661; Schürmann, Felix: Bismarck-Säule, in: Rost, http://www.koloniale-spuren.de/ und Steinweg: Rathaus, S. 45f.

Abb. 46: Mausoleum für Otto von Emmich, Engesohder Friedhof.

Ging es um Ehrungen von Repräsentanten der alten Ordnung, herrschte seit etwa 1935 verbreitetes Desinteresse. Zwar galt die Kaiserzeit als erinnernswerte historische Phase, aber eben auch als eine vergangene Zeit. Von Hindenburg, von Emmich und von Bismarck wurden daher durch Unterlassung entehrt. Ehrungen für nationale Größen wurden lediglich dann über 1933 hinaus weitergeführt, wenn es sich um eine mit dem Nationalsozialismus äußerst kompatible Person oder Leistung handelte. So hatte sich Hoffmann von Fallersleben Zeit seines Lebens für die Einheit Deutschlands eingesetzt und sein Deutschlandlied war mittlerweile Nationalhymne, also eines der ranghöchsten Staatssymbole. Carl Peters avancierte nicht grundlos zum Vorbild nationalsozialistischer „Volk ohne Raum"-Politik.[189]

Im Laufe der Jahre musste immer weniger auf Persönlichkeiten zurückgegriffen werden, die bereits vor 1933 als Vorbilder präsentiert worden waren. Mit den Jahren entstand eine eigene Riege städtischer und staatlicher Persönlichkeiten nationalsozialistischer Prägung, vor allem während des Zweiten Weltkriegs. Während man die demokratischen und vor allem sozialdemokratischen Ehrungssymbole aus den Weimarer Jahren zumeist kurzfristig tilgte und ersetzte, wurden Elemente der Gedenklandschaft, die das Kaiserreich symbolisierten, vernachlässigt. Sie machten erst nach und nach einer neuen nationalsozialistischen Generation von Geehrten Platz.

---

189 Zu Carl Peters' Kolonialpolitik vgl. Kapitel IV, 2.2.

2.2 Die Adressaten von Ehrungen städtischer Persönlichkeiten

Während sich die Kriterien für Ehrungen auf den Nutzen für den Nationalsozialismus verengten, erweiterte sich dagegen der Adressatenkreis. Mit dem Egestorff-Denkmal für die „Betriebsgemeinschaft Linden" und dem als Arbeiterdichter betonten Gerrit Engelke wurden explizit Arbeiter geehrt und damit eine bislang in der Ehrungspolitik vernachlässigte Schicht angesprochen. Die Nationalsozialisten bemühten sich außerdem besonders um die Einbindung Jugendlicher, und auch Frauen fanden in der nationalsozialistischen Ehrungspolitik vermehrt Berücksichtigung.

Die Einbindung der Jugend

Die intendierte Vorbildfunktion von Ehrungen konnte für die Jugend offen ausgesprochen werden: „Jungen, werdet wie Scharnhorst!" betitelte die Niedersächsische Tageszeitung kurz nach Kriegsbeginn einen Beitrag über den General des Ersten Weltkriegs.[190] War Jan-Wolfgang Berlit keine Ausnahme, so dürften solche Identifikationsangebote durchaus Aussicht auf Erfolg gehabt haben. So erklärte er: „Viele Menschen suchen in ihrem Lebensumfeld oder aus der Geschichte Persönlichkeiten heraus, an denen sie sich orientieren möchten, denen sie nachzueifern beabsichtigen", und er gestand, sein erstes Vorbild sei „Jung-Siegfried aus der Nibelungen-Sage" gewesen, später dann „Kriegshelden", vor allem „preußische Generäle".[191] Die Nationalsozialisten bemühten sich nun, mit Hilfe gezielter Veranstaltungen und Ehrungen von jüngeren Personen, Jugendlichen nationalsozialistisch gezeichnete Vorbilder nahe zu bringen.

Eine der spezifisch für die Jugend konzipierten Veranstaltungen war die große „Sonnenwendfeier der niedersächsischen Jugend" am Wochenende des 24. und 25. Juni 1933, zu der die Gauleitung Südhannover-Braunschweig, der NSDAP-Kreis Hannover-Stadt und die Hitler-Jugend aufgerufen hatten.[192] Der Ablauf des Samstags war bestimmt vom „Fest der deutschen Jugend, des Turnens und des Sports".[193] Vormittags wurde die Einweihung eines „von den Turnvereinen Hannovers" errichteten Schlageter-Denkmals im gleichnamigen Stadion am Lindener Berg vollzogen.[194] Nachmittags folgten im Hindenburgstadion die zentralen

---

190 NTZ v. 24.10.1939.
191 Vgl. Berlit: Selbstanalyse, S. 47–50, Zitate S. 47f. Er nennt namentlich „Johann Friedrich Adolf von der Marwitz" und „Graf Yorck von Wartenburg", S. 49. Berlit wandte allerdings ein, dass „es reichlich riskant war, ihrem Beispiel folgen zu wollen, denn sie waren zumeist den Heldentod gestorben – danach war mir eigentlich nicht zumute", ebd. S. 48.
192 HK v. 25.6.1933.
193 Zum im Folgenden geschilderten Verlauf der Veranstaltung vgl. NTZ v. 24.6.1933, Zitate ebd.
194 Vgl. NTZ v. 24.6.1933 u. Magistratssitzung v. 16.6.1933, StAH. Wann das Lindener Stadion in Schlageter-Stadion umbenannt wurde, war den Quellen nicht zu entnehmen. Noch in der Magistratssitzung v. 11.4.1933 wurde ein Antrag, es in Jahn-Stadion umzubenennen, vertagt.

Sportveranstaltungen: ein Fußball- und ein Rugbyspiel der besten hannoverschen Vereine, kombiniert mit weiteren Turn- und Sportdarbietungen. Außerdem sollten die Vereine auf ihren eigenen Plätzen Wettkämpfe austragen. Gegen Abend trafen sich alle Festteilnehmer zum gemeinsamen sternförmigen Fackelzug, dessen einstimmende „Feuerrede" von Reichsjugendführer Baldur von Schirach[195] gehalten wurde,[196] den man erstmalig in Hannover empfing. Die Veranstaltung klang dann am Sonntagmorgen mit einem Feldgottesdienst und weiteren dezentralen Veranstaltungen der Sportvereine aus.[197]

Bei der Ankündigung der Großveranstaltung legte die nationalsozialistische Niedersächsische Tageszeitung Wert auf den gemeinschaftlichen Charakter der Leibesübungen: „Ihr seht, Hannoveraner, Turnen und Sport sind sich einig geworden", unterstrich sie in ihrem wie üblich fett gedruckten Aufruf zur Teilnahme.[198] Damit sollte nicht allein eine Geschlossenheit der „Volksgemeinschaft" präsentiert, sondern auch einem zeitgenössischen Streit der Verbände begegnet werden, der darum geführt wurde, ob nun Turnen oder Sport die höherwertige und bessere Art körperlicher Ertüchtigung sei. Die Nationalsozialisten lehnten Sport als zu spezialisiert und allein an individuellen Leistungen orientiert ab und bevorzugten das als ganzheitlich und sittlich erachtete Turnen. Da sie jedoch zugleich körperliche Betätigung aufwerten und möglichst weiten Teilen der Bevölkerung zugänglich machen wollten, bemühten sie sich trotz dieser klaren Positionierung um die Vereinigung von Sport und Turnen, die nun als verschiedene Ausprägungen nationalsozialistischer Leibesübungen gefasst wurden.[199] Zu den hierzu notwendigen Anpassungsmaßnahmen gehörte, dass Leistung nun als Gesamtleistung des Volkes, als Breitensport und in Form internationaler Mannschaftssiege erwünscht war.[200]

---

195 Baldur von Schirach (1907–1974) wurde 1931 zum Reichsjugendführer ernannt, 1933 zum „Jugendführer des Deutschen Reiches". Seit 1940 war er Gauleiter Wiens. Vgl. Benz/Graml/Weiß: Enzyklopädie, S. 967.
196 Die Rede wurde abgedruckt in NTZ v. 27.6.1933.
197 Zum Gottesdienst vgl. auch NTZ v. 27.6.1933.
198 Vgl. NTZ v. 25.6.1933, Zitat ebd.
199 Vgl. hierzu Joch, Winfried: Politische Leibeserziehung und ihre Theorie im Nationalsozialistischen Deutschland. Voraussetzungen, Begründungszusammenhang, Dokumentation, Bern u. a. 1976, bes. S. 45–49 und 117–121. So wurde der deutsche Sport in 15 Fachverbände eingeteilt, wobei die Turner weiterhin über eine Sonderstellung verfügten, vgl. Peiffer, Lorenz: Die Deutsche Turnerschaft. Ihre politische Stellung in der Zeit der Weimarer Republik und des Nationalsozialismus, Ahrensburg 1976; S. 149–179.
200 Um alle Deutschen zur körperlichen Ertüchtigung anzuhalten, ohne dass diese gleich durch Wettkämpfe und zu starkes Leistungsdenken demotiviert wurden, teilte man die Sportausbildung in Grundausbildung, Wettkampf und Hochleistung. Vgl. hierzu Joch, Winfried: Sport und Leibeserziehung im Dritten Reich, in: Ueberhorst, Horst (Hrsg.): Geschichte der Leibesübungen. Bd. 2: Leibesübungen und Sport in Deutschland vom Ersten Weltkrieg bis zur Gegenwart, Berlin 1980, S. 701–742, hier S. 717. Zum Begriff der Leistung im NS-Sport vgl. Joch, Winfried: Zum Problem der Leistung in der nationalsozialistischen Leibeserziehung, in: Burgener, Louis (Hrsg.): Sport und Kultur = Sports et civilisations, Bern u. a. 1982, S. 29–34 und Friese, Gernot: Anspruch und Wirklichkeit des Sports im Nationalsozialismus, Ahrensburg bei Hamburg 1974, S. 28–31.

Von Schirach wurde in jenen Tagen nahezu als Star präsentiert. Bereits am Samstagnachmittag soll auf dem Ernst-August-Platz vor dem hannoverschen Hauptbahnhof ein „lebhaftes Treiben" geherrscht haben, wie die Niedersächsische Tageszeitung zu berichten wusste.[201] Dort hatte, so hieß es weiter, „die Hitlerjugend Spalier gebildet. Junge braune Fäuste spannen die Schulterriemen zu einer straffen Absperrkette: ‚Hier hat niemand durchzugehen, hier kommt unser Reichsjugendführer ...!'". Auf diese Art bemühte sich die NTZ, ein persönliches, kompromisslos positives und nahes Verhältnis zwischen lokalen Hitler-Jugendlichen und dem Reichsjugendführer darzustellen. Zudem wurde jener als umgänglich und sympathisch vorgestellt: „Bescheiden schüttelt Baldur v. Schirach seinen Kameraden die Hände, nimmt dankend die Blumen und läßt sich lächelnd in den schützenden Ring der diensteifrigen Hitlerjungen nehmen". Erst als er zum Hindenburgstadion abgefahren war, sollen die Heil-Rufe verstummt sein.[202]

Von Schirachs Rede, so behauptete der Hannoversche Kurier, „übte im Verein mit den hoch zum nächtlichen Himmel emporlodernden Flammen des mächtigen Sonnenwendfeuers eine Wirkung aus, der sich niemand entziehen konnte".[203] Um eine solche Atmosphäre zu fördern wurde nicht nur Schirach als vorbildlicher Freund und Kamerad stilisiert, sondern die gesamte Veranstaltung als Aufbruch der Jugend, als Beginn einer neuen Zeit. Die Sonnenwendfeier sei „symbolisch für die gesamte Jugend Deutschlands, die [...] in einer Wende und Wandlung begriffen sei", führte von Schirach in seiner Ansprache aus. „Die nationalsozialistische Jugend habe an die Stelle der Bürokratie das lebendige Leben gesetzt", fuhr er fort, und er werde „alle die Jugendorganisationen auflösen [...], die sich dem revolutionären Wollen der deutschen Jugend entgegenzustellen wagten". Das Lob der Jugend für ihren Aktivismus und ihre tragende Rolle in der als Revolution bezeichneten Machtübernahme ging also einher mit der offenen Androhung von Strafe gegen diejenigen, die sich den Nationalsozialisten als Hindernis darstellten.

Nicht nur über die HJ, die 1936 auch formal zur staatlichen Jugendorganisation mit verbindlicher Mitgliedschaft aller 14- bis 18-Jährigen ernannt wurde, bemühte man sich, Jugendliche direkt in Ehrungspraktiken verschiedenster Art einzubinden. Auch die Schulen wurden zum Ort nationalsozialistischer Propaganda. Seit etwa Mitte April 1933 wurden sukzessive Hitler-Bilder in den Schulen angebracht,[204] was eine Atmosphäre ständiger Präsenz des „Führers" und der neuen

---

201 Vgl. auch für das Folgende NTZ v. 27.6.1933, Zitate ebd.
202 Inwiefern die Zuschauer tatsächlich zahlreich und begeistert anwesend waren, ließ sich nicht erkennen. Für Fußballturniere, die zum Zweck der Bindung an den NS ausgetragen wurden, hat Rudolf Oswald nachgewiesen, dass die Veranstaltungen oftmals zu Misserfolgen wurden. Das politische Moment stand so sehr im Vordergrund, dass die Veranstalter es versäumten, ausreichend sportliche Attraktivität zu bieten, die für das am Fußball interessierte Publikum jedoch maßgebend war. Vgl. Oswald, Rudolf: „Fußball-Volksgemeinschaft". Ideologie, Politik und Fanatismus im deutschen Fußball 1919–1964, Frankfurt am Main/New York 2008.
203 Vgl. auch für das Folgende HK v. 25.6.1933, Zitate ebd., vgl. NTZ v. 27.6.1933.
204 Vgl. HA v. 13.4.1933. Im April 1933 beschloss der Magistrat, 100 Hitler-Bilder für Schulen und Dienstzimmer anzukaufen, vgl. Magistratssitzung v. 4.4.1933, StAH. Vgl. zu weiteren Ankäufen StAH, HR 10, Nr. 1491.

politischen Ordnung schuf. Zu den aktiven Aufgaben, die schulpflichtige „Volksgenossen" bei größeren Festlichkeiten zu übernehmen hatten, gehörten vor allem die flaggentragende Anwesenheit in Reih und Glied und das Spalierstehen.[205] So fiel anlässlich des Geburtstags Adolf Hitlers 1933 der Unterricht aus, um die Klassen zu einer solchen Sonderschicht auf dem Waterlooplatz zu verpflichten.[206] Zum 50. Geburtstag des Gauleiters und Reichsministers Bernhard Rust, an dem ihm auch der Ehrenbürgerbrief der Stadt Hannover überreicht wurde, sollten an den Festlichkeiten „auf Anregung der NSDAP [...] auch die Schüler und Schülerinnen der oberen Klassen der Schulen beteiligt werden".[207] Vorgesehen war für diesen Samstagabend, dass „Abordnungen der Schulen und der Jugendverbände" vor dem Rathaus Aufstellung nehmen und die den Platz „umsäumenden Fackeln [...] im Verein mit der strahlenden Beleuchtung des Rathauses der Feier einen festlichen Rahmen verleihen".[208] Ob die SchülerInnen dies mehrheitlich als Ehre empfanden oder sich eher um einen Samstagabend betrogen sahen, ist nicht bekannt.

Abb. 47: „Bannführer Rokahr legte den Kranz der HJ nieder". Kranzniederlegung am Grab von Werner Tischer, abgedruckt in HA, 14. Juni 1939.

Die größte Aufmerksamkeit hinsichtlich der Etablierung eines Vorbildes für die Jugend entfiel in Hannover zweifellos auf den als Märtyrer gefeierten Werner Tischer.[209] Mit dem 1924 verstorbenen Schüler wurde ein Vertreter einer Altersgruppe geehrt, die gewöhnlich nicht mit Ehrungen bedacht wurde. Im Herbst 1937 brachte die Stadt Hannover in der Leibnizschule, die er bis zu seinem Tod besucht hatte, eine Gedenktafel für ihn an. Bemerkenswert ist vor allem der gestalterische Rahmen für die Tafel. Eine knappe Schilderung hierzu liefert der Jahresbericht 1937/38 der Leibnizschule:

„Im Berichtsjahre wurde dem Treppenhaus im 1. Stock, in dem sich in den Fenstern bereits die Ehrung für die im Weltkriege gefallenen Lehrer und Schüler befindet, der Charakter einer Ehrenhalle gegeben. Veranlassung dazu gab die Anbringung einer Gedenktafel für Werner Tischer, der am 11. Juni 1924 als Vorkämpfer des Dritten Reiches fiel. [...] Der Oberbürgermeister der Hauptstadt schenkte der Schule eine Büste des Führers sowie je ein Bild von der

---

205 Zu manchen Anlässen wurden dezentrale Schulfeiern angeordnet. Vgl. zum Geburtstag des Reichspräsidenten am 2.10.1933 ebd. und zur Feier der Machtergreifung am 30.1.1936 HA v. 17.1.1936.
206 Vgl. dazu div. Schreiben und Erlasse in StAH, HR 16, Nrn. 496 u. 497.
207 Vgl. Rundschreiben Eggers an die Schulen v. 28.9.1933, StAH, HR 3, Nr. 47.
208 Vgl. HA v. 1.10.1933, Zitate ebd.
209 Vgl. Kapitel I, 4.1 sowie IV, 1.1.

Feldherrnhalle und der Ewigen Wache in München zur weiteren Ausgestaltung der Ehrenhalle. Ferner wurde eine bereits im Besitz der Schule befindliche Hindeburgbüste [sic] aufgestellt."[210]

Abb. 48: Ein Foto von der Ehrenhalle in der Leibnizschule hat sich leider nicht erhalten. Das Bild zeigt das Eingangsportal des Volkskundemuseums, des heutigen Historischen Museums in Hannover. Bei dem Porträt von Hitler handelt es sich um ein Ölgemälde des Malers Georg Tronnier, das die Stadt Hannover im September 1933 für 400 RM erwarb.[211]

Das Treppenhaus, ein allen Personen der Schule zugänglicher und vermutlich von vielen regelmäßig frequentierter Durchgang, wurde also zu einer in nationalsozialistischen Ausstellungen mittlerweile „obligatorische[n] Ehrenhalle" umgestaltet.[212] Im Kern handelte es sich, so Hans-Ulrich Thamer, um die übergroße Darstellung von Personen und damit um eine „Überwältigungsstrategie" mit den „Mitteln der Großfotografie, die den Anspruch eines authentischen Dokuments erhob, aber zugleich eine Emotionalisierung beim Betrachter hervorrufen sollte".[213] Mit der Ehrung Tischers hatte diese propagandistische Darstellungsform Eingang in eine hannoversche Schule gefunden.

---

210 StAH, HR 16 SB, Nr. 773, S. 36f.
211 Vgl. HR 10, Nr. 1491.
212 Vgl. Thamer, Hans-Ulrich: Geschichte und Propaganda. Kulturhistorische Ausstellungen in der NS-Zeit, in: GuG, H. 3, 24/1998, S. 349–381, hier S. 372, Zitat ebd.
213 Thamer: Geschichte und Propaganda, S. 362.

Das „sportsgirl" Elly Beinhorn

Elly Beinhorn,[214] geboren und aufgewachsen in Hannover, ließ sich in Berlin zur Kunstfliegerin ausbilden und nahm schon bald mit ihrer eigenen Maschine an verschiedenen Wettbewerben und Flugschauen teil. Popularität erlangte sie erstmals durch ihre Flüge nach Afrika im Januar und nach Australien im Dezember 1931. Auch in den weiteren Jahren stellte sie Rekorde auf: 1935 flog sie innerhalb von 24 Stunden von Berlin nach Istanbul und zurück, 1936 bereiste sie sogar drei Kontinente an nur einem Tag. Beinhorn gelang es, durch dotierte Preise wie den Hindenburgpreis, Auftragsflüge und Vorträge mit der Fliegerei recht gut ihren Lebensunterhalt zu bestreiten.

In Hannover begleitete man zu Beginn der 1930er-Jahre nicht ohne Stolz ihre Erfolge und ihre große Bekanntheit.[215] Der Frauenbund der Deutschen Kolonialgesellschaft lud die „kühne Mitbürgerin", wie der Hannoversche Kurier sich ausdrückte, 1934 zu einem Empfang ins Kastens-Hotel, dem ein Lichtbildvortrag Beinhorns über die von ihr besuchten ehemaligen deutschen Kolonien in Afrika folgte.[216] Anwesend waren auch lokale und regionale Vertreter des Deutschen Luftsportverbandes, verschiedener Frauenverbände sowie der für Angelegenheiten des Flughafens zuständige Dezernent Dr. Adolf Klapproth von Halle für den Magistrat der Stadt Hannover.[217] Auch in den folgenden Jahren fand Elly Beinhorn Resonanz in der Presse.[218] Während der Anzeiger und der Kurier dazu neigten, sie den Hannoveranern als „Elly"[219] und als Mitbürgerin[220] vertraut zu machen, blieb die NTZ etwas distanzierter. Sie setzte andere Prioritäten, wie vor allem anhand der Berichterstattung über eine Großveranstaltung auf dem hannoverschen Flughafen im August 1935 deutlich wurde.

Der „Große Flugtag" wurde veranstaltet von der Kreisleitung der NSDAP, der Stadt Hannover und der Luftsport-Landesgruppe.[221] Der Hannoversche Kurier präsentierte in seinem Bericht über den Sonntag überwiegend chronologisch und nahezu gleichberechtigt die verschiedenen Darbietungen im Fallschirmspringen und Kunstfliegen.[222] Die NTZ dagegen machte deutlich, wer die Hauptattraktion

---

214 Zur Kunstfliegerin Elly Beinhorn (1907–2007) vgl. Zegenhagen: Fliegerinnen, bes. S. 240–250.
215 Vgl. Leonhardt: Jathos erster Motorflug, S. 321.
216 Vgl. HK v. 2.2.1934.
217 HK v. 2.2.1934. Zu Klapproth von Halle vgl. Fleiter: Stadtverwaltung, S. 124–127 und ders.: Heinrich Krause, bes. S. 53.
218 Vgl. z. B. HK v. 17.1.1935, Abendausgabe, NTZ v. 13.8.1935.
219 So bereits im Titel der Abendausgabe des HK v. 17.1.1935, „Elly kehrt heim". Auch der HA erinnert an Hannovers große Flieger „von Jatho bis Elly".
220 Der HA lässt für den im Folgenden näher beschriebenen Flugtag seine Leser von Beinhorn grüßen (HA v. 15.8.1935) und druckt in der Ausgabe direkt vor der Veranstaltung gar handschriftliche Grüße von ihr neben einem Portraitfoto ab (HA v. 24.8.1935).
221 Vgl. Ankündigungsplakat u. a. in HK v. 14.8.1935, Morgenausgabe.
222 Vgl. HK v. 26.8.1935.

des Nachmittags war: der Militärflieger Ernst Udet.[223] Er wurde als „Held des Tages" tituliert, dessen Schau im Bericht breiteren Raum einnahm als die seiner Kolleginnen und Kollegen.[224] Ähnlich hierarchisiert wurden die Fallschirmspringer vorgestellt und der bekannte und aus Berlin stammende Paul Erkrath in den Vordergrund gerückt.[225] Beinhorn nahm in der Berichterstattung der nationalsozialistischen Niedersächsischen Tageszeitung nur einen Platz in der zweiten Reihe ein.[226] Das nationalsozialistische Bild der häuslichen Frau und Mutter, die ihrem Mann eine Stütze war und für den Fortbestand des Volkes und seiner Sittlichkeit Sorge zu tragen hatte, konfligierte mit der Realität der Fliegerinnen und ihren Erfolgen. Dabei ist im Vergleich der Zeitungen außerdem auffällig, dass eine größere Wertschätzung für Beinhorn mit einer stärkeren Betonung des lokalen Bezugs korrespondierte. So sprach der Hannoversche Kurier davon, dass „unsere Elly" „ihre Hannoveraner" grüße.[227]

Die Niedersächsische Tageszeitung war allerdings mit ihrer Zurückhaltung keine Ausnahme, sondern eher die Regel, denn insgesamt schien sich Hannover, gemessen an Beinhorns großer Popularität, mit der Vereinnahmung als Lokalgröße zurückgehalten zu haben. Weder von Seiten der Gau- oder Kreisleitung noch von der Stadtverwaltung sind größere Ehrungen bekannt, obwohl Beinhorn als reichsweit, gar international gefeierte Person eine ideale Kandidatin für werbewirksame Ehrungen war.[228] Denn ihre Erfolge, so konstatierte der Hannoversche Kurier, stellten „nicht nur dem fliegerischen Können der Pilotin, sondern auch der Leistungsfähigkeit der deutschen Flugzeug- und Motorenindustrie das allerbeste Zeugnis" aus[229] und hierauf sollte im Hinblick auf internationales Ansehen auch nicht verzichtet werden.[230] Gerade Hannovers Interesse, sich als „Fliegerstadt" zu präsentieren, hätte mit Hilfe Beinhorns deutlicher untermauert werden können.[231] Bemühungen wie bei den Kavalleristen, sie als auch von sich aus aktive Reprä-

---

223 Ernst Udet (1896–1941) war der erfolgreichste überlebende Militärflieger des Ersten Weltkriegs und in den 1920er-Jahren als Kunstflieger aktiv. 1935 war er Oberst des Reichsluftfahrtministeriums, ab 1939 Generalluftzeugmeister. Vgl. Benz/Graml/Weiß (Hrsg.): Enzyklopädie, S. 981.
224 Vgl. NTZ v. 26.8.1935, Zitate ebd. Für den Hannoverschen Anzeiger war „Meisterflieger Oberst Udet" zweifelsohne die „Sensation des Ereignisses" (HA v. 26.8.1935), allerdings stand er in der Berichterstattung nicht so im Vordergrund wie in der NTZ.
225 Vgl. NTZ v. 26.8.1935.
226 Eine Sonderstellung unter den Frauen nahm einzig Lisl Schwab durch einen gesonderten Bericht ein, in dem sie als langjährige Parteigenossin vorgestellt wurde, vgl. ebd.
227 Vgl. HK v. 26.8.1935, Zitate ebd.
228 Auch Zegenhagen nennt an Ehrungen durch Städte nur Düsseldorf, Frankfurt, Stettin und Dortmund, vgl. Zegenhagen: Fliegerinnen, S. 242. Leonhardt erklärt, leider ohne Beleg, für Beinhorn habe es zur Amtszeit Haltenhoffs „stets großzügige Empfänge" gegeben, vgl. Leonhardt: Jathos erster Motorflug, S. 322.
229 HK v. 7.8.1936, vgl. NTZ v. 14.8.1935.
230 Betont wurde auch Beinhorns Werbung in den USA für die Olympischen Spiele in Berlin, vgl. HK u. NTZ v. 26.8.1935 bzw. „ihre Werbung für das Deutschtum in der Welt", HA v. 9.8.1933.
231 Vgl. zur „Fliegerstadt Hannover" Kapitel III, 1.2.

sentantin der Stadt zu gewinnen, sind nicht bekannt.[232] Auch im Vergleich mit der Aufmerksamkeit, die dem Kriegshelden Günther Prien von Seiten der städtischen Eliten zuteil wurde, wird die Zurückhaltung ihr gegenüber evident.[233] Was mag der Grund dafür gewesen sein?

Evelyn Zegenhagen hat differenziert die Situation von Fliegerinnen in der Weimarer Zeit und im Nationalsozialismus beleuchtet.[234] Demnach präsentierte sich Beinhorn als ein für die frühen 1930er-Jahre typisches „sonniges ‚sportsgirl'".[235] Während das Bild des Fliegens als Strapaze und als Beruf dem Mann vorbehalten blieb,[236] übte das „sportsgirl" die Fliegerei lediglich als Sport und Hobby aus – ungeachtet dessen, dass viele, so auch Beinhorn, ihren Lebensunterhalt damit bestritten.[237] Für Frauen, so die zeitgenössische Darstellung, sei das Flugzeug „technischer Untersatz [...], der ihnen das Erlebnis der Freiheit über den Wolken ermöglichte",[238] dem Mann hingegen wurde eine besondere Beziehung zum Fliegen und der Maschine nachgesagt und damit eine Ernsthaftigkeit seines Wollens. Das für die Fliegerei notwendige technische Interesse und Know-how der Frauen konnte durch diese Interpretation in den Hintergrund geschoben werden.[239]

Diese Sinnstiftung bestätigt sich in der lokalen Berichterstattung Hannovers. Der Hannoversche Anzeiger sprach nach Beinhorns Rückkehr aus Istanbul von einem „kühnen Tages-‚Ausflug'"[240] beziehungsweise einer „Tagesspritzfahrt",[241] sie selbst soll geschwärmt haben: „Ist es nicht fabelhaft, daß man an einem Tage nach dem Marmarameer fliegen kann und zurück?"[242] „Frisch und munter, als hätte der Flug keinerlei Strapazen mit sich gebracht", stellte die Niedersächsische Tageszeitung sie vor,[243] und auch der Hannoversche Kurier betonte die Leichtigkeit ihres Auftretens: Sie „plauderte in deutscher, englischer und französischer

---

232 Vgl. zur Kavallerieschule Kapitel III, 1.2, 1.3 u. 2.1.
233 Vgl. zu Prien Kapitel III, 2.2.
234 Vgl. Zegenhagen: Fliegerinnen, S. 189–240.
235 Ebd., S. 210. Zegenhagen bezieht sich dabei auf Kessemeier, Gesa: Sportlich, sachlich, männlich. Das Bild der ‚Neuen Frau' in den Zwanziger Jahren. Zur Konstruktion geschlechtsspezifischer Körperbilder in der Mode der Jahre 1920 bis 1929, Dortmund 2000, vgl. dort bes. S. 53–55 u. 66–82.
236 Vgl. Zegenhagen: Fliegerinnen, S. 210.
237 Berufstätigkeit von Frauen wurde im Nationalsozialismus nicht grundsätzlich abgelehnt, sie hatte sich jedoch eindeutig der Wahrnehmung der Mutterpflichten zu beugen, vgl. hierzu Frevert, Ute: Frauen, in: Benz/Graml/Weiß: Enzyklopädie, S. 242–258, hier S. 244 und Reiter, Raimond: Frauen im Dritten Reich in Niedersachsen. Eine Dokumentation, Pfaffenweiler 1998, S. 9. Zudem hatte die Tätigkeit einem Ideal der Weiblichkeit zu entsprechen. So war es kein Zufall, dass zum Ende der 1930er-Jahre statt der Pilotinnen nun die „Luftmaiden", also Stewardessen, protegiert wurden, vgl. Zegenhagen: Fliegerinnen, bes. S. 232f.
238 Zegenhagen: Fliegerinnen, S. 214.
239 Vgl. ebd., S. 214.
240 HA v. 15.8.1935.
241 HA v. 26.8.1935.
242 Vgl. HA v. 15.8.1935.
243 Vgl. NTZ v. 14.8.1935, Zitat ebd., vgl. auch NTZ v. 7.8.1936 u. HK v. 13.8.1935.

Sprache zwanglos mit den anwesenden fremden Pressevertretern".[244] Anlässlich einer Diashow „gab [sie] sich wie immer froh und natürlich" und hielt abends „unbefangen", „frisch und lebhaft" einen Vortrag, in dem sie „manches schöne und auch heitere Erlebnis" aus den ehemaligen deutschen Kolonien zu berichten wusste.[245] Trotz der Präsentation von Fliegerinnen und ihren Erfolgen in einer Männerdomäne blieb die Darstellung also traditionellen Geschlechterbildern verhaftet. Dieses Klima schloss auch die Erwartung an die „sportsgirls" ein, sich möglichst weiblich zu geben.[246] So sei von „allen Gestalten der deutschen Fliegerei [...] die zierliche Elly Beinhorn nicht nur die reizvollste, sondern zugleich auch die unternehmungslustigste", wusste der Hannoversche Anzeiger zu vermelden, und sie sei ein „frisches, modernes Sportmädchen, das doch ganz Dame geblieben ist".[247] Es verwundert daher nicht, dass angesichts dieses vorherrschenden Bildes von Fliegerinnen und der vermehrten Hinwendung zum Krieg der Luftwaffenpilot und damit der soldatische Flieger[248] mehr und mehr das populäre „sportsgirl" verdrängte, wie es auch in der Berichterstattung über den Flugtag deutlich geworden war.[249]

Die Turnerin Trudi Meyer

Der Hannoversche Anzeiger präsentierte Anfang August 1936 alle aus Niedersachsen zu den Olympischen Spielen zugelassenen Sportler.[250] Ein Leichtathlet, mehrere Wasserballspieler und vor allem Kavalleristen wurden kurz mit ihren sportlichen Disziplinen und Erfolgen vorgestellt. Als einzige Frau gehörte die Turnerin Trudi Meyer vom „Turn-Klubb Hannover" dazu, die sich zum ersten Mal für Olympia qualifiziert hatte. Während der Spiele war die deutsche Turnmannschaft der Damen schnell in Führung gegangen und baute diese immer weiter aus. Sie „turnten wie die ‚kleinen Götter'", schwärmte der Hannoversche Anzeiger,[251] präsentierten ein Programm, das „Schwierigkeit und Schönheit zu ihrem Recht" verhalf, und errangen so am Ende des Tages die Goldmedaille.[252] Eine Einzelwertung der Turnerinnen sah der Wettkampf nicht vor, jedoch feierte die Presse Trudi Meyer als beste deutsche Turnerin und zweitbeste der Welt.[253] Wie auch ihre erfolgreichen Kollegen aus der Militärreitschule erhielt Meyer am fol-

---

244 HK v. 13.8.1935, Abendausgabe u. HA v. 14.8.1935.
245 HK v. 2.2.1934.
246 Vgl. z. B. das Werbefoto Beinhorns in Lindener Samt in Leonhardt: Jathos erster Motorflug, S. 318.
247 HA v. 9.8.1933.
248 Vgl. hierzu auch Marschik: Flieger, S. 85–96.
249 Vgl. hierzu Zegenhagen: Fliegerinnen, S. 219–238.
250 Vgl., auch für das Folgende, HA v. 1.8.1936.
251 HA v. 14.8.1936.
252 Ebd.
253 Vgl. HA v. 14. u. 15.8.1936.

genden Tag ein Glückwunschtelegramm der Stadt Hannover.[254] Als sie gemeinsam mit den Wasserballspielern in Hannover eintraf, soll es am Bahnhof einen Massenauflauf gegeben haben, der vor allem Meyer galt, die in der Berichterstattung im Vordergrund stand.[255] Dem vorgesehenen Redner soll es unter diesen Umständen nicht einmal gelungen sein, das Wort zu erheben.[256] Nachdem auch die Reiter aus Berlin zurückgekehrt waren, gab die Stadt im Festsaal der Stadthalle einen großen Empfang für alle hannoverschen Olympioniken.[257]

Das Frauenturnen, bestehend aus verschiedenen Übungen an Reck, Barren und Querpferd sowie gymnastischen Vorführungen mit und ohne Geräten, war eine relativ neue Disziplin bei den Olympischen Spielen.[258] Sie war erst 1928 eingeführt worden und hatte 1932 pausiert, so dass immer noch großer Abstimmungsbedarf bestand. Auszuhandeln waren die Kriterien, die der Punktwertung zugrunde gelegt werden sollten und der Standard der Darbietungen.[259] Dabei nutzten die Deutschen die Beratungen des „International Olympic Comitee", um ihre Vorstellungen von sittlichem Sport publik zu machen und als Maßstab durchzusetzen. So habe die Betreuerin der deutschen Turnerinnen, die Hannoveranerin Henny Warninghoff, laut Hannoverschem Anzeiger „die deutschen Interessen, wo sie nur konnte, bis zum Letzten [vertreten]. Die deutsche Auffassung vom Turnen der Frau ist längst nicht überall bekannt."[260] Leibesübungen für Frauen sollten im Nationalsozialismus vor allem der Stabilisierung der Gesundheit und der Fitness dienen, um den Mutterpflichten gerecht werden zu können, die auch physische Belastbarkeit implizierten.[261] Darüber hinaus sollten Tugenden wie Pflichterfüllung, Leistungsbereitschaft und Disziplin gefördert werden, aber auch „Schönheit, Anmut und weibliche Würde".[262] Gerade dieser ästhetische Aspekt sollte der gefürchteten Vermännlichung der Sport treibenden Frauen entgegenwirken, sie sollten „weiblich" und „natürlich" bleiben.[263]

---

254 Vgl. HA v. 15.8.1936.
255 Vgl. NTZ v. 18.8.1936 u. HA v. 19.8.1936.
256 Vgl. HA v. 19.8.1936.
257 Vgl. NTZ u. Landespost v. 20.8., HA v. 21.8.1936.
258 Eine Übersicht über die Einführung von Disziplinen für Frauen sowie die Anzahl der Teilnehmerinnen bei den Olympischen Spielen bieten Czech, Michaela: Frauen und Sport im nationalsozialistischen Deutschland. Eine Untersuchung zur weiblichen Sportrealität in einem patriarchalen Herrschaftssystem, Berlin 1994, S. 80–83 sowie Anm. 502 auf S. 171 für eine geschlechtsspezifische Liste der Disziplinen 1936 und Pfister: Frau und Sport, S. 279f.
259 Die Darstellungen der Nationen boten, so drückte es der Hannoversche Anzeiger aus, „einen Überblick über die verschiedenartige Auffassung von der Gymnastik". HA v. 14.8.1936.
260 Vgl. HA v. 15.8.1936, Zitat ebd. Nichtsdestotrotz blieben die Nationalsozialisten den Olympischen Spielen gegenüber distanziert. Die Spiele betonten ihrer Ansicht nach zu sehr individuelle Leistungen und stellten die Überlegenheit der Arier in Frage, indem sie mit diesen in Wettstreit traten. Vgl. hierzu Joch: Sport und Leibeserziehung, bes. S. 727.
261 Vgl. zur Funktion des Sports für Frauen Landschoof, Regina/Hüls, Karin: Frauensport im Faschismus, Hamburg 1985, S. 68–70 und Joch: Politische Leibeserziehung, S. 95f.
262 Pfister, Gertrud/Langenfeld, Hans: Vom Frauenturnen zum modernen Sport. Die Entwicklung der Leibesübungen der Frauen und Mädchen seit dem Ersten Weltkrieg, in: Ueberhorst: Geschichte der Leibesübungen. Bd. 2, S. 977–1007, hier S. 979.
263 Vgl. bes. Czech: Frauen und Sport, S. 83–95. Vgl. auch NTZ v. 5./6.12.1936.

So war es denn kein Wunder, dass auch bei der Berichterstattung über die Olympischen Spiele 1936 bei den Sportlerinnen vor allem die „Fröhlichkeit und Unkompliziertheit" in der Presse hervorgehoben wurden.[264] Vor diesem Hintergrund fand auch die lokale Inszenierung der Person Trudi Meyer statt: Sie „turnte begeisternd schön und sicher",[265] „mit wundervoller Eleganz".[266] Aufgefordert, aus ihrem Leben zu erzählen, „lacht [sie] und freut sich, aber sie erzählt nur wenig. Trudi Meyer ist kein Freund von vielen Worten. Einfach und schlicht ist sie in ihrem Wesen wie im Aeußerlichen."[267] So zeichnet sie auch die Niedersächsische Tageszeitung, als sie mit den Wasserballspielern nach Hannover zurückkehrt. „Da stand sie: klein und schlicht in ihrem hellgrauen Kostüm und mit dem weißen Mützchen über dem offenen, freudestrahlenden Gesicht."[268]

Ehrungen aus der Geschlechterperspektive

Elly Beinhorn und Trudi Meyer verkörperten zwei unterschiedliche Frauentypen der gängigen Presseberichterstattung[269] und gleichzeitig zweier Sportarten, wie sie unterschiedlicher kaum sein konnten. Für die Erziehung der Frauen und Mädchen wurden im Nationalsozialismus vor allem Gymnastik, Schwimmen, Tanz und mittlerweile auch das Turnen gefördert,[270] nicht jedoch das Fliegen. Entsprechend zeigte sich vor allem die nationalsozialistische Niedersächsische Tageszeitung zurückhaltend gegenüber Elly Beinhorn. Während man ihr zumindest in Ergänzung ihrer weiblichen Leichtigkeit auch typisch männliche Attribute zusprach – im „Gespräch mit ihr spürte man hinter ihren Worten Energie, Sicherheit und festen Willen"[271] –, so wurde Trudi Meyer durchweg als „klein und schlicht" präsentiert. Sie ging nicht, wie die Fliegerin, versiert mit Reportern in verschiedenen Sprachen um, sondern ihre Dankesrede in der Stadthalle war ihre erste Rede.[272] Sandra Günther resümiert in ihrer Untersuchung über die Geschlechterkonstruktionen im Sport, dass das „Frauenideal der Nationalsozialisten [...] ganz dem des

---

264 Pfister/Langenfeld: Vom Frauenturnen, S. 994.
265 HA v. 15.8.1936.
266 HA v. 19.8.1936.
267 Vgl. HA v. 15.8.1936, Zitat ebd.
268 NTZ v. 18.8.1936.
269 Inwiefern die beiden Frauen den von ihnen gezeichneten Bildern entsprachen, kann und soll hier nicht Thema sein.
270 So führte die NTZ anlässlich eines Turniers des „Turn-Klubbs Hannover" Folgendes aus: „Es ist noch nicht lange her, da glaubten manche, lediglich die Gymnastik und nur der Tanz wären das allein seligmachende für unser Frauenturnen. Heute bekehrt man sich wieder zu der auch von uns ständig vertretenen Ansicht: Eine gemischte, kräftige turnerische Kost, in der der Tanz und die Gymnastik durchaus nicht zu fehlen brauchen, ist das beste für unsere weibliche Jugend". NTZ v. 5./6.12.1936.
271 HK v. 2.2.1934.
272 Vgl. NTZ v. 20.8.1936.

frischen, kräftigen, frohen und natürlichen Turnmädels" entsprach.[273] Trudi Meyer wurde zur adäquaten Vertreterin weiblicher Körperertüchtigung stilisiert und damit zum idealen nationalsozialistischen Vorbild.

An dieser Stelle stellt sich die Frage, welche Frauen überhaupt im nationalsozialistischen Hannover geehrt wurden. Da wäre zum einen Dora Streit zu nennen. Die 1937 verstorbene „erste Kreisfrauenschaftsleiterin des Kreises Diepholz" wurde Namenspatronin des bereits erwähnten neuen Taufbezirks der Ehrenzeichenträger in Ricklingen.[274] Geehrt wurde auch eine Ausländerin: Elsa Brändström.[275] Die schwedische Krankenschwester hatte sich im Ersten Weltkrieg um Kriegsgefangene in Russland gekümmert. Nach ihr sollte daher auf Wunsch der Baugenossenschaft Heimkehr eine neue Straße an einer ihrer Immobilien benannt werden, da die Genossenschaft „von ehemaligen Kriegsgefangenen gegründet" worden war.[276] Allerdings wurde für Frauen weder eine Ehrenbürgerschaft ausgesprochen noch ein Denkmal gesetzt, nicht einmal eine Gedenktafel angebracht. Auch wurden keine Gebäude oder Preise nach ihnen benannt. Sie fanden wie Brändström und Streit lediglich vereinzelt Platz auf Straßenschildern oder wurden wie Beinhorn und Meyer bei Empfängen oder in der Presse anerkennend hervorgehoben.

Seit 1939 machte sich bemerkbar, dass Frauen als Adressatinnen vermehrt in Ehrungen einbezogen wurden. In diesem Jahr wurden die ersten Mutterkreuze vergeben und damit ein neues Kriterium in den Katalog von Ehrungsbegründungen aufgenommen, eines, das einzig von Frauen erfüllt werden konnte. Die Verleihung der Mutterkreuze radikalisierte allerdings nicht nur den bestehenden Sexismus, sondern auch die Ehrungspolitik – davon wird im Folgenden noch die Rede sein. Jenseits der Leistungen für die NS-Bewegung, das Militär und als Mutter wurden in Hannover zwischen 1933 und 1945 nur im Sportbereich Ehrungen für Frauen ausgesprochen.

2.3 Ehrungen im Krieg. Die Auszeichnung „einfacher Volksgenossen"

Neben der bislang thematisierten Ehrung herausragender Persönlichkeiten und einer damit von den lokalen Akteuren offerierten Palette an Vorbildern gab es noch eine weitere und vielleicht noch wirkungsvollere Variante von Ehrungen: die Ehrung „einfacher Volksgenossen", also von Personen, die nicht bereits in höhere Funktionen oder Leistungsstufen vorgedrungen waren. Solche „direkten Ehrungen" waren dabei nicht grundsätzlich neu. Nach 1933 jedoch passten sich alle

---

273 Günter, Sandra: Geschlechterkonstruktion im Sport. Eine historische Untersuchung der nationalen und regionalen Turn- und Sportbewegung des 19. und 20. Jahrhunderts, Hoya 2005, S. 136.
274 Vgl. oben, Teil 3.1.
275 Vgl. geo 00812. Brändström gehörte bereits in der Weimarer Republik zu einer reichsweit häufiger per Straßenschild geehrten Person, vgl. Pöppinghege: Wege des Erinnerns, S. 109 und Lübbren: Swingel Uhland, S. 114, 118f.
276 Schreiben Baugenossenschaft Heimkehr an OB v. 28.4.1938, geo 00812.

Varianten der Gratifikation einzelner Bürger den neuen Verhältnissen an, wie die folgenden Beispiele zeigen. So wurden Beförderungen im öffentlichen Dienst nun bevorzugt am Geburtstag des „Führers" ausgesprochen.[277] Alten Menschen wurde nun nicht allein von der Stadt gratuliert, sondern auch die Gauleitung stellte ihnen eine Gratulation Hitlers zu, sobald sie 90 Jahre oder älter wurden.[278] Auch wurden Mitarbeiter der Stadtverwaltung weiterhin zu Dienstjubiläen besonders bedacht, konnten jetzt allerdings zwischen einer Büste, einem Bild des „Führers" oder 100 RM wählen.[279] Dabei ist mit steigender Kriegsmobilisierung festzustellen, dass die Belobigung von Einwohnern zunahm und es vermehrt Auszeichnungen von Verhaltensweisen gab, die auch bei Personen mittlerer oder unterer sozialer Schichten vorkamen.[280] Zu Auszeichnungen dieser Art gehörten das Mutterkreuz, das „Ehrenbuch der Deutschen Familie",[281] das Kriegsverdienstkreuz und die Vergabe von Preisen an Sportler und Erfinder.

Kreuze für Soldaten und Zivilisten

Zum Jahresende 1938 gab Hitler die „Stiftung des Ehrenkreuzes der Deutschen Mutter" bekannt und schuf damit einen neuen Typ von Ehrungen.[282] Der neue Orden wandte sich dezidiert an die „Durchschnittsbevölkerung".[283] Er zeichnete

277 Vgl. z. B. HA v. 21.4.1934 und 21.4.1936.
278 Vgl. NHStAH, Hann. 87, Hannover, Acc. 92/84, Nr. 186. Die Stadt gratulierte erst ab dem Alter von 95 Jahren, vgl. ebd.
279 Belegt ist dies zumindest für die Mitarbeiter des Städtischen Schlacht- und Viehhofes: „Es ist beabsichtigt, den Beamten und Angestellten bei Vollendung einer 25-jährigen Dienstzeit in der Stadtverwaltung Hannover künftig wahlweise eine Führerbüste oder ein Führerbild zu überreichen. [...] Ich bitte die Herren Amtsstellenleiter, jeweils einige Zeit vor Eintritt der Dienstjubiläen bei den betr. Beamten und Angestellten in geeigneter Weise festzustellen, welches Geschenk dem Wunsche des Jubilars entspricht und dem Personalamt sodann entsprechende Mitteilung zu geben." In den Folgejahren konnten optional auch 100 Mark gewählt werden. Bei elf nachweisbaren Vorgängen wurden zweimal je eine Büste und neunmal je 100 RM übergeben. Die Motive der Betroffenen für ihre Entscheidung, ob sie z. B. bereits über Büsten und Bilder verfügten, ob sie grundsätzlich keine haben wollten oder ihre zumeist schlechte finanzielle Lage Priorität hatte, ging aus den Quellen nicht hervor. Vgl. StAH, HR 10, Nr. 934, Schreiben Bürgermeister Müller i. V. für OB an Dezernenten und Amtsstellenleiter v. 5.8.1937, Zitat ebd. und div. Kurzbriefe.
280 Die quantitative und qualitative Ausweitung von Ehrungen gab es auch in der DDR, vgl. Merta, Klaus-Peter: Bedeutung und Stellenwert des Auszeichnungswesens in der Gesellschaft der DDR, in: Vorsteher, Dieter (Hrsg.): Parteiauftrag: Ein neues Deutschland. Bilder, Rituale und Symbole der frühen DDR, Berlin 1997, S. 290–305, bes. S. 301–304.
281 Das „Ehrenbuch der Deutschen Familie" wurde vom Reichsbund der Kinderreichen verliehen und war damit nur seinen Mitgliedern zugänglich. Es war jedoch staatlich anerkannt, und war eine Familie für das Ehrenbuch geprüft worden, galt das Ergebnis auch für die Zuerteilung des Mutterkreuzes. Vgl. NTZ v. 7./8.1.1939, HK v. 16.1.1939 und Weyrather: Muttertag, bes. S. 65 u. 71–73.
282 Vgl. ausführlich ebd. sowie zur Übersicht Klietmann: Staatlich-zivile Auszeichnungen, S. 144–147.
283 Vgl. Weyrather: Muttertag, S. 72.

Mütter aus, die mindestens vier Kinder zur Welt gebracht hatten und zielte sowohl auf eine Erhöhung der Geburtenrate als auch auf die Popularisierung der Unterscheidung zwischen kinderreichen Familien und den so genannten „asozialen Großfamilien".[284] Denn nicht allein die Zahl der Kinder war ausschlaggebend für die Ehrung der Mutter. Für jede Frau, für die ein Mutterkreuz beantragt war, wurde erst geprüft, ob sie der Auszeichnung würdig war: Sie musste „erbtüchtig", also „erbgesund und lebensbewährt"[285] sein, ihre Familie musste den Nürnberger Rassegesetzen entsprechen und sie einen soliden Lebenswandel führen. War der Mann Alkoholiker oder wurden Erbkrankheiten diagnostiziert, war die Mutter der Ehrung unwürdig. Auch wenn die Familie als „arbeitsscheu", „unwirtschaftlich" oder „schlampig" eingeschätzt wurde, konnte dies zu einer Ablehnung des Antrags führen.[286] Somit wurde die Geehrte also als Vertreterin einer Sippe bewertet.[287]

Zwar handelte es sich beim Ehrenkreuz für die Deutsche Mutter um eine staatliche Auszeichnung, die praktische Durchführung des Verfahrens vom Vorschlag bis zur Verleihung lag jedoch gemeinschaftlich bei den NSDAP-Kreis- und Ortsgruppen sowie verschiedenen Kommunalämtern.[288] Die Verleihung wurde regelmäßig an Muttertag durch die Ortsgruppen der NSDAP vorgenommen, die sich auch um die systematische Erfassung aller potentiellen Ehrenkreuzträgerinnen bemühten.[289] Für den Gau Südhannover-Braunschweig bestimmte Gauleiterstellvertreter Schmalz, dass „die Blockleiter eine Zusammenstellung der in ihrem Block wohnenden, [...] für die Verleihung in Frage kommenden Mütter herzustellen" hätten.[290] Dadurch kam es zu einer Vielzahl von Anträgen, und obwohl zur erstmaligen Verleihung im Mai 1939 nur die über 60-Jährigen das Kreuz erhalten sollten, kam die Verwaltung mit den aufwändigen Prüfungen, die jeweils mit umfangreichen Recherchen verbunden waren, nicht nach. Daher wurden 1939 der Erntedanktag am 1. Oktober und Heiligabend als ergänzende Termine für die Verleihung hinzugenommen. Am Muttertag 1940 wurden dann auch jüngere Frauen geehrt, wobei noch nicht alle im Vorjahr initiierten Verfahren abgeschlossen waren. Bis zum 30. September 1941 hatten reichsweit 4,7 Millionen Verleihungen stattgefunden.[291]

Das Mutterkreuz wies nicht nur äußerliche und begriffliche Ähnlichkeiten zum Eisernen Kreuz auf.[292] Auch die Initiative dazu, im Dezember 1938, also

---

284 Vgl. ebd., S. 147 und NTZ v. 7./8.1.1939.
285 Alle Zitate NTZ v. 7./8.1.1939.
286 Zu den Kriterien vgl. Weyrather: Muttertag, S. 58–64 u. 85–124.
287 Entsprechend wurden Informationen der Erbkarteien und der Unterlagen zu den Mutterkreuzen abgeglichen und ergänzten sich gegenseitig, vgl. ebd., bes. S. 68f.
288 Vgl. ebd., bes. S. 56f. u. Protokoll der Besprechung mit den Dezernenten v. 10.1.1939, S. 6, StAH sowie summarisch Fleiter: Stadtverwaltung, S. 87f.
289 Zur Entwicklung der Verleihung und zum Verfahren vgl. Weyrather: Muttertag, S. 74–80.
290 Verordnungsblatt SHB, Folge 14 v. 15.7.1939, Bl. 6, NHStAH.
291 Vgl. Weyrather: Muttertag, S. 155.
292 Vgl. die Abbildungen zum Mutterkreuz bei Klietmann: Staatlich-zivile Auszeichnungen, S. 147. Zur Entstehung und Unterteilung der militärischen Orden vgl. Kirchner/Thiemann

V. Ehrungen als partizipative NS-Repräsentationspolitik   277

gute zwei Jahre nach dem zweiten Vierjahresplan und nur zwei Monate, nachdem die sudetendeutschen Gebiete an Deutschland angegliedert worden waren, fiel in die Zeit der Kriegsvorbereitung als Teil der Lebensraumpolitik. Zuletzt machten auch die Tragevorschriften Anleihen an die Praxis der Kriegsorden. Zu festlichen Anlässen sollte das Mutterkreuz an einem speziellen blau-weißen Band und im Alltag eine Miniaturversion getragen werden.[293] Damit wurden kinderreiche Mütter öffentlich als solche erkennbar, gleich dem Soldaten, dessen militärischen Lebensweg man anhand seiner Uniform und den verschiedenen Auszeichnungen nachzeichnen konnte;[294] denn über das Eiserne Kreuz mit seinen verschiedenen Stufen hinaus gab es das Deutsche Kreuz, das Kriegsverdienstkreuz und weitere Ehrenzeichen für spezielle Anlässe, wie die Winterschlacht im Osten oder das Verwundetenabzeichen. Die militärische Tradition, Angehörige der Wehrmacht allein aufgrund ihres sichtbaren höheren Rangs zu grüßen, sollte in abgewandelter Form auch für das Mutterkreuz eingeführt werden: So war die HJ angehalten, kinderreiche Frauen auf der Straße zu grüßen. Zudem sollten diese Mütter „in der Öffentlichkeit eine bevorzugte Stellung einnehmen" und „an den Schaltern der Behörden bevorzugt abgefertigt" werden.[295] Ein Rechtsanspruch bestand jedoch nicht. Erkenntnisse darüber, inwiefern diese Ansprüche praktisch umgesetzt wurden, liegen leider nicht vor.

Im Verlauf des Zweiten Weltkriegs, besonders infolge des „Ostfeldzugs" seit Juni 1941, kam es zu einem deutlichen Anstieg von Ordensverleihungen an Soldaten.[296] Hierzu wurden weitere Unterteilungen innerhalb der Orden vorgenommen[297] und ergänzende Auszeichnungen für besondere Kampforte oder Tätigkeiten aus der Taufe gehoben.[298] Das Kriegsverdienstkreuz, das auch Zivilisten für ihren „Einsatz unter feindlicher Waffenwirkung" auszeichnen konnte, wurde nun teilweise inflationär vergeben.[299] Auch die Muttertagsfeiern erhielten 1942 ein höheres Gewicht und sollten nun als Morgenfeiern die „seelischen Betreuung der Bevölkerung" leisten.[300] In Hannover lud die Stadtverwaltung eine Reihe als kinderreich ausgezeichneter Mütter in Ergänzung zur Verleihungszeremonie der

/Laitenberger: Deutsche Orden und Ehrenzeichen, S. 205–212 und Ottinger, Johannes: Orden und Ehrenzeichen in der Bundesrepublik Deutschland, Herford, 2. Aufl. 1977, S. 151–160.
293 Vgl. Weyrather: Muttertag, S. 153.
294 Vgl. hierzu Rass, Christoph: „Menschenmaterial". Deutsche Soldaten an der Ostfront. Innenansichten einer Infanteriedivision 1939–1945, Paderborn 2003, S. 259.
295 NTZ v. 7./8.1.1939. Weyrather nennt als Beispiele für die Vorzugsbehandlung „Ehrenplätze bei Veranstaltungen der Partei und des Staates, Vortrittsrecht an Behördenschaltern, Verpflichtung der Schaffner zu bevorzugter Platzanweisung in Eisen- und Straßenbahnen". Vgl. Weyrather: Muttertag, S. 152–156.
296 Vgl. Rass: Menschenmaterial, S. 253.
297 Vgl. Kirchner/Thiemann/Laitenberger: Deutsche Orden und Ehrenzeichen, S. 207.
298 Vgl. Rass: Menschenmaterial, S. 253.
299 Vgl. Boberach: Meldungen, Bd. 17, S. 6658–6666. Zum Kriegsverdienstkreuz vgl. Kirchner/Thiemann/Laitenberger: Deutsche Orden und Ehrenzeichen, S. 211.
300 Vgl. Weyrather: Muttertag, S. 175. Angesetzt auf sonntags 10:00 Uhr, war die Verleihung ebenfalls als Konkurrenz zu den Kirchen gedacht, wie dies bereits für die Trauerfeierlichkeiten dargestellt wurde.

Ortsgruppen zu einer Feier ins Rathaus ein.[301] Vermehrt traten Trauerinszenierungen in den Vordergrund und man rief Frauen dazu auf, ihre Männer und Söhne aktiv durch die Mitarbeit in der Rüstungsindustrie zu unterstützen.[302] Die Verleihung des Mutterkreuzes war damit zu einem Teil der Durchhaltepropaganda geworden und bestätigte das den neuen Verhältnissen angepasste gewandelte Frauenleitbild: Die Frau sollte sich nun nicht allein ihren häuslichen Pflichten widmen, sondern auch der Produktion zur Unterstützung des nationalen Kampfes.[303] Den Nationalsozialisten waren die genannten Orden als „Fundament des Belohnungssystems",[304] das auf die Mobilisierung der „Volksgenossen" zielte, derart wichtig, dass sie zu den Ausnahmen des Runderlasses des Innenministers gehörten, der am 19. Dezember 1944 jegliche Verleihung von Orden und Ehrenzeichen verbot.[305] Damit blieb der gerade bei den Mutterkreuzen durch die umfangreiche Prüfung der Familien aufkommende hohe Verwaltungsaufwand bestehen. Auch in Hannover fielen die Feiern zur Verleihung des Mutterkreuzes nicht unter das Feierverbot, das Lauterbacher am 1. Februar 1943 in seinen „Maßnahmen zur totalen Kriegführung" verhängt hatte,[306] und sie fanden sowohl im Mai 1943 als auch 1944 im Großen Festsaal des Neuen Rathauses statt.[307]

Es stellt sich allerdings die Frage, inwiefern die Mobilisierung durch Kriegsauszeichnungen tatsächlich erfolgreich war. Christoph Rass kommt in seiner Untersuchung einer Infanteriedivision zu dem Schluss, dass die Auszeichnungen für die Soldaten sowohl unter Wehrmachtsangehörigen als auch innerhalb der gesamten Gesellschaft hoch anerkannt waren.[308] Über die Verleihung der Kriegsverdienstkreuze, gerade im zivilen Bereich, konstatierte der Sicherheitsdienst dagegen im Juli 1944 „eine zunehmende Abnahme des Ansehens [...] in allen Kreisen der Bevölkerung und in allen Teilen des Reiches".[309] Der Hannoveraner Horst

---

301 Vgl. HA u. NTZ v. 18.5.1942. Die Stadtverwaltung ließ sich das durchaus etwas kosten. Da sie jeder Mutter eine Vase aus Fürstenberger Porzellan schenkte, entstanden seitens der Porzellanfabrik Kosten in Höhe von 1 769,30 RM und die Stadthalle schickte eine Rechnung über 1 263,25 RM. Vgl. Aktenvermerke v. 20.5. u. 1.6.1942 in StAH, HR 15, Nr. 283
302 Vgl. zur Entwicklung beim Mutterkreuz im Krieg Weyrather: Muttertag, S. 182–205. Vgl. auch NTZ v. 17./18.5.1941. Für die Situation in Hannover vgl. Sawahn, Anke: Muttertag, der Männertag. Der Muttertag in Politik und Literatur des Nationalsozialismus – analysiert an Beiträgen der Niedersächsischen Tages-Zeitung 1933–1945 (Examensarbeit), Hannover 1981.
303 Vgl. Reiter: Frauen im Dritten Reich, S. 12 u. 19.
304 Rass: Menschenmaterial, S. 251.
305 Vgl. Klietmann: Staatlich-zivile Auszeichnungen, S. 103 und Weyrather: Muttertag, S. 76. Die letzte Verleihung des Mutterkreuzes fand im Mai 1944 statt. Rass erklärt, dass die Bürokratie zur Ausgabe militärischer Orden noch bis kurz vor der Kapitulation funktionierte, vgl. Rass: Menschenmaterial, S. 254.
306 Vgl. Kapitel II, 2.1.
307 Vgl. StAH, HR 15, Nr. 283. Für das Jahr 1944 bestätigen sich die in den Kapiteln I und II beschriebenen Akteursverhältnisse: Die Kreisverwaltung der NSDAP fungierte als Gastgeberin der Zeremonie, die Stadtverwaltung hingegen stiftete und finanzierte das Festessen, vgl. ebd.
308 Vgl. hierzu Rass: Menschenmaterial, S. 256–258.
309 Vgl. Boberach: Meldungen, S. 6658–6666, Zitat S. 6658.

Bohne berichtet in seinen 2005 erschienenen Erinnerungen, sein Vater habe 1944 dafür, dass er eine Druckerei funktionstüchtig hielt, ein Kriegsverdienstkreuz erhalten und nach 1945 ein Bundesverdienstkreuz für seine Leistungen für den Wiederaufbau.[310] Hieraus lässt sich erkennen, dass Bohne das durch die Nationalsozialisten verliehene Kriegsverdienstkreuz bis dato schätzte und es nicht in einen besonderen zeitgenössischen Kontext eingebettet wahrnahm. Die Anerkennung des Mutterkreuzes wurde besonders durch die versuchte Parallelisierung mit den Kriegsverdienstauszeichnungen und die sexuelle Konnotation erschwert, so waren Witze und die Bezeichnung „Kaninchenorden" in Umlauf.[311] Irmgard Weyrather kommt nach ihrer Analyse der Reaktionen der Bevölkerung dennoch zu dem Schluss, dass die Mutterkreuze „bei der großen Mehrheit der Deutschen anerkannt waren und insgesamt eine loyalisierende Funktion erfüllten",[312] und auch in Hannover belegt eine Sammlung von Zuschriften aus dem Jahr 1942, dass zumindest einige Frauen das Mutterkreuz durchaus als Achtungsbeweis angesehen haben.[313]

Betrachtet man die Behandlung dieser verschiedenen Orden in Hannover, so zeigt sich, dass die Träger des „Ritterkreuzes des Eisernen Kreuzes" – also der dritten Stufe des Eisernen Kreuzes – mit Abstand die größte Aufmerksamkeit genossen. Dies ergibt sich zum einen aus der Presserepräsentation. Derart Ausgezeichnete waren in den Lokalzeitungen sehr präsent. Vorzugsweise die aus Hannover oder dem Gau stammenden Wehrmachtsangehörigen wurden namentlich und mit kurzen Lebensbeschreibungen vorgestellt, teilweise ergänzt durch ein Foto.[314] Etwa seit Januar 1943, also kurz vor der Wende in Stalingrad, bildeten sie außerdem die Rubrik „Neue Ritterkreuzträger", in der sie beinahe täglich namentlich gelistet wurden.[315] Mutterkreuzträgerinnen dagegen wurden nur in zwei Fällen stellvertretend für alle Geehrten vorgestellt.[316] Zum anderen war die hohe Wertschätzung geehrter Soldaten an den Aktivitäten der Stadtverwaltung zu erkennen. Ritterkreuzträgern ging ein Glückwunschschreiben der Stadt mit einem Bildband über Hannover zu.[317] Zumindest in Planung war auch, je eine „künstle-

---

310 Vgl. Bohne, Horst: Lindener Erinnerungen 1929–1945, Hannover 2005, S. 39.
311 Vgl. hierzu ausführlich Weyrather: Muttertag, Kapitel 10.
312 Vgl. ebd., Kapitel 8 und 9, Zitat S. 148.
313 In 13 Zuschriften an Haltenhoff vom Mai 1942 bedankten sich Frauen für die Überbringung der Vase als Geschenk zum Muttertag und wahlweise für die Feier oder für die Einladung, der sie aus angegebenen Gründen nicht Folge leisten konnten. Dabei lässt die auffallend sachlich gehaltene Zuschrift von Magdalena Gellert v. 23.5.1942 vermuten, dass es sich lediglich um ein Pflichtverhalten gegenüber der Obrigkeit handelte. Vgl. StAH, HR 15, Nr. 283.
314 Vgl. z. B. NTZ v. 2.12.1942, HA v. 15.1. u. 19.1.1943, HZ v. 11.10. u. 9.11.1944.
315 Vgl. z. B. NTZ v. 21. u. 22.1., HZ v. 21./22.5., 29.6., 2.8., 1. u. 2.9. u. 8.10.1943 u. 28.9.1944. Die Bezeichnung „Rubrik" wurde hier aufgrund des immergleichen Titels der Zeitungsmeldung gewählt. Zuvor variierten die Überschriften stärker. Vgl. z. B. NTZ v. 6.9.1942 („Drei neue Ritterkreuzträger"), 22.9.1942 („Vier neue Ritterkreuzträger"), 28.9.1942 („Neue Träger des Ritterkreuzes") oder 4.11.1942 („Das Ritterkreuz wurde verliehen").
316 Vgl. HA v. 20./21.5.1939 u. NTZ v. 17./18.5.1941.
317 Grabenhorst: Bilder. Die Zusendung wurde im September 1944 eingestellt, da Goebbels das Versenden von Glückwunschschreiben generell untersagte, vgl. Vermerk Elkart v. 12.9.1944, StAH, HR 15, Nr. 6. Zum Thema Ritterkreuzträger der Stadt Hannover vgl. StAH, HR 15,

risch gearbeitete Kassette"[318] für die Aufbewahrung von Kriegserinnerungsstücken zu vergeben und ein Ehrenbuch zu erstellen.[319] Die durch die Wehrmacht vorgenommenen Auszeichnungen wurden also durch lokale Anerkennungsverfahren „verdoppelt". Dass dies für kinderreiche Mütter nicht geschah, kann darauf zurückzuführen sein, dass für die Verleihungszeremonien vor Ort zentrale Vorgaben umgesetzt werden mussten,[320] oder darauf, dass durch die Beteiligung örtlicher Akteure im Antrags- und Bewilligungsverfahren die Verleihung des Mutterkreuzes bereits als lokale Ehrung wahrgenommen wurde. Zudem wird auch das Geschlecht eine Rolle gespielt haben: Üblicherweise strahlt bei der Verteilung von Ehre immer auch etwas Glanz auf den Ehrenden ab; es findet stets auch eine implizite Selbstehrung statt.[321] Das Mutterkreuz jedoch brachte mit der Hervorhebung des mehrfachen Gebärens den zumeist männlichen Ehrenden, nämlich den NSDAP-Ortsgruppenleiter,[322] mit Symbolen der Weiblichkeit in Verbindung.

Die Verleihung des Mutterkreuzes stellt einen besonders auffälligen Versuch dar, das Privatleben zu politisieren bzw. zu entprivatisieren.[323] Die Grenze zwischen Privatem und Öffentlichem verschwamm, die Entscheidung für ein Kind wurde zur öffentlichen Angelegenheit. Diese Veröffentlichung des bislang Privaten verlangte nicht allein den Adressaten, sondern auch den Ehrenden ein neues, rassistisches Bewusstsein und eine geänderte Wertschätzung der Mutterschaft ab. Davon, dass diese Veränderung nicht von heute auf morgen zu bewerkstelligen war, zeugen vor allem die Witze über das Mutterkreuz. Einige Aspekte der Verleihungspolitik lassen sogar darauf schließen, dass man stets Gefahr lief, dass das Mutterkreuz als Einmischung in das Privatleben empfunden wurde. So wäre erklärlich, warum einerseits die Frauen geehrt wurden und manchmal biografische Skizzen in der Presse zur Identifikation mit der kinderreichen Mutter bzw. Mutterschaft einluden, andererseits die Namen dann zum Teil anonymisiert wurden.[324] Dieser Wechsel vom Privaten in die öffentliche Sphäre könnte auch – bewusst oder nicht – für die Entscheidung, Ehrungen durch die Ortsgruppen verleihen zu lassen, eine Rolle gespielt haben. Zumindest die Niedersächsische Tageszeitung wusste zu berichten, dass sich bei der Verleihung der Mutterkreuze zeigte, dass

---

Nrn. 5–8; Presseamt I, Nr. 277 (dort auch diverse Dankschreiben von Ritterkreuzträgern an die Stadt).
318 Schreiben Hoffmeister an Lauterbacher v. 30.1.1944, StAH, HR 15, Nr. 6.
319 Vorbereitungen für das Ehrenbuch, vor allem die Sammlung der Daten, waren im Gange. Allerdings scheiterte das Ehrungsprojekt kriegsbedingt und wurde 1945 durch den ersten Nachkriegsoberbürgermeister Hannovers, Gustav Bratke, ganz eingestellt. Vgl. StAH, HR 15, Nr. 5. Zu den nach dem Ersten Weltkrieg aufkommenden Gedenkbüchern allgemein vgl. Lurz: Kriegerdenkmal, S. 389–393.
320 Allgemeine Vorgaben für die Feiergestaltung gab es seit dem 1.10.1939 von Goebbels, 1942 auch über Die neue Gemeinschaft. Vgl. Weyrather: Muttertag, S. 162.
321 Vgl. Vogt: Logik der Ehre, S. 241f. u. 285.
322 Vgl. Verordnungsblatt Gau Süd-Hannover-Braunschweig, Folge 5 v. 1.3.1939, S. 3f. u. Folge 6 v. 15.3.1939, S. 10.
323 Vgl. hierzu Frevert: Frauen, bes. S. 247–251 und Reichel: Der schöne Schein, S. 156.
324 Vgl. HA v. 20./21.5.1939, hier nur mit gekürztem Nachnamen genannt und NTZ v. 17./18.5.1941.

"sich die Parteimitglieder mit ihren Familien immer fester zu einer ‚Ortsgruppen-Familie' zusammenfügen".³²⁵ Die Ortsgruppe bot also eine Möglichkeit, eine eingeschränkte, eine Art familiäre Öffentlichkeit und damit den passenden Rahmen zu schaffen.

Im Gegensatz zu den traditionellen Militärorden waren das Kriegsverdienstkreuz und das Mutterkreuz Teil einer Anerkennungspolitik, mit der der Adressatenkreis von Ehrungen deutlich ausgeweitet wurde. Nicht nur, dass nun eine dezidiert weibliche Leistung in den Katalog der ehrfähigen Handlungen und Verhaltensweisen erhoben wurde, gerade das Kriegsverdienstkreuz erwies sich als flexibles Mittel, soziale Gruppen der Bevölkerung zu ehren, die bislang von solchen Praktiken ausgeschlossen waren. So titelte die Niedersächsische Tageszeitung im Juni 1940: „Kriegsverdienstkreuz am Schlosseranzug. Hannoverscher Arbeiter vom Führer ausgezeichnet".³²⁶ Anlässlich des Erntedankfestes überreichte Gauleiter Hartmann Lauterbacher „83 Bauern, Bäuerinnen, Landarbeitern und Landarbeiterinnen" die von Hitler verliehenen Kriegsverdienstkreuze, und es wurde das Foto einer an der Kleidung als Landarbeiterin erkennbaren Frau abgedruckt.³²⁷ Zwar machten Klagen der Bevölkerung deutlich, dass die Akteure in der Ehrungsbürokratie manches Mal noch in alten hierarchischen Denkweisen verharrten und gerne Orden an bereits ranghöhere Personen verliehen.³²⁸ Auch galten für Frauen „strengere Maßstäbe", wenn es darum ging, ob ihnen ein Kriegsverdienstkreuz zuerkannt werden sollte.³²⁹ Nichtsdestotrotz stellten die verschiedenen Orden eine Tendenz zur Ausweitung von Ehrungen auf die gesamte Bevölkerung dar.

Der Eiserne Lorbeer für den Gemeinschaftssport

Im März 1942 stiftete Gauleiter Hartmann Lauterbacher den „Eisernen Lorbeer" als „höchste sportliche Wertung"³³⁰ für alle Sportdisziplinen im Gau Südhannover-Braunschweig.³³¹ Mannschaften der Hitler-Jugend und des Bundes Deutscher Mädel sowie Teams der Sportkreise sollten jeweils untereinander jährlich um diesen Wanderpreis in den Wettstreit treten.³³² Die territoriale Eingrenzung auf den Gau Südhannover-Braunschweig entsprach dabei der im Januar des Jahres veränderten Gliederung des Nationalsozialistischen Reichsbundes für Leibesübungen,

---

325 NTZ v. 22.5.1939.
326 NTZ v. 12.6.1940.
327 Vgl. HA u. NTZ v. 5.10.1942, Zitat NTZ.
328 Vgl. Boberach: Meldungen, Bd. 17, S. 6558–6666.
329 Vgl. Kramer, Nicole: Mobilisierung für die „Heimatfront". Frauen im zivilen Luftschutz, in: Steinbacher, Sybille (Hrsg.): Volksgenossinnen. Frauen in der NS-Volksgemeinschaft, Göttingen 2007, S. 93–111, S. 87f., Zitat S. 87.
330 HA v. 29.10.1942.
331 Vgl. hierzu HA u. NTZ v. 14./15.3.1942, NTZ v. 27. u. 29.10.1942, NTZ v. 4.11.1942, HA u. NTZ v. 16.11.1942.
332 Vgl. die Bekanntgabe der Siegermannschaften in HA v. 16.11.1942.

dessen Regionalstruktur nach wiederholter Reorganisation nun den Gaugrenzen angeglichen wurde.[333] Auf der Kundgebung zur Bekanntgabe des Eisernen Lorbeers verkündete Lauterbacher daher auch weitere Maßnahmen zur Etablierung des neuen Sportgaues.[334]

Abb. 49: „Der ‚Eiserne Lorbeer' als Wanderpreis des Gauleiters für sportliche Leistungen". Abgedruckt in NTZ, 27. Oktober 1942.

Abb. 50: „Die Anstecknadel für Sieger in Einzelkämpfen". Abgedruckt in NTZ, 27. Oktober 1942.

Der am 15. November 1942 erstmals verliehene Eiserne Lorbeer sollte zum einen Hannover als „sportliche Zentrale des Gaues Süd-Hannover-Braunschweig nach dem Kriege" etablieren.[335] Zum anderen diente er der Versinnbildlichung der „Volksgemeinschaft", denn er zeichnete ausschließlich „sportliche Gemeinschaftsleistungen" aus: „Bei aller Anerkennung der Notwendigkeit einer Einzelleistung wird sie die größere Bedeutung in der Einordnung im Mannschaftskampf finden", erklärte die Niedersächsische Tageszeitung.[336] Nicht zuletzt ging es auch um die Verwertbarkeit des Sports für den Krieg. Dass die Wehrmacht bislang so erfolgreich war, verdankten die „Sportsoldaten" demnach der Vorbereitung der Körper und des Geistes durch die Leibesübungen.[337] Lauterbacher vertrat die Ansicht,

---

333 Vgl. dazu Bernett, Hajo: Der Weg des Sports in die nationalsozialistische Diktatur, Schorndorf 1983, S. 21–27, bes. S. 26f. Der Gau Südhannover-Braunschweig bildete zuvor mit dem Gau Ostwestfalen und Weser-Ems den „Sportbereich" Niedersachsen.
334 Vgl. HA v. 14./15.3.1942.
335 NTZ v. 14./15.3.1942. Der Vorbereitung Hannovers darauf, sportliches Zentrum der Region zu werden, diente auch „die Ausschreibung eines Wettbewerbs für Musiker und Sportlehrer", um Sportspiele zukünftig musikalisch angemessener umrahmen zu können. Vgl. NTZ v. 16.11.1942, Zitat ebd.
336 NTZ v. 27.10.1942. In diesem Zusammenhang ist erwähnenswert, dass auch bei den Schützenfesten in Hannover Mannschaftswettbewerbe eine im NS eingeführte Neuerung waren, vgl. Krasselt, Andreas: Zwischen Kimme und Korn. Das hannoversche Schützenfest in den 20er- und 30er-Jahren des 20. Jahrhunderts, in: Schmid: Feste und Feiern, S. 231–243, S. 241.
337 Vgl. HA v. 14./15.3.1942, Zitat ebd.

dass „der Sport Kampf" sei,[338] weshalb „Leibesübungen [...] eine kriegswichtige Aufgabe" darstellten, an der „verbissen und zäh weiterzuarbeiten" sei.[339] Wie auch das Gebären der Kinder beim Mutterkreuz war Sport mittlerweile eine hochpolitische Angelegenheit, die, so der Hannoversche Anzeiger, „im nationalsozialistischen Staate nicht mehr als Privat- oder Nebensache oder gar als Luxus" galt.[340] Die kriegsmobilisierende Funktion der Preisverleihung offenbarte sich bereits an der Namengebung, erinnerte die Bezeichnung „Eiserner Lorbeer" doch zweifellos an das „Eiserne Kreuz".

Preise für Betriebe und Arbeiter

Seit 1936 veranstaltete die Deutsche Arbeitsfront den „Leistungskampf der deutschen Betriebe" um die sozialpolitische Gestaltung der Arbeitsbedingungen und die Optimierung der Produktion.[341] Die in verschiedenen Kategorien als Beste ihres Gaues hervorgegangenen Betriebe konnten an einem reichsweiten Wettbewerb teilnehmen, der mit der Ernennung zu „nationalsozialistischen Musterbetrieben" durch Hitler abschloss. Nach Kriegsausbruch wurde der Wettbewerb vorübergehend eingestellt, dann jedoch zur Kriegsmobilisierung genutzt, und 1942 wurde erstmals auch die Auszeichnung „Kriegsmusterbetrieb" vergeben.[342] Die Berichterstattung über die Verleihung lässt diese Zuspitzung der Zielsetzung deutlich erkennen, vor allem seit der Verleihung im Mai 1942.[343] So werde die DAF „in diesem Jahre in erster Linie den Arbeitseinsatz der Heimat für die kämpfende Front" bewerten.[344] Es komme darauf an, „die Kräfte des deutschen Volkes total in den Dienst der Kriegführung zu stellen [...], um den Endsieg für alle Zeiten zu erringen".[345]

Als „zivile Kriegsauszeichnung" erwies sich auch der am 10. Oktober 1942 durch Hartmann Lauterbacher gestiftete Dr.-Fritz-Todt-Preis, benannt nach dem im Februar 1942 bei einem Flugzeugabsturz ums Leben gekommenen Rüstungsminister.[346] Die mit 10 000 RM dotierte neue Auszeichnung des Gaues Südhan-

---

338 NTZ v. 14./15.3.1942.
339 Ebd.
340 HA v. 14./15.3.1942.
341 Für einen Überblick vgl. Benz/Graml/Weiß (Hrsg.): Enzyklopädie, S. 622, ausführlicher Frese, Matthias: Betriebspolitik im „Dritten Reich". Deutsche Arbeitsfront, Unternehmer und Staatsbürokratie in der westdeutschen Großindustrie 1933–1939, Paderborn 1991, S. 421–434 und Smelser, Ronald: Robert Ley. Hitlers Mann an der „Arbeitsfront". Eine Biographie, Paderborn 1989, S. 192–196.
342 Vgl. Smelser: Robert Ley, S. 263 u. NTZ v. 1./2.5.1942.
343 Vgl. NTZ v. 1./2. u. 4.5.1942 u. v. 2.5.1944.
344 NTZ v. 4.5.1942.
345 NTZ v. 1./2.5.1942.
346 Der Ingenieur Fritz Todt (1891–1942) trat 1922 der NSDAP bei. Nach der Machtübernahme wurde er Generalinspektor für das Straßenwesen, das vor allem für den Autobahnbau zuständig war. 1940 wurde er Reichsminister für Bewaffnung und Munition. Vgl. Benz/Graml/Weiß (Hrsg.): Enzyklopädie, S. 980 und Seidler, Franz W.: Fritz Todt. Baumeister des Drit-

nover-Braunschweig diente der „Förderung der betrieblichen Erfinder"[347] und sollte jährlich zum Geburtstag des Namenspatrons überreicht werden.[348]

Der Fritz-Todt-Preis stellte eine politische Ergänzung des betrieblichen Vorschlagswesens dar, das seit Beginn des 20. Jahrhunderts in einigen Betrieben eingeführt worden war.[349] Der Preis bot eine zusätzliche „Anerkennung und Förderung jener Werkschaffenden, die aus der Praxis am Arbeitsplatz heraus bessere und produktionsfördernde Methoden entwickelten und vorschlugen".[350] Im Gegensatz zur Auszeichnung als „Pionier der Arbeit" durch Hitler, die den „Betriebsführern" vorbehalten blieb,[351] richtete der Todt-Preis „einen Appell an alle wertschaffenden Männer und Frauen unseres Gaues, weiter mitzuhelfen in der Entwicklung neuer Methoden zur Produktionssteigerung".[352] Damit sei

> „ein Preis geschaffen worden, der einmal Ehrung und Belohnung des schöpferischen Arbeiters darstellt, zum anderen die Arbeitserleichterungen für viele Schaffenden fördern soll, vor allen Dingen aber unserer Wehrmacht immer bessere und wirkungsvollere Waffen in die Hand geben wird."[353]

Die auf den 8. Februar 1943 verschobene Verleihung war entsprechend vom aktuellen Geschehen in Stalingrad geprägt.[354] Lauterbacher vermeldete in seinen „Maßnahmen zur totalen Kriegführung des Gaues" eine Woche vor der Verleihung, dass „Vorschläge gemacht worden [waren], die einfach wunderbar sind, die 20, 50 und 70 Prozent Arbeitskraft und Arbeitszeit bei gleicher Leistung einsparen".[355]

---

ten Reiches, Frankfurt am Main/Berlin 1988. Eine zeitgenössische Darstellung bietet Schönleben, Eduard: Fritz Todt: Der Mensch. Der Ingenieur. Der Nationalsozialist. Ein Bericht über Leben und Werk, Oldenburg 1943.

347 Vgl. HA u. NTZ v. 10./11.10.1942 (Zitat HA) u. 4.11.1942, HA v. 8.2.1943, NTZ v. 9.2.43.
348 Allerdings hatte man sich im Datum geirrt. Sowohl HA als auch NTZ v. 10./11.10.1942 gaben als Geburtsdatum den 4. November statt des 4. Septembers an und auch die Gauleitung hatte den Termin der erstmaligen Verleihung auf den 4. November angesetzt. Die Verschiebung des Termins auf den ersten Todestag, den 8.2.1943, wurde öffentlich damit begründet, die Prüfung der Vorschläge habe aufgrund der großen Anzahl noch nicht abgeschlossen werden können. Wahrscheinlicher ist es, dass der Irrtum mittlerweile aufgefallen war. Die erste und wohl zugleich einzige Verleihung fand dann am 8.2.1943 statt.
349 Vgl. zu den Anfängen des betrieblichen Vorschlagswesens Michligk, Paul: Neue Praxis des betrieblichen Vorschlagswesens und der Arbeitsvereinfachung, Stuttgart 1953, S. 31–38.
350 NTZ v. 10./11.10.1942.
351 Vgl. NTZ v. 4.5.1942. Zur Auszeichnung „Pionier der Arbeit" vgl. Nimmergut, Jörg: Pionier der Arbeit. Gedanken zur Struktur einer Auszeichnung, Steinau 1991. Er konstatiert für die Verleihungsjahre zwischen 1940 und 1944 eine „Umkehr des Sinnes vom Arbeitsansporn zur Bereitstellung von Tötungspotentialen", Nimmergut: Pionier, S. 1.
352 NTZ v. 10./11.10.1942.
353 Ebd., vgl. HA v. 10./11.10.1942.
354 Vgl. NTZ v. 9.2.1943.
355 Vgl. Lauterbacher: Maßnahmen in NHStAH, VVP 17, Nr. 2050, S. 21, Zitat ebd.

Abb. 51 u. 52: "Der Dr.-Fritz-Todt-Preis trägt auf der Rückseite die Inschrift: ,Gestiftet von Gauleiter Hartmann Lauterbacher für hervorragende betriebliche Erfindungen 1943.'" Abgedruckt in NTZ, 9. Februar 1943 (links).
"Die Ehrennadel zum Dr.-Fritz-Todt-Preis. Den mit dem Preise ausgezeichneten deutschen Erfindern wurde diese Ehrennadel überreicht, die den Preisträgern 1. Stufe in Gold, den Preisträgern 2. Stufe in Silber und den Preisträgern 3. Stufe in Stahl verliehen wird". Abgedruckt in HZ, 10. Februar 1944 (rechts).

Am 12. November 1943 stiftete auch Hitler einen Dr.-Fritz-Todt-Preis, der alljährlich zweimal, an Todts Geburtstag am 4. September und an seinem Todestag am 8. Februar, verliehen werden sollte.[356] Während die acht Preisträger der Stufe I ihre Ehrennadel in Gold von Hitler ausgehändigt erhielten, fanden die Verleihungen der Ehrennadeln in Silber und Stahl an die Preisträger der Stufen II und III durch die Gauleiter statt.[357] Der Zweck der Stiftung war ebenfalls die Honorierung erfinderischer Leistungen zugunsten der Kriegswirtschaft und wurde in der Stiftungsurkunde wie folgt genannt:

> „Der Dr.-Fritz-Todt-Preis wird an Deutsche für erfinderische Leistungen verliehen, die für die Volksgemeinschaft von hervorragender Bedeutung sind wegen der durch sie erzielten Verbesserung an Waffen, Munition und Wehrmachtgerät sowie wegen der erreichten Einsparung an Arbeitskräften, Rohstoffen und Energie."

Den Quellen leider nicht zu entnehmen ist der Zusammenhang zwischen dem im Oktober 1942 im Gau gestifteten Preis und dem ein gutes Jahr später von Hitler ins Leben gerufenen Preis. Der Bericht der Hannoverschen Zeitung über die am 8. Februar 1944 erstmalige Verleihung des Fritz-Todt-Preises durch Hitler in Berlin enthält keinen Verweis auf die bestehende Praxis im Gau Südhannover-Braunschweig.[358] Ob Lauterbachers Idee von Hitler aufgegriffen wurde oder die Parallele auf anderem Weg zustande kam, muss daher offen bleiben. Zumindest

---

356 Vgl. auch für das Folgende: BA, NS 6/346, fol. 131–135, BA, R3/1440 u. 1441 sowie Seidler: Todt, S. 400f.
357 Zu Verleihungen kam es hier am 8. Februar 1944 und 1945 sowie am 4. September 1944.
358 Vgl. HZ v. 9. u. 10.2.1944.

aber bestätigt auch dieser Fall, dass die Gaue keineswegs lediglich als ausführendes Organ der Reichsebene tätig wurden, sondern Politik initiativ gestalteten und nationale Politik zum Teil vorwegnahmen.

Der Todt-Preis und die Gaupreise markierten, wie bereits die Orden, mit dem „Übergang von der Sieg- zur Durchhaltepropaganda" den Beginn des „totalen Kriegs" nach Stalingrad.[359] Richteten sich die Gaupreise an Betriebe, so wandten sich der Todt-Preis und die Kreuze an jeden Einzelnen und reihten sich damit als adäquates Mittel in die letzte Phase der Kriegsmobilisierung ein: Jeder Bereich des Lebens hatte sich der Kriegführung unterzuordnen. Gerade die Hinwendung zu einzelnen „Volksgenossen" bei gleichzeitiger quantitativer Ausweitung der Ehrungspraxis machte Ehrungen und Auszeichnungen auch dem „kleinen Mann auf der Straße" zugänglich. Dies galt sowohl hinsichtlich der erhöhten Chance, selbst eine Ehrung zu erhalten, als auch hinsichtlich der Wahrscheinlichkeit, unter KollegInnen und Bekannten und damit in seinem alltäglichen Lebensumfeld Geehrte persönlich zu kennen.

Für alle genannten Ehrungen, für das Mutterkreuz und den Eisernen Lorbeer, vor allem jedoch für die häufiger verliehenen Kriegsverdienstorden und Eisernen Kreuze sowie die betrieblichen Auszeichnungen galt analog, was Christoph Rass für die Belobigungspraxis in der Wehrmacht feststellte: „Die Verteilung von Auszeichnungen und Beförderungen wurde in jeder Einheit ein Monat für Monat wiederkehrendes Ereignis, bei dem der Einzelne entweder als Zuschauer oder als Adressat teilnahm."[360] Die nationalsozialistische Ehrungspolitik bemühte sich während des Zweiten Weltkriegs darum, die zunehmende Kriegsmüdigkeit zu bekämpfen, indem der Alltag jedes „Volksgenossen" auch mit Hilfe von Ehrungen immer wieder durch eine Praxis durchbrochen wurde, die Hoffnung und Stolz verbreiten half und dem Sterben ein Sinn verlieh.

ZUSAMMENFASSUNG

Das vorangegangene Kapitel setzte sich mit dem Verhältnis zwischen Ehrenden und Adressaten bei verschiedenen Ehrungspraktiken auseinander. Die Nationalsozialisten bemühten sich darum, durch ein spezifisches Arrangement des städtischen Raums den Einwohnern verschiedene Möglichkeiten der Partizipation am kulturellen Geschehen zu bieten. Die Aufforderung zum Beflaggen und Schmücken der Häuser und Straßen und zum Spenden für Denkmäler bezog die Einwohner in kollektive Praktiken ein. Ihre eingeforderte Teilnahme an stadtöffentlichen Festen, wofür man sich nicht nur Pressemitteilungen, sondern auch Postwurfsendungen bediente, zielte wie das Spalierstehen auf körperliche Nähe und physische

---

359 Zur Wandlung der Ziele und Praxis der Propaganda im Krieg vgl. Bussemer: Propaganda und Populärkultur, S. 18–20 und ausführlich Bohse, Jörg: Inszenierte Kriegsbegeisterung und ohnmächtiger Friedenswille. Meinungslenkung und Propaganda im Nationalsozialismus, Stuttgart 1988, S. 61–96, bes. 86–90, Zitat S. 83.
360 Rass: Menschenmaterial, S. 262.

Integration. Die Nationalsozialisten bemühten sich um ästhetische Gestaltungen wie Fackelmärsche und Illuminationen, ehrerbietende Rituale und die Betonung des „schlichten und würdigen"[361] Charakters der meist im Gegenteil aufwändig arrangierten Masseninszenierungen. Zwar bedienten sich auch die Nationalsozialisten bereits bestehender und bekannter Riten und Gestaltungsweisen von Feiern, dennoch wurde durch eine neue Mischung und Zuspitzung verschiedener Elemente und Kontexte die Feierkultur wahrnehmbar verändert.[362]

Angesprochen werden sollten die TeilnehmerInnen auf der Gefühlsebene, ihnen sollte ein Erlebnis ermöglicht werden, um eine positive Stimmung sowie Aufmerksamkeit für das Geschehen zu erzeugen. So brachte es bereits ein Zeitgenosse wie folgt auf den Punkt: „Eine Feier kann [...] niemals Selbstzweck sein, sie hat die Aufgabe, seelische Erlebnisse zu vermitteln".[363] Die Nationalsozialisten bemühten sich, möglichst alle den „NS-Rassekriterien" entsprechenden Personen mehr oder weniger aktiv am lokalen Fest teilhaben zu lassen. Die Integration des Zuschauers als Element der Festarchitektur platzierte ihn mittels der zugewiesenen Position oder gar Funktion im Feierritus in die herrschaftliche Ordnung. Das implizierte räumliche und nonverbale Anforderungen der Veranstalter an die Feiernden, wozu auch die äußere und innere Haltung der Teilnehmenden gehörte, sich als „Volksgenosse" innerhalb der „Volksgemeinschaft" zu verhalten. Diese Formierung der Körper, die bemühte Überwindung von Distanz durch Herstellung von Nähe, die Erzeugung eingängiger Atmosphären und die Involvierung in soziale Praktiken waren wiederholt angewandte Elemente zur Gestaltung von Feierlichkeiten. Die Feierelemente sollten eine physisch und psychisch günstige Ausgangsposition der Festteilnehmer schaffen und somit begünstigende Faktoren zur Annahme der neuen Herrschaft sein.

Mit dem Erreichen der günstigen Ausgangsposition war jedoch noch nicht ausgemacht, welche Konsequenzen die Zuschauer aus ihrem Erregungspotential zogen.[364] Daher dienten Sinnstiftungen als Deutungsangebote, mit deren Hilfe das innere Erlebnis politisiert werden sollte.[365] Die über die hannoversche Ehrungspolitik vermittelte lokale Sinnstiftung wies dabei im Laufe der Jahre nationalsozialistischer Herrschaft deutliche Veränderungen auf. Die Kriterien, nach denen Ehrungen ausgesprochen wurden, verengten sich auf Leistungen für die nationalsozialistische Nation. Das Gros der neu in den Kanon der Geehrten aufgenommenen Persönlichkeiten bestand nun aus Funktionären der NSDAP, hochrangigen Politikern, „deutschen Künstlern", gefallenen Soldaten und „Märtyrern der Bewegung". Vertreter der Weimarer Republik waren zumeist bereits 1933 aus dem Kanon ent-

---

361 Auf diese Betonung verwies bereits Priamus: Regionale Aspekte, S. 191.
362 Zur Spezifik von nationalsozialistischer Feierkultur vgl. Behrenbeck: Durch Opfer zur Erlösung, hier S. 161–167. Auch sie sieht die Veränderung eher im Gesamtkonzept denn in den Einzelaspekten.
363 Hermann Klauß: Feierstunden der deutschen Schule, Stuttgart 1941, S. 7, zitiert nach Weyrather: Muttertag, S. 176
364 Dies betont Segeberg: Erlebnisraum Kino, S. 31.
365 Affektive und kognitive Umweltwahrnehmung sind in der Praxis nur der Tendenz nach so zweiphasig angelegt wie hier beschrieben und überlappen und ergänzen sich gegenseitig.

fernt worden, Repräsentanten des Kaiserreichs fielen dem Vergessen anheim. Die offiziöse „biographical map" der Geehrten nationalisierte und nazifizierte sich also zunehmend. Das Verdienst für den Staat verdrängte die Leistung für die Stadt, die zwar noch erwünschtes, aber nur noch sekundäres Kriterium war. Zugunsten eines verbesserten Identifikationsangebots wurde jedoch gern eine lokale Beziehung einer prominenten Person zu Hannover betont, was sowohl Nähe ausdrückte als auch wiederum schuf.

Die Kriegsvorbereitungen und vor allem die Kriegshandlungen radikalisierten bisherige Tendenzen in der Ehrungspolitik. Hatte man bereits seit 1933 zunehmend auch Arbeiter und Jugendliche angesprochen, indem man Vertreter dieser sozialen Gruppen zu Geehrten erhob, so richtete man sich nun vermehrt direkt an jeden einzelnen „Volksgenossen": Zunehmend wurden Nachbarn und Arbeiter, Frauen und Sportler mit Auszeichnungen bedacht, die die „Volksgenossen" für ihren Einsatz für die „Volksgemeinschaft" und nun vor allem für den zivilen Einsatz für den Krieg lobten. Die bisher über Ehrenbürgerschaften und Straßennamen präsentierten Vorbilder, die vor allem Lebensstile der Oberschicht präsentierten, machten also mehr und mehr Personen Platz, die für immer weitere Bereiche des öffentlichen und privaten Lebens kriegstaugliches Verhalten exemplifizieren konnten. Nicht nur Soldaten erhielten ihr Ritterkreuz, potentiell jeder konnte sich nun in den direkten Ehrungen wiederfinden, die gerade an der kinderreichen und für die Rüstung produzierenden Frau, am Mann an der Maschine und am Sport treibenden Jugendlichen als Nachwuchssoldat zeigten, welche Tugenden kriegsförderlich waren. Damit wurden zunehmend bisher als privat erachtete Handlungen zu öffentlichen Angelegenheiten erklärt und die Geehrten in das nationale Kollektiv kooptiert.[366] Ehrungen in der Spätphase des NS-Regimes erwiesen sich damit als kultureller Ausdruck der Propaganda des „totalen Kriegs" und grenzten die Kriterien des Wohlverhaltens noch weiter ein. Auch für die hannoversche Ehrungspolitik Anfang der 1940er-Jahre trifft damit zu, was die Forschung bereits für die Kulturpolitik auf anderen Gebieten festgestellt hat, dass sie nämlich im Krieg zunehmend der Mobilisierung der Daheimgebliebenen diente.[367]

Durch die Berücksichtigung immer weiterer Lebensumstände und Berufsgruppen kann man auch in der Ehrungspolitik Hannovers von einer Zielgruppenpolitik sprechen, wie sie von Inge Marßolek und Adelheid von Saldern bereits für das Radioprogramm festgestellt wurde.[368] Allerdings widersprach diese weniger der Idee der „Volksgemeinschaft" als dass sie diese erst herstellte, indem sie alle Personen gleichermaßen auf ein und dasselbe Denken, auf den Erfolg des Nationalsozialismus verpflichtete und damit demonstrierte, wie man in jedem – selbst-

---

366 Zum Gruppenbezug der Ehre vgl. Vogt: Logik der Ehre, S. 229f.
367 Vgl. Schmidt: Nationalsozialistische Kulturpolitik, S. 49; für die Bereiche Musik, Theater und Büchereiwesen Schmidt: Die Gelsenkirchener Kulturverwaltung, hier S. 131–137; Rischer: Kulturpolitik in Düsseldorf, S. 209. Steinweis: Art, Ideology, S. 168 sieht dies vor allem ab Anfang 1943 gegeben.
368 Vgl. hierzu Marßolek, Inge/Saldern, Adelheid von (Hrsg.): Zuhören und Gehörtwerden, Bd. 1. Radio im Nationalsozialismus. Zwischen Lenkung und Ablenkung, Tübingen 1998, S. 369–372.

verständlich nur „arischen" – Lebens- und Arbeitskontext einen Anteil am nationalsozialistischen „Wohl" aller beitragen konnte. Die Ausweitung des Adressatenkreises stellt eine historische Neuerung dar, denn sie löste die Tradition von Ehrungen als Gratifikationssystem innerhalb des gehobenen Bürgertums und Honoratiorentums ab. Allerdings waren die Nationalsozialisten dabei nicht konsequent: Ehrenbürgerschaften blieben weiterhin ausschließlich dem gehobenen Bürgertum oder ranghohen Politikern vorbehalten.

Die geschilderten physischen, psychischen und kognitiven Integrationsmethoden lassen sich insgesamt als Versuch einer „Volksvergemeinschaftung" beschreiben. Ob sie auch dazu führten, in das Privatleben und Denken der Hannoveraner einzudringen, welche Wirkung die beschriebenen Formen des Feierns und Ehrens hatten, lässt sich nicht allgemein feststellen. Die Erforschung nationalsozialistischer Propaganda beschränkte sich daher lange Zeit auf die Untersuchung der Intentionen und Ziele der Veranstalter und Politiker als Sender von Botschaften an die Bevölkerung als Empfänger und setzte damit implizit die Absicht mit dem Resultat in eins.[369] Dies galt auch für die Erforschung der Festgestaltung, die anfänglich auf die Manipulation durch die „Ästhetisierung von Politik" oder „schöne Scheinwelten" reduziert wurde.[370] Seit etwa den 1990er-Jahren begreift man sowohl in der Historiografie als auch theoretisch untermauert in der Wirkungsforschung[371] die Festteilnehmenden als Akteure.[372] Die um die Frage nach den Wirkungen ergänzte Kultur- und Propagandaforschung entdeckte damit den „Eigensinn"[373] individuellen Handelns. Der Rezipient ist nicht passiv, er kann bewusst (aus-)handeln. So produktiv und korrigierend dieser neue methodische Ansatz auch ist, so hat meines Erachtens vor allem die auf den Kommunikationswissenschaften basierende Forschung die Tendenz, über das Ziel hinauszuschießen und den Menschen zumindest implizit als mehr oder weniger stets bewusstes, reflektierendes Wesen zu betrachten.[374] Damit einher geht dann zumeist die Annahme einer Identität von kognitiver und affektiver Ebene auf Seiten des „Empfängers". Gudrun Brockhaus ist daher zuzustimmen, wenn sie stattdessen nach dem psychischen Gewinn der Subjekte fragt, damit also nach der Ebene der Weltwahrneh-

---

[369] Zur Entwicklung der Propagandaforschung vgl. Bussemer, Thymian: Propaganda. Konzepte und Theorien, Wiesbaden 2005.

[370] Zur Geschichte der Erforschung der Festkultur im NS vgl. Rolf: Feste der Macht und Plato, Alice von: Stadtjubiläen im Nationalsozialismus. Propaganda von oben oder Konsens von unten? in: Die Alte Stadt, H. 1, 28/2001, S. 29–38.

[371] Zur Entwicklung und den verschiedenen Strömungen und Methoden der Wirkungsforschung vgl. Schenk, Michael: Medienwirkungsforschung, Tübingen, 2., vollst. überarb. Aufl. 2002 [1987].

[372] So aktuell bei Gries, Rainer: Zur Ästhetik und Architektur von Propagemen, in: ders./Schmale: Kultur der Propaganda, S. 9–35, S. 14–16.

[373] Vgl. Lüdtke, Alf: Geschichte und Eigensinn, in: Berliner Geschichtswerkstatt (Hrsg.): Alltagskultur, Subjektivität und Geschichte. Zur Theorie und Praxis von Alltagsgeschichte, Münster 1994, S. 139–153.

[374] So z. B. bei Bussemer: Propaganda und Populärkultur, auch in seinem dennoch sehr lesenswerten Werk Bussemer: Propaganda, aber auch teils bei Felbinger/Scherl: Konstruierte Erlebniswelten.

mung und -verarbeitung der Menschen, die dem direkten Zugang der Ratio entzogen ist. Damit ist auch eine Nichtidentität dieser beiden Ebenen möglich.[375] Beim Zeitzeugen Jan-Wolfgang Berlit, der hier abschließend noch einmal zu Wort kommen soll, stimmen allerdings beide Ebenen tendenziell überein, wie die Sprache verrät. Und in seiner Auslassung über die Aktualität eines „Gemeinschaftsdenkens" wird deutlich, wie langlebig die über das Erlebnis aufgenommenen Sinnstiftungen sein können:

> „Nicht zuletzt diese ‚Vergemeinschaftung' der Menschen erscheint mir als Grundlage für das überaus erstaunliche Durchhalten während des Krieges mit all' seinem Grauen und Elend. Man hatte gelernt, einander beizustehen, weil man kontaktfähig und -freudig geworden war. Ich war als 16jähriger in diesen Gesinnungswandel zur Gemeinschaft voll einbezogen. ‚Gemeinnutz geht vor Eigennutz' wurde als Gebot akzeptiert, die Gegenthese ‚Mein Nutz vor Dein Nutz' wurde verachtet. Das ist in der heutigen Ellenbogengesellschaft vielleicht kaum nachfühlbar. Mir erscheint es aber noch heute als gute Regel für menschliche Kommunikation."[376]

---

375 Vgl. Brockhaus: Schauder und Idylle, S. 11–14, bes. S. 11.
376 Berlit: Selbstanalyse, S. 82f.

ZUSAMMENFASSUNG

Die Schwerpunkte der vorliegenden Untersuchung über den Nationalsozialismus anhand der Ehrungspolitik der Stadt Hannover waren die lokalen Herrschaftspraktiken und die Aneignungsweisen der Stadtbewohner. Insbesondere die Rolle lokaler Bezüge sollte dabei berücksichtigt werden. Im Folgenden werden die Ergebnisse nun summarisch dargelegt. Zuvor jedoch wird die Entwicklung Hannovers als Sozialraum in ihrer Gesamtpräsentation und hinsichtlich der Zusammensetzung ihrer Akteure dargestellt. Die Quellenlage zur Ehrungspolitik aus der Zeit ließ es zu, sich dieser Frage über die Betrachtung von vier Aspekten zu nähern: dem Stadtimage, dem Kanon geehrter Personen, der Gedenklandschaft und der institutionellen Repräsentation der Stadt.

Die Stadt Hannover im Nationalsozialismus

Das Stadtimage stellte einen Aspekt der Werbung für die Stadt dar und war zugleich Ausdruck aktueller Wertmaßstäbe. Die Initiatoren bedienten sich ausgewählter historischer Geschehnisse und Personen der städtischen Geschichte, um mit ihrer Hilfe ein im Sinne damaliger Strategien und Zielsetzungen erwünschtes Narrativ zu formen, das der Stadt ein ansprechendes Gesicht verleihen sollte. Im Kontext von Ehrungen waren dabei zwei Stadttitel von besonderer Bedeutung. So wurde zum einen die Tradition der „Reiterstadt Hannover" über 1933 hinaus weitergeführt. Die Reiter der örtlich ansässigen Kavallerieschule, die in Turnieren weltweit erfolgreich waren, wurden mit beinahe regelmäßigen Ehrungen bedacht. Seit die Wehrmacht die Schule jedoch 1936 nach Berlin verlegt hatte, wandelte sich die Selbstdarstellung Hannovers als Stadt der Reiter grundlegend. Um die Wehrmachtsschule als hauptsächlichen Pfeiler dieses Stadtimages zu ersetzen, wurden eine SA- und eine SS-Reiterschule in der Provinzhauptstadt angesiedelt. Indem es nun politische Einheiten der NSDAP waren, mit denen versucht wurde, das Image aufrechtzuerhalten, zeigt sich, wie der Eigensinn Hannovers in diesem Fall die Nazifizierung beförderte. Allerdings erreichten die neuen Reitinstitutionen nie die Aufmerksamkeit, die die Kavalleristen auf Hannover zu lenken vermocht hatten, so dass dieser Teil des Stadtimages verblasste.

Zum anderen wurde der Stadttitel „Fliegerstadt Hannover" gefördert. Hiermit stand die Denkmalsetzung für den Flugpionier Karl Jatho in Zusammenhang, der zum Kronzeugen hannoverscher Flugkunst stilisiert wurde. Bereits diese frühe Ehrung aus dem Jahr 1933 drückte ein eindeutiges Bekenntnis zum Nationalsozialismus aus. Hannover versuchte, sich die bereits in den 1920er-Jahren bestehende Popularität des Flugwesens zunutze zu machen. Dabei erklärte man die Leistungen hannoverscher Flieger und Flugzeugbauer wie Jatho zu einem wichtigen Teil der gemeinsamen nationalen Aufgabe und präsentierte sich damit als aktiver Teil der neuen Nation. Neben Jatho diente auch die Berichterstattung über die streckenweise als einheimisch dargestellte, international bekannte Kunstfliegerin Elly Beinhorn dazu, Hannover als „Fliegerstadt" zu positionieren. Dabei trat im Laufe der Zeit der militärische Aspekt immer mehr in den Vordergrund und verdrängte Kunstfliegerinnen wie Beinhorn zusehend aus der Presseberichterstattung.

Sowohl für die „Fliegerstadt" als auch die „Reiterstadt Hannover" gilt, dass Traditionen genutzt und gemäß der neuen Politik adaptiert wurden. Wenngleich der bloße Name, der nach außen transportiert werden sollte, bereits existierte, so veränderte sich doch der Kontext, den der Name repräsentierte. Durch den Machtantritt der Nationalsozialisten hatten sich die politischen Maßstäbe gewandelt und damit die Deutung des historischen und gegenwärtigen Geschehens. Zum Teil veränderte sich aber auch die materielle Grundlage für die städtische Selbstdarstellung. In beiden Fällen zogen nationalsozialistische Inhalte in das Stadtimage Hannovers ein.

Karl Jatho und Elly Beinhorn waren zwei von vielen lokal verankerten Personen, derer sich die Akteure bedienten, um Images, Gedächtnisnarrative und Wertmaßstäbe zu steuern. Dabei wurden dem städtischen Gedächtnis sowohl neue Personen hinzugefügt als auch bereits dort platzierte entweder „vergessen" – wie Theodor Lessing und Kurt Schwitters – oder aber ihre biografische Erzählung den neuen politischen Verhältnissen angepasst. Damit veränderte sich die offizielle Darstellung des personellen Netzwerks der Stadt. Diese „biographical map" stellte mit ihrem Kanon historischer oder aktueller Persönlichkeiten kultureller oder politischer Provenienz immer auch das zeitgenössisch erlaubte, legitime und erwünschte Handeln und Denken dar.

Bereits 1933 wurden Namen von Personen, die einen sozialdemokratischen, gewerkschaftlichen oder irgendwie jüdischen Hintergrund hatten, aus der „biographical map" Hannovers getilgt. Neu aufgenommen dagegen wurden Aktivisten – und in Ausnahmefällen auch Aktivistinnen – der nationalsozialistischen Bewegung, die als Erlöser von den chaotischen Weimarer Zuständen gefeiert wurden. Ebenfalls in steigendem Maße gewürdigt wurden Gefallene des Ersten und dann insbesondere des Zweiten Weltkriegs und so genannte „Gefallene der Bewegung". Leistungen für das lokale Gemeinwesen fanden ab Mitte der 1930er-Jahre nur noch dann eine hervorgehobene Wertschätzung, wenn sie in einem nationalen oder nationalsozialistischen Kontext standen oder in diesen eingebettet werden konnten. Im Verlaufe des Krieges gehörten vor allem Personen zu den Geehrten, die sich aktiv für den Krieg einsetzten, sei es direkt als Soldat, sei es durch berufliche oder helfende Tätigkeiten auf Seiten der so genannten Heimatfront.

Im Laufe der zwölf Jahre reduzierte sich der Kriterienkatalog für ehrfähiges und damit vorbildliches Verhalten auf die Förderung des nationalsozialistischen „Endsiegs" und die „Neuordnung Europas". Die Anerkennung und Pflege originär hannoverscher Leistungen trat demgegenüber in den Hintergrund.¹ Es lässt sich insgesamt eine Homogenisierung der Ehrungskriterien konstatieren, die in einer Nationalisierung und Nazifizierung bestand.

Die Präsentation der neuen offiziösen „biographical map" fand zum einen durch Presseberichterstattung, Empfänge und Feiern zugunsten spezifischer Personen oder Personenkreise statt, zum anderen über dauerhafte Eingriffe in die Gedenklandschaft der Stadt. Mit den Denkmälern für Karl Jatho, Carl Peters, den „Märtyrer" Werner Tischer und den Industriellen Johann Egestorff sowie mit Gedenktafeln für den Reichspräsidenten Paul von Hindenburg und den Parteiaktivisten Karl Dincklage wurden punktuelle, personenbezogene Merkzeichen gesetzt. Sie sollten an anerkannte Leistungen im lokalen oder nationalen Kontext erinnern. Auch die Benennung von Straßen und Plätzen, insbesondere zentral gelegener, hatte die Funktion der alltäglichen Vergegenwärtigung der neuen Herrschaft. Diese symbolbeladenen Veränderungen waren verhältnismäßig schnell umzusetzen. Das Stadtimage dagegen, das zum Teil auch auf der Gedenklandschaft beruhte, benötigte deutlich mehr Zeit und dauerhafte Anstrengung, um bereits bestehende Assoziationen und Sinnstiftungen zu revidieren und neue zu evozieren.

Die offiziöse „biographical map" bestand nur zu einem Teil aus den durch die Stadt geehrten Persönlichkeiten. Vor allem Vertreter der kulturellen und politischen Funktionselite, die den Einwohnern über wiederholte Presseberichte und in öffentlichen Veranstaltungen in ihren Zielen und Aufgabengebieten vorgestellt wurden, gehörten fortan zu den wichtigen zeitgenössischen Akteuren des „biographical mapping". Ehrungszeremonien boten ihnen wiederkehrende Gelegenheiten, die eigene Bedeutung sowie inhaltliche Zielsetzungen symbolisch darzustellen, sei es durch ihre Platzierung im Raum, durch ihren jeweiligen Beitrag an symbolischen Praktiken oder durch Redebeiträge.² Daher sprachen die kooperierenden Akteure von Partei und Verwaltung ihre repräsentativen Anteile an den Veranstaltungen untereinander ab und teilten sie auf. Die Art der Repräsentation der Ehrenden war also ein Ergebnis von Aushandlungsprozessen. Trotz Unstimmigkeiten und Ausnahmen ließen sich hieran insgesamt Konjunkturen und Umbrüche im städtischen Machtgefüge nachzeichnen.

Nach 1933 hatten die innerhalb des Rathauses agierenden Nationalsozialisten und Rechtskonservativen zunächst überwiegend unter jeweiliger Eigenregie „ihre" Ehrungen und Entehrungen angeregt und durchgeführt. Dabei hatten sie jeweils die notwendige Unterstützung und Zustimmung der anderen erhalten. So ging die Pflanzung der Eiche für Horst Wessel von der NSDAP-Fraktion im Rathaus aus, während die Gedenktafeln für August Kestner und Georg Ludwig Friedrich Laves

---

1   Diesen Prioritätenwechsel konstatierte bereits Yvonne Wasserloos für Leipzig um 1936/37, als das Gedenken an Felix Mendelssohn durch dasjenige an Richard Wagner ersetzt wurde. Vgl. Wasserloos: Damnatio memoriae, bes. S. 179.
2   Alexander Schunka hat auch für die Frühe Neuzeit herausgestellt, wie relevant die Visualisierung von Herrschaft war, damit sie als soziales Wissen „erfaßt und erfahren" werden konnte, vgl. Schunka, Alexander: Soziales Wissen und dörfliche Welt. Herrschaft, Jagd und Naturwahrnehmung in Zeugenaussagen des Reichskammergerichts aus Nordschwaben, Frankfurt am Main u. a. 2000, S. 196.

das Anliegen rechtskonservativer Verwaltungsspitzen waren, die damit Pläne aus der Weimarer Zeit umsetzten. Gegenseitige Behinderungen in nennenswertem Ausmaß fanden nicht statt. Allerdings wurde deutlich, dass der Handlungsraum der verbliebenen Rechtskonservativen vor allem vom Willen der Nationalsozialisten abhängig war. Wenn Ehrungen realisiert wurden, die nicht der neuen Politik gemäß waren, gelang dies nicht aufgrund erfolgreicher Durchsetzungsbemühungen seitens der Konservativen, sondern weil ein Desinteresse der Nationalsozialisten dazu führte, dass niemand Einspruch erhob. Zukünftige Forschungsarbeiten über Handlungsräume im Nationalsozialismus sollten also nicht allein auf widerständiges und distanziertes Verhalten achten, um Beharrungskräfte in einer Zustimmungsdiktatur zu analysieren, sondern auch auf sporadisches und thematisch bedingtes passives Verhalten der Nationalsozialisten.

Neben Akteuren im Rathaus beteiligten sich auch Gliederungen und angeschlossene Verbände der NSDAP sowie einige der nach der ersten Gleichschaltungswelle noch verbliebenen Vereine und Verbände am städtischen Ehrungsgeschehen. Sie traten an die Stadtverwaltung heran, wenn von ihnen gewünschte Ehrungen öffentliches Eigentum tangierten oder städtische Unterstützung erwünscht war. Nationalsozialistische Gruppen stießen hier zwar auch manches Mal auf Kritik, erhielten aber im Rathaus stets die eingeforderte Unterstützung. Ehemaligen- und Angehörigenverbände militärischer Einheiten mussten dagegen die Erfahrung machen, dass die Stadtverwaltung ihre Vorschläge ablehnte oder zumindest eine grundlegende Überarbeitung der Pläne einforderte, bevor sie eine Genehmigung erteilte. Gerade dieser Vergleich zeigt, dass auch die NSDAP außerhalb des Rathauses bereits von Beginn an eine respektierte Kraft war.

Ab etwa 1935/36 nahmen Kooperationsveranstaltungen zwischen der Stadtverwaltung und der Kreis- oder Gauleitung der NSDAP zu – eine Entwicklung, die durch die Ersetzung des Oberbürgermeisters Arthur Menge durch Henricus Haltenhoff 1937 noch gefördert wurde. Zwischen letzterem und Gauleiter Bernhard Rust bzw. dessen Stellvertreter Kurt Schmalz schien es keinerlei Differenzen zu geben. Erst nachdem Rust 1941 von Hartmann Lauterbacher abgelöst worden war, traten deutliche Konflikte auf, die der Gauleiter jedoch trotz vereinzelter Fehlschläge im Detail grundsätzlich für sich entscheiden konnte.

Damit hatte sich bis etwa zum Jahresende 1941 die institutionelle Struktur der Stadt Hannover, zumindest im untersuchten Politikfeld, grundlegend verändert. Statt der Kommunalverwaltung war nun die mittlerweile mehr als Staats- denn als Parteiverwaltung auftretende Gauleitung unter Hartmann Lauterbacher für die Ehrungspolitik in Hannover zuständig. Darüber hinaus gründete Lauterbacher einen Gaukulturrat, dem nicht nur Ehrungen unterstellt waren, sondern die gesamte Kulturpolitik inklusive der ebenfalls neu geschaffenen Koordinierungsgremien Gauheimatwerk und Gaukulturring. Damit entstand in Hannover erstmals ein zentralistisches kulturpolitisches Gesamtkonzept. Dies war von der Vorstellung geprägt, dass der Gau Südhannover-Braunschweig der Mustergau deutscher und damit germanisch-niedersächsischer Stammestraditionen sei. Niedersächsische Kulturerzeugnisse wurden nun besonders gefördert. Dass Hannover in den

1920er-Jahren das Image einer Metropole moderner Kunst genossen hatte, war spätestens zu diesem Zeitpunkt dem Vergessen anheim gefallen.

Lauterbacher erreichte, dass die Zentralstellen ihrer neuen Gaukulturorganisationen, Kulturrat, Heimatwerk und Kulturring, zu großen Teilen aus dem hannoverschen Kommunaletat finanziert wurden. Zusätzlich etablierte er ein von ihm inhaltlich und personell gesteuertes Kulturbüro in der Stadtverwaltung. Die Stadt Hannover firmierte nun zunehmend unter der Bezeichnung „Gauhauptstadt", womit der veränderte Sachverhalt auch auf semantischer Ebene deutlich wurde.

Die Durchsetzung der Gauleitung als zentrale Verwaltungseinheit der Stadt Hannover blieb eine Angelegenheit unter Nationalsozialisten, war also personell gesehen Ergebnis eines „parteiinternen" Konflikts. Oberbürgermeister Haltenhoff und mehr noch sein Nachfolger Ludwig Hoffmeister begnügten sich damit, die ehrungspolitischen Entscheidungen Lauterbachers entgegenzunehmen und umzusetzen. Damit waren sie, zumindest auf diesem Feld, Vollzugsgehilfen in einer zur Dependance des Gaues degradierten Stadtverwaltung. Zugleich war Haltenhoff in Berlin um eine Abgrenzung der Kompetenzen zwischen Gauen und Städten bemüht, blieb jedoch erfolglos.

Ehrungen als Angebote an die Einwohner

Einige Ehrungen wurden gezielt zugunsten der städtischen Werbung, der touristischen Vermarktung des Ortes oder der direkten Verbesserung der Kommunalfinanzen initiiert. Die Ernennung des Kunstmäzens Fritz Beindorff zum Ehrenbürger sollte zum Beispiel seine angekündigte Spende für den Bau des Parteiforums in der Gauhauptstadt sichern. Dagegen wurden Hitler und der Nationalheld und U-Boot-Kommandant Günther Prien zu einem Besuch nach Hannover eingeladen, um Hannovers Vorzüge mittels der erwarteten Presseresonanz einem nationalen Publikum zu unterbreiten. Allerdings schlugen beide die Einladung aus. Besuche, die im Kontext des Kulturaustausches mit der italienischen Stadt Cremona im Rahmen der Achse Rom-Berlin durchgeführt wurden, zielten sogar darauf, internationale Aufmerksamkeit auf Hannover zu lenken. Eine Untersuchung von Werbematerialien für Hannover aus der NS-Zeit bestätigte jedoch die Vermutung, dass Ehrungen mit dieser Ausrichtung Randerscheinungen waren und sich die Mehrheit der Ehrungen offenbar an die Einwohner richtete.

Aufgrund ihrer unterschiedlichen Erscheinungsweisen als Denkmäler und Gedenktafeln, Ehrenbürgerschaften und Feierlichkeiten, Preise oder Geschenke erwiesen sich Ehrungen als flexibel einsetzbares Methodenensemble, mit dessen Hilfe der Bevölkerung die neue nationalsozialistische Herrschaft vorgestellt werden konnte. Hierzu gehörte die Vermittlung neuer Werte, die Umdeutung von Traditionen und städtischer Narrative, die Einübung von Verhaltensweisen gegenüber den neuen Machthabern und damit letztendlich auch die Integration der neuen Herrschaft in das alltägliche Leben. Ehrungen konnten sowohl direkt als Anerkennungspraktiken genutzt werden als auch als Anlässe für propagandistisch angelegte Feierlichkeiten.

Die Ehrenden bemühten sich zumeist darum, die Hannoveraner zur Mitwirkung an Ehrungen und den damit zusammenhängenden Praktiken wie Sammlungen und Spenden zu animieren. Aufforderungen zum Schmücken der Häuser und Einladungen zu Feiern und Veranstaltungen gehörten daher zum gängigen Aktivierungsrepertoire der Veranstalter. Ein herausragendes Beispiel war die Trauerzeremonie für Viktor Lutze, Oberpräsident der preußischen Provinz Hannover und SA-Stabschef. Nach seinem Tod 1943 organisierte die NSDAP ein zweitägiges Trauergeleit, das mit dem Toten an verschiedenen Orten Halt machte, um der dortigen Bevölkerung die Möglichkeit zu geben, sich persönlich von Lutze zu verabschieden.

Anhand der Gedenktafelpolitik konnte gezeigt werden, dass den Nationalsozialisten die Anwesenheit der Einwohner wichtiger war als den Rechtskonservativen jener Jahre. Während letztere Gedenktafeln herstellten, über die nicht einmal in der Presse berichtet wurde, erkannten die Nationalsozialisten in den Tafeln erst dann ein für sie nutzbringendes Medium der Ehrungs- und Gedenkpolitik, als sie ihre Anbringung mit einer Feierlichkeit zu verknüpfen und damit populistisch zu wenden wussten. Persönliche Anwesenheit und Teilnahme schuf Nähe und nötigte die Teilnehmer zu einem gewissen Grad an Aufmerksamkeit. Indem sie Straßen einsäumten oder in Fackelmärschen zur erleuchteten Massenbewegung stilisiert wurden, wurden ihre Körper als Festarchitektur vereinnahmt. Ähnliches geschah bei Spenden- und Sammelaktionen, in die man die Bevölkerung involvierte. Selbst Kritiker des NS-Systems, die sich genötigt sahen, sich mit einer Sach- oder Geldspende an einer Sammlung zu beteiligen, wurden nolens volens zu punktuellen Unterstützern.

Öffentliche Veranstaltungen ermöglichten den Teilnehmenden, in symbolischer Form neue Machtstrukturen kennen zu lernen und diese in ihr Verhaltensrepertoire einzupassen. Daher wurden Ehrungen auch zur Steuerung des Auf- oder Abbaus von Hierarchien genutzt. Die über Büsten und Bilder visualisierte Anwesenheit Hitlers oder des Reichserziehungsministers und Gauleiters Bernhard Rust vermittelte nicht nur, welchen Personen gegenüber fortan Respekt zu zollen war, sondern forderte diesen auch stetig ein. In der Zeremonie zur Einweihung des „Arbeiterdenkmals" für Johann Egestorff bemühten sich die Nationalsozialisten hingegen um den Abbau von Distanz. Sie signalisierten hier, dass diejenigen Arbeiter, die sich für die nationale Aufgabe oder gar die nationalsozialistische „Volksgemeinschaft" einsetzten, eine hohe Wertschätzung verdienten. Für manche Teilnehmer mochten durch solche Feiern und Inszenierungen auch persönliche Ängste ob der Radikalität der neuen Politik und ihrer Folgen abgebaut worden sein – sofern sie nicht zu den vom NS abgelehnten und verfolgten Personengruppen zählten. Die symbolisch-politischen Ehrungspraktiken gaben also Gelegenheit, sich in der veränderten Personen- und Machtkonstellation zu positionieren und zurechtzufinden.

Allerdings wurde anhand der Feier am Egestorff-Denkmal zugleich deutlich, dass die Anwesenden stets mit Ansprüchen konfrontiert waren. Jedem Teilnehmer wurde eine Funktion innerhalb des Geschehens aufgenötigt. Zumeist fungierte er nur als Statist in einer Massenveranstaltung, aber selbst damit war zumindest die

Ableistung des „Deutschen Grußes" verbunden. Auch der Statist war aktiver Teilnehmer des Geschehens. Mit diesen scheinbar nur äußerlichen Anforderungen verbunden waren zumeist implizite Ansprüche an die innere Haltung. Ein besonders offensichtliches Beispiel hierfür war das Arrangement am 1943 errichteten Ehrenmal für die Gefallenen des Zweiten Weltkriegs. Man hatte Bewässerungsschalen vor dem Denkmal angebracht und die Bevölkerung aufgerufen, dort Blumen und Gebinde für die Gefallenen niederzulegen. Dass am Denkmal zugleich Kränze der Partei, der Stadt Hannover und der Wehrmacht angebracht waren, forderte von den Angehörigen, die dem Aufruf nachkamen, Respekt auch gegenüber den Hoheitsträgern von Staat und Partei ein. Ehrungen waren damit mehr als nur Repräsentationen der neuen Herrschaft; sie stellten auch Übungsräume systemkonformen Handelns zur Verfügung, in denen sich Herrschaft durch wechselseitige kulturelle Praktiken verbal und nonverbal kommunizieren und aktualisieren ließ.[3]

Bei den dargelegten Formen der Ehrungspraxis handelte es sich um Angebote zur Partizipation am hannoverschen Nationalsozialismus. Zu diesem Zweck berücksichtigte die in der Weimarer Republik weitestgehend auf das Bürgertum beschränkte Ehrungspolitik während der Zeit des Nationalsozialismus zunehmend auch andere soziale Gruppen der Bevölkerung oder zielte auf ihre spezifischen Sonderinteressen. Mit dem Egestorff-Denkmal bezog man die Arbeiterschaft ein, mit dem Findling und der Gedenktafel für Werner Tischer sprach man Jugendliche an. Dabei entstanden im Verlauf des Zweiten Weltkriegs immer neue Ehrungen und Auszeichnungen. Statt der bislang vorherrschenden Belobigung von Personen, die durch ihre herausragenden Leistungen als Vorbilder dienen sollten, ehrte man nun vermehrt unbekannte, „gewöhnliche" Einwohner für Leistungen auf den Gebieten, die ihren Alltag ausmachten. So würdigte man nun Landwirte und Mütter, Jugendliche und Mitarbeiter in Produktion und Verwaltung sowie Sportler und lokale oder regionale Künstler. Gezeigt werden sollte, dass in jeder Lebenslage ein kriegsförderliches Verhalten geleistet werden konnte und sollte und worin dieses bestand. Schon beinahe inflationär wurden Kriegsverdienstorden, insbesondere an Zivilisten der so genannten „Heimatfront", verliehen. Auf dem kulturellen Sektor wurden mehr und mehr völkische und rassistisch-völkische Künstler mit Preisen bedacht, wobei es als ihre Aufgabe angesehen wurde, die Sittlichkeit der Deutschen zu fördern und einer etwaigen Kriegsmüdigkeit entgegenzuwirken. Insgesamt konzentrierte sich die durch Ehrungen dargebotene Sinnstiftung auf die Verbindung von Alltagswelten und Kriegsmobilisierung. Dabei versuchte man, tief in das Privatleben der Einwohner einzudringen bzw. jegliches Privatleben auszuschließen: Jede Handlung, mochte sie noch so belanglos sein, hatte dem großen nationalen Ziel, dem nationalsozialistischen „Endsieg", zu dienen. Die Erweiterung des Leistungsspektrums, das als Kriterienkatalog für Ehrungen maßgebend war, und des Adressatenkreises brach mit einigen zuvor in der Ehrungspolitik gültigen bürgerlichen Grundsätzen und ging damit über die Adaption der bisherigen Praxis hinaus. So blieben Ehrungen während

---

3 Ähnlich bereits Rolf: Feste der Macht, S. 47.

des Nationalsozialismus zwar Distinktionsmittel, allerdings immer weniger des männlichen höheren Bürgertums gegenüber der Arbeiterschaft, sondern mehr und mehr der „Volksgenossen" gegenüber „Volksschädlingen".

Die Partizipation an Ehrungsfeierlichkeiten ermöglichte es den Teilnehmenden, die Veranstaltung als Erlebnis wahrzunehmen. Eine inszenierte Einigkeit zielte darauf, wenigstens für eine geraume Zeit Bedürfnisse nach Anerkennung, nach Zuwendung und Gemeinschaft zu erfüllen und Hoffnungen neue Nahrung zu geben. Dem dienten auch bestimmte Narrative in Redebeiträgen und Presseberichten. Die neue Herrschaft erschien darin als Erlösung von Arbeitslosigkeit und politischem Chaos der Weimarer Republik. Diese Erzählung wurde vor allem in den „Festen der Machtergreifung", die auch anlässlich von Ehrungen stattfanden, symbolisch in Szene gesetzt.

Kontinuierlich wurde dabei auch auf ein lokales Gemeinschaftsgefühl rekurriert. Die Nationalsozialisten betonten, wenngleich in geringerem Ausmaß als die Politiker vor und nach ihnen, einen örtlichen oder regionalen Bezug der Geehrten. Geehrte wurden, wenn möglich, als Hannoveraner oder mit Hannover stark verbundene Personen skizziert. Die Leistung eines lokalen Geehrten vermochte innerhalb dieses Wahrnehmungsrasters ein positives Licht auf alle aus Hannover stammenden Menschen zu werfen, weshalb Verweise darauf zumeist mit einem merklichen Lokalstolz verbunden waren. Die Geschehnisse um die Gründung der Hermann-Löns-Gesellschaft zeigten dabei beispielhaft, dass dieser Lokalstolz eine starke Bindung zwischen den Akteuren entfalten konnte. Bei denjenigen, die um den Sitz der Gesellschaft konkurrierten – der Gau Osthannover um die Stadt Celle, der Gau Westfalen-Nord um Münster und der Gau Südhannover-Braunschweig um Hannover – war die Solidarität zwischen den lokalen Akteuren deutlich stärker ausgeprägt als die Verbundenheit zwischen den Kommunen oder den Gauleitungen jeweils untereinander. Diese verbindende „Logik" setzte die Funktionselite auch bei den Einwohnern als existent und als förderlichen Identifikationsmechanismus voraus. Sie knüpfte daran an, indem sie ihre Botschaften in ein lokales Gewand gekleidet präsentierte.

Über Angebote zur Partizipation an Ehrungspraktiken war man bemüht, öffentliche Aufmerksamkeit, wohlwollende Atmosphäre und positive Gefühle zu erzeugen. Zugleich waren die Feiern in der Regel mit verbaler Propaganda gespickt, die von den Einwohnern dazu genutzt werden sollte, das Geschehen kognitiv aufzubereiten. Ablehnung sollte in Duldung, Skepsis in Akzeptanz, Zweifel in Überzeugung, passive Zustimmung in aktive Beteiligung umschlagen. Außerdem galt es, die längst Überzeugten immer aufs Neue zu bestätigen. Die verbalen Deutungsangebote waren nötig, da die situativ erzeugten positiven Emotionen der Teilnehmer allein nicht ausreichten, die aktuelle politische Lage auch mittel- oder längerfristig über die Situation hinaus in einer für die neuen Machthaber günstigen Weise zu bewerten. Daher mussten die Gefühle der Einwohner durch verbale Interpretationen angereichert und somit politisiert werden. Hier spekulierte man auf die Rezeption der dargebotenen Sinnstiftung.

Anhand der Rekonstruktion der Feier zum Egestorff-Denkmal sowie der Straßenumbenennungen konnte gezeigt werden, wie Ein- und Ausschlussmechanismen aktiviert wurden. Dabei wurden einander zwei Typen von Arbeitern gegenübergestellt: der im nationalen Interesse produzierende Arbeiter einerseits und der politisch der Arbeiterbewegung verpflichtete andererseits. Die im Wesentlichen 1933 abgeschlossenen, konsequent und systematisch durchgeführten Straßenumbenennungen machten deutlich, dass letztere „Elemente" grundsätzlich zu verachten waren. Ebenso wurden alle Erinnerungen an Juden auf Straßenschildern gelöscht. Dass es von diesem Rassismus keine Ausnahme gab, mussten diejenigen „Arier" erfahren, die in Zuschriften an die zuständigen Behörden dafür plädierten, im Einzelfall Nachsicht zu üben. Insofern sprach die symbolische Politik bereits in der Frühphase des Nationalsozialismus eine sehr deutliche Sprache.

Die mittels Anerkennungspraktiken versuchte Mobilisierung zugunsten kriegsförderlichen Verhaltens ist ein weiteres Beispiel dafür, wie bestimmte Werte und Verhaltensnormen etabliert, aufrechterhalten oder verstärkt, andere als „undeutsch" verworfen wurden. Zumeist wurde dabei den tradierten Normen über den Umgang der Menschen in einer Gemeinschaft eine nationalsozialistische Wendung gegeben, was den Vorteil hatte, dass sich die Propaganda auf zum Teil bereits verbreitete Denk- und Verhaltensmuster stützen konnte. So war Mutterschaft stets als weibliche Tugend gewürdigt worden; nun jedoch hatten deutsche Frauen „rassisch wertvolle Arier" zu gebären, dafür erhielten sie dann eine für alle sichtbar zu tragende Medaille. Auch die Aufopferung von Menschen für die Gemeinschaft galt bereits vor 1933 als heroisch, aber erst jetzt wurde das Gemeinschaft auf die nationalsozialistische „Volksgemeinschaft" verengt. In beiden Fällen war nun ausschließlich ein Verhalten anerkennenswert, das dem rassistischen Kollektiv der Diktatur diente. Veranschaulicht wurden diese reformulierten Werte vor allem mittels in der Presse oder im Verlaufe von Veranstaltungen unterbreiteten biografischen Skizzen über die Geehrten. Der Verzicht auf Annehmlichkeiten, sogar auf das eigene Leben, zugunsten der nationalsozialistischen „Volksgemeinschaft" wurde dabei anhand der Lebensgeschichte beinahe jedes Geehrten, und damit geradezu schematisch, präsentiert.

Aneignungsweisen

Inwiefern Formen der körperlichen Vereinnahmung, Aktivierung und Partizipation sowie die diversen Identifikationsangebote im Sinne der Veranstalter wirksam wurden, lässt sich selten konkret feststellen. Oft ließ sich nicht einmal bestätigen oder falsifizieren, ob die von der Lokalpresse stets betonte massenhafte Anwesenheit der Bevölkerung den Tatsachen entsprach, zumal wenn man die Pflichtteilnahmen der Schüler oder der Mitglieder nationalsozialistischer Verbände berücksichtigt. Hinsichtlich des Empfangs des italienischen Staatsministers Roberto Farinacci im Herbst 1940 in Hannover konnte anhand der Quellen belegt werden, dass die Gastgeber mit der Besucherzahl unzufrieden waren. Auch bei der Einweihung des Egestorff-Denkmals ist zu vermuten, dass der Widerhall in der Arbeiterschaft hinter den Erwartungen der Deutschen Arbeitsfront und der Gauleitung zurückblieb, denn es fand in den nachfolgenden Jahren keine Wiederholung der Ehrungen für den „Betriebsführer Egestorff" durch jährliche Kranzniederlegungen statt, was in ähnlichen Fällen durchaus üblich war. Eine im Sinne der Initiatoren erfolgreiche Denkmalsetzung hätte sicherlich zu Wiederholungen dieses symbolischen Integrationsversuchs geführt. Nachweislich gut besucht dagegen war die als Autokorso inszenierte Durchreise Hitlers durch Hannover zum Bückeberg bei Hameln im Jahr 1933, über die der Zeitzeuge Jan-Wolfgang Berlit Aufschlussreiches berichtete.

An den 1997 veröffentlichten Erinnerungen Berlits ließ sich zeigen, dass die geschilderten Integrationsmethoden durchaus erfolgreich sein, also zu einer stärkeren Hinwendung zum Nationalsozialismus führen konnten. So berichtete Berlit, wie die körperliche Berührung durch Hitler und die als erhebend wahrgenommene Nähe seiner Person Berlits Gefühle ansprachen und ihn zu einem Anhänger Hitlers werden ließen. Wie nachhaltig dies trotz oberflächlicher Läuterung nach 1945 gelungen war, ließ sich seinen noch sehr von der NS-„Volksgemeinschaft" geprägten Vorstellungen vom Gemeinschaftssinn entnehmen. Hier hatte das stimmungsvolle Erlebnis Berlit veranlasst, auch die politischen Inhalte affirmativ aufzunehmen. Dazu gehörte auch, Hitler als „Führer" anerkannt und damit ein zentrales Element der neuen Diktatur akzeptiert zu haben.

Als relevant für die Aneignung erwies sich der Lokalbezug. Als Gauleiter Hartmann Lauterbacher 1941 vorschlug, das Ernst-August-Denkmal vor dem Hauptbahnhof zugunsten eines reibungslosen Bunkerbaus unter dem Platz zu versetzen, erntete er viel Protest. Das einstige Herrscherdenkmal hatte offensichtlich längst seinen ursprünglichen politischen Kontext abgelegt und war mittlerweile zum Wahrzeichen der Stadt Hannover geworden. Als ein solch auffälliges Merkzeichen war es auch vielen Bürgern zu einer persönlichen Besonderheit geworden: Die Protestzuschriften ließen erkennen, dass diese Bürger ihre Wahrnehmung der Stadt mit dem Denkmal verschränkt hatten und es auf diese Weise auch individuelle Erinnerungen hervorrief. Die Verfasser der Zuschriften hatten sich durch Bildung dieser Assoziationskette über das Medium Denkmal emotional an die Stadt gebunden. Manche sprachen von dem grüßenden Ernst-August, der sie und die Gäste der Stadt empfange. So konnten selbst fragwürdige Herrscherdenkmäler zur vertrauten Erscheinung werden und einen Teil des eigenen Gedächtnisses verkörpern. Eine Versetzung des Denkmals von seinem angestammten Ort hätte für diese Bürger einen persönlichen Verlust bedeutet, was mit einer sehr heftigen und breiten Reaktion auf den Versetzungsvorschlag korrespondierte. Die Frage, ob ein schnellerer Bunkerbau Leben retten würde, trat in den Hintergrund.

Damit Einwohner eine solche Bindung zwischen sich und einem Denkmal schaffen konnten, brauchte es zumeist eine geraume Zeit. Das wurde auch sichtbar bei den in den 1980er- und 1990er-Jahren in Hannover geführten Debatten über die Vorschläge, das im Nationalsozialismus errichtete Carl-Peters-Denkmals zu schleifen und den 1916 nach demselben benannten Platz umzubenennen. In der Diskussion wurde deutlich, dass viele ihrem Lokalbezug zum Peters-Platz und zum Denkmal Priorität vor der politischen Bewertung einräumten. Um für die Beibehaltung des Lokalsymbols zu plädieren, wurde Carl Peters sogar teilweise wider besseren Wissens über dessen koloniale Machenschaften verteidigt und seine Taten verharmlost. Die Schaffung eines Lokalbezugs war offensichtlich eine Form der Aneignung städtischer Kultur, die sich weitgehend jenseits der mitgelieferten Deutungsangebote vollzog. Sie war dennoch keineswegs „unpolitisch". Durch diese Aneignungsweise konnten selbst Gedenkorte, deren historischer Hintergrund durch ein verändertes kollektives Geschichtsbewusstsein problematisch geworden war, dauerhaft in der städtischen Gedenklandschaft verbleiben.

An den Zuschriften zur angedachten Versetzung des Ernst-August-Denkmals wurde aber auch deutlich, dass viele den einstigen König, der durch sein Verweilen vor dem Hauptbahnhof weiterhin dem Kanon der Stadtpersönlichkeiten Hannovers angehörte, einen Platz in ihrer individuellen „biographical map" eingeräumt hatten. Um sich im Alltag in ihrer Stadt orientieren zu können, machten sich die Einwohner ein Bild von ihr, nicht nur im Sinne einer Karte mit Wegen, sondern auch mit Akteuren und deren Bedeutung für Hannover. Die Bildung einer „biographical map" ist eine der Syntheseleistungen, die Menschen vollziehen, um einen sozialen Raum zu konstituieren.[4] Auch derjenige, der Ernst-August als „berittenen Engländer" und damit Kriegsgegner erinnerte, hatte ihn in seine Vorstellung von der Akteurslandschaft der Stadt integriert. In einem aus dem Bunkerleben überlieferten Scherzgedicht wurde die historische mit der zeitgenössischen Epoche verknüpft, indem Ernst-August gebeten wurde, vom Himmel herabzusteigen und Gauleiter Lauterbacher Zügel anzulegen.

Die Untersuchung der Ehrungspraxis im nationalsozialistischen Hannover konnte ein Stück weit nachzeichnen, wie subtil Herrschaftspraktiken funktionierten und wie breit diese angelegt waren. Nicht allein in der Hochkultur artikulierten sich die nationalsozialistischen Ziele, sondern auch in kulturellen Kleinprojekten wie Gedenktafeln, Preisverleihungen und Feiern zu verschiedenen Anlässen. Zwar war nicht jede Kulturveranstaltung seit 1933 nationalsozialistisch durchformt, aber es gab keinen verlässlichen Ort, an dem man der zunehmenden Nazifizierung der Stadt einigermaßen kalkulierbar hätte entgehen können. Jeder Zeitgenosse war intensiv und ständig in eine neue „Normalität" eingebunden. Dabei bemühte sich die Gauleitung vor allem im Laufe des Zweiten Weltkriegs, die Bewohner in den Krieg zu integrieren. Durch vermehrte, an gewöhnliche Hannoveraner verliehene Auszeichnungen für kriegsförderliches Verhalten sollte die Partizipation am Nationalsozialismus noch aktiver gestaltet werden als dies bereits über die Teilnahme an Veranstaltungen intendiert gewesen war.

---

4 Vgl. hierzu Löw: Raumsoziologie, S. 153–172.

Obwohl die Integration der Bevölkerung durch kulturelle Praktiken wie Ehrungen überwiegend nur als Repertoire von Möglichkeiten dargestellt wurde, da nur punktuell Quellen vorlagen, anhand derer das Resultat dieser Bemühungen gezeigt werden konnte, ist erkennbar, dass die Besetzung des Raums, die Ersetzung der Gedenklandschaft, die Neuerzählung von Biografien und Narrativen, die Präsentation neuer lokaler Politiker und Akteure mittels Presse oder Feierlichkeiten eine symbolische Politik konstituierte, die durchaus mobilisierend wirken konnte. Durch diese Politik wurde der Stadtraum teils situativ, teils dauerhaft mit nationalsozialistischer Symbolik besetzt und sie half, die Omnipräsenz des Nationalsozialismus zu materialisieren und dadurch das Alltagsleben zu prägen.

DANKSAGUNG

Das vorliegende Buch ist eine leicht überarbeitete Fassung meiner Dissertationsschrift, die im Februar 2009 von der Philosophischen Fakultät der Universität Hannover angenommen wurde. An dieser Stelle möchte ich die Gelegenheit wahrnehmen, den vielen Menschen und Institutionen zu danken, die in ganz unterschiedlicher Weise dazu beigetragen haben, dass ich diese Arbeit beginnen, fortführen, abschließen und schließlich drucken konnte.

Meine Betreuerin Prof. Dr. Adelheid von Saldern hat mich von Beginn an fördernd und fordernd begleitet und damit an der stetigen Verbesserung der Studie einen hohen Anteil. Hochschuldozent Dr. Hans-Dieter Schmid hat das Projekt begleitet und sich bereitwillig als Gutachter zur Verfügung gestellt. Beiden sei hiermit herzlich gedankt.

Unverzichtbar war auch die Hans-Böckler-Stiftung: Sie förderte sowohl mein Studium als auch meine Promotion durch Stipendien. Vor allem sei Dieter Lankes und meinem wissenschaftlichen Betreuer während der Promotionszeit, Prof. Dr. Peter Brandt, für die jahrelange vertrauensvolle Unterstützung gedankt.

Bei den Archivrecherchen war ich immer wieder auf hilfreiche MitarbeiterInnen angewiesen. Im Niedersächsischen Hauptstaatsarchiv Hannover half mir besonders Kirsten Hoffmann mit Rat weiter. Den archivarischen Zugang zu Hermann Löns und Gerrit Engelke in der Stadtbibliothek Hannover ermöglichten mir Maria Haldenwanger und Dr. Carola Schelle-Wolff. Christa Klassen ließ mich geduldig in ihrem Privatarchiv zum Carl-Peters-Denkmal stöbern. Auch die Mitarbeiterinnen und Mitarbeiter im Stadtarchiv Celle und in der Außenstelle Lichterfelde des Bundesarchivs Koblenz unterstützten mich bei der Suche nach einigen historischen Details. Die meiste Zeit verbrachte ich jedoch im Stadtarchiv Hannover, wo Mitarbeiter mit dem Ausheben vieler Archivalien für mich tätig waren oder sich meinen Fragen stellten. Christine Peters, Dr. Cornelia Regin und Holger Horstmann sei für ihre stets freundliche und kompetente Beratung gedankt, ebenfalls ihrem Kollegen Werner Heine, den ich als kompetenten Gesprächspartner schätzen lernte. Er machte mich manches Mal auf Quellen aufmerksam, die mir ansonsten unbekannt geblieben wären. Gedankt sei auch dem Kulturamt der Stadt Hannover sowie der Geoinformation im Fachbereich Planen und Stadtentwicklung, insbesondere Frau Sufin, für die Möglichkeit der Recherche in ihren Akten. Als unverzichtbar für die Entzifferung allzu unleserlich verfasster deutscher Handschriften in den Quellen erwies sich die Hilfe von Dr. Katharina Colberg.

Gedankt sei ebenfalls den MitarbeiterInnen der Universitätsbibliothek Hannover, der Stadtbibliothek Hannover sowie den vielen Personen, die das Fernleihsystem des Gemeinsamen Verbundkatalogs von sieben Bundesländern, unter anderem Niedersachsen, bestreiten. Ich habe sie ziemlich beansprucht. Besonders meiner „Hausbibliothek", der Landesbibliothek Hannover, sei für die vielen Transporte von Büchern und alten Zeitungen aus dem Magazin, die meine Recherchen erforderten, gedankt. Sie besaßen außerdem Humor genug, den anlässlich ihrer Umbenennung in Gottfried Wilhelm Leibniz Bibliothek von mir eingereichten Artikel aus der nationalsozialistischen Niedersächsischen Tageszeitung vom 26. September 1940 mit dem Titel „Warum nicht Leibniz-Bibliothek" in ihren Hausmitteilungen abzudrucken.

Für die Möglichkeit, Zwischenergebnisse und methodische Herangehensweisen einem Fachpublikum vorzustellen und Anregungen für die weitere Arbeit zu erhalten, danke ich den Professoren Dr. Wolfgang Hofmann, Dr. Heinz Reif und Dr. Georg Wagner-Kyora von der Technischen Universität Berlin sowie Prof. Dr. Peter Brandt von der Fernuniversität Hagen. Für regelmäßigen fachlichen Austausch danke ich dem der Historischen Kommission für Niedersachsen und Bremen zugehörigen Arbeitskreis für die Geschichte des 19. und 20. Jahrhunderts, vor allem ihrem Sprecher, Prof. Dr. Detlef Schmiechen-Ackermann. Zahlreiche Anregungen erhielt ich von den Leiterinnen des Sozial- und Kulturgeschichtlichen Kolloquiums der Leibniz-Universität Hannover, den Professorinnen Dr. Barbara Duden, Dr. Cornelia Rauh und Dr. Adelheid von Saldern sowie den TeilnehmerInnen bzw. (ehemaligen) DoktorandInnen Dr. Katharina Colberg, Dr. Christian Heppner, Dr. Wiebke Liesner, Dr. Marion Schumann, Dr. Lu Seegers, Dr. Frauke Steffens, Dr. Anke Sawahn und Dr. Jan C. Rode.

Herzlich gedankt sei auch denjenigen Helfern, die die diversen Fassungen der Arbeit aufmerksam lasen und kritisch kommentierten: Lambert Heller, Imke Jungermann, Shida Kiani, Elmar Maibaum, Marko Perels, Marc Schwietring, Dr. Lu Seegers und Dr. Frank Oliver Sobich. Lambert Heller und meine Schwester Helma Spona fungierten außerdem oftmals als rettende Notrufzentralen bei Hard- und Softwareproblemen.

Für die Möglichkeit, die Arbeit in den *Beiträgen zur Stadtgeschichte und Urbanisierungsforschung* zu veröffentlichen, danke ich den HerausgeberInnen der Schriftenreihe, besonders Dr. Christoph Bernhardt. Die Geschwister Boehringer Ingelheim Stiftung für Geisteswissenschaften und die Hans-Böckler-Stiftung machten die Publikation durch einen großzügigen Druckkostenzuschuss möglich. Von Seiten des Franz Steiner Verlags in Stuttgart halfen mir mit freundlichem Rat Katharina Stüdemann und Harald Schmitt. Bei der Bildredaktion unterstützten mich vor allem Dr. Wolf-Dieter Mechler vom Historischen Museum Hannover und die Stadtbibliothek Hannover. Helma Spona übernahm den Satz und Tim Wodraschka die finale Korrektur, so dass die Arbeit schließlich in Druck gehen konnte.

Petra Spona
Frankfurt am Main, Sommer 2010

QUELLEN- UND LITERATURVERZEICHNIS

Abbildungsnachweis

Historisches Museum Hannover

Fotografie: H. Friedrich, 1935: 26
Fotografie: Wilhelm Hauschild, 21.5.1936: 9
Fotografie: Wilhelm Hauschild, 20.11.1938: 5
Fotografie: Wilhelm Hauschild, 20.8.36: 29
Fotografie: Wilhelm Hauschild, 15.3.1943: 22, 42
Fotografie: Heinrich Hoffmann, 1941: 16
Fotografie: Meyer: 48
Fotografie: Else Schulze-Gattermann, 1938: 25
Fotografie: unbekannt: 15, 24, 33
Postkarte: Verlag Ernst Stopp, Fotografie: unbekannt: 2

Privatbesitz

Fotografie: Petra Spona, 2005: 4, 6, 7, 8, 14, 17, 28, 30, 31, 32, 35, 44, 45, 46
Fotografie: Petra Spona, 2008: 34, 37, 38, Umschlag vorn
Fotografie: Petra Spona, 2009: 18, 19
Sammlung Heine im Historischen Museum Hannover, Fotografie: unbekannt: 13
Fotografie: K. G.: 27

Stadtbibliothek Hannover

Digitalisat über hmh, Fotografie: unbekannt: 1, 3, 10
Fotografie: Wilhelm Hauschild: 11, 21, 23, 36, 39, 40, 47, 49, 50, 51
Fotografie: Axel Dieter Mayen: 12
Zeichnung: Rolf Wilde: 41
Zeichnung: unbekannt: 43

Stadtarchiv Hannover

Fotografie: unbekannt: 20

Bayrische Staatsbibliothek München, Fotoarchiv Hoffmann

Digitalisat über Stadtbibliothek Hannover, Fotografie: Heinrich Hoffmann: 52

Quellenverzeichnis

1. StAH Stadtarchiv Hannover

1.1 Hauptregistratur des Magistrats

HR 2   Stadtverwaltung, Nrn. 620, 644, 817, 1021, 1200
HR 3   Einwohner und Bürger, Nrn. 45–48, 52, 53
HR 10   Städtische Anstalten und Einrichtungen, Nrn. 934, 1491
HR 11   Stiftungen und Vermächtnisse, Nr. 310
HR 13   Bausachen, Nrn. 169, 601–603, 602, 618, 621, 625, 638, 641, 644–649, 651, 661, 685, 690, 694, 697, 709–712, 720–723, 725, 726, 728, 729
HR 15   Vereine, Feierlichkeiten und Ausstellungen, Nrn. 5–8, 13, 65, 68, 69, 74–76, 78, 283, 728, 898, 900, 902, 904, 906, 908, 909, 916–919, 921, 923, 924, 926–929
HR 16   Schulsachen, Nrn. 496, 497, 698 und SB, Nr. 773
HR 19   Kunst und Wissenschaft, Nrn. 425, 428, 429, 431, 432
HR 20   Spiel und Sport, Nr. 880
HR 31   Reichsangelegenheiten und NSDAP, Nrn. 32, 37, 38, 62, 66, 69, 70, 109
HR 39   Militärwesen, Nr. 82

1.2 Personenbezogene Quellen

Kartei der Mitglieder der Städtischen Kollegien, Akz. 3/1956 Friedrich Rickels und Berthold Karwahne
Nachlässe, Karl Friedrich Leonhardt, Hermann Müller
Personalakten, Nrn. 5795 (Karl Elkart), 6193 (Theodor Arends), 7460 (Heinrich Müller), 8197 (Fritz Weike), 10332 (Ernst Löns), 10825 (Paul Schick), 11067 (Wilhelm Weber), 11108 (Hermann Wernicke), Akz 20/1997 (Karl Friedrich Leonhardt), Akz 38/1997, Karton 9 (Wilhelm Bakemeier), HR 4, Nr. 87 (Fritz Thake)

1.3 Sachbezogene Quellen

Altregistratur BVK, Nr. 24
Amtliche Mitteilungen der Stadt Hannover
Entschließungen des Oberbürgermeisters
Presseamt I, Nrn. 15, 246, 275, 277, 720
Protokolle der Dezernentenbesprechungen / Besprechungen mit den Beigeordneten
Protokolle der Magistratssitzungen / Ratsherrenberatungen
Protokolle verschiedener Kommissionen
städtische Werbepublikationen (Handbibliothek)
Telefonverzeichnis der Stadtverwaltung

2. NHStAH Niedersächsisches Hauptstaatsarchiv Hannover

Hann. 87 Hannover, Acc 92/84, Polizeidirektion Hannover, Nr. 186
Hann. 122a, Oberpräsident der Provinz Hannover, Nrn. 579, 3372, 3439, 3532, X Nr. 1934
Hann. 133, Acc. 27/81, unterirdische Luftschutzbauten, Nrn. 162–164
Hann 310 I, NSDAP, Gau Südhannover-Braunschweig, Nr. 130
VVP 17, Vereine, Verbände, Parteien, Nrn. 1892, 2050

3. BA Bundesarchiv Koblenz, Außenstelle Berlin-Lichterfelde

BDC	ehemalige Personenbestände des Berlin Document Center
NS 6	Parteikanzlei der NSDAP, Nr. 346
NS 25	Hauptamt für Kommunalpolitik, Nr. 798
R 3	Reichsministerium für Rüstungs- und Kriegsproduktion, Nr. 1440, 1441
R 43 II	Reichskanzlei, Nrn. 1017, 1450
R 55	Reichsministerium für Volksaufklärung und Propaganda, Nr. 122
R 56 V	Reichsschrifttumskammer, Nrn. 91–94

4. Weitere Archive und Quellenstandorte

GEA	Gerrit-Engelke-Archiv in der Stadtbibliothek Hannover, Karton 11, Mappe 5
geo	Geoinformation der Stadt Hannover
	div. Straßenakten
	Carl-Peters-Ordner 1–3
HLA	Hermann-Löns-Archiv in der Stadtbibliothek Hannover
	B II — Hermann-Löns-Gemeinschaften
	B III — Hermann-Löns-Gedenktage
	B V — Hermann-Löns-Gedenkstätten
	B VI — Hermann-Löns-Gedenkfeiern
	B VII — Verschiedene Ehrungen
	B VIII — Hermann-Löns-Grabstätten
	B XVI — Hermann-Löns-Ausstellungen
PA Klassen	Privatarchiv des ehemaliges Friedensforums Südstadt bei Christa Klassen
Sammlung Heine	Sammlung Werner Heine im Historischen Museum Hannover
StAC	Stadtarchiv Celle, 1 H, Innere Angelegenheiten der Landeshoheit, Nrn. 82–84
Stadtarchiv Solingen FA 1/81	

Gedruckte Quellen

1. Zeitungen

HA	Hannoverscher Anzeiger (1893–2/1943, mit der NTZ zur HZ fusioniert)
HAZ	Hannoversche Allgemeine Zeitung (1949–)
HK	Hannoverscher Kurier (1854–8/1944, in HZ aufgegangen)
HSttZ-Süd	Hannoversche Stadtteilzeitung Süd (1980–)
HT	Hannoversches Tageblatt (1851–10/1940, in HK aufgegangen)
HZ	Hannoversche Zeitung (2/1943–4/1945, Fusion aus HA und NTZ, später HK)
NLD	Niedersächsischer Landesdienst
NP	Neue Presse (1981–)
NTZ	Niedersächsische Tageszeitung (1931–2/1943, mit dem HA zur HZ fusioniert)
VB	Völkischer Beobachter

2. Zeitschriften, Nachschlagewerke, Gesetze und Verordnungen

Adreßbuch der Stadt Hannover zugleich Adreßbuch von Hannover. Stadt- und Geschäftshandbuch, 131. Ausgabe unter Benutzung amtlicher städtischer Quellen, 1933, Hannover o. J. (für die Jahre 1932 bis 1943)
DBE: Vierhaus, Rudolf (Hrsg.): Deutsche Biographische Enzyklopädie, München 1998
Die Kulturverwaltung. Zeitschrift für gemeindliche Kulturpflege, Stuttgart 1937–1944
Die neue Gemeinschaft. Das Parteiarchiv für nationalsozialistische Feier- und Freizeitgestaltung, München 1937–1942
HBL: Böttcher, Dirk/Mlynek, Klaus/Röhrbein, Waldemar R./Thielen, Hugo (Hrsg.): Hannoversches biographisches Lexikon. Von den Anfängen bis in die Gegenwart, Hannover 2002
Kirchner, Heinz/Thiemann, Hermann-Wilhelm/Laitenberger, Birgit: Deutsche Orden und Ehrenzeichen: Kommentar zum Gesetz über Titel, Orden und Ehrenzeichen und eine Darstellung deutscher Orden und Ehrenzeichen von der Kaiserzeit bis zur Gegenwart mit Abbildungen, Köln u. a., 5., neubearb. und erg. Aufl. 1997
Klee, Ernst: Das Personenlexikon zum Dritten Reich. Wer war was vor und nach 1945? Frankfurt am Main 2005
Küchenhoff, Günther/Berger, Robert (Hrsg.): Deutsche Gemeindeordnung vom 30. Januar 1935. Nebst amtlicher Begründung, Berlin/Leipzig 1935
MBliV: Ministerialblatt für die (Preußische) Innere Verwaltung
NDB: Hockerts, Hans Günter (Hrsg.): Neue deutsche Biographie, Berlin 1971–2000
o. A.: Adolf Hitler und seine Kämpfer. 288 Braunhemden im Reichstag. Die nationalsozialistische Reichstagsfraktion, München 1933
RGB: Reichsgesetzblatt
Schrieber, Karl Friedrich (Hrsg.): Das Recht der Reichskulturkammer. Sammlung der für den Kulturstand geltenden Gesetze und Verordnungen, der amtlichen Anordnungen und Bekanntmachungen der Reichskulturkammer und ihrer Einzelkammern. 5 Bände, Berlin 1935–1937
VOBl Gau SHB: Verordnungsblatt Gau Süd-Hannover-Braunschweig
Vollmer, Hans (Hrsg.): Allgemeines Lexikon der bildenden Künstler, Bd. 17, Leipzig 1999
Walk, Joseph (Hrsg.): Das Sonderrecht für die Juden im NS-Staat. Eine Sammlung der gesetzlichen Maßnahmen und Richtlinien – Inhalt und Bedeutung, Heidelberg, 2. Aufl. 1996

3. Weitere gedruckte Quellen

Arends, Theodor/Ernst, Otto: Neues Schaffen. Die Hauptstadt Hannover 1935/36, Hannover 1937
– : Zehn Jahre Aufbau. Die Hauptstadt Hannover von 1925 bis 1935, Hannover 1935
Arends, Theodor: Handbuch der Hauptstadt Hannover. Im Auftrag des Magistrats zusammengestellt, Hannover 1931
Behnken, Klaus (Hrsg.): Deutschlandberichte der Sozialdemokratischen Partei Deutschlands (SoPaDe) 1934–1940, 7 Bände, Salzhausen 1980
Berlit, Jan-Wolfgang: Wie ich mich von Hitler (ver-)führen ließ. Selbstanalyse eines Bundesbürgers, Hannover 1997
Boberach, Heinz (Hrsg.): Meldungen aus dem Reich 1938–1945. Die geheimen Lageberichte des Sicherheitsdienstes der SS. Vollständige Texte aus dem Bestand des Bundesarchivs Koblenz, 17 Bände und Registerband, Herrsching 1985
Bohne, Horst: Lindener Erinnerungen 1929–1945, Hannover 2005
Büttner, Ernst (Hrsg.): Hannover, die Hauptstadt Niedersachsens, Stuttgart 1937
Dürkefälden, Karl: „Schreiben, wie es wirklich war ...". Aufzeichnungen Karl Dürkefäldens aus den Jahren 1933–1945. Hrsg. von Herbert und Sibylle Obenaus, Hannover 1985

Festrede zur Feier des 70. Geburtstages Seiner Exzellenz des General Feldmarschalls von Hindenburg, gehalten von Stadtdirektor Tramm am 2. Oktober 1917 in der Stadthalle zu Hannover
Frank, Walter (Hrsg.): Carl Peters. Gesammelte Schriften, München/Berlin 1943
Fremdenverkehrs- und Ausstellungsamt der Hauptstadt Hannover (Hrsg.): Hannover, die schöne Hauptstadt Niedersachsens. Eine vorbildliche deutsche „Großstadt im Grünen", Hannover 1938
Fremdenverkehrs- und Ausstellungsamt der Stadt Hannover (Hrsg.): Hannover, die Hauptstadt Niedersachsens, Hannover o. J. [ca. 1934]
– (Hrsg.): Hannover, die Hauptstadt Niedersachsens. Hannover erwartet Sie zu allen Jahreszeiten, Hannover o. J. [ca. 1934]
– /Verkehrsverein Hannover e. V. (Hrsg.): Hannover zu allen Jahreszeiten, Hannover o. J. [1931]
Fröhlich, Elke: Die Tagebücher von Joseph Goebbels, München 1998–2007
Gauheimatwerk Südhannover-Braunschweig e. V.: Ein Gau treibt Heimatarbeit. Flugblattreihe, Hannover 1942
Grabenhorst, Georg: Hannover. Bilder aus der Hauptstadt Niedersachsens, Hannover 1941
– : Wege und Umwege. Bd. 1, Hildesheim 1979
Grieben-Reiseführer: Hannover und Umgebung, Berlin, 8. Aufl. 1939
Hannoversche Heimatfreunde e. V. (Hrsg.): Jahresbuch der Hannoverschen Heimatfreunde e. V., gegründet 1901 als Heimatbund Niedersachsen, Hannover 1941
Hannoverscher Anzeiger (Hrsg.): Der Grüne Führer des Hannoverschen Anzeigers. 130 Ausflüge und Wanderungen durch Hannovers nähere und weitere Umgebung. Herausgegeben unter Mitwirkung des Hannoverschen Turisten-Vereins e. V., Hannover 1933
Hannoverscher Wander- und Gebirgsverein e. V. (Hrsg.): Der Grüne Führer des Hannoverschen Anzeigers durch Hannovers nähere und weitere Umgebung, Hannover, 19. verbesserte Aufl. 1939
Heichen, Wilhelm (Hrsg.): Hannover im Luftverkehr. Schwerpunktheft 8/9 von: Deutsche Flughäfen. Zeitschrift zur Förderung des Luftverkehrs und der Industrie zur Anlage und Einrichtung von Flughäfen, Berlin 1935
Hesse, Franz Hinrich: Heimatkundliche Wahrzeichen. Ein Begleiter auf Wanderungen durch Stadt Hannover und Umgegend. Nach Standort, Herkunft, Bedeutung usw. zusammengestellt und beschrieben, Hannover 1929
– : Zerstörte hannoversche Wahrzeichen, in: HGBl NF 8/1955, S. 241–283
Hoffmeister, Ludwig: Ansprache des mit der Wahrnehmung der Geschäfte des Oberbürgermeisters beauftragten Leit. Regierungsdirektors Hoffmeister bei der Einführung neuer Ehrenbeamter der Hauptstadt Hannover am 30. Juni 1944 im Großen Festsaal des Neuen Rathauses, Hannover o. J. [1944]
Jungblut, Adolf: Hannover. Einer Stadt ins Herz geschaut. Ein Bilderbuch von Hannover und den Hannoveranern, Hannover 1938
Kieckbusch, Karl: Die Erneuerung der deutschen Lebenskultur und der Beitrag des Gauheimatwerkes Süd-Hannover-Braunschweig (Manuskript), o. J. [Mai 1944]
Kneip, Jakob: Gerrit Engelke, in: May, Otto Heinrich (Hrsg.): Niedersächsische Lebensbilder. Bd. 1, Hildesheim/Leipzig 1939, S. 112–129
Lauterbacher, Hartmann: Die Rede von Gauleiter Lauterbacher vor dem Gaukulturrat am 10. Dezember 1942, in: Gaupresseamt der NSDAP (Hrsg.): Gauarbeitstag der NSDAP 1942. Die Reden von Gauleiter Lauterbacher vor dem Gaukulturrat und vor dem Politischen Führerkorps des Gaues, Hannover o. J. [ca. 1943], S. 1–35
– : Erlebt und mitgestaltet. Kronzeuge einer Epoche 1923–1945. Zu neuen Ufern nach Kriegsende, Preußisch Oldendorf 1984
– : Maßnahmen zur totalen Kriegführung des Gaues. Rede des Gauleiters in der Stadthalle zu Hannover am 1. Februar 1943. Hrsg. vom Gaupresseamt der NSDAP, Hannover o. J. [1943]

Leonhardt, Karl Friedrich: Die Wahrzeichen der Stadt Hannover im Wandel der Zeiten, in: HGBl NF 1/1930/31, S. 213–215

May, Otto Heinrich (Hrsg.): Niedersächsische Lebensbilder. Bd. 1–5, Hildesheim/Leipzig 1939ff

Michaelis, Herbert/Schraepler, Ernst: Ursachen und Folgen. Vom deutschen Zusammenbruch 1918 und 1945 bis zur staatlichen Neuordnung Deutschlands in der Gegenwart. Eine Urkunden- und Dokumentensammlung zur Zeitgeschichte. Bd. 11: Das Dritte Reich, Berlin 1979

Mlynek, Klaus: Gestapo Hannover meldet ... Polizei- und Regierungsberichte für das mittlere und südliche Niedersachsen zwischen 1933 und 1937, Hildesheim 1986

– : Politische Lageberichte aus den Anfangsjahren der NS-Zeit am Beispiel von Stadt und Landkreis Hannover (Teil 1), in: HGBl NF 33/1979, S. 119–142

– : Politische Lageberichte aus den Anfangsjahren der NS-Zeit am Beispiel von Stadt und Landkreis Hannover (Teil 2), in: HGBl NF 33/1979, S. 187–238

Möller, Reinhard W. L. E.: Celle-Lexikon. Von Abbensen bis Zwische, Hildesheim 1987

Moritz, Karl Philipp: Anton Reiser. Ein psychologischer Roman. Hrsg. und mit einem Nachwort versehen von Klaus-Detlef Müller, München 1971

Niedersächsisches Landesverwaltungsamt. Institut für Denkmalpflege (Hrsg.): Denkmäler des „Alten" Stadtgebietes Hannover. Nachdruck der Ausgabe „Die Kunstdenkmäler der Provinz Hannover". Bearb. von Arnold Nöldeke, Osnabrück, neue Aufl. 1979 [1932]

NSDAP Gauleitung Süd-Hannover-Braunschweig (Hrsg.): Gruß aus der Gauhauptstadt. Zusammengestellt vom Gaupresseamt der NSDAP, Hannover 1940

– (Hrsg.): Kultur-Programm 1942–43. Im Auftrag des Gauleiters Lauterbacher herausgegeben vom Reichspropagandaamt Süd-Hannover-Braunschweig, Hannover o. J. [1942]

– (Hrsg.): Künstlerbrief, Hannover o. J. [Februar 1945]

– (Hrsg.): Niedersachsen marschieren. Gautag Hannover 1935, Hannover 1935

o. A.: Akten der Reichskanzlei. Regierung Hitler 1933–1938, Boppard am Rhein 1983–2005

o. A.: Fliegertreffen in Niedersachsen! Großer Flugtag Hannover Flughafen 25. August, 1935

Oppermann, Theo: Ikaros lebt! Die Lebensgeschichte eines Deutschen. Karl Jatho, der erste Motorflieger der Welt, Wunstorf 1933

Philipps, Otto: Johann und Georg Egestorff. Leben und Wirken zweier niedersächsischer Wirtschaftsführer. Hrsg. von der Wirtschaftswissenschaftlichen Gesellschaft zum Studium Niedersachsens e. V., Oldenburg 1936

Reichsbahnwerbeamt (Hrsg.): Reisen und Schauen. Altona/Hamburg – München, Berlin o. J. [1936]

– (Hrsg.): Reisen und Schauen. Berlin – Köln/Aachen mit der Deutschen Reichsbahn, Berlin o. J. [1936]

Riedel, Ulrich: Fritz Beindorff, in: May, Otto Heinrich (Hrsg.): Niedersächsische Lebensbilder. Bd. 2, Hildesheim 1954, S. 1–11

Schönleben, Eduard: Fritz Todt: Der Mensch. Der Ingenieur. Der Nationalsozialist. Ein Bericht über Leben und Werk, Oldenburg 1943

Städtisches Presseamt Hannover (Hrsg.): Hannovers Maschsee. Zu seiner Eröffnung am 21. Mai 1936, Hannover 1936

Theilen, Karin: Sozialistische Blätter. Das Organ der „Sozialistischen Front" in Hannover 1933–1936, Hannover 2000

Verband Ehemaliger Leibnizer: Mitteilungen, H.1, 12/1937

Verkehrsverein Hannover e. V. (Hrsg.): Hindenburg und Hannover. Sonderheft, Hannover 1934

Verkehrs-Verein Hannover e. V. (Hrsg.): Hannover. Die Großstadt im Grünen. Im Einvernehmen mit dem Magistrat der Stadt Hannover. Bearbeitet von Verkehrsdirektor Fritz Stadelmann, Hannover 1927

Literaturverzeichnis

Allen, William Sheridan: „Das haben wir nicht gewollt!" Die nationalsozialistische Machtergreifung in einer Kleinstadt 1939–1935, Gütersloh 1965
Antonoff, Roman: Wie man seine Stadt verkauft. Kommunale Werbung und Öffentlichkeitsarbeit, Düsseldorf 1971
Applegate, Celia: A Nation of Provincials. The German Idea of Heimat, Berkeley u. a. 1990
Architektenkammer Niedersachsen (Hrsg.): Visionen für Hannover. Von Laves bis morgen, Hannover 1989
Assmann, Aleida: Das Gedächtnis der Orte, in: Der Architekt. Zeitschrift des Bundes Deutscher Architekten BDA, H. 3–4, April 2005, S. 33–43
– : Erinnerungsräume. Formen und Wandlungen des kulturellen Gedächtnisses, München 2003
– : Funktionsgedächtnis und Speichergedächtnis. Zwei Modi der Erinnerung, in: Platt, Kristin/Dabag, Mihran (Hrsg.): Generation und Gedächtnis, Opladen 1995, S. 169–185
– : Vier Formen des Gedächtnisses, in: Erwägen, Wissen, Ethik, H. 2, 13/2002, S. 183–190
Atteslander, Peter/Hamm, Bernd (Hrsg.): Materialien zur Siedlungssoziologie, Köln 1974 [1965]
Auffarth, Sid: Forumsgedanken, in: Bergmeier, Hinrich/Katzenberger, Günter (Hrsg.): Kulturaustreibung. Die Einflußnahme des Nationalsozialismus auf Kunst und Kultur in Niedersachsen. Eine Dokumentation zur gleichnamigen Ausstellung, Hamburg 2000, S. 208–211
– : Von Laves bis morgen – Erläuterungen zu Ort und Geschichte, in: Architektenkammer Niedersachsen (Hrsg.): Visionen für Hannover. Von Laves bis morgen, Hannover 1989, S. 37–41
– /Saldern, Adelheid von (Hrsg.): Altes und neues Wohnen: Linden und Hannover im frühen 20. Jahrhundert, Seelze-Velber 1992
Averkorn, Raphaela (Hrsg.): Europa und die Welt in der Geschichte. Festschrift zum 60. Geburtstag von Dieter Berg, Bochum 2004
Azaryahu, Maoz: Von Wilhelmplatz zu Thälmannplatz: Politische Symbole im öffentlichen Leben der DDR, Gerlingen 1991
Bachmann-Medick, Doris: Cultural Turns. Neuorientierungen in den Kulturwissenschaften, Reinbek bei Hamburg 2006
Badstübner-Gröger, Sibylle: Karl Philipp Moritz in Berlin. Bemerkungen zu seinen Wohnungen und zu seinen Äußerungen über die Stadt, in: Fontius, Martin/Klingenberg, Anneliese (Hrsg.): Karl Philipp Moritz und das 18. Jahrhundert. Bestandsaufnahme, Korrekturen, Neuansätze, Tübingen 1995, S. 260–276
Baer, Martin/Schröter, Olaf: Eine Kopfjagd. Deutsche in Ostafrika. Spuren kolonialer Herrschaft, Berlin 2001
Bajohr, Frank: Die Zustimmungsdiktatur. Grundzüge nationalsozialistischer Herrschaft in Hamburg, in: Forschungsstelle für Zeitgeschichte Hamburg (Hrsg.): Hamburg im „Dritten Reich", Göttingen 2005, S. 69–121
– : Gauleiter in Hamburg. Zur Person und Tätigkeit Karl Kaufmanns, in: VfZ 43/1995, S. 267–295
– /Wildt, Michael (Hrsg): Volksgemeinschaft. Neue Forschungen zur Gesellschaft des Nationalsozialismus, Frankfurt am Main 2009
Bálint, Anna: Die Entstehungsgeschichte der Historiengemälde „Einmütigkeit (I)" und „Einmütigkeit II" im Spiegel der Korrespondenz zwischen dem Schweizer Maler Ferdinand Hodler und der hannoverschen Stadtverwaltung von 1911 bis 1913, in: HGBl NF 47/1993, S. 1–56
Barbian, Jan-Pieter: Literaturpolitik im „Dritten Reich". Institutionen, Kompetenzen, Betätigungsfelder, München, überarb. und akt. Aufl. 1995

Barth, Michael/Jörn, Sibylle: Der Welfengarten. Vom Adelsgarten zum Stadtteil -und Hochschulpark, in: Herlyn, Ulfert/Poblotzki, Ursula (Hrsg.): Von großen Plätzen und kleinen Gärten. Beitrag zur Nutzungsgeschichte von Freiräumen in Hannover, München 1992, S. 53–63

Bauer, Kurt: Nationalsozialismus. Ursprünge, Anfänge, Aufstieg und Fall, Wien u. a. 2008

Bauer, Richard/Hockerts, Hans-Günter/Schütz, Brigitte/Tille, Wolfgang/Ziegler, Walter (Hrsg.): München – „Hauptstadt der Bewegung". Bayerns Metropole und der Nationalsozialismus, München 1993

Becker, Waldemar: April 1945: „Subject Hanover". Amerikanische Berichte zur Lage in Hannover, in: HGBl NF 48/1994, S. 339–343

Behnken, Klaus/Wagner, Frank (Hrsg.): Inszenierung der Macht. Ästhetische Faszination im Faschismus (Ausstellungskatalog), Berlin 1988

Behrenbeck, Sabine: „Der Führer". Die Einführung eines politischen Markenartikels, in: Diesener, Gerald/Gries, Rainer (Hrsg.): Propaganda in Deutschland. Zur Geschichte der politischen Massenbeeinflussung im 20. Jahrhundert, Darmstadt 1996, S. 51–78

– : Der Kult um die toten Helden. Nationalsozialistische Mythen, Riten und Symbole 1923 bis 1945, Greifswald 1996

– : Durch Opfer zur Erlösung. Feierpraxis im nationalsozialistischen Deutschland, in: dies./Nützenadel, Alexander (Hrsg.): Inszenierungen des Nationalstaats. Politische Feiern in Italien und Deutschland seit 1860/71, Köln 2000, S. 149–170

– : Gefallenengedenken in der Weimarer Republik und im „Dritten Reich", in: Arnold, Sabine R./Fuhrmeister, Christian/Schiller, Dietmar (Hrsg.): Politische Inszenierung im 20. Jahrhundert. Zur Sinnlichkeit der Macht, Wien u.a. 1998, S. 35–55

– /Nützenadel, Alexander (Hrsg.): Inszenierungen des Nationalstaats. Politische Feiern in Italien und Deutschland seit 1860/71, Köln 2000

Bell, Catherine: Ritual. Perspectives and Dimensions, New York u. a. 1997

Bender, E.: Hodler, Ferdinand, in: Vollmer, Hans (Hrsg.): Allgemeines Lexikon der bildenden Künstler, Bd. 17, Leipzig 1999, S. 176–179

Benz, Wolfgang: Hitlers Künstler. Zur Rolle der Propaganda im nationalsozialistischen Staat, in: Sarkowicz, Hans (Hrsg.): Hitlers Künstler. Die Kultur im Dienst des Nationalsozialismus, Frankfurt am Main 2004, S. 14–39

– /Graml, Hermann/Weiß, Hermann (Hrsg.): Enzyklopädie des Nationalsozialismus, München, 5., akt. u. erw. Aufl. 2007

Benz-Rababah, Eva: Leben und Werk des Städtebauers Paul Wolf (1879–1957) unter besonderer Berücksichtigung seiner 1914–22 entstandenen Siedlungsentwürfe für Hannover, Hannover 1993

Bergerson, Andrew Stuart: Ordinary Germans in extraordinary times. The Nazi revolution in Hildesheim, Bloomington/Indianapolis 2004

Berghoff, Hartmut: Marketing im 20. Jahrhundert. Absatzinstrument – Managementphilosophie – universelle Sozialtechnik, in: ders. (Hrsg.): Marketinggeschichte. Die Genese einer modernen Sozialtechnik, Frankfurt am Main 2007, S. 11–58

– : Von der „Reklame" zur Verbrauchslenkung. Werbung im nationalsozialistischen Deutschland, in: ders. (Hrsg.): Konsumpolitik. Die Regulierung des privaten Verbrauchs im 20. Jahrhundert, Göttingen 1999, S. 77–112

– (Hrsg.): Konsumpolitik. Die Regulierung des privaten Verbrauchs im 20. Jahrhundert, Göttingen 1999

– (Hrsg.): Marketinggeschichte. Die Genese einer modernen Sozialtechnik, Frankfurt am Main 2007

Bergmeier, Hinrich/Katzenberger, Günter (Hrsg.): Kulturaustreibung. Die Einflußnahme des Nationalsozialismus auf Kunst und Kultur in Niedersachsen. Eine Dokumentation zur gleichnamigen Ausstellung, Hamburg 2000

Bering, Dietz/Großsteinbeck, Klaus: Die ideologische Dimension der Kölner Straßennamen von 1870 bis 1945, in: Jaworski, Rudolf/Stachel, Peter (Hrsg.): Die Besetzung des öffentlichen

Raumes. Politische Plätze, Denkmäler und Straßennamen im europäischen Vergleich, Berlin 2007, S. 311–335

Berking, Helmuth (Hrsg.): Die Macht des Lokalen in einer Welt ohne Grenzen, Frankfurt am Main/New York 2006

– /Löw, Martina (Hrsg.): Die Eigenlogik der Städte. Neue Wege für die Stadtforschung, Frankfurt am Main/New York 2008

Berndt, Christian/Pütz, Robert (Hrsg.): Kulturelle Geographien. Zur Beschäftigung mit Raum und Ort nach dem Cultural Turn, Bielefeld 2007

Bernett, Hajo: Der Weg des Sports in die nationalsozialistische Diktatur, Schorndorf 1983

Bertram, Mijndert: „... unsere große Zeit festzuhalten". Die Celler Heimatschriftstellerin Carla Meyer-Rasch und ihre Auseinandersetzung mit dem Nationalsozialismus, Celle 2002

– : Das Königreich Hannover. Kleine Geschichte eines vergangenen deutschen Staates, Hannover, 2. Aufl. 2004

Beyrau, Dietrich (Hrsg.): Im Dschungel der Macht. Intellektuelle Professionen unter Stalin und Hitler, Göttingen 2000

Beyrow, Matthias: Mut zum Profil. Corporate Identity und Corporate Design für Städte, Stuttgart 1998, S. 116–119

Bickel, Wolfgang: Flurkreuz, Gedenkstein, Marterl und Tafel. Kleindenkmale als Fundamentalquellen, in: Praxis Geschichte, H. 6.2003, S. 51–53

Biskup, Thomas/Schalenberg, Marc: Selling Berlin. Imagebildung und Stadtmarketing von der preußischen Residenz bis zur Bundeshauptstadt, Stuttgart 2008

Blank, Ralf: Albert Hoffmann als Reichsverteidigungskommissar im Gau Westfalen-Süd, 1943–1945. Eine biografische Skizze, in: Gruner, Wolf/Nolzen, Armin (Hrsg.): Bürokratie, Initiative und Effizienz, Berlin 2001, S. 189–210

– : Kriegsalltag und Luftkrieg an der „Heimatfront", in: Echternkamp, Jörg/Militärgeschichtliches Forschungsamt (Hrsg.): Die deutsche Kriegsgesellschaft 1939–1945, Bd.9/1: Politisierung, Vernichtung, Überleben, München 2004, S. 357–463

Bloch, Marlene: „Den Feinden der Republik zum Trutz und der Verfassung zum Schutz". Die Verfassungsfeiern in Hannover 1922–1932, in: Schmid, Hans-Dieter (Hrsg.): Feste und Feiern in Hannover, Bielefeld 1995, S. 213–230

Boberach, Heinz: Quellen zum Nationalsozialismus, in: Benz, Wolfgang/Graml, Hermann/Weiß, Hermann (Hrsg.): Enzyklopädie des Nationalsozialismus, München 2007, S. 366–381

Böhme, Gernot: Architektur und Atmosphäre, München 2006

– : Atmosphäre. Essays zur neuen Ästhetik, Frankfurt am Main 1995

Boetticher, Manfred von: Provinzialselbstverwaltung und Oberpräsident der Provinz Hannover als Keimzelle der Verwaltung des Landes Niedersachsen, in: HGBl NF 48/1994, S. 345–354

Bohse, Jörg: Inszenierte Kriegsbegeisterung und ohnmächtiger Friedenswille. Meinungslenkung und Propaganda im Nationalsozialismus, Stuttgart 1988

Bollenbeck, Georg: Tradition, Avantgarde, Reaktion. Deutsche Kontroversen um die kulturelle Moderne 1880–1945, Frankfurt am Main 1999

Bollmus, Reinhard: Das Amt Rosenberg und seine Gegner. Studien zum Machtkampf im nationalsozialistischen Herrschaftssystem, Stuttgart 1970

Bonte, Achim: Werbung für Weimar? Öffentlichkeitsarbeit von Großveranstaltungen in der Weimarer Republik, Mannheim 1997

Borchard, Rolf Reiner Maria/Bode, Ursula/Krawinkel, Günter/Meckseper, Cord: Hannoverscher Klassizismus. Georg Ludwig Friedrich Laves. Eine Reise zu den Stätten romantisch-klassizistischer Baukunst, Hannover 1989

Bourdieu, Pierre: Die biographische Illusion, in: BIOS 3/1990, S. 75–81

– : Die drei Formen des kulturellen Kapitals, in: Steinrücke, Margareta (Hrsg.): Wie die Kultur zum Bauern kommt. Über Bildung, Schule und Politik. Schriften zu Politik & Kultur 4, Hamburg 2001, S. 112–120

– : Entwurf einer Theorie der Praxis auf der ethnologischen Grundlage der kabylischen Gesellschaft, Frankfurt am Main 1976

– : Habitus, Herrschaft und Freiheit, in: Steinrücke, Margareta (Hrsg.): Wie die Kultur zum Bauern kommt. Über Bildung, Schule und Politik. Schriften zu Politik & Kultur 4, Hamburg 2001, S. 162–173

– : Physischer, sozialer und angeeigneter physischer Raum, in: Wentz, Martin (Hrsg.): Stadt-Räume, Frankfurt am Main/New York 1991, S. 25–35

Bracher, Karl Dietrich/Funke, Manfred/Jacobsen, Hans-Adolf (Hrsg.): Deutschland 1933–1945. Neue Studien zur nationalsozialistischen Herrschaft, Bonn 1993 [1992]

Brandt, Peter: Volk, in: Ritter, Joachim (Hrsg.): Historisches Wörterbuch der Philosophie, Bd. 11, Darmstadt 2001, S. 1079–1090

Briesen, Detlef/Gans, Rüdiger: Regionale Identifikation als „Invention of Tradition". Wer hat und warum wurde eigentlich im 19. Jahrhundert das Siegerland erfunden? in: Berichte zur deutschen Landeskunde, H. 1, 66/1992, S. 61–73

Brockhaus, Gudrun: Schauder und Idylle. Faschismus als Erlebnisangebot, München 1997

– : Sozialpsychologie der Akzeptanz des Nationalsozialismus: Kritische Anmerkungen zu „Rausch und Diktatur" in: Von Klimó, Árpád/Rolf, Malte (Hrsg.): Rausch und Diktatur. Inszenierung, Mobilisierung und Kontrolle in totalitären Systemen, Frankfurt am Main/New York 2006, S. 153–176

Broszat, Martin/Fröhlich, Elke (Hrsg:) Bayern in der NS-Zeit. 6 Bände, München 1977–1983

Buchholz, Goetz: Hannover. Geschichten und Geschichte, Hannover 2000

Buchholz, Marlis: Die hannoverschen Judenhäuser. Zur Situation der Juden in der Zeit der Ghettoisierung und Verfolgung 1941 bis 1945, Hildesheim 1987

Burgener, Louis (Hrsg.): Sport und Kultur = Sports et civilisations, Bern u. a. 1982

Buschmann, Walter: Linden. Geschichte einer Industriestadt im 19. Jahrhundert, Hildesheim 1981

Bussemer, Thymian: Propaganda und Populärkultur. Konstruierte Erlebniswelten im Nationalsozialismus, Wiesbaden 2000

– : Propaganda. Konzepte und Theorien, Wiesbaden 2005

Butzer, Günter: Einleitung, in: ders./Günter, Manuela (Hrsg.): Kulturelles Vergessen. Medien – Rituale – Orte, Göttingen 2004, S. 9–14

– /Günter, Manuela (Hrsg.): Kulturelles Vergessen. Medien – Rituale – Orte, Göttingen 2004

Carcenac-Lecomte, Constanze/Czarnowski, Katja/Frank, Sybille/Frey, Stefanie/Lüdtke, Torsten (Hrsg.): Steinbruch. Deutsche Erinnerungsorte. Annäherung an eine deutsche Gedächtnisgeschichte, Frankfurt am Main 2000

Caron, Jean-Christoph: Gewalt im Fest. Die Maifeiern in Hagen und Hohenlimburg 1933–1937, in: Freitag, Werner (Hrsg.): Das Dritte Reich im Fest. Führermythos, Feierlaune und Verweigerung in Westfalen 1933–1945, Bielefeld 1997, S. 109–115

Chartier, Roger: Die Welt als Repräsentation, in: Middell, Matthias/Sammler, Steffen (Hrsg.): Alles Gewordene hat Geschichte. Die Schule der Annales in ihren Texten 1929–1992, Leipzig 1994, S. 320–355

Chombart de Lauwe, Paul Henry: Aneignung, Eigentum, Enteignung, in: Archplus 34/1977, S. 2–6

Christes, Thomas/Brüggemann, Michael: Leibniztempel.de, http://www.leibniztempel.de/ [DL: 28.5.2010]

Colliot-Thélène, Catherine (Hrsg.): Konferenzen des Centre Marc Bloch (Berlin), Münster 2002

Confino, Alon: Die Nation als lokale Metapher. Heimat, nationale Zugehörigkeit und das Deutsche Reich 1871–1918, in: ZfGW, H. 5.44/1996, S. 421–435

– : The Nation as a Local Metaphor: Württemberg, Imperial Germany, and National Memory, 1871–1918, Chapel Hill/London 1997

Cremer, Will/Klein, Ansgar (Hrsg.): Heimat. Analysen, Themen, Perspektiven, Bielefeld 1990

Czech, Michaela: Frauen und Sport im nationalsozialistischen Deutschland. Eine Untersuchung zur weiblichen Sportrealität in einem patriarchalen Herrschaftssystem, Berlin 1994

Dahm, Volker: Anfänge und Ideologie der Reichskulturkammer. Die „Berufsgemeinschaft" als Instrument kulturpolitischer Steuerung und sozialer Reglementierung, in: VfZ 34/1986, S. 53–84
– : Nationale Einheit und partikulare Vielfalt. Zur Frage der kulturpolitischen Gleichschaltung im Dritten Reich, in: VfZ 43/1995, S. 221–265
– : Systemische Grundlagen und Lenkungsinstrumente der Kulturpolitik des Dritten Reiches, in: Beyrau, Dietrich (Hrsg.): Im Dschungel der Macht. Intellektuelle Professionen unter Stalin und Hitler, Göttingen 2000, S. 244–259
Dambacher, Eva: Literatur- und Kulturpreise 1859–1949. Eine Dokumentation, Marbach am Neckar 1996
Damir-Geilsdorf, Sabine/Hartmann, Angelika/Hendrich, Béatrice (Hrsg.): Mental Maps – Raum – Erinnerung. Kulturwissenschaftliche Zugänge zum Verhältnis von Raum und Erinnerung, Münster 2005
Deuter, Renate/Dringenberg, Bodo: Frauenstraßennamen, in: HGBl NF 52/1998, S. 431–450
Deutscher Städtetag (Hrsg.): Deutscher Städtetag. Im Dienst deutscher Städte 1905–1980. Ein kommunales Sachbuch zum 75-jährigen Jubiläum, Stuttgart 1980
Dieckmann, Klaus/Amt, Stefan/Flechtner, Michael A./Müller, Torsten: Neues Rathaus Hannover. Bauhistorische Untersuchung, Bd. 1, Hannover 1998
Diehl-Thiele, Peter: Partei und Staat im Dritten Reich. Untersuchungen zum Verhältnis von NSDAP und allgemeiner innerer Staatsverwaltung 1933–1945, München, Studienausg. der 2., durchges. Aufl. 1971
Diesener, Gerald/Gries, Rainer (Hrsg.): Propaganda in Deutschland. Zur Geschichte der politischen Massenbeeinflussung im 20. Jahrhundert, Darmstadt 1996
Dietzler, Anke: Die hannoverschen Tageszeitungen in den ersten Jahren der NS-Herrschaft (Diss.), Hannover 1984
– : Zur Gleichschaltung des kulturellen Lebens in Hannover 1933, in: Historisches Museum am Hohen Ufer (Hrsg.): Hannover 1933. Eine Großstadt wird nationalsozialistisch, Hannover 1981, S. 157–178
Diner, Dan (Hrsg.): Leipziger Beiträge zur jüdischen Geschichte und Kultur Bd. 1, Osnabrück 2003
Ditt, Karl: Die deutsche Heimatbewegung 1871–1945, in: Cremer, Will/Klein, Ansgar (Hrsg.): Heimat. Analysen, Themen, Perspektiven, Bielefeld 1990, S. 135–154
– : Eine „Symbiose von Erde und Menschentum". Zur kulturpolitischen Konstruktion von Raumbewusstsein in Westfalen im 20. Jahrhundert, in: Knoch, Habbo (Hrsg.): Das Erbe der Provinz. Heimatkultur und Geschichtspolitik nach 1945, Göttingen 2001, S. 29–49
– : Raum und Volkstum. Die Kulturpolitik des Provinzialverbandes Westfalen 1923–1945, Münster 1988
Dobbe, Martina/Gendolla, Peter (Hrsg.): Winter-Bilder. Zwischen Motiv und Medium, Siegen 2003
Döring, Jörg/Thielmann, Tristan (Hrsg.): Spatial Turn. Das Raumparadigma in den Kultur- und Sozialwissenschaften, Bielefeld 2008
Döscher-Gebauer, Susanne/Hachmeister, Göran: Wohnraum für zehntausend schaffende Volksgenossen. Die Schmalz-Siedlung in Groß-Ricklingen, in: Auffarth, Sid/Saldern, Adelheid von (Hrsg.): Altes und neues Wohnen: Linden und Hannover im frühen 20. Jahrhundert, Seelze-Velber 1992, S. 77–86
Downs, Roger M./Stea, David: Kognitive Karten. Die Welt in unseren Köpfen, hrsg. von Robert Geipel, New York 1982 [1977]
Dringenberg, Bodo: Vom Stendor zum Hofacker. Kriegerisches in Hannovers Straßennamen, in: Mußmann, Olaf (Hrsg.): Leben abseits der Front. Hannoverscher Alltag in kriegerischen Zeiten, Hannover 1992, S. 191–211

Dümling, Albrecht: Arisierung der Gefühle, in: ders./Girth, Peter (Hrsg.): Entartete Musik. Dokumentation und Kommentar zur Düsseldorfer Ausstellung von 1938, Düsseldorf 1993, S. 39–74
– : The Target of Racial Purity. The „Degenerate Music" Exhibition in Düsseldorf, 1938, in: Etlin, Richard A. (Hrsg.): Art, culture, and media under the Third Reich, Chicago 2002, S. 43–72
– /Girth, Peter (Hrsg.): Entartete Musik. Dokumentation und Kommentar zur Düsseldorfer Ausstellung von 1938, Düsseldorf 1993
Dünne, Jörg/Günzel, Stephan (Hrsg.): Raumtheorie. Grundlagentexte aus Philosophie und Kulturwissenschaften, Frankfurt am Main 2006
Dunk, Hermann Walther von der: Kulturgeschichte des 20. Jahrhunderts, Darmstadt 2000
Dunse, Karin: Spuren deutscher Kolonialgeschichte im öffentlichen Raum. Am Beispiel Hannovers, in: Weltengarten. Deutsch-afrikanisches Jahrbuch für interkulturelles Denken, H. 7.2004, S. 175–188
Dupke, Thomas: Hermann Löns. Mythos und Wirklichkeit. Eine Biographie, Hildesheim 1994
– : Mythos Löns. Heimat, Volk und Natur im Werk von Hermann Löns, Wiesbaden 1993
Dussel, Konrad: Deutsche Tagespresse im 19. und 20. Jahrhundert, Münster 2004
Düwell, Kurt: Gauleiter und Kreisleiter als regionale Gewalten des NS-Staates, in: Möller, Horst/Wirsching, Andreas/Ziegler, Walter (Hrsg.): Nationalsozialismus in der Region. Beiträge zur regionalen und lokalen Forschung und zum internationalen Vergleich, München 1996, S. 161–174
Echternkamp, Jörg/Militärgeschichtliches Forschungsamt (Hrsg.): Die deutsche Kriegsgesellschaft 1939–1945, Bd.9/1: Politisierung, Vernichtung, Überleben, München 2004
Ehrlich, Lothar: Die Goethe-Gesellschaft zwischen Gleichschaltung und Verweigerung, in: ders./John, Jürgen/Ulbricht, Justus H. (Hrsg.): Das dritte Weimar. Klassik und Kultur im Nationalsozialismus, Köln/Wien 1999, S. 245–266
– : Goethe-Gesellschaft in Weimar, in: Ulbricht, Justus H. (Hrsg.): Klassikerstadt und Nationalsozialismus. Kultur und Politik in Weimar 1933 bis 1945, Weimar 2002, S. 25–52
– /John, Jürgen/Ulbricht, Justus H. (Hrsg.): Das dritte Weimar. Klassik und Kultur im Nationalsozialismus, Köln/Wien 1999
Eilers, Rolf: Die nationalsozialistische Schulpolitik. Eine Studie zur Funktion der Erziehung im totalitären Staat, Köln 1963
Elfferding, Wieland: Von der proletarischen Masse zum Kriegsvolk, in: Behnken, Klaus/Wagner, Frank (Hrsg.): Inszenierung der Macht. Ästhetische Faszination im Faschismus (Ausstellungskatalog), Berlin 1988, S. 17–50
Emer, Wolfgang: „Bielefelds bestem Sohn". Die Einweihung des Horst-Wessel-Steins 1933, in: Freitag, Werner (Hrsg.): Das Dritte Reich im Fest. Führermythos, Feierlaune und Verweigerung in Westfalen 1933–1945, Bielefeld 1997, S. 81–86
Erbe, Michael: Kultur als Stadtmarketing? Zur Selbstwahrnehmung Ludwighafens am Rhein als Kulturstadt, in: Schraut, Sylvia/Stier, Bernhard (Hrsg.): Stadt und Land. Bilder, Inszenierungen und Visionen in Geschichte und Gegenwart. Wolfgang von Hippel zum 65. Geburtstag, Stuttgart 2001, S. 309–318
Erll, Astrid: Kollektives Gedächtnis und Erinnerungskulturen. Eine Einführung, Stuttgart/Weimar 2005
Etlin, Richard A. (Hrsg.): Art, culture, and media under the Third Reich, Chicago 2002
Falter, Jürgen W.: Hitlers Wähler, München 1991
Faulstich, Werner: Medienkultur im Nationalsozialismus. Ein Forschungsbericht, in: Karmasin, Matthias/Faulstich, Werner (Hrsg.): Krieg – Medien – Kultur. Neue Forschungsansätze, Paderborn 2007, S. 145–192
Fauser, Markus: Einführung in die Kulturwissenschaft, Darmstadt 2003
Felbinger, Rolf/Scherl, Katja: „Flieger sind Sieger!" Konstruierte Erlebniswelten in der Populärkultur des Nationalsozialismus, in: Gries, Rainer/Schmale, Wolfgang (Hrsg.): Kultur der

Propaganda. Überlegungen zu einer Propagandageschichte als Kulturgeschichte, Bochum 2005, S. 119–165
Fischer, Axel: „Musik zwischen den Zeiten"? Zur Reorganisation des Musiklebens in Hannover, in: Bergmeier, Hinrich/Katzenberger, Günter (Hrsg.): Kulturaustreibung. Die Einflußnahme des Nationalsozialismus auf Kunst und Kultur in Niedersachsen. Eine Dokumentation zur gleichnamigen Ausstellung, Hamburg 2000, S. 112–115
Fischer, Hubertus/Wolschke-Bulmahn, Joachim (Hrsg.): Gärten und Parks im Leben der jüdischen Bevölkerung nach 1933, München 2008
Fitterling, Dieter: NS-Rassenpolitik, Antisemitismus und Straßenbenennung, in: Fürstenberg, Doris/Kulturamt Steglitz/Arbeitskreis „Nationalsozialismus in Steglitz" (Hrsg.): „Straßenname dauert noch länger als Denkmal". Die Benennung von Straßen in Berlin-Steglitz 1933–1948, Berlin 1999, S. 42–54
Flaig, Egon: Habitus, Mentalitäten und die Frage des Subjekts. Kulturelle Orientierung sozialen Handelns, in: Jaeger, Friedrich/Rüsen, Jörn (Hrsg.): Handbuch der Kulturwissenschaften. Bd. 3: Themen und Tendenzen, Stuttgart/Weimar 2004, S. 356–371
Fleiter, Elke: Zwischen Anpassung und Opposition. Direktor Heinrich Krause, in: Stadtarchiv Hannover (Hrsg.): Schreibtischtäter? Einblicke in die Stadtverwaltung Hannover 1933–1945. Bearb. von Wolf-Dieter Mechler und Hans-Dieter Schmid, Hannover 2000, S. 51–56
Fleiter, Rüdiger: Stadtverwaltung und Judenverfolgung. Vorstöße zum Ausschluss von Juden aus öffentlichen Parks und zur „Arisierung" jüdischer Friedhöfe in Hannover, in: Fischer, Hubertus/Wolschke-Bulmahn, Joachim (Hrsg.): Gärten und Parks im Leben der jüdischen Bevölkerung nach 1933, München 2008, S. 199–205
– : Stadtbaurat Karl Elkart und seine Beteiligung an der NS-Verfolgungspolitik, in: HGBl NF 60/2006, S. 135–149
– : Stadtverwaltung im Dritten Reich. Verfolgungspolitik auf kommunaler Ebene am Beispiel Hannovers, Hannover 2006
Foedrowitz, Michael: Bunkerwelten. Luftschutzanlagen in Norddeutschland, Berlin 1998
Fontius, Martin/Klingenberg, Anneliese (Hrsg.): Karl Philipp Moritz und das 18. Jahrhundert. Bestandsaufnahme, Korrekturen, Neuansätze, Tübingen 1995
Forschungsstelle für Zeitgeschichte Hamburg (Hrsg.): Hamburg im „Dritten Reich", Göttingen 2005
François, Etienne/Schulze, Hagen (Hrsg.): Deutsche Erinnerungsorte. 3 Bde., München, 2., durchges. Aufl. 2001
Frei, Norbert: „Volksgemeinschaft". Erfahrungsgeschichte und Lebenswirklichkeit der Hitler-Zeit, in: ders.: 1945 und wir. Das Dritte Reich im Bewußtsein der Deutschen, München, 2. Aufl. 2009, S. 121–142
Freitag, Werner: Der Führermythos im Fest. Festfeuerwerk, NS-Liturgie, Dissens und „100% KdF-Stimmung", in: ders. (Hrsg.): Das Dritte Reich im Fest. Führermythos, Feierlaune und Verweigerung in Westfalen 1933–1945, Bielefeld 1997, S. 11–77
– (Hrsg.): Das Dritte Reich im Fest. Führermythos, Feierlaune und Verweigerung in Westfalen 1933–1945, Bielefeld 1997
– (Hrsg.): Geschichte der Stadt Gütersloh, Bielefeld 2001
Frese, Immo: Hannover. Die Hauptstadt der deutschen Reiterei, in: Historisches Museum am Hohen Ufer (Hrsg.): Provinz + Metropole. Hannover 1900 bis 1999. Begleitbuch zur gleichnamigen Ausstellung des Historischen Museums Hannover. Redaktion: Katharina Schmidt-Vogt, Hannover 2000, S. 37–44
Frese, Matthias: Betriebspolitik im „Dritten Reich". Deutsche Arbeitsfront, Unternehmer und Staatsbürokratie in der westdeutschen Großindustrie 1933–1939, Paderborn 1991
Frevert, Ute: Ehrenmänner. Das Duell in der bürgerlichen Gesellschaft, München 1991
– : Frauen, in: Benz, Wolfgang/Graml, Hermann/Weiß, Hermann (Hrsg.): Enzyklopädie des Nationalsozialismus, München 2007, S. 242–258

Fricke, Dieter (Hrsg.): Lexikon zur Parteiengeschichte: Die bürgerlichen und kleinbürgerlichen Parteien und Verbände in Deutschland (1789–1945), Köln 1983–1986
Friese, Gernot: Anspruch und Wirklichkeit des Sports im Nationalsozialismus, Ahrensburg bei Hamburg 1974
Fritzsche, Peter: Life and Death in the Third Reich, Cambridge/London 2008
– : A Nation of Fliers. German aviation and the popular imagination, Cambridge (Mass.)/London 1992
Fröhlich, Gerhard: Kapital, Habitus, Feld, Symbol. Grundbegriffe der Kulturtheorie bei Pierre Bourdieu, in: Mörth, Ingo/Fröhlich, Gerhard (Hrsg.): Das symbolische Kapital der Lebensstile. Zur Kultursoziologie der Moderne nach Pierre Bourdieu, Frankfurt am Main/New York 1994, S. 31–54
Fuchs, Thorsten/Wittke, Stefan: Zwischen Angst und Alltag. Bomben auf Hannover, Gudensberg-Gleichen 2004
Füllberg-Stolberg, Claus/Füllberg-Stolberg, Katja: Der Präsident, die Fliegerin und ein Gauleiter. Prominente Nazis als Entwicklungshelfer und politische Berater im post-kolonialen Afrika, in: Averkorn, Raphaela (Hrsg.): Europa und die Welt in der Geschichte. Festschrift zum 60. Geburtstag von Dieter Berg, Bochum 2004, S. 1065–1087
Fürstenberg, Doris/Kulturamt Steglitz/Arbeitskreis „Nationalsozialismus in Steglitz" (Hrsg.): „Straßenname dauert noch länger als Denkmal". Die Benennung von Straßen in Berlin-Steglitz 1933–1948, Berlin 1999
Gailus, Manfred (Hrsg.): Kirchliche Amtshilfe. Die Kirche und die Judenverfolgung im „Dritten Reich", Göttingen 2008
Gall, Lothar: Walther Rathenau. Portrait einer Epoche, München 2009
Gehring, Petra: Was heißt Eigenlogik? Zu einem Paradigmenwechsel für die Stadtforschung, in: Berking, Helmuth/Löw, Martina (Hrsg.): Die Eigenlogik der Städte. Neue Wege für die Stadtforschung, Frankfurt am Main/New York 2008, S. 153–167
Geschichtswerkstatt Hannover (Hrsg.): Alltag zwischen Hindenburg und Haarmann. Ein anderer Stadtführer durch das Hannover der 20er Jahre, Hamburg 1987
Geulen, Christian: „The Final Frontier ...". Heimat, Nation und Kolonie um 1900: Carl Peters, in: Kundrus, Birthe (Hrsg.): Phantasiereiche. Zur Kulturgeschichte des deutschen Kolonialismus, Frankfurt am Main 2003, S. 35–55
Giddens, Anthony: Die Konstitution der Gesellschaft. Grundzüge einer Theorie der Strukturierung, Frankfurt am Main/New York 1988
Glaser, Hermann: Wie Hitler den deutschen Geist zerstörte. Kulturpolitik im Dritten Reich, Hamburg 2005
Gmelin, Hans Georg: Zur Entstehung von Ferdinand Hodlers Wandbild „Einmütigkeit" in Hannover, in: Niederdeutsche Beiträge zur Kunstgeschichte 7/1968, S. 219–246
Goebel, Klaus: Wuppertal in der Zeit des Nationalsozialismus, Wuppertal 1984
Görg, Horst-Dieter: Pulsschlag eines Werkes. 160 Jahre Hanomag. Maschinen- und Fahrzeugbau von Georg Egestorff bis Komatsu, Soltau 1998
Göschel, Albrecht: Lokale Identität. Hypothesen und Befunde über Stadtteilbindungen in Großstädten, in: Informationen zur Raumentwicklung, H. 3.1987, S. 91–109
Gotto, Bernhard: Nationalsozialistische Kommunalpolitik. Administrative Normalität und Systemstabilisierung durch die Augsburger Stadtverwaltung 1933–1945, München 2006
– : Polykratische Selbststabilisierung. Mittel- und Unterinstanzen in der NS-Diktatur, in: Hachtmann, Rüdiger/Süß, Winfried (Hrsg.): Hitlers Kommissare. Sondergewalten in der nationalsozialistischen Diktatur, Göttingen 2006, S. 28–50
Gould, Peter/White, Rodney: Mental Maps, London, 2. Aufl. 1993 [1974]
Grabe, Thomas/Hollmann, Reimar/Mlynek, Klaus/Radtke, Michael: Unter der Wolke des Todes leben ... Hannover im Zweiten Weltkrieg, Hamburg 1983

Grau, Bernhard: Der Reichsstatthalter in Bayern: Schnittstelle zwischen Reich und Land, in: Rumschöttel, Hermann/Ziegler, Walter (Hrsg.): Staat und Gaue in der NS-Zeit. Bayern 1933–1945, München 2004, S. 129–169

Gries, Rainer: Zur Ästhetik und Architektur von Propagemen, in: ders./Schmale, Wolfgang (Hrsg.): Kultur der Propaganda. Überlegungen zu einer Propagandageschichte als Kulturgeschichte, Bochum 2005, S. 9–35

– /Schmale, Wolfgang (Hrsg.): Kultur der Propaganda. Überlegungen zu einer Propagandageschichte als Kulturgeschichte, Bochum 2005

Grosse, Heinrich: „... in aufrichtiger Mitarbeit der Obrigkeit Untertan"? Zur Rolle der hannoverschen Landeskirche im Nationalsozialismus, in: ders. (Hrsg.): „Niemand kann zwei Herren dienen". Zur Geschichte der evangelischen Kirche im Nationalsozialismus und in der Nachkriegszeit, Hannover 2008, S. 135–164

– (Hrsg): „Niemand kann zwei Herren dienen". Zur Geschichte der evangelischen Kirche im Nationalsozialismus und in der Nachkriegszeit, Hannover 2008

– /Otte, Hans/Perels, Joachim (Hrsg.): Bewahren ohne Bekennen? Die Hannoversche Landeskirche im Nationalsozialismus, Hannover 1996

Gründer, Horst: Geschichte der deutschen Kolonien, Paderborn u. a., 3., verb. u. erg. Aufl. 1995 [1985]

Gruner, Wolf: Die NS-Judenverfolgung und die Kommunen. Zur wechselseitigen Dynamisierung von zentraler und lokaler Politik 1933–1941, in: VfZ 48/2000, S. 75–126

– /Nolzen, Armin: Editorial, in dies. (Hrsg.): Bürokratie, Initiative und Effizienz, Berlin 2001, S. 7–15

– (Hrsg): Bürokratie, Initiative und Effizienz, Berlin 2001

Guckel, Sabine/Seitz, Volker: „Vergnügliche Vaterlandspflicht". Hindenburg-Kult am Zoo, in: Geschichtswerkstatt Hannover (Hrsg.): Alltag zwischen Hindenburg und Haarmann. Ein anderer Stadtführer durch das Hannover der 20er Jahre, Hamburg 1987, S. 12–17

Guckes, Jochen: „Stätte des Willens und der Tat, der Arbeit und des Erfolgs". Städtische Selbstbilder und Städtebaudebatten in Dortmund in der Weimarer Republik, in: Beiträge zur Geschichte Dortmunds und der Grafschaft Mark 1998, S. 175–220

– : Stadtbilder und Stadtrepräsentationen im 20. Jahrhundert, in: IMS, H. 1.2005, S. 75–86

Günter, Sandra: Geschlechterkonstruktion im Sport. Eine historische Untersuchung der nationalen und regionalen Turn- und Sportbewegung des 19. und 20. Jahrhunderts, Hoya 2005

Günther, Lutz Philipp: Die bildhafte Repräsentation deutscher Städte. Von den Chroniken der Frühen Neuzeit zu den Websites der Gegenwart, Köln u. a. 2009

Haase, Carl: Karl Philipp Moritz und die Stadt Hannover, in: HGBl NF 35/1981, S. 211–231

– (Hrsg.): Niedersachsen. Territorien, Verwaltungseinheiten, geschichtliche Landschaften, Göttingen 1971

Hachtmann, Rüdiger: „Neue Staatlichkeit". Überlegungen zu einer systematischen Theorie des NS-Herrschaftssystems und ihrer Anwendung auf die mittlere Ebene der Gaue, in: John, Jürgen/Möller, Horst/Schaarschmidt, Thomas (Hrsg.): Die NS-Gaue. Regionale Mittelinstanzen im zentralistischen „Führerstaat", München 2007, S. 56–79

– /Süß, Winfried: Editorial. Kommissare im NS-Herrschaftssystem. Probleme und Perspektiven der Forschung, in: dies. (Hrsg.): Hitlers Kommissare. Sondergewalten in der nationalsozialistischen Diktatur, Göttingen 2006, S. 9–27

– (Hrsg.): Hitlers Kommissare. Sondergewalten in der nationalsozialistischen Diktatur, Göttingen 2006

Häffner, Michaela/Trox, Eckhard (Hrsg.): Lockung und Zwang. Die Stadt Lüdenscheid im Nationalsozialismus, Lüdenscheid 1999

Haftmann, Werner: Verfemte Kunst. Bildende Künstler der inneren und äußeren Emigration in der Zeit des Nationalsozialismus, Köln 1986

Häger, Hartmut: Kriegstotengedenken in Hildesheim. Geschichte, Funktionen und Formen. Mit einem Katalog der Denkmäler für Kriegstote des 19. und 20. Jahrhunderts, Hildesheim 2006

Halter, Helmut: Stadt unterm Hakenkreuz. Kommunalpolitik in Regensburg während der NS-Zeit, Regensburg 1994

Hammer-Schenk, Harold/Kokkelink, Günther (Hrsg.): Laves und Hannover. Niedersächsische Architektur im neunzehnten Jahrhundert, Hannover, rev. neue Aufl. 1989

Hanke, Andrea-Katharina: Die niedersächsische Heimatbewegung im ideologisch-politischen Kräftespiel zwischen 1920 und 1945, Hannover 2004

Hanke, Christian: Hannovers Straßennamen erzählen Geschichte, Hannover 2006

Hansmann, Marc: Kommunalfinanzen im 20. Jahrhundert. Zäsuren und Kontinuitäten. Das Beispiel Hannover, Hannover 2000

Hard, Gerhard/Scherr, Rita: Mental maps, Ortsteilimage und Wohnstandortwahl in einem Dorf der Pellenz, in: Berichte zur deutschen Landeskunde 50/1976, S. 175–220

Härtl, Ursula/Stenzel, Burkhardt/Ulbricht, Justus H. (Hrsg.): „Hier, hier ist Deutschland ..." Von nationalen Kulturkonzepten zur nationalsozialistischen Kulturpolitik, Göttingen 1997

Hartmann, Angelika: Konzepte und Transformationen der Trias „Mental Maps, Raum und Erinnerung". Einführende Gedanken zum Kolloquium, in: Damir-Geilsdorf, Sabine/Hartmann, Angelika/Hendrich, Béatrice (Hrsg.): Mental Maps – Raum – Erinnerung. Kulturwissenschaftliche Zugänge zum Verhältnis von Raum und Erinnerung, Münster 2005, S. 3–21

Hartung, Werner: Konservative Zivilisationskritik und regionale Identität am Beispiel der niedersächsischen Heimatbewegung 1895–1919, Hannover 1991

Hartwig, Edgar: Welfen. 1866–1933 (Deutsch-Hannoversche Partei. DHP), in: Fricke, Dieter (Hrsg.): Lexikon zur Parteiengeschichte: Die bürgerlichen und kleinbürgerlichen Parteien und Verbände in Deutschland (1789–1945), Köln 1983–1986, S. 482–490

Hasse, Jürgen: Die Stadt als Raum der Atmosphären. Zur Differenzierung von Atmosphären und Stimmungen, in: Die alte Stadt, H. 2, 35/2008, S. 103–116

Hatje, Frank: Repräsentationen der Staatsgewalt. Herrschaftsstrukturen und Selbstdarstellung in Hamburg 1700–1900, Basel/Frankfurt am Main 1997

Hattenhorst, Maik: „Wenn wieder ein Fest steigen würde wie im ersten Jahr des Dritten Reiches". Das Münsterland zwischen Distanz und Begeisterung 1933–1938, in: Freitag, Werner (Hrsg.): Das Dritte Reich im Fest. Führermythos, Feierlaune und Verweigerung in Westfalen 1933–1945, Bielefeld 1997, S. 119–125

Hauptmeyer, Carl-Hans: Niedersachsen. Landesgeschichte und historische Regionalentwicklung im Überblick, Hannover 2004

Hauskeller, Michael: Atmosphären erleben, Berlin 1995

Häußermann, Hartmut/Ipsen, Detlev/Krämer-Badoni, Thomas/Läpple, Dieter/Rodenstein, Marianne/Siebel, Walter (Hrsg.): Stadt und Raum. Soziologische Analysen, Pfaffenweiler 1992

Hecker, Hans-Joachim: Die Kunststadt München im Nationalsozialismus, in: Bauer, Richard/Hockerts, Hans-Günter/Schütz, Brigitte/Tille, Wolfgang/Ziegler, Walter (Hrsg.): München – „Hauptstadt der Bewegung". Bayerns Metropole und der Nationalsozialismus, München 1993, S. 310–317

Heiber, Helmut: Walter Frank und sein Reichsinstitut für Geschichte des neuen Deutschlands, Stuttgart 1966

Heine, Heine, Werner: Der kurze Frühling der Moderne, oder – Futura ohne Zukunft. Kurt Schwitters' typographische Arbeiten für die Stadtverwaltung Hannover 1929–1934, in: Landesmuseum Wiesbaden/Sprengel Museum Hannover/Museum für Gestaltung Zürich (Hrsg.): „Typographie kann unter Umständen Kunst sein". Kurt Schwitters' Typographie und Werbegestaltung, Spangenberg 1992, S. 92–97

Held, Steffen: Carl Goerdeler in Leipzig – Antisemitismus und Kommunalverwaltung 1933–1936, in: Diner, Dan (Hrsg.): Leipziger Beiträge zur jüdischen Geschichte und Kultur Bd. 1, Osnabrück 2003, S. 283–310

Hepp, Andreas/Winter, Rainer (Hrsg.): Kultur – Medien – Macht. Cultural Studies und Medienanalyse, Opladen 2006 [1997]

Herlemann, Beatrix: Biographisches Lexikon niedersächsischer Parlamentarier 1919–1945, Hannover 2004
Herlyn, Ulfert/Poblotzki, Ursula (Hrsg.): Von großen Plätzen und kleinen Gärten. Beitrag zur Nutzungsgeschichte von Freiräumen in Hannover, München 1992
Herrmann, Hans-Walter (Hrsg.): Widerstand und Verweigerung im Saarland 1935–1945, 3 Bände, Bonn 1989–1995
Herrmann, Ulrich/Nassen, Ulrich (Hrsg.): Formative Ästhetik im Nationalsozialismus. Intentionen, Medien und Praxisformen totalitärer ästhetischer Herrschaft und Beherrschung, Weinheim 1993
Hettling, Manfred/Nolte, Paul: Bürgerliche Feste als symbolische Politik im 19. Jahrhundert, in: dies. (Hrsg.): Bürgerliche Feste. Symbolische Formen politischen Handelns im 19. Jahrhundert, Göttingen 1993, S. 7–36
– (Hrsg.): Bürgerliche Feste. Symbolische Formen politischen Handelns im 19. Jahrhundert, Göttingen 1993
Heuel, Eberhard: Der umworbene Stand. Die ideologische Integration der Arbeiter im Nationalsozialismus 1933–1935, Frankfurt am Main 1989
Heuvel, Gerd van den: Leibniz als Jubilar. Das Leibnizbild des 19. und 20. Jahrhunderts im Spiegel von Gedenktagen (1846–1946), in: HGBl NF 51/1997, S. 313–334
Heydemann, Günter/Oberreuter, Heinrich (Hrsg.): Diktaturen in Deutschland – Vergleichsaspekte. Strukturen, Institutionen und Verhaltensweisen, Bonn 2003
Hildebrand, Klaus: Das Dritte Reich, München, 6., neubearb. Aufl. 2003
– : Vom Reich zum Weltreich. Hitler, NSDAP und koloniale Frage 1919–1945, München 1969
Hirschfeld, Gerhard/Kettenacker, Lothar (Hrsg.): Der „Führerstaat": Mythos und Realität. Studien zur Struktur und Politik des Dritten Reiches, Stuttgart 1981
Historisches Museum am Hohen Ufer (Hrsg.): Goethes Lotte. Ein Frauenleben um 1800. Essays zur Ausstellung. Red.: Ulrike Weiß, Hannover 2003
– (Hrsg.): Hannover 1933. Eine Großstadt wird nationalsozialistisch, Hannover 1981
– (Hrsg.): Provinz + Metropole. Hannover 1900 bis 1999. Begleitbuch zur gleichnamigen Ausstellung des Historischen Museums Hannover. Redaktion: Katharina Schmidt-Vogt, Hannover 2000
Hobsbawm, Eric J./Ranger, Terence (Hrsg.): The Invention of Tradition, Cambridge 1996
Hockerts, Hans-Günter: Mythos, Kult und Feste. München im nationalsozialistischen „Feierjahr", in: Bauer, Richard/Hockerts, Hans-Günter/Schütz, Brigitte/Tille, Wolfgang/Ziegler, Walter (Hrsg.): München – „Hauptstadt der Bewegung". Bayerns Metropole und der Nationalsozialismus, München 1993, S. 331–341
Hoeltje, Georg: Laves. Baumeister seiner Zeit. Fotos von Gerhard Dierssen, Hannover 1964
Hoffend, Andrea: Zwischen Kultur-Achse und Kulturkampf. Die Beziehungen zwischen „Drittem Reich" und faschistischem Italien in den Bereichen Medien, Kunst, Wissenschaft und Rassenfragen, Frankfurt am Main 1998
Höffkes, Karl: Hitlers politische Generale. Die Gauleiter des Dritten Reiches. Ein biographisches Nachschlagewerk, Tübingen, 2., überarb. und erw. Aufl. 1997 [1986]
Höhnl, Dieter (Hrsg.): Vor-Reiter Weimars. Die Großherzöge Carl August und Carl Alexander im Denkmal, Jena 2003
Holm, Kirsten: „Weimar im Banne des Führers". Die Besuche Adolf Hitlers 1925–1940, Köln/Weimar/Wien 2001
Holtzmann, E.: Der Weg zur Deutschen Gemeindeordnung vom 30. Januar 1935, in: Zeitschrift für Politik 12/1965, S. 356–366
Hörning, Karl H.: Kultur als Praxis, in: Jaeger, Friedrich/Liebsch, Burkhard (Hrsg.): Handbuch der Kulturwissenschaften. Bd. 1: Grundlagen und Schlüsselbegriffe, Stuttgart/Weimar 2004, S. 139–151

– /Reuter, Julia: Doing Material Culture. Soziale Praxis als Ausgangspunkt einer „realistischen" Kulturanalyse, in: Hepp, Andreas/Winter, Rainer (Hrsg.): Kultur – Medien – Macht. Cultural Studies und Medienanalyse, Opladen 2006 [1997], S. 109–123

Hörtnagel, Mathias: Regionale Kultur im Zeichen des Hakenkreuzes. Nationalsozialistische Kulturpolitik und ihre Auswirkungen auf das Alltagsleben der Bevölkerung in den holsteinischen Städten Kiel und Elmshorn 1933–1939, Kiel 1998

Hoss, Christiane/Schönfeld, Martin (Hrsg.): Gedenktafeln in Berlin. Orte der Erinnerung an Verfolgte des Nationalsozialismus 1991–2001, Berlin 2002

Hüttenberger, Peter: Die Gauleiter. Studie des Machtgefüges in der NSDAP, Stuttgart 1969

– : Nationalsozialistische Polykratie, GG 1/1976, S. 417–442

Isenberg, Wolfgang (Hrsg.): Historische Denkmäler. Vergangenheit im Dienste der Gegenwart? Bergisch Gladbach 1994

Istel, Werner: Stadt-Design, in: Format, H. 1.1980, S. 46f.

Jaeger, Friedrich/Liebsch, Burkhard (Hrsg.): Handbuch der Kulturwissenschaften. Bd. 1: Grundlagen und Schlüsselbegriffe, Stuttgart/Weimar 2004

– /Rüsen, Jörn (Hrsg.): Handbuch der Kulturwissenschaften. Bd. 3: Themen und Tendenzen, Stuttgart/Weimar 2004

Jaworski, Rudolf: Denkmäler als Gedächtnisorte und als Gegenstand der Forschung. Regionale und vergleichende Aspekte, in: ders./Molik, Witold (Hrsg.): Denkmäler in Kiel und Posen, Kiel 2002, S. 10–22

– /Molik, Witold (Hrsg.): Denkmäler in Kiel und Posen, Kiel 2002

Jaworski, Rudolf/Stachel, Peter (Hrsg.): Die Besetzung des öffentlichen Raumes. Politische Plätze, Denkmäler und Straßennamen im europäischen Vergleich, Berlin 2007

Jeserich, Kurt G. A./Pohl, Hans/Unruh, Georg-Christoph von: Deutsche Verwaltungsgeschichte. Bd. 4: Das Reich als Republik und im Nationalsozialismus, Stuttgart 1985

Joch, Winfried: Politische Leibeserziehung und ihre Theorie im Nationalsozialistischen Deutschland. Voraussetzungen, Begründungszusammenhang, Dokumentation, Bern u. a. 1976

– : Sport und Leibeserziehung im Dritten Reich, in: Ueberhorst, Horst (Hrsg.): Geschichte der Leibesübungen. Bd. 2: Leibesübungen und Sport in Deutschland vom Ersten Weltkrieg bis zur Gegenwart, Berlin 1980, S. 701–742

– : Zum Problem der Leistung in der nationalsozialistischen Leibeserziehung, in: Burgener, Louis (Hrsg.): Sport und Kultur = Sports et civilisations, Bern u. a. 1982, S. 29–34

Johe, Werner: Hitler in Hamburg. Dokumente zu einem besonderen Verhältnis, Hamburg 1996

John, Jürgen: Der NS-Gau Thüringen 1933 bis 1945. Grundzüge seiner Struktur- und Funktionsgeschichte, in: Ulbricht, Justus H. (Hrsg.): Klassikerstadt und Nationalsozialismus. Kultur und Politik in Weimar 1933 bis 1945, Weimar 2002, S. 25–52

– : Die Gaue im NS-System, in: ders./Möller, Horst/Schaarschmidt, Thomas (Hrsg.): Die NS-Gaue. Regionale Mittelinstanzen im zentralistischen „Führerstaat", München 2007, S. 22–55

– /Möller, Horst/Schaarschmidt, Thomas (Hrsg.): Die NS-Gaue. Regionale Mittelinstanzen im zentralistischen „Führerstaat", München 2007

Kammer, Hilde/Bartsch, Elisabet: Lexikon des Nationalsozialismus. Begriffe, Organisationen und Institutionen, Frankfurt am Main 2002

Karmasin, Matthias/Faulstich, Werner (Hrsg.): Krieg – Medien – Kultur. Neue Forschungsansätze, Paderborn 2007

Kastler, José: Heimatmalerei. Das Beispiel Oldenburg, Oldenburg 1988

Katenhusen, Ines: „Hannover ist nie ein Athen gewesen, eher denn ein Sparta". Bildende Kunst und Politik in Demokratie und Diktatur, in: HGBl NF 54/2000, S. 5–40

– : Kunst und Politik. Hannovers Auseinandersetzungen mit der Moderne in der Weimarer Republik, Hannover 1998

– : Lebenslust per Ratsbeschluss. Das Experiment Straßenkunst und der Nana-Skandal in Hannover der 1970er Jahre, in: Münkel, Daniela/Schwarzkopf, Jutta (Hrsg.): Geschichte als

Experiment. Studien zu Politik, Kultur und Alltag im 19. und 20. Jahrhundert. Festschrift für Adelheid von Saldern, Frankfurt am Main/New York 2004, S. 307–319

Kazig, Rainer: Atmosphären. Konzept für einen nicht repräsentationellen Zugang zum Raum, in: Berndt, Christian/Pütz, Robert (Hrsg.): Kulturelle Geographien. Zur Beschäftigung mit Raum und Ort nach dem Cultural Turn, Bielefeld 2007, S. 167–187

Keitz, Christine: Reisen als Leitbild. Die Entstehung des modernen Massentourismus in Deutschland, München 1997

Kellein, Thomas: Heroisches Warten und hohles Pathos, in: ders. (Hrsg.): 1937. Perfektion und Zerstörung. Katalog zur Ausstellung in der Kunsthalle Bielefeld, Tübingen/Berlin 2007, S. 28–49

– (Hrsg.): 1937. Perfektion und Zerstörung. Katalog zur Ausstellung in der Kunsthalle Bielefeld, Tübingen/Berlin 2007

Kershaw, Ian: Hitler. 1889–1936, Stuttgart 2. Aufl. 1998

Keß, Bettina: Kunstleben und Kulturpolitik in der Provinz. Würzburg 1919–1945, Würzburg 2001

Kessemeier, Gesa: Sportlich, sachlich, männlich. Das Bild der ‚Neuen Frau' in den Zwanziger Jahren. Zur Konstruktion geschlechtsspezifischer Körperbilder in der Mode der Jahre 1920 bis 1929, Dortmund 2000

Kiecol, Daniel: Selbstbild und Image zweier europäischer Metropolen. Paris und Berlin zwischen 1900 und 1930, Frankfurt am Main u. a. 2001

Kittsteiner, Heinz Dieter (Hrsg.): Was sind Kulturwissenschaften? 13 Antworten, München 2004

Klatt, Gunnar: Bauern und Soldaten. Literaturpreise in Hannover, in: Bergmeier, Hinrich/Katzenberger, Günter (Hrsg.): Kulturaustreibung. Die Einflußnahme des Nationalsozialismus auf Kunst und Kultur in Niedersachsen. Eine Dokumentation zur gleichnamigen Ausstellung, Hamburg 2000, S. 182–185

Klietmann, Kurt-Gerhard: Staatlich-zivile Auszeichnungen. Weimarer Republik und Drittes Reich, Stuttgart 1990

Klingel, Kerstin: Eichenkranz und Dornenkrone. Kriegerdenkmäler in Hamburg, Hamburg 2006

Kloss, Martine/Niedersächsische Landesbibliothek: Gottheit. Zeit. Und ich. Zu Leben und Werk des hannoverschen Dichters Gerrit Engelke 1890–1918. Ausstellung und Katalog, Hildesheim 1990

Knoch, Habbo (Hrsg.): Das Erbe der Provinz. Heimatkultur und Geschichtspolitik nach 1945, Göttingen 2001

Korff, Gottfried: „Die Stadt aber ist der Mensch ...", in: ders./Rürup, Reinhard (Hrsg.): Berlin, Berlin. Die Ausstellung zur Geschichte der Stadt, Berlin 1987, S. 643–663

– /Rürup, Reinhard (Hrsg.): Berlin, Berlin. Die Ausstellung zur Geschichte der Stadt, Berlin 1987

Koshar, Rudy: Germany's transient past. Preservation and National Memory in the Twentieth Century, Chapel Hill/London 1998

Krais, Beate: Habitus und soziale Praxis, in: Steinrücke, Margareta (Hrsg.): Pierre Bourdieu. Politisches Forschen, Denken und Eingreifen, Hamburg 2004, S. 91–106

Kramer, Nicole: Mobilisierung für die „Heimatfront". Frauen im zivilen Luftschutz, in: Steinbacher, Sybille (Hrsg.): Volksgenossinnen. Frauen in der NS-Volksgemeinschaft, Göttingen 2007, S. 93–111

Krasselt, Andreas: Zwischen Kimme und Korn. Das hannoversche Schützenfest in den 20er und 30er Jahren des 20. Jahrhunderts, in: Schmid, Hans-Dieter (Hrsg.): Feste und Feiern in Hannover, Bielefeld 1995, S. 231–243

Krause-Schmitt, Ursula/Ngo, Marianne/Schmidt, Gottfried (Redaktion): Heimatgeschichtlicher Wegweiser zu Stätten des Widerstandes und der Verfolgung 1933–1945, Bd. 3. Hrsg. vom Studienkreis zur Erforschung und Vermittlung der Geschichte des Widerstandes 1933–1945 und dem VVN-BdA, Köln 1986

Kreter, Karljosef/Schneider, Gerhard (Hrsg.): Stadt und Überlieferung. Festschrift für Klaus Mlynek, Hannover 1999

Krüger, Rose: Ehrt Hannover einen Menschenschlächter oder einen deutschen Held? Umbenennung des Karl-Peters-Platz. Beitrag zum Schülerwettbewerb Deutsche Geschichte um den Preis des Bundespräsidenten zur Geschichte des Protests: Aufbegehren, Handeln, Verändern (1989), unveröffentlichtes Manuskript

Kuhlmann, Rüdiger: Bürgermeister Heinrich Müller. Ein „alter Kämpfer" enttäuscht die Partei, in: Stadtarchiv Hannover (Hrsg.): Schreibtischtäter? Einblicke in die Stadtverwaltung Hannover 1933–1945. Bearb. von Wolf-Dieter Mechler und Hans-Dieter Schmid, Hannover 2000, S. 11–16

Kühberger, Christoph: Emotionaler Rausch: Zu den Mechanismen der Gefühlsmobilisierung auf faschistischen und nationalsozialistischen Festen, in: Klimó, Árpád von/Rolf, Malte (Hrsg.): Rausch und Diktatur. Inszenierung, Mobilisierung und Kontrolle in totalitären Systemen, Frankfurt am Main/New York 2006, S. 177–192

Kühne, Heinz: Straßen, Namen, Freimaurer. Straßennamen in Hannover, Hannover 1991

Kulturamt der Landeshauptstadt Hannover (Hrsg.): Maler zweier Generationen: Ernst Oppler, Richard Seiffert-Wattenberg, Carl Wiederhold / Otto Gefers, Albert Knoke, Harm Lichte, Karl Pohle, Heinrich Schwieger-Uelzen. Redaktion: Heimar Fischer-Gaaden, Hannover 1979

Kunczik, Michael: Geschichte der Öffentlichkeitsarbeit in Deutschland, Köln/Wien 1997

Kundrus, Birthe (Hrsg.): Phantasiereiche. Zur Kulturgeschichte des deutschen Kolonialismus, Frankfurt am Main 2003

Kunstverein Hannover e. V.: Gedächtnisausstellung Harm Lichte, Kollektivausstellungen Albert Knoke, Hermann Scheuernstuhl vom 19. Januar bis 16. Februar 1958, Hannover 1958

Kurz, Gerhard: Verfahren der Symbolbildung. Literaturwissenschaftliche Perspektiven, in: Schlögl, Rudolf/Giesen, Bernhard/Osterhammel, Jürgen (Hrsg.): Die Wirklichkeit der Symbole. Grundlagen der Kommunikation in historischen und gegenwärtigen Gesellschaften, Konstanz 2004, S. 173–187

Lammers, Britta: Werbung im Nationalsozialismus. Die Kataloge der „Großen Deutschen Kunstausstellung" 1937–1944, Weimar 1999

Landschoof, Regina/Hüls, Karin: Frauensport im Faschismus, Hamburg 1985

Langenfeld, Hans: Sport als Mittel städtischer Repräsentation und Identifikation. Warum und wie sich Hannover zu Beginn unseres Jahrhunderts das Image einer Sportstadt zulegte, in: Niedersächsisches Institut für Sportgeschichte, Hoya e. V. (Hrsg.): Sport in Hannover. Von der Stadtgründung bis heute, Göttingen 1991, S. 94–97

Langenohl, Andreas: Mental Maps, Raum und Erinnerung. Zur kultursoziologischen Erschließung eines transdisziplinären Konzepts, in: Damir-Geilsdorf, Sabine/Hartmann, Angelika/Hendrich, Béatrice (Hrsg.): Mental Maps – Raum – Erinnerung. Kulturwissenschaftliche Zugänge zum Verhältnis von Raum und Erinnerung, Münster 2005, S. 51–69

Läpple, Dieter: Essay über den Raum. Für ein gesellschaftswissenschaftliches Raumkonzept, in: Häußermann, Hartmut/Ipsen, Detlev/Krämer-Badoni, Thomas/Läpple, Dieter/Rodenstein, Marianne/Siebel, Walter (Hrsg.): Stadt und Raum. Soziologische Analysen, Pfaffenweiler 1992, S. 157–207

Lauschke, Karl: Die Lüdenscheider Verwaltung 1933 bis 1945. Gleichschaltung – Anpassung – Konflikte, in: Häffner, Michaela/Trox, Eckhard (Hrsg.): Lockung und Zwang. Die Stadt Lüdenscheid im Nationalsozialismus, Lüdenscheid 1999, S. 53–68

Lehmann, Sebastian: Kreisleiter der NSDAP in Schleswig-Holstein. Lebensläufe und Herrschaftspraxis einer regionalen Machtelite, Bielefeld 2007

Lengner, Susanne/AG Stadtleben e. V. (Hrsg.): Ungebautes Hannover. Städtebauliche Projekte, Ideen und Utopien, Hannover, 2. Aufl. 1991

Lent, Dieter: Das Niedersachsenbewußtsein im Wandel der Jahrhunderte, in: Haase, Carl (Hrsg.): Niedersachsen. Territorien, Verwaltungseinheiten, geschichtliche Landschaften, Göttingen 1971, S. 27–50

Lenz-Romeiß, Felizitas: Die Stadt. Heimat oder Durchgangsstation? München 1970

Leonhardt, Wolfgang: Karl Jathos erster Motorflug 1903. 100 Jahre Fluggeschichte in Hannover & Langenhagen. Ballon, Zeppelin, Segelflug, Raketen, Flughafen, Norderstedt 2002
Liebert, Tobias: Public Relations für Städte in verschiedenen zeitgeschichtlichen Epochen. Fallbeispiel Nürnberg, in: Wilke, Jürgen (Hrsg.): Massenmedien und Zeitgeschichte, Konstanz 1999, S. 409–423
Lilla, Joachim: Die Stellvertretenden Gauleiter und die Vertretung der Gauleiter der NSDAP im „Dritten Reich". Heft 3 der Materialien aus dem Bundesarchiv, Bremerhaven 2003
Lindner, Rolf: Die Entdeckung der Stadtkultur. Soziologie aus der Erfahrung der Reportage, Frankfurt am Main 1990
Lippuner, Roland: Raum-Systeme-Praktiken. Zum Verhältnis von Alltag, Wissenschaft und Geographie, Stuttgart 2005
Longerich, Peter: Nationalsozialistische Propaganda, in: Bracher, Karl Dietrich/Funke, Manfred/Jacobsen, Hans-Adolf (Hrsg.): Deutschland 1933–1945. Neue Studien zur nationalsozialistischen Herrschaft, Bonn 1993 [1992], S. 291–314
– : „Davon haben wir nichts gewusst!" Die Deutschen und die Judenverfolgung 1933–1945, München 2006
Löw, Martina: Raum. Die topologischen Dimensionen der Kultur, in: Jaeger, Friedrich/Liebsch, Burkhard (Hrsg.): Handbuch der Kulturwissenschaften. Bd. 1: Grundlagen und Schlüsselbegriffe, Stuttgart/Weimar 2004, S. 46–59
– : Raumsoziologie, Frankfurt am Main 2001
Löw, Peter: Kommunalgesetzgebung im NS-Staat am Beispiel der Deutschen Gemeindeordnung 1935, Baden-Baden 1992
Lübbren, Rainer: Swinegel Uhland. Persönlichkeiten im Spiegel von Straßennamen, Norderstedt 2001
Lüdtke, Alf: „Ehre der Arbeit": Industriearbeiter und Macht der Symbole. Zur Reichweite symbolischer Orientierungen im Nationalsozialismus, in: ders. (Hrsg.): Eigen-Sinn. Fabrikalltag, Arbeitererfahrungen und Politik vom Kaiserreich bis in den Faschismus, Hamburg 1993, S. 283–350
– : Einleitung: Herrschaft als soziale Praxis, in: ders. (Hrsg.): Herrschaft als soziale Praxis. Historische und sozial-anthropologische Studien, Göttingen 1991, S. 9–66
– : Geschichte und Eigensinn, in: Berliner Geschichtswerkstatt (Hrsg.): Alltagskultur, Subjektivität und Geschichte. Zur Theorie und Praxis von Alltagsgeschichte, Münster 1994, S. 139–153
– : Wo blieb die „rote Glut"? Arbeitererfahrung und deutscher Faschismus, in: ders. (Hrsg.): Alltagsgeschichte. Zur Rekonstruktion historischer Erfahrungen und Lebensweisen, Frankfurt am Main 1989, S. 224–282
– (Hrsg.): Alltagsgeschichte. Zur Rekonstruktion historischer Erfahrungen und Lebensweisen, Frankfurt am Main 1989
– (Hrsg.): Eigen-Sinn. Fabrikalltag, Arbeitererfahrungen und Politik vom Kaiserreich bis in den Faschismus, Hamburg 1993
– (Hrsg.): Herrschaft als soziale Praxis. Historische und sozial-anthropologische Studien, Göttingen 1991
Lund, Allan A.: Germanenideologie im Nationalsozialismus. Zur Rezeption der „Germania" des Tacitus im „Dritten Reich", Heidelberg 1995
Lurz, Meinhold: Kriegerdenkmäler in Deutschland, Bd. 5: Drittes Reich, Heidelberg 1986
Lynch, Kevin: Das Bild der Stadt, Braunschweig/Wiesbaden, 2. Aufl. 1989 [1965]
Maaß, Inge: Volksparke, in: Burckhardt, Lucius (Hrsg.): Der Werkbund in Deutschland, Österreich und der Schweiz. Form ohne Ornament, Stuttgart 1978, S. 57–65
Maier, Stefan: Der Festzug zum „Tag der nationalen Arbeit" am 1. Mai 1933, in: Möseneder, Karl (Hrsg.): Feste in Regensburg. Von der Reformation bis in die Gegenwart, Regensburg 1986, S. 580–584

– : Die Aufstellung der Anton-Bruckner-Büste in der Walhalla 1937, in: Möseneder, Karl (Hrsg.): Feste in Regensburg. Von der Reformation bis in die Gegenwart, Regensburg 1986, S. 603–608
– : Die Feier zur Überreichung der Ehrenbürgerurkunde an Adolf Hitler 1933, in: Möseneder, Karl (Hrsg.): Feste in Regensburg. Von der Reformation bis in die Gegenwart, Regensburg 1986, S. 595–599
– : Feste und Feiern im Zeichen des Nationalsozialismus, in: Möseneder, Karl (Hrsg.): Feste in Regensburg. Von der Reformation bis in die Gegenwart, Regensburg 1986, S. 97–106
Mangelsen, Jochen: „Hannoversche Allgemeine Zeitung" – „Hannoverscher Anzeiger". Untersuchung zur Entwicklung einer Tageszeitung seit ihrer Gründung im Jahre 1893. Ein Beitrag zur Zeitungsgeschichte der letzten 75 Jahre, Berlin 1968
Marschik, Matthias: „Flieger, grüß mir die Sonne ..." Eine kleine Kulturgeschichte der Luftfahrt, Wien 2000
Marßolek, Inge: Die Denunziantin. Helene Schwärzel 1944–47, Bremen 1993
– /Saldern, Adelheid von (Hrsg.): Zuhören und Gehörtwerden, Bd. 1. Radio im Nationalsozialismus. Zwischen Lenkung und Ablenkung, Tübingen 1998
Marßolek, Inge/Wildt, Michael (Hrsg.): Adelheid von Saldern: Politik – Stadt – Kultur. Aufsätze zur Gesellschaftsgeschichte des 20. Jahrhunderts, Hamburg 1999
Maset, Michael: Diskurs, Macht und Geschichte. Foucaults Analysetechniken und die historische Forschung, Frankfurt am Main/New York 2002
Massey, Doreen: Keine Entlastung für das Lokale, in: Berking, Helmuth (Hrsg.): Die Macht des Lokalen in einer Welt ohne Grenzen, Frankfurt am Main/New York 2006, S. 25–31
Mattissek, Annika: Diskursive Konstitution städtischer Identität. Das Beispiel Frankfurt am Main, in: Berndt, Christian/Pütz, Robert (Hrsg.): Kulturelle Geographien. Zur Beschäftigung mit Raum und Ort nach dem Cultural Turn, Bielefeld 2007, S. 83–111
Matzerath, Horst: Nationalsozialismus und kommunale Selbstverwaltung, Stuttgart u. a. 1970
– : Nationalsozialistische Kommunalpolitik. Anspruch und Realität, in: Die Alte Stadt 5/1978, S. 1–22
– : Oberbürgermeister im Dritten Reich, in: Hirschfeld, Gerhard/Kettenacker, Lothar (Hrsg.): Der „Führerstaat": Mythos und Realität. Studien zur Struktur und Politik des Dritten Reiches, Stuttgart 1981, S. 228–254
– : Von der Stadt zur Gemeinde. Zur Entwicklung des rechtlichen Stadtbegriffs im 19. und 20. Jahrhundert, in: Archiv für Kommunalwissenschaften 13/1974, S. 17–45
Mauss, Marcel: Die Gabe. Form und Funktion des Austauschs in archaischen Gesellschaften, Frankfurt am Main 1968
Mayrhofer, Fritz/Opll, Ferdinand (Hrsg.): Stadt und Nationalsozialismus, Linz 2008
Mechler, Wolf-Dieter: Zwischen Berufsverbot und Begünstigung. Personalpolitik bei der Stadtverwaltung als Bestandteil der Formierung der Diktatur, in: Stadtarchiv Hannover (Hrsg.): Schreibtischtäter? Einblicke in die Stadtverwaltung Hannover 1933–1945. Bearb. von Dems. und Hans-Dieter Schmid, Hannover 2000, S. 5–10
Mecking, Sabine: „Immer treu". Kommunalbeamte zwischen Kaiserreich und Bundesrepublik, Essen 2003
– /Wirsching, Andreas: Stadtverwaltung als Systemstabilisierung? Tätigkeitsfelder und Handlungsspielräume kommunaler Herrschaft im Nationalsozialismus, in: dies. (Hrsg.): Stadtverwaltung im Nationalsozialismus. Systemstabilisierende Dimensionen kommunaler Herrschaft, Paderborn 2005, S. 1–22
– (Hrsg.): Stadtverwaltung im Nationalsozialismus. Systemstabilisierende Dimensionen kommunaler Herrschaft, Paderborn 2005
Meier-Oeser, S./Scholz, O. R./Seils, M.: Symbol, in: Ritter, Joachim (Hrsg.): Historisches Wörterbuch der Philosophie, Bd. 10, Darmstadt 1998, S. 710–739
Mergel, Thomas: Parlamentarische Kultur in der Weimarer Republik. Politische Kommunikation, symbolische Politik und Öffentlichkeit im Reichstag, Düsseldorf 2002

– /Welskopp, Thomas (Hrsg.): Geschichte zwischen Kultur und Gesellschaft. Beiträge zur Theoriedebatte, München 1997

Merta, Klaus-Peter: Bedeutung und Stellenwert des Auszeichnungswesens in der Gesellschaft der DDR, in: Vorsteher, Dieter (Hrsg.): Parteiauftrag: Ein neues Deutschland. Bilder, Rituale und Symbole der frühen DDR, Berlin 1997, S. 290–305

Mertsching, Klaus: Berthold Karwahne. Biographie einer hannoverschen NS-Größe, in: HGBl NF 38/1984, S. 217–236

Michligk, Paul: Neue Praxis des betrieblichen Vorschlagswesens und der Arbeitsvereinfachung, Stuttgart 1953

Middell, Matthias/Sammler, Steffen (Hrsg.): Alles Gewordene hat Geschichte. Die Schule der Annales in ihren Texten 1929–1992, Leipzig 1994

Mlynek, Klaus: Die Gleichschaltung der hannoverschen Bürgervereine in der NS-Zeit, in: HGBl NF 34/1980, S. 183–209

– : Machtübernahme und Kommunalpolitik, in: Historisches Museum am Hohen Ufer (Hrsg.): Hannover 1933. Eine Großstadt wird nationalsozialistisch, Hannover 1981, S. 100–133

– : Hannover in der Weimarer Republik und unter dem Nationalsozialismus 1918–1945, in: ders./Röhrbein, Waldemar R. (Hrsg.): Geschichte der Stadt Hannover, Bd. 2: Vom Beginn des 19. Jahrhunderts bis zur Gegenwart, Hannover 1994, S. 405–577

– /Röhrbein, Waldemar R. (Hrsg.): Geschichte der Stadt Hannover, Bd. 2: Vom Beginn des 19. Jahrhunderts bis zur Gegenwart, Hannover 1994

Moll, Martin: Steuerungsinstrument im „Ämterchaos"? Die Tagungen der Reichs- und Gauleiter der NSDAP, in: VfZ 49/2001, S. 215–273

Möller, Horst/Wirsching, Andreas/Ziegler, Walter (Hrsg.): Nationalsozialismus in der Region. Beiträge zur regionalen und lokalen Forschung und zum internationalen Vergleich, München 1996

Mommsen, Hans: Beamtentum im Dritten Reich. Mit ausgewählten Quellen zur nationalsozialistischen Beamtenpolitik, VfZ 13/1966

Morawietz, Kurt/Riha, Karl/Vaßen, Florian (Hrsg.): Zwischen Wolken und Großstadtrauch. Warum Engelke lesen? Dokumentation zum 100. Geburtstag des hannoverschen Dichters Gerrit Engelke, hrsg. im Auftrag der Gerrit-Engelke-Gedächtnisstiftung, Hannover 1992

Mörth, Ingo/Fröhlich, Gerhard (Hrsg.): Das symbolische Kapital der Lebensstile. Zur Kultursoziologie der Moderne nach Pierre Bourdieu, Frankfurt am Main/New York 1994

Möseneder, Karl: „Das Heraustreten des Festlichen kann nur geschehen durch Kunst". Einführung, in: ders. (Hrsg.): Feste in Regensburg. Von der Reformation bis in die Gegenwart, Regensburg 1986, S. 11–24

– (Hrsg.): Feste in Regensburg. Von der Reformation bis in die Gegenwart, Regensburg 1986

Mossdorf, Carl Friedrich: Kavallerieschule Hannover. Hrsg. von der Dt. Reiterlichen Vereinigung e. V., Warendorf, 2. Aufl. 1987

Mosse, George Lachmann: Gefallen für das Vaterland. Nationales Heldentum und namenloses Sterben, Stuttgart 1993

Müller, Ewald: Städtische Presse- und Öffentlichkeitsarbeit in ständiger Bewährung, in: Deutscher Städtetag (Hrsg.): Deutscher Städtetag. Im Dienst deutscher Städte 1905–1980. Ein kommunales Sachbuch zum 75-jährigen Jubiläum, Stuttgart 1980, S. 167–184

Müller, Hartmut: Vom Ehrenbürgerrecht der Freien Hansestadt Bremen, in: Bremisches Jahrbuch 78/1999, S. 190–200

Müller, Herbert: Parteien- oder Verwaltungsvorherrschaft? Die Kommunalpolitik der Stadt Kempten (Allgäu) zwischen 1929 und 1953, München 1988

Müller, Roland: Stuttgart, die „Stadt der Auslandsdeutschen". Anspruch und Wirklichkeit eines „NS-Ehrentitels", in: Mayrhofer, Fritz/Oppl, Ferdinand (Hrsg.): Stadt und Nationalsozialismus, Linz 2008, S. 289–309

– : Stuttgart zur Zeit des Nationalsozialismus, Stuttgart 1988

Müller, Winfried/Flügel, Wolfgang/Loosen, Iris/Rosseaux, Ulrich (Hrsg.): Das historische Jubiläum. Genese, Ordnungsleistung und Inszenierungsgeschichte eines institutionellen Mechanismus, Münster 2003

Münch, Paul (Hrsg.): Jubiläum, Jubiläum ... Zur Geschichte öffentlicher und privater Erinnerung, Essen 2005

Münkel, Daniela/Schwarzkopf, Jutta (Hrsg.): Geschichte als Experiment. Studien zu Politik, Kultur und Alltag im 19. und 20. Jahrhundert. Festschrift für Adelheid von Saldern, Frankfurt am Main/New York 2004

Münkel, Daniela/Seegers, Lu: Einleitung: Medien und Imagepolitik im 20. Jahrhundert, in: dies. (Hrsg.): Medien und Imagepolitik im 20. Jahrhundert. Deutschland, Europa, USA, Frankfurt/New York 2008, S. 9–20

Mußmann, Olaf (Hrsg.): Leben abseits der Front. Hannoverscher Alltag in kriegerischen Zeiten, Hannover 1992

Nedelmann, Birgitta (Hrsg.): Politische Institutionen im Wandel, Opladen 1995

Niedersächsisches Institut für Sportgeschichte, Hoya e. V. (Hrsg.): Sport in Hannover. Von der Stadtgründung bis heute, Göttingen 1991

Nimmergut, Jörg: Pionier der Arbeit. Gedanken zur Struktur einer Auszeichnung, Steinau 1991

Nissen, Walter/Prauss, Christina/Schütz, Siegfried: Göttinger Gedenktafeln. Ein biografischer Wegweiser, Göttingen 2002

Noakes, Jeremy: Leaders of the People? The Nazi Party and German Society, in: Journal of Contemporary History, H. 2, 39/2004, S. 189–212

– : The Nazi Party in Lower Saxony, 1921–1933, London 1971

Nolzen, Armin: Die Gaue als Verwaltungseinheiten der NSDAP. Entwicklungen und Tendenzen in der NS-Zeit, in: John, Jürgen/Möller, Horst/Schaarschmidt, Thomas (Hrsg.): Die NS-Gaue. Regionale Mittelinstanzen im zentralistischen „Führerstaat", München 2007, S. 199–217

– : Die NSDAP, der Krieg und die deutsche Gesellschaft, in: Echternkamp, Jörg/Militärgeschichtliches Forschungsamt (Hrsg.): Die deutsche Kriegsgesellschaft 1939–1945, Bd.9/1: Politisierung, Vernichtung, Überleben, München 2004, S. 99–193

Nora, Pierre: Zwischen Geschichte und Gedächtnis, Frankfurt am Main 1990

Obenaus, Herbert: Die Märzwahlen 1933: Terror und Gegenwehr, Jubel und Resignation, in: Historisches Museum am Hohen Ufer (Hrsg.): Hannover 1933. Eine Großstadt wird nationalsozialistisch, Hannover 1981, S. 38–64

Oberheide, Elke: Zwei Straßen – eine Geschichte. Schnabel- und Menzelstraße. Die Geschichte der ersten Genossenschaftssiedlung in Hannover-Ricklingen, Hannover, 2. Aufl. 1990

– /Schulz, Erich: Wir aus der Kochstraße. Die Geschichte einer Straße im Arbeiterstadtteil Linden in Hannover, Hannover, 2. Aufl. 1987

Odenwald, Florian: Der nazistische Kampf gegen das „Undeutsche" in Theater und Film 1920–1945, München 2006

Oswald, Rudolf: „Fußball-Volksgemeinschaft". Ideologie, Politik und Fanatismus im deutschen Fußball 1919–1964, Frankfurt am Main/New York 2008

Otte, Hans: Pragmatismus als Leitmotiv. Walther Lampe, die Reichsstelle für Sippenforschung und die Archivpflege der hannoverschen Landeskirche in der NS-Zeit, in: Gailus, Manfred (Hrsg.): Kirchliche Amtshilfe. Die Kirche und die Judenverfolgung im „Dritten Reich", Göttingen 2008, S. 131–194

Ottinger, Johannes: Orden und Ehrenzeichen in der Bundesrepublik Deutschland, Herford, 2. Aufl. 1977

Otto, Gerhard/Houwink ten Cate, Johannes (Hrsg.): Das organisierte Chaos. „Ämterdarwinismus" und „Gesinnungsethik". Determinanten nationalsozialistischer Besatzungsherrschaft, Berlin 1999

Pandel, Hans-Jürgen/Schneider, Gerhard (Hrsg.): Handbuch. Medien im Geschichtsunterricht, Schwalbach/Taunus 1999

Paris, Rainer: Die Politik des Lobs, in: Nedelmann, Birgitta (Hrsg.): Politische Institutionen im Wandel, Opladen 1995, S. 83–107
Peiffer, Lorenz: Die Deutsche Turnerschaft. Ihre politische Stellung in der Zeit der Weimarer Republik und des Nationalsozialismus, Ahrensburg 1976
Perras, Arne: Carl Peters and German Imperialism 1856–1918. A political biography, Oxford 2004
Pfister, Gertrud (Hrsg.): Frau und Sport, Frankfurt am Main 1980
 – /Langenfeld, Hans: Vom Frauenturnen zum modernen Sport. Die Entwicklung der Leibesübungen der Frauen und Mädchen seit dem Ersten Weltkrieg, in: Ueberhorst, Horst (Hrsg.): Geschichte der Leibesübungen. Bd. 2: Leibesübungen und Sport in Deutschland vom Ersten Weltkrieg bis zur Gegenwart, Berlin 1980, S. 977–1007
Pinl, Barbara: Die „Aktion Lauterbacher" und die Stadtverwaltung, in: Stadtarchiv Hannover (Hrsg.): Schreibtischtäter? Einblicke in die Stadtverwaltung Hannover 1933–1945. Bearb. von Wolf-Dieter Mechler und Hans-Dieter Schmid, Hannover 2000, S. 31–34
 – : Karriere durch Partei. Stadtrat Wilhelm Bakemeier, in: Stadtarchiv Hannover (Hrsg.): Schreibtischtäter? Einblicke in die Stadtverwaltung Hannover 1933–1945. Bearb. von Wolf-Dieter Mechler und Hans-Dieter Schmid, Hannover 2000, S. 35–38
Plato, Alice von: Ein „Fest der Volksgemeinschaft". Die 700-Jahr-Feier von Gera (1937), in: Saldern, Adelheid von (Hrsg.): Inszenierter Stolz. Stadtrepräsentationen in drei deutschen Gesellschaften (1935–1975), Stuttgart 2005, S. 83–114
 – : Stadtjubiläen im Nationalsozialismus. Propaganda von oben oder Konsens von unten? in: Die Alte Stadt, H. 1, 28/2001, S. 29–38
Platt, Kristin/Dabag, Mihran (Hrsg.): Generation und Gedächtnis, Opladen 1995
Pöppinghege, Rainer: Wege des Erinnerns. Was Straßennamen über das deutsche Geschichtsbewusstsein aussagen, Münster 2007
Priamus, Heinz-Jürgen: Regionale Aspekte in der Politik des nordwestfälischen Gauleiters Alfred Meyer, in: Möller, Horst/Wirsching, Andreas/Ziegler, Walter (Hrsg.): Nationalsozialismus in der Region. Beiträge zur regionalen und lokalen Forschung und zum internationalen Vergleich, München 1996, S. 175–195
 – : Helden- und Totenfeiern – Normiertes Totengedenken als Feiertag, in: ders./Goch, Stefan (Hrsg.): Macht der Propaganda oder Propaganda der Macht? Inszenierung nationalsozialistischer Politik im „Dritten Reich" am Beispiel der Stadt Gelsenkirchen, Essen 1992, S. 21–41
 – /Goch, Stefan: Einleitung, in: dies. (Hrsg.): Macht der Propaganda oder Propaganda der Macht? Inszenierung nationalsozialistischer Politik im „Dritten Reich" am Beispiel der Stadt Gelsenkirchen, Essen 1992, S. 4–9
 – : Propaganda und Macht. Der nationalsozialistische Politikstil, in: dies. (Hrsg.): Macht der Propaganda oder Propaganda der Macht? Inszenierung nationalsozialistischer Politik im „Dritten Reich" am Beispiel der Stadt Gelsenkirchen, Essen 1992, S. 93–98
 – (Hrsg.): Macht der Propaganda oder Propaganda der Macht? Inszenierung nationalsozialistischer Politik im „Dritten Reich" am Beispiel der Stadt Gelsenkirchen, Essen 1992
Puhan-Schulz, Franziska: Museen und Stadtimagebildung. Amsterdam – Frankfurt/Main – Prag. Ein Vergleich, Bielefeld 2005
Pursell, Timothy: Stadt der Natur oder Stadt der Avantgarde? Tourismusförderung und Identitätsentwicklung in Hagen im 20. Jahrhundert, in: IMS, H. 1.2005, S. 11–17
Rabe, Bernd: Der sozialdemokratische Charakter. Drei Generationen aktiver Parteimitglieder in einem Arbeiterviertel, Frankfurt am Main/New York 1978
 – : Die „Sozialistische Front". Sozialdemokraten gegen den Faschismus 1933–1936. Mit einem Vorwort von Peter von Oertzen, Hannover 1984
 – : Linden. Der Charakter eines Arbeiterviertels von Hannover, Hannover 1992
Radloff, Silke: „Weil das der Mittelpunkt unserer Stadt ist ...". Die Ernst-August-Stadt in Hannover, in: Saldern, Adelheid von/Auffarth, Sid (Hrsg.): Wochenend und schöner Schein. Freizeit und modernes Leben in den Zwanziger Jahren. Das Beispiel Hannover, Berlin 1991, S. 100–108

Rahden, Till van: Juden und andere Breslauer. Die Beziehung zwischen Juden, Protestanten und Katholiken in einer deutschen Großstadt von 1860 bis 1925, Göttingen 2000

Rass, Christoph: „Menschenmaterial". Deutsche Soldaten an der Ostfront. Innenansichten einer Infanteriedivision 1939–1945, Paderborn 2003

Rausch, Helke: Kultfigur und Nation. Öffentliche Denkmäler in Paris, Berlin und London 1848–1914, München 2006

Rebentisch, Dieter: Die politische Stellung der Oberbürgermeister im Dritten Reich, in: Schwabe, Klaus (Hrsg.): Oberbürgermeister, Boppard am Rhein 1981 [1979], S. 125–155

– /Teppe, Karl (Hrsg.): Verwaltung contra Menschenführung im Staat Hitlers. Studien zum politisch-administrativen System, Göttingen 1986

Recker, Marie-Luise: Die Großstadt als Wohn- und Lebensbereich im Nationalsozialismus. Zur Gründung der „Stadt des KdF-Wagens", Frankfurt am Main/New York 1981

Reeken, Dietmar von: Wissenschaft, Raum und Volkstum. Historische und gegenwartsbezogene Forschung in und über „Niedersachsen" 1910–1945. Ein Beitrag zur regionalen Wissenschaftsgeschichte, in: NiedJbLG 68/1996, S. 43–90

Reibel, Carl-Wilhelm: Das Fundament der Diktatur. Die NSDAP-Ortsgruppen 1932–1945, Paderborn 2002

Reichardt, Sven/Nolzen, Armin (Hrsg.): Faschismus in Italien und Deutschland. Studien zu Transfer und Vergleich. Bd. 21 der Beiträge zur Geschichte des Nationalsozialismus, Göttingen 2005

Reichel, Peter: Der schöne Schein des Dritten Reiches. Faszination und Gewalt des Faschismus, München 1991

– : Aspekte ästhetischer Politik im NS-Staat, in: Herrmann, Ulrich/Nassen, Ulrich (Hrsg.): Formative Ästhetik im Nationalsozialismus. Intentionen, Medien und Praxisformen totalitärer ästhetischer Herrschaft und Beherrschung, Weinheim 1993, S. 13–31

– /Glaser, Hermann/Dümling, Albrecht/Haibl, Michaela: Kunst, in: Benz, Wolfgang/Graml, Hermann/Weiß, Hermann (Hrsg.): Enzyklopädie des Nationalsozialismus, München 2007, S. 166–203

Reinhardt, Dirk: Von der Reklame zum Marketing. Geschichte der Wirtschaftswerbung in Deutschland, Berlin 1993

Reiter, Raimond: Frauen im Dritten Reich in Niedersachsen. Eine Dokumentation, Pfaffenweiler 1998

Relph, Edward: Place and Placelessness, London 1976

Requate, Jörg: Öffentlichkeit und Medien als Gegenstände historischer Analyse, in: GuG 25/1999, S. 5–32

Reuber, Paul: Heimat in der Großstadt. Eine sozialgeographische Studie zu Raumbezug und Entstehung von Ortsbindung am Beispiel Kölns und seiner Stadtviertel, Köln 1993

Ricœur, Paul: Gedächtnis, Geschichte, Vergessen, Paderborn 2004

– : Geschichtsschreibung und Repräsentation der Vergangenheit, in: Colliot-Thélène, Catherine (Hrsg.): Konferenzen des Centre Marc Bloch (Berlin), Münster 2002, S. 7–48

Riesener, Dirk: Polizeidirektion Hannover, Hannover 2006

Rischbieter, Henning (Hrsg.): Theater im „Dritten Reich". Theaterpolitik, Spielplanstruktur, NS-Dramatik, Seelze-Velber 2000

– : Hannoversches Lesebuch oder: Was in Hannover und über Hannover geschrieben, gedruckt und gelesen wurde. Bd. 2, 1850–1950, Velber 1978

Rischer, Walter: Die nationalsozialistische Kulturpolitik in Düsseldorf 1933–1945, Düsseldorf 1972

Ritter, Joachim (Hrsg.): Historisches Wörterbuch der Philosophie, 13 Bände, Darmstadt 1971–2007

Rogowski, Christian: „Heraus mit unseren Kolonien!" Der Kolonialrevisionismus der Weimarer Republik und die „Hamburger Kolonialwoche" von 1926, in: Kundrus, Birthe (Hrsg.): Phan-

tasiereiche. Zur Kulturgeschichte des deutschen Kolonialismus, Frankfurt am Main 2003, S. 243–262
Rohe, Karl: Wahlen und Wählertraditionen in Deutschland. Kulturelle Grundlagen deutscher Parteien und Parteiensysteme im 19. und 20. Jahrhundert, Frankfurt am Main 1992
Röhrbein, Waldemar R.: „... damit in der Stadt Hannover endlich klare Verhältnisse geschaffen werden". Zum politischen Ende des Oberbürgermeisters Dr. Arthur Menge, in: Brosius, Dieter/Last, Martin (Hrsg.): Beiträge zur niedersächsischen Landesgeschichte. Zum 65. Geburtstag von Hans Patze im Auftrag der Historischen Kommission für Niedersachsen und Bremen, Hildesheim 1984, S. 500–524
– : 75 Jahre Kulturring Hannover. Rückblick und Ausblick, in: ders./Claas, Karin/Balzer, Heinz (Hrsg.): Kultur in Hannover. Aus der Arbeit hannoverscher Kulturvereine. Kulturring 1924–1999, Hannover 1999, S. 63–72
– : Die Pflege des Andenkens niedersächsischer Dichter: Wilhelm Busch – Christoph Ludwig Heinrich Hölty – Gerrit Engelke, in: ders. (Hrsg.): Heimat bewahren, Heimat gestalten. Beiträge zum 100-jährigen Bestehen des Heimatbundes Niedersachsen 1901–2001. Hrsg. im Auftrag des Heimatbundes Niedersachsen e. V., Hannover 2001, S. 100–108
– : Gleichschaltung und Widerstand in der Evangelisch-lutherischen Landeskirche Hannovers 1933–1935, in: Grosse, Heinrich W./Otte, Hans/Perels, Joachim (Hrsg.): Bewahren ohne Bekennen? Die Hannoversche Landeskirche im Nationalsozialismus, Hannover 1996, S. 11–42
– : Gründung der Geschäftsstelle Niedersächsischer Vereine: Kulturring Hannover, in: ders. (Hrsg.): Heimat bewahren, Heimat gestalten. Beiträge zum 100-jährigen Bestehen des Heimatbundes Niedersachsen 1901–2001. Hrsg. im Auftrag des Heimatbundes Niedersachsen e. V., Hannover 2001, S. 93f.
– : Heimatbund Niedersachsen (HBN) und Niedersächsischer Heimatbund (NHB). Eine Begriffsklärung, in: ders. (Hrsg.): Heimat bewahren, Heimat gestalten. Beiträge zum 100-jährigen Bestehen des Heimatbundes Niedersachsen 1901–2001. Hrsg. im Auftrag des Heimatbundes Niedersachsen e. V., Hannover 2001, S. 12–15
– : Über Heimat, Heimatbewegung, Heimatpflege im Wandel eines Jahrhunderts. Auch zur Geschichte des Heimatbundes Niedersachsen, in: ders. (Hrsg.): Heimat bewahren, Heimat gestalten. Beiträge zum 100-jährigen Bestehen des Heimatbundes Niedersachsen 1901–2001. Hrsg. im Auftrag des Heimatbundes Niedersachsen e. V., Hannover 2001, S. 21–46
– (Hrsg.): Heimat bewahren, Heimat gestalten. Beiträge zum 100-jährigen Bestehen des Heimatbundes Niedersachsen 1901–2001. Hrsg. im Auftrag des Heimatbundes Niedersachsen e. V., Hannover 2001
– /Claas, Karin/Balzer, Heinz: Kultur in Hannover. Aus der Arbeit hannoverscher Kulturvereine. Kulturring 1924–1999, Hannover 1999
Röhrbein, Waldemar R./Rohr, Alheidis von: Heil unserm König! Herzöge, Kurfürsten, Könige in Hannover, Hannover 1995
Rolf, Malte: Die Feste der Macht und die Macht der Feste. Fest und Diktatur – zur Einleitung, in: Journal of Modern European History, H. 1, 4/2006, S. 39–59
Rosenbaum, Heidi: Proletarische Familien. Arbeiterfamilien und Arbeiterväter im frühen 20. Jahrhundert zwischen traditioneller, sozialdemokratischer und kleinbürgerlicher Orientierung, Frankfurt am Main 1992
Rost, Inga-Dorothee: Koloniale Spuren in Hannover, 2004, http://www.koloniale-spuren.de/ [DL: 28.5.2010]
Ruck, Michael: Führerabsolutismus und polykratisches Herrschaftsgefüge. Verfassungsstrukturen des NS-Staates, in: Bracher, Karl Dietrich/Funke, Manfred/Jacobsen, Hans-Adolf (Hrsg.): Deutschland 1933–1945. Neue Studien zur nationalsozialistischen Herrschaft, Bonn 1993, S. 32–56
– : Kommentar: Strukturelle Grundfragen, in: John, Jürgen/Möller, Horst/Schaarschmidt, Thomas (Hrsg.): Die NS-Gaue. Regionale Mittelinstanzen im zentralistischen „Führerstaat", München 2007, S. 100–105

– : Zentralismus und Regionalgewalten im Herrschaftsgefüge des NS-Staates, in: Möller, Horst/Wirsching, Andreas/Ziegler, Walter (Hrsg.): Nationalsozialismus in der Region. Beiträge zur regionalen und lokalen Forschung und zum internationalen Vergleich, München 1996, S. 99–122
– /Pohl, Karl Heinrich (Hrsg.): Regionen im Nationalsozialismus, Bielefeld 2003
Rücker, Matthias: Wirtschaftswerbung unter dem Nationalsozialismus. Rechtliche Ausgestaltung der Werbung und Tätigkeit des Werberats der Deutschen Wirtschaft, Frankfurt am Main 2000
Ruhe, Corinna: Henricus Haltenhoff. Ein Oberbürgermeister zwischen Stadt und Partei, in: Stadtarchiv Hannover (Hrsg.): Schreibtischtäter? Einblicke in die Stadtverwaltung Hannover 1933–1945. Bearb. von Wolf-Dieter Mechler und Hans-Dieter Schmid, Hannover 2000, S. 27–30
Rumpf, Peter: Von der Infinitesimalrechnung zum Leibniz-Keks. Gottfried Wilhelm Leibniz und die Folgen, in: Carcenac-Lecomte, Constanze/Czarnowski, Katja/Frank, Sybille/Frey, Stefanie/Lüdtke, Torsten (Hrsg.): Steinbruch. Deutsche Erinnerungsorte. Annäherung an eine deutsche Gedächtnisgeschichte, Frankfurt am Main 2000, S. 49–66
Rumschöttel, Hermann/Ziegler, Walter (Hrsg.): Staat und Gaue in der NS-Zeit. Bayern 1933–1945, München 2004
Rusconi, Gian E.: Deutschland-Italien. Italien-Deutschland. Geschichte einer schwierigen Beziehung von Bismarck bis zu Berlusconi, Paderborn u.a. 2006
Sabrow, Martin: Walther Rathenau, in: François, Etienne/Schulze, Hagen (Hrsg.): Deutsche Erinnerungsorte. Bd. 2, München 2001, S. 601–619
Sänger, Johanna: Heldenkult und Heimatliebe. Straßen- und Ehrennamen im offiziellen Gedächtnis der DDR, Berlin 2006
Saldern, Adelheid von: „Kunst für's Volk". Vom Kulturkonservatismus zur nationalsozialistischen Kulturpolitik, in: Marßolek, Inge/Wildt, Michael (Hrsg.): Adelheid von Saldern: Politik – Stadt – Kultur. Aufsätze zur Gesellschaftsgeschichte des 20. Jahrhunderts, Hamburg 1999, S. 169–204
– : „Sinfonie der Festtagsstimmung". Stadtrepräsentationen in drei deutschen Gesellschaften (1935–1975), in: dies. (Hrsg.): Inszenierter Stolz. Stadtrepräsentationen in drei deutschen Gesellschaften (1935–1975), Stuttgart 2005, S. 409–460
– : Cultural Conflicts, Popular Mass Culture and the Question of Nazi Success: The Eilenriede Motorcycle Races, 1924–1939, in: German Studies Review 15/1992, S. 317–338
– : Einleitung, in: dies. (Hrsg.): Inszenierter Stolz. Stadtrepräsentationen in drei deutschen Gesellschaften (1935–1975), Stuttgart 2005, S. 11–28
– : Öffentlichkeiten in Diktaturen. Zu Herrschaftspraktiken im Deutschland des 20. Jahrhunderts, in: Heydemann, Günter/Oberreuter, Heinrich (Hrsg.): Diktaturen in Deutschland – Vergleichsaspekte. Strukturen, Institutionen und Verhaltensweisen, Bonn 2003, S. 442–475
– : Sport und Öffentlichkeitskultur. Die Einweihungsfeier des hannoverschen Stadions im Jahre 1922, in: Marßolek, Inge/Wildt, Michael (Hrsg.): Adelheid von Saldern: Politik – Stadt – Kultur. Aufsätze zur Gesellschaftsgeschichte des 20. Jahrhunderts, Hamburg 1999, S. 121–143
– : Symbolische Stadtpolitik – Stadtpolitik der Symbole. Repräsentationen in drei politischen Systemen, in: dies. (Hrsg.): Inszenierter Stolz. Stadtrepräsentationen in drei deutschen Gesellschaften (1935–1975), Stuttgart 2005, S. 29–80
– : Volk und Heimat Culture in Radio Broadcasting during the Period of Transition from Weimar to Nazi Germany, in: Journal of Modern History, H. 2, 76/2004, S. 312–346
– (Hrsg.): Inszenierter Stolz. Stadtrepräsentationen in drei deutschen Gesellschaften (1935–1975), Stuttgart 2005
– (Hrsg.): Stadt und Kommunikation in bundesrepublikanischen Umbruchszeiten, Stuttgart 2006 (Hrsg.): Inszenierter Stolz. Stadtrepräsentationen in drei deutschen Gesellschaften (1935–1975), Stuttgart 2005

Saldern, Adelheid von/Auffarth, Sid (Hrsg.): Wochenend und schöner Schein. Freizeit und modernes Leben in den Zwanziger Jahren. Das Beispiel Hannover, Berlin 1991
Sarkowicz, Hans (Hrsg.): Hitlers Künstler. Die Kultur im Dienst des Nationalsozialismus, Frankfurt am Main 2004
Satjukow, Silke: Bahnhofstraßen. Geschichte und Bedeutung, Köln/Weimar/Wien 2002
Sawahn, Anke: Muttertag, der Männertag. Der Muttertag in Politik und Literatur des Nationalsozialismus – analysiert an Beiträgen der Niedersächsischen Tages-Zeitung 1933–1945 (Examensarbeit), Hannover 1981
Schaarschmidt, Thomas: Regionalität im Nationalsozialismus – Kategorien, Begriffe, Forschungsstand, in: John, Jürgen/Möller, Horst/Schaarschmidt, Thomas (Hrsg.): Die NS-Gaue. Regionale Mittelinstanzen im zentralistischen „Führerstaat", München 2007, S. 13–21
– : Regionalkultur im Dienste der Diktatur? Die sächsische Heimatbewegung im „Dritten Reich" und in der SBZ/DDR, in: Heydemann, Günter/Oberreuter, Heinrich (Hrsg.): Diktaturen in Deutschland – Vergleichsaspekte. Strukturen, Institutionen und Verhaltensweisen, Bonn 2003, S. 557–588
– : Regionalkultur und Diktatur. Sächsische Heimatbewegung und Heimat-Propaganda im Dritten Reich und in der SBZ/DDR, Köln/Wien 2004
Scharf, Helmut: Kleine Kunstgeschichte des deutschen Denkmals, Darmstadt 1984
Scheerer, E./Meier-Oeser, S./Haller, B./Scholz, O. R./Behnke, K.: Repräsentation, in: Ritter, Joachim (Hrsg.): Historisches Wörterbuch der Philosophie, Bd. 8, Darmstadt 1992, S. 790–853
Schenk, Michael: Medienwirkungsforschung, Tübingen, 2., vollst. überarb. Aufl. 2002 [1987]
Schildt, Axel: Stadt, Medien und Öffentlichkeit in Deutschland im 20. Jahrhundert. Ergebnisse der neueren Forschung, in: IMS, H. 1.2002, S. 36–43
Schirmbeck, Peter: Adel der Arbeit. Der Arbeiter in der Kunst der NS-Zeit, Marburg 1984
Schlie, Ulrich: Die Nation erinnert sich. Die Denkmäler der Deutschen, München 2002
Schlögel, Karl: Im Raume lesen wir die Zeit. Über Zivilisationsgeschichte und Geopolitik, München u. a. 2003
– : Kartenlesen, Augenarbeit. Über die Fälligkeit des Spatial turn in den Geschichts- und Kulturwissenschaften, in: Kittsteiner, Heinz Dieter (Hrsg.): Was sind Kulturwissenschaften? 13 Antworten, München 2004, S. 261–283
Schlögl, Rudolf/Giesen, Bernhard/Osterhammel, Jürgen (Hrsg.): Die Wirklichkeit der Symbole. Grundlagen der Kommunikation in historischen und gegenwärtigen Gesellschaften, Konstanz 2004
Schlör, Joachim: Stadt-Bilder. Tagungsbericht von der Sektion „Urban Images and Representations during the 20th Century in Europe and beyond", in: Die alte Stadt, H. 1.2005, S. 76–80
Schmid, Hans-Dieter: Den künftigen Geschlechtern zur Nacheiferung. Denkmäler als Quellen der Geschichtskultur, in: Praxis Geschichte, H. 6.2003, S. 4–10
– : Der 20. Juli 1944 in Hannover. Ein Fallbeispiel zur regionalen Verankerung der Verschwörung gegen Hitler, in: NiedJbLG 72/2002, S. 309–323
– : Die „Anstalt für Germanische Volks- und Rassenkunde in der Gauhauptstadt Hannover", in: Stadtarchiv Hannover (Hrsg.): Schreibtischtäter? Einblicke in die Stadtverwaltung Hannover 1933–1945. Bearb. von Wolf-Dieter Mechler und Hans-Dieter Schmid, Hannover 2000, S. 57–64
– : Mit Luther siegen. Zur Entstehungsgeschichte und symbolischen Bedeutung des hannoverschen Lutherdenkmals von 1900, in: Kreter, Karljosef/Schneider, Gerhard (Hrsg.): Stadt und Überlieferung. Festschrift für Klaus Mlynek, Hannover 1999, S. 129–158
– (Hrsg.): Feste und Feiern in Hannover, Bielefeld 1995
Schmidt, Christoph: Die Gelsenkirchener Kulturverwaltung im „Dritten Reich". Gestaltungsspielräume und Grenzen kommunaler Selbstbestimmung, in: Mecking, Sabine/Wirsching, Andreas (Hrsg.): Stadtverwaltung im Nationalsozialismus. Systemstabilisierende Dimensionen kommunaler Herrschaft, Paderborn 2005, S. 107–138

– : Nationalsozialistische Kulturpolitik im Gau Westfalen-Nord. Regionale Strukturen und lokale Milieus (1933–1945), Paderborn 2006
Schmidt, Thomas: Kalender und Gedächtnis. Erinnern im Rhythmus der Zeit, Göttingen 2000
Schmidtmann, Christian: Von christlicher Trauer zu säkularer Heldenanbetung. Die „Heldengedenktage" in Hannover 1934–1945 und ihre Vorgeschichte, in: HGBl NF 51/1997, S. 335–348
Schmiechen-Ackermann, Detlef: „Kirchenkampf" oder Modus vivendi? Zum Verhalten von Pfarrern, Gemeinden und Kirchenleitung der Evangelisch-lutherischen Landeskirche Hannovers in den Jahren der nationalsozialistischen Diktatur, in: Grosse, Heinrich W./Otte, Hans/Perels, Joachim (Hrsg.): Bewahren ohne Bekennen? Die Hannoversche Landeskirche im Nationalsozialismus, Hannover 1996, S. 223–252
– : Das Potenzial der Komparatistik für die NS-Regionalforschung. Vorüberlegungen zu einer Typologie von NS-Gauen und ihren Gauleitern anhand der Fallbeispiele Südhannover-Braunschweig, Osthannover und Weser-Ems, in: John, Jürgen/Möller, Horst/Schaarschmidt, Thomas (Hrsg.): Die NS-Gaue. Regionale Mittelinstanzen im zentralistischen „Führerstaat", München 2007, S. 234–253
– : Großstädte und Nationalsozialismus 1930–1945, in: Möller, Horst/Wirsching, Andreas/Ziegler, Walter (Hrsg.): Nationalsozialismus in der Region. Beiträge zur regionalen und lokalen Forschung und zum internationalen Vergleich, München 1996, S. 253–270
– : Großstädte und Nationalsozialismus. Stand, Probleme und Perspektiven der Forschung, in: Münkel, Daniela/Schwarzkopf, Jutta (Hrsg.): Geschichte als Experiment. Studien zu Politik, Kultur und Alltag im 19. und 20. Jahrhundert. Festschrift für Adelheid von Saldern, Frankfurt am Main/New York 2004, S. 333–344
– : Kooperation und Abgrenzung. Bürgerliche Gruppen, evangelische Kirchengemeinden und katholisches Sozialmilieu in der Auseinandersetzung mit dem Nationalsozialismus in Hannover, Hannover 1999
– : Nationalsozialismus und Arbeitermilieu. Der nationalsozialistische Angriff auf die proletarischen Wohnquartiere und die Reaktion in den sozialistischen Vereinen, Bonn 1998
– (Hrsg.): Anpassung, Verweigerung, Widerstand. Soziale Milieus, politische Kultur und der Widerstand gegen den Nationalsozialismus in Deutschland im regionalen Vergleich, Berlin 1997
Schmuhl, Hans Walter: Die Stadt unter dem Hakenkreuz. Zustimmung, Resistenz und Ausgrenzung, in: Freitag, Werner (Hrsg.): Geschichte der Stadt Gütersloh, Bielefeld 2001, S. 403–448
Schneider, Gerhard: „... nicht umsonst gefallen"? Kriegerdenkmäler und Kriegstotenkult in Hannover, Hannover 1991
– : Kriegerdenkmäler als Geschichtsquellen. Didaktisch-methodische Bemerkungen zum Unterricht im 9. bis 13. Schuljahr, in: Pandel, Hans-Jürgen/Schneider, Gerhard (Hrsg.): Handbuch. Medien im Geschichtsunterricht, Schwalbach/Taunus 1999, S. 525–578
– : Militarisierung des Bewußtseins und nationale Konsensstiftung – Kriegerdenkmäler in Hannover 1919 bis 1933, in: HGBl NF 43/1989, S. 85–118
Schneider, Michael: Nationalsozialismus und Region, in: AfS 40/2000, S. 423–439
Schott, Dieter: Die mentale Konstruktion von Stadt. Editorial, in: Die Alte Stadt, H. 3.1999, S. 235–239
– : Kunststadt – Pensionärsstadt – Industriestadt. Die Konstruktion von Stadtprofilen durch süddeutsche Stadtverwaltungen vor 1914, in: Die Alte Stadt, H. 4.1999, S. 277–299
Schrader, Bärbel: „Jederzeit widerruflich". Die Reichskulturkammer und die Sondergenehmigungen in Theater und Film des NS-Staates, Berlin 2008
Schraut, Sylvia/Stier, Bernhard (Hrsg.): Stadt und Land. Bilder, Inszenierungen und Visionen in Geschichte und Gegenwart. Wolfgang von Hippel zum 65. Geburtstag, Stuttgart 2001
Schroer, Markus: Räume, Orte, Grenzen. Auf dem Weg zu einer Soziologie des Raumes, Frankfurt am Main 2006

Schubert, Gert: Rein sachliche Gesichtspunkte. Straßenbenennung in Berlin – Rechtsgrundlagen und Tendenzen, in: Fürstenberg, Doris/Kulturamt Steglitz/Arbeitskreis „Nationalsozialismus in Steglitz" (Hrsg.): „Straßenname dauert noch länger als Denkmal". Die Benennung von Straßen in Berlin-Steglitz 1933–1948, Berlin 1999, S. 10–19

Schug, Alexander: Hitler als Designobjekt und Marke. Die Rezeption des Werbegedankens durch die NSDAP bis 1933/34, in: Berghoff, Hartmut (Hrsg.): Marketinggeschichte. Die Genese einer modernen Sozialtechnik, Frankfurt am Main 2007, S. 325–345

Schulte-Huxel, Ludwig: Der Stolz des Kavalleristen. Das Militär-Reit-Institut in Hannover (1867–1914), in: Niedersächsisches Institut für Sportgeschichte, Hoya e. V. (Hrsg.): Sport in Hannover. Von der Stadtgründung bis heute, Göttingen 1991, S. 37–43

Schulze, Peter: Das Jahr 1933 als Wendepunkt im Leben der hannoverschen Juden, in: Historisches Museum am Hohen Ufer (Hrsg.): Hannover 1933. Eine Großstadt wird nationalsozialistisch, Hannover 1981, S. 96–99

Schunka, Alexander: Soziales Wissen und dörfliche Welt. Herrschaft, Jagd und Naturwahrnehmung in Zeugenaussagen des Reichskammergerichts aus Nordschwaben, Frankfurt am Main u. a. 2000

Schürmann, Felix: Bismarck-Säule, in: Rost, Inga-Dorothee (Hrsg.): Spuren des Kolonialismus in Hannover, 2004, http://www.koloniale-spuren.de/ [DL: 28.5.2010]

– : Carl Peters, in: Rost, Inga-Dorothee (Hrsg.): Spuren des Kolonialismus in Hannover, 2004, http://www.koloniale-spuren.de/ [DL: 28.5.2010]

– : Kolonialbezüge in den Straßennamen Hannovers, in: Rost, Inga-Dorothee (Hrsg.): Spuren des Kolonialismus in Hannover, 2004, http://www.koloniale-spuren.de/ [DL: 28.5.2010]

– /Rost, Inga-Dorothee: Carl Peters und Hannover, in: Rost, Inga-Dorothee (Hrsg.): Spuren des Kolonialismus in Hannover, 2004, http://www.koloniale-spuren.de/ [DL: 28.5.2010]

– : Erinnerungslandschaft im Wandel: das Afrika-Viertel in Hannover, in: Stichproben, H. 10.2006, S. 39–60

Schürmann, Sandra/Guckes, Jochen: Stadtbilder – städtische Repräsentationen, in: IMS, H. 1.2005, S. 5–10

Schütz, Erhard (Hrsg.): Berlin wirbt! Metropolenwerbung zwischen Verkehrsreklame und Stadtmarketing. 1920–1995, Berlin 1995

Schwabe, Klaus (Hrsg.): Die preußischen Oberpräsidenten 1915–1945, Boppard am Rhein 1981

– (Hrsg.): Oberbürgermeister, Boppard am Rhein 1981 [1979]

Schwarz, Barbara: Sie prägten Wilhelmshaven ... und setzten Zeichen. Eine Serie, Wilhelmshaven 1995

Schwensen, Broder: „In dankbarer Freude". Verleihung des Flensburger Ehrenbürgerrechts während der NS-Zeit, in: ders. (Hrsg.): Zwischen Konsens und Kritik. Facetten kulturellen Lebens in Flensburg 1933–1945, Flensburg 1999, S. 37–57

– (Hrsg.): Zwischen Konsens und Kritik. Facetten kulturellen Lebens in Flensburg 1933–1945, Flensburg 1999

Schwonke, Martin: Wolfsburg. Soziologische Analyse einer jungen Industriestadt, Stuttgart 1967

Seegers, Lu: Die farbige Stadt. Image- und Kommunikationspolitik im Hannover der frühen Siebziger Jahre, in: Saldern, Adelheid von (Hrsg.): Stadt und Kommunikation in bundesrepublikanischen Umbruchszeiten, Stuttgart 2006, S. 181–207

– : Die Inszenierung Zwickaus als Vorreiterstadt. Stadtjubiläen im Nationalsozialismus und in der DDR (1935–1968), in: Saldern, Adelheid von (Hrsg.): Inszenierter Stolz. Stadtrepräsentationen in drei deutschen Gesellschaften (1935–1975), Stuttgart 2005, S. 185–240

– : Hansetradition, niederdeutsches Volkstum und moderne Industriestadt: Die Rostocker Kulturwochen (1934–1939), in: Saldern, Adelheid von (Hrsg.): Inszenierter Stolz. Stadtrepräsentationen in drei deutschen Gesellschaften (1935–1975), Stuttgart 2005, S. 147–183

– : Stadtrepräsentationen. Zum Verhältnis von urbaner Kultur und Herrschaftssystem im Deutschland der dreißiger und sechziger Jahre (Projektbericht), in: IMS, H. 2.2000, S. 22–24

Segeberg, Harro: Erlebnisraum Kino. Das Dritte Reich als Kultur- und Mediengesellschaft, in: ders. (Hrsg.): Mediale Mobilmachung I. Das Dritte Reich und der Film, Paderborn 2004, S. 11–42
– (Hrsg.): Mediale Mobilmachung I. Das Dritte Reich und der Film, Paderborn 2004
Seidler, Franz W.: Fritz Todt. Baumeister des Dritten Reiches, Frankfurt am Main/Berlin 1988
Sennebogen, Waltraut: Propaganda als Populärkultur? Werbestrategien und Werbepraxis im faschistischen Italien und in NS-Deutschland, in: Reichardt, Sven/Nolzen, Armin (Hrsg.): Faschismus in Italien und Deutschland. Studien zu Transfer und Vergleich. Bd. 21 der Beiträge zur Geschichte des Nationalsozialismus, 2005, S. 119–147
Smelser, Ronald: Robert Ley. Hitlers Mann an der „Arbeitsfront". Eine Biographie, Paderborn 1989
Sobich, Frank Oliver: „Schwarze Bestien, rote Gefahr". Rassismus und Antisozialismus im deutschen Kaiserreich, Frankfurt am Main/New York 2006
Spielmann, Karlheinz: Ehrenbürger und Ehrungen in Geschichte und Gegenwart. Eine Dokumentation zur deutschen und mitteleuropäischen Geschichte, 2 Bde., Dortmund, 3., wesentl. erw. Aufl. 1967
Stachel, Peter: Stadtpläne als politische Zeichensysteme. Symbolische Einschreibungen in den öffentlichen Raum, in: Jaworski, Rudolf/Stachel, Peter (Hrsg.): Die Besetzung des öffentlichen Raumes. Politische Plätze, Denkmäler und Straßennamen im europäischen Vergleich, Berlin 2007, S. 13–60
Stadtarchiv Hannover (Hrsg.): Schreibtischtäter? Einblicke in die Stadtverwaltung Hannover 1933–1945. Bearb. von Wolf-Dieter Mechler und Hans-Dieter Schmid, Hannover 2000
Steber, Martina: Fragiles Gleichgewicht. Die Kulturarbeit der Gaue zwischen Regionalismus und Zentralismus, in: John, Jürgen/Möller, Horst/Schaarschmidt, Thomas (Hrsg.): Die NS-Gaue. Regionale Mittelinstanzen im zentralistischen „Führerstaat", München 2007, S. 141–159
Steilen, Diedrich: 50 Jahre Niedersächsischer Heimatbund e. V. Arbeitsgemeinschaft und Spitzenvertretung der Heimatvereine und der an der Heimatpflege beteiligten Behörden und Körperschaften in Niedersachsen, angeschlossener Landesverband im Deutschen Heimatbund 1906–1956, Hannover 1956
Steinbacher, Sybille (Hrsg.): Volksgenossinnen. Frauen in der NS-Volksgemeinschaft, Göttingen 2007
Steinrücke, Margareta (Hrsg.): Pierre Bourdieu. Politisches Forschen, Denken und Eingreifen, Hamburg 2004
– (Hrsg.): Wie die Kultur zum Bauern kommt. Über Bildung, Schule und Politik. Schriften zu Politik & Kultur 4, Hamburg 2001
Steinweg, Wolfgang: Das Rathaus in Hannover. Von der Kaiserzeit bis in die Gegenwart, Hannover 1988
Steinweis, Alan E.: Art, Ideology, and Economics in Nazi Germany. The Reich Chambers of Music, Theater, and the Visual Arts, Chapel Hill/London 1993
Stern, Joseph Peter: Hitler. Der Führer und das Volk, München/Wien 1978
Stettner, Peter: Stadtporträts. Die Geschichte Hannovers im Dokumentar- und Kulturfilm, in: Aurich, Rolf/Fuhrmann, Susanne/Müller, Pamela (Hrsg.): Lichtspielträume. Kino in Hannover 1896–1991. Hrsg. von der Gesellschaft für Filmstudien e. V., Hannover 1991, S. 129–140
Stremmel, Ralf: Städtische Selbstdarstellung seit der Jahrhundertwende, in: AfS 33/1994, S. 234–264
Stupperich, Martin/Leibnizschule: Leibniz in Hannover oder wo die Nachwelt Hannovers grössten Bürger heute findet; Katalog zur Ausstellung Leibnizschule 2004, Hannover 2004
Szejnmann, Claus-Christian W.: Theoretisch-methodische Chancen und Probleme regionalgeschichtlicher Forschungen zur NS-Zeit, in: Ruck, Michael/Pohl, Karl Heinrich (Hrsg.): Regionen im Nationalsozialismus, Bielefeld 2003, S. 43–57
Tacke, Charlotte: Denkmal im sozialen Raum. Nationale Symbole in Deutschland und Frankreich im 19. Jahrhundert, Göttingen 1995

Tasch, Dieter: Eine Schwalbe macht doch einen Sommer, in: ders./Görg, Horst-Dieter (Hrsg.): Es begann in Hannover. Menschen, Technik, Welterfolge. Über Persönlichkeiten, Traditionsunternehmen und Meilensteine der Technik-Geschichte, Hannover 2009, S. 8–13
– /Görg, Horst-Dieter (Hrsg.): Es begann in Hannover. Menschen, Technik, Welterfolge. Über Persönlichkeiten, Traditionsunternehmen und Meilensteine der Technik-Geschichte, Großburgwedel 2009
Tenfelde, Klaus: Adventus. Zur historischen Ikonologie des Festzuges, in: HZ 235/1982, S. 45–84
Teppe, Karl: Der Reichsverteidigungskommissar. Organisation und Praxis in Westfalen, in: Rebentisch, Dieter/Teppe, Karl (Hrsg.): Verwaltung contra Menschenführung im Staat Hitlers. Studien zum politisch-administrativen System, Göttingen 1986, S. 278–301
– : Die preußischen Oberpräsidenten 1933–1945, in: Schwabe, Klaus (Hrsg.): Die preußischen Oberpräsidenten 1915–1945, Boppard am Rhein 1981, S. 219–248
Terhoeven, Petra: „Nicht spenden, opfern". Spendenkampagnen im faschistischen Italien und im nationalsozialistischen Deutschland als Disziplinierungs- und Integrationsinstrument, in: Reichardt, Sven/Nolzen, Armin (Hrsg.): Faschismus in Italien und Deutschland. Studien zu Transfer und Vergleich, 2005, S. 59–93
Thamer, Hans-Ulrich: Geschichte und Propaganda. Kulturhistorische Ausstellungen in der NS-Zeit, in: GuG, H. 3, 24/1998, S. 349–381
– : Monokratie – Polykratie. Historiographischer Überblick über eine kontroverse Debatte, in: Otto, Gerhard/Houwink ten Cate, Johannes (Hrsg.): Das organisierte Chaos. „Ämterdarwinismus" und „Gesinnungsethik". Determinanten nationalsozialistischer Besatzungsherrschaft, Berlin 1999, S. 21–34
– : Nationalsozialismus und Denkmalskult, in: Isenberg, Wolfgang (Hrsg.): Historische Denkmäler. Vergangenheit im Dienste der Gegenwart? Bergisch Gladbach 1994, S. 9–35
– : Winterhilfswerk. Sammeln als symbolisches Handeln, in: Dobbe, Martina/Gendolla, Peter (Hrsg.): Winter-Bilder. Zwischen Motiv und Medium, Siegen 2003, S. 93–101
Thießen, Malte: Eingebrannt ins Gedächtnis. Hamburgs Gedenken an Luftkrieg und Kriegsende 1943 bis 2005, Hamburg 2007
Thijs, Krijn: Die „braune" Erzählung der Stadtgeschichte. Zur 700-Jahr-Feier der Reichshauptstadt und zur stadthistorischen Disziplin, in: Berlin in Geschichte und Gegenwart 2002, S. 111–136
Tintemann, Ute/Wingertszahn, Christof (Hrsg.): Karl Philipp Moritz in Berlin 1786–1793, Hannover-Laatzen 2005
Toeplitz, Jerzy: Geschichte des Films. Bd. 1, 1895–1928, Berlin 1992
Treinen, Heiner: Symbolische Ortsbezogenheit, in: Atteslander, Peter/Hamm, Bernd (Hrsg.): Materialien zur Siedlungssoziologie, Köln 1974 [1965], S. 234–259
Treue, Wilhelm: Egestorff. Bedeutende Niedersachsen. Lebensbilder Heft 4, Hannover 1956
Tüffers, Bettina: Politik und Führungspersonal der Stadtverwaltung Frankfurt am Main. Die personelle Zusammensetzung des Magistrats, in: Mecking, Sabine/Wirsching, Andreas (Hrsg.): Stadtverwaltung im Nationalsozialismus. Systemstabilisierende Dimensionen kommunaler Herrschaft, Paderborn 2005, S. 51–76
Ueberhorst, Horst: Feste, Fahnen, Feiern. Die Bedeutung politischer Symbole und Rituale im Nationalsozialismus, in: Voigt, Rüdiger (Hrsg.): Symbole der Politik – Politik der Symbole, Opladen 1989, S. 157–178
– (Hrsg.): Geschichte der Leibesübungen. Bd. 2: Leibesübungen und Sport in Deutschland vom Ersten Weltkrieg bis zur Gegenwart, Berlin 1980
Ulbricht, Justus H.: Die Inszenierung des Vergessens oder: entrückte und entschwundene Denkmäler. Bemerkungen zur (Selbst-)Wahrnehmungsgeschichte Weimars, in: Höhnl, Dieter (Hrsg.): Vor-Reiter Weimars. Die Großherzöge Carl August und Carl Alexander im Denkmal, Jena 2003, S. 8–33
– (Hrsg.): Klassikerstadt und Nationalsozialismus. Kultur und Politik in Weimar 1933 bis 1945, Weimar 2002

Ullrich, Viktor: Die Achse Berlin – Rom. Das Bündnis von Hitler und Mussolini, Kiel 2006
Vasold, Manfred: Robert Koch. Der Entdecker von Krankheitserregern. Eine Biographie, Heidelberg 2002
Vogt, Ludgera: Zur Logik der Ehre in der Gegenwartsgesellschaft. Differenzierung, Macht, Integration, Frankfurt am Main 1997
Voigt, Rüdiger (Hrsg.): Symbole der Politik – Politik der Symbole, Opladen 1989
Voigt, Wolfgang: Der Eisenbahnkönig oder Rumänien lag in Linden, Berlin 1980
Vondung, Klaus: Magie und Manipulation. Ideologischer Kult und politische Religion des Nationalsozialismus, Göttingen 1971
 – : Revolution als Ritual. Der Mythos des Nationalsozialismus, in: Härtl, Ursula/Stenzel, Burkhardt/Ulbricht, Justus H. (Hrsg.): „Hier, hier ist Deutschland ..." Von nationalen Kulturkonzepten zur nationalsozialistischen Kulturpolitik, Göttingen 1997, S. 45–56
Vorsteher, Dieter (Hrsg.): Parteiauftrag: Ein neues Deutschland. Bilder, Rituale und Symbole der frühen DDR, Berlin 1997
Wächter, Katja-Maria: Die Macht der Ohnmacht. Leben und Politik des Franz Xaver Ritter von Epp (1868–1946), Frankfurt am Main 1999
Wasserloos, Yvonne: Damnatio memoriae. Die städtische Kulturpolitik und die Demontage des Mendelssohn-Denkmals in Leipzig, in: Mecking, Sabine/Wirsching, Andreas (Hrsg.): Stadtverwaltung im Nationalsozialismus. Systemstabilisierende Dimensionen kommunaler Herrschaft, Paderborn 2005, S. 139–180
Wehler, Hans-Ulrich: Bismarck und der Imperialismus, Köln 1969
Weibezahn, Ingrid: Das Leibnizdenkmal in Hannover. Geschichte, Herkunft und Wirkung, in: Niederdeutsche Beiträge zur Kunstgeschichte 1972, S. 191–248
Welch, David: Nazi Propaganda and the Volksgemeinschaft: Constructing a People's Community, in: Journal of Contemporary History, H. 2, 39/2004, S. 213–238
Welskopp, Thomas: Der Mensch und die Verhältnisse. „Handeln" und „Struktur" bei Max Weber und Anthony Giddens, in: Mergel, Thomas/Welskopp, Thomas (Hrsg.): Geschichte zwischen Kultur und Gesellschaft. Beiträge zur Theoriedebatte, München 1997, S. 39–70
Welzer, Harald: Gedächtnis und Erinnerung, in: Jaeger, Friedrich/Rüsen, Jörn (Hrsg.): Handbuch der Kulturwissenschaften. Bd. 3: Themen und Tendenzen, Stuttgart/Weimar 2004, S. 155–174
Wentz, Martin (Hrsg.): Stadt-Räume, Frankfurt am Main/New York 1991
Westphal, Uwe: Werbung im Dritten Reich, Berlin 1989
Weyrather, Irmgard: Muttertag und Mutterkreuz. Der Kult um die „deutsche Mutter" im Nationalsozialismus, Frankfurt am Main 1993
Wildt, Michael (Hrsg.): Volksgemeinschaft als Selbstermächtigung. Gewalt gegen Juden in der deutschen Provinz 1919 bis 1939, Hamburg 2007
Woller, Hans: Rom, 28. Oktober 1922. Die faschistische Herausforderung, München 1999
Zacharias, Elke: Das Parteimuseum Niedersachsen der NSDAP, in: HGBl NF 44/1990, S. 133–151
Zegenhagen, Evelyn: „Schneidige deutsche Mädel". Fliegerinnen zwischen 1918 und 1945, Göttingen 2007
Zeller, Joachim. „... sein Wirken und der Gedenkstein sind umstritten". Die Denkmäler für Karl Peters im Geschichtsunterricht, in: Geschichte Erziehung Politik 6/1997, S. 363–367
Zibell, Stephanie: Jakob Sprenger (1884–1945). NS-Gauleiter und Reichsstatthalter in Hessen, Darmstadt/Marburg 1999
Ziegler, Walter: Gaue und Gauleiter im Dritten Reich, in: Möller, Horst/Wirsching, Andreas /Ziegler, Walter (Hrsg.): Nationalsozialismus in der Region. Beiträge zur regionalen und lokalen Forschung und zum internationalen Vergleich, München 1996, S. 139–159
Zimmermann, Clemens: Medien im Nationalsozialismus. Deutschland 1933–1945, Italien 1922–1943, Spanien 1936–1951, Wien 2007
 – : Zur Einleitung. Stadt, Medien und Lokalität, in: IMS, H. 1.2002, S. 5–13

Zimmermann, Helmut: Die Straßennamen der Landeshauptstadt Hannover, Hannover 1992
   – : Hannover in der Tasche. Bauten und Denkmäler von A bis Z, Hannover 1983
   – : Hannover in der Tasche. Bauten und Denkmäler von A bis Z, 2., erweiterte Auflage, Hannover 1988
   – : Hannovers Straßennamen – Ergänzungen und Berichtigungen, in: HGBl NF 42/1988, S. 215–232
   – : Hannovers Straßennamen, in: HGBl NF 35/1981, S. 3–123
   – : Verschwundene Straßennamen in Hannover, in: HGBl NF 48/1994, S. 355–37

INDEX

Abkommen zwischen dem Deutschen Reich und dem Königreich Italien über die kulturelle Zusammenarbeit *siehe* Deutsch-italienisches Kulturabkommen
Adolf-Hitler-Platz 47, 226
Adolf-Hitler-Straße 47
Adrian, Hanns 211
Alemannstraße 190
Alfieri, Dino 116
Allende, Salvador 209
Alpers, Paul 161, 164
Altmann, Georg 86
Am Bokemahle 79
Am Wallberge 46
Am-Karl-Peters-Platz *siehe* Karl-Peters-Platz
Amsterdam 145
Annateich 170
Arends, Theodor 52, 68, 99, 106, 107, 109, 119, 120, 124, 130, 169, 234
Ausschuss für den Kulturaustausch Hannover/Cremona 102, 105
Ausschuss zur Errichtung des Kriegerdenkmals in Kleefeld 60
Auswärtiges Amt 103
Baars, Horst 215, 216
Bachmann, Karl 60
Bahnhof *siehe* Hauptbahnhof
Bahnhofstraße 47
Bakemeier, Wilhelm 52, 53
Ballhause, Robby 218
Ballhof 108
Bartels, Hans 228
Bauarbeiterverband 47
Baugenossenschaft Heimkehr 274
Bayern 92
Bebelstraße 46
Beddig, Hermann 217
Behme, Hugo 76
Beindorff, Fritz 156, 157, 158
Beinhorn, Elly 149, 268, 269, 270, 271, 273, 274, 292
Berlin 15, 88, 89, 92, 104, 130, 131, 135, 136, 139, 143, 144, 145, 149, 153, 154, 158, 160, 163, 166, 167, 176, 266, 268, 269, 272, 285, 291, 295
Berliner Straße 33, 201
Berlit, Jan-Wolfgang 251, 252, 253, 254, 255, 256, 263, 290, 300
Berndt, Alfred-Ingmar 83, 84, 89, 162, 163
Berndt, Thea 215
Bertha-Griese-Platz 213
Bertha-von-Suttner-Platz 207, 209, 212, 213
Bevergern/Westfalen 239
Bismarck, Otto von 207, 216, 262
Blantyre/Zentralafrika 217
Bley, Helmut 212
Blomberg, Werner von 144, 153, 155, 252
Blutzeuge *siehe* Märtyrer der Bewegung
Böhmerstraße 208
Bohne, Horst 279
Bömelburg, Theodor 47
Brändström, Elsa 33, 274
Bratke, Gustav 280
Braunschweig 117, 198, 236, 239
Braunschweiger Straße 77, 78
Bremen 153, 198
Bremen, Carl von 108, 158
Brinkmann, Karl Heinz 183
Bristoler Straße 69
Bückeberg bei Hameln 193, 252, 253, 300
Budapest 145
Buff, Charlotte *siehe* Kestner, Charlotte
Bund Deutscher Mädel (BDM) 281
Bürger, Walther 96
Bürgervereine 54, 55, 56, 202, 242
Busch, Hermann 205
Busch, Wilhelm 82, 151, 165
Cambrai/Frankreich 183
Carl-Peters-Platz *siehe* Karl-Peters-Platz
Caspar, Bernhard 47
Celle 161, 162, 163, 164, 176, 298
Chemnitz 153
Chile-Solidaritätskomitee 209
Christlich Demokratische Union (CDU) 213, 214
Conrad, Emil 161
Conti, Leonardo 116

Cottbus 72, 110
Cramer, Sigrid 217
Cremona/Italien 57, 102, 104, 105, 106,
    110, 123, 137, 141, 142, 147, 153, 166,
    176, 295
    Kunstausstellung 138
    Preis von Cremona 104, 105, 126, 138,
        141
Danziger Platz 46
Deckert, Hermann 98
Deimann, Wilhelm 161
Denkmal
    Ablehnung einer Errichtung 60, 87
    allgemein 23, 30, 31, 58, 61, 87, 130,
        171, 180, 200, 234, 274, 300
    Denkmalschutz 96
    der Arbeit *siehe* Denkmal für Johann
        Egestorff
    des Winterhilfswerks 236
    Findling 59, 74, 75, 147, 150
    für Carl Peters 30, 62, 63, 86, 124,
        179, 193, 194, 195, 201, 207, 208,
        209, 210, 211, 214, 216, 217, 218,
        219, 221, 222, 300
    für die Gefallenen des Zweiten
        Weltkriegs 125, 126, 248, 249,
        261, 297
    für Ernst-August, König von Hannover
        20, 31, 95, 96, 97, 98, 99, 102,
        172, 200, 203, 204, 205, 222, 226,
        300, 301
    für Friedrich Schiller 31
    für Gottfried Wilhelm Leibniz 66, 67,
        123
    für Graf Carl von Alten 31
    für Heinrich Marschner 31
    für Hoffmann von Fallersleben 100
    für Johann Egestorff 30, 54, 55, 56, 57,
        58, 59, 61, 64, 79, 86, 89, 183,
        223, 241, 242, 243, 244, 245, 246,
        263, 293, 296, 297, 298, 299, 300
    für Karl Jatho 56, 147, 148, 150, 153,
        171, 177, 184, 291, 293
    für Leo Schlageter 263
    für Martin Luther 31
    für Otto von Bismarck 261
    für Otto von Emmich 261, 262
    für Pastor Bödeker 31
    für Rudolf von Bennigsen 31
    für Werner Tischer 65, 74, 75, 77, 189,
        297
    Kunstdenkmal 171

Mahnmal 207, 211
Urkunde 55, 56, 57, 58, 243
Wettbewerb 30, 55, 60, 116, 121, 122,
    129, 242
Deutsche Arbeitsfront (DAF) 23, 54, 56, 86,
    242, 243, 245, 283, 299
Deutsche Botschaft in Rom 103
Deutsche Gemeindeordnung 53, 110, 140,
    159, 166
Deutsche Jungdemokraten 209
Deutsche Kolonialgesellschaft 268
Deutsche Kommunistische Partei (DKP)
    209, 214
Deutsche Volkspartei (DVP) 41, 257
Deutscher Gemeindetag 36, 46, 107
Deutscher Luftsportverband (DLV) 56, 148,
    268
Deutsch-Hannoversche Partei (DHP) 41
Deutsch-italienische Gesellschaft 103, 105
Deutsch-italienischen Vereinigung in
    Hannover 102
Deutsch-italienisches Kulturabkommen
    102, 103, 104, 106, 110, 127, 137, 138,
    141, 142, 153, 166, 176, 177, 295
Deutschnationale Volkspartei (DNVP) 188,
    202
Diels, Rudolf 96, 154
Dincklage, Karl 43, 74, 77, 188, 190, 222,
    223, 259, 260
Donnerstag, Michael 218
Dortmund 136
Dringenberg, Bodo 220
Dunse, Karin 210, 219
Dürkefälden, Karl 229, 234, 253
Edmund-Heusinger-von-Waldegg-Straße
    228
Egestorff, Georg 54, 183, 185, 187, 241
Egestorff, Johann 54, 55, 56, 57, 58, 88,
    183, 184, 185, 186, 187, 188, 190, 222,
    241, 242, 243, 244, 245, 260, 300
Ehrenbuch der Deutschen Familie 275
Ehrenbürgerschaft
    allgemein 22, 31, 32, 39, 104, 140,
        157, 158, 159, 173, 260, 274, 288,
        289
    für Adolf Hitler 18, 31, 142, 143
    für Bernhard Rust 31, 50, 51, 52, 85,
        147, 266
    für Fritz Beindorff 156, 157, 158, 175,
        295
    für Gustav Fink 257
    für Otto von Emmich 85, 261

für Paul von Hindenburg 63, 261
für Roberto Farinacci 89, 102, 103,
    104, 105, 111, 126, 130, 139, 140,
    141, 177
Ehrenhalle 87, 266, 267
Ehrenkreuz der Deutschen Mutter *siehe*
    Mutterkreuz
Ehrenmal zum Gedenken der Gefallenen des
    Zweiten Weltkriegs *siehe* Denkmal für
    die Gefallenen des Zweiten Weltkriegs
Eiche
    allgemein 197
    für Erich Ludendorff 84
    für Hoffmann von Fallersleben 99,
        100, 101
    für Horst Wessel 48, 49, 65, 86, 87,
        197, 198, 293
Eilenriede 59, 73, 170, 173
Eiserner Lorbeer 116, 174, 281, 282, 283,
    286
Eisernes Kreuz 276, 277, 279, 283, 286
Elkart, Karl 41, 49, 55, 59, 60, 61, 68, 70,
    71, 72, 80, 81, 94, 95, 96, 97, 139, 140,
    148, 149, 150, 235, 261
Elsa-Brändström-Straße 34
Emmich, Otto von 85, 261, 262
Emmichplatz 209
Engelke, Gerrit 77, 81, 82, 88, 183, 184,
    185, 186, 187, 188, 190, 260, 263
England 97, 203, 205
Entehrungen 18, 26, 200, 201, 226, 230,
    262, 288, 292, 293, 295, 299
Epp, Franz Ritter von 194
Erkrath, Paul 269
Ernst-August, König von Hannover 20, 21,
    91, 96, 97, 98, 203, 204, 205, 222, 300,
    301
Ernst-August-Platz 265
Ernst-Thälmann-Straße 229
Essen 153
Eulenspiegel, Till 191
Ewige Wache 267
Fackelträger 156
Fallersleben 163
Fallersleben, Hoffmann von 99, 100, 101,
    262
Fannystraße 229
Farinacci, Roberto 85, 102, 103, 104, 126,
    138, 139, 140, 141, 142, 240, 299
Feierlichkeiten 24, 35, 36, 37, 181, 182,
    192, 225, 232, 239, 240, 250, 251, 252,
    255, 278, 280, 287, 296, 297, 298, 302

Feldherrnhalle 267
Fenske, Franz 47
Fiehler, Karl 109, 110, 111
Findling *siehe* Denkmal
Fink, Gustav 257, 258, 259
Fischer, Heinrich 76
Flughafen Hannover-Langenhagen 148
Flughafen Hannover-Vahrenwald 184, 252,
    268
Förderpreise 38, 158
Forschungsstelle Niedersachsen im Ausland
    62
Frank, Walter 196
Frankfurt am Main 136
    Stadt des deutschen Handwerks 153
Frankreich 127, 237, 238
Frauenbund der Deutschen
    Kolonialgesellschaft 268
Frauenverbände 268
Freie Demokratische Partei (FDP) 214
Fremdenverkehrsorganisationen 134, 136
Frick, Wilhelm 37, 111, 112
Friedensforum Südstadt 209, 214, 217, 218,
    220
Friedhof
    Engesohder Friedhof 85, 184, 213,
        257, 261, 262
    Stöckener Friedhof 73
Friedrich-Ebert-Platz 46
Friedrich-Ebert-Straße 46
Fritz-Todt-Preis 116, 174, 283, 284, 285,
    286
Fromm, Fritz 155
Fueß, Hanna 161
Gau Niedersachsen 192
Gau Osthannover 161, 162, 163, 164, 298
Gau Südhannover-Braunschweig 27, 29, 31,
    36, 43, 45, 52, 53, 54, 55, 59, 64, 65,
    74, 75, 77, 78, 83, 84, 85, 86, 87, 89,
    91, 92, 93, 98, 100, 112, 113, 114, 116,
    118, 126, 127, 128, 129, 130, 139, 144,
    156, 157, 161, 163, 164, 172, 188, 193,
    239, 245, 263, 269, 275, 276, 279, 281,
    282, 284, 285, 294, 295, 298, 299, 301
    Amt für Volkswohlfahrt 168
Gaufilmstelle 117
Gaugesundheitswerk 116, 174
Gauheimatwerk 102, 112, 116, 118,
    120, 174, 294, 295
Gaukriegsorchester 117
Gaukulturkammer 55
Gaukulturrat 112, 113, 118, 294, 295

Gaukulturring 112, 113, 118, 294, 295
Gaukulturwart 83
Gaupropagandaamt 104, 108, 119, 124
Referat Ehrenzeichenträger 75, 77
Gau Thüringen 92
Gau Westfalen-Nord 115, 161, 162, 164, 239, 298
Gawlik, Reinhold 215
Gedenktafel
    Ablehnungen 69, 70
    allgemein 22, 30, 67, 68, 69, 70, 71, 72, 77, 78, 86, 88, 89, 171, 180, 206, 260, 274, 296, 301
    für August Kestner 69, 86, 260, 293
    für General Halkett 86
    für Georg Ludwig Friedrich Laves 86, 260, 293
    für Georg Wilhelm August von Pape 70
    für Gerrit Engelke 77, 82, 183, 260
    für Hermann Löns 78, 79, 260
    für Karl Dincklage 77, 78, 172, 188, 260, 293
    für Karl Philipp Moritz 68, 260
    für Paul von Hindenburg 69, 261, 293
    für Robert Koch 70, 86
    für Sir Hugh Freiherr von Halkett 260
    für Werner Tischer 71, 76, 77, 79, 87, 189, 260, 266, 297
    Kosten 71
Gefallene der Bewegung *siehe* Märtyrer der Bewegung
Gehägestraße 73, 74
Gelsenkirchen 74, 131, 237
Georgengarten 59, 66, 67, 170
Georg-Kaspar-Schürmannstraße 227
Georgsplatz 47, 202
Georgstraße 238
Germanentum 112, 114, 115, 117, 127, 129, 192, 193, 294
Gerrit-Engelke-Straße 183
Geschichtswerkstatt Hannover 211
Gesellschaft für deutsche Kolonisation 207
Godehardt, Erika 219
Goebbels, Joseph 35, 36, 37, 39, 48, 93, 138, 141, 151, 155, 167, 239, 252, 253
Göring, Hermann 7, 92, 144, 149, 150, 153, 177, 235
Goslar 193
Grabenhorst, Georg 97, 119, 192
Großgermanisches Reich *siehe* Germanentum

Grün-Alternative Bürgerliste 212, 214
Gutenberg, Johannes 134
Habben, Johann 46, 47, 202, 252
Hagen 136
Hakenkreuzplatz 46
Halkett, Sir Hugh Freiherr von 68, 71
Haltenhoff, Ferdinand 72
Haltenhoff, Henricus 16, 60, 62, 63, 72, 73, 76, 80, 82, 83, 84, 85, 87, 94, 96, 97, 99, 102, 103, 104, 105, 106, 107, 109, 110, 111, 112, 118, 121, 122, 129, 131, 137, 139, 140, 141, 156, 157, 158, 161, 163, 228, 294, 295
Hamburg 93, 119, 129, 153
Hannover
    Altstadt 170
    Bauamt 61, 70, 227
    bauliche Neugestaltung 93, 94, 100, 156, 157, 172, 174, 295
    Bezirksrat Südstadt-Bult 210, 213, 214
    Bothfeld 100, 101
    Bürgervorsteherkollegium (BVK) 31, 40, 42, 47, 50, 51, 53, 65, 85, 87, 257
    Fliegerstadt 144, 147, 149, 151, 175, 269, 291, 292
    Fremdenverkehrs- und Ausstellungsamt 120, 169
    Friedhofsamt 234
    Gartenbauamt 60, 76, 82
    Gauhauptstadt 95, 129, 156, 157, 172, 205, 239, 295
    grüne Stadt 15, 149, 170, 173
    Grünflächenamt 234
    Hainholz 47, 57, 60, 61, 223
    Hauptstadt 105, 110, 129, 153, 160, 217
    Herrenhausen 170
    Kultur- und Werbeamt 118, 119, 120, 129, 170, 295
    Kulturbüro *siehe* Kultur- und Werbeamt
    Linden 54, 56, 57, 183, 185, 222, 223, 231, 241, 242, 246, 263
    List 202, 203
    Magistrat 40, 41, 42, 47, 51, 52, 53, 59, 65, 85, 170, 202, 268
    Nordstadt 72
    Presseamt 52, 76, 99, 119, 169, 170, 234
    Provinz 43, 45, 76, 86, 92, 93, 96, 144, 161, 195, 198, 239, 252, 257, 296

Reiterstadt 144, 146, 149, 151, 153, 155, 156, 175, 176, 291, 292
Ricklingen 47, 260, 274
Stadt des Sports 170, 282
Stadtfilm 135, 145
Stadtimage 15, 176, 190, 191, 222, 291, 292, 293
Stadtverwaltung 16, 29, 30, 40, 42, 44, 45, 46, 52, 53, 54, 55, 59, 62, 63, 66, 75, 77, 78, 79, 81, 82, 83, 85, 86, 87, 89, 91, 94, 97, 99, 102, 104, 105, 107, 109, 110, 111, 112, 118, 120, 123, 125, 127, 129, 130, 131, 135, 139, 143, 146, 148, 154, 156, 157, 160, 161, 162, 163, 164, 168, 169, 170, 172, 176, 193, 198, 201, 202, 208, 209, 210, 212, 214, 226, 257, 258, 259, 261, 268, 269, 275, 277, 278, 279, 293, 294, 295, 297
Stöcken 198
Südstadt 209, 210, 214, 220
Vahrenwald 184
Verkehrsamt 135
Wahlergebnisse 16, 40, 42
Hannoversche Heimatfreunde 66, 70, 81, 82, 83, 95, 96, 99, 102, 112, 123, 161, 192, 193, 206
Hannoversche Maschinenfabrik Aktiengesellschaft (HANOMAG) 54, 117, 183, 190, 222, 241
Hans-von-Tschammer-und-Osten-Straße 34
Hase, Rudolf 228, 229
Hauptbahnhof 95, 97, 203, 204, 205, 228, 265, 272, 300, 301
Haus der Deutschen Kunst, München 152
Heeresveterinärakademie Hannover 154
Heese, Wilhelm 143
Heimatbewegung 102, 195
Heimatbund Niedersachsen *siehe* Hannoversche Heimatfreunde
Heinrich-Heine-Platz 46
Heinrich-Heine-Straße 46
Heinrich-von-Treitschke-Straße 223
Helmstedt 239
Henke, August 228
Hermann-Göring-Platz 47
Hermann-Löns-Gesellschaft 83, 84, 87, 89, 102, 106, 107, 108, 110, 111, 118, 119, 127, 161, 162, 163, 164, 165, 176, 298
Hermann-Löns-Park 170

Hermann-Löns-Preis 106, 107, 108, 109, 127, 158, 164, 165, 174
Hermannsdenkmal 171
Herold, Walter 219
Herrenhäuser Allee 48, 60
Herrenhäuser Gärten 95, 173, 174, 203, 205
Herting, Georg 55, 150, 242, 244
Hertz, Heinrich 228, 229
Hertzstraße 228, 229
HERÜBER 217
Herzog von Cumberland *siehe* Ernst-August, König von Hannover
Heß, Rudolf 32, 53, 94, 104
Hesse, Alfred 143
Hildesheimer Straße 170
Hindenburg, Oskar von 64
Hindenburg, Paul von 45, 56, 63, 64, 69, 144, 261, 262, 263
Hindenburgstadion 263, 265
Hinterbliebenenverbände *siehe* Militärverbände
Hitler, Adolf 8, 10, 11, 32, 36, 39, 43, 44, 45, 46, 47, 49, 56, 57, 58, 77, 82, 86, 87, 92, 100, 104, 122, 124, 133, 142, 143, 151, 152, 157, 160, 166, 167, 174, 182, 189, 202, 233, 235, 236, 237, 239, 246, 247, 251, 252, 253, 254, 255, 258, 259, 265, 266, 275, 281, 283, 284, 285, 295, 300
Hitlerbilder und -büsten 151, 265, 266, 267, 275, 296
Hitler-Jugend (HJ) 45, 73, 74, 82, 117, 131, 263, 265, 266, 277, 281
Hitlerplatz 47
Hodler, Ferdinand 79, 80, 81
Hodlersaal 79, 80, 81
Hoffmann-von-Fallersleben-Platz 100
Hoffmann-von-Fallersleben-Straße 46
Hoffmeister, Ludwig 97, 98, 99, 107, 108, 109, 119, 120, 121, 122, 123, 124, 125, 129, 131, 236, 258, 295
Hollstein, Rainer 216
Hölscher, Uvo 82
Hölty, Ludwig Heinrich Christoph 82, 173
Horst-Wessel-Platz 197, 246
Hugenberg, Alfred 202
Hugenbergplatz 200, 202
Hymmen, Friedrich Wilhelm 108
Industrie- und Handelskammer Hannover 156
Italien 102, 103, 104, 105, 106, 127, 138, 139, 140, 141, 176

Italienische Faschistische Partei 138
Jahn, Friedrich Ludwig 34
Jahn, Moritz 117
Jahn-Stadion 263
Jatho, Karl 56, 58, 147, 148, 149, 150, 183, 184, 185, 186, 187, 188, 190, 291, 292
Jatho, Olga 184, 187
Joachim, Joseph 227
Joachimstraße 228
Jordan, Rudolf 92
Josephstraße 120
Josupeit, Hermann 215
Jugendverbände 266
Junge Union 214
Jungsozialisten (Jusos) 214
Jürgens, Otto 173
Kaiserstatuen 31, 50
Kampfbund für deutsche Kultur 66
Karl-Liebknecht-Straße 229
Karl-Peters-Platz 194, 201, 207, 209, 211, 212, 214, 215, 219, 222, 300
Karwahne, Berthold 50, 51, 95, 160
Kavalleriereiter 144, 145, 146, 147, 158, 168, 176, 271, 291
Kavallerieschule 144, 145, 146, 147, 153, 154, 155, 160, 165, 170, 176, 291
Kempten 40
Kestner, August 71
Kestner, Charlotte 173
Kestner-Gesellschaft 156, 157
Kestnermuseum 183
Kieckbusch, Karl 112, 113, 120
Kiel 236
Kirchen 43, 44, 100, 124, 214, 234, 249, 277
Klagesmarkt 247
Klapproth von Halle, Adolf 268
Klassen, Christa 217
Kleine, Willi 143
Kleist, Heinrich von 117
Knickmann, Ludwig 74
Knop, August 109, 110, 111, 112, 125, 129
Koch, Robert 70
Kohte, E. 204
Köln 153, 200
Kolonialausstellung 193
Kolonialbund Hannover 62
Kolonial-Kriegerbund 63
Kolonialrevisionismus 193, 194, 208
Kolonialverein Hannover 62, 193
Kommunisten *siehe* Kommunistische Partei Deutschlands (KPD)

Kommunistische Partei Deutschlands (KPD) 193, 225, 231, 232, 241, 252
Kommunistischer Jugendverband Deutschland 229
Königslutter 239
Königsworther Platz 18, 48, 246
Königsworther-Platz 197
Kratz, Walter 216
Krause, Heinrich 75
Kriegerdenkmal
 allgemein 55, 58, 59
 am Neuen Haus 31
 des Infanterieregiments Nr. 368 59
 des Regimentsbundes des ehemaligen Reserve-Ersatz-Regiments Nr. 4 30, 60, 86
 in Hainholz 57, 58, 60, 61, 62
 in Kirchrode 86
 in Kleefeld 60, 86
 Regimentsdenkmal auf dem Welfenplatz 171
Kriegerverbände 55, 58, 81
Kriegsverdienstkreuz 275, 277, 278, 279, 281, 286, 297
Krogmann, Carl Vincent 129
Kulturpolitik in Hannover 94, 99, 110, 112, 113, 114, 115, 118, 127, 128, 294
Kulturring 113
Kunstpreise 37, 38, 39, 104, 107, 108, 116, 158, 198
Kunstverein Hannover 121, 122, 123, 236
Küßner, Dieter 218, 219, 220
Ladwig, Peter 218
Lady-Diana-Platz 213
Lambert, Friedrich 66
Lampe, Walther 66, 99, 161
Landeskulturwalter 38, 82, 104
Landesmuseum 82, 192
Landesmusikschule 117, 118
Langemann, Heinrich 169
Lauterbacher, Hartmann 91, 93, 94, 95, 96, 97, 99, 100, 101, 102, 103, 104, 105, 106, 107, 108, 109, 111, 112, 113, 114, 115, 116, 118, 120, 121, 122, 123, 127, 128, 130, 131, 142, 164, 165, 170, 203, 205, 248, 278, 281, 282, 283, 284, 285, 294, 295, 300, 301
Lauterbacher-Stiftung 116
Laves, Georg Ludwig Friedrich 21, 68, 71, 81, 82, 83, 181
Leibniz, Gottfried Wilhelm 96, 116, 123, 173

Leibnizschule 76, 77, 87, 189, 266, 267
Leinert, Robert 21
Leipzig 35, 153
Leonhardt, Karl Friedrich 68, 70, 227
Levien, J. 216
Ley, Robert 253
Lichte, Harm 121, 122, 123, 130, 236
Limmerstraße 229
Lindemann, Georg 41
Lindener Berg 54, 183, 241, 263
Lindener Stadion 55, 263
Lindener Volkspark 183, 242
Linsingen, General von 45, 246
Liste Ordnungsblock 257
Lister Platz 200, 201, 202, 203, 222, 226
Literaturpreise 37, 38
Löns, Ernst 108, 118, 119, 129
Löns, Hermann 78, 83, 88, 106, 161, 163, 164, 165, 170, 193, 196, 197, 198, 260
Lönsbund, Celle 161
Ludendorff, Erich 84
Luftangriffe 97, 122, 174, 175
Lüneburger Heide 162, 191, 198
Lutze, Viktor 43, 44, 45, 47, 56, 93, 94, 144, 154, 239, 240, 252, 253, 296
Mainz 134
Marienstraße 33, 201
Marktkirche 117, 204
Marstall 155
Märtyrer der Bewegung 48, 49, 65, 73, 77, 87, 88, 186, 189, 197, 266, 287, 292, 293
Maschsee 34, 72, 74, 156, 170, 174, 261
Memelstraße 46
Mendelssohn-Bartholdy, Felix 227, 293
Mendelssohnstraße 227
Menge, Arthur 16, 40, 42, 43, 44, 47, 50, 51, 52, 53, 55, 56, 60, 62, 63, 64, 65, 67, 68, 70, 72, 73, 75, 79, 81, 86, 87, 89, 95, 142, 144, 145, 146, 153, 154, 155, 157, 172, 173, 193, 226, 233, 239, 252, 257, 258, 261, 294
Metallarbeiterverband 47
Metallsammlung 30, 31, 97, 98, 121, 234, 235
Meyer, Alfred 115
Meyer, Emil 47
Meyer, Trudi 146, 271, 272, 273, 274
Militärverbände 59, 61, 62, 87, 294
Monteverdi, Claudio 137
Moritz, Karl Philipp 68

Müller, Heinrich 41, 42, 47, 48, 51, 52, 53, 64, 65, 66, 67, 75, 125, 160, 257, 258, 259
München 15, 109, 152, 153, 267
Münchhausen, Baron 191
Münchhausen, Börries von 108, 116
Münchhausen-Literaturpreis 108, 116
Münster 40, 161, 162, 163, 164, 176, 298
Mussolini, Benito 85, 106, 138, 141, 144, 156, 176, 255
Mussolini-Pokal 144, 156
Mutterkreuz 22, 274, 275, 276, 277, 278, 279, 280, 281, 283, 286, 299
Nationalsozialistischer Künstlerbund 143
Nationalsozialistischer Reichsbund für Leibesübungen 281
Nationalsozialistisches Kraftfahrkorps (NSKK) 150
Niedersachsen 97, 114, 182, 191, 192, 193, 195, 196, 197, 198, 204, 221, 222, 223, 239, 271, 294
Niedersächsischer Ausschuss für Heimatschutz 66
Nitschmann, Peter 216
Nizza 145
NSDAP
    allgemein 8, 14, 23, 39, 40, 41, 42, 43, 48, 49, 50, 53, 54, 55, 58, 59, 60, 61, 62, 63, 65, 66, 68, 71, 72, 73, 75, 77, 78, 79, 81, 85, 86, 87, 88, 89, 91, 100, 101, 102, 117, 124, 125, 126, 130, 149, 151, 188, 194, 222, 231, 232, 239, 245, 249, 250, 257, 258, 260, 266, 287, 291, 294, 296, 297
    Beauftragter 32, 33, 54, 72, 109
    Fraktion im Rathaus 40, 48, 49, 50, 51, 85, 198, 293
    Kreis Hannover 40, 53, 62, 64, 74, 78, 86, 87, 100, 105, 109, 110, 112, 125, 130, 144, 172, 188, 193, 209, 222, 257, 263, 268, 269, 276, 278, 294
    Ortsgruppe 57, 60, 237, 276, 278, 280, 281
    Parteimuseum 74, 114
Oldenburg 197, 198
Olympische Spiele 145, 146, 166, 271, 272, 273
Oppenheimer, Siegmund 46
Oppermann, Theo 150

Orden und Ehrenzeichen 7, 139, 141, 275, 277, 278, 279, 281, 286
Oshima, Hirosho 116
Otterbeck, Oberstudienrat 189
Papen, Franz von 144, 252
Parbel, Kurt 104, 107, 108, 111, 118, 119
Peine 239
Pelikan-Werke 156
Peters, Carl 62, 63, 85, 87, 124, 193, 195, 196, 197, 207, 208, 209, 212, 213, 215, 216, 217, 218, 219, 220, 222, 223, 262, 293, 300
Peters, Wilhelm Karl Hartwig 218, 219
Petzelstraße 148
Philipp Holzmann AG 95
Philipp, U. 217
Pielhauer, Ralf 215
Pionier der Arbeit 284
Polizeipräsident 33, 201
Potsdam 146, 153, 160
Preis von Hannover 116
Preußen 92, 155, 156
Preußische Gemeindeordnung 53, 87
Prien, Günther 167, 168, 187, 236, 270, 295
Prinzessinnen Friederike und Luise 70
Rathaus 31, 46, 51, 64, 79, 105, 112, 125, 126, 145, 156, 170, 239, 248, 249, 266, 278
Rathenau, Walther 226, 227, 229
Rathenauplatz 47, 226
Ratsherren-Sitzungssaal 79, 80
Regensburg 40, 143
Regimentsbund des ehemaligen Reserve-Ersatz-Regiments Nr. 4 59, 60
Regimentsbund des früheren Infanterieregiments Nr. 368 59
Reichardt, C. 227
Reichsbahn 96
Reichsbahnzentrale für den deutschen Reiseverkehr 134
Reichsbanner 232
Reichshauptamt für Kommunalpolitik 36, 109
Reichskolonialbund 193
Reichskolonialverband Hannover 209
Reichskulturkammer 37, 60, 108, 157, 162, 165
    Kammer der bildenden Künste 30, 57
    Kammer der bildenden Künste, Landesstelle Niedersachsen 30
    Kammer für Theater 35
Reichsministerium
    des Innern 30, 34, 92, 103, 104, 152, 159, 160, 278
    für Volksaufklärung und Propaganda 35, 37, 38, 83, 84, 89, 162, 176
Reichsverband Deutscher Offiziere 261
Reichsverteidigungskommissare 92, 93, 99
Reiterschulen der SA und SS 155, 156, 291
Republikanischer Reichsbund 73
Rickels, Friedrich 42, 50, 51
Ritterkreuz des Eisernen Kreuzes 167, 279, 288
Rom 103, 144, 146
Rosa-Luxemburg-Straße 229
Rotfrontkämpferbund 232
Rust, Bernhard 42, 50, 51, 52, 53, 72, 78, 92, 93, 111, 127, 131, 144, 147, 154, 155, 165, 182, 188, 194, 266, 294, 296
Rustplatz/Rust-Platz/Minister-Rustplatz 47
Ruttmann, Walter 135
Sakuma, Shin 116
SA-Standarte 73 48
Sauerbrei, Paul 217
Schacht, Walter 30, 55
Schaper, Heinrich 47
Scheelke 121
Schick, Paul 108, 119, 125
Schirach, Baldur von 264, 265
Schirmherrschaften 35
Schlageter-Gedächtnisbund 73, 188
Schlageter-Stadion 263
Schmalstieg, Herbert 209, 211
Schmalz, Kurt 52, 53, 72, 74, 78, 84, 92, 93, 111, 156, 157, 260, 276, 294
Schnee, Heinrich 194
Schrader, Theodor 204
Schriftumspreise siehe Literaturpreise
Schüler 44, 46, 51, 76, 105, 137, 138, 265, 266, 299
Schutzstaffel (SS) 45, 85, 114, 121, 127, 155, 193, 291
Schwab, Lisl 269
Schwager, Gustav 139, 140
Schwitters, Kurt 136, 292
Sehnde 239
Seligmann, Sigmund 157
Sicherheitsdienst (SD) 121, 235, 236, 278
Siegmundstraße 46
Simons, Hanns 228, 229
Smit, H. 217
Sohnrey, Heinrich 116

Sozialdemokraten *siehe*
    Sozialdemokratische Partei
    Deutschlands (SPD)
Sozialdemokratische Partei Deutschlands
    (SPD) 40, 42, 46, 54, 55, 87, 210, 212,
    214, 215, 217, 225, 229, 230, 231, 232,
    233, 236, 241, 262, 292
Sozialistische Arbeiterjugend 73
Speer, Albert 232
Sportpreise 158
Sportvereine und -verbände 264
Stadtbibliothek Hannover 170, 174
Stadthalle 47, 112, 117, 146, 257, 259, 272, 273
Stadtjubiläen 35, 36
Stahlhelm 43
Stalin, Josef 215
Stalingrad 125, 248, 279, 284, 286
Stärkestraße 229
Stradivari, Familie 138
Straßburg, Alfred 203, 204
Straßennamen 22, 33, 34, 35, 46, 47, 48, 86,
    87, 88, 180, 201, 202, 206, 209, 212,
    226, 229, 230, 260, 288, 293, 298, 299
Streit, Dora 274
Stresemannallee 46, 208
Sturmabteilung (SA) 10, 39, 48, 63, 144,
    155, 156, 233, 239, 291, 296
Südstadtplatz 212, 218
Suttner, Bertha von 213
Technische Hochschule Hannover 82, 103, 170, 228
Telschow, Otto 164
Thake, Fritz 100, 110, 111
Thielen, Karl von 228
Tierärztliche Hochschule Hannover 154, 170
Tiergarten 164, 170
Tischer, Werner 72, 73, 74, 75, 76, 77, 87,
    181, 188, 189, 190, 223, 260, 266, 267, 293
Todt, Fritz 285
Trammplatz 64, 125, 248
Trauerfeier
    für Gustav Fink 257, 260
    für Heinrich Müller 258, 260
    für Paul von Hindenburg 63, 64, 67, 261
    für Viktor Lutze 239, 240, 296
Tronnier, Georg 267
Tschammer und Osten, Hans von 34, 116
Turn-Klubb Hannover 271, 273
Udet, Ernst 269
Uerz, August 121
Verein ehemaliger Leibnizer 76, 189
Verein ehemaliger Ostasiaten und Afrikaner 63
Vereinigung der Verfolgten des
    Naziregimes/Bund der
    Antifaschistinnen und Antifaschisten
    (VVN/BdA) 214
Verkehrsverein Hannover 145, 169, 170
Verkehrsvereine 133
Verschönerungsvereine 133
Veteranenverbände *siehe* Militärverbände
Viktor-Lutze-Allee 46
Voigt, Horst 220
Waldenfels, Major Freiherr von 146
Waldstraße 74
Warninghoff, Henny 272
Wassermann, Jakob 226, 227
Waterbeck, August 76
Waterlooplatz 43, 45, 238, 239, 266
Weber, Wilhelm 41, 76, 104, 105, 107, 109,
    111, 118, 120, 130, 140
Wehrkreis 92, 93
Wehrmacht 37, 45, 75, 85, 125, 126, 127,
    147, 154, 155, 160, 161, 176, 250, 277,
    280, 282, 284, 286, 291, 297
Weike, Fritz 139, 140
Weimar 144
Welfenplatz 64, 171
Werner-Tischer-Straße 74
Wernicke, Hermann 66, 99
Wessel, Horst 18, 43, 48, 67, 197
Westfalen 197
Wien 116, 146
Wilhelm II 193, 207
Wilhelm-Busch-Gesellschaft 83, 161, 165
Wilhelm-Busch-Museum 164, 165
Wissmann, Major von 216
Wolfsburg 153, 181
Wörthstraße 82, 183, 185
Ypernstraße 46
Zoo 170, 174